知识产权

理论·法条·案例

高志宏◎编著

东南大学出版社
SOUTHEAST UNIVERSITY PRESS
·南京·

图书在版编目(CIP)数据

知识产权:理论、法条、案例/高志宏编著. —南京:
东南大学出版社,2016.8
 ISBN 978 - 7 - 5641 - 6642 - 7

Ⅰ.①知… Ⅱ.①高… Ⅲ.①知识产权法—研究—
中国 Ⅳ.①D923.404

中国版本图书馆 CIP 数据核字(2016)第 162882 号

知识产权:理论・法条・案例

出版发行	东南大学出版社
出 版 人	江建中
社　　址	南京市四牌楼 2 号(邮编:210096)
网　　址	http://www.seupress.com
责任编辑	孙松茜(E-mail:ssq19972002@aliyun.com)
经　　销	全国各地新华书店
印　　刷	南京工大印务有限公司
开　　本	787mm×1092mm　1/16
印　　张	31
字　　数	794 千字
版　　次	2016 年 8 月第 1 版
印　　次	2016 年 8 月第 1 次印刷
书　　号	ISBN 978 - 7 - 5641 - 6642 - 7
定　　价	99.80 元

(本社图书若有印装质量问题,请直接与营销部联系。电话:025-83791830)

目 录
CONTENTS

引言　如何进行有效的案例分析 ………………………………………………………… 1

第一编　绪　论

第1章　知识产权导论 ………………………………………………………………… 6
　　案例导入：苹果与三星的世纪诉讼 ……………………………………………… 6
　　1.1　知识产权的概念 …………………………………………………………… 8
　　1.2　知识产权的类型 …………………………………………………………… 9
　　1.3　知识产权的取得途径 ……………………………………………………… 10
　　1.4　知识产权的价值 …………………………………………………………… 11
　　1.5　知识产权战略 ……………………………………………………………… 13
　　案例讨论：诺基亚沉浮警示录 …………………………………………………… 15

第2章　知识产权概述 ………………………………………………………………… 17
　　案例导入：品牌的力量 …………………………………………………………… 17
　　2.1　知识产权法概述 …………………………………………………………… 19
　　2.2　国际知识产权法律体系 …………………………………………………… 26
　　2.3　国内知识产权法体系 ……………………………………………………… 28
　　案例讨论：海信等商标海外被抢注案 …………………………………………… 31

第二编　著作权

第3章　狭义著作权 …………………………………………………………………… 33
　　案例导入：全国最大盗版案 ……………………………………………………… 33
　　3.1　著作权概述 ………………………………………………………………… 37
　　3.2　著作权的取得 ……………………………………………………………… 37
　　3.3　著作权的对象 ……………………………………………………………… 40
　　3.4　著作权的主体 ……………………………………………………………… 44
　　3.5　著作权的内容 ……………………………………………………………… 54
　　3.6　著作权的期间 ……………………………………………………………… 58
　　3.7　著作权的限制 ……………………………………………………………… 60
　　案例讨论：《开国大典》案 ………………………………………………………… 64

第4章 邻接权 … 68
案例导入：王莘诉谷歌数字图书侵害著作权案 … 68
4.1 邻接权概述 … 72
4.2 表演者权 … 74
4.3 出版者权 … 75
4.4 录制者权 … 83
4.5 播放者权 … 83
案例讨论：钱钟书手稿拍卖案 … 84

第5章 软件著作权 … 87
案例导入："道道通"导航电子地图著作权案 … 87
5.1 计算机软件概述 … 91
5.2 计算机软件著作权的归属 … 92
5.3 计算机软件著作权登记 … 94
5.4 计算机软件著作权的内容与限制 … 97
5.5 计算机软件著作权的许可与转让 … 99
5.6 计算机软件著作权的保护与救济 … 101
案例讨论：深圳市首例侵犯软件著作权入罪案 … 105

第三编 专利权

第6章 专利 … 107
案例导入：CDMA、GSM双模式移动通信方法专利案 … 107
6.1 专利的概念与类型 … 110
6.2 专利申请原则 … 112
6.3 专利授予条件 … 117
6.4 申请专利的程序 … 120
6.5 专利申请救济 … 128
6.6 专利文献检索 … 131
6.7 涉外专利 … 134
案例讨论：空调器"舒睡模式"专利侵权纠纷案 … 140

第7章 专利权 … 145
案例导入：上海世博会"法国馆"专利案 … 145
7.1 专利权的概念 … 148
7.2 专利权的主体 … 148
7.3 专利权的内容 … 150
7.4 专利权的效力 … 152
7.5 专利权人的义务 … 156
7.6 专利权的限制 … 157
7.7 专利转让与专利许可 … 161
案例讨论：LED照明用集成电路布图设计案 … 170

第四编　商标权

第8章　商标 ··········· 174
案例导入："鳄鱼"商标案 ··········· 174
8.1　商标概述 ··········· 178
8.2　商标的分类 ··········· 179
8.3　商标的条件 ··········· 182
案例讨论："天津狗不理包子"案 ··········· 184

第9章　商标申请 ··········· 188
案例导入："吴良材"商标案 ··········· 188
9.1　商标注册的原则 ··········· 193
9.2　商标注册的申请 ··········· 196
9.3　商标审查与核准 ··········· 221
9.4　注册商标的期限、续展与变更 ··········· 226
9.5　商标复审、撤销与无效 ··········· 228
9.6　商标国际注册 ··········· 235
9.7　商标代理 ··········· 242
案例讨论："IPAD"商标权属纠纷案 ··········· 244

第10章　商标权 ··········· 247
案例导入："张小泉"案 ··········· 247
10.1　商标权概述 ··········· 250
10.2　商标的使用 ··········· 254
10.3　商标使用许可 ··········· 254
10.4　商标许可合同 ··········· 258
10.5　商标转让 ··········· 263
案例讨论："飞人乔丹"诉"乔丹体育" ··········· 265

第11章　驰名商标 ··········· 270
案例导入：宝马驰名商标案 ··········· 270
11.1　驰名商标概述 ··········· 274
11.2　驰名商标的认定 ··········· 276
11.3　驰名商标的保护 ··········· 284
案例讨论："三一"驰名商标保护案 ··········· 288

第五编　其他知识产权

第12章　商业秘密权 ··········· 290
案例导入：力拓"间谍"案 ··········· 290
12.1　商业秘密概述 ··········· 292
12.2　商业秘密权 ··········· 301
12.3　商业秘密的企业保护 ··········· 308

12.4　商业秘密的国家保护 …………………………………………………… 315
　　案例讨论:"天府可乐"配方商业秘密案 ……………………………………… 319
第13章　商号权及其他知识产权 …………………………………………………… 327
　　案例导入:山东起重机有限公司与山东山起重工有限公司企业名称权纠纷案 …… 327
　　13.1　商号权 …………………………………………………………………… 330
　　13.2　域名权 …………………………………………………………………… 335
　　13.3　集成电路布图设计权 …………………………………………………… 347
　　13.4　植物新品种权 …………………………………………………………… 350
　　13.5　地理标志权 ……………………………………………………………… 351
　　案例讨论:"红肉蜜柚"植物新品种权案 ……………………………………… 353

第六编　知识产权管理与保护

第14章　知识产权管理与利用 ……………………………………………………… 357
　　案例讨论:王老吉与加多宝大战 ……………………………………………… 357
　　14.1　企业知识产权管理创新与体系 ………………………………………… 359
　　14.2　企业专利管理与利用 …………………………………………………… 367
　　14.3　企业商标管理与利用 …………………………………………………… 377
　　14.4　企业商业秘密管理与利用 ……………………………………………… 388
　　案例讨论:中国首例驰名商标造假案 ………………………………………… 394
第15章　知识产权的保护与救济 …………………………………………………… 397
　　案例导入:"3Q"之争引发的不正当竞争纠纷案 …………………………… 397
　　15.1　企业专利权的保护与救济 ……………………………………………… 401
　　15.2　企业商标权的保护与救济 ……………………………………………… 411
　　15.3　企业商业秘密保护与救济 ……………………………………………… 422
　　15.4　其他知识产权的保护与救济 …………………………………………… 425
　　案例讨论:"葫芦娃"案 ……………………………………………………… 426
第16章　网络知识产权保护 ………………………………………………………… 432
　　案例导入:韩寒诉百度文库案 ………………………………………………… 432
　　16.1　网络知识产权保护概述 ………………………………………………… 436
　　16.2　网络著作权保护 ………………………………………………………… 441
　　16.3　域名保护与纠纷解决 …………………………………………………… 451
　　案例讨论:淘宝网商标侵权纠纷案 …………………………………………… 458
第17章　知识产权国际保护 ………………………………………………………… 463
　　案例导入:"蜡笔小新"案 …………………………………………………… 463
　　17.1　知识产权国际保护趋势 ………………………………………………… 468
　　17.2　知识产权国际保护途径 ………………………………………………… 470
　　17.3　知识产权国际保护的基本原则 ………………………………………… 476
　　案例讨论:美国杜邦网站域名案 ……………………………………………… 480
主要参考文献 ………………………………………………………………………… 483
后记 …………………………………………………………………………………… 488

引言　如何进行有效的案例分析

案例分析法(Case Analysis Method),萌芽于"苏格拉底式教学法"(Socratic Method),形成于19世纪80年代的哈佛大学,已被广泛应用于高级经理人教育、企业员工培养等教育实践中,[①]尤其是在英美等判例法国家的法律职业训练中非常流行。

1. 什么是案例分析法

一般认为,案例分析法,即是把现实生活中或工作中发生的案例作为素材,要求学员进行研究分析,得出事物普遍性、一般性规律,并最终培养和提高学员的观察能力、分析能力、判断能力、解决问题能力和学习能力的体系化培训方法。具体到法学教育领域,案例分析法是指在一定的法学专业基础上,通过观察、解释、剖析和评述典型的司法案例与法律现象,进一步运用法律知识、检验法律理论、反思法律实践的教育模式和学习方法。

法学教育中的案例分析法,在结构上,包括四个维度:以科学为基础、以案例为素材、以苏格拉底式方法为手段、以"像律师一样思考"为目标。[②] 在形式上,包括案例讨论、观摩审判、模拟法庭、列举讲评、电教化案例、实践实习等多种方法。[③] 这些案例教学方法可以根据需要单独选择使用,亦可以任意组合使用。

案例分析法遵循知行合一、教师为主导、学生为主体等客观教学规律,贯彻理论与实践相结合、知识与能力并重、启发诱导为主等基本教学原则,彰显培养应用型、复合型、创新型法律人才的主要教学目的。

案例教学法的主要特点在于,教师教学理念和学生学习模式的变化。传统上,法律理论和法律条文的学习,主要是通过单向的"满堂灌""填鸭式""注入式"课堂教学和死记硬背来完成。传统法学教学方法存在重教学内容而轻教学方法、重教师主导作用而忽视学生主体作用的倾向。案例教学法则倡导教师和学生通过收集案例、钻研案例、查阅法律条文,来理解、掌握和应用法学理论、法律内容和法治精神,并通过问答式、讨论式甚至激辩式教学方法,提高学生的逻辑推理能力和解决问题能力,培养学生的创新思维和批评精神。因此,案例教学法具有启发性、参与性和民主性特征。[④]

2. 为何运用案例分析法

虽然,案例教学法与英美法系国家的法律制度、诉讼方式、司法体制以及教育模式密切相关,[⑤]但并不意味着这种教学方法不适合大陆法系国家。相反,一百多年来,案例教学法

[①] M. A. Lundberg, B. B. Levin & H. I. Harrington. Who Learns What From Cases and How? The Research Base for Teaching and Learning with Cases. Englewood Cliffs, New Jersey: Lawrence Erlbaum Associates, 2000.
[②] 李政辉.美国案例教学法的批判历程与启示.南京大学法律评论,2012(2).
[③] 魏斌.法学系列案例教学法及其运用.肇庆学院学报,2002(1).
[④] 吴艳华.案例分析法在经济法教学中的应用.教育探索,2010(5).
[⑤] Robert Stevens. Law School: Legal Education in America from the 1850's to the 1980's. The University of Carolina Press,1983:15-30.

不仅已经被英美法系国家普遍接受,而且已经影响到越来越多的其他国家的法学教育制度。尤其是近年来,随着两大法系的逐渐融合,大陆法系国家日益重视案例的作用。

案例分析法是基于这样一种普遍的理念:知识的获得与学生参与度密切相关。对于此,约翰·戴维(John Dewey)有过详细的阐述:

学生对手头的问题进行探索,并找出解决的方法,只有通过这样一种奋力的"搏斗",学生才真正思考了。如果,他没能形成自己的解决之道(当然,他不是孤军奋战的,而是和老师和同学合作),那么,他就没有真的学到,哪怕他能够用百分之百的精确度背诵出一些正确答案。①

案例分析能将真实的司法环境带到课堂上,经验表明,哪怕是一个虚构的案例或情境描述,教学效果也比简单的说教和知识灌输明显。一个案例一旦被有效地展开,丰富和有趣的司法细节得以很好地呈现,僵化的枯燥的法律条文就能得以层层剥离。案例分析法的潜在好处可以总结为以下几点:

(1)案例能把多个知识点贯穿起来,案例教学法把法学理论、法律制度和法治实践结合起来,从而实现教学内容的融会贯通,有利于培训学生的综合思维和系统思维。

(2)案例教学法能够提高学生查阅资料能力、抽象概括能力、语言表达能力、逻辑推理能力、解决问题能力、社会洞察力,而这些实操能力对于学生从事法律职业大有益处。

(3)案例教学法能够发挥案例形象化、具体化的特点,改变枯燥的教学氛围,从而启迪学生个人钻研、独立思考,调动学生积极性和主动性,提高学习效率,增强学生学习兴趣,成为主动型学习者(Active Learner)。

(4)案例教学法有利于激发学生的怀疑精神和批判精神,培养学生的主体意识和创新意识,从而去挖掘法律背后的潜在问题。

(5)案例教学法是法学教育规律的必然要求,也是培养高水平应用型法律人才的重要途径,有利于推进素质教育和法学教育改革。

由于法律形式和法律文化的差异,虽然我国近年来大力推广案例分析法在法学教育中的运用,案例教学法研究成果也可谓长篇累牍,但案例教学法的效果还有很大的提升空间,甚至案例教学法只是流于形式。究其根源,可能在案例选择、预习准备、教师素质、组织实施等方面存在不足。

3. 教师和学生的准备工作

教师、学生和教学内容是教学环节的三大要素,案例分析法改变了这三大要素的地位和作用。传统教学中,教师是主导,处于支配地位,教学内容模式化,以讲课为基础,知识在教师与学生之间单向流动;案例分析法打破了这种结构,教师处于次要地位,主要起引导作用,教学内容灵活多变,以讨论为基础,知识在教师与学生之间多向流动,学生成为课堂的主要。当然,案例分析也要保证学生获得完整而系统的法律知识。

与传统讲授法相比,案例分析法对教师提出了更高的要求。教师不仅要全面领会教学大纲的精神,准确掌握教学内容,而且要有丰富的法律实践经验,还要有娴熟的案例教学经验。教师需要选择恰当的司法案例或法治事件,并对所选素材进行加工改造以适合教学需

---

① 王祥修.美国法学案例教学法及其对我国的启示.职业时空,2013(3).

要。在案例分析时,教给学生发现问题、分析问题、解决问题的方法方式、思路途径等,引导学生积极思考,对案例进行全面分析和鉴别,并提出解决问题的办法。

案例教学法改变了传统教学以教师为主的状况,强调学生的积极参与。因此,学生的准备工作也至关重要,可主要从两方面入手:一是布置案例,要求学生课前预习。学生应当在熟悉案情的基础上,带着问题上课,从而实现从被动接受向主动学习转变。二是给学生提供所需准备的材料范围,提高学生预习的针对性。

4．如何选择案例

今天的案例分析法与古代的苏格拉底式教学法已经有了很大差异,它对教师和学生都提出了更高的要求,需要教师和学生进行充分的准备。其中,选择一个恰当的案例是实施案例教学的前提,也是决定案例教学成效的关键,需要较强的观察力和概括力。

法律案例纷繁复杂,不可能也没必要把所有案例都纳入讨论范围,而需要对案例进行分类取舍。精心选择案例,应把握以下几个原则:

(1) 贴切性,即所选择案例要与所要讲授的法学理论和法律条文紧密结合起来,具有关联性。

(2) 专业性,即所选择案例要体现一定的专业方向,即使是同一门课程,针对不同专业方向的学生,其案例难易程度、复杂程度要有所差别,具有针对性,不能一刀切。

(3) 典型性,即所选择案例是该领域具有代表性、普遍性、影响较大的司法案例或法治事件。

(4) 新颖性,即所选择案例尽可能是最近发生的案例,以解决司法实践中的新问题。

(5) 综合性,即所选案例应有一定的深度和难度,涉及多个法律知识点乃至不同法学学科的原理,不能仅局限于某个知识点,要有多个知识点的渗透,以增强学生综合分析能力,拓宽学生视野。

(6) 多样性,即所选择的案例既有正面成功的案例,也有反面失败的案例;既有结论相对确定的案例,也有具有争议性的案例,能引发不同的观点,调动学生的学习兴奋点。

5．如何分析案例

案例分析法不仅需要教师改变传统的授课方法,亦需要学生改变传统的学习习惯。如果说,准备案例更多是教师工作的话,那么,仔细准备特定案例相关的知识和法律则主要是学生的工作。课前没有这些准备的话,学生在课堂讨论中将一无所获。

在这些精心准备的基础上,认真分析案例,一般要经过以下步骤:

(1) 步骤一:熟悉案例。把握基本案情、案件当事人、各方诉求及证据、争议焦点。

(2) 步骤二:确定目标。找出本案例涉及的法律法规、法学理论和司法解释,凝练出本案例涉及的法律问题,对案件涉及的法律问题进行深入思考和研究。

(3) 步骤三:分析症结。仔细阅读和思考案例事实,运用法律知识和法学原理作出理性分析和判断,主要是定性分析而非定量分析,即对案件法律性质的分析。

(4) 步骤四:作出诊断。在上述分析的基础上,提出各种解决方案和策略,并在此基础上挑选出最优策略或作出结论。

(5) 步骤五:由教师或学生作出总结,教师进行客观点评。总结的内容包括两方面:一是案例涉及的知识点、法律法规及其联系;二是分析案例的思路恰当与否、观点推论的逻辑性与全面性、语言表达效果以及进一步改进的建议。点评主要是针对分析方法而非分析内容和结论展开,除非该内容和结论违背基本法理。

一般而言,法学案例分析会从以下几个方面入手:

(1) 主体分析,即本案涉及的法律主体有哪几类?

(2) 法理分析,即本案涉及的法学理论、法律条文有哪些?根据法律规定和法学原理,当事人享有哪些权利?承担哪些义务?

(3) 性质分析,即当事人是否违反了法律规定?

(4) 责任分析,即当事人应承担哪类法律责任、哪些具体法律责任?

分析案例要在宽松的课堂氛围中进行,并在教师的指导下完成,主要采取问答式、讨论式等启发式教学方法。问答式开导思想,讨论式可随时引起。可求同,但更应求异,以培养学生的创新思维。教师可设定特定场景,提出一定数量和质量的问题,由学生根据需要组合相关因素,提出新设想。教师应鼓励学生进行开发性、多样性讨论,进行发散思维、求异思维、逆向思维、知识迁移等思维训练。

6. 如何运用案例

分析案例的最终目的在于应用,即从司法案例或法律事件中吸取经验、总结教训。运用案例即案例延伸,是案例分析法的落脚点。在分析案例的基础上,教师要引导学生观察社会生活,将案例反映出的问题与社会现实相对照,引导学生进行总结和展望。

一般而言,案例分析结果的运用包括:

(1) 守法方面,通过本案意识到守法的重要性以及如何正确行使权利和维权;

(2) 执法方面,通过本案提出进一步强化执法的建议;

(3) 立法方面,通过本案提出进一步完善立法的对策;

(4) 普法方面,通过本案提出进行法制宣传、法治教育的措施;

(5) 法学研究方面,通过本案例可以得出目前理论研究的现状、存在的不足以及可能的研究对策。

在案例分析法的运用中,教师扮演主持者、调动者、引导者和点评者的角色,自己对案例有着透彻的理解、客观确定的看法,有着较强的课堂驾驭能力,对案例讨论的每个环节都能恰到好处地进行调动和引导。因此,案例教学法要求教师在讨论时能够抓住重点,起到"画龙点睛"的作用,引导所有学生积极发言。

7. 本书中的案例分析

知识产权是一门涉及多领域的综合性学科,涵盖民商法学、刑法学、行政法学、管理学等内容,专业性、技术性特征明显。因此,对于案例的选择要求较高,既要内容新颖,又要生动丰富。

本书所挑选案例具有较强的代表性、针对性和典型性,是影响较大的真实的司法案例和法治事件,并且大部分都是当年十大知识产权案例,具有一定的复杂性和启发性。有些案例根据需要进行了改变或删减,有些案例则根据需要几乎保留了原貌。每个案例都包括三个部分:

(1) 案件背景:简要地介绍该案例的社会背景、案件的影响、案例的价值。

（2）案情简介：介绍案件的当事人，诉讼请求及证据，抗辩及证据，争议焦点，一审、二审乃至再审的情况，最后判决。

（3）案例思考：提炼出本案例涉及的核心法律问题或引发思考的关键点。

本书中的案例都是与知识产权相关的，并且与每章学习的内容一一对应，每个案例都反映了本章必须理解和掌握的基本理论和法律规定。本书通过案件背景、案情简介、案例思考等部分，引导学生寻求蕴含在法律条文之中的法治精神和立法思想，领略法治实践的丰富多样。

第一编 绪 论

第1章 知识产权导论

◎ 导读：

本章主要讲述知识产权的基础知识，包括知识产权的概念与特征、内容与类型、作用与价值等。其目的是要把握知识产权的内涵，理解知识产权与其他民事权利的不同特性，熟悉知识产权的类型，在此基础上思考知识产权对于企业和国家的作用和价值。

◎ 重点：

1. 与其他民事权利相比，知识产权有哪些特殊性？
2. 如何理解知识产权的时空性？
3. 企业知识产权有哪几类？
4. 当今时代，知识产权对企业意味着什么？
5. 国家知识产权战略如何实现？

案 例 导 入

苹果与三星的世纪诉讼

【案件背景】

苹果与三星都是人们非常熟悉的电子产品的两大品牌，二者在手机、电脑、平板电脑等领域竞争非常激烈。产品竞争的背后是技术的竞争，二者技术的竞争引发了一系列官司。本文中的"苹果与三星的世纪诉讼"指的是苹果与三星专利案，即苹果iPhone与三星第一代Galaxy手机因专利问题在美国、欧盟、韩国等世界各地发生的侵权诉讼，该案从2011年年初一直持续到2013年年底暂告一段落，纵跨时间之长、索赔数额之大、产生影响之广，确可称之为"世纪诉讼"。本案中涉诉的产品，无论是三星Galaxy系列手机以及Galaxy Tab系列平板电脑，还是苹果iPhone系列手机以及iPad系列平板电脑，都是高科技产品，蕴含了大量的专利技术。苹果与三星之争，表面看是专利技术之争与经济利益之争，背后是未来市场地位之争。

【案情简介】

三星公司是苹果公司核心零部件供应商。2010年10月，苹果公司认为三星公司第一代Galaxy手机与苹果iPhone相似度极大，向三星公司发出专利授权要约，愿意授权专利组合，即每部手机30美元、每部平板电脑40美元；如果三星公司以自己专利组合与苹果公司进行交叉授权，苹果公司可以给三星公司20%的折扣。如果交易成功，2010年将为苹果公司带来2.5亿美元的专利授权收入。该专利授权提议被三星公司拒绝。

2011年4月15日,苹果公司以三星公司侵犯了其专利权为由在美国提起诉讼,向三星索赔25亿美元,并要求其停止销售平板电脑产品。

2011年4月21日,三星公司称苹果公司侵犯了其专利权,在韩国、日本和德国提起诉讼,并于6月28日向美国国际贸易委员会(ITC)起诉苹果公司。

2011年8月4日,苹果公司向德国杜塞尔多夫地区法院申请初步禁令,要求禁止三星公司和三星德国公司对某些产品的销售。8月9日,该法院发布初步禁令,9月2日在召开专利权诉讼听证会之后发布禁令,禁止三星公司在德国销售或推广最新的7.7英寸Galaxy Tab平板电脑。三星公司对这一禁令提出申诉。

2011年9月,苹果公司又陆续在日本、澳大利亚等地对三星公司提起多项与iPhone和iPad相关的专利权诉讼,提出侵权赔偿,并请求法院发布禁令。

2011年11月30日,三星公司在澳大利亚上诉成功,推翻了此前的临时禁令,从而可以销售10.1英寸Galaxy Tab平板电脑。次年3月6日,三星公司在韩国向法院递交诉讼,指控苹果公司iPhone 4S和iPad 2侵犯了其三项专利。

2012年5月24日,苹果公司与三星公司在美国旧金山寻求和解,但最终失败。7月31日,美国加州圣何塞法院开庭审理苹果公司与三星公司电子的专利诉讼。8月20日,苹果公司与三星公司庭外和解失败,苹果公司指控三星公司抄袭了iPhone等产品的设计专利,三星公司提出反诉。

2012年8月,美国加州圣何塞法院就苹果公司诉三星公司专利侵权一案做出判决:三星公司故意侵犯苹果公司多项专利,应向苹果公司付10.51亿美元损失补偿,而苹果公司未侵犯三星公司任何专利。判决未涉及有关产品禁售问题。12月7日,该案再次开庭,三星公司要求法院裁定专利侵权罚款判决无效,苹果公司方面则要求法院禁止三星公司在美销售部分型号的智能手机,包括Galaxy S 4G、Galaxy S 2和Droid Charge,并追加5.35亿美元索赔。

2012年12月18日,三星公司宣布,它将撤销在欧洲各国对苹果公司提出的专利侵权诉讼。

2013年11月21日,美国加州圣何塞法院结束了对三星公司支付苹果专利侵权赔偿金金额的复审,裁定三星向苹果赔偿近2.9亿美元。两大巨头旷日持久的专利大战暂告段落,苹果占据上风,但官司远没结束。

【案例思考】

1. 苹果公司自1976年4月1日创立之日起,便以创新而闻名,其研发的iPod、Mac笔记本电脑、iPhone、iPad一经推出便受到了"果粉"的热烈追捧。苹果公司也成为高科技公司的代名词,上市五年内便进入世界500强。请思考,苹果成功的根源是什么?

2. 什么是专利交叉授权?

3. 什么是销售禁令?

4. 在专利侵权诉讼中,为什么经常会达成和解方案?

5. 结合本案,谈谈专利侵权赔偿损失额应当如何计算。

1.1 知识产权的概念

1.1.1 知识产权的内涵

知识产权(Intellectual Property),又称为智慧财产权或智力成果权,是指人们对其创造的智力成果依法享有的专有权利。

智力成果的范围非常广泛,既包括发明创造、文学艺术作品、商业标识,也包括软件、企业名称、商业秘密、新品种植物、域名等。

知识产权本质上是一种无形财产权,但二者的视角和范围不同。知识产权主要是从权利客体的属性——智力成果角度而言的,无形财产权主要是从权利客体的形态——非物质形态角度而言的。无形财产除了创造性智力成果外,还包括商品声誉、商业信誉、经营资格、知识经验等。

1.1.2 知识产权的特征

知识产权作为民事权利的一种,具有一般民事权利的特征,譬如私权性、法定性、绝对性。但其作为一种独立的民事权利,又具有自身的特性:

1. 无形性

知识产权的无形性是指,其客体既不是人身或人格,也不是外界的有体物或无体物,而是人的无形性的智力成果。需要把知识产权的客体与载体区别开来,知识产权的载体是有形的,譬如作品、产品等,而知识产权的客体则是这些作品、产品等所体现出来的权利人的思想,因而是无形的。

2. 复合性

知识产权的复合性是指,其内容既包括人身权利又包括财产权利。所谓人身权利,又可以称为精神权利,是指权利与取得智力成果的人的人身不可分离,是人身关系在法律上的反映。例如,作者在其作品上署名的权利,或对其作品的发表权、修改权等。所谓财产权利,又可以称为经济权利,是指智力成果被法律承认以后,权利人可利用这些智力成果取得报酬或者得到奖励的权利。例如,根据《中华人民共和国公司法》(以下简称《公司法》)第二十七条规定,知识产权可以用货币估价并可以依法转让的非货币财产作价出资。

3. 地域性

知识产权的地域性是指,其地域效力范围仅限于其所确认和保护的地域内。即除签有国际公约或双边互惠协定外,经一国法律所保护的知识产权只在该国范围内发生法律效力。

4. 时间性

知识产权的时间是指,其时间效力范围仅限于法律规定的保护期限,期满后则权利自动终止。即法律对知识产权的保护规定了一定的期限,知识产权一般只在有限的时间内有效。虽然各国法律对保护期限的长短可能不完全相同,只有参加国际协定或进行国际申请时,才对某项权利有统一的保护期限。譬如,我国专利法规定,发明专利的有效期是20年,实用新型和外观设计专利的有效期是10年。当然,个别知识产权的保护不受时间限制,例如商业秘密权、著作权中的署名权等。

5. 专有性

知识产权的专有性是指,其是国家赋予创造者对其智力成果在一定时期内享有的独占权,其他人未经权利人允许不得使用该知识产权。知识产权实际上是一种垄断权,是法律赋予权利人对其智力成果所享有的专有权利,权利人独占或垄断的专有权利只有通过"强制许可""合理使用"等法律程序才能变更。但这种垄断是一种合法的垄断,从这个意义上讲,知识产权法与反垄断法的宗旨是一样的,即都是为了鼓励人们创新和社会发展。

1.2 知识产权的类型

1.2.1 知识产权的国外分类

在国外,通常把知识产权分为两大类:版权(也称为文学产权)和工业产权(也称为工业所有权)。版权,是指自然人、法人或者其他组织对文学、艺术和科学作品依法享有的财产权利和精神权利的总称,主要包括著作权及与著作权有关的邻接权。工业产权,则是指工业、商业、农业、林业和其他产业中具有实用经济意义的一种无形财产权,主要包括专利权、商标权、商业秘密权、商号权、地理标志权、植物新品种权、集成电路布图设计专有权、域名权等。

1967年7月14日在斯德哥尔摩签订、1970年生效并于1979年作出修正的《建立世界知识产权组织公约》(《WIPO公约》)第二条第八项规定:"知识产权"包括下列有关的产权:文学、艺术和科学著作或作品;表演艺术家的演出、唱片或录音片或广播;人类经过努力在各个领域的发明;科学发现;工业品外观设计;商标、服务标志和商号名称及标识;以及所有其他在工业、科学、文学或艺术领域中的智能活动产生的产权。

1.2.2 知识产权的国内分类

《中华人民共和国民法通则》(以下简称《民法通则》)中规定了六种知识产权类型,即著作权、专利权、商标权、发现权、发明权和其他科技成果权,并规定了知识产权的民法保护制度。

理论上,通常认为知识产权包括:著作权、邻接权、专利权、商标权、商业秘密权、商号权、地理标志权、集成电路布图设计权、植物品种权等。其中,最为重要的是著作权、专利权和商标权。

广义的著作权是指文学、艺术和科学作品的作者及其相关主体依法对作品所享有的人身权利和财产权利,包括(狭义的)著作权、邻接权、计算机软件著作权等。狭义的著作权又分为发表权、署名权、修改权、保护作品完整权、使用权(复制权、发行权、出租权、展览权、表演权、放映权、广播权、信息网络传播权、摄制权、改编权、翻译权、汇编权)和获得报酬权等。著作权自作品创作完成之日起产生,分为著作人身权和著作财产权。其中著作人身权包括公开发表权、姓名表示权及禁止他人以扭曲、变更方式利用著作损害著作人名誉的权利。著作财产权又称为"著作经济权",是指作者通过某种形式(复制、发行、出租、展览、放映、广播、网络传播、摄制、改编、翻译、汇编等)使用作品,从而依法获得经济报酬的权利。

邻接权,又称为"作品传播者权",顾名思义,是"与著作权相邻的权利",具体是指作品传播者对其传播作品过程中作出的创造性劳动和投资所享有的权利。邻接权与著作权密切相关,又是独立于著作权之外的一种权利。在我国,邻接权包括出版者权、表演者权、录制者权和广播电视组织权。

专利权是指一项发明创造向国家专利局提出专利申请，经依法审查合格后，向专利申请人授予的在规定时间内对该项发明创造享有的专有权。在我国，专利分为发明专利、实用新型专利和外观设计专利。专利权的作用主要在于促进技术进步和产业发展。

商标权是指商标注册人或权利继受人在法定期限内对注册商标依法享有的各种权利。商标是产业活动中的一种识别标志，商标权的获得必须履行商标注册程序，而且实行申请在先原则。商标权的作用主要在于维护产业活动中的秩序。

商业秘密权是指民事主体对属于商业秘密的技术信息或经营信息依法享有的专有权利。

商号权是指商事主体对商号在一定地域范围内依法享有的独占使用权。商号权与商标权不同，商号权即厂商名称权，是对自己已登记的商号（厂商名称、企业名称）不受他人妨害的一种使用权。企业的商号权不同于个人的姓名权（人格权的一种）。

地理标志权是指为国内法或国际条约所确定的或规定的附着在来源特定地区的特定商品上的权利。

集成电路布图设计权是指自然人、法人或其他组织依法对集成电路布图设计享有的专有权。

植物新品种权是指完成育种的单位或个人对其获得授权的品种依法享有的排他使用权。

需要说明的是，虽然巴黎公约中也规定了原产地名称、反不正当竞争等问题，但原产地名称不是智力成果，反不正当竞争问题主要由反不正当竞争法解决，所以一般不应列入知识产权的范围。

当然，科学技术的发展和人类社会的进步，不仅使知识产权的内涵更加丰富，而且使知识产权的外延不断拓展。例如，版面设计、专有技术等都正在成为知识产权保护的对象。因此，知识产权是一种动态的、范围不断扩大的权利类型。

1.3 知识产权的取得途径

1.3.1 知识产权的原始取得与继受取得

从权利的来源方式角度，可以把知识产权的取得途径分为原始取得与继受取得。

知识产权的原始取得，又称为知识产权的固有取得，是指非依据他人的权利及意思表示而直接依据法律的规定取得知识产权。

知识产权的原始取得，主要通过两种途径：(1) 依法申请获得，比如商标的申请注册、专利的申请授权、商号的登记等。(2) 依法自动获得，即不须履行申请程序，就可以依法自动取得对特定智力成果或商业标识的知识产权。例如，作者对作品从完成之时就取得了著作权，而不以是否公开发表、是否登记为标准。

知识产权的继受取得，又称为知识产权的传来取得，是指基于一定的法律事实，依赖于他人意思表示而取得知识产权。

知识产权的继受取得主要通过以下几种途径：(1) 受让；(2) 许可；(3) 赠与；(4) 继承；(5) 其他方式。例如，因专利许可而取得专利的使用权。

1.3.2 知识产权的自动取得与申请取得

从权利的来源形式角度,可以把知识产权的取得途径分为自动取得与申请取得。

所谓自动取得,是指知识产权仅依一定事实的出现即可自动取得、享有,无须履行一定的法律程序。可以自动取得的知识产权,主要有著作权(包括邻接权)、发明权、商业秘密权、知名商品的特有名称权、知名商品的产品外观(特有包装、装潢)权等。以著作权为例,作者仅依其作品创作完成之事实,即自动取得著作权,而不论发表与否,更无须履行申请、登记之程序。

所谓申请取得,是指知识产权须经申请人申请,由相应的国家机关依一定程序审查批准予以登记、注册后,始能取得。申请取得的知识产权类型主要有:专利权、商标权、植物新品种权、商号权、特殊标志权等。以专利权为例,发明人须将其发明向国家专利主管部门提出专利申请,专利主管部门依法进行初步审查和实质审查之后,如果没有发现驳回理由,则作出授予发明专利权之决定,颁发发明专利证书,同时予以登记和公告,发明专利权自公告之日起生效。

1.4 知识产权的价值

1.4.1 知识产权对个体的价值

当今社会已进入知识经济时代。1983年,美国加州大学教授保罗·罗默提出了"新经济增长理论",认为知识是一个重要的生产要素,它可以提高投资的收益,这标志着知识经济在理论上的初步形成。知识经济,亦称智能经济,是与农业经济、工业经济相对应的一个概念,是指建立在知识和信息的生产、分配和使用基础上的经济形态。①

知识经济作为一种经济产业形态的确立,其主要标志是美国微软公司为代表的软件知识产业的兴起。美国经济增长的主要源泉是5 000家软件公司,它们对世界经济的贡献不亚于名列前茅的500家世界大公司。在现代社会生产中,知识已成为生产要素中一个最重要的组成部分,以此为标志的知识经济将成为21世纪的主导型经济形态。

知识产权是"创新"的目标,也是"创新"的结果,更是知识经济的重要组成部分。知识产权的客体虽然是无形的智力成果,但这种无形的精神财富,与有形的土地、资金、厂房、汽车等财产一样,都具有重要的价值和使用价值,甚至有些知识产权的价值远远高于有形财产,譬如驰名商标、重大专利、商业秘密等,这也是知识产权受到法律保护的原因所在。

无论是对企业而言,还是对个人而言,知识产权为智力成果完成人的权益提供了法律保障,调动了人们从事科学技术研究和文学艺术作品创作的积极性和创造性。反过来,这些知识产权能为企业和个人带来丰厚的利润。以在3G、4G领域居于领先地位的美国高通公司为例,美国商业专利数据库(IFI Claims Patent Services)的数据显示,该公司在全球范围内共申请近5万件专利,授权件数近1.5万件,核心专利多达1 500多项。多年来,在高通公司的收入中,专利许可费用已经占到三分之一,更是利润的绝大部分贡献者。

因此,在知识经济时代,知识产权是最重要的生产要素,谁掌握了先进技术,谁就掌握了

---

① 秦言.知识经济时代.天津:天津人民出版社,1998:3.

未来。知识产权为智力成果的推广应用和传播提供了法律机制,为智力成果转化为生产力、产生巨大的经济效益和社会效益提供了制度保障。

1.4.2 知识产权对社会的价值

"知识经济的精髓在于把知识变成财富。"[①]在知识经济时代,知识产权作为国家核心竞争力的战略资源,其重要地位更加凸显。知识产权是企业或个人在科学、技术、文学、艺术等领域的创造性智力成果,更是国家的宝贵财富。当前国家之间的竞争,表面看是经济实力、军事实力的竞争,实际上更是技术实力、文化实力等软实力的竞争,知识产权对于提升国家竞争力具有无可替代的重要作用。

对于整个社会而言,知识产权为促进技术进步、社会发展提供了技术支撑,为国际经济技术贸易和文化艺术的交流提供了法律准则,促进人类文明进步和经济发展。知识产权制度赋予权利人对智力成果和知识产品享有排他性的使用、生产和经营的垄断权,为权利人提供周全的保护,极大地增强了权利人充分利用、使用智力成果和知识产品的积极性,有利于提高知识产权的商品转化率,从而为社会创造更多的财富。知识在经济社会发展中的作用越来越突出,大力开发和利用知识资源,对于转变经济发展方式,缓解资源环境约束,满足人民群众日益增长的物质文化生活需要,具有重大战略意义。

从国际视野看,科学、技术、艺术、文化是没有国界的,知识产权作为一种精神财富和智力成果具有流动性,它可以通过多种途径、多种方式在国际间沟通交流。尤其是在信息时代,随着国际互联网、物联网的出现,通讯事业日益发达,商品流通更加便捷,知识产权的传播也就更加频繁,从而带动了整个社会财富的增长和科学文化事业的发展。

也正由于知识产权的重要作用,世界各国大都制定了本国的知识产权战略,国际社会也制定了日益完善的知识产权公约,用以鼓励人们创新,保护知识产权。

知识拓展

世界知识产权日(4月26日)

根据中华人民共和国和阿尔及利亚在1999年的提案,世界知识产权组织在2000年召开的第三十五届成员大会上通过决议,决定从2001年起,将每年的4月26日定为"世界知识产权日"。4月26日是《建立世界知识产权组织公约》(《世界知识产权组织公约》)生效的日期。设立世界知识产权日旨在全世界范围内树立尊重知识,崇尚科学和保护知识产权的意识,营造鼓励知识创新和保护知识产权的法律环境。

历年"世界知识产权日"主题回顾

2001年:今天创造未来

2002年:鼓励创新

2003年:知识产权与我们息息相关

2004年:鼓励创造

2005年:思考、想象、创造

---

① 齐建国,等.知识经济与管理.北京:社会科学文献出版社,2001:243.

2006年:知识产权——始于构思
2007年:鼓励创新
2008年:尊重知识产权和赞美创新
2009年:绿色创新
2010年:创新——将世界联系在一起
2011年:设计未来
2012年:天才创新家(Visionary Innovators)
2013年:创造力:下一代(Creativity: The Next Generation)
2014年:电影——全球挚爱
2015年:因乐而动,为乐维权

1.5 知识产权战略

1.5.1 国家知识产权战略

随着知识经济和经济全球化的深入发展,知识产权日益成为国家发展的战略性资源和国际竞争力的核心要素。鉴于知识产权的重要作用,许多国家提出了知识产权战略,作为国家长期发展战略的重要组成部分。

1979年,美国政府提出"要采取独自的政策提高国家的竞争力,振奋企业精神",并第一次将知识产权战略提升到国家战略的层面。从此,知识产权战略成为美国企业与政府的统一战略。为此,美国对其知识产权法律进行了一系列的修订、完善和扩充。1980年通过了《拜杜法案》,1986年通过了《联邦技术转移法》,1998年通过了《技术转让商业化法》,1999年通过了《美国发明家保护法令》,2000年又通过了《技术转移商业化法案》,进一步加大对知识产权的保护力度,进一步简化科技成果运用程序。与此同时,在美国国际贸易中,一方面通过《1974年贸易法》"特别301条款"对竞争对手予以打压,[1]另一方面又积极推动世界贸易组织的知识产权协议的达成,从而形成了一套有利于美国的新的国际贸易规则。另外,美国非常注重知识产权战略研究,例如美国CHI研究公司的"专利记分牌"系统,运用文献计量分析方法对科学论文和专利指标进行研究,已经被许多国家使用。日本陆续提出"教育立国""科技立国"等口号,并于2002年明确确立了知识产权战略,制定了《知识产权战略大纲》,成立了跨政府部门的知识产权战略会,把"知识财产"定位到"立国战略"的高度,要发展成"全球屈指可数的知识产权大国"。此外,俄罗斯、韩国和印度等国在制定技术创新战略的同时也把对技术创新过程中的知识产权保护纳入国家战略。

为提升我国知识产权创造、运用、保护和管理能力,建设创新型国家,实现全面建设小康社会目标,国务院于2005年初成立了国家知识产权战略制定工作领导小组,启动了战略的

---

[1] "301条款"是美国《1974年贸易法》第301条的俗称,是美国贸易法中有关对外国立法或行政上违反协定、损害美国利益的行为采取单边行动的立法授权条款。它最早见于《1962年贸易扩展法》,后经《1974年贸易法》《1979年贸易协定法》《1984年贸易与关税法》,尤其是《1988年综合贸易与竞争法》修改而成,主要是指《1988年综合贸易与竞争法》第1301-1310节的内容,包含"一般301条款""特别301条款"(关于知识产权)、"超级301条款"(关于贸易自由化)和具体配套措施以及"306条款监督制度"。

制定工作,知识产权局、工商总局、版权局、发改委、科技部、商务部等三十三家中央单位共同推进战略制定工作。2008年6月5日,国务院印发了我国的《国家知识产权战略纲要》(以下简称《纲要》),这是中国运用知识产权制度促进经济社会全面发展的重要国家战略,也是今后较长一段时间内指导中国知识产权事业发展的纲领性文件。

《纲要》指出,实施国家知识产权战略,大力提升知识产权创造、运用、保护和管理能力,有利于增强我国自主创新能力,建设创新型国家;有利于完善社会主义市场经济体制,规范市场秩序和建立诚信社会;有利于增强我国企业市场竞争力和提高国家核心竞争力;有利于扩大对外开放,实现互利共赢。因此,必须把知识产权战略作为国家重要战略,切实加强知识产权工作。

《纲要》提出了我国实施国家知识产权战略的指导思想和战略目标。即到2020年,把我国建设成为知识产权创造、运用、保护和管理水平较高的国家。知识产权法治环境进一步完善,市场主体创造、运用、保护和管理知识产权的能力显著增强,知识产权意识深入人心,自主知识产权的水平和拥有量能够有效支撑创新型国家建设,知识产权制度对经济发展、文化繁荣和社会建设的促进作用充分显现。

《纲要》提出了我国实施国家知识产权战略的重点,包括完善知识产权制度、促进知识产权创造和运用、加强知识产权保护、培育知识产权文化;提出了我国实施国家知识产权战略的专项任务,包括专利、商标、版权、商业秘密、特定领域知识产权、国防知识产权等;我国实施国家知识产权战略的措施,包括提升知识产权创造能力、鼓励知识产权转化运用、加快知识产权法制建设、提高知识产权执法水平、加强知识产权行政管理、发展知识产权中介服务、加强知识产权人才队伍建设、推进知识产权文化建设、扩大知识产权对外交流合作等等。

《纲要》的实施,有利于增强我国自主创新能力,建设创新型国家;有利于完善市场经济体制;有利于增强企业市场竞争力和提高国家核心竞争力;有利于扩大对外开放,实现互利共赢。

为进一步贯彻落实《纲要》,全面提升知识产权综合能力,实现创新驱动发展,推动经济提质增效升级,国务院办公厅于2014年12月10日发布《深入实施国家知识产权战略行动计划(2014—2020年)》(以下简称《行动计划》)。

《行动计划》对深入实施国家知识产权战略明确了指导思想,提出了到2020年要实现的主要目标,包括知识产权创造水平显著提高、知识产权运用效果显著增强、知识产权保护状况显著改善、知识产权管理能力显著增强、知识产权基础能力全面提升等方面。《行动计划》并提出了实现这一目标的主要行动,包括促进知识产权创造运用,支撑产业转型升级;加强知识产权保护,营造良好市场环境;强化知识产权管理,提升管理效能;拓展知识产权国际合作,推动国际竞争力提升,等等。《行动计划》还提出了实现这一目标的基础工程和保障措施等,包括知识产权信息服务工程、知识产权调查统计工程、知识产权人才队伍建设工程,等等。

1.5.2 企业知识产权战略

知识产权战略可分为多个层次:首先是国家知识产权战略,即从整个国家的宏观层面来考量,知识产权战略应与国家的经济发展模式、人才培养、研发体系等密切相关,应当统筹规划。其次是区域知识产权战略,不同地区在经济发展水平和科学技术实力以及知识产权资源等方面可能会存在很大差异,因此不同地区不同时期的知识产权发展应当有所不同,应当针对不同区域的实际情况,制定有针对性的知识产权战略。再次是行业知识产权战略,不同行业的技术含量和技术水平会有所不同,各行各业应当根据自身发展状况以及国家的产业政策,制定行业知识产权战略。最后是企业知识产权战略,即企业要根据自身情况,增强知识产权保护意识,丰富知识产权创新手段,提高知识产权创造、利用、管理与经营能力。

所谓企业知识产权战略,是指企业为获取与保持市场竞争优势,运用知识产权制度进行确权、保护与运用从而谋取最佳经济效益的策略和手段。企业知识产权战略是指导企业知识产权建设和发展的纲领,其应当依托于知识产权法律制度,与企业经营战略直接相关,是企业整体发展战略的组成部分,同时具有阶段性。

企业知识产权战略可以分为:企业知识产权管理战略、知识产权培训与激励战略、知识产权创造与申请战略、知识产权预防与控制流失战略、知识产权投资与交易战略等。具体内容包括知识产权管理机制、知识产权创新机制、知识产权激励机制、知识产权应用机制、知识产权保护机制、知识产权交易机制、知识产权布局机制、知识产权跟踪机制、知识产权监控机制、知识产权人才培养机制等。

诺基亚沉浮警示录

【案件背景】

诺基亚,曾经的手机巨头,创造了无数"第一";多少人以拥有一部诺基亚手机为目标、为自豪。然而,这一2000年市值达到3 030亿欧元的大公司,为什么在2013年以71.7亿美元的价格出售给了微软?经历了萌芽时代、工业时代、手机时代的诺基亚为什么最终走向后微软收购时期?诺基亚手机由盛转衰的速度之快,至今令人唏嘘和不解。在以互联网为标志的新科技时代,分析诺基亚的沉浮,对于企业尤其是科技型企业的发展或许有重要参考价值。

【案情简介】

1865年,采矿工程师弗雷德里克·艾德斯坦在芬兰坦佩雷镇建立了一家木浆工厂,并于1868年在坦佩雷镇西15公里处的诺基亚河边建立了一家橡胶加工厂。1871年,艾德斯坦在朋友利奥·米其林的帮助下,将上述两家工厂合并为一家工厂,并将其转变为一家股份有限公司,命名为"诺基亚"。

19世纪末,无线电产业刚刚起步,艾德斯坦将诺基亚管理职务交给米其林。1902年,米其林说服艾德斯坦,将诺基亚公司的业务扩张到电信行业。1967年,诺基亚成为芬兰国内跨产业的大型公司,其产业涉及造纸、化工、橡胶、电缆、制药、天然气、石油、军事等多个领域。

1960年诺基亚时任总裁Bjorn Westerlund认为电信行业是科技未来发展的趋势,于是建立了诺基亚电子部,并专注于电信系统方面的工作,诺基亚在芬兰电信市场所占份额不断增加。1982年,诺基亚生产了第一台北欧移动电话网移动电话Senator,随后开发Talkman。

1990年,在手机用户大增、手机价格降低、移动电话变小的趋势下,诺基亚制定了将发展成为一个富有活力的电信公司的战略,并致力于全球通技术,1991年,通过芬兰诺基亚

Radiolinja 网络进行了首次全球通对话。

20世纪90年代中期,因涉及产业过多,诺基亚濒临破产,诺基亚果断舍弃其他所有产业,并拆分了传统产业,只保留下诺基亚电子部门,专注于传统功能手机产业的研发。1995年,诺基亚的整体手机销量和订单剧增,公司利润大增。

从1996年开始,诺基亚手机连续15年占据手机市场份额第一的位置,并且推出了Symbian和MeeGo的智能手机,主要业务有三块:设备与服务、Here地图以及网络设备。2003年,诺基亚1100在全球累计销售达2亿台;2009年诺基亚公司手机发货量约4.318亿部;2010年第二季度,诺基亚在移动终端市场的份额约为35.0%,领先当时其他手机市场占有率20.6%。

2010年,苹果公司开发的移动操作系统IOS以及由谷歌公司开发的移动操作系统Android被普遍应用到手机领域。面对新操作系统的智能手机的严重夹击,诺基亚在塞班S60V3基础上推出了S60V5,并且在2010年分别发布了MeeGo和Symbian^3,然而未能打败IOS和Android。

2011年第二季度,诺基亚全球手机销量第一的地位被苹果及三星双双超越。2月11日,诺基亚在宣布与微软达成战略合作关系,放弃Symbian和MeeGo,采用微软Windows Phone系统,并且将参与该系统的研发。

2012年6月21日,微软在发布了Windows Phone 8(WP8)操作系统,诺基亚开始大量生产WP8手机,不过新的WP8系统和原来的WP7.5系统并不兼容。9月5日,诺基亚联合微软正式推出两款采用微软WP8操作系统的智能手机。

2013年9月3日,微软宣布,将以37.9亿欧元收购诺基亚的设备与服务部门,同时以16.5亿欧元购买其10年期专利许可证,共计54.4亿欧元,约折合71.7亿美元。该收购项目中包括诺基亚的手机部门和手机业务,以及诺基亚在全球的手机制造工厂和诺基亚的手机部门和工厂的所有员工,还有诺基亚的大量专利以及品牌的授权。

2014年4月25日,诺基亚公司宣布已正式将旗下移动电话业务移交至微软集团,将专注于Here地图服务及网络设备领域。4月28日,微软正式宣布完成对诺基亚设备与服务部门的收购,收购后实体公司更名为"微软移动",但"诺基亚"品牌将会一直保留;与此同时,诺基亚的3.2万名员工将加入微软。诺基亚收购案画上了句号,从此诺基亚手机变为历史。

【案例思考】
1. 诺基亚是如何成功的?
2. 诺基亚是如何失败的?
3. 谁将可能成为下一个"诺基亚"?

第 2 章 知识产权概述

◎ **导读：**

本章主要讲述知识产权法的基础知识，包括知识产权法的概念与特征、地位与性质、宗旨与原则、价值与体系等。其目的是要把握知识产权法的内涵，理解知识产权法在整个法律体系中的地位，了解知识产权法的历史沿革和相关国际条约，熟悉我国知识产权法的体系，思考知识产权法律制度对于保护知识产权和鼓励人们创新、促进技术进步的作用机理。

◎ **重点：**

1. 知识产权在整个法律体系中居于什么地位？
2. 知识产权法有什么特性？
3. 知识产权法的价值在哪里？
4. 我国知识产权法律体系有哪些内容？
5. 国际知识产权法律体系有哪些内容？

品牌的力量

【**案件背景**】

在知识经济时代，知识产权作为重要的生产要素，其重要性或许已远远超过土地、资金、劳动力等传统生产要素。一项核心专利可以通过专利授权而成为企业的"印钞机"；一个驰名商标能够因为品牌效应而为企业带来巨额利润。本案例选取了全球十大品牌与中国最具价值十大品牌，通过这些品牌比较，不难发现，以知识创新和技术先进为代表的高科技行业处于世界最具价值品牌的领先地位；也不难发现，与全球大品牌相比，中国企业的品牌价值还相对较低，品牌的科技含量亦有待提高。

【**案情简介**】

2014 年 2 月，英国品牌价值咨询公司 Brand Finance 发布了 2014 年全球最具价值十大品牌排行榜，[①]排名靠前的都是科技巨头。具体排名如表 2-1 所示：

---

① 《2014 年全球最具价值十大品牌》，《英国每日电讯报》，2014 年 2 月 18 日。原文地址：http://www.telegraph.co.uk/finance/globalbusiness/10644879/The-worlds-most-valuable-brands-in-2014.html?frame=2826226。访问日期：2014 年 10 月 26 日。

表 2-1　2014 年全球最具价值十大品牌排行榜

排名	品牌	品牌价值（亿美元）
1	苹果	1 047
2	三星	788
3	谷歌	686
4	微软	628
5	威瑞森（Verizon）电信	535
6	通用电气	525
7	AT&T 电信	454
8	亚马逊	451
9	沃尔玛	448
10	IBM	415

另据全球三大品牌价值评估机构之一的世界品牌实验室评估的"2015 年中国 500 最具价值品牌"中[①]，前十强的品牌及其价值如表 2-2 所示：

表 2-2　2015 年中国最具价值十大品牌排行榜

排名	品牌	品牌价值（亿元）
1	工商银行	2 615.76
2	国家电网	2 508.18
3	中国移动通信	1 862.55
4	华为	1 825.96
5	中国人寿	1 822.72
6	CCTV	1 809.16
7	中化	1 516.56
8	海尔	1 475.59
9	中国一汽	1 362.79
10	中国石油	1 352.17

【案例思考】

1. 通过全球最具价值十大品牌与中国最具价值十大品牌的比较，能发现什么规律？
2. 通过全球最具价值十大品牌与中国最具价值十大品牌的比较，谈谈品牌的价值。
3. 通过全球最具价值十大品牌与中国最具价值十大品牌的比较，可以发现中国企业品牌还有哪些不足？

---

① http://www.maigoo.com/news/412069.html。访问日期：2015 年 7 月 13 日。

2.1 知识产权法概述

2.1.1 知识产权法的概念与特征

2.1.1.1 知识产权法的概念

知识产权法,是指因调整知识产权的创造、归属、利用、管理和保护等活动中产生的社会关系的法律规范的总称。

知识产权法的调整对象,即知识产权法律规范所调整的社会关系包括以下几部分:

1. 知识产权取得过程中发生的社会关系
(1) 知识产权申请人之间的关系。
(2) 知识产权行政主管部门与申请人之间的关系。
(3) 知识产权申请人与社会公众之间的关系。
2. 知识产权利用过程中发生的社会关系
(1) 知识产权自主利用过程中,权利人与受让人、被许可人之间的关系。
(2) 知识产权强制利用过程中,权利人与利用人之间的关系。
3. 知识产权保护过程中发生的社会关系
(1) 知识产权行政保护中发生的关系。
(2) 知识产权司法保护中发生的关系。
4. 知识产权管理过程中发生的社会关系
(1) 知识产权主管部门与申请人之间的关系。
(2) 知识产权主管部门与权利人之间的关系。
(3) 知识产权主管部门与利益相关人之间的关系。

从法律制度角度而言,知识产权法主要包括以下几种法律制度:
(1) 著作权法律制度。
(2) 专利权法律制度。
(3) 商标权法律制度。
(4) 商业秘密权法律制度。
(5) 商号权法律制度。
(6) 地理标志权法律制度。
(7) 集成电路布图设计权法律制度。
(8) 植物品种权法律制度。

2.1.1.2 知识产权法的特征

从法律部门角度而言,知识产权法属于民法。民法的基本理念、基本原则、基本制度、基本规范仍适用于知识产权,知识产权仍属于私权。但作为一个新型的子法律部门,知识产权法呈现出许多区别于传统民法的特征:

(1) 知识产权法兼具技术性与专业性,属于科技型法。知识产权的技术性、专业性决定了知识产权法具有鲜明的技术性和专业性。这体现在知识产权法的构成除却法律概念与原则外,还包括大量的专门性的知识产权概念、术语,尤其是包含一些不直接设定权利义务的技术性规则。

（2）知识产权法兼具实体法与程序法性质，属于综合型法。自从英国功利主义法学家边沁(1748—1832)创造了程序法这一概念后，实体法与程序法就成为法的重要分类标准。实体法是规定和确认权利和义务以及职权和责任为主要内容的法律，程序法是规定以保证权利和职权得以实现或行使，义务和责任得以履行的有关程序为主要内容的法律。知识产权法应当包括一切调整在知识产权创作、运用、管理、保护活动中形成的社会关系的法律规范的总称，不但规定和确认知识产权实体权利和义务，同时还有涉及这些义务和责任得以履行的程序内容的知识产权法律规范。因此，知识产权法内容既有实体法规范，也有程序法规范。

（3）知识产权法兼具国内法与国际法性质，属于复合型法。知识产权法主要是由一国内部制定的，在该国范围内有效。然而，知识产权问题与整个人类社会的技术进步密不可分，具有全球性，知识产权保护需要跨地区的多国合作乃至全球合作，因此知识产权法具有国际属性。在世界范围内已成立的知识产权组织，制定相关国际法规范，是知识产权法律体系的重要组成部分。另外，知识产权的同质性和国际性决定了知识产权法可以而且应当相互借鉴与移植，在法治后发型国家知识产权法的制定过程中，法治先发型国家在该领域的立法经验与立法成果可以提供有益的借鉴，西方发达国家关于知识产权方面的立法也可以作为我国相关立法的重要参考。

（4）知识产权法具有广泛性和开放性，属于新型法律部门。知识产权法的内容非常广泛，不仅包括专利权、商标权等工业产权，而且包括著作权、邻接权等版权。同时，随着科学技术的不断发展，传统知识产权领域的不断深化，出现了一些新的知识产权问题，例如克隆技术问题。不断拓展的知识产权应用领域给知识产权法的发展提出新的课题，要求知识产权法必须紧跟知识产权发展的脚步，扩展自身的调整范围，合理规制各种新型知识产权法律关系，最终促进知识产权的社会应用。同时，知识产权有着极为广阔而美好的前景，其在社会生活各领域的应用存在着极大的空间，现有的知识产权法业相对狭隘和粗糙，但其必然因知识产权深度潜力而保持高度的开放性，以适应知识产权对人类生产生活方式的影响和改变。因此，知识产权法的制定应具有开放和包容的态度，应将鼓励和促进知识产权发展作为立法宗旨，以保有存世的价值并汲取发展之动力，避免法律的呆板与滞后。

2.1.2　知识产权法的基本原则

所谓知识产权法的基本原则，是指体现和贯穿整个知识产权的立法、执法、司法以及普法行为中的指导思想和基本准则。知识产权法是民法的重要组成部分，因此，民法的一些基本原则，例如平等自愿原则、等价有偿原则、诚实信用原则、公序良俗原则等，也都适用于知识产权法。作为民法之下一个相对独立的法律部门，知识产权法还具有一些特殊的基本原则。同时，由于工业产权与版权差异明显，国际上通常对二者的基本原则分别规定。

2.1.2.1　国际工业产权保护制度的主要原则

1883年制定的《保护工业产权巴黎公约》是国际方面保护工业产权最早、最重要的国际条约，适用于专利、商标、服务标记、厂商名称、货源标记或原产地名称，以及不正当竞争的制止等最广义的工业产权。但就其内容而言，其并不是统一的专利法和商标法，也不是统一的专利标准和商标标准，而是规定了各缔约国都必须遵守的工业产权保护主要原则：

(1) 国民待遇原则,即各成员国在保护工业产权方面必须相互给予其他成员国的国民平等享受该国国民能够获得的保护和待遇。

(2) 优先权原则,即缔约国有义务给予其他缔约国的国民以优先权待遇。所谓优先权是指,各缔约国的国民在首次向一个成员国为一项工业产权提出正式申请的基础上,在一定期限内就相同内容又向其他成员国提出相同申请的,可以要求以首次的申请日作为后一次的申请日。

(3) 独立性原则,即各成员国之间,对同一发明或者商标批准授予的专利或者商标专用权是彼此独立的,是按各自法律进行审查和批准的,互不影响。质言之,在一个成员国对某项发明或商标授予专利权或者商标专用权后,其他成员国没有义务一定要就该项发明或商标授予专利权或者商标专用权;同样,某项发明或商标的专利权或者专用权在某一成员国被撤销或废止时,并不要求其他成员国也采取同样举动。

(4) 强制许可原则,即成员国取得专利权的人,必须于一定期限内在该国境内实施其专利发明,否则该成员国的专利主管机关有权根据请求,颁布实施该项专利的强制许可,或者依法撤销专利权。

2.1.2.2 国际著作权保护制度的主要原则

1886年制定的《保护文学艺术作品伯尔尼公约》,是国际方面保护著作权的最重要的国际条约,其规定了著作权国际保护制度的主要原则:

(1) 双国籍的国民待遇原则。此处的双国籍是指作者的国籍和作品的国籍,双国籍的国民待遇原则即凡某缔约国作者的作品,或在某缔约国内首次出版的作品,在其他的任何缔约国内,都享受国民待遇原则,即享有该缔约国法律给予本国作者作品的同等保护。

(2) 最低限度保护原则,即各缔约国著作权法中提供的保护水平不能低于公约中规定的最低保护标准。

(3) 独立保护原则,即各成员国按照本国的著作权法保护其他成员国的作品,而不管该作品在本国是否受保护。

2.1.2.3 我国知识产权法的基本原则

综合我国著作权法、专利法、商标法等知识产权法的规定,可以把我国知识产权法的基本原则概括为以下几方面:

(1) 鼓励和保护智力创造活动原则。我国知识产权法从提高人们智力创造的积极性、促进科学技术进步和文化繁荣的角度出发,鼓励、支持和保护知识产权,即明确确认权利人对其智力成果享有的人身权利和财产权利,充分保障智力成果为权利人带来的物质利益和精神利益。

(2) 促进智力成果传播和应用原则。鼓励和保护智力成果并非知识产权法的终极价值目标,知识产权法的最终目的是为了应用智力成果为社会提供更多更好的产品和服务,从而推动社会进步。因此,知识产权法在赋予权利人对其智力成果独占权的同时,又对权利做出了一定限制,包括时间和空间上的限制、合理使用限制、法定许可限制、强制许可限制等,其目的就在于促进智力成果的转化、应用和传播。

(3) 加强知识产权国际保护和国际交流原则。在国际经济往来中,技术贸易以及与知识产权有关的货物贸易和服务贸易的比例逐步上升,其中涉及的知识产权问题也日益增多,国际知识产权纠纷、知识产权侵权等问题层出不穷,知识产权保护力度成为衡量一个国家或地区投资环境和贸易环境的一个重要指标。因此,加强知识产权的国际交流和国际保护就成为知识产权法的重要原则。

2.1.3 知识产权法的价值

从哲学意义上讲,价值是客体对满足主体需要的积极意义。与此相对应,法的价值是法对于满足个人、群体、社会需要的积极意义。法的价值具有客观性和主体性,并且人的需要的多元性、多层次性决定了法的价值的多元性、多层次性。通常而言,安全、自由、效益、公平、秩序、正义等是法的基本价值。[①]

知识产权法是法的组成部分,因而具有一般法价值的构成要素。但由于知识产权客体的独特性,知识产权法又有着其特别法的价值内容。[②] 知识产权法的价值在以下四个方面具有鲜明的特点:

(1)效益价值。创新是人类社会发展的不竭动力,知识产权法通过鼓励创新、保护创新,在保障个人利益的同时增加社会效益。因此,效益是知识产权法首要的价值追求。

(2)自由价值。通常意义上法的自由价值,指的是人身自由,而知识产权法中的自由更多指的是创造的自由,即权利人可以自由的创作,可以自由的享有智力成果。例如,作者完成作品后,可以按照自己的意志决定是否署名、是否发表;商标所有人在商标设计完成后,可以自由决定是否注册以及何时注册、在何地注册;发明人在发明创造完成后可以自由决定是否申请专利、在哪些国家申请专利以及申请何种专利。

(3)秩序价值。形成和维持良好的社会秩序是法的重要价值目标,知识产权法通过调整在智力成果创作、确认、利用、管理、保护等过程中形成的各种关系,协调智力成果创造者、使用者、传播者以及社会公众之间的利益关系,实现各主体之间的利益平衡,预防社会冲突和矛盾发生,维持社会秩序稳定和谐。

(4)公平价值。公平是法的基本价值,即法律要通过利益平衡实现社会公正。具体到知识产权法而言,一方面,为了激发人们智力创造的积极性,确立了知识产权制度,赋予权利人一定的独占权;另一方面,为了鼓励知识和技术传播,对知识产权的垄断设定了一定的限制,例如合理使用、强制许可等,从而体现法律的公平价值。

2.1.4 知识产权法的渊源

知识产权法的渊源是指知识产权法律规范的表现形式,可分为国内法渊源和国际法渊源两部分。

2.1.4.1 知识产权法的国内法渊源

我国知识产权法的国内法渊源主要由以下几类:

(1)知识产权专门性法律,例如《专利法》《商标法》《著作权法》等。

(2)其他法律中关于知识产权的规定,例如《民法通则》在"民事权利"中对知识产权的规定等。

---

① 张文显.法理学.北京:高等教育出版社,北京大学出版社,1999:212.
② 吴汉东.知识产权法价值的中国语境解读.中国法学,2013(4).

（3）行政法规和规章中关于知识产权的规定，例如《专利法实施细则》《商标法实施细则》《著作权法实施细则》《计算机软件保护条例》《植物新品种保护条例》《集成电路布图设计保护条例》等。

（4）关于知识产权法律适用的司法解释，例如 2001 年 6 月 19 日最高人民法院审判委员会第 1180 次会议通过的《最高人民法院关于审理专利纠纷案件适用法律问题的若干规定》（自 2001 年 7 月 1 日起施行）等。

（5）知识产权地方性法规、自治条例和单行条例，例如《深圳经济特区企业技术秘密保护条例》等。

2.1.4.2 知识产权法的国际法渊源

中国在制定国内知识产权法律法规的同时，加强了与世界各国在知识产权领域的交往与合作，加入了十多项知识产权保护的国际公约。按照国际法规则和我国的立法程序，除了我国声明保留的条款外，这些公约和条约自动构成我国国内法的一部分，主要有：

与贸易有关的知识产权协定（TRIPs 协定）、保护工业产权巴黎公约、保护文学和艺术作品伯尔尼公约、世界版权公约、商标国际注册马德里协定、专利合作条约等。其中，世界贸易组织中的 TRIPs 协定被认为是当前世界范围内知识产权保护领域中涉及面广、保护水平高、保护力度大、制约力强的国际公约，对中国有关知识产权法律的修改起了重要作用。

知识拓展

中国知识产权保护大事记（1978—2014）

1979 年 9 月，最高人民法院设立经济审判庭，开始审理技术合同纠纷案件。

1980 年，国家知识产权局经国务院批准成立。

1980 年 1 月，《中华人民共和国刑法》施行，该法第一百二十七条规定了假冒注册商标罪。

1980 年 6 月 3 日，加入世界知识产权组织，成为它的第 90 个成员国；2001 年 12 月 11 日，中国加入世界贸易组织，这是标志中国知识产权保护水平与国际接轨的两座里程碑。随后，中国还相继加入了《保护工业产权巴黎条约》《专利合作条约》《商标国际注册马德里协定》《国际植物新品种保护公约》《保护文学和艺术作品伯尔尼公约》《世界版权公约》等十多个国际公约、条约、协定或议定书。

1982 年 7 月，《中华人民共和国经济合同法》施行，规范了技术合同。

1983 年 3 月，《中华人民共和国商标法》施行。

1985 年 4 月，《中华人民共和国专利法》施行。

1978 年、1980 年、1985 年，商标局、专利局、版权局先后成立，中国知识产权行政管理与执法体系渐趋完善。

1985 年，国家授权首件发明专利。

1987 年 1 月，《中华人民共和国民法通则》施行，明确规定著作权等知识产权受法律保护。

1991 年 6 月，《中华人民共和国著作权法》施行。

1992 年 5 月，最高人民法院在经济审判庭内设立工业产权审判组，专门负责审理专利、商标纠纷案件。

1992年1月17日与1995年2月26日,中美两国政府两次签订关于保护知识产权的谅解备忘录。2003年起,中美双方每年举行一次知识产权圆桌会议,就有关知识产权问题达成广泛共识。

1992年,《专利代理条例》颁布实施,同年开始举行专利代理人资格考试。

1993年8月,北京市高级人民法院、中级人民法院在全国率先设立知识产权审判庭。

1993年12月,《中华人民共和国反不正当竞争法》施行。

1994年1月,广东省高级人民法院设立知识产权审判庭。此后,广州、深圳、珠海、汕头等地中级人民法院也相继设立知识产权审判庭。

1993年、1994年,中国音乐著作权协会、中华商标协会相继成立,知识产权行业协会组织逐步走向完善。

1994年6月16日,国务院新闻办公室首次发表《中国知识产权保护状况》白皮书,详细阐述中国保护知识产权的基本立场和态度。7月5日,国务院作出《关于进一步加强知识产权保护工作的决定》,八届全国人大常委会第八次会议通过了《惩治侵犯著作权犯罪的决定》。9月,最高人民法院发出《关于进一步加强知识产权司法保护的通知》。

1995年10月,最高人民法院成立知识产权审判庭,与经济审判庭合署办公。

1996年9月5日,广东省第八届人大常委会审议通过《广东省专利保护条例》,成为第一个地方专利保护方面的法规。随后,四川、湖北、山东、辽宁、安徽、山西、浙江、广西、河南、福建以及厦门等地相继颁布实施专利保护条例。

1996年10月,最高人民法院成立知识产权审判庭,负责审理各类知识产权案件,指导监督全国的知识产权审判工作。

1997年10月,《中华人民共和国植物新品种保护条例》施行。

1998年12月,《最高人民法院关于审理非法出版物刑事案件具体应用法律若干问题的解释》公布。

2000年9月16日,全国商标代理人资格考试在北京、广州、成都、西安、沈阳、杭州六考区同时举行,这是首次面向全社会的商标代理人资格考试。

2000年9月,最高人民法院知识产权审判庭更名为最高人民法院民事审判第三庭,并正式成为最高人民法院独立建制的内设机构。

2000年12月,《最高人民法院关于审理涉及计算机网络著作权纠纷案件适用法律若干问题的解释》公布。

2001年1月,《最高人民法院关于人民法院对注册商标权进行财产保全的解释》公布。

2001年2月,《最高人民法院关于审理植物新品种纠纷案件若干问题的解释》公布。

2001年6月,《最高人民法院关于对诉前停止侵犯专利权行为适用法律问题的若干规定》公布。

2001年6月,第一次全国法院知识产权审判工作会议在上海召开。

2001年6月,《最高人民法院关于审理专利纠纷案件适用法律问题的若干规定》公布。

2001年7月,《最高人民法院关于审理涉及计算机网络域名民事纠纷案件适用法律若干问题的解释》公布。

2001年7月1日施行经过第二次修改的《中华人民共和国专利法》。

2001年10月,《集成电路布图设计保护条例》施行。

2002年1月,《最高人民法院关于审理商标案件有关管辖和法律适用范围问题的解释》《最高人民法院关于诉前停止侵犯注册商标专用权行为和保全证据适用法律问题的解释》公布。

2002年10月,《最高人民法院关于审理著作权民事纠纷案件适用法律若干问题的解释》《最高人民法院关于审理商标民事纠纷案件适用法律若干问题的解释》公布。

2003年5月,国家知识产权局正实施"专利战略推进工程"项目。

2004年8月,由吴仪副总理任组长的国家保护知识产权工作组成立,并开展每年一届的"保护知识产权宣传周"活动,全面提升中国知识产权保护水平。

2004年12月,《最高人民法院、最高人民检察院关于办理侵犯知识产权刑事案件具体应用法律若干问题的解释》公布。

2004年12月,《最高人民法院关于审理技术合同纠纷案件适用法律若干问题的解释》公布。

2006年3月,中国知识产权裁判文书网正式开通,开始逐步上网公开全国范围内的知识产权生效裁判文书。

2007年1月,《关于全面加强知识产权审判工作为建设创新型国家提供司法保障的意见》发布。

2007年1月,《最高人民法院关于审理侵犯植物新品种权纠纷案件具体应用法律问题的若干规定》《最高人民法院关于审理不正当竞争民事案件应用法律若干问题的解释》公布。

2007年3月,国家开始实施"全国知识产权领军人才"和"百千万知识产权人才工程"。

2007年4月,国家知识产权局印发《全国知识产权教育培训指导纲要》。

2007年4月,最高人民法院、最高人民检察院联合公告公布《最高人民法院最高人民检察院关于办理侵犯知识产权刑事案件具体应用法律若干问题的解释(二)》。

2008年2月,《最高人民法院关于审理注册商标、企业名称与在先权利冲突的民事纠纷案件若干问题的规定》公布。

2008年6月,国务院印发《国家知识产权战略纲要》,国家实施知识产权战略纲要。

2009年3月,国家质量监督检验检疫总局、国家标准化管理委员会批准颁布《企业知识产权管理规范》,这是我国首部企业知识产权管理国家标准。

2010年6月,《海峡两岸知识产权保护合作协议》签署。

2010年6月,国家知识产权局设置的全国知识产权维权援助与举报投诉公益服务电话"12330"。

2010年10月,国务院决定开展打击侵犯知识产权和制售假冒伪劣商品专项行动,行动内容之一就是要确保政府机关使用正版软件。

2010年12月,商标战略实施示范企业发出《芜湖倡议》。

2011年1月,商标战略实施示范城市(区)达成《苏州共识》。

2011年11月,国家工商行政管理总局发布《国家商标战略实施示范企业评估办法》和《国家商标战略实施示范城市(区)评估办法》。

2012年5月,《最高人民法院关于审理因垄断行为引发的民事纠纷案件应用法律若干问题的规定》发布。

2012年6月,世界知识产权组织保护音像表演外交会议在北京成功举办,这是新中国成立以来首次承办的第一个涉及版权条约缔结的外交会议。会议签署的《视听表演北京条约》,填补了视听表演领域全面版权保护国际条约的空白,是世界知识产权组织在版权保护方面的重要里程碑。

2012年12月,《最高人民法院关于审理侵害信息网络传播权民事纠纷案件适用法律若干问题的规定》发布。

2012年,我国发明专利累计授权量突破100万件,发明专利申请年度受理量跃居世界首位。

2013年3月,国家知识产权局等六部门联合下发《关于加强知识产权文化建设的若干意见》,实施知识产权文化建设工程。

2013年9月,国家知识产权局引发《关于加强知识产权人才体系建设的意见》,建立健全全国人才体系建设工作运行机制。

2013年12月,国家知识产权局制定《关于进一步提升专利申请质量的若干意见》。

2014年7月,世界知识产权组织中国办事处在北京成立。

2014年8月,第十二届全国人民代表大会常务委员会第十次会议审议通过了《关于在北京、上海、广州设立知识产权法院的决定》。根据《决定》,北京、上海、广州将设立知识产权法院,跨区域管辖所在省(直辖市)的专利、植物新品种、集成电路布图设计、技术秘密等知识产权民事和行政案件。这是我国知识产权保护发展进程中具有里程碑意义的一件大事,也是我国知识产权司法保护工作的又一新起点。

2014年12月,全国知识管理标准化技术委员会成立。

2.2 国际知识产权法律体系

2.2.1 国际保护知识产权制度

国际化是知识产权保护重要趋势。随着国际技术市场的不断发展,国际经济交往的日益频繁,知识产权的国际保护越来越重要。1883年,《保护工业产权巴黎公约》诞生,这是第一部保护知识产权的重要国际条约;1886年,《保护文学和艺术作品伯尔尼公约》缔结,这标志着版权走上国际舞台。随后,一系列保护知识产权的公约、条约和协定出现,形成了较为完备的国际保护知识产权体系。这些制度大致可以分为两类:

一类是保护工业产权制度,主要有:《保护工业产权巴黎公约》(1883年)、《制裁商品来源虚假或欺骗性标记马德里协定》和《商标国际注册马德里协定》(1891年)、《工业品外观设计国际备案海牙协定》(1925年)、《国际注册用商品与劳务国际分类尼斯协定》(1957年)、《保护原产地名称及其国际注册里斯本协定》(1958年)、《保护植物新品种巴黎公约》(1961年)、《建立工业品外观设计国际分类洛迦诺协定》(1968年)、《专利合作条约》(1970年)、《专利国际分类协定》(1971年)、《商标注册条约》(1973年)、《建立商标图形要素国际分类维也纳协定》(1973年)、《国际承认用于专利程序的微生物保护布达佩斯条约》(1977年)、《保护奥林匹克会徽内罗毕条约》(1981年)、《商标法条约》(1994年)、《专利法条约》(2000年)等。

另一类是保护著作权制度，主要有：《保护文学艺术作品伯尔尼公约》(1886年)、《世界版权公约》(1952年)、《保护表演者、唱片录制者和广播组织国际公约》(1961年)、《保护唱片录制者防止其唱片被擅自复制的公约》(1971年)、《播送由人造卫星传播载有节目信号的布鲁塞尔公约》(1974年)、《避免对版权提成费双重征税的马德里多边条约》(1982年)、《世界知识产权组织版权条约》(1996年)、《世界知识产权组织表演和录音制品条约》(1996年)等。

另外，还有一些综合类的国际保护知识产权制度，例如1967年签订的《成立世界知识产权组织公约》、1994年缔结的《与贸易有关的知识产权协议》等等，都是国际领域保护知识产权方面的重要文件之一。

2.2.2 保护知识产权主要国际公约

1. 《保护工业产权巴黎公约》(简称《巴黎公约》)

《巴黎公约》作为保护工业产权方面最重要的国际条约签订于1883年，当时由法国、比利时、意大利、巴西、荷兰、瑞士等11个国家在巴黎召开外交会议时签订，并成立了保护工业产权巴黎联盟。《巴黎公约》适用于最广义的工业产权，规定了各缔约国都必须遵守的互惠原则以及国际工业产权保护的主要原则。一百多年来，《巴黎公约》经过几次修订，参加国家和地区已逾百个，中国从1985年3月19日起成为《巴黎公约》成员国。

2. 《专利合作条约》

《专利合作条约》是保护专利权方面最重要的国际条约。该条约是在《巴黎公约》的基础上于1970年在华盛顿签订，是"旨在减少多申请人和专利局任何一方重复审查"的合作条约，极大地简化了申请手续。该条约于1978年1月生效，现有40多个国家和地区加入，中国从1994年1月1日起成为该条约成员国。

3. 《商标国际注册马德里协定》(简称《马德里协定》)

《马德里协定》是保护商标权方面最重要的国际条约。该协定于1891年4月在西班牙马德里签订，1892年7月15日生效，主要内容是关于商标国际注册问题，其要求只有《巴黎公约》成员国才能参加本协定。该协定先后经过6次修订，有20多个成员国，中国从1989年10月4日起成为该协定成员国。《商标注册条约》是在《马德里协定》的基础上于1973年6月签订的，与该条约与《马德里协定》的不同之处主要在于，使商标的国际注册摆脱了商标在本国注册的依赖性，增加了商标国际注册的独立效力，即商标的国际注册不必以在本国先注册为前提，这也是该条约的进步所在。

4. 《保护文学艺术作品伯尔尼公约》(简称《伯尔尼公约》)

《伯尔尼公约》是保护著作权方面最重要的国际条约。该公约于1886年9月9日由英国、法国、德国、意大利、瑞士、比利时、西班牙、利比里亚、海地和突尼斯10个国家在瑞士伯尔尼共同签署。该公约是世界上第一个国际版权公约，所有参加这一公约的国家组成一个联盟，称伯尔尼联盟，并选出了联盟的国际局。该公约规定了著作权国际保护制度的主要原则，与《巴黎公约》一起并成为全世界范围内保护经济"硬实力"(指《巴黎公约》)和文化"软实力"(指《伯尔尼公约》)的两个"根本法"。截至2014年12月2日，该公约缔约方总数达到168个国家，中国于1992年10月15日起成为该公约成员国。

5. 《成立世界知识产权组织公约》(简称"WIPO公约")

"WIPO公约"(The Convention Establishing the World Intellectual Property Organization)，

是保护工业产权巴黎同盟的国际局与保护文学艺术作品伯尔尼同盟的国际局的51个国家于1967年7月14日在斯德尔摩会议将两国际机构合并时签订的,于1970年4月26日正式生效。根据公约成立的政府间国际机构,定名为世界知识产权组织,英文简称WIPO。1974年12月,该组织成为联合国的一个专门机构,总部设在日内瓦。按照公约规定,任何保护知识产权的同盟成员国,以及虽未参加任何同盟但只要是联合国的成员国,或受到了世界知识产权组织成员会议邀请的国家,均可成为该组织的成员国。目前,该组织有180多个成员国,中国从1980年6月3日起成为该协定成员国。

6.《与贸易有关的知识产权协议》(Agreement On Trade-related Aspects of Intellectual Property Rights,简称TRIPs)

《与贸易有关的知识产权协议》(Agreement On Trade-related Aspects of Intellectual Property Rights,简称TRIPs),是1994年发达国家和发展中国家经过几年的磋商和谈判在摩洛哥召开的乌拉圭回合谈判成员国部长级会议上草签的乌拉圭回合谈判最后文件的一部分。TRIPs是迄今为止国际上所有有关知识产权的国际公约和条约中,参加方最多、内容最全面、保护水平最高、保护程度最严密的一项国际协定。我国于2001年加入WTO时也签署了TRIPs。

TRIPs共分为7个部分计73条,另加协议正文前的序言,与以往有关国际公约相比,TRIPs不仅列举了各国应当遵守的原则,而且有相当详细的实体法规定,它还规定了各国可以采取的行政处罚措施。TRIPs的第一部分是总则和基本原则,其中第3条和第4条分别规定了在知识产权领域应适用关贸总协定的国民待遇原则和最惠国待遇原则,同时明确规定协议的有关规定不应背离缔约方根据《巴黎公约》《伯尔尼公约》《罗马公约》和《有关集成电路知识产权条约》所产生的现存义务。第一条还规定缔约方可以在本国实施比协议要求更广泛的保护。第二部分是整个文件的核心,分别对版权、商标、专利、产地标志、工业品外观设计、集成电路、未泄露的信息及许可证协议中反竞争行为作出了规定。第三部分关于知识产权的实施。第四部分关于知识产权的取得、保持及相关程序。第五部分关于争端的防止和解决。第六部分关于过渡期安排。第七部分关于机构安排和最后条款。TRIPs重申的保护知识产权的基本原则主要有国民待遇原则、公共利益原则、对权利合理限制原则、权利的地域性原则、优先权原则、版权自动保护原则,新提出的基本原则有最惠国待遇原则、透明度原则、争端解决机制、对行政终局决定的司法审查和复审原则、承认知识产权为私权的原则等。

2.3 国内知识产权法体系

2.3.1 中国知识产权法历史演进

中国知识产权立法起步较晚,知识产权制度的建立始于清朝末年,初步发展于北洋政府和国民党政府时期。

在专利权保护方面,1898年,在启蒙思想家和改良派的影响下,清政府颁布了《振兴工艺给奖章程》;1912年中华民国颁布了《奖励工艺品暂行章程》,并于1928年颁布了《奖励工艺品暂行条例》;1944年,国民政府颁布了中国历史上第一部《专利法》。

在商标权保护方面,1904年,清政府颁布我国历史上第一部商标法规——《商标注册试办章程》,该法由当时任中国海关总税司的英国人赫德起草,实行注册原则和申请在先原则,有效期20年,对假冒商标采取不告不理原则,对涉外商标纠纷实行"领事裁判权"。此时,"同仁堂""六必居"等商标开始出现并流传至今。1923年,北洋政府以《商标注册试办章程》为基础,公布了《商标法》及其实施细则。国民党政府于1930年和1935年、1938年颁布分别颁布了《商标法》及其修改法。

在著作权保护方面,1910年,清政府委任沈家本、伍廷芳为修订法律大臣制定了《大清著作权律》,这是中国历史上第一部版权法。1915年,北洋政府制定了《著作权法》。1928年,国民政府颁布《著作权法》。

中华人民共和国成立后,清理了旧中国的知识产权法律法规,先后出台了一系列新的知识产权制度。例如1950年的《商标注册暂行条例》《关于改进和发展出版工作的决议》《保护发明权和专利权暂行条例》《发明奖励条例》,1953年的《关于纠正任意翻印图书现象的规定》,1958年的《关于文学和社会科学书籍稿酬的暂定规定》(草案)、1963年的《商标管理条例》等等。

但是,中国知识产权法的真正发展是在改革开放之后。《中华人民共和国商标法》(以下简称《商标法》)于1982年8月23日通过,自1984年1月1日起施行,后经1993年、2001年、2013年三次修改;《中华人民共和国专利法》(以下简称《专利法》)1984年3月12日通过,自1985年4月1日起施行,后经1992年、2000年、2008年三次修改;《中华人民共和国著作权法》(以下简称《著作权法》)于1990年9月7日通过,自1991年6月1日起施行,后经2001年、2010年两次修改。《计算机软件保护条例》于1991年6月4日发布,后被2001年12月20日公布的《计算机软件保护条例》所替代,该条例于2011年1月8日第1次修订、2013年1月30日第2次修订。《中华人民共和国植物新品种保护条例》(以下简称《植物新品种保护条例》)于1997年3月20日公布,于2013年1月31日修订。

《中华人民共和国专利法实施细则》(以下简称《专利法实施细则》)于2001年6月15日公布,于2002年12月28日第一次修订、2010年1月9日第二次修订;《中华人民共和国商标法实施条例》(以下简称《商标法实施条例》)于2002年8月3日公布,于2014年4月29日修订;《中华人民共和国著作权法实施条例》(以下简称《著作权法实施条例》)于2002年8月2日公布,于2011年1月8日第一次修订、2013年1月30日第二次修订。

另外,在《民法通则》《中华人民共和国反不正当竞争法》(以下简称《反不正当竞争法》)等法律法规中也有关于知识产权保护的相关规定。

同时,我国还参加了诸多知识产权保护国际条约:《建立世界知识产权组织公约》《巴黎公约》《保护文学艺术作品伯尔尼公约》《商标国际注册马德里协定》《世界版权公约》《专利合作条约》《保护表演者、唱片制作者和广播组织罗马公约》《与贸易有关的知识处安全协议》等。

2.3.2 中国知识产权法一览表

经过三十余年的迅速发展,我国已经形成了比较健全的知识产权法律体系,见表2-3:

表2-3 中国知识产权法一览表

主要类型	具体类型	主要法律、法规（部分国际条约）
著作权（广义）	著作权	《民法通则》《著作权法》及其实施条例
	邻接权	《著作权法》及其实施条例
	计算机软件著作权	《著作权法》《计算机软件保护条例》
	外国实用艺术品著作权	《实施国际著作权条约的规定》《伯尔尼公约》
专利权	发明专利权 实用新型专利权 外观设计专利权	《民法通则》《专利法》及其实施细则
商标权	注册商标权	《民法通则》《商标法》及其实施条例
	驰名商标权	《巴黎公约》与《TRIPs》《商标法》及其实施条例
商业秘密权	技术秘密权 经营秘密权	《民法通则》《反不正当竞争法》
知名商品权	名称权、包装权、装潢权	《反不正当竞争法》
企业名称权即厂商名称权（或商号即字号权）		《巴黎公约》《企业名称登记管理规定》《反不正当竞争法》《民法通则》
地理标志权（或原产地名称权）		《商标法》《原产地域产品保护规定》
特殊标志权	一般特殊标志权	《特殊标志管理保护条例》
	奥林匹克标志权	《奥林匹克标志保护条例》
	世界博览会标志权	《世界博览会标志保护条例》
科技成果精神权利	发明权、发现权 其他科技（技术）成果权	《国家科学技术奖励条例》等
植物新品种权	农业植物新品种权 林业植物新品种权	《植物新品种保护条例》
集成电路布图设计权		《集成电路布图设计保护条例》

海信等商标海外被抢注案

【案件背景】

"地域性"是知识产权区别于其他权利的明显特征之一。对于商标而言,国际上适用"谁先注册谁得"惯例,也正是这一原则,中国商标尤其是知名商标和中华老字号近年来频繁在海外被抢注。其表明的不仅仅是中国商标的价值在不断上升,而且更表明中国企业注册国际商标意识的淡薄,或者说,国外企业商标意识的超前。无论如何,中国商标在海外被抢注,意味着中国企业海外市场的推广将不再顺畅,甚至面临"侵权"的法律风险,海信商标海外被抢注案就是例证。面对中国企业因商标被海外抢注造成的每年约数十亿元无形资产的流失以及失去海外市场的危险,应当吸取什么样的教训?

【案情简介】

1992年海信集团创设了"海信/Hisense"商业标志并在中国提出注册申请,该商标于1993年12月14日获得注册,同年开始正式作为商标和商号使用。1999年1月5日,"Hisense""海信"商标被中国国家工商总局商标局正式认定为驰名商标。

1999年1月,德国"博世—西门子"公司(以下简称"博世—西门子")在德国注册了一系列以"Hi"开头的商标用来推广一批高端家电,其中包括"HiSense"商标,7月该公司又申请了"HiSense"马德里国际商标注册和欧共体商标注册。该商标与海信的"Hisense"商标只在中间的字母"S"处有微小区别,博世—西门子使用的商标是大写,而海信集团使用的商标是小写。这个商标成为海信集团进入德国市场的一道不可逾越的门槛,使得海信集团在欧盟地区"Hisense"的商标注册受阻。

2002年底,博世—西门子以海信集团多次在德国参加展览会、使用"Hisense"商标为由,状告其侵权。海信集团与博世—西门子由此展开了旷日持久的商标战。

从2002年底开始,海信集团与博世—西门子多次就商标抢注和转让问题进行磋商。2003年9月海信集团提出愿意出5万欧元作为注册的补偿,2004年2月博世—西门子要出天价,要求海信支付商标转让费4 000万欧元。

2005年3月6日,海信集团与博世—西门子达成和解,博世—西门子同意将其依据当地法律在德国及欧盟等所有地区注册的"HiSense"商标一并转给海信集团,同时撤销针对海信的商标诉讼,海信集团亦撤销针对博西家电的所有商标注册申请。但对于外界最为关心的海信收回商标的方式和具体价格,双方的联合声明并未涉及。

另据不完全统计,我国许多企业商标在海外被抢注,列表如下(表2-4):

表2-4 中国企业商标海外被抢注一览表

商标名称	被抢注国家
"同仁堂"	在日本、美国、韩国、荷兰、挪威、瑞典等多个国家被抢注
"狗不理"	在日本被抢注
"龙井茶""碧螺春""大红袍""信阳毛尖"	在韩国被同一茶商抢注

续表 2-4

商标名称	被抢注国家
"志高""玉林"	在印尼分别被自己的经销商抢注
"牡丹""PEONY"	在荷兰、瑞典、挪威、比利时、卢森堡等国被荷兰代理商抢注
"冠生园""六必居""桂发祥十八街"	被同一家加拿大公司抢注
"红塔山""阿诗玛""云烟""红梅"	被同一菲律宾商人抢注
"红星二锅头"	在瑞典、爱尔兰、新西兰、英国等国家被同一家英国公司抢注
"大白兔"	在日本、菲律宾、印度尼西亚、美国和英国被抢注
"少林寺"	除中国香港外,其他国家和地区都在抢注"少林"或"少林寺"商标,共 117 项、164 个商标品牌,平均每个国家和地区 10 余项
"五粮液"	在韩国被抢注
"康佳"	在美国、俄罗斯等被抢注
"科龙"	在新加坡被抢注
青岛海信、厦门东林、上海德士、中轻青岛分公司、上海奥利玮、广州惠之星、佛山电器照明	被德国西门子公司抢注
"白家""王致和""老干妈""洽洽"	被由华人开设的德国公司在欧盟抢注
"新科""德赛"	在俄罗斯被抢注
"英雄"	在日本被抢注
"大宝"	在美国、英国、荷兰、比利时、卢森堡被抢注
"杜康"	在日本被抢注
"长虹"	在南非、印尼、泰国等国被抢注
"三角""金鸡"	在智利被抢注
"丰收"	在法国被抢注
"老龙口"	在韩国被抢注

【案例思考】

1. 结合我国企业商标海外被抢注情况,谈谈你对"自己打江山,他人坐江山"这句话的理解。

2. 我国企业商标频繁在海外被抢注,是西方发达国家商业竞争不道德,还是我国企业商标意识淡薄的原因?

3. 企业如何注册国际商标?

4. 国内企业遇到知识产权海外侵权应如何维权?

第二编 著作权

第3章 狭义著作权

◎ 导读：

本章主要讲述狭义著作权，包括作品、著作权人、著作权的取得、著作权的内容、著作权的时间、著作权的限制等。其目的是要把握法律保护的作品的范围、著作权中的人身权利和财产权利，理解不同作品的著作权归属和著作权的保护期限，熟悉职务作品的著作权归属和著作权的合理使用形式，在此基础上思考法律为什么要对著作权进行一定的限制。至于邻接权将在第四章予以讲述，软件著作权将在第五章予以讲述；至于著作权的管理、使用以及著作权侵权和保护等内容，将在第六编予以讲述。

◎ 重点：
1. 如何认定职务作品？
2. 如何认定影视作品著作权归属？
3. 如何认定代笔作品著作权归属？
4. 如何认定音乐作品著作权归属？
5. 如何认定文字作品抄袭？

全国最大盗版案[①]

【案件背景】

该案被最高人民法院评为2012年中国法院知识产权司法保护十大案件之一，也被称为全国最大盗版案，影响巨大。案件当事人北大方正公司和高术公司关于计算机软件著作权侵权纠纷历经了北京市第一中级人民法院（基本支持了北大方正的诉讼请求）一审、北京市高级人民法院二审（基本支持了高术公司的诉讼请求）、北京市高级人民法院再审（裁定驳回北大方正的再审请求）以及最高人民院法院的再审（基本支持了北大方正的诉讼请求），可谓一波三折。

[①] 本案例改编自《最高人民法院民事判决书(2006)民三提字第1号》《北京市高级人民法院(2002)高民终字第194号民事判决》及《北京市第一中级人民法院(2001)一中知初字第268号民事判决》，是2012年最高人民法院公布的中国法院知识产权司法保护十大案件之一，载《最高人民法院公报》2006年第11期。

【案情简介】

北大方正公司(以下简称"方正公司")是方正软件的著作权人,该软件安装在独立的计算机上,与激光照排机联机后即可实现软件的功能。方正公司系日本网屏公司激光照排机在中国的销售商,高术公司曾为方正公司代理销售激光照排机业务,销售的激光照排机使用的是方正软件。1999年5月,双方发生分歧,代理关系终止。高术公司于2000年4月17日与网屏公司签订了销售激光照排机的协议,约定高术公司销售激光照排机必须配网屏公司的正版软件或方正公司的正版软件,若配方正软件,高术公司必须通过网屏公司订购方正公司正版软件。

2001年7月20日,方正公司的某员工以个人名义与高术公司签订了《电子出版系统订货合同》,约定的供货内容为激光照排机,单价为41.5万元。合同签订后,方正公司分别于2001年7月20日和8月23日,向高术公司支付货款共394 250元,尚欠货款20 750元。高术公司分别于2001年7月23日和8月23日,向方正公司的员工出具了收取上述款项的收据。2001年8月22日,高术公司的员工在北京市石景山区永乐小区×××号楼×××室方正公司的员工临时租用的房间内安装了激光照排机,并在方正公司自备的两台计算机内安装了盗版方正软件,并提供了刻录有上述软件的光盘。方正公司支付了房租3 000元。

应方正公司的申请,北京市国信公证处先后于2001年7月16日、7月20日、7月23日和8月22日,分别在北京市石景山区永乐小区×××号楼×××室、北京市海淀区花园路6号北楼×××室及南楼×××室北京后浪公司,对方正公司的员工以普通消费者的身份,与高术公司联系购买激光照排机设备及高术公司在该激光照排机配套使用的方正公司自备计算机上安装方正软件的过程进行了现场公证,并对安装了盗版方正软件的方正公司自备的两台计算机及盗版软件进行了公证证据保全,制作了公证笔录五份。方正公司支付公证费1万元。

2001年9月3日,方正公司以高术公司非法复制、安装、销售行为,侵犯了其享有的计算机软件著作权为由诉至北京市第一中级人民法院,请求判令高术公司:一、停止侵权、消除影响、公开赔礼道歉;二、赔偿经济损失300万元;三、承担诉讼费、保全费、取证费及审计费等。

2001年9月24日,一审法院依方正公司的申请,对高术公司自1999年1月至2001年9月的财务账册、销售发票、收据及订货合同等进行了证据保全。同时对高术公司的银行存款进行了财产保全,分别冻结了高术公司在银行的存款共计557 746.93元。方正公司支付财产及证据保全费15 520元。2001年9月28日,一审法院委托北京天正华会计师事务所对高术公司自1999年1月至2001年9月间销售激光照排机及相应设备、盗版方正软件的营业额及其利润进行审计。2001年11月12日,北京天正华会计师事务所出具了专项审计报告,方正公司支付审计费6万元。

2001年11月29日,在一审法院主持下,双方当事人参加了对公证证据保全的两台方正公司自备计算机及相关软件进行的勘验。勘验结果表明,在被保全的计算机中安装了盗版方正软件。双方当事人对勘验结果均不持异议。方正软件的正常市场售价分别为13万元。

一审法院作出判决:一、高术公司立即停止复制、销售方正软件的侵权行为;二、高术公司自判决生效之日起三十日内,在《计算机世界》刊登启事,向方正公司赔礼道歉;三、高术公司共同赔偿方正公司经济损失 60 万元；四、高术公司赔偿方正公司为本案支付的调查取证费（购机款 394 250 元、房租 3 000 元、公证费 1 万元）共 407 250 元；五、方正公司应在高术公司返还购机款 394 250 元后，将激光照排机退还高术公司。六、驳回方正公司的其他诉讼请求。案件受理费 11 010 元，财产保全费 15 520 元、审计费 6 万元，由高术公司负担。

高术公司不服一审判决，向北京市高级人民法院提起上诉。其上诉理由是：一审法院已查明方正公司伪装身份、编造谎言、利诱高术公司的员工，要求将激光照排机捆绑销售的正版软件换成方正盗版软件，但未予认定；高术公司除被利诱陷害安装了涉案的一套盗版方正软件外，没有其他复制销售盗版方正软件的行为，但一审法院却认定高术公司安装方正软件数量难以查清；公证员未亮明身份，未当场记录，记录的事实不完整，公证的是违法的事实，故公证书不合法；方正公司的做法是违法的，一审法院认定这种做法为"陷阱取证"并予以支持是错误的；方正软件和激光照排机没有直接或间接关系，也不是激光照排机的必然之选。

二审法院认定了一审法院查明的大部分事实。同时另查明，从 2001 年 7 月、8 月间北京市国信公证处作出的现场公证记录可看出，方正公司的员工化名与高术公司联系购买激光照排机，主动提出要买盗版方正软件，高术公司的员工称该项不能写入合同，但承诺卖给方正公司盗版软件。

二审法院认为：北京市国信公证处出具的公证书是合法有效的民事证据，对该公证书所记载的内容予以认定。但结合本案其他证据，对于方正公司长达一个月的购买激光照排机的过程来说，该公证记录仅对五处场景作了记录，对整个的购买过程的记载缺乏连贯性和完整性。方正公司"陷阱取证"的方式并非获取高术公司侵权证据的唯一方式，此种取证方式有违公平原则，一旦被广泛利用，将对正常的市场秩序造成破坏，故对该取证方式不予认可。一审法院认定事实不清，但适用法律正确。高术公司的上诉请求部分合理，对其合理部分予以支持。

2002 年 7 月 15 日，二审法院作出判决：一、维持一审判决的第（一）、（二）、（六）项；二、撤销一审判决的第（三）、（四）、（五）项；三、高术公司赔偿方正公司经济损失 13 万元；四、高术公司赔偿方正公司为本案所支付的公证费 1 万元。一审案件受理费 11 010 元，由高术公司负担 2 386 元，由方正公司负担 8 624 元；二审案件受理费 11 010 元，由高术公司负担 2 386 元，由方正公司负担 8 624 元。

方正公司不服二审判决，向二审法院提出再审申请，被驳回。方正公司不服，向最高人民法院申请再审。

最高人民法院另查明，方正公司提交的公证书所载五份现场记录证明下列事实：1. 2001 年 7 月 6 日的《现场记录（二）》记录，高术公司的员工陈述："我们这儿卖过不少台，兼容的，没问题，跟正版的一模一样。你看，这个实际就是个兼容 RIP。" 2. 2001 年 7 月 20 日所作《现场记录（三）》记录，高术公司的员工陈述：同时期向"后浪公司"销售了一台激光照排机，用的软件是"兼容的"；向"宝蕾元公司"进行过同样的销售。3. 2001 年 7 月 23 日所作《现场记录（四）》记录，方正公司的员工和公证员现场观看了高术公司的员工为后浪公司安装、调试激光照排机的情况。根据高术公司的员工陈述，该激光照排机安装的也是方正软件，也是"兼容的"。其后，高术公司的员工向方正公司的员工提供了购买同样激光照排机的一份客户名单，其中记录了"宝蕾元公司""彩虹印务""尚品""后浪公司""路局印厂"等客户的名称、联系电话及联系人等。4. 2001 年 8 月 22 日所作《现场记录（五）》记录，高术公司又卖了一台与本案一样的激光照排机给"海乐思"。并且，根据该记录的记载，高术公司在北京、上海、广州等地进行激光照排机的销售，"除了西藏、青海之外，哪儿都卖"，对软件"买正版的少，只是启动盘替换了，其他的都一样"。

二审判决生效后，方正公司按照上述现场记录所反映的购买和使用盗版软件的高术公司客户线索向有关工商行政管理部门进行举报。2002年10月，在有关工商行政管理部门对后浪公司、宝蕾元公司等用户进行调查的过程中，方正公司委托北京市国信公证处公证人员随同，对用户安装软件的情况进行了证据保全公证。后浪公司在接受调查中向工商行政管理部门提供了其从高术公司购买激光照排机的合同，并书面说明其安装的盗版软件系从高术公司处购买。在方正公司对宝蕾元公司另案提起的诉讼中，经法院判决确认宝蕾元公司安装的盗版软件系从高术公司购买。高术公司未能就其销售盗版软件的来源提供相关证据。

最高人民法院把本案争议焦点归纳为：(1) 关于本案涉及的取证方式是否合法问题。最高人民法院认为，方正公司通过公证取证方式，不仅取得了高术公司现场安装盗版方正软件的证据，而且获取了其向其他客户销售盗版软件，实施同类侵权行为的证据和证据线索，其目的并无不正当性，其行为并未损害社会公共利益和他人合法权益。加之计算机软件著作权侵权行为具有隐蔽性较强、取证难度大等特点，采取该取证方式，有利于解决此类案件取证难问题，起到威慑和遏制侵权行为的作用，也符合依法加强知识产权保护的法律精神。此外，方正公司采取的取证方式亦未侵犯高术公司的合法权益。(2) 关于本案侵权行为的定性问题。最高人民法院认为，方正公司诉请的对象是高术公司非法复制、安装、销售盗版软件的侵权行为，因高术公司未就其销售的盗版软件的来源提供相关证据，故应推定其侵权行为包括复制，即高术公司侵犯了方正公司方正软件的复制权及发行权。(3) 关于复制、销售盗版软件数量和损害赔偿数额问题。最高人民法院支持了一审法院的认定，即高术公司复制、销售盗版软件实际数量和所获利润均难以查清，根据方正公司软件的开发成本、市场销售价格及高术公司实施侵权行为的主观过错程度等因素，依据当时著作权的规定，酌情判令高术公司赔偿方正公司损失60万元并无明显不当。(4) 关于相关费用应如何分担的问题。最高人民法院基本支持了一审法院的判决，鉴于涉案的激光照排机在二审判决后被方正公司所属公司变卖，方正公司表示放弃该项支出的赔偿请求应予准许。

最后，最高人民法院作出判决，撤销北京市高级人民法院二审判决，基本维持北京市第一中级人民法院一审判决。

【案例思考】

1.《最高人民法院关于民事诉讼证据的若干规定》第50条规定："质证时，当事人应当围绕证据的真实性、关联性、合法性，针对证据证明力有无以及证明力大小进行质疑、说明与辩驳。"客观性、关联性、合法性被称为证据的"三性"，结合本案"陷阱取证"的方式，如何理解证据的合法性？通过公证方式取得的证据一定是合法的吗？

2. 对于违法行为，法律不可能穷尽列举，如果出现了法律未明确规定的情形，法官能否依据法律原则，进行利益衡量，作出价值判断？这一点在本案中是如何体现的？

3. 侵犯计算机软件著作权的行为隐蔽性较强，调查取证难度较大，能否"陷阱取证"？对此，本案中最高人民法院与北京市高级人民法院的看法有何不同？

4. "谁主张，谁举证"在本案中是如何体现的？

5. 确定复制、销售盗版软件数量和损害赔偿数额是一个难点问题,本案有什么启示?
6. 结合本案,思考案件费用的组成以及如何分担。

3.1 著作权概述

3.1.1 著作权的概念

著作权这一概念,最早起源于英国1710年通过的《安娜女王法令》,后在清末经日本传入我国。著作权有广义和狭义之分。狭义的著作权,是指作者及其他权利人对文学、艺术和科学作品享有的人身权和财产权的总称。广义的著作权,又称为版权,除了包括狭义著作权外,还包括表演者、音像制作者、广播电台、电视台或出版者对其表演活动、音像制品、广播电视节目或版式设计的与著作权有关的权利。

著作权分为著作人格权与著作财产权。其中,著作人格权的内容包括公开发表权、姓名表示权及禁止他人以扭曲、变更方式利用著作损害著作人名誉的权利;著作财产权的内容包括以复制、发行、网络传播、改编、翻译等方式使用作品并获得报酬的权利。

3.1.2 著作权的性质

著作权,是基于文学、艺术和科学作品而产生的一种专有权利,也是法律赋予公民、法人和其他组织等民事主体的一种特殊民事权利。

著作权的专有权属性表现为:首先,著作权人可以决定是否对作品进行使用以及如何使用;其次,著作权人可以决定是否对作品实施某些涉及他的人格利益的行为;最后,著作权人可以在必要时请求有关的国家机关以强制性协助来保护或实现自身利益。

著作权的特殊性表现为:一方面,著作权是一种包含若干特殊的人身权和财产权的混合权利,即它不仅包括作者对作品享有的人身权还包括全面支配该作品并享受其利益的财产权;另一方面,著作权是一种内容不断发展的权利,是随着社会文明的不断发展和使用作品的新技术不断发展而得到不断补充,譬如网络传播权就是随着网络技术的发展而产生。

3.2 著作权的取得

著作权的取得即著作权的取得途径,是指如何取得著作权或者著作权是如何产生的。著作权作为知识产权的一类,知识产权的取得理论仍然适用于著作权,这在本书第一章第三节有专门论述。简单说来,从来源方式上看,著作权的取得仍然可以分为原始取得和继受取得,这一点与其他知识产权的取得并无不同。原始取得主要包括自然人因创作取得著作权,法人、其他组织因为法律规定而取得著作权等,通过原始取得所获得的著作权是完整的著作权,包括人格权和财产权等全部著作权的权能。继受取得主要包括因约定、继承或者法律规定而取得著作权。由于著作权的继承取得具有一定的特殊性,本节予以讨论,其他部分不再赘述。与其他知识产权取得途径不同的是,从来源途径上看,各国法律对著作权的取得条件有不同要求,有两种立法例:自动取得制度和注册取得制度。

3.2.1 自动取得制度

著作权的自动取得,也称"无手续主义""自动保护主义",是指著作权因作品创作完成、形成作品这一法律事实而自然取得。换言之,著作权自作品创作完成之日起产生,不再需要履行任何批准或登记手续。著作权的自动取得,以作品创作完成的时间作为著作权取得的时间界限,也就是说,只有作品创作完成后,作者才能取得和行使著作权,才能对抗第三人的侵权活动,创作完成包括全部完成和部分完成。只要作者的某一思想或某一构思已经以某种形式完整地表达出来,即使只是他全部构思的一个组成部分,甚至是非主要组成部分,亦属于该部分作品的完成,可视为整体作品在一定阶段的创作完成。

目前,世界上大多数国家都实行著作权自动取得制度,《伯尔尼公约》也确认了这一原则,我国亦采取这种制度。

需要说明的是,著作权自动取得是指著作权的取得不需要履行任何手续,但并不意味着不需要具备任何条件。相反,各国的著作权法均规定了著作权的先决条件,即作品的作者必须是该国著作权法的合格人,否则不予保护。所谓的合格人,一般包括本国公民和在一定条件下的外国公民。本国公民只要创作了作品就受著作权法的保护,而外国公民则一般需要具备一些条件,如作品第一次在本国出版,作品第一次在与本国签订有双边协定的国家或者与本国参加了同一个国际著作权公约的国家出版等。

另外,还有个别国家在采用自动保护原则的基础上附加了一些其他的条件,比如,美国法律以及《世界版权公约》都要求本国作者在作品的复制件上加注著作权标记,这又被称为"有条件的自动保护原则"。著作权的标记通常包括三项内容:一是不许复制或有著作权等一类的声明,或将这种声明的英文缩略字母c的外面加上一个正圆(即"ⓒ"),如果是音像制品,则为字母p并在外面加上一个正圆(即"ⓟ");二是著作权人的姓名或名称及其缩写;三是作品的出版发行日期。

3.2.2 注册取得制度

著作权的注册取得,也称"注册主义",是指除了作品创作出来以外,还须履行登记手续才能获得著作权。换言之,注册取得须以登记注册作为取得著作权的条件,作品只有登记注册或批准后才能产生,而不是自动产生著作权。

至于登记的时机和办法,实行登记制的国家又不尽相同。我国历史上《大清著作权律》以及后来的《中华民国著作权法》和我国台湾地区的著作权法,都曾实行过登记制。此外,一些实行登记制的国家也有所改进,或者简化了手续或是放弃了登记制。有些国家虽然实行登记制,但并不以登记作为获得著作权的条件,而是分别作为确认著作权的条件、方便著作权确权诉讼的手段和国家有关部门有效收藏作品的措施。

目前,世界只有少数国家实行注册取得制度,《伯尔尼公约》和《世界版权公约》都没有关于作品登记才能获得著作权的规定。所以,这两个公约的某些实行作品登记制的成员国,有关要求登记的规定,其法律效力只及于本国作者。对公约其他成员国的作者的著作权保护,不得要求以登记为前提条件。

3.2.3 我国著作权取得制度

3.2.3.1 著作权自动保护原则

我国著作权法采用自动保护原则。根据我国《著作权法》的规定,著作权是自作品创作完成之日起自动产生的,无须经过任何批准或登记手续。质言之,作品一经产生,不论整体还是局部,只要具备了作品的属性即产生著作权,既不要求登记,也不要求发表,也无须在复制物上加注著作权标记。此时,对著作权人而言,面临的最大问题是如何举证证明自己是著作权人。

3.2.3.2 著作权自愿登记制度

我国在采用自动保护原则的同时采用自愿登记制度,即通过登记对作品相关的事实行为加以认定和证明,其主要目的就是为证明著作权人身份提供强有力的证据,也便于著作权的流通,实现作品的价值。当然,这种登记是自愿而非强制的,并非取得著作权的法定必经程序。最高人民法院在2000年12月19日颁发了《关于审理涉及计算机网络著作权纠纷案件适用法律若干问题的解释》,根据该解释的规定,著作权人的身份证明指"身份证、法人执照、营业执照等有效身份证件",著作权权属证明指"有关著作权登记证书、创作手稿等"。根据上述规定,著作权登记证书是证明著作权属的有力证明,虽然著作权属从作品完成之日就自动产生,无须经过登记程序,但在网络时代,信息复制和传播的速度非常之快,著作权人对复制和传播媒体的控制有难度。作品一旦经过多个渠道广泛流传,要证明原始作者的身份就有一定困难,因此,主动申请著作权登记是证明自己著作权人身份的好办法。

3.2.3.3 外国人在我国取得著作权条件

我国《著作权法》保护法律没有禁止出版发行、传播的作品,著作权人在行使著作权时不得违反宪法和法律,不得损害社会公共利益。外国人的作品在不违反上述两项基本原则的前提下,符合下列情况之一的,也享有著作权。

(1) 外国人、无国籍人的作品,根据其作者所属国或者经常居住地国同中国签订的协议或者共同参加的国际条约享有著作权,并受《中华人民共和国著作权法》的保护;

(2) 外国人、无国籍人的作品首先在中国境内出版的,依照《中华人民共和国著作权法》规定享有著作权,并受《中华人民共和国著作权法》保护;

(3) 未与中国签订协议或者共同参加国际条约的国家的作者及无国籍人的作品首次在中国参加国际条约的成员国出版的,或者在成员国和非成员国同时出版的,依照《中华人民共和国著作权法》享有著作权,并受《中华人民共和国著作权法》的保护。

3.2.4 著作权的继承取得

继承是权利转移的重要方式之一,也是著作权继受取得的方式之一。作者去世后,继承人或第三人可根据作者的遗嘱、遗赠扶养协议或法定继承的规定取得著作权,成为著作权主体。但是由于著作权具有很强的人身属性,其内容既包括人身权又包括财产权,所以,著作权的继承具有特殊性:

1. 可继承的著作权范围仅限于著作权中的财产权利

我国《著作权法》第十九条第一款规定:著作权属于公民的,公民死亡后,其作品的使用权和获得报酬权在本法规定的保护期内,依照继承法的规定转移。这一规定表明著作权属于公民的,公民在其死亡后,著作权中的财产权利和公民个人所有的其他合法财产一样,即成为公民个人遗产的组成部分,由其合法继承人继承。当然,法人或非法人单位为著作权人时,其财产权利不属于公民个人,也不能作为遗产被继承。

2. 著作权中的财产权在继承时一般不宜分割

著作权与一般财产权的最大区别在于,其中的财产权利和人身权利不可分。所以著作权是一个整体,在作为遗产继承时,不宜进行分割。如继承人为两人或数人,继承著作权时,可以采用折价、共有、给予补偿等方式处理。

3. 著作权中的人身权利一般不能继承

我国《著作权法》将著作权分为人身权和财产权两类,其中人身权利是同作者紧密联系的,如署名权、保护作品完整权、作品修改权等,这些权利只能归作者享有,不可转让、剥夺和限制。

按照《著作权法》的规定,著作权的保护期限为作者终生及其死亡后的50周年。因经继承人继承著作权的,可以享有50年的著作权。对于作者没有发表的作品,如果作者没有明确表示不发表,作者死亡后的50周年内,其发表权可由继承人或受遗赠人行使,没有继承人又无人受遗赠的,由作品原件的合法所有人行使。

与此同时,法律还规定,著作权人的继承人、受遗赠人有权利也有义务保护作者的署名权、修改权、保护作品完整权三项人身权利在作者死后不得侵犯,其目的在于保护著作权中的人身权利在作者死后也不受他人侵犯,这是一项消极权能,并不是给继承人或受遗赠人带来什么积极利益。继承人继承著作权后,即获得了取得经济利益的权利,自然也需要保护作者的社会名誉不受侵害。因为著作权受到侵害的,不管是著作权人还是著作权继承人都有权追究侵权人的责任。因此,作者死亡后,其著作权中署名权、修改权和保护作品完整权由作者的继承人或受遗赠人保护。著作权无人继承又无人受遗赠的,其署名权、修改权和保护作品完整权由著作权行政管理部门保护。

3.3 著作权的对象

著作权保护的对象是作者创作的文学、艺术、科学领域的作品。法律保护的作品需要具备一定的条件,我国著作权法并未对作品受法律保护的条件进行明确规定,仅列举了予以保护的作品的类型以及不予保护的作品类型。

3.3.1 作品受著作权法保护的条件

从理论上讲,并非所有的作品都受到法律的保护,作品要受到著作权法的保护,通常应当满足以下几个条件:

(1) 具有独创性。独创性又称初创性、原创性,是指作品是由作者独立创作的,而不是抄袭的。所谓创作,即是对作品的创造,是指作者通过对社会生活进行观察、体验、研究、分析等独立思考,并对社会生活素材加以选择、提炼、加工,运用自己的构思、技巧,塑造出艺术形象或表述科学技术的创造性劳动,并在选择和安排文字、情节、音符、颜色、画面、造型等方面独立而成作品。需要说明的是,法律对作品的要求是独创性而非首创性或者说创新性,质言之,只要是作者独立完成的而非抄袭别人的作品,法律都予以保护,而对于该作品的创新与否则在所不问。

(2) 具有科学艺术性。法律作为人类社会文明之产物,其保护的应当是符合公共利益、公序良俗,著作权法亦当如此。因此,只有那些属于文学、艺术和科学范围的创作才予以保护,内容反动、暴力、淫秽、色情的作品不应受到法律保护。当然,至于科学艺术的认定在不同的时期、不同的国家可能会有不同的看法和认定标准。

(3) 具有一定的表现形式。人的智力劳动成果范围很广,有些能以文字、言语、声音、符号、图标、动作、色彩等形式表达出来,使人通过感官感知其思想,有些则未能以具体的表现形式表达出来。对于前者,法律予以保护,对于后者,法律不予以保护。例如,创意是否受著作权法保护?创意也是一种无形资产,一个好的创意能够产生巨大财富。但创意即创作的意图,仅属于思想观念范畴,只有通过有形形式将其表现出来形成作品后,才能依据著作权法受到保护。当然,创意也可以通过申请注册商标、专利或者作为商业秘密等方式进行保护。

(4) 具有可复制性。著作权法保护的作品能够复制在某种有体物上使用,复制形式包括印刷、绘画、摄影、录制等。例如,文字作品固定于纸张,电影作品固定于胶片,摄影作品固定于胶卷。口述作品也在法律保护的范围,但其也应符合能以某种有体物将其固定下来的条件,例如以纸张、磁带将其记载、录制下来,否则难以保护。

3.3.2 受著作权法保护的作品类型

根据我国著作权法的规定,下列作品受法律保护:

(1) 文字作品。即以语言文字的形式,或其他相当于语言文字的符号来表达作者感情、思想的作品。

(2) 口述作品。即以口头语言创作的、未以任何物质载体固定的作品,如演说、授课、法庭辩论、祝词、布道等。

(3) 音乐、戏剧、曲艺、舞蹈、杂技艺术作品。音乐作品是指能够演唱或演奏以旋律节奏、和声进行组合,以乐谱或歌词表达作者思想的作品,如民歌、通俗歌曲、流行歌曲、交响曲、弦乐曲、爵士乐、吹打乐等。戏剧、曲艺作品是指演出的剧本,《伯尔尼公约》也将戏剧作品定为剧本。舞蹈作品是指舞蹈的动作设计及程序的编排,它可以用文字或其他方式来记载。杂技艺术作品,是指杂技、魔术、马戏等通过形体动作和技巧表现的作品,具体表现为车技、蹬技、手技、顶技、走索、空中飞人、民间杂耍等表现形式。

(4) 美术、建筑作品。即绘画、书法、雕塑等以线条、色彩或其他方式构成的有审美意义的平面或其他方式构成的平面或者立体的造型艺术作品。

(5) 摄影作品。即借助于摄影器材,通过合理利用光学、化学原理,将客观物体形象再现于感光材料上的一种艺术作品。

(6) 电影作品和以类似摄制电影的方法创作的作品。即摄制在一定记录介质上,由一系列的伴音或无伴音的画面组成,并借助于适当的装置放映、播放的作品。

(7) 工程设计、产品设计图纸、地图、示意图等图形作品和模型作品。即为施工、生产绘制的工程设计图、产品设计图,以及反映地理现象、说明事物原理或者结构的地图、示意图等作品。

(8) 计算机软件。即计算机程序和有关文档。计算机程序是指为了得到某种结果而由计算机执行的一组代码化指令,或者可以被自动转化为代码化指令的一组符号化指令或符号化语句。

(9) 法律、行政法规规定的其他作品。这是弹性兜底条款,以保证法律在相当长的时间内保持一定的稳定性与灵活性。

另外,民间文学艺术作品也受到法律保护。民间文学艺术作品世代相传,内容广泛,形式多样,包括但不限于故事、传说、寓言、编年史、神话、叙事诗、舞蹈、音乐、造型艺术、建筑艺术等。由于民间文学艺术大多没有明确的作者,也没有固定化的有形载体,其保护办法根据著作权法的授权由国务院另行制定。

【思考】电子地图受著作权法保护吗?

地图作品是反映地理现象的图形作品,包括点、线、几何图形、注记等地图符号。地图在我国是受著作权法保护的作品形式之一,电子地图作为地图作品的一种,只是改变了地图作品的载体,对作品的表达不产生任何影响。因此,电子地图受著作权法保护,著作权的各项权利内容,也同样适用于电子地图作品。

但是,独创性是著作权所保护的作品的基本属性和条件之一。地图作为科学作品,与文学、艺术作品相比,其独创性特征比较微弱。因为,科学作品通常是客观世界的真实反映,提供给创作人的创作空间相对狭窄,创作人能够发挥的独创能力也就相对有限。所以,地图的内容是由不同部分组成的,有些内容是客观内容和科学方法,例如,表现方向、距离的经纬线、标尺;表现地理、地形的基本要素;表现水平位置以及陆地、水域的颜色和通常绘法;表现城市、铁路、公路的图例;表现山脉、河流、湖泊、城市以及居民点等所在的客观位置,等等。科学作品的特性决定了其反映的内容必须与客观事实相符,即其表现方法均限于唯一或者有限的几种之内,这类表达形式也不能为某个人所垄断,任何人都不可避免地以这种唯一或者有限的方式绘制地图,也使任何人就同一地区绘制的地图所反映的内容不可避免地相同或者近似。因此,凡这种由于唯一或者有限的绘制方式,或者由于受客观所致的内容而出现的相同或者近似,都是法律所允许的,换言之,也是法律所不保护的。然而,不同的人就同一地区绘制地图,在完全独立绘制的情况下,不可能绘制出完全一样的地图。不同的人就同一地区分别独立绘制出的各张地图中相同的部分可能就是著作权不保护的成分,不同的部分就是绘制人的独创所在,是受著作权保护的部分。所以,对于地图中作者独创的部分则受著作权法的保护。因此也不能绝对地说,地图完全不受著作权保护。如果地图的绘制能反映绘制人的独创性,也应受著作权保护。根据同一地图绘制出的不同地图,由于所依据的地图是同一幅,存在相同或近似是不可避免的。如果这些相同或近似是因所依据的地图所致,这些相同或近似的部分就不是后来的绘制人的创作,后来的绘制人的创作只是其增加的部分。

总之,包括地图在内的科学作品享有著作权须具备的要件就是作品必须具备独创性。对于独创性的多少与高低,法律没有程度上的要求。因此,即使在已有地图上增加很少的个人独创,也可视为具有自己的独创性。但是,通过复印、影印、放大或者缩小等复制手段复制已有地图,则无任何独创性可言。以复制手段将他人地图出版发行的,属于盗版行为。

相对于一般的地图作品而言,电子地图的独创性更强,创作人拥有相应的知识产权,电子地图中相关的道路信息、地物要素等都是客观存在的信息点,属于公共信息资源。但是,电子地图制作者具有合法作业资质,并购买了合法的国家地图产品。针对导航电子地图中信息的采集和注记,国家目前尚没有明确的规范。电子地图制作者对同一地理信息的筛选、取舍以及如何表达体现出自己的风格和特色,因而能在地图中形成著作权。更为重要的是,电子地图相关信息的采集目前完全通过人工作业实现,不同的人对相同信息的感受并不相同,决定了不同的人对同一区域内众多信息的取舍、注记不尽相同。因此,不同人制作的导航电子地图都会有自己的作业规范,依据这些规范制作的导航电子地图都有自己的特征,这些特征可以用来区分著作权的权属。所以,电子地图作品则受著作权法保护,其著作权人有权追究侵权人的法律责任。

3.3.3 不受著作权法保护的作品

根据著作权法的规定,不受著作权法保护或不适用于著作权法的作品包括:

(1) 依法禁止出版、传播的作品。例如,宣传色情、暴力、分裂国家的作品。

如何认定非法出版物? 根据中共中央办公厅、国务院办公厅《关于整顿、清理书报刊和音像市场,严厉打击犯罪活动的通知》以及新闻出版署《关于认定、查禁非法出版物的若干问题的通知》等法规文件的规定,非法出版物是指:

①凡不是合法出版单位印制的在社会上公开发行的报纸、期刊、图书、录音带、录像带等;

②以买卖书号、刊号、版号、违反协作出版、代印代发规定从事出版投机活动印制的出版物;

③非出版单位未经出版行政机关批准编印、翻录供内部使用的图书、报刊、音像带等;

④内容淫秽、反动的出版物;

⑤其他违反出版法规的出版物。

非法出版物的形式主要有:

①伪称根本不存在的出版单位印制的出版物;

②盗用国家批准的出版单位名义印制的出版物;

③盗印、盗制合法出版物并在社会上公开发行销售的;

④在社会上公开发行而不署名出版单位或署名非出版单位的;

⑤承印者以牟取非法利润为目的擅自加印、加制的出版物;

⑥被明令解散的出版单位成员擅自重印或以原编辑部名义出版的出版物;

⑦其他非出版单位印制和公开发行的出版物;

⑧以买卖书号、刊号印制发行的出版物;

⑨违反协作出版或代印代发的规定从事出版投机活动而印制、销售的出版物。

(2) 法律、法规,国家机关的决议、决定、命令和其他具有立法、行政、司法性质的文件,及其官方正式译文。虽然官方文件和官方译文符合作品的构成要件,但其目的是为人们提供行为规范,需要广泛传播,因此,著作权法不对其进行保护。当然,官方文件仅指官方法律文件本身,不包括官方编辑出版的具有独创性的法律汇编、法规汇编等编辑作品。此外,官方文件的非官方译文,受到著作权法的保护。

(3) 时事新闻。时事新闻,是指通过报纸、期刊、电台、电视台等传播媒体报道的单纯事实消息(事实性的陈述),包括广播电视节目预告。由于时事新闻的内容仅仅是客观事件本身,时事新闻的报道是为了迅速广泛地传播,获取新闻是社会公众所享有的一种重要知悉权,因此,为了实现其及时传递信息的目的,时事新闻不受法律保护。需要注意的是,时事新闻不包括个人创作因素在内的报道、评论(如评论员文章)、有关事实新闻的著作,并且报刊、电视台等传播报道他人采编的时事新闻,仍应当注明出处,注明原新闻单位和作者的名字。

【思考】微博是否享有著作权，转发微博是否构成侵权？

微博的出现变更了人们的沟通方式和交流方式，出现了很多"段子王"，那么微博是否享有著作权？不经他人同意转发微博是否构成侵权？对此，可以从以下三个角度进行分析：

一是著作权法保护的作品的要件。著作权法保护的作品，是文学、艺术和科学领域内具有独创性并能以某种有形形式复制的智力活动成果；著作权法所称创作，是直接产生文学、艺术和科学作品的智力活动。为他人创作进行组织工作，提供咨询意见、物质条件，或者进行其他辅助工作，均不视为创作。因此，判断微博是否享有著作权，关键是看这些信息是否具有独创性及直接产生文学、艺术和科学作品的智力活动，如果有，哪怕只有几个字也具有著作权，如果没有就不具有著作权。著作权人对自己的作品具有发表权、复制权、信息网络传播权、保护作品完整权等权利，未经著作权人的许可，他人不得通过直接引用的形式侵犯著作权。微博转发的作品构成著作权意义上的复制和信息网络传播，所以，转发具有独创性的微博有可能构成侵权。

其二，微博的性质。微博是一个及时的信息交流共享平台，它鼓励用户及时转发信息以期实现信息的迅速传播，微博的公共性和共享性决定了其侵权的绝对可能性，其同样决定了信息提供者对其著作权中信息网络传播权和复制权的默认许可使用，甚至是放弃。所以基于作者的这种自愿放弃或豁免，一般的侵权应根据微博的分享性原则予以免责，这种情况下转发微博的网络用户不用承担侵权责任。不过，当转发者具有主观恶意或发生了显而易见的后果，将被认定著作权侵权。

其三，作者是否有声明。判断微博转发是否侵权的关键在于，著作权人有没有声明不可转发，被转发和使用的微博是否用于营利目的，以及转发者对原作者是否造成了侵害。事实上，在没有造成重大损失的情况下，在法律上对此类侵权者的判罚是赔礼道歉和立刻删除转发的内容。

3.4 著作权的主体

著作权的主体是解决著作权的归属问题。"著作权属于作者"是著作权法的基本原则，那么，作者需要什么样的资格，不同类型作品的作者如何判断？这是本节需要讨论的问题。

3.4.1 作者资格

作者，是创作完成作品的人。而所谓创作，是指直接产生文学、艺术和科学作品的智力活动，那些为他人创作进行组织工作，提供咨询意见、物质条件，或者进行其他辅助工作的，均不视为创作。

(1) 在绝大部分情形下公民是作者，因为只有人才能够从事脑力劳动，进行创作。

(2) 法人或者其他组织在特定情况下也可以成为作者。由法人或者其他组织主持，代表法人或者其他组织意志创作，并由法人或者其他组织承担责任的作品，法人或者其他组织视为作者。

(3) 作者资格的推定一般以署名为准。如无相反证明，在作品上署名的公民、法人或者其他组织为作者。

(4) 作者身份不明的作品，由作品原件的所有人行使除署名权以外的著作权。作者身份确定后,由作者或者其继承人行使著作权。

具体而言,作品著作权归属情况如下表 3-1:

表 3-1

作品类型	著作权人	备注
个人作品	由创作作品的公民享有	
法人作品	由法人或其他组织享有	
合作作品	合作作者共同享有	合作作品可以分割使用的,作者对各自创作的部分可以单独享有著作权
编译作品	由改编、翻译、注释、整理人享有	
汇编作品	由汇编人享有	
电影作品	由制片者享有	但编剧、导演、摄影、作词、作曲等作者享有署名权,剧本、音乐等可以单独使用的作品的作者有权单独行使其著作权
委托作品	由委托人和受托人通过合同约定。合同未作明确约定或者没有订立合同的,著作权属于受托人	
职务作品	著作权由作者享有。但具备两种情形之一的,作者享有署名权,著作权的其他权利由法人或者其他组织享有	这两种情形:一是主要是利用法人或者其他组织的物质技术条件创作,并由法人或者其他组织承担责任的工程设计图、产品设计图、地图、计算机软件等职务作品;二是法律、行政法规规定或者合同约定著作权由法人或者其他组织享有的职务作品
美术作品	原件的展览权由原件所有人享有,其他著作权归作者享有	
作者身份不明的作品	由作品原件的所有人行使除署名权以外的著作权	

3.4.2 个人作品的著作权归属

按照作品的权利主体情况来划分,作品可以分为个人作品、职务作品和法人作品,而职务作品实质上是个人作品的一种。所谓个人作品,就是权利完全归属于作者个人的作品。个人作品的著作权属于作者,即创作作品的公民。

3.4.3 法人作品的著作权归属

法人作品,是指由法人或者其他组织主持,代表法人或者其他组织意志创作,并由法人或者其他组织承担责任的作品。

所谓由法人或者其他组织主持,是指由代表单位的人员负责组织该项创作,从创作的提出、立意、人员、日程的安排、物质技术条件的提供、创作的进程、完成等各个方面都由单位负责主持,而并非只是简单地提出任务、布置工作。

所谓代表单位的意志,是指创作思想及表达方式均须代表、体现单位的意志。如果某一作品完全或者主要地体现了单位的意志,个人创作者自由思维的空间不大,可认定为代表了单位的意志。如果单位仅仅提出创作作品的任务本身,创作者个人根据单位提出的原则性要求进行创作,则不能认为是体现了单位的意志。

所谓由单位承担作品产生的责任,是指作品产生的责任必须也只能由单位承担,个人实际上承担不了作品产生的责任。

对于法人作品,著作权归法人即单位所有。即根据著作权法的规定,由单位主持、代表单位意志创作并由单位承担责任的作品,单位被视为作者,行使完整的著作权。

3.4.4 职务作品的著作权归属

职务作品与法人作品非常相似,但是享有著作权的权利主体却差异较大,因此发生纠纷的情况也比较多。

所谓职务作品,也称雇佣作品,是指公民为完成法人或者其他组织工作任务所创作的作品。职务作品的作者与所在单位之间存在劳动法律关系,因此,职务作品与公民所担任的职务紧密相连,它是法人或者非法人单位安排其雇员或工作人员履行职责和任务而创造的成果。主要包括两类:

一类是特殊职务作品,具体包括两种情形:(1) 主要是利用法人或者其他组织的物质技术条件创作,并由法人或者其他组织承担责任的工程设计图、产品设计图、地图、计算机软件等职务作品;(2) 法律、行政法规规定或者合同约定著作权由法人或者其他组织享有的职务作品。另外一类是一般职务作品,即除了特殊职务作品之外的职务作品,也即单位职工完成单位工作任务创作的文学、艺术类作品。

此处关于职务作品规定中的"工作任务"是指公民在该法人或者该组织中应当履行的职责。此处关于职务作品规定中的"物质技术条件"是指该法人或者该组织为公民完成创作专门提供的资金、设备或者资料。上述作品的责任(应包括各种风险和法律责任)由法人或非法人单位承担。

相应的,职务作品的著作权归属也分为两种情况:对于第一类职务作品即特殊职务作品,著作权由单位享有,作者享有署名权。即著作权中的署名权由作者享有,其他权利由法人或者非法人单位享有,法人或者非法人单位可以给予作者奖励。对于第二类职务作品即一般职务作品,著作权由作者享有,单位享有优先使用作品权。即,(1) 单位有权在其业务范围内优先使用。作品完成两年内,未经单位同意,作者不得许可第三人以与单位使用的相同方式使用该作品。(2) 在作品完成的两年内,如果单位在其业务范围内不使用,作者可以要求单位同意由第三人以与单位使用的相同方式使用,单位没有正当理由不得拒绝。(3) 在作品完成的两年内,经单位同意,作者许可第三人以与单位使用的相同方式使用作品所获得的报酬,由作者与单位按约定的比例分配。(4) 作品完成两年后,单位可以在其业务范围内继续使用。作品完成两年的期限,自作者向单位交付作品之日起计算。

在区分个人作品与职务作品,即在认定是否属于职务作品时,应具体参考以下几项标准,见表3-2:

表 3-2

区别项	个人作品	职务作品
作品特性	个人性质	职务性质
体现意志	作者个人的意志	一定的单位意志
业务相关	与业务不一定相关	与正常业务直接相关
隶属关系	作者与单位关系无要求	作者与单位之间有隶属关系
物质条件	主要利用个人的物质技术条件	主要利用了单位的物质技术条件

需要说明的是，其一，公民创作的作品如果不属于本职工作或工作任务，即使属于单位的业务范畴，也不属于职务作品。其二，对"职责范围"应予以严格界定，职责范围必须要由劳动合同，或相关规章直接确定。其三，职务作品与作者是否在工作时间内创作是判断职务作品时要考虑一个重要因素，但用工作时间不能也不可能作为判断某一作品是否属于职务作品的标准。其四，由于很多作品特别是社科类的作品几乎不需要利用单位的物质技术条件，但它们是职务作品；另一方面，有些作者利用了单位的物质条件而创作的作品，也不一定就是职务作品，可能是委托作品或其他类型的作品，所以，我们不能以物质技术条件来判断某一作品是否属于职务作品。

在区别职务作品与法人作品时，应把握以下几点，见表 3-3：

表 3-3

区别项	委托作品	职务作品
作者与单位关系	无隶属关系	有隶属关系
创作依据	委托合同	履行法律或劳动合同所规定义务
与本职工作关系	与本职工作无关	与本职工作相关
隶属关系	作者与单位关系无要求	作者与单位之间有隶属关系
是否支付报酬	委托人向作者支付约定报酬	无需额外支付报酬

职务作品与法人作品亦不相同，二者的区别点在于（表 3-4）：

表 3-4

区别项	法人作品	职务作品
体现意志	单位的意志	一定的单位意志
创意来源	单位	作者
单位的作用	单位是主持者和组织者	单位一般只提供物质技术条件
权利归属	单位享有全部的著作权	作者享有大部分的权利，单位只享有优先使用权等部分权利
责任承担主体	单位	作者

3.4.5 合作作品的著作权归属

合作作品,是指两人以上共同创作的作品。按照我国《著作权法》第十三条的规定,合作作品包括可以分割使用和不可分割使用的作品这样两种类型。前者是每个作者的创作成果都有机地联系在一起,无法指出哪一部分是由哪一位作者创作的;后者是每个合作者的作品都可以从作品整体中分割出来单独加以使用。合作作品是产生著作权共有关系的前提,共同创作作品的事实则是确认合作作品和合作作者的前提。

通常,确认合作作品应该具备如下一些条件:(1)合作作者之间应有共同创作某一作品的意思表示,即要求作者有共同创作的愿望以及相互合作的明确的意思表示。该意思表示可以是在作品进行创作前,也可以在创作过程中产生。如果合作作者之间没有共同创作的意思表示,则很难产生合作作品,因为这样他们创作出来的作品在内容、形式、风格上难以达到和谐统一。(2)两个或两个以上的创作者都共同进行了创作活动。即合作作者共同在创作中付出了独创性劳动,作出直接的独创性工作。如对作品的构思,材料的筛选与整理,执笔撰写等,而任何一方不能仅仅因提供了辅助性劳动而主张其合作者身份。(3)创作出的作品是以一定形式表现的一件作品(无论该作品是否可分割使用)。如果一件作品符合上述三个特征,则属于合作作品;否则,或者是单独作品,或者是组合作品、集合作品,而不是合作作品。

根据《著作权法》第十三条的规定,合作作品的作者共同享有著作权。其中,无法分割的合作作品之著作权,适用财产共同共有原则,由合作作者共同共有。对著作权的行使,有规定的按照规定,有约定的依从约定。约定不得违反著作权法,既无规定又无约定的,则按财产共有原则处理。合作作品可以分割使用的,作者对自己创作的部分可以单独行使著作权。但是,行使该权利时,不得构成对合作作品整体著作权的侵害。

合作作品之共同享有包括按份共有和共同共有。著作权人按照各自创作的那一部分作品所应得的权利份额,分享权利和承担义务,即按份共有。著作权按份共有的每个共有人,有权将自己的财产份额转让,但在转让时,其他按份共有人在同等条件下有优先购买的权利。共同共有著作权,即共有的著作权人不划分各自对著作权所占有得份额,共同对合作作品享有权利和承担义务。共同共有的著作权人在分割财产权利时,一般是平均分配。

需要注意的是,合作作品可否单独发表?根据著作权法的规定:两人以上合作创作的作品,著作权由合作作者共同享有合作作品可以分割使用的,作者对各自创作的部分可以单独享有著作权,但行使著作权时不得侵犯合作作品整体的著作权。另外,《著作权法实施条例》规定:合作作品不可以分割使用的,其著作权由各合作作者共同享有,通过协商一致行使;不能协商一致,又无正当理由的,任何一方不得阻止他方行使除转让以外的其他权利,但是所得收益应当合理分配给所有合作作者。

【讨论】发言稿、他人写的传记属于合作作品吗?著作权归属应如何确定?

3.4.6 委托作品的著作权归属

委托作品,是指委托人向作者支付约定的创作报酬,由作者按照他人的意志和具体要求而创作的特定作品。

受委托创作的作品，著作权的归属由委托人和受托人通过合同约定。合同未作明确约定或者没有订立合同的，著作权属于受托人，委托人在约定的使用范围内享有使用作品的权利；双方没有约定使用作品范围的，委托人可以在委托创作的特定目的范围内免费使用该作品。此处"合同"，应当是书面合同。法律之所以作出如此规定，是从鼓励创造的角度出发的，在委托作品中，进行创造性劳动的是受托方。

要注意代笔作品与委托作品的关系。根据最高人民法院《关于审理著作权民事纠纷案件适用法律若干问题的解释》规定：(1) 由他人执笔，本人审阅定稿并以本人名义发表的报告、讲话等作品，著作权归报告人或者讲话人享有。著作权人可以支付执笔人适当的报酬。(2) 当事人同意以特定人物经历为题材完成的自传体作品，当事人对著作权权属有约定的，依其约定；没有约定的，著作权归该特定人物享有，执笔人或整理人对作品完成付出劳动的，著作权人可以向其支付适当的报酬。

【讨论】代笔与代写论文的"枪手"有无区别？

3.4.7 教材作品的著作权归属

教材的编写属于职务作品的一种。教材作品分为两种：如果该作品系自然人个人独立创作，则著作权归创作者个人所有；如果该作品由法人或者其他组织主持，代表法人或者其他组织意志创作，并由法人或者其他组织承担责任，则法人或者其他组织视为作者，依法享有该教材作品的著作权。

在我国现阶段，由于教材内容具有外在制约性以及规范性特点，以及教材作品的编写是一项纷繁复杂的系统工程，所以为了保证教材的高质量要求，教材作品尤其是中小学教材的编写往往会有一个机构统筹协调、审查把关。因此，在绝大多数的情况下，特别在基础教育教材中，教材作品依法被视为法人或其他组织作品，著作权归法人单位或其他组织所有。在教材作品被视为法人作品，著作权归单位所有时，其中具体承担编写任务的自然人即编写执笔人虽然依照我国的规定，不享有作品的著作权，但仍然可以基于自己的创造性劳动，在法人单位同意的情况下，享有一定的权利，具体包括署名权、获得报酬权等。

教材作品通常是由主编和各个具体编写人共同创作完成的。在教材作品著作权归个人的情况下，由于主编与作品的具体执笔之间的关系复杂多样，因此著作权的归属也应具体分析：(1) 如果主编既不参与具体的执笔创作，也不对作品的整体结构和具体内容提出实质性的创见，其承担的仅仅是审稿、文字修正等辅助性的工作，甚至完全是挂名，在这种情况下，主编不能够享有教材作品的著作权，该作品的著作权应属于具体编创人员。(2) 如果主编不参与具体的执笔创作，但对作品的整体结构和具体内容提出了实质性的创见，对作品的最终形成起到了至关重要的作用，则主编与具体编写人员一起，共同拥有该作品的著作权。(3) 如果主编既创设了作品的整体框架，又承担了部分具体内容的编写，则主编与具体编写人员一起，共同拥有该作品的著作权。(4) 在主编与具体编写人员共有作品著作权时，主编往往以其代表人的身份行使整部作品的著作权，如在合同上签字、领取并分配稿酬等，但主编一定要有其他具体编写人员的书面授权。

需要说明的是，有资格享有著作权的主体有公民、法人单位、其他组织等三类，此处的"其他组织"应当是"合法成立、有一定的组织机构和财产，但又不具备法人资格的组织"，例如,经民政部门核准登记领取社会团体登记证的社会团体。据此,编委会既不是单个的作者,又不是常设机构,也没有一定的组织机构和财产,不属于上述三类中的任何一类,因而不具备享有著作权的资格。

3.4.8 影视作品的著作权归属

影视作品,是指利用一定的摄录物质设备,将一系列有伴音或无伴音的画面,摄制在一定的物质载体上,并借助适当装置放映、播放的作品,包括电影作品和以类似摄制电影的方法创作的作品。影视作品创作过程和创作手段较为复杂,要有电影剧本、导演、演员、摄影、作词、作曲、服装、道具、美工、灯光、布景等众多人员的参与和协调才能完成,属于凝聚了众多劳动者集体创造性劳动的复合作品。影视作品的著作权归属也较为复杂,根据我国著作权法的规定,主要有以下几点:

(1) 影视作品的著作权归制片人享有,但是导演、编剧、作词、作曲、摄影等享有署名权和获得报酬权。即影视作品作为一个整体由制片人享有修改、发表、保护作品完整、使用、收益、转让权,导演、编剧、作词、作曲、摄影等人员只享有在影片上署名的权利和根据合同约定取得报酬的权利。

(2) 影视作品中的剧本、音乐等可单独使用的作品的作者有权单独行使其著作权。即影视作品的剧本可以作为文字作品由剧本创作者单独行使著作权,影视作品中的插曲或背景音乐可以作为独立的音乐作品由创作者享有著作权。

(3) 著作权人许可他人将其作品摄制成电影作品和以类似摄制电影的方法创作的作品的,视为已同意对其作品进行必要的改动,但是这种改动不得歪曲篡改原作品。

影视界惯例和法律中关于"制片人"规定并不完全一致。著作权法中的"制片人"并非在影视作品中的"制片人"的个人,而是投资并组织整个影视作品拍摄的出品公司。署名的个人仅仅是作为投资方的代表履行组织和监管,其对整个影视作品并无法律意义上的著作权。另外,实践中,影视作品中会有"制片人""出品人""投资人"之分,那么谁是真正的著作权人呢?根据著作权法"谁投资,谁享有著作权"的立法本意,享有著作权的制片者即为投资者。"出品""联合出品"单位多为境内影视作品的投资者,应界定为著作权人。"摄制""联合摄制"单位完成的仅是影视作品制片的部分工作,在无其他证据证明其享有著作权的情况下,一般不属于著作权人。当然,判断影视作品的著作权人,可以通过当事人间的协议约定以及广电总局颁发的许可证记载等方式确定。

3.4.9 演绎作品的著作权归属

演绎作品,是指在已有作品的基础上经过改编、翻译、注释、整理等创造性劳动而派生出来的作品。演绎是传播原作品的重要方法,其并不是简单的复制原作品,而是需要演绎者在正确理解、把握原作品的基础上,通过创造性的劳动以新的思想表达形式来表现原作品。

同时,由于演绎作品是以原作品为基础,对原作品具有依赖性,没有原作品,也就无所谓演绎作品。因此,演绎作者对演绎作品享有的著作权,并不是完整的著作权,不能独立地行使,如《著作权法》第三十五条规定:"出版改编、翻译、注释、整理、汇编已有作品而产生的作品,应当取得改编、翻译、注释、整理、汇编作品的著作权人和原作品的著作权人许可,并支付报酬。"第三十七条第二款规定:"使用改编、翻译、注释、整理已有作品而产生的作品进行演出的,应当取得改编、翻译、注释、整理作品的著作权人和原作品的著作权人许可,并支付报酬。"第四十条第二款规定:"录音录像制作者使用改编、翻译、注释、整理已有作品而产生的作品,应当取得改编、翻译、注释、整理作品的著作权人和原作品著作权人许可,并支付报酬。"只有当原作品著作权的保护期届满,或者原作品的著作权人放弃其著作权时,演绎作者对演绎作品才享有独立的著作权。在实践中,取得原作品的演绎权,通常需要演绎者与原作者签订演绎合同,明确权利义务,并依照约定支付报酬。

总体说来,演绎作品的著作权归属如下:演绎作品的著作权由演绎作品的作者享有,但行使著作权时不得侵犯原作品的著作权——除法律规定的合理使用的范围外,在著作权保护期内,演绎原作品,需要征得原作者以及其他对原作品享有著作权的权利人的同意。当然,演绎作者与原作品作者的著作权是相互独立的,侵犯演绎作品的行为,也可能同时侵犯了原作品,所以,演绎作者对侵犯其演绎作品著作权的行为,有权独立提起诉讼,原作品的作者也可以对侵犯演绎作品的行为提起诉讼。

3.4.10 摄影作品的著作权归属

摄影作品,是指借助器械在感光材料或者其他介质上记录客观物体形象的艺术作品。摄影作品可包括两类:

一类是身份证、护照、月票等证件照,这一类照片要求真实、清晰再现拍照对象的外表,反映的不是拍摄者对事物的认识和要借此表达的思想情感,而且完成的作品主要用于拍摄对象作身份验证用,通常由自动摄像机拍摄,只是照相机完成的机械性过程取得的结果,因此不包含人的智力创作,不具有独创性,也一般不能成为著作权法保护的对象。在实践中,拍摄者收取拍摄费,受托拍照并交付底片,拍摄对象可自主决定照片的使用及处理,拍摄对象一般不会自称为照片的拍摄人。

另一类是艺术摄影。这一类摄影作品是智力创造活动产生的结果,需要摄影师更多的智力创作投入,包括对拍摄对象特点的把握及表现构思、创意、取景布局、光线、构图、技巧应用、化妆造型、暗房技术等,且追求艺术性、突出表现人物的美感。摄影是一个传递信息的过程,人们通过照片来表达拍摄者对事物的理解、感悟和对事件的敏锐触觉及灵活果断的反应,观看者通过其中的知性信息能受到触动、感染和震撼,也可以通过翻拍、打印、冲洗等方式无限制地被客观再现、传播,具有可重复性。因此,艺术摄影作品具有独创性,受到法律保护。

至于摄影作品的著作权人的判断,首先要符合著作权关于作者的一般规定。例如,创作作品的公民是作者,法人作品是将法人或者其他组织视为作者;再例如,自主创作作品的著作权归作者享有,合作创作作品的著作权归合作作者共同享有。所以,拍摄者不一定是摄影作品的著作权人。不管摄影作品的作者是公民,还是法人或其他组织,确认一幅摄影作品的版权归属,首先要看这幅作品是在什么样的状态下产生的。创作形式(自主创作、合作创作、委托创作、职务作品、法人作品)的不同,著作权的归属也不相同。通常而言,如无相反证明,拥有摄影作品底片的人即为作者;摄影作品出版时在该作品上署名的人,即为作者;著作权登记机关核发的作品登记证上记载的人,即为作者。

需要注意三点:一是人物摄影作品,往往涉及被拍者的肖像权,因此其使用将同时涉及著作权及肖像权问题,应通过委托合同的具体约定来妥善解决使用及权益归属问题,防止在行使著作权时侵犯他人肖像权。二是根据我国著作权法规定,时事新闻不受法律保护,但反映时事新闻的摄影作品要受到法律保护。三是对摄影作品进行翻拍是复制行为,不具有独创性,不能享有著作权。

3.4.11 美术作品的著作权归属

绘画、书法、雕塑等美术作品,由于有形载体的存在,所以一般涉及两种性质的权利:一种是财产所有权,即所有人依法对自己的财产享有的占有、使用、收益、处分的权利,谁拥有原件,谁就是原件财产权的所有人;另一种是著作权,即作者对美术作品享有的著作权。作者对作品著作权的拥有与所有人对作品原件的拥有这是两种不同性质的权利,因而原件所有权的转移并不等同于作品著作权的转移。

我国《著作权法》第十八条规定:"美术等作品原件权的转移,不视为作品著作权的转移,但美术作品原件的展览权由原件所有人享有。"即是说,美术作品著作权中的作品原件的展览权是随作品所有权转移的,其他著作权人仍属创作人所有。

3.4.12 传记作品的著作权归属

传记类文学作品是指以特定人的生平、经历为写作题材,体现了该特定人的思想认识和本人意志,由该特定人署名或该特定人以外的其他对该作品的完成具有直接创造性劳动的人员署名的作品。

《最高人民法院关于审理著作权民事纠纷案件适用法律若干问题的解释》第十四条规定:当事人合意以特定人物经历为题材完成的自传体作品,当事人对著作权权属有约定的,依其约定;没有约定的,著作权归该特定人物享有,执笔人或整理人对作品完成付出劳动的,著作权人可以向其支付适当的报酬。

难点在于,在司法实践中如何判定传记作品是否构成侵权。由于传记类作品均为以特定人物生平及经历为写作素材,故在部分内容上不可避免会出现相似的现象。在这种情况下,是否应认定这种相似构成抄袭和剽窃?对此,要从作品的"独创性"角度进行考量,独创性不要求作品必须是首创的,而要求该作品是作者付出了创造性的劳动而独立创作产生的。对于特定人物家事、生平经历、会议发言、学术观点、信件内容、文献资料、历史事实等传记作品素材的采集,不同的执笔人都可以通过实地采访、查阅典籍、著述借鉴等方式获取,所以,对于传记类文学作品涉及相似的部分内容,应着重审查其出处是否具有唯一性,对于出处不具有唯一性、可以通过其他公知手段而获取的资料,不宜认定构成抄袭。另外,由于传记类文学作品通常都是以传主的生平时间为序,以传主个人成长经历作为主线,这些写作特点决定了传记作品在篇章结构上可能会有相似之处,尤其是对传主生平的回顾以及历史事件的表述也会存在一定程度的雷同。在这种情况下,是否应认定构成抄袭和剽窃?对此,要从作品的"思想与表达"角度考量,对于不属于"表达"范畴的"思想"应不予保护,同时基于表达有限性的制约,如果某种"思想"只有一种或者极其有限的几种表达,也不应予以保护,否则就会造成对于表达的不合理垄断。

3.4.13 民间文艺作品的著作权归属

民间文艺作品是人类文化传承的瑰宝,也是国家的"软实力"的体现。但是,民间文艺作品有著作权吗?如何对民间文艺作品进行保护?

《伯尔尼公约》1971年斯德哥尔摩文本的第15条第4款是目前保护民间文学艺术作品唯一有效的国际法律规则，即各成员国在书面通知《伯尔尼公约》总干事的前提下，可以给不知作者的、未出版的，而又确信属于本公约成员国之作者的那一部分作品提供法律保护。1976年，联合国教科文组织（UNESCO）和WIPO为发展中国家制定了《突尼斯样板版权法》，其中专门规定了关于"本国民间创作的作品"的保护条款。1982年，又正式通过了《保护民间文学表现形式，防止不正当利用及其他行为的国内法示范条例》。2001年，WTO的《多哈宣言》第19条要求《知识产权协定》理事会审查该协定与传统知识和民间文学保护之间的关系。

我国《著作权法》第六条明确规定对民间文学艺术作品予以著作权保护，但具体办法由国务院另行规定。目前，正在征求意见的《民间文学艺术作品著作权保护条例》（修改稿），已经列入国务院立法计划。

民间文艺作品的著作权保护，只是民间文学艺术保护的模式之一。只有提供多重路径的法律保护，才能维护民族的文化安全。即使在著作权法保护模式下，仍然存在一定的保护难题。例如，由于民间文艺作品权利主体状态的特殊性，民间文艺作品著作权归谁？当民间文艺作品受到侵犯时如何救济？

当民间文艺作品的著作权受到侵害时，特定区域民族群体基于知识产权上的请求权，可以请求他人停止侵权并承担相应法律责任。作为特定区域民族群体利益代表的政府，为维护该群体的公共利益，根据我国宪法确定的原则，在不违反法律禁止性规定的前提下，可以以自己的名义提起诉讼，行使诉权。在《乌苏里船歌》案中，法院依法确认黑龙江省饶河县四排赫哲族乡政府是适格的诉讼主体。[①]

特定区域民族群体作为民间文艺作品著作权保护的主体，只是排除了将民间文艺作品的著作权归属于某个人或某些人的可能性，但没有将国家排除在外。从世界的角度出发，不同的国家即代表了各个特定区域的民族群体，在一定情况下，国家可以享有作品著作权，成为著作权保护的主体。

3.4.14　外国作品的著作权归属

根据我国著作权法的规定：(1) 中国公民、法人或者其他组织的作品，不论是否发表，依照著作权法享有著作权。(2) 外国人、无国籍人的作品根据其作者所属国或者经常居住地国同中国签订的协议或者共同参加的国际条约享有的著作权，受著作权法保护。(3) 外国人、无国籍人的作品首先在中国境内出版的，依照著作权法享有著作权。(4) 未与中国签订协议或者共同参加国际条约的国家的作者以及无国籍人的作品首次在中国参加的国际条约的成员国出版的，或者在成员国和非成员国同时出版的，受著作权法保护。

3.4.15　匿名作品的著作权归属

匿名作品，或称作者身份不明的作品，是指从通常途径不能了解作者身份的作品。例如，作品未署名，或者署了鲜为人知的笔名。但作品原件持有人或收稿单位确知作者的真实

---

① http://yingyu.100xuexi.com/view/specdata/20101007/06CBCDDB-BC06-448F-9401-3581322B9192.html. 访问日期：2013年10月3日。

身份,不属于作者身份不明的作品。我国著作权法对匿名作品同其他作品一样实行保护。《著作权法实施条例》第十三条规定:"作者身份不明的作品,由作品原件的所有人行使除署名权以外的著作权。作者身份确定后,由作者或者其继承人行使著作权。"

【思考】歌曲的著作权归属如何确定?

歌曲包含的著作权有两个:一个是歌曲本身的著作权,即词作者、曲作者的著作权;另一个是演唱者的表演权。通常意义上,著作权人与作者是同一个人。但也有例外,比如,词曲作者受某公司委托创作或职务创作,在有著作权归属约定的情况下,著作权归公司所有的;而没有约定的情况下,著作权归作者所有。

【讨论】续写作品的著作权应如何规制?

3.5 著作权的内容

著作权是作者及其他权利人对文学、艺术作品等享有的人身权和财产权的总称,分为著作人格权与著作财产权。

3.5.1 著作人身权的内容

著作人身权,又称精神权利,是指著作权人基于作品的创作依法享有的以人格利益为内容的权利,也即作者对其作品享有各种以人身相联系而无直接财产内容的权利。著作人身权与作者的人身不可分离,一般不能继承、转让,也不能被非法剥夺或成为强制执行中的执行标的。著作权中的人身权包括发表权、署名权、修改权和保护作品完整权。

3.5.1.1 发表权

发表权,又称公表权,是指作者决定作品是否公之于众的权利。其具体内容包括发表作品与不发表作品两方面的权利。发表作品权,含何时发表、何地发表、以何种方式发表作品。出版、公演、广播电台电视台播放都是发表的形式。不发表作品权,指作者对其品享有不公开的权利。

发表权是一次性权利。作品一旦发表,发表权即行消灭,以后再次使用作品与发表权无关,而是行使使用权的体现;发表权与财产权关系密切,须通过出版、上网、朗诵等使用作品的方式来行使。

发表权应当由作者享有,但在某些情况下,可以推定作者将其发表权转移给作品的合法使用者行使。对于作者死亡以后尚未发表的作品,我国《著作权法》规定,如果作者生前没有明确表示不发表,其发表权在法律规定的有效保护期内,由作者的继承人或受遗赠人或者作品原件的合法所有人行使。

虽然不论作品是否发表,著作权人都依法享有著作权,但是,确定作品是否已经发表对于作品使用人来说很重要。因为使用未发表的作品和使用已经发表的作品往往会导致不同后果。例如:免费表演他人的作品,如果表演的是已经发表的作品,表演者无须征得著作权人的同意,也不用支付报酬;如果表演的是还未发表的作品,则表演者必须征得著作权人的同意,并且必须支付报酬。

判断作品是否已经发表的标准在于确定作品是否被"公之于众"。所谓"公之于众"是指著作权人将作品自行向不特定的人公开,或者经著作权人许可将作品向不特定的人公开。

只要将作品置于为不特定人所知的状态即为作品发表,而公众是否知晓和注意该作品则不影响对该作品发表的判定。作品如果只是向特定范围的人或相互有关联的人公开则不属于发表。

3.5.1.2 署名权

署名权,是指作者在作品上署上自己名字的权利。著作权人通过行使署名权表明其身份,其具体内容包括:

决定是否在作品上署名;

决定署名的方式,如署真名、笔名;

决定署名的顺序;

禁止未参加创作的人在作品上署名;

禁止他人假冒署名,即有权禁止他人盗用自己的姓名或笔名在他人作品上署名。

署名权是著作权的重要组成部分,保护期不受限制。署名权是作者为表明其作者身份,在作品上注明其姓名或名称的权利,包括作者在自己的作品上署名和不署名的权利。作者作品署名发表后,其他任何人以出版、广播、表演、翻译、改编等形式进行传播和使用时,必须注明原作品作者的姓名。署名权不得转让、继承,也不存在放弃问题。

权利的行使应受限制,这是现代民法的基本要求之一。在有些情况下,署名权的行使也应受到限制。如某作者在作品出版前决定不在作品上署名或署上一种姓名,在书稿印成后又要求署名或改变署名,除非出版社愿意接受,否则作者的要求就难以实现。再如,有些作品已经多次使用后,使用者难以表示出原作者姓名,如经多次演绎的作品,即可不指出其姓名。

3.5.1.3 修改权

修改权,是指自己修改或授权他人修改作品的权利。作品表达了作者的思想、情感和观点,公之于众后会直接影响社会公众对作者人格的评价,因而法律赋予作者修改权是对作者人格的尊重。修改通常是指内容的修改,报社、杂志社进行的不影响作品内容的文字性删节不属修改权控制的范围,可以不经作者同意。但对内容的修改,必须征得作者同意。修改既可针对未发表的作品,也可针对已发表的作品。

3.5.1.4 保护作品完整权

保护作品完整权,是指保护作品不受歪曲、篡改的权利。作品是作者思想的反映,也是作者人格的延伸。歪曲、篡改作品不仅损害作品的价值,而且直接影响作者的声誉,因而法律禁止任何人以任何方式歪曲和篡改作品。

3.5.2 著作财产权的内容

著作财产权是指著作权人依法享有的控制作品的使用并获得财产利益的权利,包括使用权、许可使用权、转让权、获得报酬权等。

3.5.2.1 使用权

使用权,是指以复制、发行、出租、展览、放映、广播、网络传播、摄制、改编、翻译、汇编等方式使用作品的权利。具体包括以下内容:

(1) 复制权,即以印刷、复印、拓印、录音、录像、翻录、翻拍等方式将作品制作一份或者多份的权利。这是著作财产权中最基本、最重要的权利。

（2）发行权，即以出售或者赠与方式向公众提供作品的原件或者复制件的权利。

（3）出租权，即有偿许可他人临时使用电影作品和以类似摄制电影的方法创作的作品、计算机软件的权利，计算机软件不是出租的主要标的的除外。

（4）展览权，即公开陈列美术作品、摄影作品的原件或者复制件的权利。

（5）表演权，即公开表演作品，以及用各种手段公开播送作品的表演的权利。公开表演作品被称为现场表演或直接表演；用各种手段公开播送作品的表演被称为机械表演或间接表演，如酒店、咖啡馆等经营性单位未经许可播放背景音乐就可能侵犯音乐作品的机械表演权。

（6）放映权，即通过放映机、幻灯机等技术设备公开再现美术、摄影、电影和以类似摄制电影的方法创作的作品等的权利。

（7）广播权，即以无线方式公开广播或者传播作品，以有线传播或者转播的方式向公众传播广播的作品，以及通过扩音器或者其他传送符号、声音、图像的类似工具向公众传播广播的作品的权利。

（8）信息网络传播权，即以有线或者无线方式向公众提供作品，使公众可以在其个人选定的时间和地点获得作品的权利。

（9）摄制权，即以摄制电影或者类似摄制电影的方法将作品固定在载体上的权利。

（10）改编权，即改编作品，创作出具有独创性的新作品的权利。

（11）翻译权，即将作品从一种语言文字转换成另一种语言文字的权利。

（12）汇编权，即将作品或作品的片段通过选择或者编排，汇集成新作品的权利。

（13）应当由著作权人享有的使用作品的其他权利。

3.5.2.2　许可使用权

许可使用权，是指著作权人依法享有的许可他人使用作品并获得报酬的权利。使用他人作品，应当同著作权人订立许可使用合同，但属于法定使用许可情形的除外。许可使用合同包括许可使用的种类、许可使用的权利、许可使用的地域范围、许可使用的期间、付酬标准和方法、违约责任等内容。

3.5.2.3　转让权

转让权，是指著作权人依法享有的转让使用权中一项或多项权利并获得报酬的权利。转让的标的不能是著作人身权，只能是著作财产权中的使用权，可以转让使用权中的一项或多项或全部权利。转让作品使用权的，应当订立书面合同。合同主要包括作品的名称、转让的权利种类、转让的权利地域范围、转让价金、交付转让价金的日期和方式、违约责任等内容。

3.5.2.4　获得报酬权

获得报酬权，是指著作权人依法享有的因作品的使用或转让而获得报酬的权利。获得报酬权通常是从使用权、许可使用权或转让权中派生出来的财产权，是使用权、许可使用权或转让权必然包含的内容。但获得报酬权有时又具有独立存在的价值，并非完全属于使用权、许可使用权或转让权的附属权利。如在法定许可使用的情况下，他人使用作品可以不经著作权人同意，但必须按规定支付报酬。此时著作权人享有的获得报酬权就是独立存在的，与使用权、许可使用权或转让权没有直接联系。使用作品的付酬标准可以由当事人约定,也可以按照国务院著作权行政管理部门会同有关部门制定的付酬标准支付报酬。当事人没有约定或者约定不明确的,按照国家规定的付酬标准支付报酬。

【思考】文字作品稿酬如何计算?

根据《出版文字作品报酬规定》(以下简称《规定》),以纸介质出版的文字作品,除著作权人与出版者另有约定外,出版社、报刊社出版文字作品,应当按《规定》向著作权人支付报酬。支付报酬可以选择基本稿酬加印数稿酬,或版税,或一次性付酬的方式,出版社与著作权人可以协商选择。

一、基本稿酬加印数稿酬方式

基本稿酬加印数稿酬是指出版者按作品的字数,以千字为单位向作者支付一定报酬(即基本稿酬),再根据图书的印数,以千册为单位按基本稿酬的一定比例向著作权人支付报酬(即印数稿酬)。作品重印时只付印数稿酬,不再付基本稿酬。

采用基本稿酬加印数稿酬的付酬方式的,著作权人可以与出版者在合同中约定,在交付作品时由出版者预付总报酬的 30%~50%。除非合同另有约定,作品一经出版,出版者应在六个月内付清全部报酬。作品重印的,应在重印后六个月内付清印数稿酬。

(一)基本稿酬

1. 标准

(1)原创作品:每千字 30~100 元

(2)演绎作品:

改编:每千字 10~50 元

汇编:每千字 3~10 元

翻译:每千字 20~80 元

注释:注释部分参照原创作品的标准执行。

出版者出版演绎作品,除合同另有约定或原作品已进入公有领域之外,出版者还应取得原作品著作权人的授权,并按原创作品基本稿酬标准向原作品的著作权人支付报酬。

应当注意的是,基本稿酬标准为可变标准,国家版权局会根据国家公布的物价涨落指数和书价涨落情况,不定期作相应调整。

2. 计算方法

(1)支付基本稿酬以千字为单位,不足千字部分按千字计算。

(2)支付报酬的字数按实有正文计算,即以排印的版面每行字数乘以全部实有的行数计算。末尾排不足一行或占行题目的,按一行计算。

(3)诗词每 10 行作一千字计算。每一作品不足 10 行的按 10 行计算。

(4)辞书类作品按双栏排版的版面折合的字数计算。

(5)非汉字作品,一般情况按相同版面相同字号汉字数付酬标准的 80% 计算。

(6)报刊刊载作品,不足五百字的按千字作半计算;超过五百字不足千字的按千字计算。

(二)印数稿酬

每印一千册,按基本稿酬的一定比例支付。不足一千册的,按一千册计算。

原创作品和演绎作品均按基本稿酬的 1% 支付。

九年义务教育教材年累计印数超过10万册的,对超过部分按基本稿酬的0.2%支付;通过行政手段大量印刷发行的国家规划教材、法律法规汇编、学习或考试指定用书等作品,年累计超过10万册的,对超出部分按基本稿酬的0.3%支付。

二、版税方式

版税方式是指由出版者以图书定价×发行数×版税率的方式向作者付酬。

采用版税方式付酬的,著作权人可与出版者在合同中约定,在交付作品时由出版者向著作权人预付最低保底发行数的版税。作品发行后出版者应于每年年终与著作权人结算一次版税。首次出版发行数不足千册的,按千册支付版税,但在下次结算版税时对已经支付版税部分不再重复支付。

目前,版税率是:(1) 原创作品:3%～10%;(2) 演绎作品:1%～7%。

三、一次性付酬方式

一次性付酬是指由出版者和作者协商一次性支付报酬的方式。

出版者出版演绎作品,除合同另有约定或原作品已进入公有领域之外,出版者还应取得原作品著作权人的授权,并按原创作品版税标准向原作品的著作权人支付报酬。

以上规定仅适用于以纸介出版的文字作品,并且不适用于作者自费出版的情况。

3.6 著作权的期间

时间性是知识产权的特点之一,著作权受法律保护也是有一定的期限,这也是著作权的限制之一。著作权的具体内容不同,其受法律保护的期间也不相同。

3.6.1 国外著作权期间的相关规定

从目前世界各国著作权的立法实践来看,著作权保护期限的起算方法一般包括两种:一是死亡起算法,即作者终身享有著作权中的财产权,另加死亡之后若干年;一是发行起算法,即不问作者生存与否,自作品注册或首次出版、发行或上演之年的年底算起,保护若干年。

世界各国在著作权保护期限上的规定不尽相同,有25年、70年、80年、90年、99年不等,但目前世界上多数国家文字作品的保护期都是作者有生之年加死后50年。

以法人或其他组织名义发表的作品,一般不能适用以作者终身为基础的一般保护期。各国立法一般采用从用品出版之日起计算保护期的方法,时间从10年到50年不等。

3.6.2 我国著作权期间

在承认著作权包括人身权和财产权两部分的国家,著作权财产权存在着一定的时间限制,但著作权人身权却是与作者不可分离,永远给予保护。我国著作权法规定:作者的署名权、修改权、保护作品完整权的保护期不受限制。我国著作权法对著作权人的人身权给予无限制的保护,但也存在例外,即著作权中人身权中的发表权同著作权中的财产权一样,也存在着一定的保护期限。具体而言,我国著作权期间规定如下:

(1) 作者的署名权、修改权、保护作品完整权等人身权的保护期不受限制。

(2) 公民的作品,其发表权和著作权法规定的财产权的保护期为作者终生及其死亡后五十年,截止于作者死亡后第五十年的12月31日;如果是合作作品,截止于最后死亡的作者死亡后第五十年的 12 月 31 日。

(3) 法人或者其他组织的作品、著作权(署名权除外)由法人或者其他组织享有的职务作品,其发表权和著作权法规定的财产权的保护期为五十年,截止于作品首次发表后第五十年的 12 月 31 日,但作品自创作完成后五十年内未发表的,本法不再保护。

(4) 电影作品和以类似摄制电影的方法创作的作品、摄影作品,其发表权和著作权法规定的财产权的保护期为五十年,截止于作品首次发表后第五十年的 12 月 31 日,但作品自创作完成后五十年内未发表的,著作权法不再保护。

3.6.3 关于著作权保护期的特殊规定

图书出版单位的专有出版权属于著作权中的许可使用权。各国对此项权利的期限规定不一,一般采取保护期为 5 年至 15 年不等。但在实行著作权转让卖绝制度的国家,规定图书出版单位的专有出版权的保护期限和著作权的保护期是一致的。我国著作权法对专有出版权的期限未做规定,一般来说,该期限由图书出版者和著作权人约定。

同时,出版者对出版的图书、期刊的版式设计享有专有使用权。我国著作权法规定,这种版式设计的专有使用权的保护期限为 10 年,截止于使用该版式设计的图书、期刊首次出版后第十年的 12 月 31 日。

世界上多数国家的著作权法都对报刊刊登权加以一定时限。我国著作权法规定:著作权人向报社、期刊社投稿的,自稿件发出之日起十五日内未收到报社通知决定刊登的,或者自稿件发出之日起三十日内未收到期刊社通知决定刊登的,可以将同一作品向其他报社、期刊社投稿。双方另有约定的除外。

表演者权是表演者对其表演所享有的权利,是邻接权的一种,包括表演人身权和表演财产权两方面。根据我国著作权法规定,表演者的表演人身权的保护期不受限制,对表演财产权的保护期为 50 年,截止于该表演发生后第 50 年的 12 月 31 日。

录音录像制作者权,是著作权法所保护的重要邻接权。关于它的保护期,我国著作权法规定:录音录像制作者对其制作的录音录像制品,享有许可他人复制、发行、出租、通过信息网络向公众传播并获得报酬的权利;权利的保护期为五十年,截止于该制品首次制作完成后的第五十年的 12 月 31 日。

广播电台、电视台对其制作的广播、电视节目,享有播放、许可他人播放并获得报酬、许可他人复制发行其制作的节目并获得报酬的权利,这也是我国著作权法保护的重要邻接权。关于这项权利的保护期,我国著作权法规定:前款规定的权利的保护期为五十年,截止于该广播、电视首次播放后第五十年的 12 月 31 日。

【思考】如何确定作品的完成时间?

一般认为,只要作者对作品的构思能够完整地通过一定形式表达出来,他人能够通过这种表达形式领会作品的思想内容或情感,就应属于创作完成。创作中,有些构思可能不是单一的,而是分阶段的,如小说的上集和下集、漫画的组图等。在这种情况下,如果某一阶段的构思已经完整表达出来,则该阶段的创作应被认为完成。此外,有些作品只完成了整个构思中的部分,但这部分完全能够单独使用,则这种作品应被视为局部创作完成。实践中,证明"作品创作完成"的责任在于作者。因此,作者应注意保留创作的底稿、原件等原始证据。

3.7 著作权的限制

3.7.1 著作权限制的概念

著作权的限制有狭义和广义之分。狭义的著作权限制,仅是对著作权人的权能限制,是指对著作权人享有的著作权和著作权的行使从法律上所给予一定约束的制度。而广义的著作权限制,还包括对著作权的时间限制和地域限制。

著作权限制实质上是法律规定著作权人对某部作品享有充分权利的同时,在作品的利用方面对社会必须履行一些义务。法律之所以规定对著作权进行限制,主要是因为:作品作为精神产品,不同于其他产品,具有可传播性、信息性,其价值只有通过广泛的传播才能体现出来。公民文化素质的提高、文化的进步和社会的发展,都离不开精神作品的传播。因此,为了不使著作权法授予作者的某些"专有权利"变成公众获得知识和整个社会教育、科学和文化发展的障碍,各国著作权都对作者的"专有权利"(主要是经济权利、财产权)做一些限制,我国亦是如此。可见,著作权保护的目的不仅在于保护作者的正当权益,鼓励他们创作文学、艺术和科学作品的积极性,同时还在于促进作品的传播与使用,从而丰富人们的精神文化生活,提高人们的科学文化素质,推动经济的发展和人类社会的进步。

根据世界各国著作权法的规定,著作权在行使上的限制主要分为:合理使用、强制许可、法定许可三种方式。我国著作权法根据主要规定了"合理使用"和"法定许可"两种限制条款。另外,理论上,权利穷竭、公共秩序保留、国家征用也是著作权限制的理由。

3.7.2 合理使用

著作权的合理使用,是指依据法律的明文规定,不必征得著作权人的同意而无偿使用他人已经发表作品的行为。但在使用作品时,不得影响作品的正常使用,也不得不合理的损害著作权人的合法利益。

判断著作权合理使用的标准一般考虑以下因素:(1)使用作品的目的因素,即依其为商业性使用或非营利的教育性目的而区别,各国立法中大致都将是否是处于营利目的作为判断是否构成合理使用的标准。(2)使用作品的性质因素,即使用的作品必须是法律明确规定的作品范围。(3)使用作品的程度因素,即从与享有著作权的作品的整体相比,要考虑使用的数量及实质在整个受保护作品上所占的比例。(4)对被使用作品的市场影响因素,使用对有著作权保护的作品经济市场的价值的影响。合理使用并不是排除一切对著作权人造成损害的行为的发生,而是要将这种损害限制在一定范围内,超出这个范围的使用就应当是许可使用或者是法定许可,否则就是侵权行为。

根据我国著作权法的规定,"合理使用"必须具备以下几个条件:(1)使用的作品已经发表。(2)使用的目的仅限于为个人学习、研究或欣赏,或者为了教学、科学研究、宗教或慈善事业以及公共文化利益的需要。(3)使用他人作品时,应当指明作者姓名、作品名称;但是,当事人另有约定或者由于作品使用方式的特性无法指明的除外。(4)使用他人作品,不得影响该作品的正常使用,也不得损害著作权人的合法权利。

具体而言,在下列情况下使用作品,可以不经许可,不向其支付报酬,但应当指明作者姓名、作品名称,并且不得侵犯著作权人依照本法享有的其他权利:

（一）为个人学习、研究或者欣赏，使用他人已经发表的作品；

（二）为介绍、评论某一作品或者说明某一问题，在作品中适当引用他人已经发表的作品；

（三）为报道时事新闻，在报纸、期刊、广播电台、电视台等媒体中不可避免地再现或者引用已经发表的作品；

（四）报纸、期刊、广播电台、电视台等媒体刊登或者播放其他报纸、期刊、广播电台、电视台等媒体已经发表的关于政治、经济、宗教问题的时事性文章，但作者声明不许刊登、播放的除外；

（五）报纸、期刊、广播电台、电视台等媒体刊登或者播放在公众集会上发表的讲话，但作者声明不许刊登、播放的除外；

（六）为学校课堂教学或者科学研究，翻译或者少量复制已经发表的作品，供教学或者科研人员使用，但不得出版发行；

（七）国家机关为执行公务在合理范围内使用已经发表的作品；

（八）图书馆、档案馆、纪念馆、博物馆、美术馆等为陈列或者保存版本的需要，复制本馆收藏的作品；

（九）免费表演已经发表的作品，该表演未向公众收取费用，也未向表演者支付报酬；

（十）对设置或者陈列在室外公共场所的艺术作品进行临摹、绘画、摄影、录像；

（十一）将中国公民、法人或者其他组织已经发表的以汉语言文字创作的作品翻译成少数民族语言文字作品在国内出版发行；

（十二）将已经发表的作品改成盲文出版。

前款规定适用于对出版者、表演者、录音录像制作者、广播电台、电视台的权利的限制。

【思考】 如何理解著作权法上的"适当引用"？

通常而言，"适当引用"应具备四个条件：一是引用目的仅限于介绍，评论某一作品或者说明某一问题；二是所引用部分不能构成引用人作品的主要部分或者实质部分；三是不得损害被引用作品著作权人的利益；四是应当指明作者姓名、作品名称。

按通常理解，"主要部分"主要是对量的规定，"实质部分"是对质的规定。一般而言，自己的论文中只适量地引用了他人作品中的观点、论据或内容，而不构成自己作品的主要观点及论据或主要内容，则属于适当引用的范畴；若是在自己的作品中大量地引用他人作品的观点、论据或内容，从而使自己的作品的大部分或主要观点、论据或内容是照搬他人作品的结果，则属于抄袭的范畴。

从质上看，"所引用部分不能构成引用人作品的主要部分或者实质部分"，可以理解为：即使在量上没占主要部分，但是该作品的实质内容即主要观点，也可说是一篇文章的核心论点是他人的，即使没有引用他人的原话或引用数量不超过法律规定的范围，即使注明了来源，也不应属于适当引用。

合理使用、适当引用他人作品都不会构成侵权。但是实践中，很多人都不能掌握好尺度，甚至有些人在自己的作品中大量地引用他人作品的观点，论据或内容，从而使自己的作品的大部分或主要观点、论据或内容是照搬他人作品，这是抄袭行为，构成侵犯著作权。

【讨论】抄袭行为该怎样认定？

国家版权局版权管理司在《关于如何认定抄袭行为给××市版权局的答复》（权司〔1999〕第 6 号）中，对抄袭行为的认定做了如下答复：

（1）著作权法所称抄袭、剽窃，是同一概念（为简略起见，以下统称抄袭），指将他人作品或者作品的片段窃为己有。抄袭侵权与其他侵权行为一样，需具备四个要件：第一，行为具有违法性；第二，有损害的客观事实存在；第三，和损害事实有因果关系；第四，行为人有过错。由于抄袭物需发表才产生侵权后果，即有损害的客观事实，所以通常在认定抄袭时都指经发表的抄袭物。因此，更准确的说法应是，抄袭指将他人作品或者作品的片段窃为己有发表。

（2）从抄袭的形式看，有原封不动或者基本原封不动地复制他人作品的行为，也有经改头换面后将他人受著作权保护的独创成分窃为己有的行为，前者在著作权执法领域被称为低级抄袭，后者被称为高级抄袭。低级抄袭的认定比较容易。高级抄袭需经过认真辨别，甚至需经过专家鉴定后方能认定。在著作权执法方面常遇到的高级抄袭有：改变作品的类型将他人创作的作品当作自己独立创作的作品，例如将小说改成电影；不改变作品的类型，但是利用作品中受著作权保护的成分并改变作品的具体表现形式，将他人创作的作品当作自己独立创作的作品，例如利用他人创作的电视剧本原创的情节、内容，经过改头换面后当作自己独立创作的电视剧本。

（3）如上所述，著作权侵权同其他民事权利一样，需具备四个要件，其中，行为人的过错包括故意和过失。这一原则也同样适用于对抄袭侵权的认定，而不论主观上是否有将他人之作当作自己之作的故意。

（4）对抄袭的认定，也不以是否使用他人作品的全部还是部分、是否得到外界的好评、是否构成抄袭物的主要或者实质部分为转移。凡构成上述要件的，均应认为属于抄袭。

认定抄袭的注意事项有哪些？在确认抄袭行为中，往往需要与形式上相类似的行为进行区别：

（1）抄袭与利用著作权作品的思想、意念和观点。一般来说，作者自由利用另一部作品中所反映的主题、题材、观点、思想等再进行新的创作，在法律上是允许的，不能认为是抄袭。

（2）抄袭与利用他人作品的历史背景、客观事实、统计数字等。各国著作权法对作品所表达的历史背景、客观事实统计数字等本身并不予以保护，任何人均可以自由利用。但完全照搬他人描述客观事实、历史背景的文字，有可能被认定为抄袭。

（3）抄袭与合理使用。合理使用是作者利用他人作品的法律上的依据，一般由各国著作权法自行规定其范围。凡超出合理使用范围的，一般构成侵权，但并不一定是抄袭。

（4）抄袭与巧合。著作权保护的是独创作品，而非首创作品。类似作品如果是作者完全独立创作的，不能认为是抄袭。

3.7.3 使用许可

使用许可是指不需经作者同意，只需支付报酬即可使用享有著作权的作品的行为。这种著作权限制方法，通常包括法定许可和强制许可两方面内容。

3.7.3.1 法定许可

著作权法定许可，是指在一些特定的情形下，对未经他人许可而有偿使用他人享有著作权的作品的行为依法不认定为侵权的法律制度。

著作权的法定许可是对著作权人权利的一种限制措施。法律规定法定许可目的是为了教育与科研,或为了公共利益。它是一种著作权的使用范围虽已超出了合理使用的界限,但仍旧被法律所允许的使用方式。法定许可使用作品必须具备以下条件:第一,许可使用的作品必须是已经发表的作品;第二,使用作品应当向著作权人支付报酬;第三,著作权人未发表不得使用的声明;第四,不得损害被使用作品和著作权人的权利。

著作权法定许可与合理使用的相同点是使用他人作品不需要获得权利人的许可,使用时要指明作者姓名、作品名称,并且在使用过程中不得侵犯著作权人的其他权利。

著作权法定许可与合理使用的区别在于:一是引用的范围不同,合理使用只是少量使用,而法定许可比例要大一些;二是合理使用必须是已经发表的作品,法定许可可以包括未发表的作品;三是合理使用一般是非复制使用,而法定许可却可以出版、发行;四是合理使用不需支付报酬,而法定许可必须支付报酬;五是合理使用不需在著作权人没有声明不得使用的前提下进行,而法定许可必须在著作权人没有声明不得使用的前提下进行。

根据我国著作权法的规定,法定许可的情形包括:

(1) 为实施九年制义务教育和国家教育规划而编写出版教科书,除作者事先声明不许使用的外,可以不经著作权人许可,在教科书中汇编已经发表的作品片段或者短小的文字作品、音乐作品或者单幅的美术作品、摄影作品,但应当按照规定支付报酬,指明作者姓名、作品名称,并且不得侵犯著作权人依照著作权法享有的其他权利。

(2) 作品在报刊刊登后,除著作权人声明不得转载、摘编的外,其他报刊可以转载或者作为文摘、资料刊登。

(3) 录音制作者使用他人已经合法录制为录音制品的音乐作品制作录音制品,可以不经著作权人许可,但应当按照规定支付报酬;著作权人声明不许使用的不得使用。

(4) 广播电台、电视台播放他人已发表的作品。

(5) 广播电台、电视台播放已经出版的录音制品,可以不经著作权人许可,但应当支付报酬。当事人另有约定的除外。

3.7.3.2 强制许可

强制许可,是指当著作权人在法定期限内没有履行权利时,在国家有关管理部门依法一次性指定授权下,特定申请使用作品的人可不经著作权人同意使用已经发表的作品,但必须支付合理的报酬。强制许可是著作权管理部门向特定的申请人发出的,而法定许可则是明确规定在法律中的。法定许可适用于全社会,任何人都可以使用它,而强制许可的适用范围和成立的条件随着国家的不同而不同。我国《著作权法》中没有强制许可的规定。

3.7.4 权利穷竭

著作权的"穷竭"是指著作权中销售权的穷竭,即著作权人同意将作品的印刷品投放本国市场后,该著作权人对其作品的分销就不能予以控制和干涉。这表明著作权人的销售专有权只能行使一次。

3.7.5 公共秩序保留

公共秩序保留是指凡被认为有意欺骗公众、违背公共道德或公共利益的作品不得享有著作权保护。这种对违反"公共秩序"的作品著作权予以限制的做法,同样也适用于作品著作权中的某一项专有权利。

3.7.6 国家征用

前苏联及原东欧的一些国家,从国家利用作品出发规定在必要时候,国家对正在使用中的作品的著作权予以征用(即收归国有)。

【思考】网络著作权有哪些限制?

在网络社会,有越来越多的报纸、杂志文章被网站转载,根据我国著作权法的规定,作品一旦在报刊上刊登后,除著作权人声明不得转载、摘编外,其他报刊可以转载或作为文摘,资料刊登,但应当按照规定向著作权人支付报酬。上述规定表明,只要著作权人没有声明保留权利外,网络可以自由转载文章,但应当按照国家规定的稿酬标准支付报酬。

除了著作权法关于合理使用之外,网络著作权还要受到"默示许可"的限制。所谓默示许可,主要是指指虽然著作权人没有书面许可,但有证据证明著作权人默示许可他人使用著作权的情形。常见的有在BBS上贴文章、在线或离线阅读、网站定期资料备份、网络图书馆浏览、服务器之间因传输需要所产生的复制等情形。

【讨论】作品冒名侵犯他人的什么权利?

《开国大典》案[①]

【案件背景】

被誉为"共和国成立的艺术见证"的油画《开国大典》是中国画家董希文于1953年完成的著名油画,描绘了1949年10月1日中华人民共和国开国大典上毛泽东在天安门城楼上宣读中央人民政府公告宣告中华人民共和国成立的一刻,被认为是"富有装饰意味的纪念碑性的大型历史画"。该画是1952年底董希文受中央美术学院交付任务绘制此画,耗费约二个月时间完成。《开国大典》作为表现重大革命历史题材和歌颂新中国成立的世纪杰作,从它诞生那天起就备受人们关注。它问世后,《人民日报》在头版重要位置发表了油画《开国大典》,人民美术出版社把它印成年画和各种美术图片大量发行,并收入当时的中小学课本,该画于1959年开国十周年时入藏北京中国革命博物馆。也正因为此,董希文妻子张林英及其三个子女与上海广元公司、中国革命博物馆、北京工美集团因油画《开国大典》发生的侵犯著作权纠纷一案影响巨大,被评为北京市高级人民法院2002年北京法院十大知识产权案件之一,对类似行为警示意义颇大。

【案情简介】

油画《开国大典》曾发表于1953年9月27日的《人民日报》,署名为董希文,该画原作现收藏于中国革命博物馆。董希文于1973年1月8日去世,张林英为董希文的妻子,董沙贝、董沙雷、董一沙均为董希文的子女。

---

① 本案例改编自《北京市高级人民法院民事判决书(2002)高民终字第728号》《北京市第二中级人民法院民事判决书(2002)二中民初字第690号》,是北京市高级人民法院公布了的2002年北京法院十大知识产权案件之一,载《最高人民法院公报》2003年第6期。

1999年7月19日,上海广元公司与中国革命博物馆签订合作协议书,约定:中国革命博物馆作为监制发行单位负责提供作品《开国大典》原作底片,并授权上海广元公司制作纯金画;上海广元公司负责纯金工艺画的设计、策划和投资制作;金箔画发行的数量和规格为"(大)1 000幅、(中)5 000幅、(小)5 000幅";上海广元公司将先期生产的纯金工艺画750幅交中国革命博物馆使用;其中(大)50幅、(中)200幅、(小)500幅。1999年8月21日,双方为调整《开国大典》金箔画的发行数量签订了补充协议,约定:极品版发行500幅、珍藏版发行1 000幅、纪念版发行1 000幅。张林英及其子女知悉情况后,认为这种行为侵害了他们享有的著作权中的使用权及获得报酬权,并对董希文及他们的声誉造成恶劣影响。将上海广元公司、中国革命博物馆和销售该产品的北京工美集团告上法庭。要求:上海广元公司和中国革命博物馆停止侵权行为、公开赔礼道歉、消除影响、赔偿原告经济损失275 000元;北京工美集团停止销售侵权制品;被告将尚未售出的侵权制品交由法院处理。

原告张林英等四人诉称:董希文是油画《开国大典》的著作权人,我们是董希文的合法继承人,依照继承法享有油画《开国大典》的著作权。被告上海广元公司和中国革命博物馆的行为侵害了我们对于油画《开国大典》享有的使用权及获得报酬权,并对董希文及我们的声誉造成恶劣影响。被告北京工美集团以营利为目的销售了该侵权产品,也构成了侵权。

原告提交的主要证据有:(1)1953年9月27日《人民日报》、1953年第12期《新观察》杂志、1953年版油画《开国大典》的印刷品,证明董希文是油画《开国大典》的著作权人。(2)北京市公安局建国门派出所出具的户口证明信和长安公证处出具的公证书,以证明四原告均为董希文的继承人。(3)《开国大典》金箔画一幅及收藏证书、《献给共和国五十周年华诞》宣传材料,以证明上海广元公司与中国革命博物馆制作、发行了侵权制品。(4)北京工美集团1999年12月14日开具的销售商品专用发票,以证明北京工美集团销售了侵权制品。(5)原告张林英与案外人签订的制作发行《开国大典》金箔画的合同书,以证明四原告经济利益受到了损害。

被告上海广元公司辩称:油画《开国大典》原作收藏于中国革命博物馆,著作权应属于该馆;上海广元公司与革命博物馆合作制作了《开国大典》金箔画,在1999年10月1日前已经制作完毕,现已发售完,没有再行制作,实际的销售数量仅67幅;上海广元公司与北京工美集团之间没有业务往来,且现在市场上假冒产品很多,原告在北京工美集团购买的金箔画是否为上海广元公司生产,原告对此应负举证责任;四原告主张275 000元的经济赔偿没有依据。

上海广元公司提交的主要证据有:(1)上海广元公司与中国革命博物馆的合作协议书和补充协议的复印件,以证明制作《开国大典》的金箔画系与中国革命博物馆的合作行为。(2)上海广元公司销售《开国大典》金箔画记账凭证的复印件,以证明《开国大典》金箔画制作和销售情况。

被告北京工美集团辩称:原告购买的《开国大典》金箔画的包装盒内有革命博物馆与上海广元公司联合发行该金箔画的监制证书,北京工美集团作为销售者已经尽到了必要的注意义务。在本案发生后,北京工美集团对商场进行了审查,已经不再销售该金箔画,亦无库存,同意四原告要求其停止销售涉案产品的诉讼请求,并保证今后不再发生类似的侵权行为。

被告中国革命博物馆辩称:上海广元公司于1999年夏天向革命博物馆提出合作开发

《开国大典》金箔画的要求,革命博物馆认为很有意义,于1999年8月21日与其签订了合作协议,并要求其与董一沙联系以取得授权。革命博物馆作为监制单位,负责提供底片;上海广元公司负责设计、策划、出版、发行。双方签订的合作协议中虽标明革命博物馆是监制、发行单位,但其实际上仅负责监制,上海广元公司负责制作及发行,是主要侵权人。革命博物馆没有侵犯四原告著作权的主观故意,没有直接实施侵权行为,不能接受四原告的诉讼请求。

北京市第二中级人民法院经审理查明:

被告上海广元公司制作的《开国大典》金箔画中都附有收藏证书,并印有落款为中国革命博物馆的监制证书,上面有"中国革命博物馆和上海广元公司联合发行《开国大典》缩版纯金箔画;极品限量发行5 000幅、珍藏版限量发行5 000幅、纪念版限量发行5 000幅;发行、监制:中国革命博物馆;设计、制作:上海广元公司"等字样。在发行《开国大典》金箔画过程中,上海广元公司制作、散发了《献给共和国五十周年华诞》宣传材料,该宣传材料中注明:"限量发行《开国大典》极品、珍藏版、纪念版三种型号各5 000幅;《开国大典》缩版金箔画BFJBH-1949BFJBH-1999由中国革命博物馆收藏";并印有落款为中国革命博物馆的"授权声明",主要内容是"中国革命博物馆将《开国大典》版权授权给上海广元公司制作金箔画"。上海广元公司向中国革命博物馆捐赠了《开国大典》金箔画大、中、小号各一幅。此外,中国革命博物馆从上海广元公司处取得50幅《开国大典》金箔画,目前尚存8幅。北京工美集团公司曾于1999年参与销售《开国大典》金箔画,现已停止销售。

本案争议焦点为:(1)中国革命博物馆作为油画《开国大典》的收藏者是否有权许可他人复制、发行该油画作品?(2)被告上海广元公司和中国革命博物馆是否构成共同侵权?(3)如果构成侵权,应如何确定侵权责任?

北京市第二中级人民法院认为:董希文是油画《开国大典》的作者,依法对该作品享有著作权。原告作为董希文的合法继承人,有权继承董希文对该作品所享有的使用权和获得报酬权。油画《开国大典》原作已由中国革命博物馆收藏,依照法律规定仅享有该作品的展览权,但该油画作品著作权的其他权利仍应由著作权人享有。中国革命博物馆和上海广元公司构成共同侵权,应承担连带责任,赔偿数额应根据被告侵权行为的性质、后果、影响等因素综合考虑予以确定。

据此,北京市第二中级人民法院于2002年6月19日判决,基本支持了原告的诉讼请求:上海广元公司、中国革命博物馆立即停止制作、发行《开国大典》金箔画的侵权行为,于本判决生效后三十日内在《法制日报》上发表向张林英等四人致歉的声明(致歉内容需经法院核准,逾期不执行,法院将在该报上公布本判决内容,相关费用由上海广元公司、中国革命博物馆共同负担),于本判决生效后十日内赔偿张林英等四人经济损失人民币二十六万元;北京工美集团有限责任公司未经著作权人许可,不得再销售《开国大典》金箔画。

一审宣判后,北京工美集团和张林英等四人表示服从一审判决,被告上海广元公司和中国革命博物馆向北京市高级人民法院提起上诉。后,北京市高级人民法院经过审理,驳回上诉,维持原判。

【案例思考】
1. 结合本案,思考知识产权诉讼中质证以及法院证据采信的要点。
2. 结合本案,思考如何判定作品的作者?
3. 如何理解著作权与物权、展览权的关系?
4. 法院判决中的"赔礼道歉"如何履行?
5. 作品完成后他人对该作品进行了修改是否对原作品著作权的保护产生影响?

第4章 邻接权

◎ **导读**：

邻接权是由著作权衍变转化而来的，是从属于著作权的一种权利。本章在讲述狭义著作权的基础上讨论邻接权，包括邻接权的概念与特征、邻接权的取得、邻接权的类型、邻接权的时间、邻接权的内容等。其目的是要把握邻接权的特殊性，理解表演者权、录音录像制作者的权利、广播电台、电视台播放的权利、出版者的权利的具体体现。

◎ **重点**：

1. 出版者的权利与专有出版权有哪些区别？
2. 出版社可能会发生哪些著作权纠纷？
3. 表演者包括哪些人？
4. 录音录像制作者有哪些权利？
5. 广播电台、电视台播放者有哪些权利？

王莘诉谷歌数字图书侵害著作权案①

【案件背景】

谷歌公司因数字图书搜索在美国被著作权人起诉受到知识产权界的广泛关注。该案的审理内容与美国相关案件基本相同，反映了中国网络著作权司法保护与世界"同步"的特点。该案明确：只要不属于法律另有规定的情形，一旦未经著作权人许可复制其作品，就应当认定其构成侵权。该案判决阐述了对作品合理使用的举证责任问题及其认定的要件，分析了合理使用行为与复制行为的法律逻辑关系，提出专门为了合理使用而进行的复制行为属于合理使用行为范畴，不应割裂看待。该案是国内首例作家诉谷歌数字图书侵害著作权的案件，对同类案件的审理具有借鉴和指导意义。

【案情简介】

本案原告王莘向北京市第一中级人民法院诉称：原告笔名棉棉，原告的文学作品已被翻译成13种语言在全世界范围内出版。2000年3月，原告授权上海三联书店出版文集《盐酸情人》。该书收录了原告《香港情人》等十篇随笔。原告对该书中除序言以外的其他部分享有著作权。原告发现谷歌中国网站的"图书搜索"栏目中收录了该书并向不特定公众提供，

---

① 本案例改编自《北京市第一中级人民法院民事判决书（2011）一中民初字第1321号》，该案是国内首例作家诉谷歌数字图书侵害著作权案，被最高人民法院评为"2013年中国法院知识产权司法保护十大案件"之一。

上述行为已构成信息网络传播行为。因该网站的经营者为第一被告北京谷翔公司,且上述行为并未经过原告许可,故第一被告北京谷翔公司侵犯了原告的信息网络传播权,第二被告谷歌公司侵犯了原告的复制权。此外,第二被告谷歌公司在涉案图书数字化扫描后将其拆分为片段提供给第一被告并进行传播的行为亦侵犯了原告的保护作品完整权。同时,由于北京谷翔公司与谷歌公司为关联公司,故上述行为系两被告共同实施的共同侵权行为,两被告应对上述全部行为承担连带责任。综上,原告请求法院判令:1. 两被告立即停止侵权,并公开赔礼道歉(赔礼道歉的媒体为《人民日报海外版》、《中国日报》及涉案网站)。2. 两被告连带赔偿原告经济损失人民币1 762 462元(约合26万美元)、精神损害赔偿人民币67 787元(约合1万美元)。若无法认定两被告系共同侵权行为人,则判令第一被告北京谷翔公司赔偿经济损失人民币762 462元,精神损害人民币7 787元。第二被告谷歌公司赔偿原告经济损失人民币1 000 000元,精神损害人民币60 000元。3. 两被告连带赔偿原告合理支出人民币1 500元。

第一被告北京谷翔公司当庭辩称:一、原告名称为"王苹",但涉案图书的作者为"棉棉",二者名称不同,因此,涉案图书的著作权人并非原告。二、涉案网站实施的系对涉案图书的搜索、链接行为,而非信息网络传播行为。作为搜索、链接服务提供商,我公司已尽到法定义务,在知晓本案诉讼后即已删除涉案图书,因此,虽然我公司并未取得涉案图书著作权人的许可,但依据《中华人民共和国信息网络传播权保护条例》(简称《信息网络传播权保护条例》)第二十三条的规定,我公司的行为并不构成侵权,且不存在共同实施被控侵权行为情形。

第二被告谷歌公司当庭辩称:我公司系在美国注册的公司,对涉案图书进行数字化扫描的行为发生在美国,该行为虽然并未经过涉案图书著作权人的许可,但并未违反美国法律,因此,中国法院对我公司所实施的行为并无管辖权,且不应适用《中华人民共和国著作权法》(简称《著作权法》)来评价我公司的行为。

原告提交了其户口登记簿的原件,其中在"曾用名"一栏中显示有"棉棉"字样。以及(2009)京方圆内经证字第18828号公证书,证明涉案作品系由涉案网站所提供,该网站经营者(即北京谷翔公司)实施的是信息网络传播行为。

北京市第一中级人民法院认为,本案涉及以下焦点:

一是中国法院对本案是否具有管辖权。根据《中华人民共和国民事诉讼法》第二百四十三条规定,涉外民事案件管辖权的确定可以依据多种联结因素,"侵权行为地"即为其中之一。因民事案件中所涉的被控侵权行为既可能是单一的侵权行为,亦可能是多个侵权行为,而多个侵权行为的发生地可能并不相同,因此,上述规定应理解为只要案件中所涉侵权行为"之一"发生在中国境内,中国法院即对整个案件具有管辖权。同时,鉴于《最高人民法院关于适用〈中华人民共和国民事诉讼法〉若干问题的意见》第28条规定,侵权行为地既包括侵权行为"实施地",亦包括侵权行为"结果发生地",故只要案件中上述任一地点位于中国境内,中国法院即对整个案件具有管辖权。具体到本案,中国对本案全部被控侵权行为均具有管辖权。

二是本案准据法的确定。因本案为民事侵权纠纷案件,故本案准据法的确定应依据《中华人民共和国民法通则》第八章"涉外民事关系的法律适用"中有关涉外侵权案件法律适用的相关规定。根据该法第一百四十六条规定以及《最高人民法院关于贯彻执行〈中华人民共和国民法通则〉若干问题的意见(试行)》第187条的规定,涉外侵权民事案件的审理既可以适用侵权行为实施地法律,亦可以适用侵权行为结果发生地法律。本案中,可以依据中国的相应法律对涉案被控侵权行为进行审理。

三是本案中对于《著作权法》的适用。因现行《著作权法》系2010年修正的《著作权法》,而本案被控侵权行为发生在现行《著作权法》修正之前的2009年,因此,本案涉及修改前、后《著作权法》的适用问题。根据《中华人民共和国立法法》第八十四条规定,在新、旧法存在法律适用的冲突时,应以法不溯及既往为原则,以特别规定为例外。具体到修改前、后《著作权法》的适用问题,因现行的法律、法规及司法解释均未对其作出特别规定,故依据法不溯及既往的原则,应以被控侵权行为发生时间作为确定《著作权法》适用的依据。本案中,因被控侵权行为发生时间为2009年,当时有效的为2001年修订的《著作权法》,故本案应适用2001年修订的《著作权法》。

四是原告对于涉案作品是否享有著作权。由查明事实可知,涉案图书的署名为棉棉,虽然其中的序言部分署名为葛红兵,但鉴于原告并不主张其对序言部分享有著作权,故依据上述证据可以认定"棉棉"为涉案图书中除序言外的其他部分的作者,其对涉案作品享有著作权,包括保护作品完整权、复制权、信息网络传播权等。两被告虽然对原告与"棉棉"系同一主体持有异议,但其既未提交相反证据佐证,亦未作出合理解释,故依据现有证据法院合理认定原告与棉棉为同一主体,原告即为涉案作品的著作权人。

五是第一被告北京谷翔公司是否实施了对涉案作品的信息网络传播行为。判断某一主体实施的行为是否属于信息网络传播行为,关键因素在于该主体是否实施了将作品、表演、录音录像制品上传至或以其他方式将其置于向公众开放的网络服务器中的行为。也就是说,信息网络传播行为的构成系以该主体向公众开放的网络服务器中存储了相关内容为前提。如网络服务器中并无相关内容,则通常无法认定该主体的行为构成信息网络传播行为。将上述分析适用于本案,在第一被告既未提交反证,亦未进行合理解释的情况下,考虑到整个涉案传播过程均处于第一被告网站页面中,法院合理认定涉案图书存储于第一被告的服务器中,第一被告实施了对涉案作品的信息网络传播行为。

六是第一被告北京谷翔公司是否侵犯了原告的信息网络传播权。判断他人实施的行为是否构成对著作权的侵犯,通常应考虑以下要件:是否实施了著作权人控制的行为;是否经过著作权人许可;是否构成合理使用。具体到本案,鉴于涉案网站中提供涉案图书的行为构成信息网络传播行为,且第一被告明确认可该行为并未取得著作权人的授权,故判断该行为是否构成侵权的关键在于其是否属于对原告作品的合理使用。综合考虑如下因素的情况下,法院对于这一合理使用问题持肯定态度:(1)涉案信息网络传播行为并不属于对原告作品的实质性利用行为,尚不足以对原告作品的市场价值造成实质性影响,亦难以影响原告作品的市场销路。(2)涉案信息网络传播行为所采取的片段式的提供方式,及其具有的为网络用户提供方便快捷的图书信息检索服务的功能及目的,使得该行为构成对原告作品的转换性使用行为,不会不合理地损害原告的合法利益。综上,第一被告实施的涉案信息网络传播行为虽然未经原告许可,但鉴于其并未与作品的正常利用相冲突,也没有不合理地损害著作权人的合法利益,因此,该行为属于对原告作品的合理使用,并未构成对原告信息网络传播权的侵犯。原告认为涉案行为侵犯了其信息网络传播权的主张不能成立,法院不予支持。

七是第二被告谷歌公司是否应与第一被告北京谷翔公司就涉案信息网络传播行为承担

共同侵权责任。鉴于法院已认定该行为属于对原告作品的合理使用,未构成对原告信息网络传播权的侵犯,第一被告作为直接行为人尚无须为该行为承担责任,第二被告显然亦不应对该行为与第一被告承担共同侵权责任。据此,原告的上述主张不能成立,法院不予支持。

八是两被告是否侵犯了原告的复制权。根据《著作权法》第十条规定,鉴于第二被告明确认可其对涉案图书实施了全文电子化扫描的行为,该行为属于《著作权法》所规定的复制行为,且该行为并未取得著作权人的许可,故基于与涉案信息网络传播行为相同的理由,判断这一全文复制行为是否侵犯原告复制权的关键亦在于该行为是否构成合理使用行为。在结合考虑如下因素的情况下,法院对此持否定态度。(1)就行为方式而言,这一"全文复制"行为已与原告对作品的正常利用方式相冲突。(2)就行为后果而言,这一全文复制行为已对原告作品的市场利益造成潜在危险,将不合理地损害原告的合法利益。本案中,原告虽无证据证明第二被告除全文复制行为外,亦同时实施了其他后续传播行为,但这一全文复制行为却会在以下两方面对原告的市场利益造成潜在危险:其一,这一全文复制行为会为"第二被告"未经许可对原告作品进行后续利用提供很大程度的便利。其二,这一全文复制行为亦会为"他人"未经许可使用原告作品带来较大便利。基于此,法院认为,第二被告对原告作品进行全文复制的行为已与原告作品的正常利用相冲突,亦会不合理地损害著作权人的合法利益,这一复制行为并未构成合理使用行为,已构成对原告著作权的侵犯。此外,法院着重强调以下两点:(1)第一被告的信息网络传播行为是否构成合理使用,与第二被告的全文复制行为是否构成合理使用,并无必然联系。(2)是否存在对复制件的后续使用或传播行为,原则上不影响对与复制行为本身是否构成合理使用的认定。

九是第一被告北京谷翔公司是否应就涉案复制行为与第二被告谷歌公司承担共同侵权责任。根据《中华人民共和国民法通则》第一百三十条、《最高人民法院关于贯彻执行中华人民共和国民法通则若干问题的意见》第148条规定,法院认为,共同侵权行为既包括共同直接侵权行为,亦包括教唆侵权行为及帮助侵权行为。本案中,鉴于原告既无证据证明第一被告与第二被告共同实施了复制行为,亦无证据证明第一被告存在教唆行为,故认定是否构成共同侵权行为的关键在于是否构成帮助侵权行为。鉴于第一被告既未与第二被告共同实施复制行为,亦未针对该复制行为实施教唆侵权行为及帮助侵权行为,故原告认为第一被告应与第二被告就涉案复制行为共同承担侵权责任的主张不能成立,法院不予支持。

十是两被告是否侵犯了原告的保护作品完整权。法院认为,由《著作权法》第四十六条第(四)项规定可知,鉴于保护作品完整权的设立意义在于保护作者的声誉不受损害,故通常情况下只有在对作品的使用实质性地改变了作者在作品中原本要表达的思想感情,从而导致作者声誉受到了损害时,才可认定其构成对保护作品完整权的侵犯。本案中,上述将涉案作品拆分为片段并提供的行为并未侵犯原告的保护作品完整权。原告的主张不能成立,法院不予支持。

十一是两被告应承担的民事责任。法院认为,鉴于法院仅认定涉案行为构成对原告复制权的侵犯,而未构成对原告保护作品完整权、信息网络传播权的侵犯,且仅第二被告应对该复制行为承担民事责任,故法院仅对其中要求第二被告停止复制行为的这一诉讼请求予以支持。因第二被告明确表示该作品存储于其服务器中,故第二被告有义务删除其服务器中所存储的涉案作品。对于赔礼道歉的诉讼请求,因该责任方式仅适用于著作权中精神权利造成侵害的情形,而本案中两被告的行为并未构成对原告保护作品完整权这一精神权利的侵犯,故不予支持。对于赔偿精神损害的诉讼请求,鉴于对精神损害的赔偿原则上应以精神权利受到损害为前提,而本案中尚无证据证明原告的精神权利受到损害,故对该诉讼请求法院不予支持。对于原告要求两被告连带赔偿原告经济损失人民币 50 000 元的诉讼请求,虽然原告并未提交任何证据证明原告损失或被告获利,但在结合考虑原告的知名度、涉案作品的字数、行业内的稿酬标准、第二被告的使用方式及主观恶意等因素的情况下,法院认定第二被告应赔偿原告经济损失 5 000 元。对于原告要求两被告赔偿合理支出 1 000 元的诉讼请求,属于合理支出,予以支持。

最终法院判决如下:一、于本判决生效之日起,被告谷歌公司立即停止侵权行为;二、于本判决生效之日起十日内,被告谷歌公司赔偿原告王莘经济损失人民币五千元,诉讼合理支出人民币一千元;如果未按本判决指定的期间履行给付金钱义务,应当依照《中华人民共和国民事诉讼法》第二百二十九条之规定,加倍支付迟延履行期间的债务利息。三、驳回原告王莘的其他诉讼请求。案件受理费人民币一千三百二十五元,由被告谷歌公司负担。

谷歌公司不服一审判决,向北京市高级人民法院提起上诉。北京市高级人民法院经审理判决驳回谷歌公司的上诉,维持原判。

【案例思考】

1. 结合本案,谈谈涉外知识产权侵权案件的管辖权问题。
2. 结合本案,谈谈什么是准据法以及如何确定准据法。
3. 结合本案谈谈,什么是合理使用作品?
4. 什么是共同侵权?
5. 精神损害损失如何确定?
6. 诉讼请求中能否指定赔礼道歉的媒体?
7. 案件受理后能否变更诉讼请求?如果原告不预交诉讼费会有什么后果?
8. 在作者使用笔名的情况下,如何确定著作权主体?

4.1 邻接权概述

4.1.1 邻接权的概念

邻接权(Neighboring Right),又称"作品传播者权""与著作权有关的权利",是指作品传播者对在作品传播过程中产生的劳动成果依法享有的专有权利的统称。简言之,邻接权即是作品传播者所享有的权利。

邻接权是在传播作品中产生的权利。作品创作出来后,需在公众中传播,传播者在传播作品中有创造性劳动,这种劳动亦应受到法律保护。传播者传播作品而产生的权利被称为著作权的邻接权。

19 世纪末 20 世纪初,录音录像和无线电传播技术迅速发展,唱片、电影片大量复制和广泛发行,并在很大程度上取代了演员的实况表演,这就严重损害了艺术表演者的利益,从而产生了权利保护的法律要求,催生出邻接权。邻接权立法起始于德国和英国,成型于 1961 年由联合国国际劳工组织、教科文组织以及世界知识产权组织共同发起在意大利罗马缔结的《保护表演者、录音制片录制者与广播组织公约》(简称《罗马公约》)。我国虽然尚未加入该公约,但仍然通过立法肯定了邻接权。

只有在欧洲大陆法系国家,才严格区分著作权与邻接权的概念。在英美法系国家,著作权法中很少引入邻接权的概念,而是将录音制作者和广播电视组织的权利都视为著作权。

4.1.2　邻接权与著作权的关系

广义的著作权包括邻接权,狭义的著作权与邻接权的关系密切。作品是作品传播的前提,因而著作权也是邻接权的基础;邻接权是由著作权衍变转化而来的,是从属于著作权的一种权利,两者同属于知识产权范围;对著作权合理使用的限制,同样适用于对邻接权;邻接权与著作权(财产权)的保护期都是 50 年。二者的主要区别见表 4-1:

表 4-1

区别点	著作权(狭义)	邻接权
权利主体	智力作品的创作者,包括自然人和法人,即主体多为自然人	出版者、表演者、音像制作者、广播电视组织,除表演者以外,大都是法人,即主体多为法人或其他组织
保护对象	文学、艺术和科学作品本身,体现了作者的创造性劳动	是作品传播过程中产生的权利,体现了传播者的创造性劳动
内容不同	作者对其作品享有的著作人身权和著作权财产权	除表演者权外一般不涉及人身权
受保护的前提	作品只要符合法定条件,一经产生就可获得保护	须以著作权人的授权及对作品的再利用为前提

4.1.3　邻接权的种类

邻接权也有广义和狭义之分。狭义的邻接权是指《罗马公约》所保护的表演者权利、录音制作者的权利和广播组织的权利三类。广义的邻接权除了以上三种权利以外,还包括与著作权相关的其他权利,例如,德国著作权法中的邻接权除上述三种权利外,还包括特种版本权、照片摄制者权等;法国知识产权法典中的邻接权除上述三种权利外,还包括录像制作者权、卫星播放及有线转播者权;我国著作权法中的邻接权除上述三种权利外,还包括出版者的版式设计专有权等等。

在我国著作权法中,邻接权通常是指表演者、录音制作者(也称唱片制作者)和广播电视组织(也称广播组织)对其表演活动、录音制品和广播电视节目享有的一种类似著作权的权利。即邻接权主要包括表演者的权利、出版者的权利、录像制品制作者的权利、录音制作者的权利、电视台对其制作的非作品的电视节目的权利、广播电台的权利。

4.1.4　邻接权的保护期限

关于邻接权的保护期,表演者的人身权不受限制,著作财产权的保护期为作者有生之年加死亡后 50 年,即作者死亡后第 50 年的 12 月 31 日保护期届满。

音像制作者权的保护期限为50年,截止于该作品首次制作完成后第50年的12月31日。

广播、电视节目的保护期为50年,截止于该节目首次播放后的第50年的12月31日。

图书、期刊的版式设计权的保护期为10年,截止于使用该版式设计的图书、期刊首次出版后第10年的12月31日。

4.2 表演者权

4.2.1 表演者的概念

表演者权作为领接权的一种,是表演者对其表演享有的权利。那么,何谓表演者?《罗马公约》第三条第一项规定:"表演者是指演员、歌唱家、音乐家、舞蹈家和表演、歌唱、演说、朗诵、演奏或以别的方式表演文学或艺术作品的其他人员。"可见,罗马公约所指的表演者只是自然人,不包括法人。我国《著作权法实施条例》第五条第六项规定:"表演者,是指演员、演出单位或者其他表演文学、艺术作品的人。"这一立法解释同罗马公约的规定略有不同,这说明,而我国对表演者的解释更加宽泛,除自然人的演员外,还包括演出单位(法人或其他组织)。该条例第三十三条同时规定,外国人、无国籍人在中国境内的表演以及外国人、无国籍人根据中国参加的国际条约对其表演者享有的权利,都受我国著作权法保护。

表演者权与表演权是两个不同的概念。表演权属于著作权人,是著作财产权中的一项权利,著作权人往往通过授权许可或转让来行使表演权。获得表演权许可的表演者对原有作品作艺术性加工、创作、再现,这些行为就是表演。同一作品由不同的人进行表演,由于表演者之间领悟能力和艺术创作水平的差异,其表演效果可能大不相同。表演者在表演的过程中付出了创造性劳动,因而法律要对含有创作性的表演予以保护。可见,表演者权不同于表演权,前者属于表演者,后者属于著作权人。

4.2.2 表演者的权利

表演者对其表演享有下列权利:

(1) 表明表演者身份;
(2) 保护表演形象不受歪曲;
(3) 许可他人从现场直播和公开传送其现场表演,并获得报酬;
(4) 许可他人录音录像,并获得报酬;
(5) 许可他人复制、发行录有其表演的录音录像制品,并获得报酬;
(6) 许可他人通过信息网络向公众传播其表演,并获得报酬。

其中,表演者表明身份和保护表演形象不受歪曲的权利的保护期不受限制。第(3)项至第(6)项规定的权利的保护期为50年,截止于该表演发生后第50年的12月31日。

4.2.3 表演者的义务

表演者使用他人的作品演出,应当征得著作权人许可,并支付报酬;使用改编、翻译、注释、整理已有作品而产生的作品演出,应当征得演绎作品著作权人和原作品著作权人许可,并支付报酬。

同时，根据《著作权法》的规定，免费表演已经发表的作品，如果该表演未向公众收取费用，也未向表演者支付报酬，那么，该表演是可以不经过著作权人的同意，也不向其支付报酬。对其，应从以下三方面进行理解：

其一，表演的应当是他人已经发表的作品。如果表演的是他人还没有发表的作品，就应当经过著作权人的同意，并向其支付报酬。

其二，表演应当是免费的。这里所说的免费表演是指非营利性的表演，既不向观众收费，也不向表演者支付报酬。免费表演不同于义演，一些赈灾义演可能不向表演者支付报酬，但由于它是向观众收费的，因此不属于免费表演。

其三，免费表演他人已经发表的作品，应当指明作者的姓名、作品的名称，并且不得侵犯著作权人享有的其他权利。

【思考】歌曲的著作权归属如何确定？

歌曲包含的著作权有两个：一个是歌曲本身的著作权，即词作者、曲作者的著作权；另一个是演唱者的表演者权。通常意义上，著作权人与作者是同一个人。但也有例外，比如，词曲作者受某公司委托创作，或职务创作，在有著作权归属约定的情况下，著作权归公司所有的；而没有约定的情况下，著作权归作者所有。

4.3 出版者权

4.3.1 出版者的权利

出版者权，是指书刊出版者与著作权人通过合同的约定或者经著作权人许可，在一定期限内对其出版的作品所享有的专有使用权。出版者指图书出版社、报社、杂志社和音像出版社等出版单位。出版者在取得专有出版权后，在传播作品中产生了自己的权利，即对出版物享有邻接权。具体包括，图书出版社对其出版的图书、报社对其出版的报纸、杂志社对其出版的杂志、音像出版社对其出版的录音、录像，享有署名权和版式设计专有权。

4.3.1.1 署名权

署名权是出版者享有的邻接权中的人身权利，即出版者有权在自己的出版物上署自己的名称。

4.3.1.2 版式设计专有权

版式设计是指出版者对其出版的图书、期刊的版面和外观装饰所作的设计。版式设计包括版式形式设计和装帧形式设计。版式形式包括印刷字体、横排竖排、开本大小等内容；装帧形式系指出版物的外观形式。封面设计者对自己设计的书籍封面享有著作权，可以采取"一次卖绝"的办法，将权利转让于出版者，使出版者对出版物的封面设计享有邻接权。

版式设计专有权是出版者，包括图书出版者（如出版社）和期刊出版者（如杂志社、报社）的创造性智力成果，出版者依法享有专有使用权，即有权许可或者禁止他人使用其出版的图书、期刊的版式设计。版式设计专有权保护期为十年，截止于使用该版式设计的图书、期刊首次出版后第十年的12月31日。

图书出版者出版图书，应当在版权页上做好图书版本记录。图书版本记录一般包括以下项目：（一）书名（或图片名）；（二）著作者（或绘制者、编辑者、翻译者）的姓名（或笔名、单位名称）；（三）出版者、印刷者和发行者的名称；（四）出版年月、版次、印次、印数；（五）国际标准书号、定价。

4.3.1.3 专有出版权

图书出版者对著作权人交付出版的作品，按照双方订立的出版合同的约定享有专有出版权，其他出版者未经许可不得出版同一作品，著作权人也不得将出版者享有专有出版权的作品一稿多投。图书出版合同中约定图书出版者享有专有出版权但没有明确具体内容的，视为图书出版者享有在合同有效期内和在合同约定的地域范围内以同种文字的原版、修订版出版图书的专有权利。

报社、杂志社对著作权人的投稿作品在一定期限内享有先载权。但著作权人自稿件发出之日起 15 日内未收到报社通知决定刊登的，或者自稿件发出之日起在 30 日内未收到期刊社通知决定刊登的，可以将同一作品向其他报社、期刊社投稿。双方另有约定的除外。

4.3.2 专有出版权

4.3.2.1 专有出版权的概念

专有出版权是与出版者权密切相关的一个概念。专有出版权，又称为独占出版权，是指出版者经著作权人的授权，在合同约定期限和地区，享有并排除他人出版某一作品的权利。在各类出版者中，只有图书出版者对其所出版的作品拥有法定的专有出版权。报纸、期刊出版者能否对其出版的作品享有专有出版权则取决于与作者的合同约定。可见，出版者权与专有出版权之间并非绝对的包含与被包含的关系，出版者是否享有专有出版权应当根据法律的规定或合同的约定，出版者享有的专有出版权属于著作权的邻接权。

4.3.2.2 专有出版权的取得

专有出版权来源于著作权人在出版合同中的明确授权。若著作权人未在合同中声明让予的是专有出版权，则图书出版者不得主张享有排他性的专有出版权。

我国《著作权法》规定："图书出版者对著作权人交付出版的作品，按照合同约定享有的专有出版权受法律保护，他人不得出版该作品。"据此，出版者享有的专有出版权是依据合同获得的，专有出版权受法律保护的时间、范围也依据出版合同的约定。对于图书出版合同中约定图书出版者享有专有出版权但没有明确其具体内容的，按照《著作权法实施条例》的规定，图书出版者享有在合同有效期限内和在合同约定的地域范围内以同种文字的原版、修订版出版图书的专有权利。

4.3.2.3 专有出版权的消灭

专有出版权在以下情况下消灭：第一，合同约定的期限届满；第二，图书脱销后，图书出版者拒绝重印再版，著作权人提出终止合同；第三，出现了合同约定的专有出版权消灭的事项；第四，其他终止合同的事项。

4.3.2.4 专有出版权的内容

专有出版权作为一类"出版者权利"，并非基于作品传播者在作品传播过程中的创造性劳动而产生的，而是基于合同关系，由著作权人让与而来，其权利来源是著作权人的复制权和发行权。因此，专有出版权的内容即是著作权中的复制权和发行权，只是权利主体通过合同约定为出版者。

出版者对某部作品享有专有出版权即意味着:对于著作权人,在其授权出版者出版其作品后,在合同许可期限和地区内,不得再次授权他人出版;对于出版该作品的出版者,在其享有出版权的期限内,只能自己出版,不能许可他人出版;其他人均不得复制发行该作品,不得侵犯出版者的专有出版权。

《著作权法实施条例》第二十八条规定:"图书出版合同中约定图书出版者享有专有出版权但没有明确其具体内容的,视为图书出版者享有在合同有效期限内和在合同约定的地域范围内以同种文字的原版、修订版出版图书的专有权利。"可见,专有出版权的内容首先由合同约定,如合同约定不明确,则其基本内容限于出版作品同种文字的原版、修订版,这是由法规直接规定的,不得予以删减。实践中,常有出版者通过合同约定将专有出版权的内容扩张,如包括原作的电子版以及改编本等,这实际上意味着著作权人将信息网络传播权、改编权等一并授权给出版者,专有出版权的范围已远远超越其原有的复制权和发行权。

具体而言,专有出版权的内容包括:

其一,著作权人在出版合同约定的专有出版权期限内,在合同约定的地区内,不能再行使出版权,即著作权法第十条第(五)、(六)项规定的复制和发行的权利。只在合同期满或者出版社严重违反合同义务时,出版权才重新回归著作权人。

其二,出版社在享有专有出版权期间,只能自己出版,不得许可他人出版。

其三,其他人不得以印刷方式复制发行该作品,侵犯享有专有出版权的出版社的利益。

4.3.2.5 专有出版权的限制

(1) 在各种出版者中,只有图书出版者对其所出版的作品拥有法定的专有出版权。

(2) 图书出版者的专有出版权虽然由法律直接规定,但要受到著作权人授权的限制。在我国,专有出版权的取得要经由著作权人授权,如著作权人只授予某图书出版者对其作品纸质图书的专有出版权,那么该图书出版者就不拥有对其作品电子图书的专有出版权。另外,著作权人的授权也只能授予有图书出版资质的出版者。

(3) 图书出版者享有的专有出版权是有期限的,只能在出版合同约定的期间内享有;并且合同约定的期限不能超过10年。合同期满后,当事人可以续订,但续订后的专有出版权仍然不能超过10年。

(4) 图书出版者享有的专有出版权只能在合同约定的地域内有效。

(5) 图书出版者享有的专有出版权还受到版本的限制。除非出版合同另有约定,图书出版者只对著作权人交付的作品手稿所使用的文字的版本享有出版权,著作权人对其他文字形式的版本可自由另行联系出版。

(6) 在图书出版合同有效期内,如果发生了法律规定的导致专有出版权终止的事由,或者发生了严重违反出版合同、损害著作权人权益的事由,则专有出版权终止。

4.3.3 出版者的义务

出版者的义务内容包括:

(1) 按合同约定或国家规定向著作权人支付报酬;

(2) 按照合同约定的出版质量、期限出版图书;

(3) 重版、再版作品的,应当通知著作权人,并支付报酬;

（4）出版改编、翻译、注释、整理已有作品而产生的作品，应当取得演绎作品的著作权人和原作品的著作权人许可，并支付报酬；

（5）对出版行为的授权、稿件来源和署名、所编辑出版物的内容等尽合理的注意义务，避免出版行为侵犯他人的著作权等民事权利。

【思考】出版者如何尽到合理注意义务？

2005年10月发布的《最高人民法院关于审理著作权民事纠纷案件适用法律若干问题的解释》（以下简称《解释》），首次对出版者未尽合理注意义务及其承担的民事责任做出规定。《解释》第二十条规定：

出版物侵犯他人著作权的，出版者应当根据其过错、侵权程度及后果等承担民事责任；出版者对其出版行为的授权、稿件来源和署名、所编辑出版物的内容等未尽到合理注意义务的，依据《著作权法》第四十八条的规定，承担赔偿责任；出版者尽了合理注意义务，著作权人也无证据证明出版者应当知道其出版涉及侵权的，依据《民法通则》第一百一十七条第一款的规定，出版者承担停止侵权、返还其侵权所得利润的民事责任；出版者所尽合理注意义务情况，由出版者承担举证责任。

因此，出版者要对侵权出版物承担法律责任，一是未尽到合理注意义务的，承担民事赔偿；二是尽了合理注意义务，著作权人也无法证明出版者应当知道其出版涉及侵权的，出版者也要停止侵权，返还其侵权所得利润。同时，出版者对其所尽合理注意义务情况，还要承担举证责任。总之，《解释》对出版者提出了更高要求，只要出版物涉及侵权，出版者都要承担一定的民事责任。

4.3.4 出版社著作权纠纷类型

出版社著作权纠纷主要有：

1. 出版社侵权

一类是单独侵权。单独侵权比较典型的是，出版社作为作品使用者未经许可行使了应当由著作权人行使的权利，从而侵犯作者或其他著作权人权益的侵权行为。

另一类是共同侵权。共同侵权即出版社与作者共同侵犯他人合法权益。在此类侵权纠纷中，出版单位既是侵权人，同时也是作者或供稿人侵权行为的受害者。

2. 出版社被侵权

一类是侵犯专有出版权纠纷。侵犯专有出版权纠纷是指出版社通过合同取得的独家出版作品的权利被侵犯从而产生的纠纷。

另一类是侵犯版式设计专有使用权纠纷。版式设计是出版者在编辑加工作品时完成的劳动成果。出版者对其版式设计享有专有使用权，即除了出版者自己可以随意使用其版式设计外，其他人未经许可不得擅自按原样复制。侵犯版式设计专有使用权纠纷指因未经许可使用、模仿出版者所创作或合法取得的版式产生纠纷的案件。

出版是指将作品编辑加工后，通过复制手段制作复制品并将复制品面向公众发行的行为。现代意义的出版通常包括编辑、复制和发行三个环节。版式设计专有权所涉及的出版仅仅是指图书、期刊的出版，出版者仅仅是指图书出版单位、报社和杂志社。版式设计包括版面设计和装帧设计。版式设计专有权的权利内容为单纯的财产权，是指出版者自己使用或许可他人使用并获得报酬的权利,他人未经许可使用其版式设计,除法律另有规定以外,构成侵犯版式设计专有权的行为。在具体的审判实践中,侵犯版式设计专有权的行为较少单独出现,一般都是和侵犯专有出版权的行为共同出现。

4.3.5 出版社著作权纠纷解决

出版社著作权纠纷解决解决方式主要有:

1. 和解

和解由当事人自行启动,不受司法程序、法官职权的直接约束和支配。当事人根据判例及相关法律的规定达成和解,可以使得解决纠纷的社会成本最小化。

2. 调解

调解是具有中国特色的一种民事纠纷的解决方式,是纠纷当事人按照自愿的原则,在互相谅解的基础上达成协议解决纠纷的一种方法。

3. 仲裁

仲裁,是依据仲裁条款由仲裁机构依法解决著作权纠纷的法律行为。仲裁程序类似于司法程序,但又比司法程序简单快捷。

4. 诉讼

诉讼是由人民法院通过审判程序解决著作权纠纷的方式。在解决著作权纠纷的方式中,诉讼的适用范围最为广泛,也最为重要。

5. 向著作权行政管理部门投诉

根据我国《著作权法》第四十八条的规定,对于第四十八条所列的八种侵权行为,著作权行政管理部门有权力进行查处。

4.3.6 出版物侵犯著作权的民事责任

出版物侵犯著作权,是指出版者出版的作品,侵犯了他人的著作权。出版物侵犯著作权,由出版者承担侵权责任,其责任大小,根据其过错、侵权程度及损害后果而定。

出版者在出版作品时,应当与委托人签订合同,取得授权,因此,出版者应当对委托人的资格进行审查,对侵权人委托出版的出版物,应依法处置,即出版者对委托人授权、稿件来源和署名、内容等应做到合理的注意义务。依《最高人民法院关于审理著作权民事纠纷案件适用法律若干问题的解释》,对出版物侵犯著作权的,作如下处理:

(1) 出版物侵犯他人著作权的,出版者应当根据其过错、侵权程度及损害后果等承担民事赔偿责任。

(2) 出版者对其出版行为的授权、稿件来源和署名、所编辑出版物的内容等未尽到合理注意义务的,依《著作权法》的规定处理:"侵犯著作权或者与著作权有关的权利的,侵权人应当按照权利人的实际损失给予赔偿;实际损失难以计算的,可以按照侵权行为人的违法所得给予赔偿。赔偿数额还应当包括权利人为制止侵权行为所支付的合理开支。权利人的实际损失或者侵权人的违法所得不能确定,由人民法院根据侵权行为的情节,判决给予五十万元以下的赔偿。"

(3) 出版者尽了合理注意义务,著作权人也无证据证明出版者应当知道其出版涉及侵权的,依《民法通则》的第一百一十七条的规定,出版者承担停止侵权、返还其侵权所得利润的民事责任。

(4) 出版者所尽合理注意义务的情况,由出版者承担举证责任。

4.3.7 出版者的举证责任

最高人民法院有关司法解释对出版者的举证责任及合理注意义务作了如下规定:

(1) 出版者、制作者应当对其出版、制作有合法授权承担举证责任,发行者、出租者应当对其发行或者出租的复制品有合法来源承担举证责任。举证不能的,依据著作权法的规定承担法律责任。

(2) 出版物侵犯他人著作权的,出版者应当根据其过错、侵权程度及损害后果等承担民事赔偿责任。

(3) 出版者对其出版行为的授权、稿件来源和署名、所编辑出版物的内容等未尽到合理注意义务的,依据著作权法的规定承担赔偿责任。

(4) 出版者尽了合理注意义务,著作权人也无证据证明出版者应当知道其出版涉及侵权的,出版者承担停止侵权、返还其侵权所得利润的民事责任。

(5) 出版者所尽合理注意义务情况,由出版者承担举证责任。

【思考】出版者如何减少著作权侵权?

实践中,常常发生出版社或报社、杂志社等出版者未尽审查义务而判决其承担连带赔偿责任,或者尽管出版社或报社、杂志社等出版者在诉讼中极力证明自己尽到审查义务,但很多情况下都以败诉告终。这是因为出版者自认为的合理注意义务与法律所要求的合理注意义务不尽相同。出版社的稿件来源比较广,编辑无法逐一查明所投稿件是否为原创,可能出现出版的作品侵权。那么出版者如何减少著作权侵权?一旦出版社真的发生著作权侵权如何处理呢?

最高人民法院《关于审理著作权民事纠纷案件适用法律若干问题解释》第20条规定,出版物侵犯他人著作权的,出版者应当根据其过错、侵权程度及损害后果等承担民事责任。出版者对其出版行为的授权、稿件来源和署名、所编辑出版物的内容等未尽到合理注意义务的,根据《著作权法》第四十八条的规定,承担赔偿责任。从该司法解释中可以看出,出版者在出版活动中为避免侵犯他人著作权需尽合理注意义务的范围包括:

(1) 出版者出版行为的授权。《著作权法》第三十条规定,出版者出版图书应当和著作权人订立出版合同,并支付报酬。出版者和作者之间是一种合同关系。出版行为的授权来自著作权人或其他对作品拥有合法权利人的授权,与签订其他合同一样,出版者应当对合同另一方的主体资格进行审查,即合同的另一方是否为著作权人或其他对作品拥有合法权利的人。审查表明对方当事人是拟出版作品的权利人,就出版行为的授权方面,出版者尽到了合理的注意义务。

(2) 稿件的来源。稿件的内容受著作权法保护,而稿件作为作品内容的载体,则具有物权的属性。稿件的所有权人依法对稿件具有占有、使用、收益、处分的权利。由于我国《著作权法》第十条规定了著作权人享有17项权利,而第十条中第5项至第17项权利,著作权人可以全部或部分转让,因此,稿件的所有权人并不一定是著作权人。当稿件的所有权与著作权分离时,核实稿件的持有人是否为合法的所有人,以及稿件的所有人是否取得著作权人的授权,是出版者的合理注意义务。

(3) 稿件的署名。《著作权法》第十一条规定，著作权属于作者，如无相反证明，在作品上署名的公民、法人或其他组织为作者。按照署名权的规定，作者可以署真名，亦可署笔名，同时亦存在有的人将他人作品当作自己作品发表，也有的合作作者之一将合作作品当作自己一人作品发表等情形。当作品的署名不能反映作者身份的真实情况时，出版者应当让供稿人确认自己的作者身份并举出证明其身份的证据。当作品出现署名为两人或两人以上，从形式上看是合作作品时，出版者应注意审查合作作品的真实性，即审查是否有没有参与创作的人不应当署名而署名等情形，同时还应审查署名的排列顺序是否体现全体作者的共同意志，如果是演绎作品、职务作品、汇编作品等都应有其特殊审查的注意情形。这些都应是出版者合理的注意义务。

(4) 所编辑出版物的内容。出版者应对其所编辑出版物的内容尽到相应的注意义务，避免其所编辑出版物侵犯他人著作权。尤其是对于汇编作品，应该对其是否侵犯他人著作权进行审查。《著作权法》第十四条规定，汇编作品的著作权由汇编人享有，但是汇编人不得侵犯原作品的著作权。因为汇编作品出版物的内容是对已有作品的使用，一般来说，原作品的著作权的归属是明确的，出版者完全有可能核实汇编作品出版物的内容是否构成对原作品的侵权。因此出版者在出版汇编作品时，应当对汇编人是否取得原作品著作权人的许可，是否侵犯他人的著作权进行审查，尽到出版者的合理注意义务。

根据《最高法院关于审理著作权民事纠纷案件适用法律若干问题的解释》的规定，出版物侵犯他人著作权的，出版者应当根据其过错、侵权程度及损害后果等承担民事赔偿责任。由此可见，出版物侵权的赔偿责任与出版者的过错大小有直接关系。

当权利人向出版单位提出某一作品侵权时，出版单位应当积极配合权利人，及时与投稿者取得联系，查明具体情况。如果确实存在侵权行为，出版单位应当立刻停止侵权，并向权利人返还侵权所得利润。

如果权利人以出版单位侵权为由提起诉讼，出版单位应当积极应诉，对所尽合理注意义务情况进行举证，从而尽可能地降低侵权行为造成的损失。

4.3.8 侵犯出版者权利的民事责任

盗版侵权行为打击了作者创作的积极性，使作者和出版者蒙受经济上的损失，更侵害了作者和出版者的权利，因此，法律规定了侵犯出版者权利的民事责任。

根据我国《著作权法》以及《最高法院关于审理著作权民事纠纷案件适用法律若干问题的解释》的规定，出版物侵犯他人著作权的，出版者应当根据其过错、侵权程度及损害后果等承担民事赔偿责任。

第一种情况：出版者尽到合理注意义务的

根据著作权法的有关规定，出版者应当对其出版行为的授权、稿件来源和署名、所编辑出版物的内容等尽合理的注意义务。出版者尽了合理注意义务，著作权人也无证据证明出版者应当知道其出版涉及侵权的，依据《民法通则》第一百一十七条第一款的规定，出版者承担停止侵权、返还其侵权所得利润的民事责任。

出版者所尽合理注意义务情况，由出版者承担举证责任。

第二种情况：出版者未尽合理注意义务的

出版者对其出版行为的授权、稿件来源和署名、所编辑出版物的内容等未尽到合理注意义务的,应当按照权利人的实际损失给予赔偿;实际损失难以计算的,可以按照侵权人的违法所得给予赔偿。赔偿数额还应当包括权利人为制止侵权行为所支付的合理开支。

权利人的实际损失或者侵权人的违法所得不能确定的,由人民法院根据侵权行为的情节,判决给予五十万元以下的赔偿。

即是说:

(1) 未经出版者许可,使用其出版的图书、期刊的版式设计的,侵权行为人(盗版者)应根据情况,承担停止侵害、消除影响、赔礼道歉、赔偿损失等民事责任。

(2) 出版他人享有专有出版权的图书的,侵权行为人(盗版者)应根据情况,承担停止侵害、消除影响、赔礼道歉、赔偿损失等民事责任。

具体赔偿标准:

其一,侵权人应当按照权利人的实际损失给予赔偿;

其二,实际损失难以计算的,可以按照侵权人的违法所得给予赔偿;

其三,赔偿数额还应当包括权利人为制止侵权行为所支付的合理开支。

其四,权利人的实际损失或者侵权人的违法所得不能确定的,法律直接规定了赔偿标准,即由人民法院根据侵权行为的情节,判决给予50万元以下的赔偿。

实际损失按如下公式计算:

①实际损失＝权利人因侵权所造成复制品发行减少量×权利人发行该复制品的单位利润;

②实际损失＝侵权复制品销售量×权利人发行该复制品的单位利润。

上述发行减少量难以确定的,按照侵权复制品市场销售量确定。

【思考】如何保护专有出版权?

我国目前侵犯专有出版权认定方面的法律规定主要是《中华人民共和国著作权法实施条例》第二十八条的规定,即"图书出版合同中约定图书出版者享有专有出版权但没有明确其具体内容的,视为图书出版者享有在合同有效期限内和在合同约定的地域范围内以同种文字的原版、修订版出版图书的专有权利"。实践中,应如何保护专有出版权?

首先,要认定侵犯专有出版权的行为。在进行专有出版权的侵权认定时大致划分为以下几种情况:(1) 纯粹的盗版,必定构成对专有出版权的侵犯,这样的认定有明确的法律依据(《著作权法实施条例》第二十八条);(2) 当被控侵权图书抄袭部分占被侵权图书内容50%以上时,一般认定侵犯专有出版权,但这样认定缺乏相关法律依据;(3) 当被控侵权图书抄袭部分占被侵权图书内容50%以下时,法院在认定专有出版权侵权时或矛盾或反复,而且也缺乏相关法律依据。

《著作权法》规定,出版他人享有专有出版权图书的,是一种民事侵权行为,又是可能触犯行政法及刑法的行为。当他人未经许可擅自出版相关图书时,直接受损失的应当是专有出版权人,而著作权人此时只是间接受害者,如果约定是按发行量计算报酬,其会因为正版图书发行减少而减少收入。

《著作权法》规定,侵犯著作权或邻接权的,侵权人应当按照权利人的实际损失给予赔偿。侵害专有出版权,实际受损失的应当是专有出版权人和著作权人,程序上讲两者都是利害关系人,实体上讲两者都有损失,应当获得赔偿。

另有一种情形,如果著作权人与出版者签订的是一次性支付报酬合同,当侵权行为发生时,受损失的只有专有出版权人,不包括著作权人。

4.4 录制者权

4.4.1 录制者的权利

录制者权的主体是录制者,包括录音制作者和录像制作者。录制者权的客体是录制品,包括录音制品和录像制品。录音制品是指任何声音的原始录制品;录像制品是指电影作品和以类似摄制电影的方法创作的作品以外的任何有伴音或无伴音的连续相关形象的原始录制品,包括表演的原始录制品和非表演的原始录制品。

录制者对其制作的录音录像制品,享有许可他人复制、发行、出租、通过信息网络向公众传播并获得报酬的权利。

4.4.2 录制者的义务

录制者的义务包括以下几项:

(1) 音像制作者使用他人作品制作录音录像,应当取得著作权人的许可,并支付报酬。

(2) 音像制作者使用改编、注释的作品,应当取得改编、注释作品的著作权人的许可,并支付报酬。翻译、整理已有作品应经过原作者的许可,并支付报酬。

(3) 录音制作者使用他人已经合法录制为录音制品的音乐作品制作录音制品,可以不经著作权人许可,但应当按照规定支付报酬,著作权人声明不许使用的不得使用。

(4) 被许可人复制、发行、通过信息网络传播录音录像制品,应当取得著作权人,表演者许可,并支付报酬。

(5) 音像制作者在制作发行作品时,除应尊重作者的权利外,还应尊重表演者的权利,即应当同表演者订立合同,并支付报酬。

4.5 播放者权

4.5.1 播放者的权利

播放者权的主体是广播电视组织,包括广播电台和电视台。播放者权的客体是播放的广播或电视而非广播、电视节目。广播、电视是指广播电台、电视台通过载有声音、图像的信号播放的集成品、制品或其他材料在一起的合成品。

播放者的权利包括:(1) 播放节目的权利;(2) 许可他人播放并获得报酬的权利;(3) 许可他人复制并获得报酬的权利;(4) 播放已出版的录音制品的权利。

播放者有权禁止未经许可的下列行为:将其播放的广播、电视转播;将其播放的广播、电视录制在音像载体上以及复制音像载体。

4.5.2 播放者的义务

播放者应当履行下列义务:

(1) 播放他人未发表的作品,应当取得著作权人的许可,并支付报酬;

(2) 播放已发表的作品或已出版的录音录像制品,可以不经著作权人许可,但应按规定支付报酬。

案例讨论

钱钟书手稿拍卖案[①]

【案件背景】

钱钟书手稿拍卖案居"2013年度北京市十大知识产权典型案例"之首,备受文艺界关注。该案之所以受到了社会广泛关注,不仅是因为该案涉及中国已故著名作家、文学研究家钱钟书先生及中国著名作家、翻译家、外国文学研究家杨绛女士,社会各界对钱钟书手稿即将被大规模曝光一事高度关注,而且是因为这是北京市法院系统首次作出的著作人格权的诉前禁令,是2012年《民事诉讼法》修订后就侵害著作权行为作出的一次极具社会影响的诉前禁令。随后,该案经过北京市第二中级人民法院一审和北京市高级人民法院二审,有效地保护了书信作者著作权及隐私权的保护,彰显了司法权威,发挥了司法的社会引导功能。

【案情简介】

钱钟书书信手稿拍卖案是杨季康(笔名杨绛)诉中贸圣佳国际拍卖公司、李国强侵害著作权及隐私权纠纷案。

2013年5月,中贸圣佳国际拍卖公司宣布将于2013年6月8日在现代文学馆推出"也是集——钱钟书书信手稿专场"研讨会。届时,66封钱钟书书信和《也是集》手稿,12封夫人杨绛的书信和《干校六记》手稿,6封女儿钱瑗的书信将被集中拍卖。如此之多的珍贵手稿面世的消息一出,随即引发了收藏界、文学界的广泛关注和热议。

2013年5月20日,得知私人信件即将被公开拍卖,钱钟书遗孀、一家三口现唯一在世的103岁高龄老人杨绛非常不满,并于当天下午致电收藏书信的李国强索要答复。"我当初给你书稿,只是留念;通信是私人间的事,你为什么要把它们公开?"杨绛所说的"你",则是指这批信件的唯一收件人——香港原《广角镜》杂志社总编辑李国强。而面对杨绛的指责,李国强答复称此事并非自己为之,"是我朋友做的",但并未透露到底是谁所为。由于拍卖行业有为委托人保密的行规,中贸圣佳国际拍卖公司也对此守口如瓶。

2013年5月26日,杨绛发公开信反对其与钱钟书、钱瑗的私人书信被拍卖,如果拍卖举行她将诉诸法律。

2013年6月2日,杨绛再次要求中贸圣佳国际拍卖公司停止举行拍卖和宣传,但该公司未回复。杨绛向北京市第二中级人民法院申请作出诉前禁令。

申请人杨季康称:钱钟书(已故)与杨季康系夫妻,二人育有一女钱瑗(已故)。钱钟书、杨季康及钱瑗与李国强系朋友关系,三人曾先后致李国强私人书信百余封,该信件本由李国强收存,但是2013年5月间,中贸圣佳国际拍卖有限公司发布公告表示其将于2013年6月21日下午13:00举行"也是集——钱钟书书信手稿"公开拍卖活动,公开拍卖上述私人信件,并将于2013年6月18日至20日举行预展活动。杨季康认为,钱钟书、杨季康、钱瑗分别对各自创作的书信作品享有著作权。钱瑗、钱钟书先后于1997年3月4日、1998年12月19日病故,钱钟书去世后,其著作权中的财产权由杨季康继承,其著作权中的署名权、修

[①] 本案例改编自《北京市第二中级人民法院(2013)二中保字第9727号民事裁定书》《北京市第二中级人民法院民事判决书(2013)二中民初字第10113号》,是北京市高级人民法院发布的2013年度十大知识产权典型案件之一,入列2013中国法院十大知识产权案。

改权和保护作品完整权由杨季康保护,发表权由杨季康行使;钱瑗去世后,其著作权中的财产权由杨季康与其配偶杨伟成共同继承,其著作权中的署名权、修改权和保护作品完整权由杨季康与杨伟成保护,发表权由杨季康与杨伟成共同行使;鉴于杨伟成明确表示在本案中不主张权利,故杨季康依法有权主张相关权利。杨季康主张,中贸圣佳国际拍卖公司及李国强即将实施的私人信件公开拍卖活动,以及其正在实施的公开展览、宣传等活动,将侵害杨季康所享有和继承的著作权,如不及时制止上述行为,将会使杨季康的合法权益受到难以弥补的损害,故向法院提出申请,请求法院责令中贸圣佳国际拍卖公司及李国强立即停止公开拍卖、公开展览、公开宣传杨季康享有著作权的私人信件。

北京市第二中级人民法院经审查认为,涉案私人书信作为著作权法保护的文字作品,其著作权应当由作者即发信人享有。任何人包括收信人及其他合法取得书信手稿的人在对书信手稿进行处分时均不得侵害著作权人的合法权益。中贸圣佳国际拍卖公司在权利人明确表示不同意公开书信手稿的情况下,即将实施公开拍卖的行为构成对著作权人发表权的侵犯。如不及时制止,将给权利人造成难以弥补的损害。

2013年6月3日,北京市第二中级人民法院作出如下裁定:中贸圣佳国际拍卖公司在拍卖、预展及宣传等活动中不得以公开发表、展览、复制、发行、信息网络传播等方式实施侵害钱钟书、杨季康、钱瑗写给李国强的涉案书信手稿著作权的行为。

本裁定送达后的2013年6月6日,被申请人中贸圣佳国际拍卖公司随即发表声明,"决定停止2013年6月21日'也是集——钱钟书书信手稿'的公开拍卖。"

杨季康于2013年6月13日向北京市第二中级人民法院提起侵害著作权及隐私权诉讼,请求法院判令中贸圣佳国际拍卖公司和涉案书信的收信人李国强停止侵权行为,公开赔礼道歉,赔偿经济损失50万元,并支付精神损害抚慰金15万元以及合理费用5 000元。

北京市第二中级人民法院认为,中贸圣佳国际拍卖公司的行为侵犯了涉案作品的著作权,并与李国强共同侵犯了杨绛等的隐私权。

2014年2月17日,北京市第二中级人民法院作出判决,中贸圣佳国际拍卖公司停止侵害书信手稿著作权的行为,赔偿经济损失10万元。中贸圣佳国际拍卖公司、李国强停止侵害隐私权的行为,共同向杨绛支付精神损害抚慰金10万元,并在《北京青年报》上刊登向杨绛赔礼道歉的声明,中贸圣佳国际拍卖公司在其官方网站首页上刊登道歉声明。

宣判后,中贸圣佳国际拍卖公司不服一审判决,向北京市高级人民高院提起上诉。认为现有证据不足以证明杨绛有权依法行使钱瑗的涉案权益,公司也已提前取消了研讨活动,不存在主观过错,且早已主动终止了被诉的侵权行为,原审法院判决缺乏事实和法律依据,故请求撤销原审判决,依法改判驳回杨绛的全部诉讼请求。

北京市高级人民法院经审理认为,杨绛作为钱钟书的遗孀、钱瑗的母亲,是其二人的近亲属,在二人去世后,有权就涉案侵权行为请求侵权人承担侵权责任,并有权依法继承钱钟书、钱瑗著作权中的财产权,依法保护其二人的署名权、修改权、保护作品完整权,依法行使发表权。中贸圣佳国际拍卖公司召开研讨会、向鉴定专家提供涉案书信以及通过其网站转载媒体相关文章等行为,侵犯了杨绛等人的权利。由于杨绛方的实际损失和侵权人的违法所得均无法确定,所以原审法院根据涉案书信的知名度和影响力、中贸圣佳国际拍卖公司的过错程度等因素酌定10万元的著作权侵权赔偿,并根据中贸圣佳国际拍卖公司、李国强的侵权行为所造成的后果以及经济能力等因素酌情确定了10万元的精神损害抚慰金。

2014年4月13日,北京市高级人民法院作出终审判决,驳回中贸圣佳国际拍卖公司的上诉,维持原判。

【案例思考】

1. 公开书信或者拍卖私人书信合不合法?
2. 当物权和隐私权发生冲突时如何处理?
3. 拍卖委托人信息是否该保密?
4. 拍卖物上有哪些权利?拍卖行为是否会涉嫌侵权?比如侵犯发表权、展览权、名誉权、隐私权。
5. 什么是诉前禁令?结合本案,谈谈法院作出司法禁令在保护社会公共利益和著作权人权利、避免对拍卖公司及相关公众造成影响以及彰显了司法功能等方面的作用。
6. 在本案中,杨伟成明确表示在本案中不主张权利,杨季康能否独立依法有权主张相关权利?
7. 司法实践中,精神损害抚慰金的数额是如何确定的?

第 5 章　软件著作权

◎ **导读：**

随着计算机信息的发展和网络技术的普及，盗版软件层出不穷，计算机软件著作权侵权和和保护问题日益突出。本章从计算机软件的概念入手，主要讲述计算机软件受保护的条件以及不受著作权法保护的计算机软件类型、计算机软件著作权的归属、登记、内容与限制、许可与转让、保护与救济，重点在于把握计算机软件著作权的特殊归属、计算机软件著作权的继承与转让、计算机软件著作权的内容、计算机软件使用许可的种类、计算机软件著作权侵权的认定。另外，要认识到计算机软件著作权登记的意义，熟悉计算机软件著作权登记要求和所需材料，熟记计算机软件著作权的保护期限，能够处理各类计算机软件纠纷。

◎ **重点：**

1. 软件受保护要具备哪些条件？
2. 软件著作权怎样继承？
3. 软件版权登记手续是什么？
4. 软件著作权归属如何确定？
5. 软件著作权有哪些内容？

"道道通"导航电子地图著作权案[①]

【案件背景】

导航电子地图是随着现代科技发展出现的新兴产业，并随着我国百姓汽车保有量迅速增长而拥有广阔的市场前景。然而，导航电子地图作为软件产品、电子数据产品，具有被大规模复制的特点，面临着盗版、抄袭与剽窃等种种侵权行为的威胁。长地万方公司与凯立德公司均为我国为数不多的具有导航电子地图甲级制作资质的企业，长地万方公司诉凯立德公司导航电子地图产品侵犯其《"道道通"导航电子地图》著作权侵权纠纷案被称为"中国导航电子地图著作权侵权纠纷第一案"。本案涉及导航电子地图的著作权保护，法院判决对于地图作品出版的审核批准程序与著作权保护的关系、电子地图作品抄袭的认定、赔偿数额的确定等问题的处理具有指导意义。本案是近年来司法实践中为数不多的在损失或获利均难

---

① 本案例改编自《广东省高级人民法院民事判决书(2008)粤高法民三终字第 290 号》《广东省佛山市中级人民法院民事判决书(2007)佛中法民知初字第 219 号》，该案被最高人民法院评为"2009 年中国法院知识产权司法保护十大案件"之一。

以准确证明的情况下,在法定赔偿额之上确定赔偿数额的案件,澄清该领域有关知识产权保护的诸多理论是非问题,将对中国导航电子地图行业知识产权保护产生广泛而深远的影响。

【案情简介】

长地万方公司成立于2003年2月19日,2005年5月13日获得国家测绘局颁发的甲级测绘资质证书,拥有导航电子地图制作资质。长地万方公司第四版《"道道通"导航电子地图》(以下简称"道道通")于2006年8月16日由中国地图出版社向国家测绘局提出地图审核申请,2006年8月17日获得国家测绘局签发的《地图审核批准书》。

凯立德公司成立于1999年12月22日,2005年6月24日取得国家测绘局颁发的甲级测绘资质证书。以凯立德公司为编制者的被控产品《凯立德全国导航电子地图(362城市)》(以下简称"《362图》")在2006年12月21日由广东省地图出版社向国家测绘局提出地图审核申请,审图号:GS(2007)164号,2007年2月1日获得国家测绘局签发的《地图审核批准书》。

长地万方公司的委托代理人于2007年7月25日在劲力公司购买了中佳讯DH-105GPS导航器二台,价格2500元/台,包装盒标示有中佳讯公司名称,内装有被控产品《362图》光盘,光盘显示的版权与制作人为凯立德欣公司,审图号:GS(2007)164号,附有凯立德欣公司的凯立德移动导航系统用户手册,该手册标明时间2007年1月,还有一本GPS导航终端使用手册和保修卡,两本手册和保修卡均盖有劲力公司业务专用章。佛山市南海区公证处对上述购买过程及在购买过程中取得的发票、证明、名片进行了公证和拍照。长地万方公司以凯立德公司导航电子地图产品侵犯其"道道通"导航电子地图为由,以凯立德公司、凯立德欣公司、中佳讯公司、劲力公司为被告向佛山市中级人民法院提起诉讼。请求判令:1. 劲力公司立即停止侵犯长地万方公司"道道通"著作权的销售行为,包括销毁其尚未出售的侵权产品《道图》。2. 中佳讯公司立即停止侵犯长地万方公司"道道通"著作权的生产、销售行为,包括销毁其尚未出售的使用侵权产品《道图》的"中佳讯"GPS导航仪。3. 凯立德欣公司、凯立德公司立即停止侵犯长地万方公司"道道通"著作权的生产、销售行为,包括销毁其尚未出售的侵权产品《道图》。4. 凯立德欣公司、凯立德公司在《测绘报》和《人民日报》上(除中缝以外位置)以及凯立德公司的网站首页上刊登致歉声明公开向长地万方公司赔礼道歉,致歉内容需由法院审核。5. 凯立德欣公司、凯立德公司连带向长地万方公司赔偿经济损失1000万元(含长地万方公司在本案维权过程中支出的律师代理费、差旅费、公证费、财产保全费、证据保全费、诉前禁令费等合理费用)。6. 由劲力公司、中佳讯公司、凯立德欣公司、凯立德公司承担本案全部诉讼费用。

佛山市中级人民法院依长地万方公司证据保全申请,要求凯立德公司、凯立德欣公司提供被控产品的生产、销售财务账册,凯立德公司、凯立德欣公司拒不提供。佛山市中级人民法院依长地万方公司证据保全申请,要求凯立德公司、凯立德欣公司提供测绘工程技术人员在实地作业时全部相关的地域实地采集的记录表、轨迹的拷屏、立交桥草图以及其在各省做测绘的备案文件、交通费单据、外业人员住宿费单据、过路过桥费单据、当地加油费单据等,凯立德公司、凯立德欣公司也未在当时提供。佛山市中级人民法院依职权向中国地图出版社调取了长地万方公司在该社备案的"道道通"光盘,向中国版权保护中心调取了凯立德公司在该中心登记的《362图》光盘,凯立德公司最早应于2007年1月22日后才向该中心登记《362图》,其自称创作完成的时间是2006年3月1日。佛山市中级人民法院还依凯立德公司申请向国家测绘局调取凯立德公司在该局备案的《362图》光盘和长地万方公司在该局备案的"道道通"光盘,国家测绘局未能提供。

佛山市中级人民法院将在中国地图出版社调取的长地万方公司"道道通"光盘分别与控产品《362图》光盘进行对比,两者在如下方面存在相同:1. 个别字误相同;2. 不规范简称相同;3. 有点无路;4. 信息取舍相同;5. 虚设地址相同;6. 未简全称相同;7. 表述不当相同;8. 多种表述相同;9. 特制信息相同;10. 长地版本相同;11. 错误相同;12. 同位置标注。

凯立德公司在原审答辩状中辩称:……公司生产制作的《凯立德全国导航电子地图(31省362城市)》的多个版本导航电子地图产品已广泛应用在车载导航仪、智能手机、PDA/PND/PMP、数码相机等不同导航设备上,在2006—2007年连续5个季度在GPS后装导航电子地图市场销售占有率达到50.1%,其销售量已占据全国市场的一半以上。国内权威调查机构赛迪顾问(CCID)2007年5月发布的调查报告《2006年度至2007第一季度中国GPS后装导航电子地图及软件市场监测研究报告》显示,2006年全年中国后装导航地图软件市场总共销售8.25万套,2007年第一季度市场总销量为12.43万套,2007年度每套导航电子地图产品的平均售价是300元。

佛山市中级人民法院于2008年5月作出诉中禁令,责令凯立德公司和凯立德欣公司立即停止生产、销售被控产品。

本案的争议焦点是:

(1) 长地万方公司是否享有"道道通"作品的著作权?

一审法院认为,著作权自作品完成之日起产生,作品实行自愿登记,不论是否登记,作者或其他著作权人依法取得的著作权不受影响。在本案中,长地万方公司"道道通"于2006年8月16日由中国地图出版社向国家测绘局提出地图审核申请,2006年8月17日获得国家测绘局签发的《地图审核批准书》,由此可见,长地万方公司"道道通"最迟于2006年8月16日已创作完成。凯立德公司否认长地万方公司的著作权,但没有相反证据予以佐证,故佛山市中级人民法院确认长地万方公司是作品"道道通"的著作权人。

(2) 四被告的行为是否构成侵犯长地万方公司的涉案著作权?

长地万方公司作品的完成时间和出版时间均明显早于被控作品。根据"接触加实质性相似"的著作权侵权行为判定原则,经将被控侵权的《362图》产品与长地万方公司享有著作权的"道道通"进行对比,两者在多方面相同,特别是长地万方公司在自己地图产品中设置的大量暗记和版本信息号,在被控产品中大量出现。在凯立德公司提交证据不足以证明其自行创作的情况下,其行为显属抄袭,且凯立德公司不可能仅仅抄袭了长地万方公司电子地图的错误或不规范之处,故凯立德公司构成侵权,应依法承担相应的侵权责任。凯立德公司在其自己的网站上宣传介绍:"……公司成功引进风险投资,于2006年8月22日注册成立外商独资企业——凯立德欣技术(深圳)有限公司(以下简称凯立德欣)……""凯立德与凯立德欣实行集约化管理方式,采取统一的市场策略、统一的管理制度、统一的财务核算……"。由此可见,凯立德欣公司、凯立德公司共同生产、销售了侵权产品《362图》,构成共同侵权,依照《中华人民共和国民法通则》第一百三十条之规定,应对侵权的民事行为承担法律责任。中佳讯公司生产、销售装有侵权产品《362图》的"中佳讯"GPS导航仪,劲力公司销售装有侵权《362图》的"中佳讯"GPS导航仪,也构成侵权。

(3) 四被告应如何承担民事责任?

长地万方公司要求凯立德公司和凯立德欣公司停止侵权、赔礼道歉、赔偿经济损失,于法有据,佛山市中级人民法院予以支持。具体方式及赔偿数额佛山市中级人民法院将根据凯立德公司和凯立德欣公司的主观过错、侵权方式、涉案作品的市场价值等依法确定,长地万方公司因诉讼支出的合理费用,亦应由凯立德公司和凯立德欣公司一并赔偿。在确定本案赔偿额,佛山市中级人民法院根据凯立德公司在答辩状中自称的销售情况,即凯立德公司在2007年一个季度中其被控产品销售量达到:12.43万套×50.1%=6.227万套,按每套产品平均销售单价300元计,其销售额可达到:6.227万套×300元/套=1 868.1万元;计全年四个季度,其产品销售量可达6.227×4=24.908万套,其销售额可达到24.908万套×300元/套=7 472.4万元。因侵权产品的制作成本费用低,利润高,按凯立德公司和凯立德欣公司是从2007年1月份开始生产、销售侵权产品起算,至长地万方公司2007年7月份公证购买时止侵权期间为半年,至佛山市中级人民法院2008年5月份诉中禁令生效时止侵权期间为1年5个月,凯立德公司和凯立德欣公司到目前为止直接侵权获利数额至少在一千万元人民币以上。所以判决凯立德公司、凯立德欣公司自判决生效之日起十日内,赔偿长地万方公司经济损失1 000万元

一审宣判后,凯立德公司、凯立德欣公司、中佳讯公司向广东省高级人民法院提起上诉。二审法院对一审法院查明的事实基本予以确认,认为电子导航地图与其他地图一样,属于具有独创性的作品,依据我国著作权法的规定可以作为地图作品予以保护。

凯立德公司上诉主张长地万方公司提交正式出版的"道道通"与其向国家测绘局提交的送审盘内容不符,属于非法出版物。二审法院认为,根据国家测绘局施行的《地图审核管理规定》,地图审核、批准等监管职能属于测绘行政主管部门,未经审核批准的地图不能公开出版。凯立德公司未提交有关测绘行政主管部门认定公开出版的"道道通"属于非法出版的审查结论,因此,从出版程序上无法证明本案凯立德公司作品为非法出版物并不受著作权法保护的作品。同时,"道道通"是否属于非法出版物,系测绘行政主管部门监管问题,与其作为具有独创性的作品而禁止他人抄袭,二者并不排斥。即使"道道通"存在违反有关行政管理规定不能出版,长地万方公司仍然可以基于对"道道通"享有的著作权而制止他人侵权。

关于本案赔偿数额问题,二审法院认为,佛山市中级人民法院依据赛迪顾问公司的统计数据,得出凯立德公司和凯立德欣公司侵权获利数额至少在一千万元人民币以上的结论,依据不足。《著作权法》第四十八条规定:"侵犯著作权或者与著作权有关的权利的,侵权人应当按照权利人的实际损失给予赔偿;实际损失难以计算的,可以按照侵权人的违法所得给予赔偿。赔偿数额还应当包括权利人为制止侵权行为所支付的合理开支。权利人的实际损失或者侵权人的违法所得不能确定的,由人民法院根据侵权行为的情节,判决给予五十万元以下的赔偿。"鉴于本案长地万方公司的实际损失以及凯立德公司和凯立德欣公司侵权获利具体数额均不能确定,广东省高级人民法院不能支持长地万方公司提出的赔偿数额。根据《最高人民法院关于当前经济形势下知识产权审判服务大局若干问题的意见》(法发〔2009〕23号)第16条关于"对于难以证明侵权受损或侵权获利的具体数额,但有证据证明前述数额明显超过法定赔偿最高限额的,应当综合全案的证据情况,在法定最高限额以上合理确定赔偿额。除法律另有规定外,在适用法定赔偿时,合理的维权成本应另行计赔"的相关规定,广东省高级人民法院认为根据本案证据可以证明长地万方公司的实际损失或者凯立德公司和凯

立德欣公司侵权获利,明显超过著作权法规定的法定赔偿最高限额,因此,应当综合全案的证据情况,在 50 万元以上合理确定赔偿额。考虑到导航电子地图的制作成本、市场利润、侵权性质等因素,综合确定凯立德公司和凯立德欣公司赔偿长地万方公司经济损失 100 万元。另外,长地万方公司因本案维权过程中支出的合理费用是长地万方公司确定发生的实际损失,能够查证属实的,亦应由凯立德公司和凯立德欣公司一并赔偿,包括律师代理费 60 万元、鉴定费 10 万元、公证费 4 270 元、购买侵权物品 7 500 元、冲印照片费 100 元、担保费 8 万元,共计 791 870 元,有相应合同、票据为证。由于长地万方公司自行委托评估,评估依据没有效力,故该笔评估费由其自行承担。二审开庭审理后,长地万方公司还向广东省高级人民法院寄交了专家研讨会费用 20 万元,该笔费用并非维权必须花费的合理支出,二审法院不予支持。长地万方公司还向广东省高级人民法院寄交了差旅费、资料费、相关人员费 72 900 元的发票复印件,由于长地万方公司已委托有关代理机构代理维权,二审法院已支持其相关律师代理费的诉请,故不予支持。而其他票据、单据与本案的关联性、真实性亦不能逐一核实,但二审法院考虑长地万方公司必定为本案支出了有关工作人员差旅费、资料复印费等费用,酌情支持 3 万元。

【案例思考】
1. 结合本案,谈谈著作权取得的时间和标志。
2. 结合本案,谈谈著作权登记的意义。
3. 知识产权诉讼证据如何取得和保全,不提供证据将承担什么后果?
4. 结合本案,谈谈电子地图产品侵权如何认定。
5. 结合本案,谈谈什么是非法出版物,非法出版物是否一定不受法律保护。
6. 谈谈本案判决中关于是赔偿数额的确定如何论证的。

5.1 计算机软件概述

计算机软件著作权,是指软件的开发者或者其他权利人依据有关著作权法的规定,对于软件作品所享有的各项专有权利。计算机软件是计算机软件著作权的客体,因此,研究计算机软件著作权首先要探讨计算机软件相关问题。

5.1.1 计算机软件的概念

计算机软件,是指计算机程序和有关文档。

计算机程序,是指为了得到某种结果而由计算机等具有信息处理能力的装置执行的代码化指令序列,或者可以被自动转化为代码化指令序列的符号化指令序列或者符号化语句序列。计算机程序包括源程序和目标程序,但同一程序的源文本和目标文本应视为同一作品。

计算机程序的文档,是指软件开发过程中用自然语言或者形式化语言所编写的,用来描述程序的内容、组成、设计、功能规格、开发情况、测试方法、测试结果以及使用方法的文字资料和图表,比如程序设计说明书、流程图、用户手册等。

计算机软件是我国著作权法保护的作品类型之一,但计算机程序不同于一般的著作权保护对象,具有一定的特殊性。在 1991 年 6 月 4 日,我国颁布了专门保护计算机软件著作权的行政法规,即《计算机软件保护条例》,该条例于2001年12月20日进行了第一次修改,于2013年1月30日进行了第二次修改。

对于计算机软件的保护,国际上除了将软件作为一种作品利用著作权法保护以外,还出现了其他的保护形式,比如利用专利法保护。美国是率先对计算机软件给予专利保护的国家,我国对于符合专利条件的计算机软件规定也可以申请专利。

5.1.2 计算机软件受保护的条件

根据《计算机软件保护条例》的规定,依法受到保护的计算机软件作品必须符合下述条件:

1. 独立创作

即受保护的软件必须由开发者独立开发创作,任何复制、抄袭他人的、并非自己开发的软件不能获得著作权。质言之,计算机软件应具有原创性,是开发者独立设计、独立编制的编码组合。当然,软件的独创性不同于专利的创造性。一项程序的功能设计往往被认为是程序的思想概念,根据著作权法不保护思想概念的原则,任何人可以设计具有类似功能的另一件软件作品。但是如果用了他人软件作品的逻辑步骤的组合方式,则对他人软件构成侵权。

2. 可被感知

受著作权法保护的作品应当是固定在载体上作者创作思想的一种实际表达。受保护的软件须固定在某种有形物体上,客观地表达出来并为人们所知悉。如果作者的创作思想未表达出来不可以被感知,就不能得到著作权法的保护。因此,《计算机软件保护条例》规定,受保护的软件必须固定在某种有形物体上,如计算机硬件中固定在存储器或磁盘、磁带等计算机外部设备上,也可以是其他的有形物,如纸张等。

3. 逻辑合理

计算机运行过程实际上是按照预先安排不断对信息随机进行的逻辑判断智能化过程。逻辑判断功能是计算机系统的基本功能。因此,受著作权法保护的计算机软件作品必须具备合理的逻辑思想,并以正确的逻辑步骤表现出来,才能达到软件的设计功能。毫无逻辑性的计算机软件,不能计算出正确结果,也就毫无价值。

5.1.3 著作权法不保护的计算机软件类型

根据《计算机软件保护条例》第六条的规定,除计算机软件的程序和文档外,著作权法不保护计算机软件开发所用的思想、概念、发现、原理、算法、处理过程和运算方法。因为开发软件所使用的思想、概念等均属计算机软件基本理论的范围,是设计开发软件不可或缺的理论依据,属于社会公有领域,不能为个人专有。因此,利用他人已有的上述方面开发自己的软件,并不构成侵权。

5.2 计算机软件著作权的归属

一般说来,计算机软件被开发完成后,开发人便自动享有著作权。但是,计算机软件作为一种工业产品,开发计算机软件需要大量的人力物力,所以,个人开发计算机软件的情况较少。根据我国《计算机软件保护条例》的有关规定,计算机著作权的归属可以分为一般归属和特殊归属两类。

5.2.1 计算机软件著作权的一般归属

独立开发的计算机软件著作权由软件开发者享有,此即计算机软件著作权的一般归属。我国《计算机软件保护条例》规定,凡计算机软件著作权均由软件开发者享有,但是法律另有规定的或者当事人另有约定的,则依照规定或者约定确定著作权的归属。软件开发者是实际组织开发、直接进行开发,并对开发完成的软件承担责任的法人或者其他组织;或者依靠自己具有的条件独立完成软件开发,并对软件承担责任的自然人。所以,中国公民、法人或者其他组织,外国人、无国籍人都可以成为软件著作权的享有者。如无相反证明,在软件上署名的自然人、法人或者其他组织为开发者。

5.2.2 计算机软件著作权的特殊归属

5.2.2.1 合作开发的计算机软件著作权归属

所谓合作开发,是指由两个以上的自然人、法人或者其他组织合作开发软件。合作开发的计算机软件著作权归属基本规则是:合作开发者有约定的,从约定;没有约定的,由合作者共同享有著作权。此处的合同应为书面合同,合作开发者没有签订书面合同或者合同未作明确约定的:

(1) 合作开发的软件可以分割使用的,开发者对各自开发的部分可以单独行使著作权,但在行使著作权时,不得侵犯整体著作权。

(2) 合作开发的软件不可以分割使用的,其著作权归合作开发的各方共同享有。

(3) 共同享有著作权的计算机软件由开发者共同协商一致行使著作权,不能协商一致、又无正当理由,任何一方不得阻止他方行使其著作权权利(转让权除外),但所得收益著作权人之间应当合理分配。

5.2.2.2 受托开发的计算机软件著作权归属

受托开发的计算机软件著作权归属基本规则是:委托人和受托人有约定的,从约定;委托人与受托人之间没有约定的,著作权归受托人。此处的约定也应当为书面合同约定。

5.2.2.3 职务开发的计算机软件著作权归属

职务软件的开发具有职务性质,法律强制性地将著作权由开发软件的自然人转让给了法人等组织。自然人在法人等组织中任职期间所开发的计算机程序,如果有下列情形之一的,该程序著作权由该法人或者其他组织享有,同时该法人或者其他组织可以对开发软件的自然人进行奖励:

一是针对本职工作中明确指定的开发目标所开发的软件;二是开发的软件是从事本职工作活动所预见的结果或者自然的结果;三是主要使用了法人或者其他组织的资金、专用设备、未公开的专门信息等物质技术条件所开发并由法人或者其他组织承担责任的软件。

5.2.2.4 承担国家任务开发的计算机软件著作权归属

由国家机关下达任务开发的软件,著作权的归属与行使由项目任务书或者合同规定;项目任务书或者合同中未作明确规定的,软件著作权由接受任务的法人或者其他组织享有。

5.2.3 计算机软件著作权的继承与转让

计算机软件著作权人分为原始著作权人和承继著作权人两类。原始著作权人是软件开发完成时的权利享有者，承继著作权人是从原始著作权人处依法继承或受让软件著作权的单位或公民。上述关于计算机软件著作权的一般归属和特殊归属是针对原始著作权人而言的。

计算机软件著作权可以继承。软件著作权是属于自然人的，该自然人死亡后，在软件著作权的保护期内，软件著作权法的继承人可以依照继承法的有关规定，继承除署名权以外的其他软件著作权权利，包括人身权利和财产权利。软件著作权属于法人或者其他组织的，法人或者其他组织变更、终止后，其著作权在条例规定的保护期内由承受其权利义务的法人或者其他组织享有；没有承受其权利义务的法人或者其他组织的，由国家享有。

计算机软件著作权的继承需要提供的证明文件包括被继承人的死亡证明、被继承人有效遗嘱、与被继承人的关系证明、继承人身份证明、法院的法律文书。

企业或其他组织承受计算机软件著作权需要提供的材料：
(1) 计算机软件著作权登记申请表；
(2) 计算机软件著作权登记证书；
(3) 企业变更证明(包括合同、债权人会议决定和清算组织公告等)及其他证明；
(4) 承受后的法人、其他组织的营业执照副本复印件加盖公章。

另外，自然人也可以通过赠与合同取得计算机软件著作权，自然人、法人、其他组织可从受让、质押、破产清偿等方式取得计算机软件著作权。

5.3 计算机软件著作权登记

《计算机软件著作权登记办法》第三条规定：本办法适用于软件著作权登记、软件著作权专有许可合同和转让合同登记。据此，软件著作权登记包括两类，著作权登记和合同登记。本节只探讨软件著作权登记。

5.3.1 计算机软件著作权登记的意义

计算机软件著作权是否登记完全取决于自愿。《计算机软件保护条例》第五条规定："中国公民、法人或者其他组织对其所开发的软件，不论是否发表，依照本条例享有著作权。"第七条规定："软件可以向国务院著作权行政管理部门认定的软件登记机构办理登记。软件登记机构发放的登记证明文件是登记事项的初步证明。"这些规定表明，计算机软件著作权登记与是否取得著作权没有必然关系，计算机软件著作权登记并非强制性规定，是否登记完全取决于当事人的自愿。

但是，在信息化时代，计算机软件著作权登记具有很强的现实意义，是软件作品取得有效保护的基础：

1. 著作权登记是拥有知识产权的有力证明

软件由一系列的代码组成，称为源代码，其可以无限制地复制。软件著作权所保护的是源代码，一般认为谁持有源代码，谁就是著作权人。但由于源代码的可复制性，决定了原始与复制件难以区分，并进而导致难以区分著作权人。如果进行软件著作权登记取得《软件著作权登记证书》，将成为初步的权利证明。在进行软件版权贸易时，著作权登记可以作为自主知识产权的证明材料,并将使软件作品价值倍增。在进行软件企业认证(双软认证)、高新企业认证、创新基金、种子基金等国家科技项目申报时,著作权登记可以作为自主开发或拥有知识产权的软件产品的证明材料。

2. 著作权登记是软件得到重点保护的依据

《国务院〈鼓励软件产业和集成电路产业发展若干政策〉的通知》第三十二条规定:"国务院著作权行政管理部门要规范和加强软件著作权登记制度,鼓励软件著作权登记,并依据国家法律对已经登记的软件予以重点保护。"

3. 著作权登记是企业税收优惠的依据

根据《国务院〈鼓励软件产业和集成电路产业发展若干政策〉的通知》及财政部、国家税务总局的相关文件,国家对已经登记的软件将会予以重点保护,并享受有关税收、知识产权、融资、进出口、人才吸引等若干的优惠政策。

4. 著作权登记是作为技术出资入股的前提

《关于以高新技术成果出资入股若干问题的规定》规定计算机软件可以作为高新技术出资入股,而且作价的比例可以突破公司法20%的限制达到35%,各地方也有类似的规定。而计算机软件作为技术出资入股的前提,即是权利人提供《软件著作权登记证书》,以作为技术评估依据。

5. 著作权登记是申请科技成果的依据

科学技术部关于印发《科技成果登记办法》的通知第八条规定:"办理科技成果登记应当提交《科技成果登记表》及下列材料:(一) 应用技术成果:相关的评价证明(鉴定证书或者鉴定报告、科技计划项目验收报告、行业准入证明、新产品证书等)和研制报告;或者知识产权证明(专利证书、植物品种权证书、软件登记证书等)和用户证明。"其他部委也有类似规定。这些规定表明,以软件申请技术成果应当递交软件登记证书。

6. 著作权登记是维护提起计算机软件著作权的前提

在发生软件著作权争议、软件著作权纠纷时,《软件著作权登记证书》是著作权人主张权利的证明,它是向人民法院提起诉讼,请求司法保护的前提;如果不经登记,著作权人很难举证说明作品完成的时间以及所有人。

5.3.2 计算机软件著作权登记要求

计算机软件著作权登记应当满足以下条件:

(1) 申请登记的软件应当是《计算机软件保护条例》发布以后(1991年5月24日)发表的;

(2) 软件著作权人申请登记时,应先到省版权局购买规定填写的各种登记表,并按要求填写表格;

(3) 按要求提供符合规定的原件鉴别材料;

(4) 按规定交纳登记费;

(5) 初审期限为5个工作日,自收到申请人的全部表格材料之日起计算。

中国版权保护中心应当自受理日起60日内审查完成所受理的申请,申请符合《计算机软件保护条例》和本办法规定的,予以登记,发给相应的登记证书,并予以公告。有下列情况之一的,不予登记并书面通知申请人:

（1）表格内容填写不完整、不规范，且未在指定期限内补正的；
（2）提交的鉴别材料不是《计算机软件保护条例》规定的软件程序和文档的；
（3）申请文件中出现的软件名称、权利人署名不一致，且未提交证明文件的；
（4）申请登记的软件存在权属争议的。

中国版权保护中心要求申请人补正其他登记材料的，申请人应当在 30 日内补正，逾期未补正的，视为撤回申请。

5.3.3 计算机软件著作权登记所需材料

计算机软件著作权登记，应当向中国版权保护中心提交以下材料（可网上申请，网址 http://www.ccopyright.com.cn）软件著作权登记申请表、软件的鉴别材料、申请人身份证明、联系人身份证明和相关的证明文件各一式一份。如在登记大厅现场办理的，还需出示办理人身份证明原件，否则将不予办理。

5.3.3.1 软件著作权登记申请表

应提交在线填写的申请表打印件，请勿复制、下载和擅自更改表格格式，签章应为原件。

5.3.3.2 软件（程序、文档）的鉴别材料

一般交存：源程序和文档应提交前、后各连续 30 页，不足 60 页的，应当全部提交；

例外交存：请按照《计算机软件著作权登记办法》第十二条规定的方式之一提交软件的鉴别材料。

申请人若在源程序和文档页眉上标注了所申请软件的名称和版本号，应当与申请表中相应内容完全一致，右上角应标注页码，源程序每页不少于 50 行，最后一页应是程序的结束页，文档每页不少于 30 行，有图除外。

5.3.3.3 有关证明文件

证明文件包括：申请人、代理人及联系人的身份证明文件、权利归属证明文件等。

代理人身份证明文件：登记申请委托代理的，应当提交代理人的身份证明文件复印件，申请表中应当明确委托事项、委托权限范围、委托期限等内容。

申请人有效身份证明文件（单位的需盖公章）：

（1）企业法人单位提交有效的企业法人营业执照副本的复印件。
（2）事业法人单位提交有效的事业单位法人证书副本的复印件。
（3）社团法人单位提交民政部门出具的有效的社团法人证书的复印件。
（4）其他组织提交工商管理机关或民政部门出具的证明文件复印件。
（5）著作权人为自然人的，应提交有效的自然人身份证复印件（正反面复印），并需提交非职务开发保证书或非职务开发证明（可以到软件登记申请须知中下载《非职务开发证明》和《非职务开发保证书》）。
（6）著作权人为外国自然人的，应提交护照复印件，及护照复印件的中文译本，并需翻译者签章。同时，需提交非职务开发保证书或非职务开发证明。
（7）著作权人为香港企业法人的，应提交注册登记证书和有效期内的商业登记证书正本复印件，并需经中国司法部委托的香港律师公证。
（8）著作权人为台湾企业法人的，需出示经台湾法院或公证机构认证的法人身份证明

文件,填写并提交《台湾法人证明》。

(9) 著作权人为外国法人及其他组织的,应提交申请人依法登记并具有法人资格的法律证明文件,该证明文件须经过中国驻当地领事馆的认证或经当地公证机构公证方为有效。申请时需提交公证或认证的证明文件原件。目前国外法人因所在国家或地区不同,其提交的法人身份证明文件内容和格式会有所不同,但文件中的基本信息项应至少包括:法人名称、注册日期、注册地、注册证明编号、证明文件的有效期等基本信息。

以上身份证明文件以及与登记有关的其他证明文件(例如:合同或协议等证明)是外文的,须一并提交经有翻译资质的单位翻译并加其公章的中文译本原件。

联系人证明文件:申请人自行办理的,需提交联系人身份证明(身份证、护照、军官证等)复印件;委托代理人办理的,需提交联系人(申请联系人和代理联系人)身份证明复印件。

5.3.3.4 权利归属的证明文件

(1) 委托开发的,应当提交委托开发合同。
(2) 合作开发的,应当提交合作开发合同。
(3) 下达任务开发的,应当提交上级部门的下达任务书。

5.3.3.5 其他证明文件

(1) 修改他人软件应当授权许可的,应当提交授权书。
(2) 受让取得软件著作权的,应当提交软件著作权转让协议。
(3) 享有著作权的法人或其他组织发生变更、终止后,由承受其权利义务的法人或其他组织享有著作权。登记时,需要提交有关企业变更(合并或分立)、终止的股东会或董事会决议、企业合并协议、清算报告、企业注销证明等相关证明文件。
(4) 继承人继承的,需要提供的证明文件包括:被继承人的死亡证明、被继承人有效遗嘱、与被继承人的关系证明、继承人身份证明、法院的法律文书等。
(5) 如已登记软件的著作权发生继受,权利继受方办理著作权登记时需做著作权登记概况查询,查询结果是办理登记申请的文件之一,并交回原登记证书。

另外,申请文件应当使用 A4 纸张,纵向、单面打印,文字应当从左向右排列。文档和源程序需黑白打印。申请文件各部分应当分别用数字顺序在右上角标注页码。所有登记材料中出现的版本号,应与申请表中保持完全一致(例如:版本号中有或无"V",应保持一致性)。

5.4　计算机软件著作权的内容与限制

5.4.1　计算机软件著作权的内容

计算机软件著作权,是指软件的开发者或者其他权利人依据有关著作权法律的规定,对于软件作品所享有的各项专有权利。具体包括:

(1) 发表权,即决定软件是否公之于众的权利。
(2) 署名权,即表明开发者身份,在软件上署名的权利。
(3) 修改权,即对软件进行增补、删节,或者改变指令、语句顺序的权利。
(4) 复制权,即将软件制作一份或者多份的权利。
(5) 发行权,即以出售或者赠与方式向公众提供软件的原件或者复制件的权利。

（6）出租权，即有偿许可他人临时使用软件的权利，但是软件不是出租的主要标的的除外。

（7）信息网络传播权，即以有线或者无线方式向公众提供软件，使公众可以在其个人选定的时间和地点获得软件的权利。

（8）翻译权，即将原软件从一种自然语言文字转换成另一种自然语言文字的权利。

（9）许可他人行使其软件著作权并获得报酬的权利。

（10）部分或全部转让软件著作权并获取报酬的权利。

（11）应当享有的其他权利。

另外，软件合法复制品所有人可以享有合理使用软件复制品的权利。软件的合法复制品所有人是指通过合法途径取得合法的软件复制品的人，简言之，通过正规渠道得到正版软件者。他们依法享有的权利除了软件合法复制品所有人与软件版权人约定的权利外，还享有以下法定权利：

（1）根据使用的需要把该软件装入计算机等具有信息处理能力的装置内。

（2）为了防止复制品损坏而制作备份复制品。这些备份复制品不得通过任何方式提供给他人使用，并在所有人丧失该合法复制品的所有权时，负责将备份复制品销毁。

（3）为了把该软件用于实际的计算机应用环境或者改进其功能、性能而进行必要的修改；但是，除合同另有约定外，未经该软件版权人许可，不得向任何第三方提供修改后的软件。

【思考】自由软件著作权有什么特别之处？

根据自由软件基金会的定义，自由软件是一种可以不受限制地自由使用、复制、研究、修改和分发的软件。自由软件使成千上万的人的日常工作更加便利，被称为是对全世界的商业发展有巨大的贡献。自由软件的著作权人放弃了修改权、保护作品完整权以及复制权。但是根据《通用公共许可证》的相关条款，自由软件的著作权人拥有以下权利：

（1）发表权。即软件的所有人有权根据自己的意愿决定是否以自由软件的形式发表（包括发表的形式、时间等）；如果软件的使用者将自由软件进行了修改和完善，则必须要以自由软件的方式发表，公开源代码，遵守《通用公共许可证》的相关规定。值得注意的是，所有权人决定将自己设定的程序以自由软件的形式发表的意思表示必须是明示的。

（2）署名权。与其他著作权一样，自由软件的著作权人享有署名权。《通用公共许可证》规定："如果由于其他某个人修改了软件并继续加以传播，我们需要它的接受者明白：他们所得到的并不是原来的自由软件。由其他人引入的任何问题，不应损害原作者的声誉。"因此，修改者不仅有署名的权利还有署名的义务。修改者在发布经过修改的自由软件时有义务署名，若不署名，涉嫌损害原始权利人的名誉。

（3）修改权和保护作品完整权。自由软件的著作权人明示赋予他人修改软件的权利，将程序的源代码公开，允许他人根据自己的需要修改和完善软件，在一定程度上放弃了保护作品的完整权。如果修改者愿意将程序的一部分结合到其他自由程序中，且它们的发布条件不同，那么修改者可以告知作者，要求准予使用。但是，修改者不应该损害原始权利者的权利，需要注明相关的修改信息。

（4）经济权利。对于自由软件的经济权利，自由软件基金会的宗旨就是强调共享，任何用户都可以通过免费途径得到、运行它，并且可以随意的拷贝和扩散。因此，自由软件就意味着放弃了复制权，著作权人不能因为他人的复制行为收取费用。但是，根据《通用公共许可证》,著作权人可以通过以下方式收取费用:著作权人可以就提供的某些服务收费;著作权人可以明示提供担保来收取费用。

5.4.2　计算机软件著作权的保护期限

计算机软件根据开发类型不同,著作权归属不同;开发主体不同,软件保护期限也不同。计算机软件著作权自软件开发完成之日起产生,其保护期从著作权产生之日起计算。

(1) 自然人的软件著作权保护期,自软件著作期产生之日起,截止于著作权人死亡后的第 50 年的 12 月 31 日(即著作权人终止及其死亡之后 50 年)。

自然人之间合作开发的计算机软件著作权的保护期截止于最后一个自然人死亡之后的第 50 年的 12 月 31 日。

(2) 法人或者其他组织的计算机软件著作权,截止于该软件首次发表之日后第 50 年的 12 月 31 日。

如果该软件自开发之日起 50 年内未发表,则不予保护,质言之,属于法人或者其他组织的软件著作权,从软件开发之日起,只保护 50 年。

5.4.3　计算机软件著作权的限制

对于著作权人的权利,著作权法通常予以一定限制,以平衡著作权人的局部利益与社会的整体利益。我国对软件著作权的限制除了上述对计算机软件著作权的时间限制外,还包括:

(1) 合理使用,即在保护期内,为了学习和研究软件内含的设计思想和原理,通过安装、显示、传输或者存储软件等方式使用软件的,可以不经软件著作权人许可,不向其支付报酬。

(2) 软件著作权人不得损害公众利益,违反其他法律。

(3) 软件复制品合法持有人,在不经该软件著作权人同意的情况下,可以根据使用的需要把该软件装入计算机内,制作备份复制品,进行必要的修改等。

【讨论】购买安装盗版软件的法律定性。

5.5　计算机软件著作权的许可与转让

5.5.1　计算机软件使用许可的概念

计算机软件的使用许可,是指权利人与使用人之间订立的确立双方权利义务的协议。依照这种协议,使用人不享有软件所有权,但可以在协议约定的时间、地点,按照约定的方式行使软件使用权。

计算机软件的使用许可不同于计算机软件著作权的转让,不发生所有权的移转或者所有权人的变更。计算机软件的使用许可是软件交易的主要形式,例如经销许可、复制生产许可等。在日常生活中,消费者在软件商店购买软件,或者在购买计算机时随机附送的系统软件,都属于计算机软件的使用许可。

5.5.2　计算机软件使用许可的种类

根据不同的标准,计算机软件使用许可有不同的分类。

按照被许可使用权的排他性强弱不同,可以将使用许可分为以下三种:

(1) 独占使用许可。当软件著作权人许可他人享有独占使用许可之后,便不得再许可任何第三人使用该软件,并且软件著作权人自己在该独占使用许可有效期间也不得使用该软件,这种使用许可的排他性最强,使用极少。

(2) 排他使用许可。当权利人向被许可人发放排他使用许可之后,依约不得再向任何第三人发放该软件的使用许可,但软件著作权人自己仍然可以使用该软件。现实中,排他使用许可也比较少。

(3) 普通使用许可。普通使用许可是最常见的许可方式。被许可人除了享有自己使用的权利之外,并不享有任何排他权利。软件著作权人可以不受限制地向多数人发放这种许可。根据我国法律规定,凡未明确说明是独占使用许可或排他使用许可的,即该许可为普通使用许可。目前通过市场上购买的各种商品化软件的使用权都属于这种普通使用许可。

根据被许可软件的使用人数或在计算机上的安装次数,可分为以下几种:

(1) 场地许可。场地许可是指软件权利人许可特定场地内的所有计算机可使用其软件。一项场地许可可能包括多份软件的优惠价格或允许对特定的软件进行无数次复制。

(2) 单机许可。只能在一台机器上安装的使用许可即为单机使用许可。现实中绝大多数的软件使用许可合同为单机使用许可。这里所说的单机不包括网络环境。

(3) 单人许可。单人许可是指被许可使用的软件只能由特定的人使用。在单人许可协议中可以约定,软件是许可给一个使用者在一台计算机上使用,这样若在另一台机器中装入软件便会构成违约,除非经过许可协议的特别允许。

(4) 多用户许可。多用户许可是针对网络环境而言的。在网络环境下使用软件,用户需要获得网络许可。

根据使用许可是否直接由权利人发放,可以将其分为主许可和分许可(也称从属许可)两种:

(1) 主许可。主许可是指直接由软件著作权人发放的许可。这种许可是通过被许可人与软件著作权人直接订立软件使用许可合同的方式设立的。

(2) 分许可。分许可是指由被许可人根据软件权利人的授权再向他人发放的使用许可。在软件著作权人没有明确授权的情况下,被许可人是不能随意发放使用许可的。

另外,交叉许可也是计算机软件许可的一种方式。交叉许可,即使用许可合同的双方互为许可人和被许可人,合同双方分别以自己的知识产权使用权换取对方的知识产权使用权。这种使用许可方式通常发生在一些大型单位集团之间。

5.5.3 计算机软件著作权主体的变更

计算机软件著作权主体的变更包括软件著作权的转移和软件著作权的转让两种。

5.5.3.1 软件著作权的转移

软件著作权属于自然人的,该自然人死亡后,在软件著作权的保护期内,软件著作权的继承人可以依照继承法的有关规定,继承发表权、修改权、复制权、发行权、出租权、信息网络传播权、翻译权以及应当由软件著作权人享有的其他权利,但是软件著作权人享有的署名权除外。

软件著作权属于法人或者其他组织的,法人或者其他组织变更、终止后,其著作权在法定保护期内由承受其权利义务的法人或者其他组织享有;没有承受其权利义务的法人或者其他组织的,由国家享有。

5.5.3.2 软件著作权的转让

转让软件著作权的,应当订立书面合同。订立转让软件著作权合同的,可以向国务院著作权行政管理部门认定的软件登记机构登记。

中国公民、法人或者其他组织向外国人许可或者转让软件著作权的,应当遵守《中华人民共和国技术进出口管理条例》(以下简称《技术进出口管理条例》)的有关规定。

5.5.4 软件著作权出口程序

计算机软件出口属于技术出口范畴。国家准许技术的自由进出口,但是法律、行政法规另有规定的除外。属于禁止出口的技术,不得出口。属于限制出口的技术,实行许可证管理;未经许可,不得出口。出口属于限制出口的技术,应当向国务院外经贸主管部门提出申请。国务院外经贸主管部门收到技术出口申请后,应当会同国务院科技管理部门对申请出口的技术进行审查,并自收到申请之日起 30 个工作日内作出批准或者不批准的决定。限制出口的技术需经有关部门进行保密审查的,按照国家有关规定执行。

技术出口申请经批准的,由国务院外经贸主管部门发给技术出口许可意向书。申请人取得技术出口许可意向书后,方可对外进行实质性谈判,签订技术出口合同。

申请人签订技术出口合同后,应当向国务院外经贸主管部门提交下列文件,申请技术出口许可证:技术出口许可意向书;技术出口合同副本;技术资料出口清单;签约双方法律地位的证明文件。

国务院外经贸主管部门对技术出口合同的真实性进行审查,并自收到前款规定的文件之日起 15 个工作日内,对技术出口作出许可或者不许可的决定。对属于自由出口的技术,实行合同登记管理。出口属于自由出口的技术,合同自依法成立时生效,不以登记为合同生效的条件。

出口属于自由出口的技术,应当向国务院外经贸主管部门办理登记,并提交下列文件:技术出口合同登记申请书;技术出口合同副本;签约双方法律地位的证明文件。

经许可或者登记的技术出口合同,合同的主要内容发生变更的,应当重新办理许可或者登记手续。经许可或者登记的技术出口合同终止的,应当及时向国务院外经贸主管部门备案。

5.6 计算机软件著作权的保护与救济

5.6.1 计算机软件纠纷的种类

计算机软件纠纷按不同的标准可以划分为不同种类,主要包括:

(1) 计算机软件权属纠纷。即因计算机软件的著作权归谁享有而发生争议的纠纷,具体分为以下六种:

①职务或非职务软件作品权属纠纷。
②委托创作软件作品权属纠纷。
③合作创作软件作品权属纠纷。

④因改进计算机软件而产生的权属纠纷。

⑤以软件著作权投资、入股或许可转让等合同行为中产生的权属纠纷。

⑥其他计算机软件著作权权属纠纷。如因继承而产生的软件权属纠纷等。

(2) 计算机软件侵权纠纷,即因《计算机软件保护条例》第三十条规定的侵犯计算机软件著作权的八种侵权行为引发的纠纷。

(3) 计算机软件合同纠纷,即因计算机软件使用许可合同引发的纠纷。

5.6.2 侵犯计算机软件著作权的行为

《计算机软件保护条例》规定下列行为属于侵权行为:

(1) 未经著作权人许可,发表或登记其软件的。此种行为侵犯了软件著作权的开发者发表权。

(2) 将他人软件作为自己的软件发表或登记的。此种行为侵犯了软件著作权的开发者身份权和署名权。

(3) 未经合作者许可,将于他人合作开发的软件作为自己单独完成的软件发表或登记的。此种行为侵犯了软件其他开发者的身份权和发表权。

(4) 在他人软件上署名或更改他人软件上的署名的。此种行为侵犯了软件著作人的开发者身份权及署名权。

(5) 未经软件著作权人许可,修改、翻译其软件的。此种行为是侵犯了著作权人或其合法受让者的使用权中的修改权、翻译权与注释权。

(6) 未经软件著作权人许可而复制或者部分复制其软件的。此种行为侵犯了著作权人或其合法受让者的使用权中的复制权。

(7) 向公众发行、出租、通过信息网络传播著作权人的软件的。此种行为侵犯了著作权人或其合法受让者的发行权与展示权。

(8) 故意避开或破坏著作权人为保护其软件著作权而采取的技术措施的。此种行为侵犯了软件著作权人或其合法受让者的使用许可权和转让权。

(9) 故意删除或许可他人行使著作权人的软件著作权的。此种行为侵犯了软件著作权人许可他人行使其软件著作权并获得报酬的权利。

5.6.3 侵犯计算机软件著作权的认定

侵犯计算机软件著作权的认定不仅是个法律问题,更是一个技术问题。计算机软件开发过程中,除取得程序代码这一最终成果外,还包括数据结构、算法、用户界面、组织结构等内容。因介于代码与软件功能之间的部分基本上还是属于软件开发过程中的思想,而非软件的表达,故不属于保护范围。

"实质相似性加接触"原则是计算机软件侵权判断的原则。在二者实质相似的前提下,若有证据证实被告接触或可能接触了软件,一般就可以认定侵权成立。其步骤如下:

(1) 对被控侵权软件与权利人的软件直接进行软盘内容对比或者目录、文件名对比。

(2) 对两个软件的安装过程进行对比,注意安装过程中的屏幕显示是否相同。

(3) 对安装后的目录以及各文件进行对比,包括对比文件名、文件长度、文件建立或修改的时间、文件属性等表面现象。

(4) 对安装后软件使用过程中的屏幕显示、功能、功能键、使用方法等进行对比。

(5) 对两个软件的程序代码进行对比。

其中,最主要的是程序代码比对阶段。目标程序同一性判断只是软件侵权判断的基础,在目标程序相同的情况下,还需进一步判断与目标程序相对应的两个软件的源程序是否同一。如果两个软件的源程序实质相似,则可判定两个软件相似,侵权行为成立。

5.6.4 计算机软件著作权纠纷的解决途径

计算机软件著作权纠纷的解决途径包括:

1. 调解

《著作权法》第五十四条第一款规定,著作权纠纷可以调解。调解,是纠纷当事人按照自愿的原则,在互相谅解的基础上达成协议解决纠纷的一种方法。当然,达成协议后,很可能也会出现一方反悔、不执行调解协议,调解失败,当事人还可以向人民法院提起诉讼,请求判决。

2. 仲裁

《著作权法》第五十四条第二项规定:"……,也可以根据当事人达成的书面仲裁协议或者著作权合同中的仲裁条款,向仲裁机构申请仲裁。"仲裁,是仲裁机构依法行使的解决著作权纠纷的法律行为,具有最终的法律效力,只有一方不履行仲裁裁决,另一方才可以提起诉讼。

3. 诉讼

诉讼是通过司法程序解决纠纷的方式,主要用于:当事人直接因著作权纠纷向人民法院诉讼解决;通过调解达不成协议或者一方在达成协议后反悔,另一方通过诉讼解决纠纷;一方不执行仲裁裁决,另一方提起诉讼解决。诉讼的时效期为二年,超过二年失去胜诉的机会。

软件著作权的诉讼时效与著作权受侵害时的诉讼时效都是两年。《最高人民法院关于审理著作权民事纠纷案件适用法律若干问题的解释》规定,侵犯著作权的诉讼时效为两年,自知道或者应当知道侵权行为之日起计算。权利人超过两年起诉的,如果侵权行为在起诉时仍在持续,在该期内,人民法院应当判决被告停止侵权行为;侵权损害赔偿数额应当自权利人向人民法院起诉之日起向前推算两年计算。

5.6.5 侵犯计算机软件著作权的责任

行为人有《计算机软件保护条例》第 30 条规定的侵权行为的,应承担下列法律责任:

1. 行政责任

根据我国《著作权法》《计算机软件保护条例》及《著作权行政处罚实施办法》的相关规定,国家版权局与地方著作权行政管理部门是计算机的行政主管部门。

对于计算机软件侵权行为,由著作权行政管理部门责令停止侵权行为,没收违法所得,没收、销毁侵权复制品,可以并处罚款。情节严重的,著作权行政管理部门并可以没收主要用于制作侵权复制品的材料、工具、设备等。

软件的复制品持有人不知道也没有合理理由应当知道该软件是侵权复制品的,不承担赔偿责任;但是,应当停止使用、销毁该侵权复制品。如果停止使用并销毁该侵权复制品将给复制品使用人造成重大损失的,复制品使用人可以在向软件著作权人支付合理费用后继续使用。

2. 民事责任

民事责任包括责令其停止侵害、消除影响、公开赔礼道歉、赔偿损失。计算机软件著作权许可合同或转让合同当事人不履行合同义务或者履行合同义务不符合约定条件的,应承担违约责任。软件持有者不知道或者没有合理的依据知道该软件是侵权作品的,其侵权责任由该软件的提供者承担。

根据《计算机软件保护条例》的规定,侵犯软件著作权的赔偿数额,依照《著作权法》第四十八条的规定确定。即侵犯软件著作权的,侵权人应当按照权利人的实际损失给予赔偿;实际损失难以计算的,可以按照侵权人的违法所得给予赔偿。赔偿数额还应当包括权利人为制止侵权行为所支付的合理开支。

权利人的实际损失或者侵权人的违法所得不能确定的,由人民法院根据侵权行为的情节,判处给予五十万元以下的赔偿。软件复制品的出版者、制作者不能证明其出版、制作有合法授权的,或者软件复制品的发行者、出租者不能证明其发行、出租的复制品有合法来源的,应当承担法律责任。

3. 刑事责任

软件登记管理机构工作人员违反有关规定,情节严重,构成犯罪的,由司法机关追究刑事责任。

【思考】哪些行为构成软件盗版侵权?

随着各种光磁介质的出现,复制技术的进步以及网络的发展,盗版的形式也呈多样化。盗版软件侵权成本非常低,但是回报率却非常高。概括起来,软件盗版主要包括最终用户盗版、硬盘预装盗版、网络盗版和街头贩卖盗版光盘四种类型:

1. 最终用户盗版

这是业界公认的给产业发展带来损失最大的盗版形式。简单地说,就是最终用户特别是企业用户未经许可或者超许可范围使用软件。例如:用户购买了一套正版软件,就意味着允许用户在一台电脑上使用该软件。如果该用户在两台或两台以上电脑上使用该软件,就构成侵权使用,形成最终用户盗版。

2. 硬盘预装盗版

厂商、系统集成商或电脑销售商在电脑中为客户预先安装操作系统或一些应用软件,这就是通常所说的软件预装。如果预先安装的软件并未得到授权,并非从正常途径获得甚至是销售商自己非法复制的,则构成软件的非法预装。

3. 网络盗版

有一些网站提供免费或有偿下载的软件,如果这些软件是没有经过合法的授权的,下载这些软件就是非法下载。这种非法上传和下载的行为就构成网络盗版。

4. 街头贩卖盗版光盘

这是最常见的制售盗版的形式。特别是把一些常用的软件做成一个大拼盘来向行人兜售,这种光盘包装粗糙,往往存在安全隐患,容易识别。但危害性显而易见。

【讨论】企业应怎样保护软件著作权?

案例讨论

深圳市首例侵犯软件著作权入罪案[①]

【案件背景】

该案是一场因"图像预处理"侵犯软件著作权罪案件,前后历时一年多,最终在 2015 年 9 月 17 日宣判。软件著作权侵权案件并不少见,但是维权成功的并不多,通过刑法手段维权的更是少之又少。究其原因,主要在于侵权证据难以收集。计算机软件往往涉及计算机程序技术,在对涉嫌侵权产品进行技术鉴定即证明两款产品的软件具有关联性时比较困难,尤其是当在涉嫌侵权产品加密的情况下,对其与被涉嫌侵权产品比对更是困难,权利人要获得充足的证据才能得到司法机关的支持。本案最大的启示在于,在软件著作权侵权纠纷中,鉴定起着决定性的作用,在软件著作权案件中,被害单位在主张被告人侵权事实时,应当提交涉案软件与权利人的软件具有"同一性"的鉴定报告。但在实践操作中,往往不能很顺利地获取到被告人的目标代码以及源代码,因而无法进行"同一性"比对,因此需要熟悉司法机关对软件著作权侵权案件认定的关键点和鉴定程序,组织被害单位技术人员共同探讨突破口,并将具有可行性方案积极与鉴定专家沟通,并从专业角度争取到权威鉴定意见书。

【案情简介】

2012 年 7 月 20 日,张××、陈××将其共同享有的《×××软件》(以下简称涉案侵权软件)转让给×H 公司,并签订了《计算机软件著作权转让协议》。2012 年 12 月 1 日,国家版权局出具证书号为软著登字第××号的《计算机软件著作权登记证书》,证书记载:著作权人为×H 公司,开发完成日期为 2009 年 9 月 9 日,权利取得方式为受让,权利范围为全部权利。

被告人李××注册成立深圳市 HCRZ 科技有限公司(以下简称 HCRZ 公司),在宝安区西乡黄田草围第一工业区租赁厂地生产摄像头,并未经原告×H 公司授权在其生产的摄像头上安装×H 公司所有的涉案侵权软件。

2014 年 5 月 30 日 10 时,×H 公司代表张××向公安机关举报被告人李××所有的 HCRZ 公司生产的摄像头软件侵犯其公司研发的软件著作权。2014 年 8 月 13 日,公安机关在位于深圳市宝安区西乡黄田草围第一工业区 HCRZ 公司查获各类型摄像头 5 000 多个,其中安装了涉案侵权软件的 HD-500T 摄像头 477 个,查获电脑、烧录器等工具,并将被告人李××当场抓获。侦查机关从现场查获的电脑中提取到对账单,经统计,被告人李××已销售 HD-500T 摄像头 12 899 个,销售额为 980 180 元。

被害单位×H 公司软件著作权维权历时一年多,其间被告人对于其侵权之事实一概不予承认。

被告人李××因涉嫌犯侵犯著作权罪于 2014 年 8 月 13 日被深圳市公安局宝安分局羁押,2014 年 8 月 14 日被刑事拘留,2014 年 9 月 19 日被逮捕。深圳市宝安区人民检察院以深宝检公一刑诉〔2015〕617 号起诉书指控被告人李××犯侵犯著作权罪,于 2015 年 3 月 11 日向法院提起公诉。法院依法适用普通程序组成合议庭,分别于 2014 年 4 月 21 日和 2015 年 8 月 3 日公开开庭审理了本案。

[①] 本案例改编自《广东省深圳市宝安区人民法院刑事判决书(2015)深宝法知刑初字第 73 号》。

法院审理后认为：

（1）在软件著作权人已经证明了被控侵权人的软件在软件设计缺陷等方面与著作权人的软件确实存在相同之处的情况下，被控侵权人对于其所谓合法来源既无法提供证据证明又不愿意提供相应软件源代码或者目标代码的，可以判定双方软件之间构成实质性相同，侵权成立。本案中，被告李××，对于经鉴定部门已经出具了其公司的软件在软件设计缺陷等方面与著作权人×H公司的软件确实存在相同之处的鉴定意见，仅是口头否认所用软件不是来源于×H公司，自称是来源华强北，但对于具体来源却无法提供证据证明且也无法提供涉案软件对应的源代码或者目标代码，结合侦查机关在被告李××的电脑里找出了很多标有"×H"字样的文件，特别在扣押李某电脑里也找出了涉案软件的目标代码，跟×H公司目标代码一模一样，已经足有证明侵权事实存在。

（2）软件著作权侵权案中涉案软件的价值应以涉案产品的销售金额作为认定依据。软件的著作权价值包括软件产品本身通过发行、出租、许可、转让等实现的利益，也包括实现软件功能而形成的产品进入流通后产生的价值。本案中，从涉案软件功能表明，其与硬件在实现产品使用性质上具有不可分离性，且涉案软件的价值即体现在涉案产品进入流通后产生的价值。被控侵权摄像头的价值主要在于实现其产品功能的软件程序，因此，涉案软件著作权价值为涉案产品的主要价值构成，应以涉案产品的销售金额作为非法经营额。

（3）公证购买是软件著作权侵权类案件固定侵权事实的必要手段。知识产权案件取证难是共识问题，如何合法固定侵权事实成为该类案件维权的首要解决问题，现目前较为被认可的就是公证保全。本案中，著作权人通过公证购买手段获取了涉案被控侵权摄像头，并据此分析出涉案侵权软件与其享有著作权的软件间的关联性，属著作权人获取涉案侵权事实存在的必要手段，并非引诱涉案犯罪行为的发生，该笔购买行为合理、合法；是著作权人维权的基础。

最终法院认为，被告人李××以营利为目的，未经著作权人许可，复制发行其计算机软件，有其他特别严重情节的，其行为已构成侵犯著作权罪。公诉机关指控罪名成立，法院予以支持。依照《中华人民共和国刑法》第二百一十七条、第五十二条、第五十三条、第六十四条、第六十七条第三款之规定，判决如下：

一、被告人李××犯侵犯著作权罪，判处有期徒刑三年六个月，并处罚金人民币二十五万元（刑期从判决执行之日起计算。判决执行以前先行羁押的，羁押一日折抵刑期一日，即自2014年8月13日起至2018年2月12日止）。罚金限于判决生效后一个月内向法院一次性缴纳。

二、缴获的侵权产品和作案工具均予以没收。

【案例思考】

1. 结合本案，谈谈如何认定软件侵权。
2. 如何确定软件著作权侵权赔偿数额？
3. 结合本案，谈谈如何固定软件著作权侵权事实，即如何进行证据保全。
4. 结合本案，谈谈刑事案件判决如何执行。

第三编 专利权

第6章 专利

◎ 导读：

专利是最重要的工业产权。我国法律把专利分为发明专利、实用新型专利和外观设计专利，分别予以保护。本章主要讲述专利的类型、专利的特性、专利的申请、不授予专利的对象、专利优先权、专利异议、专利无效等。其重点在于了解专利的基本类型，掌握授予专利的条件，熟悉专利申请的基本程序，把握专利无效的原因和后果，学会专利文献检索。难点在于理解专利授予的基本原则，把握专利复审的基本要求，运用专利申请优先权。

◎ 重点：
1. 专利的种类有哪些？
2. 如何国内专利、申请国外专利和国际专利？
3. 什么是专利异议？
4. 专利优先权如何使用？
5. 如何确定专利申请日？

CDMA、GSM 双模式移动通信方法专利案[①]

【案件背景】

本案被视为国际知名手机生产商被诉侵犯中国同行专利权第一案，诉讼请求和一审判赔数额均高达 5 000 万元，受到社会各界广泛关注。该案一审支持了原告的诉讼请求，但二审法院则撤销了一审判决。究其原因，在于专利案件的复杂性、技术性和专业性。二审法院积极引导当事人举证质证，采用合理的比对方法，鼓励双方当事人聘请专家辅助人员帮助其说明技术问题，并借助技术鉴定等事实查明机制，有效解决技术难题，为正确适用相关法律奠定了基础。该案二审判决书对证据和事实的分析应当说更为准确透彻，对被诉侵权产品所采用的技术方案和涉案专利权利要求的比对相对详尽到位，被评为全省优秀裁判文书一等奖。

---

① 本案例改编自《浙江省高级人民法院民事判决书（2009）浙知终字第 64 号》《浙江省杭州市中级人民法院民事判决书（2007）杭民三初字第 108 号》，本案被评为"2012 年中国法院知识产权司法保护十大案件"。

【案情简介】

浙江华立通信集团有限公司（以下简称华立公司）系专利号为 ZL02101734.4、名称为"一种 GSM/CDMA 双模式移动通信的方法"的发明专利独占许可的被许可人，独占享有涉案发明专利权所涉及的一切权利。华立公司发现深圳三星科健移动通信技术有限公司（以下简称三星公司）制造、戴钢销售的 SCH－W579 手机采用的技术方案与其专利所记载的技术方案相同，于 2007 年 4 月 11 日向杭州市中级人民法院起诉，请求判令三星公司停止侵权、赔偿经济损失 5 000 万元；戴钢停止销售侵权手机。

三星公司生产的 SCH－W579 手机是否落入涉案专利的保护范围是本案争议的焦点。

华立公司将专利与 SCH－W579 手机进行技术比对后，认为 SCH－W579 手机的通信方法落入了 ZL02101734.4 号发明专利权利要求的保护范围。三星公司将专利与 SCH－W579 手机进行技术比对后，认为根据侵权比对的"全面覆盖原则"，SCH－W579 手机不具备专利权利要求的所有必要技术特征，未落入专利的保护范围，三星公司没有侵犯华立公司的专利权。在诉讼过程中，三星公司还向该院提出鉴定申请，要求对 SCH－W579 手机是否落入专利保护范围的问题进行鉴定。

杭州市中级人民法院认为，专利的权利要求以及被控侵权的 SCH－W579 手机的通信方式，在华立公司和三星公司提交的证据中，即专利权利要求书、手机实物开机演示、使用说明书、SCH－W579 手机射频框图和基带框图中均有完全的显示。因此，在事实问题上，不存在需要通过鉴定才能确定的事实。而对 SCH－W579 手机是否落入专利权保护范围的判断是一个法律问题，不能通过鉴定解决。因此，该院没有准许三星公司提出的鉴定申请。该院认为，三星公司生产的 SCH－W579 手机所采用的通信方法，在技术特征上与 ZL02101734.4 号"CDMA/GSM 双模式移动通信的方法及通信设备"专利权相比，除了天线的设置和稳压器的设置与专利不同外，主要技术上的每一个技术特征均能与专利技术一一对应，即，是以与专利技术基本相同的手段，实现了与专利技术基本相同的功能、达到了与专利技术基本相同的效果。因此，三星公司制造的 SCH－W579 手机落入了 ZL02101734.4 号"CDMA/GSM 双模式移动通信的方法及通信设备"专利权的保护范围。三星公司制造、销售侵权手机的行为侵犯了华立公司作为专利独占实施被许可人所享有的专利权。华立公司的侵权指控成立。至于赔偿数额，该院认为，根据手机行业的特点，52 万台以上的生产量属于较大的生产量，故每台手机上的生产成本会因量大而相应地摊薄。按照该行业的一般利润率，其收益一般在销售价的 10%～20% 之间，而 SCH－W579 手机因其数量较大，利润可能更高于该比例。即使按照最低销售价 6 400 元、并按照低于一般利润率（10%～20%）的 5% 的利润率来计算每台手机的利润，其利润也应在 320 元/每台左右，再乘以三星公司认可的实际销售数 508 562 台，三星公司从该款手机上获得的利益也应在 1.6 亿元人民币以上。因此，华立公司提出的 5 000 万元人民币的赔偿额在合理范围内，该院予以支持。戴钢销售侵权的 SCH－W579 型手机，也构成侵权。但因其手机来源于三星公司，来源合法，故依法不承担赔偿责任。最终于 2008 年 12 月 19 日判决：一、三星公司立即停止制造、销售侵犯 ZL02101734.4 号"CDMA/GSM 双模式移动通信的方法及通信设备"专利权的 SCH－W579 型手机。二、戴钢立即停止销售三星公司制造的 SCH－W579 型手机。三、三星公司赔偿华立公司经济损失人民币 5 000 万元。于判决生效之日起 10 日内履行完毕。如果未按判决指定的期间履行给付金钱义务，应当依照《中华人民共和国民事诉讼法》第二百二十九条之规定，加倍支付迟延履行期间的债务利息。案件受理费 291 800 元,由三星公司负担。

宣判后,三星公司不服,向浙江省高级人民法院提起上诉。

二审中,华立公司于 2009 年 3 月 10 日向浙江省高级人民法院递交了责令三星公司停止侵犯专利权行为的申请,认为根据三星公司的情况如果不及时责令其停止专利侵权行为将使华立公司的合法权益受到难以弥补的损害,请求责令三星公司停止制造、销售侵犯华立公司专利权的 SCH-SCH-W579 型手机。同时提出财产保全申请,认为为保证今后判决得以履行,申请冻结三星公司的存款 5 000 万元,如存款不足,查封、扣押三星公司相应价值的财产。

经审查,浙江省高级人民法院认为,三星公司的注册资本 2 000 万美元,SCH-W579 型手机仅是其销售的多款手机中的一款,相对而言,华立公司的手机制造并非其主营业务,因此,本案并不存在如不及时责令三星公司停止侵犯专利权的行为将会使华立公司的合法权益受到难以弥补的损害的情形,也不存在使判决不能执行或者难以执行的情况,因此,对华立公司提出的责令三星公司停止侵犯专利权行为和财产保全申请,均不予准许。

三星公司提交了以下五项申请,分别是:①要求指定泰尔实验室对涉案侵权手机的有关技术进行检测的申请。②要求对被控侵权产品的技术特征和专利的技术特征,以及对被控侵权产品是否是公知技术进行鉴定。③对国家知识产权局专利复审委员会 2009 年 6 月 18 日、19 日的口审记录、录音、视频记录和代理词进行调取。④对 SCH-W579 双模双待手机的有关技术资料向科技部、联通公司调取。⑤由涉案手机美国高通公司芯片的研发人员出庭作证。

对于三星公司提出的第①、②项申请,浙江省高级人民法院认为,本案的主要争议焦点在于 SCH-W579 的技术特征是否落入涉案专利权利要求 1 的保护范围,涉案专利技术特征并非简单的操作步骤,通过手机界面演示能够确定的仅是手机的操作步骤,但同样的操作步骤可以由不同的技术方法来完成。因此,就比对方法而言,仅从手机界面的演示上推导出 SCH-W579 的技术方案和工作原理显然是不完善和不科学的,揭示 SCH-W579 手机的技术方案,并进一步判定其是否实施了专利方法需要借助于专业技术部门的技术鉴定。故浙江省高级人民法院于 2009 年 9 月 13 日准许了三星公司提出的要求对被控侵权产品与专利技术特征进行比对的鉴定申请。三星公司提出的第③项申请,由于三星公司在申请中并未明确华立公司在无效审查程序中的何种陈述与本案专利侵权判定中的陈述不一致,故对该项申请不予准许。2009 年 8 月 25 日,浙江省高级人民法院根据三星公司的第④项申请,前往国家科学技术奖励工作办公室调取了 CDMA/GSM 双网双通终端技术(2007 年度国家科学技术进步奖)的推荐书及相关附件资料。从浙江省高级人民法院调取的证据看,2007 年度获得国家科学技术进步奖的项目名称为"CDMA/GSM 双网双通终端",主要完成单位为中国联合通信有限公司、宇龙计算机通信科技(深圳)有限公司、UT 斯达康(中国)有限公司,并不包括三星公司,只是在"应用情况"中提到三星公司纷纷跟进此技术。因此,该证据不能证明三星公司涉案 SCH-W579 手机是依此技术方案进行生产,也不能证明涉案 SCH-W579 手机没有落入涉案专利保护范围。至于美国高通公司研发人员出庭的申请,浙江省高级人民法院认为,本案涉及两项完整技术方案的比对,美国高通公司的芯片技术仅为该技术方案中的一部分,且浙江省高级人民法院已经准许三星公司提出的就本案技术问题进行技术鉴定的申请,故对其第⑤项申请,浙江省高级人民法院不予准许。

2010年12月10日,科技咨询中心根据浙江省高级人民法院的委托出具了科技咨询服务中心(2010)鉴字第03号《技术鉴定报告书》,该《技术鉴定报告书》根据前述的鉴定要求,对十三项技术问题一一作出了结论性意见。该鉴定报告书送达三星公司和华立公司后,三星公司和华立公司分别出具了书面质证意见,科技咨询中心针对双方的书面质证意见分别出具了《答复意见》。2011年10月31日,科技咨询中心在前述十三项技术问题的基础上,对三星公司SCH-W579手机的技术特征与涉案专利权利要求1的所记载的必要技术特征进行比对,出具了沪科技咨询服务中心(2010)鉴字第03-1号《补充技术鉴定报告书》。鉴定报告将SCH-W579手机的技术特征与前述涉案专利必要技术特征分解后一一比对,综合比对意见,科技咨询中心的鉴定结论为:1. SCH-W579手机具有的技术特征与专利权利要求1所记载必要技术特征不相同;2. SCH-W579手机使用的是一种GSM/CDMA双模式移动通信的方法,采用支持GSM/CDMA双模双待机模式的移动通信方法不包含专利的全部必要技术特征,两者采用的技术手段和实现的功能不相同,达到的GSM/CDMA双模式移动通信的效果不相同,两者是不相同的技术方案。

华立公司质证后认为,《鉴定报告书》和《补充鉴定报告书》不符合《最高人民法院关于民事诉讼证据的若干规定》第二十七条的规定,鉴定结果没有依据,要求重新鉴定。

经审查,浙江省高级人民法院认为,科技咨询中心是经人民法院司法鉴定中心审核批准、列入最高人民法院司法鉴定人名册和最高人民法院司法技术专业机构名册的鉴定机构,该鉴定机构和鉴定人员均具备相关的鉴定资格。科技咨询中心作出的《鉴定报告书》和《补充技术鉴定报告书》程序合法,鉴定依据充足,可以作为本案认定事实的证据。

最后,浙江省高级人民法院认为,华立公司享有的涉案发明专利权应受法律保护,但根据技术鉴定结论,三星公司生产的SCH-W579手机并未采用涉案专利权利要求所记载的专利方法,未落入涉案专利权的保护范围,不构成专利侵权。三星公司提出的上诉理由成立,应予支持。原判认定事实不清,适用法律不当,应予纠正。所以撤销浙江省杭州市中级人民法院(2007)杭民三初字第108号民事判决;驳回华立公司的诉讼请求;本案一审案件受理费291 800元,二审案件受理费291 800元,鉴定费210 000元,均由华立公司负担。

【案例思考】

1. 诉讼中,当事人不出庭有什么后果?
2. 结合本案,谈谈专利纠纷的复杂性。
3. 如何判断是否落入了专利保护的保护范围?
4. 结合本案,谈谈什么是专利侵权比对的"全面覆盖原则"。
5. 证据有哪些种类?技术鉴定结论有什么特殊性和重要性?

6.1 专利的概念与类型

专利权与专利密不可分。专利是专利权的对象,在不同国家专利有不同的类型。譬如,在我国,专利分为发明、外观设计和实用新型三种;而在美国,专利包括发明、外观设计和植物新品种三种类型。同时,各国之间关于专利的审查标准以及保护期限也不尽相同。因此,研究专利权,首先要学习专利的基本知识。

6.1.1 专利的概念

口语中的"专利"是"独自占有"之意,知识产权中的"专利"有三种含义:

一是"发明创造",指专利权的客体——发明创造,即受国家认可并在公开的基础上进行法律保护的专有技术或者方案。

二是"专利权",指专利权利人对发明创造所享有的专有权,即国家依法在一定时期内授予发明创造者或者其权利继受者独占使用其发明创造的权利。

三是"专利文件",指专利证书等具体的物质文件,即专利主管部门颁发的确认申请人对其发明创造享有的专利权的专利证书或指记载发明创造内容的专利文献。

本节所称"专利"是指第一种含义。

6.1.2 专利的类型

根据我国《专利法》的规定,专利有三种:

1. 发明专利

专利法所称的发明,是指对产品、方法或者其改进所提出的新的技术方案。

发明是对现有产品或者方法进行改进所提出的新的技术方案,包括"产品发明"(如机器、设备、仪器等)和"方法发明"(如制造方法等)两大类。当然,还有一种更细化的发明分类方法:首创性发明和改进性发明。首创性发明又称开拓性发明,是指一种全新的技术解决方案,即属于绝对新颖的发明,解决了人类科学技术史从无到有的问题,具有里程碑意义,譬如中国的四大发明。改进性发明是指在现有技术的基础上,并改善其性能使之具有新的功效的改进技术方案,譬如在电灯泡(白炽灯)的基础上改进的日光灯的发明。

发明专利虽不要求其是经过实践证明可以直接应用于工业生产的技术成果,可以是一项解决技术问题的方案或是一种构思,只要具有在工业上应用的可能性即可,但这也并不意味着其与不具备工业上应用可能性的单纯课题、设想相混同,更不同于对于客观存在的自然定律的发现(如科学家发现天体运行定律、数学家陈景润发现和证明哥德巴赫猜想)、抽象的智力活动规则的归纳和提炼(如制定新体育比赛规则或者新智力游戏规则)等都不能算是发明。

2. 实用新型专利

专利法所称的实用新型,是指对产品的形状、构造或者其结合所提出的适于实用的新的技术方案。

同发明一样,实用新型保护的也是技术方案,但实用新型专利保护的范围较窄。实用新型仅保护有一定形状或结构的新产品,不保护方法以及没有固定形状的物质。同时,实用新型的技术方案更注重实用性,其技术水平与发明相比要低一些。多数国家实用新型专利保护的都是比较简单的、改进性的技术发明,因此,实用新型又称为"小发明"。实践中,授予实用新型专利审查宽松,手续简便,费用较低。

3. 外观设计专利

专利法所称外观设计,是指对产品形状、图案或者其结合以及色彩与形状、图案的结合所作出的富有美感并适于工业应用的新设计。

外观设计可以是线条、图案或色彩的平面设计,也可以是产品的立体造型,也可以是二者的结合。外观设计专利具有以下特点：其一，其能与产品相结合；其二，其能在工业上应用；其三，其能给人以美的享受。同时，授予专利权的外观设计，应当不属于现有设计；也没有任何单位或者个人就同样的外观设计在申请日以前向国务院专利行政部门提出过申请，并记载在申请日以后公告的专利文件中。

在以上三种专利中，发明专利的技术含量及价值最高，研发最为复杂，审查最为严格，因此其保护期也是最长的，是各国专利法保护的重点。实用新型的新颖性次之，外观设计居后。外观设计与发明、实用新型有着明显的区别，其注重的是设计人对一项产品的外观所作出的富于艺术性、具有美感的创造。质言之，外观设计专利实质上保护的是美术思想，而发明专利和实用新型专利保护的是技术思想。实践中，外观设计和实用新型可能都与产品的形状有关，但两者的目的却大不相同，前者的目的在于使产品形状产生美感，而后者的目的在于使具有形态的产品能够解决某一技术问题。授予外观设计专利的主要条件是新颖性。

6.1.3 专利的价值

市场竞争的核心是产品竞争，产品竞争的关键是技术和创新。专利技术是先进技术和创新技术的象征，因此，专利对于企业而言意义重大。

专利能够提高产品技术含量，能够促进产品更新换代，甚至能够取得垄断地位独占市场。关键还在于，申请专利是使得发明创造得到国家法律保护的重要手段，是保护自己劳动成果和合法权益的重要措施。通过申请专利，即是通过法定程序确定发明创造的权利归属关系，从而在激烈的市场竞争中取得主动地位，防止其发明创造成果被他人盗用，确保自身产品的法律安全可靠性。

专利也能保护企业对技术的投资，鼓励员工技术创新。专利权的独占性，决定了专利权人有权拥有对所开发技术的合法垄断，排除他人对其专利技术的无偿使用，从而保护了企业对技术的投资，鼓励企业不断加大对技术的投入，激发企业职工发明创造的积极性，从而使企业获得更多的新技术、更多的专利，增强企业的技术创新能力和技术竞争能力，当然也推动国家的科技进步。

专利也有利于企业进行技术贸易，提高在投资和贸易中的谈判地位。专利也是一种商品，可以在企业之间流动。并且，具有专利技术的企业往往在申请国家优惠政策、扶持政策，以及对外合作时，往往具有很大的优势。更别说，企业能够通过专利转让或者专利许可，获得经济利益了。

【讨论】中国的"山寨文化"。

6.2 专利申请原则

与著作权不同，专利权不采用自动保护原则，而采用申请原则。发明创造不等于专利，专利意味着发明创造得到了法律保护，要实现从发明创造到专利的转变，必须由有权申请的人按照规定向国家专利主管部门提出专利申请并且按照一定程序经过审批，即获得专利权。根据我国专利法的相关规定，申请专利一般要遵循四项基本原则：书面申请原则、单一性原则、先申请原则、优先权原则。

6.2.1 书面申请原则

书面申请原则,是指申请专利的各种文件和各项手续都应当以书面形式办理,否则不产生效力。

书面申请原则是各国专利法普遍采用的一项原则。即各国专利主管部门都要求专利申请履行的手续和提交的文件要符合严格的形式标准——通常是专门的表格,甚至对于表格的写作方式都有专门的明确规定。我国《专利法实施细则》第3条规定:"专利法和本细则规定的各种手续应当以书面形式办理。"

书面申请原则要求,提交的专利申请文件以及专利审批过程中的各项手续必须是书面形式,并按规定格式包括表格和要求撰写和填写,不能以口头、电话、传真、光盘等代替。书面申请的原则,不但在提出申请时采用书面形式,而且在专利申请过程中,在办理各种手续时也要采用书面形式。当然,随着计算机网络技术的普及,电子政府不断发展,通过电子文件提交专利申请将成为必然趋势,我国也于2004年开始实施电子专利申请。电子文件是书面文件的一种特殊方式,其格式和内容都必须遵守原有的规范。

专利申请书面性原则的唯一例外是涉及新生物材料的申请。《专利法实施细则》规定,生物材料不但要在专利申请说明书中进行描述,而且还要将该生物材料的样品提交国务院专利行政部门认可的保藏单位保藏。

6.2.2 单一性原则

单一性原则,也称为"一发明一申请原则",是指一件专利申请只限于一项发明创造。单一性原则的目的在于便于专利申请的分类、检索和审查,同时防止申请人只支付一件专利的费用而获得几项不同专利的保护。

单一性原则,要求一份专利申请文件只能就一项发明创造提出专利申请。但是属于一个总的发明构思的两项以上的发明或实用新型,可以作为一件提出;用于同一类别并且成套出售或者使用的产品的两项以上的外观设计,可以作为一件申请提出。同样的发明创造只能授予一项专利权。但是,同一申请人同日对同样的发明创造既申请实用新型专利又申请发明专利,先获得的实用新型专利权尚未终止,且申请人声明放弃该实用新型专利权的,可以授予发明专利权。

我国《专利法》第三十一条规定:"一件发明或者实用新型专利申请应当限于一项发明或者实用新型",即是说,一项发明或者实用新型只能作为一件专利申请,两项以上的发明或者实用新型不能放在一件申请中去办理申请手续,而应分别办理申请手续。对于外观设计专利申请,则允许"同一产品两项以上的相似外观设计,或者用于同一类别并且成套出售或者使用的产品的两项以上外观设计,可以作为一件申请提出"。譬如,成套餐具中的碗、碟子、勺子等产品的外观设计可以作为一件申请提出。

6.2.3 先申请原则

当两个或两个以上发明人就同一发明创造分别提出专利申请时,应该如何处理?应当按"一发明一专利"处理,即同样的发明创造只能授予一项专利权。因为,专利法是以专利权人对其发明创造专利享有独占权为基本原则的,一项发明创造若给予两个以上专利权必然违背了专利权独占性的原则。在美国,这一原则被称为"排除重复专利原则";在日本,将这一原则称为"一发明一专利原则"。当同一内容的发明创造分别由若干个单位或者个人申请专利时,应当授予谁?世界各国有两种立法例:

一是先发明原则,即如果两个或两个以上的申请人分别就同样的发明创造申请专利,专利权授予最先发明创造人;二是先申请原则,即如果两个或两个以上的申请人分别就同样的发明创造申请专利,专利权授予最先申请的人。应当说,先发明原则符合实质公平,先申请原则简便易行。目前,世界各国普遍采用先申请原则,我国亦是如此。

我国《专利法》第十三条规定,同样的发明创造只能被授予一项专利。第九条规定,两个以上的申请人分别就同样的发明创造申请专利的,专利权授予最先申请的人。但是,同一申请人同日对同样的发明创造既申请实用新型专利又申请发明专利,先获得的实用新型专利权尚未终止,且申请人声明放弃该实用新型专利权的,可以授予发明专利权。先申请原则要求,发明人在做出发明之后第一时间内应申请专利,如果没有及时申请专利,就会导致权利的延误,有可能被后来的发明人申请了专利。

问题在于:第一,如何判断谁先申请?第二,如果同时申请如何处理?

对第一个问题,有些国家以"时刻"为判断标准,譬如日本;我国以"日"为判断标准,即"专利申请日"。专利申请日是我国专利法规中使用的术语,具有重要意义,是专利保护期的计算起点。申请日是从专利申请文件递交到国务院专利行政部门之日算起。那么如何确定"专利申请日"?或者说,如何确定"专利申请文件递交之日"?

首先,如果申请人把申请文件直接递交到专利局受理处或者代办处的,经当场审查,凡符合受理条件的,其提交日就确定为申请日。即专利申请受理审查收到申请文件之日为专利申请日。

其次,如果申请文件是邮寄的,凡符合受理条件的,以寄出的邮戳日为申请日;邮戳日不清晰的,除当事人能够提出证明外,以专利局收到日为递交日。

再次,要求本国或外国优先权提出申请的,以优先权日为申请日。

最后,分案申请以原申请日期为申请日。

申请日确定后,不能随便更改。只有在下述两种情况下允许更改申请日:

一种情况是:由于邮戳不清,专利局以收到日为申请日,或者申请人认为专利局确定的申请日有误时,申请人可以提供寄出申请文件的挂号收据或其他证据,要求专利局予以改正。专利局经查证核实后,可以更改申请日。

另一种情况是:对于已经提交的专利申请,申请人自己或经专利局审查发现,说明书中写有附图的说明,但实际未交或少交、漏交附图的,申请人可以主动补交或者在接到专利局的补正通知后,在指定期限内补交附图。按规定补交附图的,以附图的最后提交日确定为该申请的申请日。

凡更改申请日的,专利局应及时通知申请人。

对第二个问题,如果是两个人在同一日提出申请,受理专利审查机构发出通知后,申请人应自行则可协商确定申请人,或者采取共同申请的方式(其中一个为第一申请人,其他的为共同申请人,共享专利权),或者转让给其中一方申请。如共同申请人协商不能,则对各方申请都有驳回,均不授予专利权,只能作为技术秘密保护或使其成为自由公知技术。

实践中,如果是共同发明,有的发明人主张申请专利,有的发明人反对申请专利,对此应当如何处理？根据专利法的规定，专利申请权或者专利权的共有人对权利的行使有约定的，从其约定。没有约定的，共有人可以单独实施或者以普通许可方式许可他人实施该专利；许可他人实施该专利的，收取的使用费应当在共有人之间分配。除前述规定的情形外，行使共有的专利申请权或者专利权应当取得全体共有人的同意。

【讨论】我国先申请原则的优劣。

6.2.4 优先权原则

专利优先权是指，专利申请人就其发明创造第一次在某国提出专利申请后，在法定期限内，又就相同主题的发明创造提出专利申请的，根据有关法律规定，其在后申请以第一次专利申请的日期作为其申请日，专利申请人依法享有的这种权利，就是优先权。此处所谓的法定期限，就是优先权期限，第一次申请日叫做优先权日。专利优先权的目的在于，排除在其他国家抄袭此专利者，有抢先提出申请，取得注册之可能。专利优先权分为本国优先权和外国优先权。

6.2.4.1 本国优先权

本国优先权，又称为"国内优先权"，是指专利申请人就相同主题的发明或者实用新型在中国第一次提出专利申请之日起12个月内，又向我国国家知识产权局专利局提出专利申请的，可以享有优先权，即应当以其在第一次提出专利申请之日为申请日，该申请日即为优先权日。可见，本国优先权不包括外观设计专利。

6.2.4.2 外国优先权

外国优先权，又称"国际优先权"，是指专利申请人就同一发明或者实用新型在外国第一次提出专利申请之日起12个月内，或者就同一外观设计在外国第一次提出专利申请之日起6个月内又在中国提出专利申请的，依照该外国同中国签订的协议或者共同参加的国际条约，或者依照相互承认优先权的原则，可以享有优先权。即中国应当以其在外国第一次提出专利申请之日为申请日，该申请日即为优先权日。

专利优先权具有以下特点：其一，优先权是专利申请权的一项附属权利，没有专利申请权也就是没有优先权；其二，只有在专利申请人提出了专利申请后，专利申请权才可能衍生出优先权；其三，优先权具有严格的时间限制，即只有法律规定的优先权限期内，优先权才有效，过期则无效；其四，专利申请人所提出的先后两份申请如果在同一个国家，专利申请人所享有的优先权为本国优先权；如果在不同国家，则为外国优先权；其五，优先权不能自动产生，即专利申请人在提出在后申请时主张优先权的，必须在提出在后申请的同时提出优先权要求申请，并按规定提交了相应的有效证明文件，经审查合格后，才能产生优先权；其六，要求优先权的在后申请与在先基础申请必须具有相同的主题，但在后申请的主题可以是在先的基础申请的改进。

优先权期限，从第一次提出申请之日起算，提出申请的当天不计入期限入内。如果期限的最后一天是被请求保护国家的法定假日或主管机关当天不办理申请，则该期限应顺延至其后的第一个工作日。与第一次申请内容相同的申请，后来又在同一国家被提出时，如果前一次申请已被撤回、放弃或驳回，并没有提供给公众查阅，也没有遗留任何未定的权利，并且也没有成为请求优先权的依据，则后来的申请应被认为是第一次申请。其提出日期应该作为优先权期限的起算期,前一次申请不能成为请求优先权的根据。

专利优先权目的在于排除在其他抄袭专利,使专利申请人获得时间上的优势。国际优先权给予专利申请人足够的时间准备材料向外国提交专利申请;国内优先权有利于申请人进一步补充和完善其发明创造,同时还可以实现发明和实用新型专利申请互相转换。

根据《巴黎公约》的规定,在申请专利或者商标等工业产权时,各缔约国要相互承认对方国家国民的优先权。即已经在一个成员国正式提出了发明专利、实用新型专利、外观设计专利或商标注册的申请人,在其他成员国提出同样的申请,在规定期限内应该享有优先权。在规定的申请优先权期限届满以前,任何后来在公约其他成员国提出的申请,都不因在此期间内他人所作的任何行为,特别是另一项申请、发明的公布或非法利用、出售设计复制品或使用商标等行为而失效。并且此类行为不能形成任何第三者的权利或任何个人占有的权利。但是,在作为优先权根据的初次申请日以前第三者所取得的权利,应按公约各成员国的国内立法保留。

我国《专利法》第二十九条对专利优先权有明确规定,同时《专利法》第三十条规定:"申请人要求优先权的,应当在申请的时候提出书面声明,并且在三个月内提交第一次提出的专利申请文件的副本;未提出书面声明或者逾期未提交专利申请文件副本的,视为未要求优先权。"

申请优先权应提交下列文件:(1) 申请优先权的声明;(2) 凡因前已提出之申请要求给予优先权者,应提出声明,指出该申请的日期和被请求国;(3) 以前申请书副本。成员国可要求提出优先权的人提交以前申请书(说明书和附图等)的副本。该副本应经原受理申请机关核实无误,不需要任何其他证明。成员国还可要求该副本附有原受理申请机关出具证明申请日期的证明书和译本。除上述程序外,被请求国不得要求申请人再办理其他关于声明优先权的手续。

优先权既然是一种权利,其当然可以撤回,即申请人要求优先权之后撤回优先权要求。申请人要求多项优先权之后,可以撤回全部优先权要求,也可以撤回其中某一项或者某几项优先权要求。申请人要求撤回优先权要求的,应当书面提出。优先权要求撤回后,导致该的最早优先权日变更时,自该优先权日起算的各种期限尚未届满的,该期限应当自变更后的最早优先权日或者申请日起算,撤回优先权的请求是在原最早优先权日起十五个月之后到达专利局的,则后一专利申请的公布期限仍按原最早优先权日起算。撤回优先权后,要求优先权的相关要求和处分不再成立。

【思考】要求本国优先权时要注意哪些事项?

要求本国优先权时,除应提交必要的文件和缴费外,还应注意以下事项:

(1) 在先申请的申请人和要求本国优先权的请求人应是同一人。如果不是同一人,本国优先权的请求人应在提出要求优先权声明的同时,提交与在先申请的申请人签订的转让合同副本或其受让或继承文件的副本。

(2) 在先后两件申请中所涉及的技术主题应是一致的。

(3) 一件已经要求过优先权的申请,不能再作为本国优先权的基础。但一项本国专利申请,可以要求两项以上的本国优先权。

(4) 已经被授予专利权的申请,不能再作为本国优先权的基础;分案申请不能作为本国优先权的基础。

（5）本国优先权一旦成立，作为本国优先权基础的在先申请即被视为撤回，且不能再恢复。

（6）发明与实用新型专利申请可以要求本国优先权，也可以互为对方的本国优先权的基础。外观设计专利申请不能要求本国优先权。

6.3 专利授予条件

广义而言，授予专利权的发明创造应当满足三个方面：一是即发明创造本身应当具备的属性；二是申请人所提交的申请文件应当满足规定的要求；三是申请人办理申请手续应当满足规定的程序。本节所指的专利授予条件主要是指发明创造本身应当具备的属性。我国《专利法》第二十二条规定，授予专利权的发明和实用新型，应当具备新颖性、创造性和实用性。而对于外观设计专利的条件则要求比较低。

6.3.1 新颖性

新颖性是发明或实用新型获得专利权的首要条件，具体是指申请专利的发明或实用新型是新的、前所未有的、未被公用和公知的。我国《专利法》第二十二条规定："新颖性，是指申请日以前没有同样的发明或者实用新型在国内外出版物上公开发表过、在国内公开使用过或者以其他方式为公众所知，也没有同样的发明或者实用新型由他人向专利局提出过申请并且记载在申请日以后公布的专利申请文件中。"

确定发明或实用新型新颖性与否的标准主要有三：

一是公开标准。所谓公开，主要是指用书面公开、使用公开、口头公开等方式公开发明或者实用新型的实质内容，以达到为人们所知晓。实践中，审查一项发明或者实用新型是否具有新颖性主要是通过文献检索方式，查阅已批准的专利中是包括申请专利的发明或实用新型，或者公开发表的文献中是否包括申请专利的发明或实用新型。

二是时间标准。同一发明或实用新型有可能由两个以上的人分别独立地创造出来，那么，如何判别新颖性？需要时间标准。对此，世界各国有两种立法例：一种是发明日标准，即只要发明或者实用新型的实质内容在发明日之前未被公开（公知公用），就具有新颖性；另一种是申请日标准，即凡是发明或者实用新型的实质内容在申请日之前未被公知公用就具有新颖性。我国采取的是申请日时间标准。

三是地区标准，即在法定地区内未被人们所公知公用的发明或实用新型，均可被确认为具有新颖性。目前，世界各国判断新颖性所采用的地区标准，有绝对世界性地区标准、本国地区标准和相对世界性地区标准三种。我国专利法在书面公开上采用了绝对世界性地区标准，而在使用公开或者其他公开上采取了本国地区标准。

我国《专利法》第二十四条还规定，申请专利的发明创造在申请日以前六个月内，有下列情形之一的，不丧失新颖性：

一是在中国政府主办或者承认的国际展览会上首次展出的。包括两层含义：一是必须是中国政府主办或者承认的国际展览会。中国政府主办的国际展览会，包括国务院或者国务院各部门主办或者国务院批准由其他机关或者地方政府举办的国际展览会。中国政府承认的国际展览会，即虽不是由中国政府举办，但经中国政府认可的在国内外举办的展览会。

二是必须是国际展览会,即展出的展品除了有举办国的产品以外,还应当有来自外国的展品。在不是中国政府主办,也没有被中国政府承认的国际展览会上展出的发明创造不再具有新颖性。

二是在规定的学术会议或者技术会议上首次发表的。此处的"学术会议或者技术会议"是有一定限制的,必须是"规定的",有一定的规模和规格。按照专利法实施细则的规定,是指国务院有关主管部门或者全国性学术团体组织召开的学术会议或者技术会议,不包括省以下或者受国务院各部委或者全国性学会委托组织召开的学术会议或者技术会议。在符合以上规定的学术会议或者技术会议上第一次发表的发明创造,不丧失新颖性。

三是他人未经申请人同意而泄露其内容的。具体方式可以包括:他人未遵守明示的或者默示的保密义务而将申请人的发明创造的内容公开;他人用威胁、欺诈、偷盗、间谍活动等不正当手段从发明人或者经他告诉而得知发明创造内容的任何其他人那里得知发明创造的内容而后公开。这两种情况的公开都是违反申请人本意的,是非法的公开。

专利的新颖性要求,在专利申请甚至是在专利申请公布之前都不要以任何方式向公众透露发明内容,否则有将会导致其丧失"新颖性",最终不被授权。因为,专利法规定的新颖性的判断标准是"申请日"而非"申请人",所以,即使是申请人在专利申请之前通过发表文章、刊登广告、网上公开发明内容等行为都属于专利法规定的丧失新颖性的情况。

6.3.2 创造性

创造性是授予专利的重要条件,具体是指同申请日以前已有的技术相比,该发明有突出的实质性特点和显著的进步,该实用新型有实质性特点和进步。

已有技术,是指申请日以前在国内外出版物上公开发表、在国内公开使用或者以其他方式为公众所知的技术,也即现有技术。在申请日以前,由他人向专利局提出过申请,并且记载在申请日以后公布的专利申请文件中的内容,不属于现有技术,因此,在评定发明或者实用新型创造性时不予考虑。

发明或者实用新型是否具备创造性,应当基于所属技术领域的技术人员的知识和能力进行评价。所属技术领域的技术人员,也可称为本领域的技术人员,是指一种假设的"人",假定他知晓申请日或者优先权日之前发明所属技术领域所有的普通技术知识,能够获知该领域中所有的现有技术,并且具有应用该日期之前常规实验的手段和能力,但他不具有创造能力。设定这一概念的目的,在于统一审查标准,尽量避免审查员主观因素的影响。

发明有突出的实质性特点,是指发明相对于现有技术,对所属技术领域的技术人员来说,是显而易见的。如果发明是其所属技术领域的技术人员在现有技术的基础上通过逻辑分析、推理或者试验可以得到的,则该发明不具备突出的实质性特点。

发明有显著的进步,是指发明与最接近的现有技术相比能够产生有益的技术效果,比如,发明克服了现有技术中存在的缺点和不足,或者为解决某一技术问题提供了一种不同构思的技术方案,或者代表某种新的技术发展趋势。

6.3.3 实用性

实用性,是指该发明或者实用新型能够制造或者使用,并且能够产生积极效果。

授予专利权的发明或者实用新型,必须是能够解决技术问题,并且能够应用的发明或者实用新型。质言之，如果申请的是一种产品（包括发明和实用新型），那么该产品必须在产业中能够制造；如果申请的是一种方法（仅限发明），那么这种方法必须在产业中能够使用。只有满足上述条件的产品或者方法专利申请才可能被授予专利权。

所谓"产业"，它包括工业、农业、林业、水产业、畜牧业、交通运输业以及文化体育、生活用品和医疗器械等行业。所谓"在产业上能够制造或者使用的技术方案"，是指符合自然法则，具有技术特征的任何可实施的技术方案。这些方案并不一定意味着使用机器设备，或制造一种物品，而且可以包括方法，或将能量由一种形式转换成另一种形式的方法。所谓"能够产生积极效果"，是指发明或者实用新型专利申请在提出申请之日，其产生的经济、技术和社会的效果是所属技术领域的技术人员可以预料到的。同现有技术相比，这些效果应当是积极的和有益的。例如，质量改善、产量提高、节约能源、防治环境污染等。

专利的实用性通常具有以下特点：一是实践性，即发明或者实用新型必须能在工业上制造，或者是发明方法能够在产业上使用，而不能仅仅是一种理论上的研究成果；二是再现性，即发明、实用新型专利申请主题应当能够重复实施，并且实施结果应当是完全一样，不会因人而异，也不含有随机因素。三是有益性，即发明、实用新型具有社会属性，应当能够生积极效果，通常表现为改善产品质量、提高产品产量，节约原材料、降低成本，提高劳动生产率、改善劳动条件、防治环境污染等。

6.3.4　外观设计专利的授予条件

我国《专利法》没有明文规定授予外观设计专利权的专利申请应具有新颖性、创造性和实用性，但在第二十三条规定："授予专利权的外观设计，应当同申请日以前在国内外出版物上公开发表过或者国内公开使用过的外观设计不相同和不相近似，并不得与他人在先取得的合法权利相冲突。"

所谓"不相同"，是指申请日以前没有同样的外观设计在国内外出版物上公开发表过或者在国内公开使用过，这可以认为是对授予专利权的外观设计的新颖性的要求。这里讲的"不相同"，是指产品不相同和设计不相同。产品不相同，是指产品的用途和功能不完全相同；设计不相同，是指形状、图案、色彩三个要素不相同。应当指出的是，相同的设计，用在不同的产品时，不应认为是相同的外观设计。

所谓"不相近似"，是指与申请日以前已经公知公用的外观设计相比，该外观设计有显著的特征，以致专业美工设计人员不能容易地从现有技术中演变出来，这可以认为是对授予专利权的外观设计的创造性的要求。

另外，专利法还规定："专利法所称的外观设计是指对产品的形状、图案、色彩或者其结合所作出的富有美感并适于工业上应用的新设计。"此处"适于工业上应用"，可以认为是对授予专利权的外观设计的实用性的要求。

最后，"不得与他人在先取得的合法权利相冲突"中的"在先取得的合法权利"，是指外观设计人在申请专利以前，他人已经取得的合法权利。这种在先权主要是指：商标权、著作权（主要是指美术作品）、肖像权等等。这一规定是专利法修改时新增加的内容，目的是避免权利的冲突，造成纠纷，损害已在先取得合法权利的人的利益。

6.3.5 不授予专利的范围

根据我国专利法的规定,对下列各项不授予专利权:

(1) 违反国家法律、社会公德或妨害公共利益的发明创造。如吸毒工具、制作假币的印钞机等。

(2) 违背科学规律的发明。如"永动机"由于违背了能量守恒定律不能被授予专利权。

(3) 科学发现。如某天文学家通过观测发现了一颗新星,属于自然界中客观存在的事物,不能被授予专利权。

(4) 智力活动的规则和方法。如扑克牌或某种棋牌的一种新玩法等。

(5) 疾病的诊断和治疗方法。如某老中医通过特殊的号脉方式可以诊断出一些难于诊断的疾病,并用针灸、特殊穴位按摩疗法等加以治疗,不能授予专利权。但是,是用于诊断或治疗疾病的可批量生产的药物、器械及其制备方法可以申请专利。

(6) 动物和植物品种。但动物和植物品种的生产方法,可以依照专利法授予专利权。另外,在我国有专门用于保护植物新品种的《植物新品种保护条例》。

(7) 用原子核变换方法获得的物质。

如果所申请的主题具有上述情况之一的,在审查阶段,可以成为驳回专利申请的理由。在专利权被授予后,任何人发现专利权具有上述情况之一的,都可以以此为由向专利复审委员会提出无效申请。

【讨论】麻将机、老虎机等能否申请专利?

6.4 申请专利的程序

专利权的获得,要由申请人向国家专利机关提出申请,经国家专利机关批准并颁发证书。申请人在向国家专利机关提出专利申请时,还应提交一系列的申请文件,如请求书、说明书、摘要和权利要求书等等。在专利的申请程序方面,世界各国专利法的规定基本一致。根据我国专利法的相关规定,发明专利申请的审批程序包括受理、初步审查、公布、实质审查以及授权五个阶段。实用新型或者外观设计专利的审批程序只有受理、初步审查和授权三个阶段。

6.4.1 专利申请与受理

专利权的取得首先要进行专利申请。专利申请通常是在专利文献检索的基础上进行,可以由发明创造人自己为之,也可以委托专利代理机构为之。若委托代理机构进行,要向专利代理机构写技术交底书(注意保密),代理又可以分为普通代理和加急代理,费用不同。

申请专利,首先要确定专利申请的类型,即确定申请发明专利还是实用新型专利抑或是外观设计专利。然后要撰写符合《专利法》《专利法实施细则》《专利审查指南》规定的申请文件。

专利的类型不同,撰写申请文件有所差异。发明专利和实用新型专利的申请文件一般包括请求书、权利要求书、说明书、说明书附图、摘要、摘要附图等,外观设计专利的申请文件一般包括请求书、外观设计图或照片、外观设计简要说明等。

6.4.1.1 请求书

请求书是申请人向国家知识产权局表示请求授予专利权的愿望的一种书面文件。包含以下内容：①发明或者实用新型的名称；②申请人的姓名或者名称，地址；③发明人或者设计人的姓名；④专利代理机构；⑤优先权要求；⑥申请人或者代理机构的签字或者盖章；⑦申请文件清单、附加文件清单，以及其他需要注明的事项等。

6.4.1.2 说明书

说明书是申请人向国家知识产权局提交的公开其发明或者实用新型的文件。其目的主要在于：清楚、完整地公开该发明或者实用新型的技术方案出来，从而使所属技术领域的技术人员能够理解和实施该发明或者实用新型；提供有关发明创造所属技术领域、背景技术以及发明创造内容的信息，从而为国家知识产权局进行审查奠定基础；确定了专利权的范围。包含以下内容：①发明或者实用新型所属的技术领域；②背景技术；③发明或者实用新型的内容；④附图说明（机械领域的发明专利一定要求有附图）；⑤具体实施方式；⑥其他信息。

具体而言，机械领域的发明，应提供该产品专利的结构示意图，说明产品的结构、形状特征，各部件名称及连接关系，工作原理；电学领域的发明，应提供各元器件名称及元器件之间的电气关系；化学领域的发明，应提供具体化学物质的名称、制备方法、工艺条件；化工设备系统的发明，应当提供各个设备之间的连接。

6.4.1.3 说明书附图

为了说明发明或者实用新型的技术内容，说明书可以辅以附图。由于实用新型涉及的是产品的形状、构造，因此实用新型专利申请的说明书必须有附图。发明专利申请必要时也应当有附图，附图应当附在说明书之后。

6.4.1.4 说明书摘要

摘要是说明书的概括和提要，其作用是使公众通过阅读简短的文字就能够快捷地获知发明创造的基本内容，从而决定是否需要查阅全文。摘要应当写明发明或者实用新型专利申请的说明书、权利要求书和附图所公开内容的概要，写明发明或者实用新型所属的技术领域，清楚地反映所要解决的技术问题、解决该问题的技术方案的要点以及主要用途。

6.4.1.5 权利要求书

权利要求书不仅是为了给专利权人提供切实有效的法律保护，而且是为了确保公众享有使用已知技术的自由。权利要求书最主要的作用是确定专利权的保护范围。在授予专利权之前，表明申请人想要获得何种范围的保护；在授予专利权之后，表明国家授予专利权人何种范围的保护。

以上文件要求一式两份，要求减缓各种专利费用的可同时提交费用减缓请求书二份。以上文件必须是打印文字（对于字体、字号、纸张、排版等均有严格规定），并且一律采用专利局规定的表格格式。

专利申请书撰写完毕后，应递交至国家知识产权局（专利局），可以采取邮寄或直接面交的方式。国家专利局接到邮寄或递交的申请文件后，发回"受理通知书"，取得专利申请号，申请人在取"受理通知书"时或自申请日算起两个月内向专利局缴纳申请费用，如减缓则按减缓比例交纳。过期交费该专利申请视为撤回。

6.4.2 专利初步审查

专利申请按照规定缴纳申请费的,自动进入初审阶段。发明专利申请在初审前首先要进行保密审查,需要保密的应按保密程序处理。实用新型和外观设计专利申请在初审以前还应当给申请人留出3个月主动修改申请的时间。

初步审查也称为"形式审查"或"格式审查",是国务院专利行政部门对发明、实用新型和外观设计专利申请是否具备形式条件进行的审查。初步审查的主要目的:查明申请专利的发明是否符合《专利法》关于形式要求的规定,为以后的公开和实质审查做准备;查明申请专利的实用新型和外观设计是否符合《专利法》关于授予专利权的规定,对符合授权条件的实用新型和外观设计依法授予专利权。

在初审程序中要对申请是否存在明显缺陷进行审查。从内容上看,主要审查以下几个方面:①是否明显违反国家法律、社会公德或者妨碍公共利益;②是否明显属于不授予专利权的主题;③是否明显缺乏技术内容而不能构成技术方案;④是否明显缺乏单一性。实用新型和外观设计专利申请还要审查是否明显与已经批准的专利相同,是否明显不是一个新的技术方案或者新的设计。从形式上看,初审是对申请文件齐备及其格式是否符合要求进行审查,主要包括:①审查各种文件是否采用专利局制定的统一格式,申请的撰写、表格的填写或附图的画法是否符合实施细则和审查指南规定的要求;②应当提交的证明或附件是否齐备,是否具备法律效力;③说明书、权利要求书、附图或外观设计图或照片是否符合出版要求。

具体而言,发明专利初步审查的内容有:①申请人的申请文件是否完备,撰写是否符合《专利法》及《专利法实施细则》的规定;②申请人的身份是否合法,各种证明文件是否齐,申请人是外国人的,是否依法委托代理;③申请专利的发明创造是否属于违反国家法律、社会公德或者妨害公共利益及属于不授予专利权的对象;④申请人是否缴纳了申请费等。

实用新型专利和外观设计专利初步审查的主要内容有:①申请文件的撰写是否符合要求;②对文件的修改是否超越了法定限制;③申请人的资格是否合法,外国申请人是否委托了法定的代理机构办理专利申请;④实用新型或外观设计是否违反法律、社会公德或妨害公共利益,是否属于不给予专利保护的发明创造;⑤申请是否符合单一性要求;⑥有无重复授权的可能;⑦是否为两个相同实用新型或外观设计专利申请的后申请人等。由以上可见,对实用新型和外观设计的初步审查既有格式审查,也包含了部分必要的实质性审查。

《专利法》第四十条规定:"实用新型外观设计专利申请经初步审查没有发现驳回理由的,由国务院专利行政部门作出授予实用新型专利权或者外观设计专利权的决定,发给相应的专利证书,同时予以登记和公告。实用新型专利权和外观设计专利权自公告之日起生效。"该规定表明,我国对于实用新型专利和外观设计专利仅进行初步审查。因此,国务院专利行政部门应依照《专利法》对实用新型和外观设计的专利申请严格审查,对符合授权条件的申请及时授予专利权。

国务院专利行政管理部门在初步审查中,对于申请文件中不符合专利法要求的,应当给予申请人补正机会,通知申请人在指定期限内补正。申请人无正当理由不补正的,其申请视为撤回。补正后仍不符合要求的,国务院专利行政管理部门应当予以驳回。申请人不服,可以请求专利复审委员会复审。

专利申请文件补正是指,在专利申请的初步审查程序中,申请人通过提交更正后的文件的方式克服专利申请文件或者其他有关文件存在的格式方面的缺陷。补正分为申请人主动补正和应审查员的要求补正。应审查员的要求的补正,申请人应当按照补正通知书指定的期限补正,否则,申请被视为撤回或者驳回其申请。补正包括申请文件的补正和其他文件的补正。对申请文件的缺陷未依法补正的,其申请视为撤回或者驳回该申请,对其他文件未依法补正的,视为该文件未提交,但不直接导致申请被撤回或者驳回。补正和修改的主要区别就在于适用的对象不同:对于形式方面的缺陷,以补正的方式予以消除。对于实质性缺陷,则只能以修改的方式予以消除。

专利初审不合格的,专利局应当将审查意见通知申请人,要求其在指定期限内陈述意见,申请人期满未答复的,其申请视为撤回。申请人陈述意见后,专利局仍然认为不符合规定的,该申请将被驳回。

发明专利申请初审合格的,将发给"初审合格通知书"。申请人在取"初审合格通知书"时或自申请日算起3年内向专利局缴纳审查费,审查费早交可以早进入审查程序,过期交审查费该专利申请视为撤回。

实用新型和外观设计专利申请经初审未发现驳回理由的,将直接进入授权程序。

6.4.3 专利公布

发明专利申请从发出初审合格通知书起就进入等待公布阶段。经专利局初步审查符合专利法规定的形式要件要求的,从申请日起或优先权日起18个月内将在专利公报和网站上公开该发明专利申请。

发明专利申请人也可以在申请日起的15个月内随时要求提前公开,要求提前公布其专利申请的,自初步审查合格之日起进行公布准备,并于3个月期满时公布。

发明专利公布后,该申请将得到临时保护的权利,申请人可以要求实施其发明的单位或个人支付适当的费用。申请公布以后,申请记载的内容就成为现有技术的一部分。

需要注意的是,申请人务必注意申请在专利公报上公布时的公布号和专利申请的申请号是两个不同的系列。申请人在专利审批过程中向专利局办理各种手续时应当采用申请号,不要使用公布号,因为专利局的所有申请文档都是按照申请号排列和管理的,提供申请号有利于快速找到要处理的申请,同时因为申请号带有校验位,如果申请人提供的号码有错时容易及早发现和处理。如果申请人提供的是公布号,专利局必须通过对照表查询才能找到要处理的申请,如果申请人提供的公布号有错时,则很难在造成后果前发现。

6.4.4 专利实质审查

发明专利申请需要进行实质审查。发明专利申请的实质审查程序主要依据申请人的实质审查请求而启动。申请人应当在中国申请日或优先权日起3年内,提交正式的实质审查请求。在此期限内没有请求实质审查的,申请将被视为撤回。提起实审须按规定交纳专利实审费用。

所谓实质审查是指国家知识产权局对发明专利申请的申请文件进行仔细研究,对要求保护的发明进行检索,确定该发明是否符合专利法及实施细则的规定,最终作出是否授予专利权的决定。

实质审查的内容包括：(1)是否符合《专利法》第五条、第二十五条的规定，即申请专利的主题是否有违反国家法律、社会公德或者妨害公共利益的情况，是否属于不能授予专利权的范围。(2)是否符合《专利法》第三十三条的规定，即申请人对申请进行修改或提出分案申请时，是否超出了原说明书（包括附图）和权利要求书记载的范围。(3)是否符合《专利法》第三十一条的规定，即专利申请是否符合单一性的要求；是否符合专利法及实施细则中规定的发明定义，即对产品、方法或者其改进所提出的新的技术方案。(4)是否符合《专利法实施细则》第18条的规定，即专利申请发明书的撰写是否符合规定的要求并对所要保护的发明作了清楚、完整的说明，使所属技术领域的技术人员能够实现。(5)是否符合《专利法实施细则》第20条的规定，即权利要求书是否清楚和简要地表述了请求保护的范围，权利要求是否以说明书为依据，独立权利要求是否包含了为解决发明所要解决的技术问题的全部必要技术特征；以及是否符合申请要求优先权的情况等等。

当提交实审请求时，或收到中国专利局签发的进入实审通知书之日起3个月内，申请人可以向中国专利局主动提出对申请文件的修改，但这种修改不得超出原始说明书和权利要求书记载的范围。当答复审查意见时，申请人可以依审查员意见对申请文件进行修改。

审查员认为该专利申请新颖性、创造性或实用性有问题，向申请人发出第一次审查意见通知书，要求申请人答辩，申请人可以自己答辩也可以委托专业代理机构进行答辩。如第一次答辩未通过，可再次答辩，但每次答辩都有期限，期满未答复该专利申请视为撤回。

经过申请人答复后，国家知识产权局认为发明专利申请仍然存在专利法规定的实质性缺陷而作出的拒绝授予专利权的决定。发明专利申请的驳回既可以是国家知识产权局初步审查且申请人陈述意见或者修改后予以驳回，也可以是在经过实质审查且申请人陈述意见或者修改后才予以驳回。

经过实质审查，审查员认为申请存在实质性缺陷不能授予专利权的，将给申请人至少一次陈述意见和（或）进行修改申请文件的机会。如果申请人在指定的期限内未提出有说服力的意见和（或）证据，也未对申请文件进行符合专利法及其实施细则规定的修改，或者修改后的申请文件中仍然存在足以用已通知过申请人的理由和证据予以驳回的缺陷，则审查员可以作出驳回决定。

驳回决定包括专用表格和驳回决定正文两部分。专用表格主要记载申请人的姓名或者名称、申请号、发明创造的名称等。驳回决定正文包括案由、驳回的理由以及决定三个部分。案由部分应当简要陈述申请案的审查过程，特别是与驳回决定有关的情况，即历次的审查意见（包括所采用的证据）和申请人的答复概要、申请所存在的导致被驳回的缺陷以及驳回决定所针对的申请文本。在驳回理由部分，审查员应当详细论述驳回决定所依据的事实、理由和法律根据。在决定部分写明驳回的理由，并根据《专利法》第三十八条的规定引出驳回该申请的结论。驳回决定一经发出，除要求更正因国家知识产权局工作失误而造成的专利文件中出现的错误和要求改正错别字的信函外，申请人的任何呈文、答复和修改均不再予以考虑。

经实质审查，该专利符合发明的实用性、新颖性、创造性，授予专利权，按规定交纳专利申请维持费、当年年费、印刷费、证书工本费，取得发明专利证书；授权的发明专利将予以公告。

【思考】专利审查程序中申请人答复应注意什么问题？

申请人答复时应当注意以下几点：

（1）遵守答复期限，逾期答复和不答复后果是一样的。除发明专利申请第一次初审查意见通知书的答复期限为4个月外，其他通知书的答复期限一般为2个月，但是特别简单的手续或者为了加快程序，审查员也可以只给1个月的答复期限。申请人应当注意审查员指定的期限，并按照通知书右上角专利局盖的发文日期章，推算出答复的最后日期。答复的最后日期＝发文日期＋15天＋指定期限。申请人在期限内因故不能按期签复的，应当在期限届满前办理延长期限手续。

（2）针对审查意见通知书提出的问题，分类逐条答复。申请人漏答复某一方面或者某一条审查意见的，有可能被视为未按期答复，导致申请被视为撤回。答复可以表示同意审查员的意见，按照审查意见办理补正或者对申请进行修改；也可以不同意见审查员的意见，并对此进行申辩和陈述申请人的意见及理由。

（3）对发明或者实用新型专利申请的补正或者修改均有得超出原说明书和权利要求书记载的范围，对外观设计专利申请的修改不得超出原图片或者照片表示的范围。否则，申请可能会驳回。

【讨论】如何避免专利审查中自由裁量权的滥用？

6.4.5 专利授权

实用新型和外观设计专利申请经初步审查，发明专利申请经实质审查未发现驳回理由的，由审查员制作授权通知书，申请进入授权登记准备。经授权形式审查人员对授权文本的法律效力和完整性进行复核，对专利申请的著录项目进行校对、修改确认无误以后，专利局发出授权通知书和办理登记手续通知书。

申请人接到授权通知书和办理登记手续通知书以后，应当在2个月之内按照通知的要求办理登记手续。申请人办理登记手续时应缴纳专利登记费、公告印刷费、印花税和当年年费。发明申请人应当一并缴纳各年度的申请维持费，期满未缴纳费用的，视为未办理登记手续。

在期限内办理了登记手续并缴纳了规定费用的，专利局将授予专利权，颁发专利证书，在专利登记簿上记录，并在专利公报上公告。专利权自专利公告之日起生效。

未按规定办理登记手续的，或者逾期办理的，视为放弃取得专利权的权利。

专利登记簿是发明、实用新型和外观设计专利申请授予专利权后，专利局记录其法律状态及其有关事项的文件。专利登记簿上记载的事项具有法律效力，受法律的保护。

专利登记簿中记载下列事项：(1)专利权的授予；(2)专利权的转让和继承；(3)专利权的撤销和无效宣告；(4)专利权的终止；(5)专利权的恢复；(6)专利实施的强制许可；(7)专利权人的姓名或名称、国籍和地址变更。

任何人经专利局同意后，均可以查阅或者复制专利登记簿中的有关内容，并请求专利局出具专利登记簿副本。社会公众从而可以随时了解专利权的法律状态，利用专利技术。

6.4.6 专利申请周期

发明专利申请一般在3年左右可以收到授权通知书。

实用新型专利一般在一年左右可以收到授权通知书。

外观设计专利一般在6个月左右可以收到授权通知书。

在收到授权通知书后,以缴纳证书费用日期为准,缴纳费用后一个半月可以取到专利证书。

6.4.7 专利申请费用

申请专利的费用包括两部分,官费和代理费。官费就是交给国家专利局的费用,代理费就是交给专利代理机构的服务代理费。

发明专利官方费用包括申请费、印刷费、审查费、登记费、年费、印花税费等(以实际所发生的费用缴纳)。有关官方费用请见国家知识产权局发明专利官方收费标准。目前而言,首笔官费包括申请费和发明申请审查费,数额(人民币)为:发明专利申请费950元(含印刷费50元);实用新型专利申请费500元;外观设计专利申请费500元;发明申请审查费2 500元。

专利年费是在专利权被授予后的期间内,专利权人为维持其专利权的有效性而在每年都应当缴纳的费用。缴纳专利年费是专利权人应当履行的义务。要求专利权人按时缴纳年费,不仅是因为国家为其提供了法律保护和服务应当收取一定费用,而且是因为年费可以作为经济杠杆促使专利权人放弃没有经济价值的专利权。如果专利权人没有在规定期限内缴纳规定数额的年费,其专利权将会终止。专利权终止后,将成为社会公用技术,任何人都可以免费、自由使用。因此按照规定缴纳年费,对于专利权人是至关重要的。

专利申请人在收到授予专利权的通知后两个月内应当办理登记手续,缴纳登记费和当年的年费。期满未按规定缴纳的,视为放弃取得专利权的权利。此后每年的年费应当在前一年度期满前一个月内预先缴纳。年费的数额与发明创造本身的价值大小无关,而与专利种类有关,也与缴纳年费的年度有关。在三种专利中,发明专利的年费最高,实用新型专利和外观设计专利的年费相同。例如,发明专利第八年的年费为2 000元,而同期的实用新型和外观设计专利的年费为1 200元。对同一类别的专利权来说,应当缴纳的年费数额相同,年费的数额随保护时间的延续而递增,实行递进制。例如实用新型和外观设计专利第一至第三年的年费为每年600元,第四至第五年为每年900元,第六至第八年为每年1 200元,第九至第十年为每年2 000元。

为避免因漏缴或错缴年费而导致专利权被终止,专利法规定了6个月的宽限期。也就是允许在应当缴纳年费期满之日起6个月内补缴年费并同时缴纳滞纳金。如果在宽限期内仍旧没有足额缴纳年费和滞纳金,将通知专利权人终止其专利权,并向社会公告。如果有正当理由或因不可抗力而错过宽限期,可以分别在收到通知书两个月、障碍消除两个月内提交恢复专利权的请求并缴纳恢复费,请求恢复专利权。

专利费用可直接向国家知识产权局缴纳,也可以通过邮局或银行汇付。应当写明正确的专利申请号或专利号,以及所缴纳费用的名称(例如年费和滞纳金)。通过银行或邮局缴纳费用的,应尽可能提前缴纳。

专利局可以就某些费用(申请费、发明申请审查费、发明申请维持费、复审费和授权后三年的年费五项)对确有困难的申请人实行减缓。申请人为单位的,可减缓上述费用的70%,申请人为个人的,可减缓上述费用的85%。

代理费数额依据申请所属技术领域的难易程度和工作量大小由申请人与代理机构协商后确定。

【讨论】如何撰写高质量的专利申请?

6.4.8 专利申请的撤回

授予专利权之前,申请人随时可以主动要求撤回其专利申请。申请人撤回专利申请的,应当使用专利局统一制作的"撤回专利申请声明"表格。撤回专利申请不得附有任何条件。

要求撤回专利申请的,无论申请人是否委托专利代理机构,都必须出具申请人签章同意撤回申请的证明材料。专利申请的申请人在两人以上的,要求撤回其专利申请时,应当提交经全体申请人签名或盖章同意撤回专利申请的证明材料。撤回专利申请声明经审查合格后,作出手续合格通知书,并通知申请人。

申请人无正当理由不得要求撤销该声明;除非在申请权非真正拥有人恶意要求撤回专利申请后,申请权真正拥有人(必须提供生效的法律文书来证明)可要求撤销该声明。撤回专利申请的声明是在专利申请进入公报编辑后提出的,申请文件照常公布或者公告,但审查程序终止。对于已经公布的专利申请,应当在专利公报上公告被撤回的专利申请的申请号。

6.4.9 专利权恢复

专利申请被视为撤回或由于某种原因而丧失了已取得的权利或引起某种权利的终止,对申请人或专利权人影响重大。为了对申请人、专利权人或者其他利害关系人因不可抗拒的事由或因正当理由而造成的权利丧失提供补救的机会,特规定了请求恢复权利的程序。

请求权利恢复必须遵守下列原则:

(1) 当事人因不可抗拒的事由而耽误了期限,造成权利丧失的,自障碍消除之日起 2 个月内,但是最迟自期限届满之日起 2 年内,可以向国务院专利行政部门说明理由并附具有关证明文件,请求恢复其权利。

(2) 当事人因正当理由而耽误了期限,造成权利丧失的,可以自收到国务院专利行政部门通知之日起 2 个月内向国务院专利行政部门说明理由,请求恢复其权利。

(3) 未按期缴纳维持费或年费的,只能以不可抗拒的事由为理由,请求国务院专利行政部门恢复其权利。

办理权利恢复手续,要提交"恢复权利请求书"并附具有关证明,还要缴纳恢复费。以上权利如丧失,如需恢复权利,除办理权利恢复手续和补交所欠费用外,还要向国家专利局缴纳恢复权利请求费 1 000 元。

【讨论】企业如何进行专利申请?

首先,把握住专利申请的时间。

其次,确定企业专利申请的途径。一是专利由企业自己来申请;二是企业把专利委托知识产权代理机构办理;三是专利申请由企业和知识产权代理机构合作完成。代理机构起到咨询、服务的作用,而专利文件则是在代理机构的指导下,由企业内部的专业技术人员撰写和修改。

最后,确定申请专利的类型。

6.5 专利申请救济

专利申请救济,是专利申请人及利益相关人认为自己的合法权益在专利申请过程中受到侵害,依照法律规定向有权受理的国家机关告诉并要求解决,予以补救,有关国家机关受理并作出具有法律效力的活动。专利申请救济制度包括专利复议、专利异议、专利复审、专利行政诉讼等程序。

6.5.1 专利复议

专利行政复议,是指公民、法人和其他组织认为国家知识产权局作出的除驳回和授权行为以外的具体行政行为侵犯其合法权益,作为国家知识产权局的行政相对人或者利害关系人依法向国家知识产权局提出复议申请,国家知识产权局依法受理、审理并作出决定的活动。我国关于专利行政复议的规范性法律文件有《行政复议法》和《国家知识产权局行政复议规程》。专利行政复议的目的是为了纠正国家知识产权局违法或者不当的具体行政行为,保护公民、法人和其他组织的合法权益,保障和监督国家知识产权局依法行使职权。

根据行政复议法的规定,对国家知识产权局的具体行政行为不服才能申请行政复议。可以申请复议的具体行政行为列举如下:

(1) 专利申请人对不予受理其申请不服的;

(2) 专利申请人对申请日的确定有争议的;

(3) 专利申请人对视为未要求优先权不服的;

(4) 专利申请人对其专利申请按保密专利申请处理或者不按保密专利申请处理不服的;

(5) 专利申请人对专利申请视为撤回不服的;

(6) 专利申请人对视为放弃取得专利权的权利不服的;

(7) 专利权人对专利权终止不服的;

(8) 专利申请人、专利权人因耽误有关期限导致其权利丧失,请求恢复权利而不予恢复的;

(9) 专利权人对给予实施强制许可的决定不服的;

(10) 强制许可请求人对终止实施强制许可的决定不服的;

(11) 国际申请的申请人对国家知识产权局根据《专利法实施细则》第一百零二条终止其国际专利申请不服的;

(12) 国际申请的申请人对国家知识产权局根据《专利法实施细则》第一百一十五条所作复查决定不服的;

(13) 布图设计登记申请人对不予受理布图设计申请不服的;

(14) 布图设计登记申请人对布图设计申请视为撤回不服的;

(15) 布图设计登记申请人、布图设计权利人因耽误有关期限造成权利丧失,请求恢复权利而不予恢复的;

(16) 布图设计权利人对非自愿许可决定不服的;

(17) 布图设计权利人、被控侵权人对侵犯布图设计专有权所作行政处罚不服的;

(18) 专利代理机构对撤销其机构的处罚不服的;

(19) 专利代理人对吊销其《专利代理人资格证书》的处罚不服的；

(20) 公民、法人和其他组织认为国家知识产权局作出的其他具体行政行为侵犯其合法权益的。

6.5.2 专利异议

专利异议审查是指专利申请被公告后，允许社会上任何人在法律期限内对该专利申请案提出异议的一种审查制度。通过这种异议审查，专利局广泛征求社会公众对专利申请的评价，及时发现问题，正确的作出授权决定，从而可以减少专利授权后的纠纷。

我国《专利法》第四十一条规定，专利申请自公告之日起3个月内，任何人都可以向专利局对该申请提出异议。提出异议的理由主要限于以下几点：

(1) 申请专利的主题不是专利法保护的对象；

(2) 申请专利的主题违反法律、社会公德或妨害公共利益；

(3) 申请案不具备新颖性、创造性或实用性；

(4) 申请人无权申请专利；

(5) 发明说明书没有揭示发明的全面内容，或者权利要求书没有以说明书为依据；

(6) 申请案的修改或分案超过了原申请的范围。

对外观设计专利申请案提出异议的理由与发明、实用新型专利申请案异议理由基本相同，如果申请专利的外观设计是抄袭、剽窃他人作品的，也属于提出异议的范围。

异议人提出异议时，应当向专利局提交异议书。异议书的内容应符合专利法的规定，不符合法律的异议书，专利局有权不予受理。

专利局决定受理的异议案，应将异议书副本送交申请人，申请人应在收到异议书副本之日起3个月内就异议作出答复。无正当理由逾期不作答复的，专利申请视为撤回。专利局在异议审查阶段，要依法对异议是否成立进行审查。

如认为异议成立，即可作出驳回申请的决定。如果认为异议不成立，或者在异议审查期间无人提出异议的，则作出授予专利权的决定。申请人对驳回决定不服的，可以在收到通知之日起3个月内，向专利复审委员会提出复审申请。

异议人对授权决定不服的，不能立即请求复审，只能在专利权取得以后，向专利复审委员会请求宣告该项专利权无效。

6.5.3 专利复审

专利申请人如果对专利局作出的驳回专利申请决定或不授予专利权的决定不服的，还可向国家知识产权局设立的专利复审委员会请求复审。所谓专利复审，是指专利申请人对国务院专利行政部门驳回其专利申请不服，请求专利复审委员会对其专利申请或者发明创造专利进行再审。

依照我国《专利法》第四十一条的规定，向专利复审委员会请求复审的，应当提交复审请求书，说明理由，必要时还应当附具有关证据。复审请求书不符合规定格式的，复审请求人应当在专利复审委员会指定的期限内补正；期满未补正的，该复审请求视为未提出。请求人在提出复审请求或者在对专利复审委员会的复审通知书作出答复时，可以修改专利申请文件；但是，修改应当仅限于消除驳回决定或者复审通知书指出的缺陷。修改的专利申请文件应当提交一式两份。

专利复审委员会应当将受理的复审请求书转交国务院专利行政部门原审查部门进行审查。原审查部门根据复审请求人的请求,同意撤销原决定的,专利复审委员会应当据此作出复审决定,并通知复审请求人。专利复审委员会进行复审后,认为复审请求不符合《专利法》和《专利法实施细则》有关规定的,应当通知复审请求人,要求其在指定期限内陈述意见。期满未答复的,该复审请求视为撤回;经陈述意见或者进行修改后,专利复审委员会认为仍不符合专利法和本细则有关规定的,应当作出维持原驳回决定的复审决定。专利复审委员会进行复审后,认为原驳回决定不符合《专利法》和《专利法实施细则》有关规定的,或者认为经过修改的专利申请文件消除了原驳回决定指出的缺陷的,应当撤销原驳回决定,由原审查部门继续进行审查程序。复审的撤回和终止复审请求人在专利复审委员会作出决定前,可以撤回其复审请求。复审请求人在专利复审委员会作出决定前撤回其复审请求的,复审程序终止。

专利申请人对专利局驳回申请的决定不服的,可以自收到通知之日起3个月内,向专利复审委员会请求复审。专利复审委员会复审后,作出决定,并通知专利申请人。专利申请人对专利复审委员会的复审决定不服的,可以自收到通知之日起3个月内向人民法院起诉。专利申请人未在规定的期限内起诉的,复审决定生效。

专利申请人向法院起诉的,根据法院管辖权的相关规定,由北京市第一中级人民法院受理。根据法律规定,专利复审委员会作为被告参加诉讼。

6.5.4 专利行政诉讼

专利行政诉讼,是指专利权人或宣告专利权无效的请求人对专利复审委员会作出的无效审查决定不服而提起的行政诉讼。

根据我国《专利法》的规定,自一项专利权授权公告后的任何时间,任何单位和个人认为该项专利权的授予不符合专利法的有关规定的,都可以向专利复审委员会提出宣告该项专利权无效的请求,复审委员会应当对请求人的请求进行审查并作出是否维持或宣告该项专利权无效或部分无效的审查决定。

请求人和专利权人对专利复审委员会作出的无效审查决定不服的,可以自收到审查决定之日起的三个月内向人民法院提起行政诉讼。

为明确以专利复审委员会作为被告的专利行政案件的诉讼管辖,最高人民法院于2002年5月21日作出批复,规定:"对于人民法院受理的涉及专利或者注册商标专用权的民事诉讼,当事人就同一专利或者商标不服专利复审委员会的无效宣告请求审查决定或者商标评审委员会的裁定而提起诉讼的行政案件,由知识产权审判庭审理;不服专利复审委员会或者商标评审委员会的复审决定或者裁定的其他行政案件,由行政审判庭审理。"依据上述批复,2002年8月13日,北京市高级人民法院发出《关于执行〈最高人民法院关于专利法、商标法修改后专利、商标相关案件分工问题的批复〉及国际贸易行政案件分工的意见(试行)》,进一步规定对于以专利复审委员会为被告的专利行政案件,均由北京市第一中级人民法院管辖,如果当事人在专利行政诉讼之前就同一专利发生过民事争议,该专利行政案件均由北京市第一中级人民法院民事审判庭审理,即民五庭审理,无民事争议的案件,则由行政审判庭审理。

【讨论】专利行政诉讼与民事案件有哪些特殊关系?

6.6 专利文献检索

创新是发明创造被授予专利的前提条件。实践中,审查一项发明创造是否具有新颖性通常靠文献检索,即通过查阅已批准的专利中是否包括申请专利的发明创造,查阅公开发表的文献中是否包括申请专利的发明创造。专利文献检索包括检索中文专利(即中国的专利及外国人向中国申请的专利并且公开或公告的专利)和检索外文专利(外国人向外国申请的专利并且公开或公告的专利)。需要说明的是,发明创造经检索后并不保证能授予专利权,专利文献检索的主要目的在于找贴近本发明的已有技术文献,提高专利申请的成功率。

6.6.1 专利文献检索的概念

专利文献检索是研发人员尤其是企业全面了解现有技术、提高技术研发起点、避免知识产权风险的基础性工作。顾名思义,专利文献检索是指通过一定的方式方法搜索现有专利及专利文献的专业性活动。

专利文献伴随着专利制度的产生而产生,经历了一个萌芽产生到公开出版再到广泛传播的历史进程。专利文献是申请或批准的专利文件,是包含已经申请或被确认为发明、实用新型和外观设计的研究、设计、开发和试验成果的有关资料,以及保护发明人、专利所有人及专利证书持有人权利的有关资料的已出版或未出版的文件的总称。

专利文献所包含这些资料是在专利审批过程中产生的文件,有些是公开出版的,有些则仅为存档或仅供复制使用。作为公开出版物的专利文献主要有:专利申请说明书、专利说明书、实用新型说明书、外观设计说明书、专利公报、专利索引等。

目前,大多数国家和地区都设有专利机构并出版专利文献。我国专利局自1980年1月经国务院批准成立,此后就陆续出版、发行专利文献。这些专利文献从内容上看主要包括:《发明专利申请公开说明书》《发明专利申请审定说明书》《实用新型专利申请说明书》《发明专利说明书》《发明专利公报》《实用新型专利公报》和《外观设计专利公报》等。从形式上看主要包括:专利说明书(纸件);专利说明书(缩微制品)——胶卷型(Microfilm)按文献顺序号排列、平片型(Microfiche)按国际专利分类号排列;中国专利文献光盘;中国专利英文文摘(计算机磁盘);专利公报和《中国专利索引》等。其中,中国专利文献光盘;中国专利英文文摘(计算机磁盘);专利公报和《中国专利索引》是查找中国专利最常用的检索工具。

6.6.2 专利文献的类型

通常把现代专利文献分为三大类型:一次专利文献、二次专利文献和专利分类资料。

一次专利文献,是指各种形式的专利说明书。专利说明书是专利文献的主体,其主要作用在于公开技术信息、限定专利权的范围。由于专利说明书是全文出版的专利文件,所以其包含了专利的全部技术信息及准确的专利保护范围,是最重要最权威的专利文献。专利说明书具有固定的格式,一般由三部分构成:扉页(Front Page)——专利文献著录项目、发明内容(包括权利要求)、附图。

二次专利文献,是指刊载专利文献、专利题录、专利索引以及各种专利事务的专利局官方出版物,主要指专利公报及专利索引。二次专利文献并非一次专利文献出版后整理再出版的文献,而是对一次专利文献内容的概括和补充,通常与一次专利文献同步出版,且大都是由专利局出版,因而也属于法律性的出版文件。二次专利文献的主要目的不仅在于传播有关申请专利的新发明创造信息,而且在于对专利事务进行公告。

专利分类资料,是指用于按发明技术主题分类和检索一次专利文献的工具,即专利分类表及分类表索引等。由于专利文献名目繁多、内容繁杂,所以需要一定的科学方法对其进行管理,分类法即是人们常用的专利文献管理方法。具体而言,按照专利文献中的发明创造技术构成,分门别类地组织专利文献,从而揭示每一件专利说明书的基本内容,揭示某一技术领域都有哪些专利技术,以及各类专利技术之间的相互关系和联系。专利分类资料主要有专利分类表、分类定义、分类表索引等。

6.6.3 中国专利文献

目前,我国中国专利局出版的专利文献主要有两大类:

一是公报类。主要有《发明专利公报》《实用新型专利公报》和《外观设计专利公报》三种,这三种公报均为周刊,每星期三出版一期,主要内容包括三部分:(1) 公布专利申请审定与授权,以文摘的形式对专利申请进行公开或公告,文摘均按 IPC 号(International Patent Classification 即国际专利分类号)顺序编排;(2) 专利事务,记载了与专利申请的审查及专利法律状态有关的事项;(3) 索引,包括申请公开索引,审定公告索引和授权公告索引,每一部分索引又分别按 IPC 号、申请号和申请人名的顺序进行编排,提供了三种不同的检索方法。

二是专利说明书类。我国专利法根据发明创造技术水平的高低,采取了两种审批制度:对发明专利申请,实行早期公开、延迟审查的制度;对实用新型和外观设计申请实行初步审查又叫形式审查的制度。目前,对发明专利出版《发明专利申请公开说明书》和《发明专利说明书》,对实用新型出版《实用新型专利说明书》。

6.6.4 中国专利检索方法

索取中国专利说明书的关键是掌握其文献号,即公开或公告号。

目前,中国专利检索的工具书主要有:(1) 中国专利局出版的《中国专利索引》,该索引为一年度索引,即对每年公开、公告、审定和授权的专利以条目的形式进行报道。《中国专利索引》的优点是权威、有效,缺点是速度较慢。(2) 中国专利局文献部文献馆编辑出版的《中国发明专利分类文摘》(1985 年起出版年度刊)和《中国实用新型专利分类文摘》(1989 年起出版年度刊),这两种文摘分别收录了每年公开、公告的全部发明和实用新型专利申请。这两种文摘均按 IPC 分类编为八个分册,各分册内容包括 IPC 小类类目目录、文摘和各种索引(如公开号索引、公告号索引、申请号索引、申请人索引等),可从不同角度进行检索。

利用《中国专利索引》和各类专利公报可以方便地查阅专利文摘。既可以从申请人途径查阅,也可以从 IPC 分类号途径查阅。由于外观设计专利不出说明书单行本,所以查出专利公报即可查到说明书。

6.6.5 国外专利文献检索

6.6.5.1 美国专利文献检索

美国是专利强国,其专利形式主要有:发明专利(Invention Patent)、再版专利(Reissued

Patent,独立编号,并在号码前加:"Re")、植物专利(Plant Patent,单独编号,号前有 Plant 字样)、设计专利(Design Patent,即外观设计,专利号前冠有"Des"单独编号)、防卫性公告(Defensive Publication,专利号前加"T")和再审查专利(Reexamination Certificate,沿用原来的专利号,前冠以"BI")等。

美国专利文献除以上几种专利的说明书外,还有:(1)《美国专利公报》(Official Gazette of the Untied States Patent and Trade Mark Office,美国专利商标局官方公报),创刊于 1872 年,原名为专利局报告(Patent Office Report),为周刊。(2)《专利索引》(Index Patents),是美国专利局出版的年度索引,也是普查美国专利的主要工具书。1965 年以前每年出一本,包括专利权人和分类两部分索引,后因专利数量日益增多,分为两册出版:第一分册(Part Ⅰ)为专利权人索引(List of Patent),第二分册(Part Ⅱ)是发明主题索引(Index to Subject of Inventions)。(3)《美国专利分类表》(Manual of Classification),是从分类途径查找美国专利必用的检索工具书,也是目前世界上最详细的一部分技术资料分类表。该表开始于 1837 年,每年均有修改调整,(4)《美国专利分类号与国际专利分类号对照表》(Concordance U. S. Patent Classification to International Patent Classification)。美国为了加强国际间的合作与交流,帮助审查员及公众迅速找 IPC 号对照,自 1969 年 1 月 7 日起在出版的专利说明书及专利公报上标注适当的 IPC 号,但仍以本国专利分类号为主。(5)《美国化学专利单元词索引》(Uniform Index to Chemical Patents)该索引由美国 IFI (Information for Industry)/Plenum Data Company 出版,创刊于 1950 年,活页印刷,共分两个分册:专利文摘索引和单元词索引表。

6.6.5.2　日本专利文献检索

日本也是专利大国。在日本,专利说明书称作"公报",它是日本各类专利说明书的全文集,有以下集中形式:(1)《特许公报》,从 1885 年(明治 18 年)开始,发表较重要的创造发明,俗称大专利;(2)《实用新案公报》,从 1905 年(明治 38 年)开始,发表小的创造以及结构、形式等的新设计,相当于实用新型,俗称小专利;(3)《公开特许公报》,从 1888 年开始;(4)《商标公报》,从 1884 年开始,分别公布外观设计和商标设计。日本专利说明书的出版也与其他国家有所不同,一是其出版合订本(公表公报例外),二是按产业范围分册出版。

日本于 1893 年制定了专利分类表。"日本专利分类表"采用按应用技术概念分类,层垒制结构的分类方法。1980 年 1 月 1 日起"日本专利分类表"停用,改用"国际专利分类表",在使用 IPC 号时,以"识别记号"的形式对各别小类和各分别类号进行了补充。为方便日本专利分类号与 IPC 号之间的对照,日本专利情报中心出版有日本专利分类国际专利分类对照表(《日本特许分类国际特许分类对照表》)

日本专利的检索工具有索引和文摘两大类,索引可以单独使用,即从索引查到专利公告号,可以直接查阅公报,取得专利说明书。也可以与文摘配合使用,即从索引查到专利公告号,再查阅文摘,筛选后再查阅公报,以取得专利说明书全文。

6.6.5.3　欧盟专利文献检索

欧洲专利局提供了大多数国家的专利文摘,尤其是能看到其主要成员国和美国专利的全文。所以,可以在通过在欧洲专利局查阅其他国家的专利号,然后再去该国专利局查找全文。此不赘述。

【思考】外国人在中国申请专利需要注意哪些事项?

在中国没有经常居所或者营业所的外国人、外国企业或者外国其他组织在中国申请专利的,依照其所属国同中国签订的协议或者共同参加的国际条约,或者依照互惠原则,根据专利法办理。

《专利法》第十九条在中国没有经常居所或者营业所的外国人、外国企业或者外国其他组织在中国申请专利和办理其他专利事务的,应当委托国务院专利行政部门指定的专利代理机构办理。中国单位或者个人在国内申请专利和办理其他专利事务的,可以委托专利代理机构办理。专利代理机构应当遵守法律、行政法规,按照被代理人的委托办理专利申请或者其他专利事务;对被代理人发明创造的内容,除专利申请已经公布或者公告的以外,负有保密责任。专利代理机构的具体管理办法由国务院规定。第二十条中国单位或者个人将其在国内完成的发明创造向外国申请专利的,应当先向国务院专利行政部门申请专利,委托其指定的专利代理机构办理,并遵守本法第四条的规定。中国单位或者个人可以根据中华人民共和国参加的有关国际条约提出专利国际申请。申请人提出专利国际申请的,应当遵守前款规定。国务院专利行政部门依照中华人民共和国参加的有关国际条约、本法和国务院有关规定处理专利国际申请。

知识拓展

中国专利检索系统(CPRS)

中国专利检索系统(CPRS)是一种仅在国家知识产权局局域网中使用的专利检索与全文浏览系统。该系统包含:1985年以来三种中国专利著录数据及发明、实用新型全文说明书;1975年以来美国专利著录数据及全文说明书;1993年以来日本专利和实用新型各种全文说明书。

6.7 涉外专利

知识产权的地域性决定了申请国际专利的必要性。涉外专利主要涉及申请国际专利的途径和程序、国际优先权、涉外专利侵权、涉外专利诉讼、涉外专利代理等问题。

6.7.1 涉外专利申请途径

涉外专利申请,简单而言,即是申请国外专利,主要通过国内代理公司或者第三方机构进行。涉外专利申请途径有以下几种:

1. 巴黎公约途径

世界上绝大多数国家都是巴黎公约成员国,根据巴黎公约关于优先权的规定,在任一成员国提出发明或实用新型申请后,再向其他成员国提出申请时可以享有 12 个月的优先权,对于外观设计申请,可以享有 6 个月的优先权。在此期间内有关该申请的任何公开或使用等,不影响该申请的新颖性。

2. PCT 途径

专利合作条约(PCT)是巴黎公约下的一个专门性条约,目前成员国已达 178 个。按照 PCT 的规定,在任何一个 PCT 成员国提出的一项专利申请,可以视为在指定的其他成员国同时提出了申请。实现了一国申请,多国有效。PCT申请的审批程序分为国际阶段和国家阶段。国际阶段进行受理、公布、检索和初审,国家阶段由具体的国家局进行审查和授权。一项PCT申请进入具体国家阶段的时间为自申请日起30个月内。如果申请人希望以一项发明创造得到多国(一般为5个以上)保护时,利用PCT途径比较适宜。因为通过PCT途径仅需向中国专利局提出一份国际申请,免除了分别向每一个国家提出国家申请的麻烦,并且有更多时间来考虑最终要进入哪些具体国家。外观设计不适用PCT途径。

申请人可根据国际检索报告及国际初步审查报告所提及的现有技术资料,对本发明的专利性(新颖性、创造性和实用性)进行判断,并可对权利要求进行适当的修改,然后决定是否进入国家程序。

3. 直接向该外国申请途径

不要求优先权直接向该外国提出申请,另外某些国家或地区并非巴黎公约和PCT的成员,只能依其国家法(或地区的法律)的要求提出专利申请,如台湾地区不是PCT成员。

4. 申请欧洲专利途径

《授予欧洲专利公约》于1973年10月5日在慕尼黑签署,1977年10月7日生效。《欧洲专利公约》确立了欧洲专利制度,旨在加强欧洲国家在工业产权领域的合作,以便通过单一的授权程序在若干个缔约国或所有缔约国获得专利保护。1977年根据《欧洲专利公约》建立欧洲专利局,其职责是向欧洲专利组织的成员国提供基于单独专利申请和统一专利授权程序的专利保护,使发明专利在一个、数个或全部缔约国获得保护。如果申请人意欲在3个以上欧洲地区或国家申请专利,通过本条约将较向各缔约国逐一提出申请更迅速、经济。

6.7.2 PCT的目的及意义

PCT的主要目的在于,简化以前确立的在几个国家申请发明专利保护的方法,使其更为有效和经济,并有益于专利体系的用户和负有对该体系行使管理职权的专利局。

在引进PCT体系前,在几个国家保护发明的唯一方法是向每一个国家单独提交申请;这些申请由于每一个要单独处理,因此,每一个国家的申请和审查都要重复。为达到其应有的目的,PCT提出:

——建立一种国际体系,从而使以一种语言在一个专利局(受理局)提出的一件专利申请(国际申请)在申请人在其申请中(指定)的每一个PCT成员国都有效。

——可以由一个专利局,即受理局对国际申请进行形式审查。

——对国际申请进行国际检索,并出具检索报告说明相关的现有技术(与过去的发明相关的已出版的专利文献),在决定该发明是否具有专利性时可以参考该报告;该检索报告应首先送达申请人,然后公布。

——对国际申请及其相关的国际检索报告,进行统一的国际公布并将其传送给指定局。

——提供对国际申请进行国际初步审查的选择,供专利局决定是否授予专利权,并为申请人提供一份包含所要求保护的发明是否满足专利性国际标准的观点的报告。

通常称其为PCT程序的"国际阶段",而"国家阶段"是指授予专利程序的最后部分,它是国际申请中指定的国家的国家局或代理行使国家局职能的机构,统称为指定局。关于国际申请、国际检索、国际公布是由第Ⅰ章规定的;国际初审是由第Ⅱ章规定的(在PCT专业词"国家"局,"国家"阶段,或"国家"费用也指地区专利局的有关程序)。

在绝大多数国家,专利局一直在努力解决如何更好地分配资源,从而使专利体系能够在现有的人力资源内得到最大的回报。在一个经济增长和技术进步到一定程度的国家,国家局面临着专利申请的增长。在这种情况下,如果该国是 PCT 成员,PCT 体系就可以帮它更好的处理工作量的增长,根据 PCT 体系,国际申请在到达国家局时,已经由受理局进行了形式审查,国际检索单位进行而且,在绝大多数情况下,国际初步审查单位进行了可能的审查。从而有利于国家专利局利用现有的资源(包括人力资源)来处理更多的专利申请,因为在国际阶段已经经过了统一的程序,从而简化了国家阶段的处理程序。

PCT 的其他目的是促进并加速工业界和其他相关的部门利用与发明相关的技术信息并帮助发展中国家得到这些技术。

国际专利申请的好处有:

(1) 只需提交一份国际专利申请,就可以向多个国家申请专利,而不必向每一个国家分别提交专利申请,为专利申请人向外国申请专利提供了方便;

(2) 外国提出普通专利申请时,专利申请人必须在首次提交专利申请之日后的十二个月内向每一个国家的专利局提交专利申请。而通过 PCT,专利申请人可以在首次提交专利申请之后的二十个月内办理国际专利申请进入每一个国家的手续;如果要求了国际初步审查,还可以在首次提交专利申请之日后的三十个月内办理国际专利申请进入每一个国家的手续。这样便延长了进入国家阶段的时间。利用这段时间,专利申请人可以对市场、对发明的商业前景以及其他因素进行调查,在花费较大资金进入国家阶段之前,决定是否继续申请外国专利。若经过调查,决定不向外国申请专利,则可以节省费用。

(3) 国际专利申请要经过国际检索单位的国际检索,得到一份高质量的国际检索报告。该国际检索报告给出一篇或多篇现有技术文件,使得专利申请人既可以了解现有技术的状况,又可以初步判断发明是否具备授予专利的前景。如果国际申请经过了国际初步审查,专利申请人还可以得到一份国际初步审查单位作出的高标准的国际初步审查报告。如果该国际初步审查报告表明,该发明不具备新颖性、创造性和工业实用性,则专利申请人可以考虑不再进入国家阶段,以便节省费用;如果该国际初步审查报告表明,该发明具备新颖性、创造性和工业实用性,则专利申请人很有可能会得到一个"强"专利,从而考虑进入国家阶段。

(4) 只需向受理局而不是向所有要求获得专利保护国家的专利局缴纳专利申请费用,简化了缴费手续。

(5) 某些国家对国际专利申请的国家费用比普通申请要低。

(6) 国际专利申请的语言可以是中文、英语、法语、德语、日语、俄语、西班牙语等。

中国申请人提出国际专利申请可以使用中文和英文,这为中国的外资企业申请专利提供了方便。

6.7.3 专利国际申请优先权

专利国际申请优先权,是指专利申请人就其发明创造的成果第一次在居住国以外的国家提出专利申请,在专利法规定的专利期限内,又就同一主题的发明创造向居住国外的另一个国家提出专利申请,依照有关国家法律的规定,可享有的优先权。

国际申请优先权应当满足下列要求:

(1) 申请人在国际阶段已要求一项或者多项优先权,在进入中国国家阶段时申请人在申请时要提出书面声明,并在三个月内提交第一次提出的专利申请文件的副本,该优先权继续有效,申请人在申请时没有提出声明,或在三个月内没有提交第一次专利申请文件的副本,申请人在国际阶段已要求一项或者多项优先权在中国阶段失去效力,视为申请人未提出优先权要求。

(2) 申请人在国际阶段提出的优先权书面声明有书写错误或者未写明在先申请的申请号,可以在办理进入中国国家阶段手续时提出改正请求,或者写明在先申请的申请号,但是应当缴纳规定的改正优先权请求费用,在规定的期限未缴纳或未足额缴纳改正优先权请求费用的,视为没有提出改正优先权请求。

(3) 申请人依照专利合作条约的规定,在国际申请的国际阶段已提交了优先权申请文件副本,在国际申请进入中国国际阶段手续时,可以不必另行提交优先权申请文件副本,但是在国际阶段没有提交的,在国际申请进入中国国家阶段手续时应当提供,在规定的时间内没有提供的,视为优先权要求没有提出。

(4) 申请人的优先权要求在国际阶段被视为未提出,并经国际局公布,申请人有正当理由,可以在办理进入中国国家阶段手续时请求国务院专利行政部门恢复其优先权。

(5) 申请人在优先权日起二十个月期满前要求国务院专利行政部门提前处理和审查国际申请的,申请人应当在国际申请进入中国国家阶段手续时,依专利合作条约的要求提出请求。在国际局还没有向国务院专利行政部门传送国际申请的,申请人应当向国务院专利行政部门提交经国际局确认的申请文件副本。

(6) 国际申请要求优先权的申请人应当在办理进入中国国家阶段手续时缴纳优先权要求费,未缴纳或者未足额缴纳的,国务院专利行政部门应当通知申请人在指定的期限内缴纳;期限届满仍未缴纳或者未足额缴纳的视为未要求优先权。

6.7.4 涉外专利申请程序

6.7.4.1 提出中国专利申请

一般情况下,中国个人或单位作出发明创造后可以先向中国专利局提出国家申请。然后,在12个月优先权期限内提出国际申请,并要求优先权。这样,申请人就有12个月的时间考虑是否有必要向外国申请专利,通过什么方式提出申请,以及为提出申请进行必要的准备。根据有关规定,中国个人或单位作出发明创造之后也可以直接提出国际申请,但是,必须在该申请中指定外国的同时也指定中国。

6.7.4.2 准备申请费用

向外国申请专利需要向外国专利局和专利代理人支付数目可观的费用,并且是以美元结算的。按专利代理机构的实践,目前平均每向一个国家申请专利需要支付4 000~5 000美元。若以5个国家计算约需准备2万~2.5万美元。申请人提出国际申请同样需要支付上述费用(但支付的时间可推迟8个月至18个月)。而且,还要支付PCT国际阶段的费用,该费用包括中国专利局征收的传送费、检索费和国际初步审查费约2 100元(人民币)和国际局征收的基本费、指定费和手续费约1 150元(美元)。如果是中国的个人提出的国际申请,国际局征收的费用可减少75%。

6.7.4.3 委托专利代理机构

申请人提出国际申请必须委托规定的专利代理机构。该专利代理机构将帮助申请人填写各种表格、修改申请文件,并由该机构向中国专利局递交申请文件、缴纳费用和办理各种手续。

6.7.4.4 国际阶段

国际阶段是国际申请审批程序的第一阶段。它包括国际申请的受理、形式审查、国际检索和国际公布等必经程序以及可选择的国际初步审查程序。中国个人或单位向中国专利局提出的国际申请,国际阶段中除国际公布由世界知识产权组织国际局统一进行外,其他程序都在中国专利局里进行。国际检索是指中国专利局按条约的规定对国际申请主题进行检索,找出与其相关的文献并指明其相关程度。通常中国专利局在自国际申请日起 4 个月内作出国际检索报告。国际初步审查是指中国专利局根据申请人请求对国际申请进行审查,并对请求保护的发明看来是否具有新颖性、创造性和工业实用性提出初步的、无约束力的意见。通常中国专利局在收到国际初步审查要求之日起 9 个月内作出国际初步审查报告。

6.7.4.5 国家阶段

国家阶段是国际申请审批程序的第二阶段。国家阶段在申请人希望获得专利权的国家的专利局(称作指定局或选定局)里进行。它包括办理进入国家阶段的手续和在各指定局或选定局里进行的审批程序。在国际阶段中未在自优先权日起十九个月内要求国际初步审查的国际申请,其进入国家阶段(指定局)的期限是自优先权日起 20 个月;在自优先权日起十九个月内提出国际初步审查要求的国际申请,其进入国家阶段(选定局)的期限是自优先权日起 30 个月。国际申请进入国家阶段的主要手续是按各国规定递交国际申请文件的译本和缴纳规定的国家费用。国际申请进入国家阶段之后,由各国专利局按其专利法规规定对其进行审查,并决定是否授予专利权。

6.7.5 涉外专利申请文件

申请涉外专利需要提交以下文件:
(1) 委托书及委托合同。
(2) 委托明细表,包括以下信息:申请人姓名(名称)及地址(中英文);发明人姓名及地址(中英文);拟申请专利的类别;申请国别;原申请日、号、申请专利类别;是否要求优先;是否在申请同时提出实质审查请求等。
(3) 原中国专利申请的请求书、受理通知书、原专利申请文件(包括说明、权利要求书、附图及摘要)。
(4) 现有技术资料(申请人所知的与发明密切相关的专利文献、科技文献等)。
(5) 申请人提出分案、复审、继续申请等请求或缴纳年费而发生的费用均应预先缴纳。届时我方会将缴纳数额和期限通知委托人。

【思考】是否有"国际专利"?

国际专利是不存在的,准确名称应为"专利的国际申请"。国际专利申请是申请人就一项发明创造在《专利合作条约》(简称 PCT)缔约国获得专利保护时,按照规定的程序向某一缔约国的专利主管部门提出的专利申请。《专利合作条约》(简称 PCT)缔约国的国民想要对某一技术向《专利合作条约》(简称 PCT)缔约国中的一个或多个国家申请获得专利保护时,可以按照《专利合作条约》所规定的程序,向《专利合作条约》所指定的受理单位或国际局,递交指定语种的申请文件,这一个递交程序就视为已经在所有的《专利合作条约》缔约国递交了专利申请。中国国家知识产权局专利局是该条约制定的受理单位,中文也是该条约指定的语种,因此,中国人可以用中文在中国国家知识产权局递交"专利的国际申请"。具体哪些国家和哪些语种是被指定的,需要随时关注最新的指定名单。中国于1994年1月1日正式成为PCT的成员国,并且是受理局、国际检索和初步审查单位。中国单位或个人申请国际专利的具体办法如下:

(1)向专利局申请专利或者在国际申请中指定中国,并经国务院有关主管部门同意后,委托国务院或者国务院授权专利局指定的专利代理机构办理。专利代理机构在接受申请人委托后,应当把国务院有关主管部门同意向外国申请专利的有关文件送交专利局备案。

(2)台湾同胞向国际局递交国际申请的,应当向专利局提供申请人居所地或营业所所在地的证明文件,并委托国务院授权专利局指定的专利代理机构办理。居住在港、澳以及其他地区的中国同胞向国际局递交国际申请并在请求书中指明中国专利局为国际检索单位的,应当向专利局提供国籍证明文件,并委托国务院授权专利局指定的专利代理机构办理。

(3)中国居民或者国民按照本办法向国际局递交国际申请的,其主管国际检索单位和国际初步审查单位是中国专利局。

另外,中国人到外国申请专利,还可以通过巴黎公约途径来进行。中国人到国外申请专利主要有两条途径:PCT国际申请和巴黎公约途径。需要特别注意的是,PCT国际申请不包括外观设计专利。

6.7.6 涉外专利侵权

避免涉外专利侵权,根本上依赖于加快科技创新,创立国际品牌,维护自主知识产权。

预防涉外专利侵权的发生。一方面,在产品开发期,进行专利检索,以了解本行业及所开发产品的专利情况,避免在研发期间就落入侵犯他人专利的不利境地,同时也可节约产品开发时间和开发成本。另一方面,通过专利回避设计,避免侵权。即通过研究国际贸易规则、国内外相关知识产权的法律法规以及他人专利的请求书和说明书,对自己的产品进行改良,以避免侵权。再一方面,要建立建立预警机制,力求在短时间内做出应对方案。

一旦发生涉外专利侵权,应努力寻求和解,力求双赢。即在与对方开展谈判前,先摸清对方的真实意图,采取不同的策略。

如果发生涉外专利诉讼,应及时聘请法律专家分析案情,制定应诉策略,充分利用专利诉讼中的可能程序,积极谋求和解;利用专利或以其他事由进行有效对抗,促成双方和解。

涉外专利诉讼作为涉外知识产权诉讼案件的一类,与其他的涉外案件一样,其审理期限有特殊规定。涉外知识产权诉讼中的中方当事人及在我国领域内没有住所的外方当事人的答辩期及上诉期也不相同。中方当事人的答辩期、上诉期均为15天,而在我国领域内没有住所的外方当事人的答辩期、上诉期为30天。对涉外知识产权诉讼的双方均为外方当事人,且分别居住在我国领域内和领域外的,在我国领域内有住所的当事人的答辩期、上诉期为15天,另一方的答辩期、上诉期为30天。

6.7.7 涉外专利代理机构

涉外专利代理机构可以起到技术专家和法律顾问的作用,也可以起到提高专利审查效率和专利质量的作用,还可以起到在涉外专利申请中的联系作用。

我国的专利代理机构分为两种,一种是办理涉外专利事务的专利代理机构,简称涉外代理机构;另一种是办理国内专利事务的专利代理机构,简称国内代理机构。前者既可以受委托办理国外委托人在我国申请专利等事务,也可以受委托办理国内委托人向国外申请专利等事务,还可以受委托代理国内申请人在国内申请专利的事务。而后者只能受委托办理国内委托人在国内申请专利的事务。

空调器"舒睡模式"专利侵权纠纷案①

【案件背景】

格力和美的是两家知名家电企业,空调器"舒睡模式"是当前空调领域比较领先技术。因此,当格力以美的制造"美的分体式空调器"侵犯其"控制空调器按照自定义曲线运行的方法"发明专利权为由向提起诉讼时,引起业内高度关注。同时,由于该案涉及专业技术,案情疑难复杂,所以,社会影响大。该案在审理过程中,法院多次援引最高人民法院司法解释,深入分析了等同技术特征的认定、侵权赔偿数额等疑难法律问题,对同类案件的审理具有较强的借鉴意义。

【案情简介】

2008年6月3日,格力委托相关人员到泰锋公司处以4 390元的价格购买了KFR-26G/DY-V2(E2)冷暖型"美的分体式空调器"一台。泰锋公司销售人员现场开具了泰锋电器销售单、泰锋电器物流送货单以及广东省商品销售统一发票。广东省珠海市公证处公证人员对上述购买行为进行保全证据公证并对上述空调器组件进行了封签。2008年9月12日,格力又委托相关人员到位于北京市朝外大街国美电器朝外店以4098元的价格购买了型号为KFR-26G/DY-V2(E2)的"美的"牌空调一台。北京市方圆公证处公证人员对购买过程进行保全证据公证。格力还从公开场合获取美的对外发布的相关空调产品的宣传资料。该宣传资料内容含有对包括KFR-26G/DY-V2(E2)在内的梦静星(V2型)、好梦星(E2型、E3型)等20种型号空调产品的宣传介绍。

2008年12月1日格力向广东省珠海市中级人民法院起诉,请求:1. 判令美的立即停止侵权行为,停止为生产经营目的使用格力的专利方法以及使用、许诺销售、销售依照该专利方法直接获得的产品包括型号为KFR-26GW/DY-V2(E2)等20款侵权产品;2. 判令美的赔偿格力的经济损失人民币3 000 000元;3. 判令美的赔偿格力因调查、制止侵权行为所支付的费用人民币190 703.70元;4. 判令泰锋公司停止销售依照格力的专利方法直接获得的产品包括型号为KFR-26GW/DY-V2(E2)等20款侵权产品,以及判令泰锋公司对美的的第二、三项赔偿责任承担连带责任。

广东省珠海市中级人民法院审查后认为,根据《最高人民法院关于审理侵犯专利权纠纷案件应用法律若干问题的解释》第十九条第一款的规定,被诉侵犯专利权行为发生在2009年10月1日以前的,人民法院适用修改前的专利法;发生在2009年10月1日以后的,人民

---

① 本案例改编自《广东省高级人民法院民事判决书(2011)粤高法民三终字第326号》《广东省珠海市中级人民法院民事判决书(2009)珠中法民三初字第5号》,本案入选"全国法院2011年知识产权保护十大典型案例"。

法院适用修改后的专利法。由于美的生产销售 KFR-26GW/DY-V2(E2)空调器起止时间为 2008 年 4 月 8 日至 2010 年 9 月 18 日,据此认定本案被诉侵权行为发生在 2009 年 10 月 1 日以前且持续到 2009 年 10 月 1 日以后,本案应适用 2008 年修改后的《中华人民共和国专利法》。修改后的《中华人民共和国专利法》第五十九条第一款规定,"发明或者实用新型专利权的保护范围以其权利要求的内容为准,说明书及附图可以用于解释权利要求的内容。"涉案发明专利包含两项独立权利要求和五项从属权利要求。格力在庭审中明确主张以独立权利要求 2 确定其专利权保护范围。《最高人民法院关于审理侵犯专利纠纷案件应用法律问题的解释》第七条第一款规定:"人民法院判定被诉侵权技术方案是否落入专利权的保护范围,应当审查权利人主张的权利要求所记载的全部技术特征。"故本案需要对美的相关型号空调器产品中的被控侵权技术方案和涉案专利权利要求 2 所记载的全部技术特征进行比对。

珠海市中级人民法院经审理查明,格力于 2007 年 4 月 28 日向国家知识产权局申请名称为"按照自定义曲线运行的空调器及其控制方法"的发明专利,申请号为 200710097263.9。2007 年 9 月 12 日,该专利申请公开。2008 年 5 月 9 日,国家知识产权局专利局发出《第一次审查意见通知书》。格力根据该《通知书》对权利要求书、说明书的发明名称、技术方案部分和摘要做了适应性修改。2008 年 9 月 3 日,该专利获得授权,专利号为 ZL200710097263.9,名称更改为"控制空调器按照自定义曲线运行的方法"。格力向国家知识产权局按期缴纳了专利年费。本案诉讼过程中,美的向国家知识产权局专利复审委请求宣告涉案专利无效。2009 年 9 月 22 日,国家知识产权局专利复审委作出第 13911 号《无效宣告请求审查决定书》,维持 200710097263.9 号发明专利权有效。

一审庭审中,美的对广东省珠海市公证处封签的 KFR-26G/DY-V2(E2)型空调器产品实物进行了拆封。双方对公证处封存情况无异议。该空调器所附的梦静星系列空调器使用安装说明书(共 33 页,版本号:GV2-01080226)使用部分第 10-11 页对"舒睡模式 3(用户可自行设定的舒睡模式)"有详细的功能说明。该说明书目录部分载明:本说明书适用于以下型号的分体挂壁式空调器:KFR-23GW/DY-V2(E2)、KFR-26GW/DY-V2(E2)、KFR-32GW/DY-V2(E2)、KFR-35GW/DY-V2(E2)。

本案的争议焦点是:被控侵权技术方案是否落入涉案专利权利保护范围,即美的、泰锋公司是否侵犯 200710097263.9 号发明专利权?

格力主张美的生产、泰锋公司以及国美电器朝外店销售的上述梦静星系列空调产品在"舒睡模式 3"运行方式下的技术特征完全覆盖了其涉案发明专利独立权利要求 2 记载的必要技术特征,并提交了其委托北京国威知识产权司法鉴定中心出具的《司法鉴定(咨询)意见书》,证明其行为侵犯了格力的专利权。美的认为该《司法鉴定(咨询)意见书》是格力自行委托鉴定机构作出的,不认可该鉴定结论并在第一次庭审过程中当庭申请重新鉴定。珠海市中级人民法院准许其重新鉴定申请后,美的撤回重新鉴定的请求。同时格力也提交委托鉴定申请书,珠海市中级人民法院予以准许。在征求双方当事人意见的基础上,珠海市中级人民法院依法委托工业和信息化部软件与集成电路促进中心知识产权司法鉴定所进行司法鉴定,委托鉴定事项为:美的生产的空调器产品[产品型号为:KFR-26GW/DY-V2(E2)]在"舒睡模式 3"运行方式下的相应技术方案与"控制空调器按照自定义曲线运行的方法"发明专利权利要求 2、4、5、6、7 所记载的全部技术特征是否相同或等同。鉴定费 100 000 元由格力预交。

2010年11月29日,鉴定机构出具工信促司鉴中心[2010]知鉴字第005号《司法鉴定意见书》:美的空调器产品[产品型号为:KFR-26GW/DY-V2(E2)]在"舒睡模式3"运行方式下的技术方案中的技术特征包含有涉案ZL200710097263.9号专利权利要求2、4、5、6、7中记载的全部技术特征。

经质证,格力对该《司法鉴定意见书》的真实性、合法性无异议,同时发表以下质证意见:涉案专利权利要求2中的技术特征3A与美的空调器产品技术特征3B应为相同而非等同。美的对该《司法鉴定意见书》的真实性、合法性无异议,同时发表以下质证意见:鉴定过程不全面,技术方案对比不正确,鉴定结论完全错误,同时要求鉴定人出庭接受质询。

泰锋公司在指定的期限内未对《司法鉴定意见书》提出异议。

针对格力和美的对《司法鉴定意见书》提出的意见和异议,珠海市中级人民法院考虑到鉴定机构相关鉴定人员均在北京,为方便诉讼,要求鉴定机构书面答复双方当事人对《司法鉴定意见书》提出的质询。鉴定机构作出了书面答复,仍维持原《司法鉴定意见书》确定的内容。

根据《中华人民共和国民事诉讼法》第六十四条第一款关于"当事人对自己提出的主张,有责任提供证据"的规定,格力负有证明被控侵权技术方案落入其涉案发明专利权利要求保护范围的举证责任。格力为完成其举证责任,提交了北京国威知识产权司法鉴定中心出具的《司法鉴定(咨询)意见书》,证明美的相关型号的空调器产品中的"舒睡模式3"运行方式包含与涉案专利权利要求2记载的全部技术特征相同的技术特征,但该《司法鉴定(咨询)意见书》属于单方证据,且美的不认可该鉴定结论并要求重新进行司法鉴定(后又书面要求撤回),故珠海市中级人民法院对该《司法鉴定(咨询)意见书》不予采纳。为更加稳妥地处理纠纷和科学地判定技术权益,准确查明案件事实,根据格力申请,珠海市中级人民法院依法委托工业和信息化部软件与集成电路促进中心知识产权司法鉴定所进行司法鉴定。该所在鉴定过程中依照《司法鉴定程序通则》的规定,挑选了生产和科研领域具有相关行业司法鉴定能力的专家和技术人员参与鉴定,鉴定程序合法,鉴定结论是在科学实验数据基础上分析后作出,客观、真实,依法可作为本案证据使用。根据鉴定结论,美的型号为KFR-26GW/DY-V2(E2)空调器在"舒睡模式3"运行方式下的技术方案中的技术特征包含有涉案发明专利权利要求2中记载的全部技术特征。根据《最高人民法院关于审理侵犯专利纠纷案件应用法律问题的解释》第七条第二款的规定,结合该款空调器的使用安装说明书相关说明,珠海市中级人民法院认定美的生产的型号为KFR-23GW/DY-V2(E2)、KFR-26GW/DY-V2(E2)、KFR-32GW/DY-V2(E2)、KFR-35GW/DY-V2(E2)的空调器产品在"舒睡模式3"运行方式下的技术方案落入涉案发明专利权的保护范围。美的虽提出现有技术抗辩,因未提供证据证明其实施的技术属于现有技术,对其该项抗辩不予采纳。

格力还诉称美的生产的其余16款不同型号好梦星空调器产品也使用了被控侵权技术方案,并提供了相关产品宣传资料。对此,珠海市中级人民法院认为,即使该产品宣传资料为美的印制、使用,但该产品宣传资料并未直接体现与涉案发明专利相同的技术方案或技术特征,所配文字说明中"自行设定DIY舒睡模式"等内容亦无法全面展现16款不同型号产品所用技术方案具备的必要技术特征。在无产品实物或产品使用说明书进行对比的情况下,仅凭产品宣传资料,既无法确认被控侵权技术方案的必要技术特征,也无法将其与涉案发明专利权利要求记载的全部技术特征进行对比。故格力针对美的生产的16款不同型号好梦星空调器产品提出的相应侵权指控,因事实依据不足,不予支持。此外,格力主张泰锋公司销售了除型号为 KFR-26G/DY-V2(E2)之外的其他19款美的空调器产品,因未提供证据予以证实,对其相关诉讼请求不予支持。

  本案的另一个焦点是:关于侵权责任的承担方式。美的和泰锋公司侵犯格力涉案发明专利权,依法应承担停止侵权及赔偿损失的民事责任。修改后的《中华人民共和国专利法》第七十条规定:"为生产经营目的使用、许诺销售或者销售不知道是未经专利权人许可而制造并售出的专利侵权产品,能证明该产品合法来源的,不承担赔偿责任。"本案中,泰锋公司辩称其销售涉案空调器产品过程中,不知道美的存在侵犯专利权的情况,而且销售的涉案空调器有合法的进货渠道,不应承担赔偿责任。泰锋公司的抗辩有法律依据,予以采纳。

  关于美的应承担的具体赔偿数额。本案中,格力请求判令两被告连带赔偿其经济损失人民币3 000 000元。格力提出计算赔偿数额的主要依据包括《资产评估报告书》以及格力制作的销量下滑的计算依据。由于格力提交的《资产评估报告书》属自行委托进行的评估咨询,美的对该评估报告不予认可,故不予采纳。即使可以接受该证据,由于格力未能提交直接有效的证据证明涉案发明专利许可使用费的真实性和合理性,也无法参照上述评估价值计算本案赔偿数额。至于格力根据其制作的销量下滑的计算依据主张因被侵权所受到的损失超过10 000 000元,由于有关数据内容系格力自行核算的结果,在没有其他证据佐证的情况下,不能据此确定本案赔偿数额。因此,格力请求的人民币3 000 000元赔偿数额的事实依据和计算依据不足,不予采纳。因本案无法查明格力因被侵权所受到的损失,故应按美的获利确定赔偿数额。庭审中,格力亦主张按照侵权人获得的利益确定赔偿数额。但美的仅提供了型号为 KFR-26GW/DY-V2(E2)空调器产品的相关数据,难以认定美的因侵权所获得的利益。由于美的在珠海市中级人民法院释明相关法律后果的情况下,仍拒不提供其生产销售其他型号空调器的相关数据。根据《最高人民法院关于民事诉讼证据的若干规定》第七十五条的规定:"有证据证明一方当事人持有证据无正当理由拒不提供,如果对方当事人主张该证据的内容不利于证据持有人,可以推定该主张成立。"据此,推定美的生产销售型号为 KFR-23GW/DY-V2(E2)、KFR-32GW/DY-V2(E2)、KFR-35GW/DY-V2(E2)三款空调器产品的利润均不少于477 000元。因此,即使以美的提供的生产销售利润相关型号空调器产品的利润为依据,美的获得的利益也明显超过修改后的《中华人民共和国专利法》规定的1 000 000元法定赔偿最高限额。基于此,本案如果仅以格力未提供有效证据为由,就认定格力无法证明其经济损失或者被告获得的利益即适用法定赔偿,显然与最高人民法院在权利人因被侵权所受到的损失或者被控侵权人因侵权所获得的利益均难以确定的情况下,再适用法定赔偿的司法解释精神相违背。因此,应当综合全案的证据情况,在法定赔偿限额1 000 000元以上合理确定赔偿额。珠海市中级人民法院确定美的赔偿数额,主要考虑到专利研发成本、专利市场价值、侵权人主观恶性等因素,综合确定美的赔偿格力经济损失2 000 000元(含格力为制止侵权行为需支出的合理费用)。

  美的不服上述原审判决,向广东省高级人民法院提起上诉。二审法院审理后认为原审判决认定事实清楚,适用法律正确,驳回上诉,维持原判。

【案例思考】
1. 专利权的保护期限从什么时间开始？
2. 结合本案谈谈法律的时间效力。
3. 举证责任规则是什么？
4. 如何认定等同技术特征？
5. 结合本案，谈谈侵权赔偿数额如何确定、侵权赔偿数额与法定赔偿最高限额的关系。

第7章　专利权

◎ **导读**：

本章主要讲述专利权的概念、专利权的主体、专利权的内容、专利权的效力、专利权人的义务、专利权的限制、专利实施许可等。其目的是要把握专利权与其他知识产权的区别,能够判断职务发明与非职务发明,理解专利权的内容、保护范围和保护期限,熟悉专利权的效力和限制、专利权共有,了解专利权人应当承担的法律义务以及专利权的合理使用。在此基础上,掌握专利实施许可和强制许可,包括专利实施许可的类型、专利实施许可合同的内容、专利强制许可的类型和条件等问题。

◎ **重点**：

1. 职务发明有哪些情形?
2. 什么是专利权共有?
3. 专利权保护的范围是什么?
4. 专利许可有哪些方式?
5. 专利强制许可的条件是什么?

上海世博会"法国馆"专利案①

【案件背景】

2010年中国在上海举办的第41届世界博览会,创造了世界博览会史上的多项纪录。与上海世博会同样受到关注的是,上海世博会法国馆"高架立体建筑物"发明专利案。王群以法国馆、中建八局建造的上海世博会法国馆建筑物侵犯其"高架立体建筑物"发明专利权为由,向上海市第一中级人民法院起诉,请求判令两被告停止侵权行为、赔偿损失、消除影响。后该案经过一审、二审终于尘埃落定,但其反映出的专利问题将影响深远。

【案情简介】

我国国家知识产权局于2006年4月5日授予王群名称为"高架立体建筑物"的发明专利权,该专利申请日为2004年4月19日,专利号为ZL200410033851.2。王群认为以法国馆、中建八局建造的上海世博会法国馆建筑物侵犯该专利,遂向上海市第一中级人民法院提起诉讼。诉请法院判令被告法国馆停止使用法国馆建筑物,两被告共同在上海世博局的网

---

① 本案例改编自《上海市高级人民法院民事判决书(2010)沪高民三(知)终字第83号》《上海市第一中级人民法院民事判决书(2010)沪一中民五(知)初字第40号》,本案居于"2010年中国法院知识产权司法保护十大案件"之首。

站上向王群赔礼道歉,共同在法国馆建筑物上标明王群姓名和专利标识,连带赔偿王群经济损失人民币 4 216 694 元。

王群在本案中主张其要求保护的权利范围为权利要求 4、5、6、7。

上海市第一中级人民法院查明,该专利权利要求如下:"1. 一种高架立体建筑物,建设在地基上,其特征在于:每组高架立体建筑物由空间支架和支承在空间支架上的房屋单元构成;固接于地基的空间支架四周空间及表面布置有若干房屋单元;该空间支架有连接地面的交通设施,该空间支架的顶面为道路;所述空间支架为支承于地基上的螺旋体通道,该螺旋体通道呈螺旋形盘旋上升,其下端连接地面道路构成连接地面的交通设施;所述空间支架四周及表面布置的房屋单元为固定布置或能移动的布置。"

……

"4. 如权利要求 1 所述的高架立体建筑物,其特征在于:所述空间支架的连接地面的交通设施还包括垂直于地面的电梯、斜置滚梯及螺旋上升楼梯中的一种或其结合。"

"5. 如权利要求 1 所述的高架立体建筑物,其特征在于:所述空间支架的连接地面的交通设施还有垂直地面设置的交通设施。"

"6. 如权利要求 1 所述的高架立体建筑物,其特征在于:在所述空间支架与地基之间设置有支撑架,该支撑架为立柱、斜柱、金属网架、金属桁架、墙体中的一种或其结合。"

"7. 如权利要求 1 所述的高架立体建筑物,其特征在于:所述空间支架的顶面四周还间杂设置有停车场、商业区、娱乐设施、绿化带的一种或结合。"

……

该发明专利的说明书第 1 页记载:"现有的单层或多层建筑都是沿地面布置在建设用地上的,单位建设用地面积上能建设的建筑面积不多;高层虽然在单位建设用地面积上能建设的建筑面积较多,但建筑相对封闭,人与自然、人与人之间的交流性较差,舒适度较差。"

该发明专利的说明书第 2 页还记载:"本发明有以下积极有益的效果:本发明将房子布置在空间支架的四周空间,能在单位建设用地面积上建设较多的建筑面积,节约用地,同时改善居住交流性和舒适度,并且交通工具可直接到达各户门口。"

本案的争议焦点在于法国馆建筑物是否采用了王群的专利技术方案,从而落入了王群专利权的保护范围。

为了查明这一争议焦点,上海市第一中级人民法院前往法国馆建筑物进行现场勘验,并结合双方提供的证据,对王群的专利技术方案和法国馆建筑物的技术特征进行了比对,发现法国馆建筑物内的房间均设置在坡道的表面,而未延伸至坡道的四周空间,这与王群专利权利要求 1 中记载的技术特征之一"空间支架四周空间及表面设置有若干房屋单元"既不相同,也不等同。专利说明书的附图中所示的两个实施例均显示房屋单元建设在空间支架的四周空间及表面。根据发明专利说明书的记载,该发明的背景技术是现有技术在单位建设用地上能建的建筑面积不多,高层建筑在单位建设用地面积上虽然能建面积较多,但又相对封闭,影响到人与自然的交流和人际交流。本发明的有益效果即在于扩张单位建设用地面积上的建筑面积,改善居住的交流性和舒适度,而实现上述发明目的和效果的技术手段就是"将房屋布置在空间支架的四周空间"。根据专利说明书的上述解释,法院认为,将房屋单元建设在空间支架的四周空间,即从空间支架表面延伸至其四周,是实现本发明目的的一个重要技术手段。而法国馆建筑物恰恰仅在坡道表面设置有房间,该建造方式不足以实现王群在专利文件中所描述的拓展建筑空间的功能和效果。可见,法国馆建筑物没有全面覆盖王群专利的所有必要技术特征,因此两被告建造、使用法国馆建筑物的行为不构成对王群专利权的侵犯。

据此,上海市第一中级人民法院判决驳回王群王群的诉讼请求。王群不服一审判决,向上海市高级人民法院提起上诉。

王群上诉的主要理由是:第一,一审法院认为"法国馆建筑物内的房间均设置在坡道的表面,而未延伸至坡道的四周空间,这与王群专利权利要求1中记载的技术特征之一'空间支架四周空间及表面设置有若干房屋单元'既不相同,也不等同"。由于在坡道上的房屋单元必然是立体的实体和空间,是三维的,因此其必然"延伸"至空间支架的四周空间。第二,双方当事人提供的证据以及一审法院现场勘验照片可以看出,法国馆建筑物餐厅房屋单元有部分已经"延伸"至空间支架的外围空间。第三,一审法院认为"将房屋单元建设在空间支架的四周空间,即从空间支架表面延伸至其四周,是实现本发明目的的一个重要技术手段。而法国馆建筑物恰恰仅在坡道表面设置房间,该建造方式不足以实现王群在专利文件中所描述的拓展建筑空间的功能和效果"。涉案专利发明的目的是提供一种高架立体建筑物,相对于单层建筑要解决"单位建设用地面积上能建设的建筑面积不多"的问题,相对于高层建筑要解决"建筑相对封闭,人与自然、人与人之间的交流性较差,舒适度较差"的问题。只要在空间支架的四周空间及表面布置有若干房屋单元,就能够达到涉案专利发明所述的所有有益效果。

被上诉人法国馆口头答辩称,法国馆建筑物是单体建筑,与房屋单元不同。涉案专利发明涉及的通道可以通行车辆,法国馆建筑物的通道不能满足车辆通行的要求。原审判决认定事实清楚,适用法律正确,请求驳回上诉,维持原判。

被上诉人中建八局庭审中口头答辩称,其同意法国馆的辩称意见。

另查明,二审庭审中,王群确认涉案专利权利要求1中,空间支架的"表面"与"顶面"之间的关系是上位概念与下位概念之间的关系,空间支架的"表面"包括"顶面",侧面、下面均属于表面;空间支架的"顶面"指说明书附图101所示及向上延伸部分。涉案发明专利授权审查过程中,针对审查员的审查意见,王群陈述"本发明的螺旋形空间支架不仅可以作为车道使用,还可以作为房屋单元移动时的路径使用"。

涉案发明专利说明书记载"本发明的目的是提供一种高架立体建筑物,节约用地,能在单位建设用地面积上建设较多面积的建筑,同时改善居住交流性和舒适度"。

上海市高级人民法院认为:涉案从属权利要求4的保护范围由该从属权利要求引用的独立权利要求1记载的全部技术特征加上该从属权利要求附加的技术特征共同限定。同理确定涉案从属权利要求5、6、7的保护范围。经审理,上海市高级人民法院认为上诉人王群的上诉理由不能成立。同时还指出,专利权是财产权,通常并不涉及专利权人的人格利益,故即使王群关于本案专利侵权的主张能够成立,其要求在上海世博局的网站上向其赔礼道歉的诉求,也不能获得支持。

最终,二审法院驳回上诉,维持原判。

【案例思考】

1. 结合本案,谈谈什么是专利的技术特征。
2. 专利权是财产权,通常并不涉及专利权人的人格利益,因此即使专利侵权成立,权利人是否也不能要求侵权人向其赔礼道歉?这一点与其他知识产权有什么区别?

3. 结合本案,谈谈"发明或者实用新型专利权的保护范围以其权利要求的内容为准"的基本原则。

4. 除了通过发明的目的、说明书、其他权利要求,是否还能通过本审查过程中的文件、说明书附图等来解释专利的保护范围?

7.1 专利权的概念

专利权是各国专利主管部门依法授予专利申请人的一种专有权利,具体是指国家专利主管机关依法授予专利所有人或者其继承人在一定期间内依法制造、使用或者销售其发明创造的独立权利。在专利权有效期限内,专利权可以使用、转让、赠与、继承。

发明或实用新型专利权的保护范围,以其权利要求的内容为准,说明书及其附图可以用于解释权利要求;外观设计专利权的保护范围,以表示在图片或照片中的该外观设计专利产品为准。

发明或实用新型的权利要求书应当说明发明或者实用新型的技术特征,清楚、简要地表述请求保护的范围。权利要求包括独立权利要求和从属权利要求。其中独立权利要求应当从整体上反映发明或实用新型的技术方案记载解决其技术问题的必要技术特征;从属权利要求则应当用附加的技术特征,对引用的权利要求作进一步的限定。每一项权利要求都确定一个保护范围,该范围由记载的权利要求中的所有必要的技术特征限定,该些技术特征的综合则构成了权利要求书所保护的技术方案。

7.2 专利权的主体

发明人、申请人、专利权人之间是有区别的。三者可能是同一主体,也可能不是同一主体,因此三者不能混为一谈。专利发明人只能是个人,其享有的是名誉权不是财产权,只能变更不能转让。专利申请人或专利权人可以为个人和单位,其享有的权利是财产权,可以转让。

7.2.1 发明人

专利法所称发明人或者设计人,是指对发明创造的实质性特点作出创造性贡献的人。发明是一种智力创造活动,因此,发明人应当是个人,不应当是单位或者集体。另外,在完成发明创造过程中,只负责组织工作的人、为物质技术条件的利用提供方便的人或者从事其他辅助工作的人,不是发明人或者设计人。

7.2.2 申请人

申请人,是针对发明人的发明申请专利的人。申请人所享有的向国家专利主管部门申请专利的权利即是专利申请权。

专利申请权可以转让。转让专利申请权,当事人必须订立书面合同,并向国务院专利行政部门登记,由国务院专利行政部门予以公告。专利申请权的转让登记之日起生效。

可见,申请人与专利发明人既可以是同一人,也可以不是同一人。专利申请人既可以是个人也可以是单位。发明人若为完成单位任务作出的发明申请,单位应该是申请人。专利授权一定是授权给申请人。专利法专门规定,任何单位或个人不得压制非职务发明创造专利申请。

7.2.3 专利权人

专利权人,是依据国家授权,对某项发明创造在法定期限内享有专利权的人,是专利权的所有人及持有人的统称。专利权人既可以是单位也可以是个人。专利权人是即专利申请被批准时,被授予专利权的专利申请人。专利权可以转让,转让后的受让主体是专利权人。

专利权人和发明人有着密切关系。在许多情形下,发明人就是专利权人,即具有资格申请专利的发明人经依法提出申请,成为专利申请人,经国家按照法定程序依法授权之后即成为专利权人。然而,实践中并非所有的发明人或者设计人都具有申请专利的资格,对于那些不具有申请专利资格的发明人或设计人,就不能成为专利申请人和以专利申请人的名义直接获得专利的专利权人,这种情形在职务发明和设计中最为常见。

专利权人包括三种类型:

一是发明人、设计人。发明人或者设计人所完成的非职务发明创造,申请专利的权利属于发明人或者设计人所有。

二是发明人、设计人所在单位。企事业单位、社会团体、国家机关的工作人员执行本单位的任务或者主要是利用本单位物质条件所完成的职务发明创造,申请专利的权利属于该单位。

三是共同发明人、设计人。由两个以上的单位或个人协作完成的发明创造,称为共同发明创造,完成此项发明创造的人称为共同发明人或共同设计人。除另有协议外,共同发明创造的专利申请权属于共同发明人,申请被批准后,专利权归共同发明人共有。一个单位接受其他单位委托的研究、设计任务所完成的发明创造,除另有协议的以外,申请专利的权利属于完成的单位,申请被批准后专利权归申请的单位所有或者持有。

7.2.4 职务发明专利权人

我国专利法把发明创造分为职务发明创造和非职务发明创造两类。下列情况下完成的发明创造都是职务发明创造:

(1) 发明人在本职工作中完成的发明创造;

(2) 履行本单位交付的与本职工作无关的任务时所完成的发明创造;

(3) 主要利用本单位的物质条件(包括资金、设备、零部件、原材料或者不向外公开的技术资料等)完成的发明创造;

(4) 退职、退休或者调动工作一年内作出的与其在原单位承担的本职工作或者分配的任务有关的发明创造。

职务发明创造申请专利的权利属于该单位;申请被批准后,该单位为专利权人。非职务发明创造,申请专利的权利属于发明人或者设计人;申请被批准后,该发明人或者设计人为专利权人。

职务发明创造的专利权属单位,专利申请被国务院专利行政部门批准,授予专利权,其专利权人为单位。但职务发明创造人因其创造发明、享有下列权利:

(1) 职务发明人和设计人,有在专利文件中写明自己是发明人或者设计人的权利;
(2) 获得单位给予奖励的权利;
(3) 发明或者设计专利实施后,有获取合理的报酬的权利。

利用本单位的物质技术条件所完成的发明创造,单位与发明人或者设计人订有合同,对申请专利的权利和专利权的归属作出约定的,从其约定。

【思考】对职务发明创造的发明人有何奖励?

依据《专利法实施细则》的规定,职务发明创造的发明人有获得奖励和报酬的权利。

1. 有关奖金的规定

被授予专利权的企业事业单位应当自专利权公告之日起 3 个月内发给发明人或者设计人奖金。一项发明专利的奖金最低不少于 2 000 元;一项实用新型专利或者外观设计专利的奖金最低不少于 500 元。由于发明人或者设计人的建议被其所属单位采纳而完成的发明创造,被授予专利权的企业事业单位应当从优发给奖金。发给发明人或者设计人的奖金,企业可以计入成本,事业单位可以从事业费中列支。

2. 有关报酬的规定

被授予专利权的企业事业单位在专利权有效期限内,实施发明创造专利后,每年应当从实施该项发明或者实用新型专利所得利润纳税后提取不低于2%或者从实施该项外观设计专利所得利润纳税后提取不低于 0.2%,作为报酬支付发明人或者设计人;或者参照上述比例,发给发明人或者设计人一次性报酬。被授予专利权的企业事业单位许可其他单位或者个人实施其专利的,应当从许可实施该项专利收取的使用费纳税后提取不低于 10%作为报酬支付发明人或者设计人。

7.2.5 专利权共有人

两个或两个以上单位协作或一个单位接受其他单位委托的研究、设计任务完成的发明创造,其申请并获得的专利的权利可以在共同研究开发合同或委托研究开发合同中予以明确。合同未约定的,申请并获得专利的权利属于完成或共同完成的单位。

专利各共有人之间,对专利权利的享有,可以是按份共有,也可以是共同共有。按份共有一般根据合同产生,是指两个以上共有人按照他们在做出发明创造中的贡献或者按照预先确定的比例,对共有的专利权或专利申请享受权利、承担义务。共同共有是指两个以上共有人对共有专利权或专利申请不分份额、平等地共同享有所有权。

无论共同共有或按份共有,共有人对共有的专利权共同享有占有、使用、收益和处分的权利,体现出共有人的意志。凡办理涉及共有权利的手续,如提出专利申请、委托专利申请、委托专利代理、转让专利申请权或专利权、撤回专利申请和放弃专利权等,均应当由全体共有人在文件上签字和盖章,并由全体共有人的代表或者共同委托的专利代理机构办理。

【讨论】专利权共有人的专利权行使规则是什么?

7.3 专利权的内容

专利权的内容主要包含专利人身权和专利财产权两个方面。

7.3.1 专利人身权

专利人身权主要是指署名权和修改权。署名权是指专利发明人、设计人在专利文件中写明自己是该专利的发明或设计人的权利。修改权是指专利发明人、设计人对专利文件修改的权利。专利署名权不因专利财产权的转让而消失。

7.3.2 专利财产权

专利财产权主要包含以下几个方面：

1. 独占权

专利独占权，即自己实施其专利的权利，是指专利权人享有的独自占有并实施其发明创造的制造、使用、销售、许诺销售和进口其专利产品或者使用其专利方法的行为。

2. 许可权

专利许可权，是指专利权人享有的许可他人实施其专利技术的权利。专利权人（称"许可方"）可以通过签订合同的方式，允许他人（称"被许可方"）在一定条件下使用其取得专利权的发明创造的全部或者部分技术的权利，被许可方取得相应的专利实施权并向专利权人支付专利使用费。

我国《专利法》第十二条规定："任何单位或者个人实施他人专利的，应当与专利权人订立书面实施许可合同，向专利权人支付专利使用费。被许可人无权允许合同规定以外的任何单位或者个人实施专利。"

3. 转让权

我国《专利法》第十条规定："专利申请权和专利权可以转让。"

专利申请权、专利权可以出卖、赠与、抵押，也可以作价投资入股，继承转让是由于法定原因而发生的转让，当专利权人（自然人）死亡后，专利权依照继承法的规定转移给有继承权的人。

根据《专利法》的规定，转让应符合下列程序：当事人应当订立书面合同，并向国务院专利行政部门登记，由国务院专利行政部门予以公告。专利申请权或者专利权的转让自登记之日起生效。

需要注意的是，全民所有制单位转让专利申请权或者专利权的，必须经上级主管机关批准。中国单位或者个人向外国人转让专利申请权或者专利权的，必须经国务院有关主管部门批准。转让专利申请权或者专利权的，当事人必须订立书面合同，经专利局登记和公告后生效。

4. 标示权

在产品上标明专利权的权利，专利权人有权在其专利产品或该产品的包装上标明专利标记和专利号。

5. 禁止他人实施其专利的权利

未经专利权人许可，任何单位或者个人，都不得实施其专利，即不得为生产经营目的制造、使用或者销售其专利产品，或者使用其专利方法。

6. 救济权

对未经专利权人许可，实施其专利的侵权行为，专利权人或者利害关系人可以请求专利管理机关进行处理,也可以直接向人民法院起诉。

7.4 专利权的效力

7.4.1 专利权的期限

根据我国《专利法》第四十二条规定,发明专利权的期限为20年,实用新型专利权和外观设计专利权的期限为10年,均自申请日起计算。此处所指的"申请日",不包括优先权日。对于享有优先权的专利申请,其专利权的保护期限不是自优先权日起计算,而是自专利申请人向专利行政部门提交专利申请之日起计算。

专利权期满时应当及时在专利登记簿和专利公报上分别予以登记和公告,并将专利申请文档转入失效库。

【思考】专利申请日至授权前的权利如何体现?

专利权的保护是一个广义的概念,它的核心是指专利申请人或专利权人对自己的发明创造的排他独占权。专利申请授权后,专利权理应受到保护。但专利申请自申请日起至授权前,权利保护的程度和表现形式有所不同。

以发明专利申请为例,自申请日起至该申请公布前,这时申请处于保密阶段。这一阶段对其权利的保护表现在对该发明专利申请后同样主题的申请因与其相抵触而将丧失新颖性,不能授予专利权。自该申请公布至其授予专利权前这一阶段是"临时保护"阶段。在这期间,申请人虽然不能对未经其允许实施其发明的人提起诉讼,予以禁止,但可以要求其支付适当的使用费。如果对方拒绝付费,申请人可以在获得专利权之后行使提起诉讼的权利。这一阶段申请人只有有限的独占权。

7.4.2 专利权的终止

专利权的终止分为正常终止和非正常终止,以下第一种情况属于正常终止,后三种情况属于非正常终止。

7.4.2.1 专利权因期限届满而终止

专利权是一种有期限的无形财产权,期限届满,权利便依法终止。发明专利权自申请日起算维持满20年,实用新型或者外观设计专利权自申请日长起维持满10年,依法终止。

7.4.2.2 专利权因未缴纳专利证书费而终止

专利局作出授予专利权的通知后,申请人在规定期限之内未办理登记手续的,视为放弃取得专利权的权利,并通知申请人。该通知应当在期满后一个月内作出,并指明恢复权利的法律程序。自该通知发出之日起四个月期满,未收到恢复权利请求的,将专利申请案卷转入失效案卷库。对于发明专利申请,在将专利申请案卷转入失效案卷库前,在专利公报上公告该发明专利申请视为放弃取得专利权。

对于实用新型和外观设计专利申请,申请人未缴纳或未缴足专利登记费、公告印刷费和授权当年年费的,或者对于发明专利申请,申请人未缴纳或未缴足专利登记费、公告印刷费、授权当年年费和除授权当年外各年度申请维持费的,视为未办理登记手续。申请人已缴纳上述费用但未缴纳专利证书印花税的,不发给专利证书,但专利权授予的登记和公告程序照常进行,待申请人补缴专利证书印花税后补发专利证书。

7.4.2.3 专利权因没有按规定缴纳年费而终止

除授予专利权当年的年费应当在办理登记手续的同时缴纳以外,以后的年费应当在前一年度期满前一个月内预缴。专利权人未按时缴纳年费(不包括授予专利权当年的年费)或者缴纳的数额不足的,可以在年费期满之日起六个月内补缴,补缴时间超过规定期限但不足一个月时,不缴纳滞纳金。凡在六个月的滞纳期内补缴年费或者滞纳金不足需要再次补缴的,应当依照再次补缴年费或者滞纳金时所在滞纳金时段内的滞纳金标准,补足应当缴纳的全部年费和滞纳金。凡因年费和/或滞纳金缴纳逾期或者不足而造成专利权终止的,在恢复程序中,除补缴年费之外,还应当缴纳或者补足全额年费25%的滞纳金。

专利局发出缴费通知书,通知专利权人补缴本年度的年费及滞纳金后,专利权人在专利年费滞纳期满仍未缴纳或者缴足本年度年费和滞纳金的,自滞纳期满之日起两个月内,最早不早于一个月,专利局作出专利终止通知,通知专利权人,专利权人未启动恢复程序或恢复未被批准的,应在终止通知书发出四个月后,在在专利登记簿和专利公报上分别予以登记和公告。之后,将专利申请案卷存入失效案卷库。专利终止日应为上一年度期满日。

7.4.2.4 专利权因专利权人主动放弃而终止

授予专利权后,专利权人随时可以主动要求放弃专利权。专利权人放弃专利权的,应当提交放弃专利权声明,并附具全体专利权人签字或者盖章同意放弃专利权的证明材料,或者仅提交由全体专利权人签字或者盖章的放弃专利权声明。委托专利代理机构的,放弃专利权的手续应当由专利代理机构办理,并附具全体申请人签字或者盖章的同意放弃专利权声明。主动放弃专利权的声明不得附有任何条件。放弃专利权只能放弃一件专利的全部,放弃部分专利权的声明视为未提出。

专利权人主动放弃专利权的,应当使用专利局统一制定的表格,提出书面声明。放弃专利权只允许放弃全部专利权,不允许放弃部分专利权。放弃部分专利权的声明视为未提出。专利权人不是真正拥有人,恶意要求放弃专利权后,专利权真正拥有人(必须提供生效法律文书来证明)可以要求撤销该声明。放弃一件有两名以上的专利权人的专利时,应当由全体专利权人的同意,并在声明或其他文件上签章。两名以上的专利权人中,有一个或者部分专利权人要求放弃专利权的,应当通过办理著录项目变更手续,改变专利权人。

放弃专利权声明经审查,不符合规定的,审查员应当发出视为未提出通知书;符合规定的,审查员应当发出手续合格通知书,并将有关事项分别在专利登记簿和专利公报上登记和公告。该声明自登记、公告后生效。放弃专利权的生效日为手续合格通知书的发文日。专利权人无正当理由不得要求撤销放弃专利权的声明。除非在专利权非真正拥有人恶意要求放弃专利权后,专利权真正拥有人(应当提供生效的法律文书来证明)可要求撤销放弃专利权声明。

专利权终止后,受该项专利权保护的发明创造便成为全社会的共同财富,任何人都可以自由而无偿地使用。专利权期限届满依法终止的,专利局应当通知专利权人,并在专利登记簿和专利公报上分别予以登记和公告。之后,将专利申请案卷存入失效案卷库管理,并且至少再保存3年。

7.4.3 专利权的无效

为了纠正国家专利行政部门可能作出的错误授权,便于社会公众监督,专利法不仅规定了撤销专利权程序,同时又规定了无效宣告程序。这两个程序都发生在公告授权之后,被宣告无效的专利权视为从申请日起即不存在。

7.4.3.1 专利权无效的概念

所谓专利权无效,是在专利权授予之后,被发现其具有不符合专利法中有关授予专利权的条件,并经专利复审委员会复审确认并宣告其无效的情形。被宣告无效的专利权视为自始不存在。

设置无效程序和撤销程序的目的是一样的,但这两个程序有区别。首先,无效程序自专利局授权公告日起满6个月后提出,且专利权终止后也可以提出无效宣告请求。其次,请求宣告无效的理由不仅包括了请求撤销的全部理由,而且还包括公开不充分;修改超出原始公开范围;同样的发明创造重复授权;被授予发明创造专利权的人不是最先申请的人等理由。

无效宣告请求人或专利权人对专利复审委员会关于维持专利权或宣告专利权无效的决定不服的,还可以向人民法院起诉。

7.4.3.2 专利权无效的情形

根据《专利法实施细则》第六十四条的规定,专利权"无效宣告请求的理由"即导致专利权无效的"情形",包括以下几个方面:

(1) 主题不符合专利授予条件的情形:发明、实用新型的主题不具备新颖性、创造性或实用性;外观设计专利的主题不具备新颖性或者与他人在先取得的合法权利相冲突。

(2) 专利申请中的不合法情形:说明书没有充分公开发明或者实用新型;授权专利的权利要求书没有以说明书为依据;专利申请文件的修改超出规定的范围;专利权的主题不符合发明、实用新型或外观设计的定义;同时申请的协商授权原则;授权专利的权利要求书不清楚、不简明或者缺少解决其技术问题的必要技术特征。

(3) 违反法律强制性规定的情形:包括违反国家法律、社会公德或者妨害公共利益的情形;科学发现等法律规定不授予专利权的情形。

(4) 重复授权的情形:两个以上的申请人分别就同样的发明创造申请专利的,专利权授予最先申请的人,即一个发明创造只向一个人(最先申请的人)授予专利权。发明、实用新型和外观设计出现上述情形不能取得专利权,已经取得专利权的,可以宣告其无效。

在下列情况下,复审委员会不受理当事人的无效宣告请求:(1) 专利权无效宣告请求书不符合法律规定的;(2) 在专利复审委员会就无效宣告请求作出决定后,又以同样的理由和证据请求无效宣告的;(3) 以授予专利权的外观设计与他人在先取得的合法权利相冲突为理由请求宣告外观设计专利权无效,但是未提交生效的能够证明权利冲突的处理决定或者判决的。

7.4.3.3 申请宣告专利无效的程序

自专利局公告授予专利权之日起,任何单位或者个人认为该专利权的授予不符合专利法有关规定的,都可以请求专利复审委员会宣告该专利权无效或者部分无效。无效请求人自提出无效宣告请求之日起1个月内补充理由和提交新的证据,否则,可以不予考虑。无效请求人自提出无效宣告请求之日起 1 个月内缴纳无效宣告请求费。请求人委托专利代理机构而未向专利复审委员会提交委托书或者未写明委托权限的,请求人在收到通知书之日起 7 日内补正。专利权人自收到"无效宣告请求受理通知书"之日起 1 个月内答复。

向专利复审委员会提交无效宣告请求书,无效宣告请求书及其附件应当一式两份。无效宣告请求书中应当明确无效宣告请求范围。

请求人应当具体说明无效宣告理由,提交有证据的,应当结合提交的所有证据具体说明。对于发明或者实用新型专利需要进行技术方案对比的,应当具体描述涉案专利和对比文件中相关的技术方案,并进行比较分析;对于外观设计专利需要进行对比的,应当具体描述涉案专利和对比文件中相关的图片或者照片表示的产品外观设计,并进行比较分析。

无效宣告请求的审查程序包括形式审查、合议审查和无效宣告请求审查决定三个阶段。

专利复审委员会把文件副本送交专利权人,要求专利权人在指定期限答复,答复时可以修改其权利要求书,但修改不得扩大原专利的保护范围,同时受以下两个条件限制:只有发明专利权人和实用新型专利权人才可以修改专利申请文件,外观设计的专利权人不得修改其专利申请文件;修改的专利文件仅为权利要求书,而不能修改说明书。专利权人不答复的不影响审理进行。

专利复审委员会对无效请求所作出的决定任何一方如有不服的,可以在收到通知之日起 3 个月内向人民法院起诉。

【思考】专利无效宣告请求审查程序原则有哪些?

专利无效宣告请求审查程序原则主要包括:

(1) 合法原则。专利复审委员会应当依法行政,复审请求案件(简称复审案件)和无效宣告请求案件(简称无效宣告案件)的审查程序和审查决定应当符合法律、法规、规章等有关规定。

(2) 公正执法原则。专利复审委员会以客观、公正、准确、及时为原则,坚持以事实为根据,以法律为准绳,独立地履行审查职责,不徇私情,全面、客观、科学地分析判断,作出公正的决定。

(3) 请求原则。复审程序和无效宣告程序均应当基于当事人的请求启动。请求人在专利复审委员会作出复审请求或者无效宣告请求审查决定前撤回其请求的,其启动的审查程序终止;但审查决定的结论已宣布或者书面决定已经发出之后撤回请求的,不影响审查决定的有效性。

(4) 依职权审查原则。专利复审委员会可以对所审查的案件依职权进行审查,而不受当事人提出的理由、证据的限制。

(5) 听证原则。在作出审查决定之前,应当给予审查决定对其不利的当事人针对审查决定所依据的理由、证据和认定的事实陈述意见的机会,即审查决定对其不利的当事人已经通过通知书、转送文件或者口头审理被告知过审查决定所依据的理由、证据和认定的事实,并且具有陈述意见的机会。在作出审查决定之前,在已经根据人民法院或者地方知识产权管理部门作出的生效的判决或者调解决定变更专利申请人或者专利权人的情况下,应当给予变更后的当事人陈述意见的机会。

(6) 公开原则。除了根据国家法律、法规等规定需要保密的案件(包括专利申请人不服初审驳回提出复审请求的案件)以外,其他各种案件的口头审理应当公开举行,审查决定应当公开出版发行。

(7) 合议审查原则。专利复审委员会合议审查的案件,应当由三或五人组成的合议组负责审查,其中包括组长一人、主审员一人、参审员一或三人。

7.4.3.4 专利无效宣告的后果

专利权被宣告无效后,专利权视为自始即不存在。宣告专利权无效的决定,对在宣告专利权无效前人民法院作出并已执行的专利侵权的判决、裁定,已经履行或者强制执行的专利侵权纠纷处理决定,以及已经履行的专利实施许可合同和专利权转让合同,不具有追溯力。但是因专利权人的恶意给他人造成的损失,应当给予赔偿。如果依照上述规定,专利权人或者专利权转让人不向被许可实施专利人或者专利权受让人返还专利使用费或者专利权转让费,明显违反公平原则,专利权人或者专利权转让人应当向被许可实施专利人或者专利权受让人返还全部或者部分专利使用费或者专利权转让费。

【讨论】专利侵权诉讼中被告如何行使专利权无效的抗辩?

7.5 专利权人的义务

权利与义务相对应,没有无权利的义务,也没有无义务的权利。专利人权在享有法定权利的同时,应当承担相应的法律义务,主要包括公开发明内容的义务和缴纳年费的义务。另外还涉及在先专利权益保护问题。

7.5.1 公开发明内容的义务

专利权人应当公开发明内容,这一方面是审查专利申请,便于社会监督其新颖性,以及确定权利范围的客观要求;另一方面是他人了解专利内容,利用专利技术的客观需要。发明或者实用新型专利权的保护范围以其权利要求的内容为准,说明书及附图可以用于解释权利要求;外观设计专利权的保护范围以表示在图片或者照片中的该外观设计专利产品为准。如果专利权人不充分公开发明内容,其发明就得不到法律的保护,他人也就无法利用专利。

7.5.2 缴纳年费的义务

专利年费是在专利权被授予后的期间内,专利权人为维持其专利权的有效性而在每年都应当缴纳的费用。缴纳专利年费是专利权人应当履行的义务。逾期不缴纳年费的,专利权即告终止,专利技术将成为社会公用技术,任何人都可以免费、自由使用。

缴纳年费,一方面是由于国家为专利权人提供了服务和法律保护,另一方面是由于专利年费可以作为经济杠杆促使专利权人尽快地利用专利。

专利申请人在收到授予专利权的通知后两个月内应当办理登记手续,缴纳登记费和当年的年费。期满未按规定缴纳的,视为放弃取得专利权的权利。此后每年的年费应当在前一年度期满前一个月内预先缴纳。专利年度从申请日起算,与优先权日、授权日无关,与自然年度也没有必然联系。

年费的数额与发明创造本身的价值大小无关,而与专利种类有关,也与缴纳年费的年度有关。在三种专利类型中,发明专利的年费最高,实用新型专利和外观设计专利的年费相同。对同一类别的专利权来说,应当缴纳的年费数额相同,年费的数额随保护时间的延续而递增,实行递进制。各年度年费按照收费表中规定的数额缴纳。

专利费用可直接向国家知识产权局缴纳,也可以通过邮局或银行汇付。应当写明正确的专利申请号或专利号,以及所缴纳费用的名称(例如年费和滞纳金)。通过银行或邮局缴纳费用的,应尽可能提前缴纳。专利权人缴纳年费的义务也可以由他人代为履行。

专利权人未按时缴纳年费(不包括授予专利权当年的年费)或者缴纳的数额不足的,可以在年费期满之日起六个月内补缴,补缴时间超过规定期限但不足一个月时,不缴纳滞纳金。补缴时间超过规定时间一个月或以上的,缴纳按照下述计算方法算出的相应数额的滞纳金:

(1) 超过规定期限一个月(不含一整月)至两个月(含两个整月)的,缴纳数额为全额年费的 5%;

(2) 超过规定期限两个月至三个月(含三个整月)的,缴纳数额为全额年费的 10%;

(3) 超过规定期限三个月至四个月(含四个整月)的,缴纳数额为全额年费的 15%;

(4) 超过规定期限四个月至五个月(含五个整月)的,缴纳数额为全额年费的 20%;

(5) 超过规定期限五个月至六个月的,缴纳数额为全额年费的 25%。

凡在六个月的滞纳期内补缴年费或者滞纳金不足需要再次补缴的,应当依照再次补缴年费或者滞纳金时所在滞纳金时段内的滞纳金标准,补足应当缴纳的全部年费和滞纳金。

凡因年费和/或滞纳金缴纳逾期或者不足而造成专利权终止的,在恢复程序中,除补缴年费之外,还应当缴纳或者补足全额年费 25% 的滞纳金。

专利年费滞纳期满仍未缴纳或者缴足专利年费或者滞纳金的,自滞纳期满之日起两个月后审查员应当发出专利权终止通知书。专利权人未启动恢复程序或者恢复权利请求未被批准的,专利局应当在终止通知书发出四个月后,在专利公报上公告。并将专利申请文档转入失效文档库。

【思考】什么是在先专利权益的保护,在先权益的保护有哪些?

我国《专利法》第二十三条规定:授予专利权的外观设计,应当同申请日以前在国内外出版物上公开发表过或者国内公开使用过的外观设计不相同和不相近似,并不得与他人在先取得的合法权益相冲突。

在先权益的保护,主要是针对在先申请取得的专利权和在后申请取得的专利权的利益冲突,体现在以下三个方面:(1) 因重复授权引起两个专利权人之间的利益冲突。重复授权是指两个以上相同主题的发明创造,其技术特征也基本相同,分别申请专利并都获得了专利权。(2) 因从属专利而引起的权利冲突。从属专利,是指在后申请的发明创造或者实用新型专利是对另一项在先申请专利进行改进,它是在采用在先专利的同时,增加了新的内容,其保护范围完全落入在先申请的保护范围之内,但又合法取得了专利权。(3) 其他类型知识产权与专利权之间的冲突。主要表现在商标权、著作权、企业名称权、知名商品特有包装、装潢使用等与外观设计专利权的冲突。

7.6 专利权的限制

专利权限制,是指第三人在符合法律规定的条件下以及国家在出现紧急情况时,可以不经专利权人许可而实施其专利技术的法律制度。具体表现为专利权的合理使用和专利强制许可。

7.6.1　专利权的合理使用

所谓专利权的合理使用,是指在法定的情形下,未经专利权人许可、未向专利权人支付使用费而使用专利技术且不构成侵犯专利权的行为。

根据我国《专利法》的规定,专利权的合理使用包括以下情形:

(1) 权利用尽后的使用、许诺销售或销售。即专利产品或者依照专利方法直接获得的产品售出后,使用、许诺销售或者销售该产品的,不构成侵犯专利权。

(2) 先用权人的制造与使用。即在专利申请日前已经制造相同产品、使用相同方法或者已经作好制造、使用的必要准备,并且仅在原有范围内继续制造、使用的,不构成侵犯专利权。

(3) 外国临时过境交通工具上的使用。即临时通过中国领陆、领水、领空的外国运输工具,依照国际条约,或者依照互惠原则,为运输工具自身需要而在其装置和设备中使用专利的,不构成侵犯专利权。

(4) 非生产经营目的利用。即为科学研究和实验目的而使用有关专利的,不构成侵犯专利权。

(5) 为提供行政审批所需要的信息,制造、使用、进口专利药品或者专利医疗器械而使用有关专利的,以及专门为其制造、进口专利药品或者专利医疗器械而使用有关专利的,不构成侵犯专利权。

【思考】如何理解专利权在先使用权?

所谓专利权的在先使用权,是指行为人在专利申请日前已经制造相同产品、使用相同方法或者已经作好制造、使用的必要准备,并且仅在原有范围内继续制造、使用的,其行为按照专利法规定不视为侵权。行为人援用在先使用权抗辩应当符合如下条件:

(1) 行为人必须由实施或准备相同专利技术的行为,即已经开始制造与专利产品相同的产品、使用与专利方法相同的方法,或者为上述制造或使用而做好了必要的准备。

(2) 上述制造、使用行为或为制造使用行为所做的准备工作必须是在该专利的申请日之前已经进行,并且应当一直延续到申请日后。如果在申请日前虽然已经制造、使用或为制造使用进行准备,但在申请日前已经停止上述行为的,仍不能以此作为在先使用抗辩理由。

(3) 实施应当仅限于原来的规模。在先使用人在原来的规模范围内继续制造或使用专利所保护的产品或方法,不视为侵权。超出原来范围实施专利的,超出的部分视为侵权。

7.6.2　专利强制许可

7.6.2.1　专利强制许可的概念

专利强制许可,又称为专利非自愿许可,是指国务院专利行政部门根据单位或者个人的申请,在未经专利权人同意的情况下,依照法律规定允许申请单位或者个人实施某项专利的一种行政措施。强制许可的目的是为了促进获得专利的发明创造得以实施,防止专利权人滥用专利权,维护国家利益和社会公共利益。

7.6.2.2 专利强制许可的分类

我国《专利法》规定了三种强制许可：

1. 未在合理长时间取得使用权的强制许可

根据我国《专利法》第四十八条规定："具备实施条件的单位以合理的条件请求发明或者实用新型专利权人许可实施其专利，而未能在合理长的时间内获得这种许可时，国务院专利行政部门根据该单位的申请，可以给予实施该发明专利或者实用新型的强制许可。"

批准这一类型的强制许可，应当具备以下条件：第一，请求人必须是具备实施条件，也就是具备生产、制造、销售专利产品或使用专利方法的基本条件；第二，请求人必须曾以合理条件与专利权人就实施其专利进行过协商，合理的条件主要是关于使用费的支付、技术服务等双方需履行的基本义务；第三，专利实施的强制许可的请求必须自专利权被授予之日起满 3 年且自提出申请之日起满四年无正当理由未实施或者未充分实施其专利；第四，申请实施强制许可的对象只能是发明或者实用新型专利，而不能是外观设计专利；第五，请求人没有在合理长的时间内获得专利权人的许可，提出强制许可请求的单位必须出具未能在合理长的时间内以合理的条件与专利权人签订实施许可合同的证明；第六，这种强制许可，应当限定其实施主要是为供应国内市场的需要；第七，强制许可涉及的发明创造是半导体技术的，强制许可实施仅限于公共的非商业性使用，或者经司法程序或者行政程序确定为反竞争行为而给予救济的使用。

2. 为国家利益或公共利益的需要给予的强制许可

在国家出现紧急状态或非常情况时，或者为了公共利益的目的，国务院专利行政部门可以给予实施发明专利或实用新型专利的强制许可。

公共利益强制许可包括如下情形：一是在国家出现紧急情况或非常情况时，如发生战争、自然灾害等情况；二是为了公共利益的需要，即指出于国防、国民经济和公共健康的需要，譬如对于某先进武器的发明专利、治理污染的发明专利、某种可以有效防治某疾病的发明专利等。

规定公共利益强制许可的目的是为了防止专利权人滥用专利权。与具有实施条件的单位请求国家知识产权局实施专利实施许可不同，国家知识产权局给予公共利益强制许可的同时应当指定具有实施条件的单位实施该专利技术。

3. 从属专利的强制许可

从属专利的强制许可是基于专利间的依赖关系授予的。根据我国《专利法》第五十一条规定，一项取得专利权的发明或者实用新型以前已经取得专利权的发明或者实用新型具有显著经济意义的重大技术进步，其实施又有赖于前一发明或者实用新型的实施的，国务院专利行政部门根据后一专利权人的申请，可以给予实施前一发明或者实用新型的强制许可。在依照上述规定给予实施强制许可的情形下，国务院专利行政部门根据前一专利权人的申请，也可以给予实施后一发明或者实用新型的强制许可。

7.6.2.3 专利强制许可的条件

专利强制许可的前提条件包括以下几项：(1) 必须是为了不使专利妨碍第三方的合法利益而进行的限制；(2) 这种限制不能与专利的正常使用冲突（包括不能损害专利"被许可使用人"的利益）；(3) 这种限制不能够不合理地损害专利权人的利益。

专利强制许可的限制条件包括以下几项:(1) 对强制许可(或者政府使用),必须"个案处理",不能把某一个强制许可证的授予经验,作为常规或通则普遍使用。(2) 在申请或批准强制许可证之前,应当参考伯尔尼公约附件中关于版权强制许可证的规定。因为,知识产权协议基本上把伯尔尼公约中的颁发强制许可证的条件借用到专利强制许可制度中来了,只是增加了"国家紧急状态"及"其他特别紧急情况"。(3) 如果有关专利涉及半导体技术,则颁发强制许可证的限制更多。(4) 一切强制许可证,都只能是"非专有"的、"非独占"的。这就是说,在政府强制许可第三方使用某项专利的内容之后,该专利人本人仍有权自己使用,或通过合同许可其他人使用。(5) 强制许可证一般不得转让,除非与企业或企业的商誉一道转让。(6) 使用强制许可证制作出的产品,主要供应国内市场。(7) 一旦导致强制许可的条件消失并且不会再发生,则应当停止使用。(8) 对于强制性地许可"依赖型专利"的情况,应当受到更多限制。(9) 法定交叉许可证制度。交叉许可制度有利于防止"第一专利"权人及"第二专利"权人双方(尤其是防止后者)不合理地阻止对方实施相关专利。这一规定虽然与"强制许可"并收在一条中,但实质属于"法定许可"。一般讲来,强制许可制度可以由公众中不确定的人利用,"法定许可制度"只能由确定的人(第一或第二专利所有人之一)去利用。(10) 所有"非自愿许可",都须支付使用费,不得无偿使用。(11) 凡作出非自愿许可的决定,均须为权利人提供要求复审的机会,对于非自愿许可场合支付使用费的数额,也应提供复审的机会(司法复审和行政复审)。

7.6.2.4 专利强制许可的程序

根据我国《专利法》及其实施细则和专利实施强制许可办法的规定,强制许可的主要程序包括以下四点:

首先是请求。提出请求的主体根据其原因和法律依据的不同而有所不同:因为专利权人不给予许可而依照《专利法》第四十八条提出请求的,由有关单位提出;因为国家紧急情况或者非常情况而依照《专利法》第四十九条提出请求的,由国务院有关主管部门提出。请求应提交的文件主要是强制许可请求书。如果是依照《专利法》第四十八条的规定提出请求,请求人还应当在提出请求之日起一个月内缴纳强制许可请求费 300 元(针对发明专利)或者 200 元(针对实用新型专利)。如果是由国务院有关主管部门提出请求,则不需要缴纳请求费。

其次是受理及转送文件。国家知识产权局收到请求书后对文件进行格式审查。符合规定的,将请求文件副本转送专利权人,要求其在指定的期限陈述意见。

再次是审查并作出决定。国家知识产权局受理强制许可请求的,应当对请求人陈述的理由和提交的有关证明文件进行审查。经审查,没有发现驳回理由(如请求人不符合《专利法》的规定,请求的理由不成立)的,就应当作出强制许可决定,并送达请求人和专利权人。如果是具有实施条件的单位依据《专利法》第四十八条提出强制许可请求的,专利权人或者请求人均可要求国家知识产权局进行听证。但如果是国务院有关主管部门提出强制许可请求的,则不需要进行听证。

最后是救济程序。请求人对驳回强制许可请求的决定不服的,或者专利权人对给予强制许可的决定,均可以自收到通知之日起 3 个月内向法院起诉。

7.6.2.5 专利强制许可的终止

根据我国《专利实施强制许可办法》的规定,给予专利强制许可的决定中规定的强制许可期限届满时,强制许可自动终止,由国家知识产权局在专利登记簿上登记并在国家知识产权局专利公报、政府网站和中国知识产权报上予以公告。此外,对于给予强制许可的决定规定的强制许可期限届满前,强制许可的理由消除并不再发生的,专利权人则可以请求国家知识产权局作出终止强制许可的决定。请求终止强制许可的,应当提交终止强制许可请求书,写明下列各项:

(1) 专利权人的姓名或者名称、地址。

(2) 专利权人的国籍或者其总部所在的国家。

(3) 被请求终止的给予强制许可的决定的文号。

(4) 请求终止强制许可的理由和事实。

(5) 专利权人委托专利代理机构的,应当注明的有关事项;专利权人未委托专利代理机构的,其联系人的姓名、地址、邮政编码及联系电话。

(6) 专利权人的签字或者盖章;委托代理机构的,还应当有该专利代理机构的盖章。

(7) 附加文件清单。

【思考】能否请求裁决专利强制许可使用费?

可以请求国家知识产权局裁决强制许可使用费。但应当符合下列条件:(1) 给予强制许可的决定已公告;(2) 请求人是专利权人或者取得实施强制许可的单位或者个人;(3) 双方经协商不能达成协议。

请求裁决专利强制许可使用费的程序如下:(1) 请求人向国家知识产权局提交请求书,并自提出请求之日起 1 个月内缴纳强制许可使用费的裁决请求费;逾期未缴纳或者未缴足的,该请求视为未提出。(2) 对符合《专利法》《专利法实施细则》及《专利实施强制许可办法》规定的强制许可使用费裁决请求,国家知识产权局应当将请求书副本送交对方当事人,对方当事人应当在指定期限内陈述意见。期满未答复的,不影响国家知识产权局作出决定;强制许可使用费裁决过程中,当事人双方可以提交书面意见。国家知识产权局可以根据案情需要听取当事人双方的口头意见。(3) 请求人可以随时撤回其裁决请求。请求人在国家知识产权局作出决定前撤回其裁决请求的,裁决程序终止。(4) 国家知识产权局应当自收到请求书之日起 3 个月内作出强制许可使用费的裁决决定,并将强制许可使用费裁决决定应当及时通知双方当事人。(5) 专利权人和取得实施强制许可的单位或者个人对强制许可使用费的裁决决定不服的,可以自收到通知之日起 3 个月内向人民法院起诉。

7.7 专利转让与专利许可

专利转让和专利许可是专利技术贸易的主要模式。其中,专利许可包括普通实施许可、独占实施许可、排他实施许可、分售实施许可、交叉实施许可等类型。

7.7.1 专利申请权转让

7.7.1.1 专利申请权转让的概念

专利申请权转让,是指专利申请人将国家知识产权局已接收但仍未授权的专利依法转让给他人的行为。需要注意的是,专利申请权转让后,让与人转让的只是受让人有权针对此专利继续进行申请的权利,不能从根本上保证受让人未来一定能够成为受让发明创造的专利权人。

一项发明创造的专利申请权转让后,让与人不能再就同一发明创造自己提出专利申请,也无权再将该发明创造的专利申请权转让给第三人;在受让人专利申请被驳回之前,让与人不得将该发明创造用于营利性的生产活动,但以非营利为目的的善意使用,不受限制,如利用该发明创造为科学研究和实验服务。

7.7.2.2 专利申请权转让的条件

《专利法》规定,转让专利申请权的,当事人必须订立书面合同,经专利局登记和公告后生效。书面形式和登记及公告是专利申请权转让合同生效的法定条件,未签订书面形式或未经专利局登记和公告的,专利权转让合同不受法律保护。

7.7.2.3 专利申请权转让的程序

专利申请权进行转让,首先应签订转让合同,然后到专利局办理登记手续,并由专利局公告,合同自登记之日起生效。

(1) 签订转让合同。专利申请权转让合同,是指转让方将其发明创造申请专利的权利转让给受让方,而受让方支付约定的价款所订立的合同。专利申请权转让合同的主要条款包括:合同名称、发明创造名称、发明创造种类、发明人或者设计人、技术情报和资料清单、专利申请被驳回的责任、价款及其支付方式、违约金损失赔偿额的计算方法、争议的解决办法等。

(2) 到专利局办理登记手续,并由专利局公告,合同自登记之日起生效。

(3) 若专利申请人为两个或者两个以上的人,专利申请权的转让必须经全体权利人同意;中国单位或者个人向外国人转让专利申请权或者专利权的,必须经国务院对外经济贸易主管部门会同国务院科学技术行政部门批准。

对于已在国家知识产权局登记的专利申请权转让,可以请求国家知识产权局出具"专利申请权转让证明"。专利申请权转让证明只向专利申请的权利人出具。

7.7.2.4 专利申请权转让需要提交的资料

办理专利申请权转让证明需交纳相应费用并根据以下情况提交相应文件:

(1) 申请人或代理人办理专利申请权转让证明的,需提交申请人或代理机构签章的"办理文件副本请求书"。

(2) 申请人当面办理的,需提供本人身份证明。委托他人办理的,需要提供经办人身份证明、委托关系证明和申请人身份证明。

(3) 申请人以邮寄方式办理的,需要提交申请人身份证明。申请人委托他人以邮寄方式办理的,需要提交委托关系证明、经办人身份证明和申请人身份证明。

7.7.2 专利权转让

7.7.2.1 专利权转让的概念

专利权转让,是指专利权人将其专利权转让给他人,即专利权人作为转让方,将其发明创造专利的所有权或将持有权移转受让方,受让方支付约定价款取得专利权成为新的合法专利权人的行为。

7.7.2.2 专利权转让的条件

《专利法》规定,转让专利权的,当事人必须订立书面合同,经专利局登记和公告后生效。书面形式和登记及公告是专利权转让合同生效的法定条件,未签订书面形式或未经专利局登记和公告的专利权转让合同不受法律保护。

7.7.2.3 专利权转让的途径

专利权转让的途径主要有三:

一是参加各类技术展会。参与各类专利技术新产品展览会、洽谈会、交易会等技术交易活动的信息,并在各类技术交易活动中发布和推广技术。各类技术交易活动是推广自己专利产品的重要途径,尽量选择项目、技术、资金都有参与的展会推广专利技术。

二是自行转让。专利权人通过媒体等方式进行专利宣传,自行与投资商洽谈,促进科技成果转化。尽量选择全国发行的经济信息类媒体以及网络媒体,提高宣传效果,增强转让效果。

三是委托中介机构。专利权人可以委托国家正规、有资质的中介公司转让其专利权。

7.7.2.4 专利转让的程序

进行专利权转让时应按以下程序进行:

(1) 提交双方法定代表人签章的专利权转让合同书、专利权人和受让人的身份证明、专利证复印件和法律状态证明书、与原代理机构的解聘书及受让人新的代理委托书、工商变更证明材料原件;

(2) 国家知识产权局收取著录事项变更费(目前是 200 元/件);

(3) 国家知识产权局专利局在 3~5 个月内审查完成并予以登记公告;

(4) 专利权转让自国家知识产权局登记公告文之日起生效。

7.7.2.5 专利转让登记流程

专利转让登记流程是:签署转让合同—提交材料—受理—审查—审定—批准—告知。查通过经批准的,制作审批文书,通知申请单位;审查未通过或未经批准的,以书面形式告知报审单位并说明理由,同时告知申请人相关权利和救济办法。

向外国人转让专利,有特殊规定:(1) 若待转让的专利申请权或者专利权涉及禁止类技术,根据《技术进出口管理条例》的规定予以禁止,不得转让。(2) 若待转让的专利申请权或者专利权涉及限制类技术,当事人应当按照《技术进出口管理条例》的规定办理技术出口审批手续;获得批准的,当事人凭《技术出口许可证》到国家知识产权局办理转让登记手续。(3) 若待转让的专利申请权或者专利权涉及自由类技术,当事人应当按照《技术出口管理条例》和《技术进出口合同登记管理办法》的规定,办理技术出口登记手续;经登记的,当事人凭国务院商务主管部门或者地方商务主管部门出具的《技术出口合同登记证书》到国家知识产权局办理转让登记手续。

【讨论】专利转让需要注意哪些问题?

7.7.2.6 专利转让费的结算方法

专利转让费的结算方法,一般有三种:一次性结算、提成、固定与提成相结合。

"一次性结算"是指签订转让合同后,按合同所定的价格,由被许可方(受让方)一次性向许可方(专利权人)支付转让费。

"提成"分固定提成和滑动提成两种,"固定提成"即是把合同产品的生产数量或者净销售额人为地固定在某一个数字上(不管实际的生产数量或净销售额是多是少),在提成所限内每年按这个数字提成;"滑动提成"就是按照每年实际生产出来的产品数量或实际的净销售额提成。

"固定与提成相结合"中"固定"的部分叫初付费,也叫"入门费",这部分费用在合同生效后就要立即支付;"提成"部分要在项目投产后在合同约定的年限内支付,方法同"提成"。

7.7.2.7 专利转让的手续和资料

专利权也是一种财产权。根据《专利法》第十条规定,"专利申请权和专利权都可以转让"。专利申请权或专利权的转让需履行的手续:(1)我国个人或单位(包括全民所有制和集体所有制单位)向外国转让专利申请权或专利权的,必须经国家专利管理机关批准;(2)专利申请权或者专利权的转让人要与受让人共同签署一份书面的、符合专利法及有关法律的"转让合同";(3)必须到专利管理部门申请办理认定、登记手续;(4)应向国家专利管理机关提交"转让合同"和"著录项目变更申报书",同时缴纳费用。国家专利管理机关在专利公报上予以公告后,此项专利申请权或专利权的转让才正式生效。

专利转让需要提供的资料包括:(1)著录事项变更申报书;(2)转让合同或者转让合同的公证书;(3)解聘代理机构的声明。

7.7.3 专利转让合同

专利转让必须签订书面合同。专利权转让合同属于技术转让合同的一种,是指专利权人(让与方)将其所拥有或者所持有的发明创造专利权转让给受让方所拥有或者所持有,受让方支付约定价款所订立的合同。

7.7.3.1 专利转让合同的内容

《合同法》第三百二十四条第二款规定:"技术合同涉及专利的,应注明发明创造的名称、专利申请人、专利权人、申请日期、申请号、专利号及专利的有效期限。"根据相关规定,专利权转让合同除应具备《合同法》第三百二十四条规定的内容外,还应具备以下内容:

(1)项目名称。项目名称应载明某项发明、实用新型或外观设计专利权转让合同。

(2)发明创造的名称和内容。应当用简洁明了的专业术语,准确、概括地表达发明创造的名称,所属的专业技术领域,现有技术的状况和本发明创造的实质性特征。

(3)专利申请日、专利号、申请号和专利权的有效期限。

(4)专利实施和实施许可的情况。如果专利权转让合同是在转让方或与第三方订立了专利实施许可合同之后订立的,那么就应载明转让方是否继续实施或已订立的专利,实施许可合同的权利义务如何转移等。

(5)与专利有关的技术资料的详细清单。至少应包括发明说明书、附图以及技术领域一般专业技术人员能够实施发明创造所必须其他技术资料。

(6)转让价款和支付价款的地点、方式、时间。

(7)违约责任、损失赔偿数额的计算方式。

(8)争议解决的办法。当事人愿意在发生争议时,将其提交双方信任的仲裁机构仲的应在合同中明确仲裁机构。明确所共同接受的技术合同仲裁,该条款具有排除司法管辖的效力。

依据《合同法》第三百二十四条第二款的内容,还可以把与专利有关的技术背景资料、可行性论证、技术评价、技术标准、技术规范及其他相关文档列入合同附件,作为合同的一个组成部分。

7.7.3.2 专利转让合同的效力

根据民法、合同法的基本原理及专利法的相关规定,专利转让合同的效力情形包括:

(1) 依法成立的合同,自成立时生效。法律、行政法规规定应当办理批准、登记等手续生效的,依照其规定。

(2) 当事人对合同的效力可以约定附条件。附生效条件的合同,自条件成就时生效。附解除条件的合同,自条件成就时失效。当事人为自己的利益不正当地阻止条件成就的,视为条件已成就;不正当地促成条件成就的,视为条件不成就。

(3) 当事人对合同的效力可以约定附期限。附生效期限的合同,自期限届至时生效。附终止期限的合同,自期限届满时失效。

(4) 限制民事行为能力人订立的合同,经法定代理人追认后,该合同有效,但纯获利益的合同或者与其年龄、智力、精神健康状况相适应而订立的合同,不必经法定代理人追认。相对人可以催告法定代理人在一个月内予以追认。法定代理人未作表示的,视为拒绝追认。合同被追认之前,善意相对人有撤销的权利。撤销应当以通知的方式作出。

(5) 行为人没有代理权、超越代理权或者代理权终止后以被代理人名义订立的合同,未经被代理人追认,对被代理人不发生效力,由行为人承担责任。相对人可以催告被代理人在一个月内予以追认。被代理人未作表示的,视为拒绝追认。合同被追认之前,善意相对人有撤销的权利。撤销应当以通知的方式作出。

(6) 行为人没有代理权、超越代理权或者代理权终止后以被代理人名义订立合同,相对人有理由相信行为人有代理权的,该代理行为有效。

(7) 法人或者其他组织的法定代表人、负责人超越权限订立的合同,除相对人知道或者应当知道其超越权限的以外,该代表行为有效。

(8) 无处分权的人处分他人财产,经权利人追认或者无处分权的人订立合同后取得处分权的,该合同有效。

【思考】专利许可合同的具体条款有哪些?

专利许可合同通常有以下条款:

①前言。

②合同术语定义。

③合同的标的。指技术范围的确定和说明,写明专利的种类、名称、申请日、批准日、有效期等。

④费用的支付。分为一次总算支付、提成费(按销售金额或利润确定提成比例)、入门费加提成费(签订合同后,预付一笔费用,然后每年再按销售金额或利润来提成)、技术入股(专利权人以其专利技术作为股份投入,利益共享、风险共担)。

⑤技术资料的交付。规定技术资料的范围、交付时间、地点、验收方法。

⑥技术改进成果的分享。签约后一方对该专利技术的改进,其成果归谁所有及另一方的利益问题。

⑦技术服务和人员培训。被许可方获得技术资料后可能无法制造出合格产品,还须许可方提供培训、指导等。

⑧保密条款。主要涉及技术秘密,被许可方应对许可方负有保密的义务。

⑨担保条款。双方各自互相给予对方履行合同的许诺。

⑩争议的解决。规定双方发生争议后的解决办法。

⑪违约条款。对不履行或不按时履行合同等违约的处理。

⑫合同的生效日、有效期限、终止及延期。

7.7.3.3 专利转让合同的无效

有下列情形之一的,专利转让合同无效:

(1) 一方以欺诈、胁迫的手段订立合同,损害国家利益;
(2) 恶意串通,损害国家、集体或者第三人利益;
(3) 以合法形式掩盖非法目的;
(4) 损害社会公共利益;
(5) 违反法律、行政法规的强制性规定。

【思考】专利权转让合同在签订后至登记公告之间的效力如何?

《专利法》中规定了专利申请权和专利权可以转让。同时规定了转让专利申请权或者专利权的,当事人必须订立书面合同,经专利局登记和公告后生效。

在实践活动中,转让合同从双方签字到专利局登记和公告之间有一段时间,那么在这段时间内产生的法律问题应该如何处理,这就涉及转让合同是否生效的问题。按照《合同法》规定,合同自双方签字之日起生效。但由于专利申请本身的特点,专利申请或者专利权的转让应当经过专利局的登记、公告,以使公众了解该项专利权主体变更的法律状态。转让合同双方签字根据《合同法》虽然已经生效,但由于尚未公告,所以转让合同的效力不能对抗第三人,即受让人(新专利权人)暂不能以专利权人的身份行使专利权人的权利,如不能许可他人实施、不能阻止他人侵权等。只有经专利局登记、公告后,该转让合同才具有对抗第三人的效力,才是完全生效。而在此之前,该转让合同仅在当事人之间生效,因此可以说是部分生效。

7.7.4 专利许可

7.7.4.1 专利许可的概念

专利许可又称专利实施许可,是指专利权人允许他人在一定区域内、一定期限内以一定方式使用专利。专利许可是给予许可的专利权人为"许可方";接受许可的一方为"被许可方"。专利许可的作用一方面在于通过专利许可,企业可以收回研究开发的投入并取得最大的回报,使专利产生最大的市场价值;另一方面在于通过专利许可,科学技术成果得以推广应用,从而促进国家的技术创新,提高国家的科技竞争力。

专利许可通常以书面合同形式出现,这种合同被称作专利许可证、专利许可合同。它具有以下特征:以专利权的有效存在为前提,以转让专利实施权为内容,在时间上受到专利权期限的限制,在范围上受到专利权地域性的限制等。

专利许可不同于专利转让。专利转让是专利权人将其获得的专利权全部"转让"(出售)给他人的行为。在专利权转让中,转让专利权的一方为"转让方";接受专利权的一方为"受让方"。一旦发生专利权的转让,转让方就不再对该专利拥有任何权利;受让方即成为该专利的新的所有者,有权行使专利权的所有权利。

7.7.4.2 专利许可的方式

专利实施许可合同按照许可方所授予被许可方的实施权的大小,可以分为独占实施许可、独家实施许可和普通实施许可。

1. 独占实施许可

独占实施许可是专利许可的方式之一,指许可方授予被许可方在许可合同所规定的期限、地区或领域内对所许可的专利具有独占性实施权,许可方不得再将该项专利的同一实施内容许可给第三方,同时许可方本人也不能在上述期限、地区或领域内实施该项专利。

2. 排他实施许可

排他实施许可亦称独家许可,指许可方授予被许可方在一定的条件下实施其专利的权利,同时保证不再许可第三方在上述许可的范围内实施该项专利,但许可方自己仍保留实施该项专利的权利。

3. 普通实施许可

普通实施许可指许可方授予被许可方在许可合同规定的期限、地区或领域内实施该项专利的权利,同时许可方自己仍可以在上述范围内实施该项专利,并可以继续许可第三方在上述范围内实施该项专利。

4. 交叉实施许可

交叉许可是指两个专利权人以技术互惠交换的形式相互使用对方的专利。如果因为双方的技术交叉,一方为了实施其专利必须运用到另一方的专利,如改进发明方与原发明方,改进方要实施需要利用原发明,原发明方要发展也要使用改进的发明,此时原发明方和改进发明方就可以采取交叉实施许可方式。

5. 分许可

分许可又称从属许可,是指专利被许可方可以在许可方的同意下,以自己的名义许可第三方实施许可方专利的专利许可方式。分许可的条件必须在许可合同中予以说明,如未说明,即使是独占许可,也不能认为具有再许可权。

【讨论】各种专利许可方式的优劣点。

7.7.4.3 专利许可合同

在专利实施许可合同中首先应该注意的问题就是必须明确约定实施许可的形式,是普通、排他还是独占。其次,在订立专利实施许可合同时应该明确约定专利实施许可的范围,包括专利实施方式的限制;制造专利产品数量或使用专利方法次数的限制;实施期限和地域的限制。通常而言,专利许可证合同应包括以下条款:

(1) 前言:通常包括双方当事人的名称和地址,签订合同的地点与时间、双方交易的目的等。

(2) 定义。

(3) 合同的标的:指技术范围的确定和说明。写明专利的种类、名称、申请日、批准日、有效期等。

(4) 专利使用费及其支付方式:可分为:一次总算支付;提成费(按销售金额或利润确定提成比例);入门费加提成费(签订合同后,预付一笔费用,然后每年再按销售金额或利润来提成);技术入股(专利权人以其专利技术作为股份投入,利益共享、风险共担)。

(5) 技术资料的支付:规定技术资料的范围、交付时间、地点、验收方法。

(6) 技术改进:签约后一方对该专利技术的改进,其成果归谁所有及另一方的利益问题,双方应享有的权利和义务。

(7) 技术服务和人员培训:被许可方获得技术资料后可能无法制造出合格产品,还须许可方提供培训、指导等。

(8) 保密条款:主要涉及技术秘密,被许可方应对许可方负有保密的义务。

(9) 担保条款:双方各自互相给予对方履行合同的许诺,专利权无效或侵权的处理方法。

(10) 争议的解决:规定双方发生争议后的解决办法。

(11) 违约:对不履行或不按时履行合同等违约的处理。

(12) 合同的生效日、有效期限、终止及延期。

根据《专利法实施细则》第15条第2款的规定,专利权人与他人订立的专利实施许可合同,应当自合同生效之日起3个月内向国务院专利行政部门备案。因为按照有关规定经过备案的专利合同的受让人有以下权利,第一,可以对专利侵权行为向人民法院提出诉前停止侵权行为的申请;第二,可以提起侵权诉讼;第三,可以请求地方各级专利管理部门处理专利侵权纠纷。

【思考】专利实施许可合同为何要备案?

专利实施许可合同备案的必要性有以下几点:

(1) 国家知识产权局出具的专利实施许可合同备案证明是办理外汇、海关知识产权备案等相关手续的证明文件。

(2) 经过备案的专利实施许可合同的许可性质、范围、时间、许可使用费的数额等,可以作为人民法院、管理专利工作的部门进行调解或确定侵权纠纷赔偿数额时的参照。

(3) 已经备案的专利实施许可合同的受让人有证据证明他人正在实施或者即将实施侵犯其专利权的行为,如不及时制止将会使其合法权益受到难以弥补的损害的,可以向人民法院提出诉前责令被申请人停止侵犯专利权行为的申请,也可以依法请求地方备案管理部门处理。

(4) 最高人民法院《关于审理商标民事纠纷案件适用法律若干问题的解释》第十九条规定:"商标使用许可合同未经备案的,不影响该许可合同的效力,但当事人另有约定的除外。商标使用许可合同未在商标局备案的,不得对抗善意第三人。"

7.7.4.4 专利实施许可的费用

任何单位或者个人实施他人专利的,应当与专利权人订立书面实施许可合同,向专利权人支付专利使用费。

专利使用费的确定比较复杂,一般而言可以根据如下因素来考虑其数额:
(1) 专利权人研究开发专利技术的难易程度和费用大小。一般来说研究开发难度大、开发费用多的专利,其使用费相对比较高。
(2) 被许可人使用专利后所能获得的收益大小。收益大的,使用费高。
(3) 专利许可实施类型和实施期限。一般而言,独占实施许可的使用费比较高,普通实施许可的使用费比较低,而交叉实施许可有时互相不付使用费。
(4) 被许可人支付使用费的方式。根据《合同法》的规定,专利许可使用费的支付方式可以采取一次总算、一次总付的方式或者一次总算、分次支付的方式,也可以采用提成支付或提成支付加入门费的方式。在实践中,采用入门费和提成费结合是常用的支付方式。

7.7.5 专利转让合同纠纷

专利权转让合同依法成立,双方当事人都应依照合同约定完全行使其权利和履行其义务,受合同效力的约束,接受双方当事人的监督,但在合同实际履行过程中,双方当事人往往会发生违反合同约定的行为。

7.7.5.1 专利权转让人违约行为

(1) 未按合同约定的技术转让技术或或者未按合同约定全部转让技术;
(2) 实施专利超越合同约定的范围,违反合同约定或《合同法》第三百四十六条的规定,擅自允许第三人实施转让的专利,并收取费用;
(3) 延迟履行合同,延期办理转让手续;
(4) 逾期两个月不办理专利移交手续;
(5) 受让人按照合同约定实施专利引起侵害他人的合法权益;
(6) 合同签订时,该项专利权已被专利局宣告无效或者专利权有效期限届满。

7.7.5.2 专利权受让人的违约行为

(1) 不按合同约定支付使用费;
(2) 实施专利违反《合同法》第三百四十六条的规定,超越合同约定的范围,未经转让人同意,擅自许可第三人实施该项专利;
(3) 违反合同约定的支付价款的方式;
(4) 逾期两个月不支付价款。

对违反合同约定的行为,应支付违约金或赔偿由此而造成的实际损失,具体数额合同双方当事人可以协商约定,协商不一致的,可诉讼人民法院判决。

【讨论】专利权人常见的欺诈行为有哪些?专利受让人如何防范法律风险?

7.7.6 向外国人转让专利的法定程序

按照专利法规定,中国单位或者个人向外国人转让专利申请权或者专利权的,必须向国务院有关主管部门批准。按照专利法实施细则的规定,这里所指的由国务院对外经济贸易主管部门会同国务院科学技术行政部门批准。及其原因,就在于专利权涉及技术,而某些技术对国家的经济和科技利益具有重大意义,如果将这些技术转让给外国人而使得外国人对这些技术具有独占权,则可能对我国的科技和经济利益带来不利影响。

值得注意的是，这里所指的中国单位是指按照我国法律成立而具有我国国籍的单位，包括企业、集体所有制企业、股份有限公司、有限责任公司、私营企业和其他混合所有制企业，还包括依我国法律成立的中外合资企业、中外合作企业和外商独资企业；这里所指的外国人亦应当作广义的理解，即指所有不具有中国国籍的组织和个人，包括狭义上的外国人、无国籍人、外国企业和其他外国组织。

《专利法实施细则》第十四条规定，中国单位或者个人向外国人转让专利申请权或者专利权的，由国务院对外经济贸易主管部门会同国务院科学技术行政部门批准。就如何执行该规定的问题，经与商务部会商，现将按照《专利法实施细则》第十四条的规定办理向外国人转让专利申请权或者专利权的审批和登记事宜公告如下：

（1）若待转让的专利申请权或者专利权涉及禁止类技术，根据《技术进出口管理条例》的规定予以禁止，不得转让。

（2）若待转让的专利申请权或者专利权涉及限制类技术，当事人应当按照《技术进出口管理条例》的规定办理技术出口审批手续；获得批准的，当事人凭《技术出口许可证》到我局办理转让登记手续。

（3）若待转让的专利申请权或者专利权涉及自由类技术，当事人应当按照《技术出口管理条例》和《技术进出口合同登记管理办法》的规定，办理技术出口登记手续；经登记的，当事人凭国务院商务主管部门或者地方商务主管部门出具的《技术出口合同登记证书》到中华人民共和国国家知识产权局办理转让登记手续。

LED 照明用集成电路布图设计案[①]

【案件背景】

20世纪80年代以来，集成电路已逐渐成为信息产业的支柱，作为集成电路产品核心技术的布图设计在整个产业中的地位日益重要，在一定程度上体现了一个国家现代化发展水平。本案是全国第一例通过判决方式认定被告行为构成侵犯集成电路布图设计专有权的案件，是侵犯集成电路布图设计专有权纠纷的典型案例。该案的裁判，在证据固定、权利内容的理解、权利保护范围的确定、侵权判定的原则及方法、侵权责任的确定等方面进行了深入有益的探索，为此类案件的审理提供了宝贵的经验与样本。

【案情简介】

2009年11月5日，原告矽威公司向南京市中级人民法院诉称，PT4115芯片系原告研发用于LED照明的产品，2007年8月8日完成布图设计创作，2008年1月1日首次投入商业利用，同年7月4日获得国家知识产权局颁发的《集成电路布图设计登记证书》，登记号为BS.08500231.3号。2009年上半年，原告发现被告源之峰公司在市场上低价销售PE6808（又名CL6808）芯片。经原告委托鉴定，发现被告生产、销售的PE6808芯片与原告PT4115芯片的布图设计相同，两者属相同产品。被告也宣称PE6808产品系依据对PT4115芯片产品进行反向工程分析后得出的布图设计进行生产的。原告研发PT4115芯片花费了巨大的

---

① 本案例改编自《江苏省南京市中级人民法院民事判决书(2009)宁民三初字第435号》，该案被最高人民法院评为"2010年中国法院知识产权司法保护十大案件"之一。

人力、物力、财力,自投产后,市场前景非常乐观。但是,自从被告生产、销售 PE6808 产品后,原告被迫降价销售,由此遭受了一系列损失。被告的行为侵犯了原告涉案集成电路布图设计(以下简称布图设计)专有权,因此诉至法院,请求判令被告停止侵权,销毁侵权产品;赔偿原告经济损失 3 100 000 元。

源之峰公司在庭审中辩称,其没有侵犯原告 PT4115 芯片布图设计专有权的行为。原告请求赔偿的损失没有事实和法律依据。原告销售量减少及利润降低,是电子产品正常的更新换代与市场环境造成的。被告销售涉嫌侵权产品只有 67 000 余片,相对于原告销售市场而言数量很少,不可能对原告产品销售量和价格造成影响,也不会引起其销售量下降和利润降低。原告主张的研发费用与销售费用,系公司经营的合理成本,不能认为是被告侵权造成的损失。原告主张的律师费用没有收费凭证,且明显超过律师收费标准。本案的赔偿数额应当以被告因侵权而获得的利益为依据计算。在最后一次庭审中,被告承认其所复制的布图设计与原告享有专有权的布图设计是相同的。

经审理查明:涉案布图设计专有权目前处于合法有效状态。2008 年起,原告开始销售 PT4115 芯片,当年国内销售单价为 1.61~2.50 元,2009 年为 1.09~1.92 元。2008 年 8 月以后,该产品香港地区的销售单价为 0.16~0.25 美元,在韩国的销售价格为 0.275~0.31 美元。产品的销售价格存在一定的波动。

2008 年 4 月,被告源之峰公司(甲方)与华半公司(乙方)订立 ZXLD1360 集成电路(以下简称 1360)《产品开发协议书》。协议约定:甲方负责产品的设计开发,提供产品的电路和版图;乙方负责产品的制版和工程批流片,以及其后的中测、封装和成测;产品的设计费为 10 万元,制版前甲方交付乙方所有的设计资料(包括电路和版图);产品验证通过后,其知识产权属于乙方;甲方不得自行生产该产品,或者向任何第三方转让和出售产品;产品量产后,优先供货给甲方,销售价格为:封装片 0.648 元/片(含 17% 增值税);乙方向任何第三方销售该产品的单价必须高于该价格 10% 以上;双方对芯片的成本预算为裸片价格为 0.40 元/只,封装和测试费用为 0.14 元/只等。

协议订立后,被告对原告销售的 PT4115 芯片进行了反向剖析,获取其具体电参数、元器件结构、尺寸和内部构造等数据,形成 1360 的电路与版图。庭审中被告自认,该 1360 布图设计与原告 PT4115 布图设计相同。

被告将 1360 的设计资料交付给华半公司,获得了设计费 10 万元。华半公司依据该布图设计,委托第三方生产 1360 管芯。华半公司依协议将管芯销售给被告,被告将管芯封装后,编码成 6808、6807 等系列集成电路向市场销售。该芯片可以替代 PT4115 芯片。截至 2009 年 4 月 30 日止,华半公司销售给被告 1360 管芯 67 407 只,价值 36 548.94 元。被告销售 6808 集成电路 33 710 只,价值 54 106 元;销售 6807 集成电路 30 400 只,价值 33 358 元。

原告诉前委托上海市科技咨询服务中心,就其生产的 PT4115 芯片是否含有不为公众所知的技术信息、源之峰公司生产的 PE6808A 芯片与 PT4115 芯片是否属于相同产品、PE6808A 芯片的有关技术是否反映了 PT4115 芯片相关技术点等专业技术问题进行鉴定。2009 年 6 月 30 日上海市科技咨询服务中心出具(2009)鉴字第 14 号技术鉴定报告书。鉴定报告结论为:"1. 矽威公司生产的 PT4115 芯片含有高压模块隔离环的设计等 6 项不为公众所知悉的技术信息;2. 源之峰公司生产的 PE6808A 芯片与矽威公司生产的 PT4115 芯片的整体布图设计及关键技术内容基本相同,反映了矽威公司不为公众所知悉的 6 点技术信息，上述两芯片产品属相同的产品。"矽威公司为此支付了 5.5 万元技术鉴定费。

2010 年 4 月 12 日，被告向江苏省南京市钟山公证处申请公证，同日，该公证处出具 (2010) 宁钟证经内字第 2363 号公证书。该公证书表明，在"Baidu 百度"栏以"替代 PT4115"为关键词进行搜索，找到相关网页约 5 470 篇，其中，深圳某公司网页上宣称"特价 PAM2862 替代 PT4115，单价为人民币 1.3 元"、无锡某公司的网页宣称"AX2015……完全替代 PT4115，单价为 1.5 元"。

本案争议的焦点问题是：被告涉案行为是否构成侵权，及若构成侵权被告应当如何承担民事责任。

法院认为，被告源之峰公司涉案行为侵犯了原告矽威公司涉案布图设计专有权，应当承担停止侵权、赔偿损失等民事责任。

关于赔偿数额，法院认为，根据条例规定，赔偿数额应为侵权人所获得的利益或者被侵权人所受到的损失，包括被侵权人为制止侵权行为所支付的合理开支。随着原告涉案集成电路产品进入市场，相关替代产品可能已经进入或者相继进入市场销售，形成竞争格局，产品价格波动甚至下降亦属正常现象，因此不能认为全系侵权行为所致。此外，原告没有证明其研发、推广成本与被告涉案侵权行为之间的因果关系。因此，原告主张的计算方式不具有确定性和合理性，法院不予采信。被告复制布图设计和销售侵权产品所获得的利益基本可以确定，故被告主张以侵权人所获得的利益作为损失计算依据，有事实和法律依据，法院予以采信。被告因侵权所获得的利益包括：复制 PT4115 布图设计获得的设计费和销售侵权产品所获得的利益。被告以反向剖析方式取得原告 PT4115 集成电路的布图设计，进行复制，侵权故意明显，故因此所获得的设计费 10 万元均应作为侵权获利；销售侵权产品所获得的利益为：销售总额(54 106 元 + 33 358 元) − 购进成本(36 548.94 元) = 50 915.06 元。此外，原告支付网络信息查询费 620 元，法院予以认定。关于起诉前的鉴定费用，被告认为，费用的支付方是无锡华润微电子有限公司，因而无法确定其与鉴定的关联性。法院认为，原告提供了鉴定费用发票、关于支付技术鉴定费用的说明、电汇凭证等，能够证明该费用确因上述鉴定而实际支付，且原告以鉴定结论作为本案起诉的初步技术依据，有必要性和关联性，故该鉴定费用可以认定。关于律师费，原告没有提供律师代理费用实际支付的证据，但提供了聘请律师的合同，原告主张参照律师收费标准作为计算其律师费用。法院认为，原告实际委托代理人代理本案诉讼，虽然没有提供实际支付的凭证，但支付一定的律师代理费应为必然发生，法院结合相关收费标准以及本案的实际情况进行综合确定。

关于销毁侵权产品的诉讼请求，一方面原告没有证明被告处仍保存相关侵权产品，另一方面被告承担停止侵权、赔偿损失的法律责任后，已经可以充分保护原告的相关权利，故法院对此不予支持。

最后，法院判决如下：源之峰公司立即停止侵犯矽威公司 BS.08500231.3 号 PT4115 集成电路布图设计专有权的行为；源之峰公司于本判决生效之日起十日内赔偿矽威公司经济损失 150 915.06 元及为制止侵权行为所支付的合理费用 85 620 元，共计 236 535.06 元；驳回矽威公司的其他诉讼请求。

一审判决后，双方当事人均未上诉。

【案例思考】
1. 什么是布图设计专有权?
2. 结合本案,谈谈什么是反向工程,其法律性质如何。
3. 结合本案,谈谈侵权损失额应如何确定,原告能否变更诉讼请求。
4. 结合本案,谈谈如何才能确保网页证据有效。
5. 结合现实,谈谈维权所支出的律师费用是否应当由败诉方承担。

第四编 商标权

第8章 商 标

> ◎ 导读：
> 　　如果说专利比较"高大上"，商标则比较"接地气"，企业和消费者对其更为熟悉，商标权也与专利权一道共同构成了最重要的两类工业产权。商标可追溯至古代工匠的签字或"记号"，但作为法律制度则产生于近代。商标法律制度内容繁杂，本章仅讲述商标的概念、作用、构成、分类以及注册商标的条件，等等。目的在于了解商标的基础知识，熟悉商标的类别，把握注册商标的条件，尤其是我国关于商标注册的禁止性条件。
>
> ◎ 重点：
> 1. 企业为什么要申请注册商标？
> 2. 商标是如何构成的？
> 3. 什么是集体商标和证明商标？
> 4. 什么是联合商标和防御商标？
> 5. 哪些不能作为商标的标志？

"鳄鱼"商标案①

【案件背景】

"鳄鱼"商标，向左还是向右？恐怕这是很多消费者都搞不清的问题。关于"鳄鱼"有三家，法国鳄鱼、新加坡鳄鱼和香港鳄鱼。三者是什么关系？谁才是真正的"鳄鱼"，抑或都是真正的"鳄鱼"？半个世纪来，起初并不相识的三条"鳄鱼"，时而和平相处，时而兵戎相见。新加坡鳄鱼成立于1947年，创始人是马来西亚华人陈贤进博士及其长兄陈少辉，陈贤进于1951年在新加坡注册了一个鳄鱼图形加"CROCODILE"手写体商标。法国鳄鱼在1933年注册了鳄鱼图形加英文字母"（LACOSTE）"商标，其渊源于法国鳄鱼创始人何内·拉科斯特的名字。香港鳄鱼与新加坡鳄鱼"本是同根生"，是陈氏兄弟中的陈俊于1952年成立。新

---

① 本案例改编自《最高人民法院民事判决书(2009)民三终字第3号》《北京市高级人民法院民事判决书(2000)高民初字第29号》《北京市高级人民法院行政判决书(2007)高行终字第178号》《北京市高级人民法院行政判决书(2007)高行终字第277号》，载《最高人民法院公报》2011年第12期，该案被最高人民法院评为"2010年中国法院知识产权司法保护十大案件"之一。

加坡鳄鱼和香港鳄鱼与法国鳄鱼一样,都是一只嘴巴大张的鳄鱼。只不过,新加坡鳄鱼和香港鳄鱼的嘴冲左,法国鳄鱼的嘴冲右。三家鳄鱼最初都是在不知对方存在的情况下,在本地市场创立并经营,在相当长的时间内相安无事。本案不同于一般的侵犯商标权案件,本案的纠纷有其特定历史背景:法国鳄鱼系列商标约于20世纪三四十年代在法国启用,并逐步使用和知名于欧洲;新加坡鳄鱼系列商标于20世纪四五十年代在新加坡等地启用,逐步使用和知名于亚洲。在经贸活动全球化的历史进程中,自20世纪60年代起,法国鳄鱼系列商标率先谋求东进亚洲,随之与在亚洲地区相关国家与地区内早已注册、早已使用并且早已知名的新加坡鳄鱼系列商标之间开始狼烟四起,屡屡引发纠纷和冲突,在亚洲各国进行了长达40多年的马拉松式诉讼,直到1983年新加坡鳄鱼与法国鳄鱼握手言和,双方签署了一揽子和解协议。至此,两条鳄鱼休战了近20年。2000年,战火骤然浓烈,法国鳄鱼将新加坡鳄鱼告上法庭,声称被告未经许可,在同一种或类似商品上使用与原告注册商标近似的商标,造成混淆,给原告造成巨大损失,构成侵权。新加坡鳄鱼认为,法国鳄鱼违背了君子协议,其行为与其说是法律诉讼行为,不如说是法国鳄鱼为拓展市场而精心策划的商业行为。

【案情简介】

(法国)拉科斯特股份有限公司(LACOSTE)(以下简称法国鳄鱼)创办于1933年,同年在法国注册"鳄鱼图形"商标,此后其产品主要在欧洲销售。20世纪60年代,法国鳄鱼开始将其产品推向亚洲。70年代末,其产品进入香港。1980年,法国鳄鱼在中国大陆注册了"鳄鱼图形"商标,其产品于1984年正式进入中国,但数量有限,1994年正式开设专柜或专卖店。

(新加坡)鳄鱼国际机构私人有限公司(以下简称新加坡鳄鱼)前身系陈贤进于1943年在新加坡创办的利生民公司,该公司于1949年申请并于1951年在新加坡获准注册了"crocodile+鳄鱼图形"商标。利生民公司产品于1953年进入香港,主要在东南亚地区销售。1983年,利生民公司更名为新加坡鳄鱼。1993年,新加坡鳄鱼在中国大陆申请注册"CARTELO及图"商标,其产品于1994年进入中国市场。利生民公司曾于1969年在日本大阪向法院提起民事诉讼,指控法国鳄鱼侵犯其商标权。1973年双方在大阪高等法院达成和解:利生民公司同意法国鳄鱼在日本注册"鳄鱼图形"商标。1983年6月17日,双方还签订协议,意图在于:(1)结束并最终解决双方之间未决的所有法律纠纷、法律行为、分歧、争议和请求;(2)开发其自己的业务;(3)合力反对第三方侵权人;(4)双方希望在本协议第一条所列国家开展合作;(5)法国鳄鱼愿意付给利生民公司过去支付"鳄鱼"商标保护和防御费用的补偿金;(6)双方同意其各自徽标可在相关市场中共存不致混淆;(7)双方还打算如有可能在世界其他地方进行合作。此外,双方约定的地域包括中国台湾、新加坡、印度尼西亚、马来西亚、文莱。

2000年5月11日,法国鳄鱼向北京市高级人民法院起诉称,自1980年以来,其先后在中国注册了一系列"鳄鱼图形"商标,根据中国的法律规定,其公司对注册的"鳄鱼图形"商标享有专用权。1995年,其公司发现新加坡鳄鱼在中国建立了多家店面,其招牌上印有写实风格的鳄鱼图形,销售标有"鳄鱼图形"商标的服装产品。其公司分别于1995年和1998年向新加坡鳄鱼提出警告。此外,新加坡鳄鱼及其在北京的代理商上海东方鳄鱼公司(以下简称"上海鳄鱼")至今仍在北京地区销售带有"鳄鱼图形"商标的服装和其他相关产品。二被告即新加坡鳄鱼和上海鳄鱼使用的"鳄鱼图形"商标与其公司的"鳄鱼图形"注册商标构成近似,侵犯了其在第 25 类服装及其他相关类别商品上的注册商标专用权,违反了《中华人民共和国商标法》的有关规定。故请求:判令二被告停止侵害,赔偿经济损失人民币 300 万元,消除影响,承担本案全部诉讼费用。

  北京市高级人民法院查明,法国鳄鱼于 1980 年 10 月 30 日在中国注册了第 141103 号"鳄鱼"图形商标,核定使用商品为第 25 类衣服;于 1996 年 10 月 7 日在中国注册了第 879258 号"鳄鱼"图形商标,核定使用商品为第 25 类腰带;于 1997 年 2 月 7 日在中国注册了第 940231 号"鳄鱼图形+LACOSTE"商标,核定使用商品为第 18 类皮革及仿皮革,及其制品,包括皮包、钱包等;于 1999 年 9 月 28 日在中国注册了第 1318589 号"鳄鱼"图形商标,核定使用商品为第 25 类领带、鞋等。新加坡鳄鱼于 1993 年 12 月 24 日向中华人民共和国国家工商行政管理总局商标局(简称商标局)申请了第 1331001 号"CARTELO 及图"商标,使用商品为第 25 类服装;于 1994 年 6 月 29 日申请了第 1343051 号"CARTELO 及图"商标,使用商品为第 18 类皮革、旅行包、钱包、包装用皮袋(包、小袋)、伞。上述两商标已于 2007 年 12 月 14 日经北京市高级人民法院(2007)高行终字第 178、277 号行政判决认定,予以核准注册,现判决已经生效。北京市高级人民法院(2007)高行终字第 178 号行政判决认定,新加坡鳄鱼申请的第 1331001 号"CARTELO 及图"商标与法国鳄鱼合法拥有的第 141103 号"鳄鱼图形"商标相比较,二者图形部分近似,但主要部分及各要素组合后的整体结构并不相同或近似。以相关公众的一般注意力在隔离状态下观察,并考虑第 141103 号"鳄鱼图形"商标的显著性和知名度,二者之间可能会产生某种联想,但不会产生混淆和误认。北京市高级人民法院(2007)高行终字第 277 号行政判决认定,新加坡鳄鱼申请的第 1343051 号"CARTELO 及图"商标与法国鳄鱼合法拥有的第 213407 号"鳄鱼图形+LACOSTE"商标,二者图形部分近似,但主要部分及各要素组合后的整体结构并不相同或近似。以相关公众的一般注意力在隔离状态下观察并考虑法国鳄鱼第 213407 号"鳄鱼图形+LACOSTE"商标的显著性和知名度,二者之间可能会产生某种联想,但不会产生混淆和误认。

  法国鳄鱼主张,被诉侵权产品均在不同部位单独使用了"鳄鱼图形",与原告据以主张权利的注册商标中的鳄鱼图形相比,仅仅是"鳄鱼身体朝向相反",但鳄鱼姿态相同,互为镜像,足以导致潜在消费者在被诉侵权产品售出后使用中造成混淆和误认。对此,北京市高级人民法院认为利生民公司与法国鳄鱼 1983 年 6 月 27 日达成的商标共存协议,其目的在于相互区分各自的产品,系双方真实意思表示,且并不违反中国法律规定,亦未损害他人及公共利益,应当确认有效。其中约定协议附件 1、2 所列之系列商标在中国台湾、新加坡、印度尼西亚、马来西亚、文莱区域内"不致混淆"。本案中,新加坡鳄鱼之行为不同于刻意仿冒名牌奢侈品的假冒行为,其在主观上并无利用法国鳄鱼的品牌声誉,造成消费者混淆、误认之故意;新加坡鳄鱼的系列商标标识经过在中国大陆市场上大规模、长时间使用后,客观上也已经建立起特定的商业声誉。而且,被诉侵权产品标示的并非仅为"鳄鱼图形",还标有"CARTELO"及"CARTELO 及图",所有这些作为一个整体,使得被诉侵权产品具有了整体识别性,能够有效地与其他标有鳄鱼形象的商品相区别。有鉴于此,根据整体比对、综合判断的原则,法国鳄鱼与新加坡鳄鱼的系列商标标识作为整体,二者之间已经形成了显著性的区别特征。两者无论在实际购买商品时还是在商品售出后使用中均不会导致消费者的混淆和误认。新加坡鳄鱼在被诉侵权产品上单独使用"鳄鱼图形"的行为,亦不侵犯法国鳄鱼的注册商标专用权。北京市高级人民法院依照《中华人民共和国商标法》第五十二条第（一）项、最高人民法院《关于审理商标民事纠纷案件适用法律若干问题的解释》（以下简称"解释"）第十条之规定，于2008年12月12日判决驳回法国鳄鱼的诉讼请求。法国鳄鱼不服，上诉至最高人民法院。

最高人民法院经审理，将本案的争议焦点归纳为：

（1）关于本案应否适用2001年10月27日修订的商标法问题。对此，最高人民法院认为，因本案上诉人在一审中起诉时间为2000年5月11日，其指控的被上诉人侵权行为发生时间为1995年，一审法院于2001年10月27日修订的《商标法》修改决定施行之前受理本案，根据最高人民法院"解释"第八条、第九条的规定，本案应适用的是修订前的《商标法》，赔偿问题可以参照修订后的《商标法》第五十六条的规定，原审法院适用修订后的《商标法》不当，本院予以纠正。

（2）在被诉标识与法国鳄鱼请求保护的注册商标是否近似问题。对此，最高人民法院认为，近似商标通常要根据诉争标识文字的字形、读音、含义或者图形的构图及颜色等构成要素的近似性进行判断，且将是否造成混淆作为重要判断因素。因此，侵犯注册商标专用权意义上的商标近似应当是指混淆性近似，即足以造成市场混淆的近似。就本案而言，在法国鳄鱼主张权利的注册商标中，其鳄鱼头朝右，嘴巴大张，躯干及尾部上布满块状鳞片或装饰有横向条纹，其中第213407号注册商标鳄鱼图形下还显著标有LACOSTE文字；新加坡鳄鱼使用的被诉标识中的鳄鱼头朝左，被诉标识一中的鳄鱼图形躯干上的鳞片呈立体状，被诉标识二中的鳄鱼图形整体颜色为黄绿色或黄色，嘴巴张开露出红色，躯干上有斜向排列的条纹。被诉标识与法国鳄鱼的系列注册商标相比，其均为鳄鱼图形，具有一定的近似性，但被诉标识中的鳄鱼头部朝向、体型、鳞片、颜色均与法国鳄鱼主张权利的鳄鱼图形不同。特别是，双方之间的诉争商标在相关市场中具有特殊的形成历史和发展历程，有特殊的使用和共存状况，在本案中认定诉争商标是否构成侵犯注册商标专用权意义上的近似商标，既不能割裂各自形成和发展的历史，又不能无视相互之间的共存过程和使用状态，否则，就难以作出公平合理的裁判。因此，就本案诉争商标具体情况而言，在认定其是否近似时，仅仅比对标识本身的近似性是不够的，还必须综合考量新加坡鳄鱼的主观意图、双方共存和使用的历史与现状等因素，结合相关市场实际，进行公平合理的判断。被诉标识与法国鳄鱼请求保护的注册商标不构成侵犯注册商标专用权意义上的混淆性近似，不足以对法国鳄鱼的注册商标造成损害。

最终，最高人民院认为，法国鳄鱼的上诉理由不能成立，原审判决认定事实基本清楚，虽然其适用修订前的《中华人民共和国商标法》裁判本案适用法律错误，部分判理有所不当，但并不影响本案的裁判结果，本院予以维持。判决如下：驳回上诉，维持原判。

【案例思考】

1. 如何理解商标的"整体识别性"和"整体比对、综合判断"原则？

2. 香港鳄鱼在中国内地曾注册了几个商标，但与法国鳄鱼的争讼中却失败了，新加坡鳄鱼最初并没有在中国内地注册，为什么在于法国鳄鱼的争讼中胜利了？能否说明品牌和商标本身就是一个动态的过程？如何理解商标注册的价值？

3. 在本案诉讼中，法国鳄鱼认为北京高院认定的商标近似性与《保护工业产权巴黎公约》相悖，如何理解国际条约在某一个国家的适用问题？

4. 结合本案,谈谈诉讼的特定历史背景对于案件判决的影响。
5. 如何判断公众是否混淆某两个商标?

8.1 商标概述

商标,作为用来区别一个经营者的品牌或服务与其他经营者的商品或服务的标记,最早可追溯至古代的工匠将其签字或"标记"印制在其商品上的行为。如今,这一商标的萌芽已经演变为日臻完善的商标法律制度。

8.1.1 商标的概念

商标,俗称"牌子",简单来讲,即是用以区别商品和服务不同来源的商业性标志。具体来讲,是指商品的生产者、经营者在其生产、制造、加工、拣选或者经销的商品上或者服务的提供者在其提供的服务上采用的,用于区别商品或服务来源的,由文字、图形、字母、数字、三维标志、声音、颜色组合和声音等,或上述要素的组合构成。

世界知识产权组织(WIPO)把商标界定为:"是将某商品或服务标明是某具体个人或企业所生产或提供的商品或服务的显著标志。"我国《商标法》把商标界定为:"任何能够将自然人、法人或者其他组织的商品与他人的商品区别开的标志。"

8.1.2 商标的作用

对于消费者而言,商标能够帮助消费者识别和购买商品或服务的来源,商标是商品或服务质量的象征,不同品牌(商标)的商品或服务意味着不同而品质和价格,因为由产品或服务上特有的商标所标示的该产品或服务的性质和质量符合他们的需求,便于认品牌购物。

对于企业而言,商标是商品及其包装装潢的重要组成部分,是企业的无形资产,具有重要的价值。尤其是驰名商标,其价值更是不可估量。与此同时,企业可以通过商标注册,可以创立品牌,抢先占领市场。商标注册人拥有商标专用权,受法律保护,注册商标可以作为资产进行投资或经营,可以通过许可他人使用其注册商标或者转让其注册商标获取报酬。

对社会而言,可以通过商标注册和保护制度,鼓励企业注重品牌、注重产品质量,从而激发企业创新活力,促进经济发展;可以通过商标对商标的管理,来监督商品和服务的质量。

8.1.3 商标的构成

商标可以由文字、图形、字母、数字、三维标志、颜色、声音等要素单独构成或组合构成。质言之,上述商标要素可以单独作为商标注册,也可以将上述这些要素中两个或两个以上要素、相同或不相同的任意组合。

文字商标,是指仅用文字构成的商标,包括中国汉字和少数民族字、外国文字和阿拉伯数字或以各种不同字组合的商标。图形商标,是指仅用图形构成的商标,又可分为记号商标、几何图形商标、自然图形商标。

字母商标、数字商标、三维商标、颜色组合商标都是2001年在修订《商标法》时新增的内容。构成商标的字母,是指拼音文字或注音符号的最小书写单位,包括拼音文字、外文字母等。构成商标的数字,既可以是阿拉伯数字也可以是中文大写数字。作为构成商标的三维标志,又可称为立体标志,是具有长、宽、高三种度量的立体物标志,以三维标志构成的商标标志的称为立体商标。

作为构成商标的文字、图形、字母、数字、声音、三维标志或其组合的颜色,在申请注册商标时若未明确提出指定颜色要求,均按黑白颜色注册,也按黑白颜色保护。明确提出指定颜色或颜色组合的,则按所指定的颜色或颜色组合注册,也按指定颜色或颜色组合保护。

声音商标作为非传统商标的一种,其纳入立法经历了漫长过程。传统商标是可视的,而声音是不可视的,不易于保护。国际上,《TRIPs协定》对商标的规定被视为声音商标的重大进展。《TRIPs协定》第十五条对商标保护客体部分约定为:"任何标记或标记的组合,只要能区分一企业和其他企业的货物或服务,就应可构成一个商标。"如今,美国、欧盟等国对规定了声音商标。我国在2013年修改2014年施行的新《商标法》增加了声音商标的内容。当然,声音商标与其他可以作为商标的要素(文字、数字、图形、颜色、气味等)一样要求具备能够将一个企业的产品或服务与其他企业的产品或服务区别开来的基本功能,即必须具有显著特征,便于消费者识别。

在我国商标法实践中,小霸王游戏机采用的著名播音员李扬所说的"哈哈小霸王其乐无穷"的声音作为商标开创了中国声音商标的先河。在国外商标法实践中,微软、英特尔、苹果电脑开机声音、米高梅公司"狮子吼"等都是著名的注册声音商标。

另外,还有一些国家把嗅觉、触觉、听觉等只要具有显著性、可识别性的标记都视为注册商标的对象。譬如,美国商标法即"兰哈姆法"(LANHAM ACT)第45条规定:"商标者,乃制造业

图 8-1

者或商人,为表彰自己之商品或使其与他人所制造或贩卖之商品相区别,所采纳或使用之文字、名称、表征、式样或其联合式者而言。"即包括 three dimentional mark、smell mark、sound mark 等在内的标记只要具有显著性并且能够指示商品或服务的来源,就可以作为商标使用并获得商标的注册。目前,听觉商标和嗅觉商标在我国尚不能注册并获得保护。

【思考】商标可以使用繁体字吗?

商标文字可以使用繁体字,无论是简化字还是繁体字,都必须书写正确、规范,不得使用错字、停止使用的异体字和不规范的简化字。

8.2 商标的分类

根据我国商标法的规定,经商标局核准注册的商标为注册商标,包括商品商标、服务商标和集体商标、证明商标;商标注册人享有商标专用权,受法律保护。所以,依不同的标准,商标有不同的分类。

8.2.1 未注册商标和注册商标

8.2.1.1 未注册商标与注册商标的概念

未注册商标(Unregistered Trademark),是指直接使用而未经注册的,即商标使用者未向国家商标主管机关提出注册申请,自行在商品或服务上使用的商标。注册商标(Registered Trademark),是指经国家商标主管机关核准注册而使用的商标。商标经过注

册,并受法律保护,商标注册人享有商标专用权。

我国《商标法实施条例》规定,使用注册商标,可以在商品、商品包装、说明书或者其他附着物上标明"注册商标"或者注册标记。注册标记包括○里加注(注)(注外加○)和○里加R(®)。使用注册标记,应当标注在商标的右上角或者右下角(其中,R 是 REGISTER 的缩写)。有的商标右上角加注 TM,TM 是 TRADEMARK 的缩写,美国的商标通常加注 TM,并不一定是指已注册商标,只是表明正在使用的商标,但可以作为商标使用的证据。

未注册商标不享有商标的专用权,不受国家法律保护。在大多数国家,单纯的使用不产生任何权利。但在有些国家,使用是保护的前提,注册只是便于举证。对于经过使用产生一定声誉的商标,有些国家也给予一定程度的保护。商标如果驰名甚至著名,即使是未注册商标也可以获得保护。

根据我国《商标法》的有关规定,就相同或者类似商品申请注册的商标是复制、摹仿或者翻译他人未在中国注册的驰名商标,容易导致混淆的,不予注册并禁止使用。我国《商标法》规定,除了人用药品、烟草制品必须使用注册商标外,其他商品既可以使用注册商标,也可以使用未注册商标。

8.2.1.2 未注册商标与注册商标的区别

未注册商标与注册商标的法律地位是不同的,主要表现在以下几个方面:

首先,效力范围不同。注册商标所有人可以排除他人在同一种商品或类似商品上注册相同或近似的商标;而未注册商标使用人则无权排除他人在同一种商品或类似商品上注册相同或近似的商标,若其不申请注册,就可能被他人抢先注册,并被禁止继续使用该商标。

其次,权利内容不同。在核定使用的商品上使用核准注册的商标,是商标所有人的权利,商标权人行使这些权利,不涉及他人商标专用权的问题;而未注册商标的使用一旦造成与他人的注册商标相混同,就易构成商标侵权,应当承担相应的法律责任。

最后,救济方式不同。注册商标所有人享有商标专用权,当注册商标被他人假冒使用、构成商标侵权,商标权人可以请求非法使用人承担法律责任;而未注册商标使用人对未注册商标的使用只是一种事实,而非一种权利,其无权禁止他人使用,先使用人无权对第三人的使用援引商标法请求诉讼保护。

8.2.1.3 未注册商标的使用管理

我国《商标法》采用商标申请自愿的原则,对企业的商标是否申请注册,完全由企业根据需要自主决定。对未注册商标进行管理,其目的不是对其进行法律保护,而是从保护注册商标专用权,维护消费者利益出发。对未注册商标的管理主要是以下几个方面的内容:

(1) 未注册商标的文字、图形或者其组合不得违反《商标法》的禁用规定;
(2) 未注册商标人不得与他人在同一种或类似商品上已经注册的商标相同或者近似;
(3) 未注册商标使用人不得将其未注册商标冒充注册商标;
(4) 使用未注册商标的商品不得粗制滥造,以次充好,欺骗消费者;
(5) 未注册商标使用人必须在商品上、包装上标明企业名称或者地址;
(6) 在国家明文规定应使用注册商标的商品上不得使用未注册商标。

8.2.2 商品商标和服务商标

商品商标是指使用于各种商品上,用来区别不同生产者和经营者的商标。

服务商标是指使用于服务项目上,用来区别服务提供者的商标。

8.2.3 平面商标和立体商标

平面商标是指由文字、图形、字母、数字、色彩的组合,或前述要素的相互组合构成的商标。

图 8-2

图 8-3

立体商标是由产品的容器、包装、外形以及其他具有立体外观的三维标志构成的商标。

8.2.4 集体商标和证明商标

集体商标是指以团体、协会或者其他组织名义注册,供该组织成员在商事活动中使用,以表明使用者在该组织中的成员资格的标志。例如合作社、行业协会注册的商标供合作社成员、协会成员使用。

集体商标虽然也表示商品来源,但它并不是表示某一特定厂家,而是代表由若干企业组成的集体组织。一般来说,集体商标不允许转让,使用该商标的意义在于表明若干企业所生产的同一商品具有相同的质量和规格。如余杭家纺、顺德家电、盛泽织造、射阳大米、中山淋浴房、虎门服装、镇江香醋等。

图 8-4

图 8-5

证明商标,又称保证商标,是指由对某种商品或者服务具有监督能力的组织所控制,而由该组织以外的单位或者个人使用于其商品或者服务,用以证明该商品或者服务的原产地、原料、制造方法、质量、精密度及其他特征品质的标志。

证明商标一般由商会、机关或有关团体申请注册,申请人应对使用该商标的商品有检测能力并负保证责任。使用证明商标须经商标所有人许可,其经营的商品必须达到保证标准,有违反者按照侵权处理。如纯羊毛标志、绿色食品标志。

【思考】集体商标与普通商标相比有哪些特点?

集体商标与普通的商标相比,主要有以下几个特点:

(1)集体商标是以各成员组成的集体名义申请注册和所有,由各成员共同使用的一项集体性权利,反映在集体商标的申请注册上,即要求只有具有法人资格的集体组织才可以提出申请,因为只有具有法人资格的集体组织才能以其集体的独立名义拥有商标权;

(2)集体商标反映在商标的使用上,表现为,集体组织通常不使用该集体商标,而由该组织的成员共同使用;

(3)集体商标的注册、使用及管理均应制定统一的规则,详细说明成员的权利、义务和责任以及管理费用的数额和用途并将之公之于众,集体成员应相互遵守并受到公众的监督;

(4)集体商标的所有权和使用权不得转让;

(5)当集体商标受到侵害而请求赔偿损失时,应包括集体组织成员所受的损失在内。

8.2.5 联合商标和防御商标

联合商标,是指同一个商标所有人在相同或类似的商品上使用的若干个近似商标。其中,首先注册或主要使用的商标为正商标,其余商标为该商标的联合商标。如:娃哈哈、哈哈娃、哈娃哈、娃哈娃、娃娃哈等,两面针、双面针、二面针等,金帝、金地、京地等,还有上海冠生园奶糖的各种形态的大白兔,金利来、银利来、铜利来等。

防御商标是商标所有人在不同类别的商品或服务上注册若干相同商标,主要使用的商标为基础注册商标,其余为防御商标。虽然《与贸易有关的知识产权协议》(以下简称TRIPs协议)已将驰名商标的保护扩大到非类似商品和服务,但TRIPs协议、我国商标法中对驰名商标的保护更倾向于事后救济,而属于事前救济的防御商标注册对企业来讲确实是大有好处的。娃哈哈在医用保健品、瓜子、童装等商品上都注册了商标。

8.2.6 普通商标和驰名商标

普通商标,是指在正常情况下使用未受到特别法律保护的绝大多数商标。

驰名商标,是指在较大地域范围(如全国、国际)的市场上享有较高声誉,为相关公众所普遍熟知,有良好质量信誉,经过有权机关(如中国国家工商总局商标局、商标评审委员会或人民法院)依照法律程序认定并享有特别法律保护的商标。

普通注册商标的法律保护范围是相同或类似的商品,而驰名商标的法律保护范围是所有商品,即实行跨类保护。需要说明的是,驰名商标不必是注册商标。

8.3 商标的条件

无论是注册商标还是未注册商标,都需要符合一定的条件,并且不能具备法律规定的情形。所以,商标的条件可以从正反两方面分为必备条件和禁止条件。

8.3.1 商标的必备条件

商标的必备要件,也称商标的积极条件,指商标应当具备的条件,主要包括两项:

第一,应当具备法定的构成要素。任何能够将自然人、法人或者其他组织的商品与他人的商品区别开来的可视性标志,包括文字、图形、字母、数字、三维标志和颜色组合,以及上述要素的组合,均可以作为商标申请注册。嗅觉商标、味觉商标等目前不能在我国注册。

第二,商标应当具有显著特征,便于识别。商标的显著特征可以通过两种途径获得:一是标志本身固有的显著性特征,如立意新颖、设计独特的商标;二是通过使用获得显著特征,如直接叙述商品质量等特点的叙述性标志经过使用取得显著特征,并

图8-6

便于识别的,可以作为"第二含义"商标注册。因此,一些通用的数学符合不能构成商标,如：一×…〇~；一些通用标志也不能作为商标,如有毒、易碎标识等。

【思考】如何判断商标的强弱性？

显著性从强到弱分为：

A. 臆造性标志：标志是杜撰的,本身不具有特定的含义。如美国加油业巨头 Exxon、复印机 Xerox、海尔。

B. 任意性标志：通过非同寻常的方式起到意想不到的效果和显著性。如苹果(Apple)电脑、绿叶(Green Leaf)保险服务。

C. 暗示性标志：某些文字或词汇构成的标志,以非直接的方式描述了商品或服务,消费者通过一定的推导或联想,将二者联系起来。如灰狗(Greyhound)长途汽车服务、Roach Hotel 捕虫器、永久自行车、健力宝饮料、北极星钟表等。

D. 描述性标志：描述性的文字一般不能作为商标,但如果已在市场上长期使用而获得显著性,则可以作为商标。如美加净化妆品、椰风饮料、五粮液白酒、黑又亮鞋油等。人名可以作为商标如福特汽车、米其林轮胎、李宁服装、张小泉剪刀等。

8.3.2 商标的禁止条件

商标的禁止条件,也称商标的消极要件,是指注册商标的标记不应当具有的情形。主要包括以下几项：

1. 商标不得侵犯他人的在先权利或合法利益

主要内容有：不得在相同或类似商品上与已注册或申请在先的商标相同或近似；就相同或者类似商品申请注册的商标是复制、摹仿或者翻译他人未在中国注册的驰名商标,容易导致混淆的,不予注册并禁止使用；就不相同或者不相类似商品申请注册的商标是复制、摹仿或者翻译他人已经在中国注册的驰名商标,误导公众,致使该驰名商标注册人的利益可能受到损害的,不予注册并禁止使用；未经授权,代理人或者代表人以自己的名义将被代理人或者被代表人的商标进行注册,被代理人或者被代表人提出异议的,不予注册并禁止使用；不得以不正当手段抢先注册他人已经使用并有一定影响的商标；不得侵犯他人的其他在先权利,如外观设计专利权、著作权、姓名权、肖像权、商号权、特殊标志专用权、奥林匹克标志专有权、知名商品特有名称、包装、装潢专用权等。

2. 不得违反商标法禁止注册或使用某些标志的条款

其一,禁止作为商标注册或使用的标志：同中华人民共和国的国家名称、国旗、国徽、军旗、勋章相同或者近似的,以及同中央国家机关所在地特定地点的名称或标志性建筑物的名称、图形相同的；同外国的国家名称、国旗、国徽、军旗相同或者近似的,但该国政府同意的除外；同政府间国际组织的旗帜、徽记、名称相同或者近似的,但经该组织同意或者不易误导公众的除外；与表明实施控制、予以保证的官方标志、检验印记相同或者近似的,但经授权的除外；同"红十字""红新月"的标志、名称相同或者近似的；带有民族歧视性的；夸大宣传并带有欺骗性的；有害于社会主义道德风尚或者有其他不良影响的；县级以上行政区划名称或者公众知晓的地名,但该地名具有其他含义或者作为集体商标、证明商标组成部分的除外,已经注册的使用地名的商标继续有效；商标中有商品的地理标志,而该商品并非来源于该标志所标示的地区,误导公众的,不予注册并禁止使用;但是,已经善意取得注册的继续有效。

图 8-7

其二,禁止作为商标注册但可以作为未注册商标或其他标志使用的标志:仅有本商品的通用名称、图形、型号的;仅仅直接表示商品的质量、主要原料、功能、用途、重量、数量及其他特点的;缺乏显著特征的。前述所列标志经过使用取得显著特征,并便于识别的,可以作为商标注册。以三维标志申请注册商标的,仅由商品自身的性质产生的形状、为获得技术效果而需有的商品形状或者使商品具有实质性价值的形状,不得注册。

3. 复制、摹仿或者翻译他人未在中国注册的驰名商标禁止使用

就相同或者类似商品申请注册的商标是复制、摹仿或者翻译他人未在中国注册的驰名商标,容易导致混淆的,不予注册并禁止使用。就不相同或者不相类似商品申请注册的商标是复制、摹仿或者翻译他人已经在中国注册的驰名商标,误导公众,致使该驰名商标注册人的利益可能受到损害的,不予注册并禁止使用。

【讨论】命名商标名称要遵循哪些原则?如何拟制商标名称?

"天津狗不理包子"案[①]

【案件背景】

天津狗不理包子,妇孺皆知。其他人能否使用"狗不理"这一商标呢?能否把这一商标注册成为企业名称呢?"天津狗不理包子"案虽然发生在20世纪90年代,但至今对于认识商标权与商号权之间的关系以及商标侵权问题,具有重要参考价值。经过哈尔滨市香坊区人民法院一审、哈尔滨市中级人民法院二审和黑龙江省高级人民法院再审,确认了对于商标权的保护范围可以从原来的商品的范围及于服务的范围,确认了可以在商标侵权中适用赔礼道歉的民事责任方式,为如何商标权与其他权利冲突提供了一个范例。

【案情简介】

1980年7月,天津狗不理包子饮食(集团)公司(简称狗不理包子饮食公司)取得狗不理牌商标注册证。1991年1月7日,高渊的委托代理人董凤利与哈尔滨市天龙阁饭店(简称天龙阁饭店)法定代表人陶德签订合作协议一份。1991年3月,天龙阁饭店开业后,即在该店门上方悬挂"正宗天津狗不理包子第四代传人高耀林、第五代传人高渊"为内容的牌匾一块,并聘请高渊为该店面案厨师。该店自1991年3月起经营包子。狗不理包子饮食公司遂以侵权为由将天龙阁饭店和高渊诉至哈尔滨市香坊区人民法院。

[①] 本案例改编自《哈尔滨市香坊区人民法院民事判决书(1993)香经初字第37号》《哈尔滨市中级人民法院民事判决书(1993)哈经终字第295号》《黑龙江省高级人民法院民事裁定书(1994)黑申经监字第93号》以及《天津狗不理包子饮食(集团)公司诉哈尔滨天龙阁饭店、高渊侵犯商标专用权纠纷案》,载《最高人民法院公报》1995年第1期。

哈尔滨市香坊区人民法院经审理认为,两被告签订合作协议和制作、悬挂上述牌匾的行为,是宣传"狗不理"创始人高贵友的第四代和第五代传人高耀林和高渊的个人身份,均不是在包子或者类似商品上使用与原告注册商标相同或者近似的商标、商品名称或商品装潢。故原告认为两被告侵犯其注册商标使用权证据不足。原告要求两被告停止侵权行为和在报纸上公开道歉及赔偿经济损失的请求,不予支持。判决驳回原告的诉讼请求。

狗不理包子饮食公司提出上诉。哈尔滨市中级人民法院经审理认为,本案事实清楚,高渊和哈尔滨天龙阁饭店制作并悬挂的牌匾是对人的身份的宣传,而不是对上诉人注册商标的宣传,且被上诉人并未在包子或类似商品上使用与上诉人商标相同或相似的商标、商品名称、商品装潢,因此被上诉人侵犯上诉人商标专用权证据不足,对上诉人的上诉请求不予支持,判决驳回上诉,维持原判决。

狗不理包子饮食公司仍不服,向黑龙江省高级人民法院申请再审。

黑龙江省高级人民法院经审查明,原一、二审法院认定的事实基本清楚。另查明,原审被上诉人天龙阁饭店门上方悬挂的牌匾中间大字是"天津狗不理包子",上是"正宗"下是"第四代传人高耀林、第五代传人高渊"均为小字,未悬挂天龙阁饭店牌匾。原审上诉人天津狗不理包子饮食公司于1980年7月已经取得国家工商局商标注册证;1993年3月1日,国家工商局又批准该商标续展10年。在本案审理期间,经委托国家工商局鉴定,认为天龙阁饭店和高渊签订合作协议和制作、悬挂前述牌匾已经构成了商标侵权。本案的争议焦点有三:

(1) 注册商标权保护的范围。根据我国1993年《商标法》的有关规定,注册商标权的内容应当包括两个方面,即自己有权行使的范围和禁止他人行使的范围。自己有权行使的范围,根据我国《商标法》的规定,局限于核准注册的商标和核定使用的商品,商标权人无权任意加以改变或扩大使用范围。但商标权人禁止他人行使的权利的范围则相当宽泛,即商标权人不仅有权禁止他人擅自在相同商品上使用于其注册商标近似的商标或者在类似商品上使用于其注册商标相同或近似的商标,可以延伸到他人在同一种或者类似商品上,将与他人注册商标相同或者近似的文字、图形作为商品名称或者商品装潢使用,且足以造成误认的情形。因此,在注册商标权的保护中,禁止权的保护范围远远大于权利人自己行使的权利范围。这是由于知识产权客体的无形性造成的。在本案中,由于涉案商品是包子,属于一种特殊商品,它与在商店柜台上所销售的印有某种商标标记的商品有所不同,它的制作过程属前店后厂,具有即卖即食的特点,故不可能在每个包子上均印上"狗不理"商标。因此消费者要区分哪些包子是"狗不理"包子,主要依据其服务标志辨别。因此被告虽然没有在具体的商品上使用原告的商标,但在对外提供的服务上利用了原告注册商标的商誉,通过在服务上彰显原告注册商标的方式来获取不正当的收益。与《商标法实施细则》第41条第(2)项规定的内容相比,超出了条文中的"商品"的范围,而扩大到服务的范围,但这是符合立法原意的。可见,被告虽然没有在商品上具体侵犯原告的商标权,但通过自己的服务侵犯了原告的商标权,因此应当属于侵犯商标权的行为。实际上,天龙阁饭店经营包子,门前悬挂"天津狗不理"的牌匾,其目的即在于广告宣告。

(2) 侵犯注册商标权应承担哪些民事责任。根据《民法通则》第118条的规定,侵害知识产权应当承担的民事责任主要有停止侵害、消除影响、赔偿损失三种。1993年《商标法》第三十九条、第四十条中涉及商标侵权的民事责任只有停止侵权和赔偿损失两种。但是在本案中适用了在报纸上公开赔礼道歉的民事责任方式,对此值得商榷。赔礼道歉作为一种民事责任的承担方式,一般为侵害人身权的行为所专有,主要适用于侵害公民姓名、肖像、名誉、隐私等方面的人格权及法人名誉、名称权的侵权行为。商标权作为知识产权的一个组成部分,学界通说认为其应当是财产权与人身权的结合,但是大部分学者均无法阐明在商标权上如何体现人身权的特性。当然由于商标本身体现一个企业的商誉的问题,如果商标权被侵害必然导致一个企业的商誉受损。如果涉及企业商誉,则属于企业的名誉权的保护问题,不属于商标侵权案件。由于本案中是以商标侵权作为诉讼请求的,因此不能要求被告承担侵害企业名誉权的法律责任。

(3) 商标侵权的抗辩事由,并非所有使用他人注册商标或其标记的行为均构成商标侵权行为。在本案中,被告最主要的抗辩事由就是要保护被告合法彰显身份的权利,即被告的行为属于权利的合理行使。权利的合理行使主要指当注册商标的标记文字或图形与他人的姓名、肖像相同或近似时,他人在自己商品上以合理方式标注其姓名或肖像的,不属于侵犯注册商标权。因为这里涉及两种权利之间的冲突,如果注册商标权人通过权利人许可或其他方式而取得商标注册的,该姓名、肖像的权利人仍有以善意、合理的方式使用其姓名、肖像的权利,但这种权利行使限于表明权利人身份的目的。应当注意的是,如以恶意或不合理方式使用,足以使消费者误认的,构成商标侵权。如果在商品上表示字号、地理标志、产品种类、数量等标记,即使该标记与注册商标相同或近似,只要其目的仅在于表明商品的信息,而不作为商标使用的,并且不是以造成出处误解的,不属于商标侵权。在本案中,被告在牌匾上写明"正宗天津狗不理包子第四代传人高耀林、第五传人高渊"字样,该行为是属于被告高渊表明其姓名和个人身份还是属于侵犯"狗不理"注册商标专用权,一审、二审法院与再审法院有不同意见。被告高渊享有姓名表示权,也可以提供其个人身份的信息,但其行使权利均应以善意、合理的方式。根据再审查明的案件事看,被告在表示姓名和身份时,故意突出天津"狗不理包子"字样,系恶意地以不合理方式使用姓名和进行身份表示,对消费者造成产品出处误导,而且考虑到两被告之间签署的关于商标权使用的协议,应当认定两被告主观上具有故意,已构成商标侵权。

黑龙江省高级人民法院认为:"狗不理牌"商标是原审上诉人狗不理包子饮食公司在国家工商局注册的有效商标,依法享有专有权并受法律保护。原审被上诉人高渊虽自称为狗不理包子创始人的后代,但其不享有"狗不理"商标的使用权,亦无权与天龙阁饭店签订有关"狗不理"商标权使用方面的协议。原审被上诉人天龙阁饭店和高渊制作并悬挂牌匾,是为了经营饭店,不是为了宣传"狗不理"包子的传人。因此,天龙阁饭店未经狗不理包子饮食公司的许可,擅自制作并使用"狗不理"商标,属于商标侵权行为于1994年12月28日判决:

一、撤销二审和一审判决。

二、二被告停止侵权行为,于本判决生效之日立即摘掉悬挂于天龙阁饭店门前的牌匾并予以销毁。

三、二被告于本判决生效之日起30日内在哈尔滨市级以上报纸上刊登赔礼道歉的声明,声明的内容由法院审定,其费用由二被告负担。

四、二被告赔偿狗不理包子饮食公司44 800元。此项赔偿为连带责任,于判决生效10日内偿付,逾期按《民事诉讼法》第二百三十二条执行。

【案例思考】
1. 商号权与商标权是什么关系？
2. 商标侵权为什么可以适用赔礼道歉的责任方式？
3. 本案中，高渊有哪些权利，如何做才是合法行使权利？

第9章 商标申请

◎ **导读**：
　　商标申请是取得商标权的前提和基础。本章在第八章商标知识的基础上讲述商标申请的程序性规定，主要包括商标注册的原则，商标注册的申请，商标注册申请的审查与核准，注册商标的期限、续展与变更，商标复审、撤销与无效，商标国际注册，商标代理等。重点在于商标注册原则、商标申请主体、商标注册程序、商标注册异议，难点在于商标申请书件、商标申请优先权、商标复审和国际商标注册。

◎ **重点**：
1. 我国强制性注册的商标有哪些？
2. 如何理解商标申请在先原则？
3. 何谓商标抢注？
4. 商标异议如何解决？
5. 如何申请国际商标？

"吴良材"商标案[①]

【案件背景】

　　"吴良材"是眼镜行业家喻户晓的百年老字号。然而，很多消费者发现，既有"上海吴良材"，也有"南京吴良材"、"苏州吴良材"，甚至还有"无锡吴良材"、"扬州吴良材"，哪个才是正宗的"吴良材"？他们之间是什么关系。上海吴良材在全国上百个城市有数百家加盟店，苏州吴良材拥有80多家分店。2007年，上海吴良材在江苏南京、苏州、无锡、泰州、盐城和常州6个城市同时提起诉讼，起诉要求苏州吴良材立即停止使用"吴良材"的注册商标。两年六地六场官司，"吴良材"大战拉开序幕。由于案件涉及著名的中华老字号，两个"吴良材"的对簿公堂引起了广泛的关注。本案是一起涉及老字号保护及企业名称与商标权冲突的案件，对于解决字号与驰名商标冲突，打击"傍名牌""搭便车"行为，维护公平竞争秩序，具有一定的借鉴作用。

【案情简介】

　　一审中，三联集团、三联吴良材眼镜公司向苏州市中级人民法院诉称：1807年，店主吴

---

① 本案例改编自《江苏省高级人民法院民事判决书（2009）苏民三终字第0181号》，本案被评为"2009年中国法院知识产权司法保护十大案件"。

良材将创立于1719年的兼营眼镜业务的"澄明斋珠宝玉器铺"改为专营眼镜业务的店铺,并对外以"吴良材眼镜店"作为店名;1935年,吴良材眼镜公司迁址上海市南京东路设立总店;1956年,吴良材眼镜公司改为公私合营吴良材眼镜公司;吴良材眼镜商店和三联吴良材眼镜公司一直把"吴良材"和"吴良材眼镜"作为企业名称使用。1989年10月20日,吴良材眼镜商店在第9类"眼镜"等系列商品上获准注册了第501569号"吴良材"商标;1999年6月14日,上海三联商业集团吴良材眼镜公司在第42类"眼镜行服务(包括修理和加工)"上注册了第1284981号"吴良材"商标;上述两注册商标的注册人经过数次变更,分别于2004年1月7日、1月14日转让给三联集团。2004年8月21日,三联集团又在第40类"光学玻璃研磨、光学镜片研磨"等服务类别上注册了第3440248号"吴良材"商标。多年来,百年老店吴良材眼镜公司以创新的技术和服务引领中国眼镜业发展,吴良材眼镜商品和服务品牌屡获殊荣:1993年10月,上海吴良材眼镜公司被国内贸易部认证为"中华老字号";2006年12月,中华人民共和国商务部认定三联集团注册商标"吴良材"为"中华老字号";2002年1月及2005年1月,"吴良材"商标被上海市工商行政管理局认定为"上海市著名商标";2004年2月25日,三联集团使用在第42类眼镜行服务(包括修理和加工)上的"吴良材"注册商标被国家工商行政管理总局商标局认定为"驰名商标"。两原告除了经营自己的直营店外,从1992年起开始实施"吴良材"品牌的外省市连锁加盟战略。至2006年年底,"吴良材"品牌的加盟店在全国已遍布江苏、浙江、安徽、河南、山东、湖南等100多个城市200余家加盟店。至2005年年底,吴良材眼镜商店的营业额达到2.28亿元,列全国眼镜零售店首位,两原告及其加盟店每年为宣传"吴良材"品牌投入的广告费达700万元以上,在国际、国内眼镜行业普遍知晓并有着良好声誉。两原告的直营店和加盟店的店面和店内装潢中均使用"吴良材"商标和"吴良材眼镜"字号和标识,在店门和柜台等处使用"吴良材眼镜"腰带,并统一在眼镜盒、眼镜布、名片、包装袋等商品上使用"吴良材"商标和"吴良材眼镜"字号和标识。2004年,两原告发现苏州吴良材眼镜公司在企业名称中使用与其在先注册的"吴良材"商标相同的"吴良材"文字作为企业名称,且经营与注册商标核定使用的商品和服务完全相同的眼镜商品销售和眼镜服务业务。后经调查发现,苏州吴良材眼镜公司企业名称原为"苏州市宝顺眼镜有限公司",1999年11月5日变更为现名,其分支机构"苏州市宝顺眼镜有限公司吴良材眼镜商店"于1999年11月5日变更为吴良材眼镜公司观前店,在吴某和周某经营的加盟店门牌、腰带、名片、包装袋和眼镜盒上突出使用"吴良材"和"吴良材眼镜"文字,并且苏州吴良材眼镜公司还在公司网页上突出使用"吴良材"注册商标。两原告认为,苏州吴良材眼镜公司将"吴良材"文字作为企业名称中的字号进行变更登记具有主观恶意。其作为一家从事眼镜经营的同行业企业,应当知晓同行业中具有较高知名度的"吴良材眼镜"和"吴良材"商标,其仍将"吴良材"作为企业名称进行登记并在其分支机构的企业名称和加盟店名称中使用,该行为侵害了"吴良材"驰名商标的专用权,同时也违背了公平诚信原则,构成不正当竞争。为此,诉请法院判令苏州吴良材眼镜公司等四被告立即停止侵权、赔偿损失、赔礼道歉。

苏州吴良材眼镜公司一审辩称:1. 其基于依法取得的"吴良材"字号权从事正常的经营活动,两原告无权限制其行使民事权利,更无权要求其停止使用"吴良材"字号;2. 苏州吴良材眼镜公司是江苏省乃至全国眼镜行业中有较高知名度的企业;3. 眼镜行业经营的特殊性决定了任何企业都不会依赖于服务商标,在其所提供的服务中,服务商标也不能显现出区别服务来源的作用,这是服务商标的特点以及眼镜行业的特点所共同决定的;4. 两原告在诉状中自称是"吴良材"的传人,但是该主张没有相关的证据佐证,应当不予采信;5.对照商标法及相关司法解释,两原告的"吴良材"商标不具备驰名商标的条件,因此也不能以此对抗他人在先的字号权;6.三联吴良材眼镜公司不是本案的利害关系人,不是适格的原告,没有诉权,并且两原告将几种不同的权利混淆在一起,属于对诉讼权利的滥用。综上所述,苏州吴良材眼镜公司经注册合法取得"吴良材"字号权,经过长期对"吴良材"字号的使用,已经成为眼镜行业的知名企业,其合法的民事权利应当得到保护。请求依法驳回两原告的诉讼请求。

苏州吴良材眼镜公司观前店一审辩称,其不具备独立的法人资格,且未突出使用吴良材的商标,请求法院依法驳回两原告的诉讼请求。吴某、周某一审共同辩称:其仅是加盟行为,不应当承担由此导致的侵权责任。

本案一审争议焦点为:(1)三联吴良材眼镜公司是否享有诉讼主体资格;(2)四被告在其相关产品和服务上对其"吴良材"字号的使用是否侵害了"吴良材"注册商标专用权;(3)四被告将"吴良材"作为其字号登记并使用的行为是否构成不正当竞争;(4)两原告因商标侵权行为及不正当竞争行为诉请四被告连带赔偿经济损失、负担合理费用以及赔礼道歉等是否有合法依据。

一审法院查明:1989年10月20日,三联吴良材眼镜公司的前身吴良材眼镜商店依法核准注册取得了第501569号"吴良材"文字商标,核定使用商品为第9类"眼镜盒、眼镜链、眼镜"等。1999年6月14日,同样是三联吴良材眼镜公司的前身上海三联商业集团吴良材眼镜公司依法核准注册取得第1284981号"吴良材"文字商标,核定服务项目为第42类"眼镜行服务"。至2004年1月,上述两个商标均转让至其上级公司三联集团。2004年11月1日,三联集团又将该两商标以普通许可方式无偿许可三联吴良材眼镜公司使用,其中,第1284981号商标的许可使用合同经国家商标局备案。2004年8月21日,三联集团依法核准注册取得第3440248号"吴良材"文字商标,核定服务项目为第40类"光学玻璃研磨;光学镜片研磨"等。2005年11月1日,三联集团亦将该商标以普通许可方式无偿许可三联吴良材眼镜公司使用。本案诉讼中,三联集团于2008年3月14日将上述三个商标均转让由三联集团与三联吴良材眼镜公司共有。其中,第42类"眼镜行服务"上的第1284981号商标分别于2002年1月和2005年1月被上海市工商行政管理局授予"著名商标"。2004年2月25日,国家商标局出具商标驰字第39号"关于认定'吴良材'商标为驰名商标的批复"认定该商标为驰名商标。

苏州吴良材眼镜公司前身苏州市宝顺眼镜有限公司(以下简称宝顺公司)成立于1992年8月10日。1993年12月4日,设立苏州市宝顺眼镜有限公司经营部(以下简称宝顺公司经营部)作为其分支机构,即本案苏州吴良材眼镜公司观前店之前身。1998年3月31日,宝顺公司经营部依法变更企业名称为"苏州市宝顺眼镜有限公司吴良材眼镜商店"。1999年11月5日,宝顺公司及其分支机构宝顺公司经营部分别依法核准变更名称为"苏州市吴良材眼镜有限责任公司"和"苏州市吴良材眼镜有限责任公司观前店",该两名字沿用至今。经营范围为"眼镜验配;批发零售;隐形眼镜及护理用品、钟表、照相器材"。经营过程中,2004年12月14日,苏州吴良材眼镜公司依法核准注册取得第3441691号字母WLC加框商标,核定服务项目为第44类"眼镜行;公共卫生浴;蒸气浴;美容院等"。2006年8月7日,吴良材眼镜公司观前店负责人钱顺勤以个人名义核准注册取得第4076065号"美加奈"文字商标,核定使用商品为第9类"擦眼镜布、光学矫正透镜片(光);眼镜(光学);眼镜框;眼镜架等"。

吴某和周某系苏州吴良材眼镜公司的加盟店业主,加盟协议均载明"门头店招、店堂装饰的格式由甲方(苏州吴良材眼镜公司)提供统一色彩图样"。

关于四被告在店招、柜台背景、公司网站及眼镜盒、眼镜布等相关产品和服务上对其字号和商标的实际使用方式,经一审法院实地勘查核实,为:(1)苏州吴良材眼镜公司在网址为 www.szwuliangcai.cn 的网站主页上方突出标注"WLC(注册商标)吴良材"字样。(2)苏州吴良材眼镜公司观前店在其店堂门外以黑色牌匾醒目标注"苏州吴良材"字样。店堂内柜台下方以玻璃框镜标注"WLC",店堂内置挂牌标注"苏州吴良材 WLC(注册商标)中国驰名品牌"字样。眼镜盒上标注"WLC(注册商标)苏州吴良材眼镜",眼镜布上标注"苏州吴良材眼镜公司"及 WLC(注册商标)等。(3)吴某于店堂门外悬挂"苏州吴良材眼镜角直店"招牌,其中,"苏州吴良材眼镜"七个字字体相同,"角直店"三字相比其他字体较小。收银台后方标注"苏州吴良材"字样。(4)周某于店堂门外悬挂上排依次标注"WLC(注册商标)苏州吴良材眼镜",下排标注"苏州横扇店"的招牌,其中"苏州横扇店"字体较小。收银台后方上排标注"苏州"。下排标注"吴良材眼镜"。(5)诉讼中,苏州吴良材眼镜公司确认其在标注"苏州吴良材"的各加盟店内开展有依据客户要求研磨镜片并制作成品眼镜的服务。

关于"吴良材"在眼镜行业的历史沿革及发展情况。吴良材眼镜店由吴良材始创于1807年,以定配、定制眼镜为主。1926年,该店传至吴良材第五代后人吴国城经营,取名吴良材眼镜公司。1956年,吴国城响应国家号召,主动申请将吴良材眼镜公司公私合营,并按国家政策领取了定息。公私合营后,吴良材眼镜公司改名为公私合营吴良材眼镜公司。"文革"期间,公司曾一度停止使用"吴良材"字号而改用他名,至1979年1月,其名称仍为"东海眼镜商店"。1979年2月9日,上海市黄浦区革命委员会出具"关于同意恢复大光明钟表商店等店名的批复",同意将东海眼镜店恢复为吴良材眼镜店。1987年5月11日,上海市黄浦区人民政府财贸办公室出文,同意成立"上海钟表眼镜照相器材联合公司(简称三联公司)",吴良材眼镜店为其成员单位。在20世纪90年代,吴良材眼镜店又先后改名为上海吴良材眼镜商店、上海吴良材眼镜公司、上海三联商业集团吴良材眼镜公司,至1998年10月,改名为上海三联(集团)有限公司吴良材眼镜公司,该名称沿用至今。在吴良材眼镜店的经营过程中,其先后于1993年和2006年被国内贸易部与商务部认定为"中华老字号"。经营模式除自体经营外,还先后于90年代以联营、合资等方式在江苏、浙江等地开设以"吴良材"作为字号的分支机构。自2002年10月起,两原告开始在江苏省乃至全国范围内广泛开设加盟店。截至目前,两原告"吴良材"加盟店开设于江苏、浙江、安徽、河南等省市共计260余家。此外,2001年,吴良材第五代后人吴国城、第六代后人吴自生、吴自立、吴莉莲曾经以本案原告三联吴良材眼镜公司为被告,诉至法院要求其停止妨碍吴良材后人合法使用"吴良材"字号的行为。该案经过上海市二中院一审、上海市高院终审认定三联吴良材眼镜公司对"吴良材"享有企业名称权和商标权,故对吴国城等人的诉讼请求未予支持。

另查明,"吴良材"注册商标被行政认定为驰名商标后,三联集团曾于2004年11月8日向江苏省苏州工商行政管理局(以下简称苏州工商局)申请撤销苏州吴良材眼镜公司企业名称。苏州工商局对此答复:苏州吴良材眼镜公司名称变更先于"吴良材"驰名商标的认定,故对该请求予以驳回。后三联集团向江苏省工商行政管理局提起行政复议,江苏省工商行政管理局以被申请人作出的答复没有充足的证据和法律依据为由,依法撤销了苏州工商局的答复行为,并责令其重新作出具体行政行为。2007年6月19日,苏州工商局再次出具"关于对上海三联(集团)有限公司企业名称争议的复函",认为三联集团举报苏州吴良材眼镜公司使用"吴良材"字号恶意侵犯商标专用权,构成不正当竞争行为的请求事项,证据不足,应予补正。

一审法院认为:三联吴良材眼镜公司与本案具有直接的利害关系,对涉案商标享有诉权,其可以作为本案共同原告参加诉讼。四被告在其网站、店面招牌、眼镜盒、眼镜布等相关产品和服务上对其"吴良材"字号的使用已侵害了涉案"吴良材"注册商标专用权,但四被告在商标侵权行为上并没有共同的故意和意思联络,分别构成对"吴良材"注册商标专用权的侵害,已经构成不正当竞争,应根据各自的侵权情节分别承担相应的民事责任。对赔偿数额的确定,在本案中两原告因四被告的侵权行为所受到的损失和四被告因此获利均无法准确计算的情况下,依法考量下述因素进行酌情判定:(1)眼镜行业经营模式的特殊性,其营业利润主要产生于成品眼镜的销售收入,眼镜验配服务在其经营利润中的比例较少;(2)苏州吴良材眼镜公司近十年来的经营由其自身努力所产生的客观效益;(3)侵权行为持续的时间;(4)侵权行为发生的地域和当地居民实际的消费能力。由于被告在其网站、产品及服务上对其字号的使用方式客观上会误导相关消费者,故原告要求被告在《苏州日报》上就涉案侵权行为消除影响的诉请予以支持。而鉴于赔礼道歉行为主要适用于人身权损害或者对商誉造成严重损害的情形,本案主要涉及对商标专用权中财产性权利的损害,故不再适用赔礼道歉这一责任方式。据此,一审法院判决基本支持了原告的诉讼请求。

苏州吴良材眼镜公司不服一审判决,向江苏省高级人民法院提起上诉。在实体方面的理由是:(1)企业字号的在先权利是指在一定行政区域内的在先登记的权利而不是在全国范围内的在先登记权。上诉人首先在苏州地区取得"吴良材"企业字号权,该登记行为合法有效,上诉人没有义务在登记注册企业名称的时候在全国范围内进行检索。上诉人的行为完全是善意的、正当的民事行为。(2)上诉人对于企业字号的使用完全符合法律规定和行业惯例,并不构成对企业字号的突出使用。(3)一审法院认定上诉人在与吴良材品牌间没有任何历史渊源的情况下擅自将字号变更为吴良材,主观上显然有攀附吴良材强大品牌声誉的故意,以及消费者已将被上诉人与"吴良材"间建立起固定化且直接指向性联系缺乏事实依据。首先,被上诉人不是"吴良材"的唯一渊源,"南京吴良材"成立于1946年,也号称百年老店。且"南京吴良材"在江苏及其他地区发展了连锁加盟企业近百家,在江苏省占据主要的眼镜服务市场。因此,被上诉人无论是在历史上还是在目前都无法独占"吴良材"字号。其次,鉴于"吴良材"被大量使用,消费者不可能在被上诉人与"吴良材"间建立起固定化且直接指向性联系。再次,上诉人登记注册"吴良材"字号的时间为1998年3月,没有证据证明在1998年3月之前"上海吴良材"已经具有了知名度,或者足以让上诉人产生攀附其品牌的主观动机。(4)"吴良材"案有着极为复杂的历史背景和深刻的社会原因。本案纠纷产生的原因是中国法律制度建设和知识产权立法滞后于经济发展所造成的,不能将责任归责于某一个企业。关于商标权与字号权的冲突问题,首先,商标权和字号权均是一种普通的民事权利,而权利只能在合理的期限内行使和主张。上诉人登记企业名称已经长达11年时间,被上诉人在法定期限内没有行使对上诉人字号的撤销权,已经超过诉讼时效,对其请求应当予以驳回。其次,权利的行使也不能以损害他人的合法权益为代价,更不允许以制止不正当竞争为借口排挤竞争对手，进行不正当竞争。在现行法律对商标权与字号权冲突的解决没有明确规定的情况下，应当本着尊重历史的精神平衡双方当事人的利益。综上，上诉人登记注册"吴良材"字号在先，"上海吴良材"取得知名度在后。被上诉人通过诉讼将上诉人的"吴良材"字号撤销，无非是看中了"吴良材"字号商标价值及上诉人在江苏省眼镜市场所占有的份额。"吴良材"是祖先留给后人的文化遗产和公共资源，无人可以独占使用。一审判决缺乏对整个案件证据采信、事实认定、适用法律的正确推理演绎过程，结果是错误的。

二审中，苏州吴良材眼镜公司新提供了一些关于南京吴良材眼镜公司工商登记资料及该公司1995年至2002年的年检报告书，用以证明南京吴良材眼镜公司的历史沿革及在江苏省境内开设分店的情况，以此说明"吴良材"在江苏省境内的知名度是由南京吴良材眼镜公司经过多年经营形成而非三联集团或三联吴良材眼镜公司经营形成，苏州吴良材眼镜公司使用"吴良材"字号并不构成对三联集团和三联吴良材眼镜公司侵权。经质证，三联集团和三联吴良材眼镜公司认为，上述证据不属于一审庭审后新发现的证据，不应作为二审新证据，人民法院不应采纳，且上述证据与本案无关联性。江苏省高级人民法院认为，苏州吴良材眼镜公司提供的上述证据，因均来源于江苏省工商行政管理局保管的企业档案登记，其真实性江苏省高级人民法院予以确认。但由于该证据反映的是南京吴良材眼镜公司的历史沿革情况，与本案缺乏直接关联性，故对上述证据的关联性江苏省高级人民法院不予确认。

江苏省高级人民法院最终认为，苏州吴良材眼镜公司的上诉理由不能成立，其上诉请求不予支持。一审判决认定事实清楚，适用法律正确，应予维持。

【案例思考】
1. 结合本案，你认为"南京吴良材"会面临与"苏州吴良材"同样的命运吗？
2. 驰名商标是如何认定的？我国认定驰名在实践中有哪些问题？
3. 老字号的权利保护范围应当如何确定？在老字号登记主管机关辖区之外登记使用与老字号相同的企业字号是否侵权？
4. 在认定被告使用的企业名称构成不正当竞争的情况下，人民法院能否直接判决被告变更企业名称？
5. 结合本案，谈谈加盟店和分店有什么法律风险。

9.1 商标注册的原则

商标注册原则，是指对商标注册申请人受理并最终确认商标权归属的行为依据和法律原则。根据商标法的规定，商标注册原则为：自愿注册原则、申请在先原则、申请单一性原则和优先权原则。

9.1.1 自愿注册原则

商标自愿原则包括三层含义：

一是注册原则，即商标所有人对其商标必须通过核准注册，才能取得对该商标专用权的确认。我国《商标法》第三条规定："经商标局核准注册的商标为注册商标，商标所有人享有商标专用权，受法律的保护。"注册人对该注册商标享有专用权，受法律的保护；未经注册的商标也能使用，但使用人不享有商标专用权，不得与他人的商标相冲突，无权禁止他人在同种或类似商品上使用与其商标相同或近似的商标,但驰名商标除外。

二是自愿注册为主、强制注册为辅原则。所谓自愿注册原则,是指商标所有人根据自己的需要和意愿,自行决定是否申请商标注册。所谓强制注册原则,是指国家对生产经营者在某些商品或服务上所使用的全部商标,规定必须经依法注册才能使用的强制性规定。《商标法》第六条规定:"国家规定必须使用注册商标的商品,必须申请商标注册,未经核准注册的,不得在市场销售。"目前,根据国家工商行政管理局1988年1月4日《关于公布必须使用注册商标的商品的通知》,我国规定强制性注册的商标只有:对人用药品(西药、针剂和中成药)和烟草制品(卷烟、雪茄烟和有包装的烟丝)。

三是国家统一注册原则,即我国的商标注册工作必须由国家商标主管部门统一审核批准注册。《商标法》第二条明确规定"国务院工商行政管理部门商标局主管全国商标注册和管理的工作"。

9.1.2 申请在先原则

我国对商标注册坚持申请在先为主、使用在先为辅的原则。

所谓申请在先原则是指两个或两个以上的申请人,在同一或者类似的商品上以相同或者相近似的商标申请注册时,注册申请在先的商标和申请人获得商标专用权,在后的商标注册申请予以驳回。我国《商标法》第三十一条规定:"两个或者两个以上的申请人,在同一种商品或者类似的商品上,以相同或者近似的商标申请注册的,初步审定并公告申请在先的商标;同一天申请的,初步审定并公告使用在先的商标,驳回其他人的申请,不予公告。"申请在先是根据申请人提出商标注册申请的日期来确定的,商标注册的申请日期以商标局收到申请书件的日期为准。因此应当以商标局收到申请书件的日期作为判定申请在先的标准。

我国《商标法》在坚持申请在先原则的同时,还确认了使用在先的正当性,防止不正当的抢注行为,即指在无法确认申请(注册)在先的情况下采用最先使用者取得商标注册的原则。《商标法》第三十一条规定"两个或者两个以上的商标注册申请人,在同一种商品或者类似商品上,以相同或者近似的商标申请注册的,……;同一天申请的,初步审定并公告使用在先的商标,驳回其他人的申请,不予公告。"这里的所谓的使用在先原则,即两个或者两个以上的申请人,在同一种商品或者类似商品上,分别以相同或者近似的商标在同一天申请注册的,各申请人应当自收到商标局通知之日起30日内提交其申请注册前在先使用该商标的证据。同日使用或者均未使用的,各申请人可以自收到商标局通知之日起30日内自行协商,并将书面协议报送商标局;不愿协商或者协商不成的,商标局通知各申请人以抽签的方式确定一个申请人,驳回其他人的注册申请。商标局已经通知但申请人未参加抽签的,视为放弃申请,商标局应当书面通知未参加抽签的申请人。

9.1.3 申请单一性原则

申请单一性原则,是指一份商标申请只能申请一个商标。

9.1.4 优先权原则

商标优先权原则是指,商标注册申请人自其商标在外国第一次提出商标注册申请之日起六个月内又在中国就相同商品以同一商标提出商标注册申请的,依照该外国同中国签订的协议或共同参加的国际条约,或按照相互承认优先权的原则可以享有优先权。

《巴黎公约》首先规定了商标优先权,该公约第四条规定:任何人或其权利继承人,在巴黎公约的某一成员国首次提出某项商品商标注册申请,从该申请日算起的6个月内,再向其他巴黎公约的成员国提出这项商品商标注册申请,均可以该申请日作为评定商品商标新颖性的时间标准日。该商标注册申请人享有的这种优先于其他商标申请人的权利被称为商标申请的优先权,该商标注册申请人被称为这项商标申请优先权的权利人或简称为优先权人,该申请日被称为商标注册申请的优先权日,从该申请日算起的6个月期限被称为商标申请的优先权期。商标申请的优先权人须在其后续商标申请中明确提出要求优先权的声明,并提供相应的优先权证明文件,方可实现其优先权,这一声明被称为优先权声明。优先权允许进行转让。

我国《商标法》第二十五条规定,商标注册申请人自其商标在外国第一次提出商标注册申请之日起六个月内,又在中国就相同商品以同一商标提出商标注册申请的,依照该外国同中国签订的协议或者共同参加的国际条约,或者按照相互承认优先权的原则,可以享有优先权。第二十六条规定,商标在中国政府主办的或者承认的国际展览会展出的商品上首次使用的,自该商品展出之日起六个月内,该商标的注册申请人可以享有优先权。

依照《商标法》第二十五条、二十六条的规定在我国申请商标注册要求优先权,应当在提出商标注册申请的时候提出书面声明,即在申请书上填写初次申请国、申请日期、申请号等,并且在自申请之日起三个月内提交第一次提出的商标注册申请文件的副本,该副本应当经受理该申请的商标主管机关证明,并且注明申请日期和申请号。要求展会优先权的,必须符合以下条件:

(1) 须是在中国政府主办或者承认的国际展览会上展出的商品是使用的商标。

(2) 享有优先权的法定期限是自该商品展出之日起六个月内提出商标注册申请。即法律对享有优先权的期限作了规定,超过法定期限,便失去机会。

(3) 商标注册申请人在提出商标注册申请的时候,就应当以书面形式提出享有优先权的声明,并且在三个月提交展出其商品的展览会名称、在展出商品上使用该商标的证据、展出日期等证明文件。该证明文件应当经国务院工商行政管理部门规定的机构认证;展出其商品的国际展览会是在中国境内举办的除外。未提出书面声明或者超过三个月未提交证明文件的,视为未要求优先权。

提交的优先权证明文件应当附送中文译本,代理人应如实翻译优先权文件,做到申请的商标与优先权文件所附的商标一致,要求优先权的商标注册申请中申报的商品/服务项目不超出首次申请中的商品/服务项目的范围。多份申请要求优先权而只附送一份优先权证明文件的,可以提交一份原件,其他的提交复印件,并应指明原件附在哪件申请文件上。如要求优先权的申请人与首次申请的申请人名义或地址不一致,还应提交相关的变更、转让证明文件。

我国申请人到巴黎公约其他成员国申请商标注册的,同样可以要求优先权。如以在我国的首次申请为基础申请,则应向我国商标局申请提供相关证明。申请时,应提交《提供优先权证明文件申请书》,共有商标申请证明,需由代表人提出申请,并被视为已经得到其他共有人的授权。

9.2 商标注册的申请

商标权的获得,必须履行商标注册程序,商标注册程序是一种商标法律程序。商标注册程序基本分为:商标查询、填写申请书、提交文件、初步审查与受理、实质审查、初步审定和公告、异议与异议复审、核准注册与发证等步骤。狭义的商标注册申请仅指商品和服务商标注册申请、商标国际注册申请、证明商标注册申请、集体商标注册申请、特殊标志登记申请。广义的商标注册申请除包括狭义的商标注册申请的内容外,还包括变更、续展、转让注册申请,异议申请,商标使用许可合同备案申请,以及其他商标注册事宜的办理。

9.2.1 商标注册申请人

商标注册申请人必须是对其生产、制造、加工、拣选或经销的商品抑或提供的服务项目,需要取得商标专用权的,提出商标注册申请的自然人、法人或其他组织;外国人、外国企业根据有关协议或条约也可以成为商标注册申请人。根据不同商标类型的法律法规的注册和管理办法,各类型商标注册申请人的范围和条件为:

1. 申请人的资格条件

根据《商标法》第四条、第五条的规定,国内申请商品商标、服务商标的商标注册申请人的主体资格范围为:自然人,法人,其他组织。其中须具备的条件为:

自然人——是指具有民事权利能力和民事行为能力的个人,包括中国人、外国人和无国籍人。

法人——是指具有民事权利能力和民事行为能力,依法独立享有民事权利和民事义务的组织,同时必须具备我国《民法通则》第 37 条所规定的下列条件:①依法成立;②有必要的财产和经费;③有自己的名称、组织机构和场所;④能够独立承担民事责任。

其他组织——是指合法成立,有一定的组织机构和财产,但又不具备法人资格的组织,包括:①依法登记领取营业执照的私营独资企业、个人合伙;②依法登记领取营业执照的合伙性联营企业;③依法登记领取我国营业执照的中外合作经营企业、外资企业;④经民政部门核准登记领取社会团体登记证的社会团体;⑤法人依法设立并领取营业执照的分支机构;⑥中国人民银行、各专业银行设在各地的分支机构;⑦中国人民保险公司设在各地的分支机构;⑧经核准登记领取营业执照的乡镇、街道、村办企业;⑨符合法律规定条件的其他组织。其他组织具有以下法律特征:一必须依法成立,即必须是依照法律规定的程序和条件成立,法律认可的组织;二必须具有一定的组织机构,即有能够保证该组织正常活动的机构;三必须具有一定的财产,即必须具有能够单独支配的、与其规模和活动的内容和范围相适应的财产;四不具有法人资格。例如:事业单位、政府机关、村民委员会,非正规劳动就业组织,行业协会、工会组织、宗教组织等等。

中国香港、澳门、台湾地区的商标注册申请人如果是以当地的法人或自然人或其他组织申请的,按外国申请人方法办理。国内外的联络处、办事处均不可以作为申请人。

2. 商标共同申请人

根据《商标法》第五条的规定,两个以上的申请人主体可以共同向商标局申请注册同一商标,共同享有和行使同一商标专用权。

共同申请同一商标的大致有以下情形:①一个公司拥有两个或两个以上分公司,而其中一些分公司需要和总公司使用同一商标的;②总公司下属的一些子公司之间或与总公司之间需要使用同一商标的;③有些家族性的私营公司或者企业之间,要求使用或继承同一商标的;④父子、母女、夫妻、兄弟姐妹等自然人家庭成员;⑤生意合作伙伴;⑥自然人与企业合作共同经营的。等等

3. 集体商标申请人

根据《商标法》第三条、《集体商标、证明商标注册和管理办法》的规定,国内申请集体商标的商标注册申请人的主体资格范围为:工商业团体、协会或者其他集体组织。应具备的条件为:①必须是经依法登记的,具有法人资格的企业或事业单位。该企业或事业单位应为某一组织,可以是工业的或商业的团体,也可以是协会、行业或其他集体组织,而不是某个单一企业或个体经营者;②申请以地理标志作为集体商标注册的申请人,应当由来自该地理标志标示的地区范围内的成员组成;③必须有当地工商管理部门出具的申请人主体资格证明,即申请人依法登记并具有法人资格的法律文书,可以是企业的营业执照,或事业单位、群众团体的依法登记注册的批准文件;④以地理标志作为集体商标申请注册的,还应当附送管辖该地理标志所标示地区的人民政府或者行业主管部门的批准文件;⑤以地理标志作为集体商标申请注册的,应当详细说明其所具有的或者其委托的机构具有的专业技术人员、专业检测设备等情况,以表明其具有监督使用该地理标志商品的特定品质的能力;⑥必须制定所申请集体商标的使用管理规则。

4. 证明商标申请人

根据《商标法》第三条、《集体商标、证明商标注册和管理办法》的规定,国内申请集体商标的商标注册申请人的主体资格范围为:对商品和服务的特定品质具有检测和监督能力的组织。应具备的条件为:①该组织必须是依法登记成立的;②必须有当地工商管理部门出具的申请人主体资格证明,并应当详细说明其所具有的或者其委托的机构具有的专业技术人员、专业检测设备等情况,以表明其具有监督该证明商标所证明的特定商品品质的能力;③以地理标志作为证明商标申请注册的,还应当附送管辖该地理标志所标示地区的人民政府或者行业主管部门的批准文件;④必须制定所申请证明商标的使用管理规则。

5. 特殊标志申请人

根据《特殊标志管理条例》的规定,申请特殊标志登记申请人的主体资格范围为:全国性和国际性的文化、体育、科学研究及其他社会公益活动的组织者和筹备者。应具备的条件为:①必须是经国务院批准举办的,并拥有国务院批准举办该社会公益活动的文件;②制定准许他人使用该特殊标志的条件及管理办法。

9.2.2 商标注册申请程序

申请人直接到商标局的商标注册大厅办理的,申请人可以按照以下步骤办理:商标注册申请前查询(非必需程序)→准备申请书件→在商标注册大厅受理窗口提交申请书件→在打码窗口打收文条形码→在交费窗口缴纳商标注册规费→三个月左右商标局发出《受理通知书》→商标注册申请补正(非必需程序)。

商标申请的前提是商标设计。商标设计要注意以下问题:独创性,即商标的设计要有新意;一方面要符合显著性的要求,另一方面有创意的商标容易扩大商品的知名度,迅速占领市场。商标的名称应避免与商品的功能联在一起;商标的设计要突出主题,合理布局。

商标注册申请前通常要进行商标查询。商标查询通常是指商标注册申请人在申请注册商标前，为了了解是否存在与其申请注册商标可能构成冲突的在先商标权利，进行的有关商标信息的查询。质言之，商标查询是商标注册申请人或代理人到商标局查询申请注册的商标有无与在先权利商标相同或近似的情况，以了解自己准备申请注册的商标是否与他人已经注册的商标相混同。商标查询不是商标注册的必经程序（遵循自愿查询原则），查询结果不等于审查结果，但是一件商标从申请到核准注册历时长久。虽然如果商标注册申请被驳回，一方面损失商标注册费，另一方面重新申请注册商标还需要更长时间，而且再次申请能否被核准注册仍然处于未知状态。进行查询可大大减少商标注册的风险，查询的结果不能作为法律依据，不具备法律效力。因此，申请人在申请注册商标前最好进行商标查询，了解在先权利情况。办理商标查询，可通过商标代理机构办理，也可直接到商标局办理。在提交申请并交费后，商标局3天内给出结果。外国人或外国企业可委托指定的代理组织进行查询。查询分普通查询和加急查询（不包括直接到商标局办理查询）。商标局对普通查询资料，加急查询自收到查询信件起5日内发出查询资料。根据商标局的档案管理程序，商标查询结果一般是目前已注册的及4个月前提出申请的商标。因此，企业在查询以后，在没有发现与自己要申请的商标相混同的商标情况下，就应及时办理商标注册申请，以期在正式提出申请之前，其他企业在先注册同类商标而失去获得商标专用权的机会。

之后，商标申请要经过以下几个环节：

第一步，选择注册方式。国内商标注册申请人可通过以下两个途径办理商标注册申请手续：一种是自己向国家工商行政管理局商标局申请注册，另一种是委托国家工商行政管理局总局认可的具有商标代理资格的组织办理。外国人和外国企业需要在中国取得商标专用权的，可以按其所属国和我国签订的协议或共同参加的国际条约向商标局提出商标注册申请，或按对等原则办理。外国人或外国企业办理商标注册申请和其他有关事宜，必须委托国家指定的具有涉外代理权的商标代理机构代理。

第二步，准备资料。具体内容见下文。

第三步，按商品与服务分类提出申请。申请商标注册，应当依照公布的商品分类表按类申请。商品和服务项目共分为45类，其中商品34类，服务项目11类。申请注册时，应按商品与服务分类表的分类确定使用商标的商品或服务类别；同一申请人在不同类别的商品上使用同一商标的，应按不同类别提出注册申请。

第四步，确定申请日。我国商标注册采用申请在先原则，因此，确立申请日十分重要，申请日以商标局收到申请书的日期为准。

最后一步，领取商标注册证。商标注册申请提交后，要经过商标审查、初审公告、注册公告三个程序。经过商标局初审通过的商标，在刊登公告三个月后无人提出异议即完成注册，商标局向注册人颁发证书，该商标开始受法律保护。若是通过代理组织的由代理人向注册人发送《商标注册证》；直接办理注册的，注册人应在接到《领取商标注册证通知书》后三个月内到商标局领证，同时还应携带：领取商标注册证的介绍信、领证人身份证及复印件、营业执照副本原件和加盖当地工商部门的章戳的复印件、领取商标注册证通知书，商标注册人名义变更的需附送工商部门出具的变更证明。

通常而言，一件新申请商标从申请到发证一般需要一年到三年半左右时间，其中申请受理和形式审查约需一个月，实质审查约需24到30个月，异议期三个月，核准公告到发证约

2个月。近年来,商标局在不断加快工作流程,目前仍需12至15个月的时间。自申请后四个月左右通知申请人领取《受理通知书》,自申请后十个月左右告知申请人商标注册情况;自申请后十八个月左右告知申请商标预排公告期情况(公告期为3个月)也就是异议期;自检准公告后一个月左右通知申请人领取证书。

9.2.3 商标注册申请书件

(1) 法人或者其他组织名义申请商标注册的,应提交以下申请书件:

①加盖申请人公章的商标注册申请书。

②商标图样6张(申请书背面贴1张,交5张),要求图样清晰、规格为长和宽不小于5厘米并不大于10厘米。若指定颜色,贴着色图样1张,交着色图样5张,附黑白图样1张。

③直接到商标注册大厅办理的,提交申请人的营业执照复印件,并出示营业执照副本原件;如不能出示营业执照副本原件,申请人的营业执照复印件须加盖申请人印章。委托商标代理机构办理的,提交申请人的营业执照复印件。

④直接到商标注册大厅办理的,提交经办人的身份证复印件;委托商标代理机构办理的,提交商标代理委托书。

⑤如申请注册的商标是人物肖像,应附送经过公证的肖像权人同意将此肖像作为商标注册的声明文件。

(2) 自然人申请商标注册的,应提交以下申请书件:

①申请人签名的商标注册申请书。

②商标图样6张(申请书背面贴1张,交5张),要求图样清晰、规格为长和宽不小于5厘米并不大于10厘米。若指定颜色,贴着色图样一张,交着色图样5张,附黑白图样1张。

③直接到商标注册大厅办理的,提交申请人本人的身份证或护照的复印件,经办人出示身份证或护照的原件,提交复印件;委托商标代理机构办理的,提交商标代理委托书和申请人的身份证复印件。

④个体工商户可以以其《个体工商户营业执照》登记的字号作为申请人名义提出商标注册申请,也可以以执照上登记的负责人名义提出商标注册申请。以负责人名义提出申请时应提交以下材料的复印件:负责人的身份证;营业执照。个人合伙可以以其《营业执照》登记的字号或有关主管机关登记文件登记的字号作为申请人名义提出商标注册申请,也可以以全体合伙人的名义共同提出商标注册申请。以全体合伙人的名义共同提出申请时应提交以下材料的复印件:合伙人的身份证;营业执照;合伙协议。农村承包经营户可以以其承包合同签约人的名义提出商标注册申请,申请时应提交以下材料的复印件:签约人身份证;承包合同。其他依法获准从事经营活动的自然人,可以以其在有关行政主管机关颁发的登记文件中登载的经营者名义提出商标注册申请,申请时应提交以下材料的复印件:经营者的身份证;有关行政主管机关颁发的登记文件。自然人提出商标注册申请的商品和服务范围,应以其在营业执照或有关登记文件核准的经营范围为限,或者以其自营的农副产品为限。

对于不符合商标法规定的商标注册申请,商标局不予受理并书面通知申请人。申请人提供虚假材料取得商标注册的,由商标局撤销该注册商标。如申请注册的商标是人物肖像,应附送经过公证的肖像权人同意将此肖像作为商标注册的声明文件。

(3) 填写商标注册申请书的具体要求是：

①根据《商标法实施条例》第十五条规定，商标注册申请等有关文件，应当打字或印刷。对于手写的商标申请书件，商标局不予受理。

②商标注册申请人的名称、地址应按照《营业执照》填写，如果《营业执照》中的地址未冠有企业所在地的省、市、县名称的，申请人必须在其地址前加上省、市、县名称。申请人的名义公章应与《营业执照》上登记的企业名称完全一致。

③商品或服务项目应按照《商品和服务分类表》或《类似商品和服务区分表》填写规范名称，一份申请书只能填写一个类别的商品或服务。商品名称或服务项目未列入分类表的，应当附送商品或服务项目的说明。

④如申请人是自然人，申请人名称除填写姓名外，还须在姓名之后填写身份证号码；申请人地址可以填写自然人的实际地址或通讯地址。

⑤如申请注册的商标不是立体商标和颜色组合商标，申请人应在商标种类一栏的"一般"前的方框中打"√"。

⑥递交申请前请仔细检查申请书，递交后不得改动。填写错误需提交《更正商标申请/注册事项申请书》（书式七）并交纳500元规费，申请人、商品或服务项目及商标图样不得更换。

(4) 申请集体商标的，附送集体商标的使用管理规则。规则包括以下内容：

①使用集体商标的宗旨。

②使用该商标的集体成员。

③使用集体商标的商品或者服务质量。

④使用该商标的条件和使用该商标的手续。

⑤集体成员的权利、义务和违反该规则应当承担的责任。

(5) 申请证明商标注册的，附送证明商标的使用管理规则。规则应包括以下内容：

①使用证明商标的宗旨。

②该商标证明的商品或者服务的特定品质和特点。

③使用该商标的条件。

④使用该商标的手续。

⑤使用该证明商标的权利义务和违反该规则应当承担的责任。

【讨论】办理商标注册申请需要注意哪些事项？

9.2.4 商标注册规费的缴纳

根据原国家计委、财政部计价格〔1995〕2404号文件和国家发改委、财政部发改价格〔2008〕2579号和〔2013〕1494号文件，商标注册登记相关费用标准如表9-1所示：

委托商标代理机构办理的，申请人应向商标代理机构缴纳商标注册规费和代理费，商标局收取的商标注册规费从该商标代理机构的预付款中扣除。

表 9-1 当前商标注册登记相关费用标准

	业务名称	收费标准	备注
1	受理商标注册费	800	限定本类10个商品。10个以上商品,每超过1个商品,每个商品加收80元
2	受理集体商标注册费	3 000	
3	受理证明商标注册费	3 000	
4	补发商标注册证费	1 000	含刊登遗失声明的费用
5	受理转让注册商标费	1 000	
6	受理商标续展注册费	2 000	
7	受理续展注册迟延费	500	
8	受理商标评审费	1 500	
9	商标异议费	1 000	
10	变更费	500	
11	出具商标证明费	100	
12	撤销商标费	1 000	
13	商标使用许可合同备案费	300	

9.2.5 商标注册申请补正

补正程序并非非商标注册申请的必经程序。商标注册申请手续齐备、按照规定填写申请文件并缴纳费用的,商标局予以受理并书面通知申请人;申请手续不齐备、未按照规定填写申请文件或者未缴纳费用的,商标局不予受理,书面通知申请人并说明理由。申请手续基本齐备或者申请文件基本符合规定,但是需要补正的,商标局通知申请人予以补正,限其自收到通知之日起30日内,按照指定内容补正并交回商标局。在规定期限内补正并交回商标局的,保留申请日期;期满未补正的或者不按照要求进行补正的,商标局不予受理并书面通知申请人。

委托商标代理机构办理商标注册申请的,如申请手续基本齐备或申请书件基本符合规定,但是需要补正的,商标局书面通知该商标代理机构予以补正。商标代理机构应在收到通知之日起30日内,按指定内容补正后交回商标局。期满未补正的,视为放弃该申请。

需要注意的有以下几项:(1)申请人按照要求对不规范或不具体的商品或服务项目进行补正时,可以修正或删除。修正时仍应按照《类似商品和服务区分表》填写规范名称,但不得扩大商品或服务范围。(2)因商标图样不清或应填写商标说明而发回的补正,申请人应按商标局的要求补正,不得对商标图样做任何实质性的修改,否则视为无效。(3)申请人按照补正要求修改后,应在相应空白处加盖申请人公章。如申请人是自然人,应由本人签名。如果是委托商标代理机构办理的商标注册申请,应加盖商标代理机构的公章。

9.2.6 商标抢注

9.2.6.1 商标抢注的含义

商标抢注有狭义和广义之分,狭义的商标抢注是指在原商标所有者之前注册该商标以获取经济利益的竞争行为。广义的商标抢注除了包括以上情形,还包括抢注他人著名公司名称或其他在社会上有一定声誉的名称等在先权利为自己的商标,以获取经济利益的行为。

9.2.6.2 商标抢注的表现形式

商标抢注包括:恶意抢注和非恶意抢注。恶意抢注是以害人利己为目的的,是违法行为;非恶意抢注(如类似无因管理式的"善意抢注")则不以害人或利己为目的,不能一概视为违法行为。

"商标抢注"一词的含义经历了两个发展阶段。在第一阶段,商标抢注的对象基本上限于未注册商标;现阶段商标抢注的内涵有了进一步的扩展,将他人已为公众熟知的商标或驰名商标在非类似商品或服务上申请注册的行为,也属于抢注。进而言之,将他人的创新设计、外观设计专利、企业名称和字号、著作权等其他在先权利作为商标申请注册的行为,也应视为商标抢注。

商标抢注行为主要有以下几种表现形式:一是抢注未注册商标,即抢注他人已经使用但尚未注册的商标;二是抢注注册商标,即抢注在其他国家和地区已经有一定或较好声誉的注册商标;三是抢注驰名商标抢注,即抢注已经是驰名商标但尚未注册的商标。

【讨论】防止商标抢注的措施有哪些?

尼斯分类

尼斯协定是一个有多国参加的国际公约,其全称是《商标注册用商品和服务国际分类尼斯协定》。该协定于1957年6月15日在法国南部城市尼斯签订,1961年4月8日生效。我国于1994年加入了尼斯联盟。尼斯协定的宗旨是建立一个共同的商标注册用商品和服务国际分类体系,并保证其实施。目前,国际分类共包括45类,其中商品34类,服务项目11类,共包含1万多个商品和服务项目。不仅所有尼斯联盟成员国都使用此分类表,而且非尼斯联盟成员国也可以使用该分类表。不同的是,尼斯联盟成员国可以参与分类表的修订,非成员国则无权参与。我国自1988年11月1日起采用国际分类,大大方便了商标申请人,更加规范了商标主管机关的管理,密切了国际间商标事务的联系。尤其是1994年加入尼斯联盟以来,我国积极参与了对尼斯分类的修改与完善,已将多项有中国特色的商品加入尼斯分类中。尼斯分类表定期修订,一是增加新的商品,二是将已列入分类表的商品按照新的观点进行调整,以求商品更具有内在的统一性。根据世界知识产权组织的要求,尼斯联盟各成员国将于2014年1月1日起正式使用尼斯分类第十版2014文本,简称NCL(10-2014),见表9-2。

表 9-2　商标分类表—类似商品与服务区分表（基于尼斯分类第十版）2015 文本

【第一类】 用于工业、科学、摄影、农业、园艺和林业的化学品；未加工人造合成树脂；未加工塑料物质；肥料；灭火用合成物；淬火和焊接用制剂；保存食品用化学品；鞣料；工业用黏合剂 【注释】第一类主要包括用于工业、科学和农业的化学制品，包括用于制造属于其他类别的产品的化学制品。本类尤其包括：——堆肥；——非食品防腐盐；——某些特定的食品工业用添加剂（查阅按字母顺序排列的商品分类表）。本类尤其不包括：——未加工的天然树脂（第二类）；——医学科学用化学制品（第五类）；——杀真菌剂、除莠剂和消灭有害动物制剂（第五类）；——文具用或家用黏合剂（第十六类）；——食品用防腐盐（第三十类）；——褥草（腐殖土的覆盖物）（第三十一类）	【0101组】工业气体，单质 【0102组】用于工业、科学、农业、园艺、林业的工业化工原料 【0103组】放射性元素及其化学品 【0104组】用于工业、科学的化学品、化学制剂，不属于其他类别的产品用的化学制品 【0105组】用于农业、园艺、林业的化学品、化学制剂 【0106组】化学试剂 【0107组】摄影用化学用品及材料 【0108组】未加工的人造合成树脂，未加工塑料物质（不包括未加工的天然树脂） 【0109组】肥料。 【0110组】灭火用合成物。 【0111组】淬火用化学制剂 【0112组】焊接用化学制剂 【0113组】食品用化学品（不包括食品用防腐盐） 【0114组】鞣料及皮革用化学品 【0115组】工业用黏合剂和胶（不包括纸用黏合剂） 【0116组】纸浆 【0117组】能源。
【第二类】 颜料，清漆，漆；防锈剂和木材防腐剂；着色剂；媒染剂；未加工的天然树脂；画家、装饰家、印刷商和艺术家用金属箔及金属粉 【注释】第二类主要包括颜料、染料和防腐制品。本类尤其包括：——工业、手工业和艺术用颜料、清漆和漆；——服装染料；——食品和饮料用着色剂。本类尤其不包括：——未加工的人造树脂（第一类）；——洗衣和漂白用上蓝剂（第三类）；——美容用染料（第三类）；——颜料盒（学校用文具）（第十六类）；——绝缘颜料和绝缘漆（第十七类）	【0201组】染料，媒染剂（不包括食用） 【0202组】颜料（不包括食用、绝缘用），画家、装饰家、印刷商和艺术家用金属箔及金属粉 【0203组】食品着色剂 【0204组】油墨 【0205组】涂料，油漆及附料（不包括绝缘漆） 【0206组】防锈剂，木材防腐剂 【0207组】未加工的天然树脂

续表 9-2

【第三类】 洗衣用漂白剂及其他物料；清洁、擦亮、去渍及研磨用制剂；肥皂；香料，香精油，化妆品，洗发水；牙膏 【注释】第三类主要包括清洁制剂和化妆品。本类尤其包括：——人用或动物用除臭剂；——室内芳香剂；——化妆用卫生制剂。本类尤其不包括：——清洁烟囱用化学制品（第一类）；——生产过程中用的去渍制剂（第一类）；——非人用、非动物用除臭剂（第五类）；——磨石和砂轮（手工具）（第八类）	【0301组】肥皂，香皂及其他人用洗洁物品，洗衣用漂白剂及其他物料 【0302组】清洁、去渍用制剂 【0303组】抛光、擦亮制剂 【0304组】研磨用材料及其制剂 【0305组】香料，香精油 【0306组】化妆品（不包括动物用化妆品） 【0307组】牙膏，洗牙用制剂 【0308组】熏料 【0309组】动物用洗涤剂，化妆品 【0310组】室内芳香剂
【第四类】 工业用油和油脂；润滑剂；吸收、润湿和黏结灰尘用合成物；燃料（包括马达用燃料）和照明材料；照明用蜡烛和灯芯 【注释】第四类主要包括工业用油和油脂，燃料和照明材料。本类尤其不包括：——某些特殊的工业用油和油脂（查阅按字母顺序排列的商品分类表）	【0401组】工业用油及油脂，润滑油，润滑剂（不包括燃料用油） 【0402组】液体、气体燃料和照明燃料 【0403组】固体燃料 【0404组】工业用蜡 【0405组】照明用蜡烛和灯芯 【0406组】吸收、润湿和黏结灰尘用合成物 【0407组】能源
【第五类】 药用和兽医用制剂；医用卫生制剂；医用或兽医用营养食物和物质，婴儿食品；人用和动物用膳食补充剂；膏药，绷敷材料；填塞牙孔用料，牙科用蜡；消毒剂；消灭有害动物制剂；杀真菌剂，除莠剂 【注释】第五类主要包括药品和其他医用或兽医用制剂。本类尤其包括：——化妆品除外的个人保健用卫生制剂；——非人用、非动物用除臭剂；——膳食补充剂，为正常饮食提供补充或为健康目的；——医用或兽医用代餐物、营养食物和饮料；——不含烟草的医用卷烟。本类尤其不包括：——化妆用卫生制剂（第三类）；——人用或动物用除臭剂（第三类）；——矫形用绷带（第十类）；——非医用、非兽医用的代餐物、营养食物和饮料（第二十九类、第三十类、第三十一类或第三十二类）	【0501组】药品，消毒剂，中药药材，药酒 【0502组】医用营养品，人用膳食补充剂，婴儿食品 【0503组】净化制剂 【0504组】兽药，动物用膳食补充剂 【0505组】杀虫剂，除莠剂，农药 【0506组】卫生用品，绷敷材料，医用保健袋 【0507组】填塞牙孔用料，牙科用蜡

续表 9-2

【第六类】 普通金属及其合金;金属建筑材料;可移动金属建筑物;铁轨用金属材料;普通金属制非电气用缆线;五金具,金属小五金具;金属管;保险箱;不属别类的普通金属制品;矿石 【注释】第六类主要包括未加工的和半加工的普通金属,以及这些金属的简单制品。本类尤其不包括:——铝土(第一类);——汞,锑,碱金属和碱土金属(第一类);——画家、装饰家、印刷商和艺术家用金属箔及金属粉(第二类)	【0601组】普通金属及其合金、板、各种型材(不包括焊接及铁路用金属材料) 【0602组】普通金属管及其配件 【0603组】金属建筑材料,可移动金属建筑物(不包括建筑小五金) 【0604组】铁路用金属材料 【0605组】非电气用缆索和金属线、网、带 【0606组】缆绳用非电气金属附件 【0607组】钉及标准紧固件 【0608组】家具及门窗的金属附件 【0609组】日用五金器具 【0610组】非电子锁 【0611组】保险箱柜,金属柜 【0612组】金属器具,金属硬件(非机器零件) 【0613组】金属容器 【0614组】金属标牌 【0615组】动物用金属制品 【0616组】焊接用金属材料(不包括塑料焊丝) 【0617组】锚,停船用金属浮动船坞,金属下锚桩 【0618组】手铐,医院用的金属身份证明手镯 【0619组】(测气象或风力的)金属桨叶,金属风标 【0620组】金属植物保护器 【0621组】捕野兽陷阱 【0622组】普通金属艺术品,青铜(艺术品) 【0623组】矿石,矿砂 【0624组】金属棺(埋葬用),金属棺材扣件,棺材用金属器材
【第七类】 机器和机床;马达和引擎(陆地车辆用的除外);机器联结器和传动机件(陆地车辆用的除外);非手动农业器具;孵化器;自动售货机 【注释】第七类主要包括机器、机床、马达和引擎。本类尤其包括:——各类马达和引擎的部件;——电动清洁机器和装置。本类尤其不包括:——某些特殊的机器和机床(查阅按字母顺序排列的商品分类表);——手动的手工具和器具(第八类);——陆地车辆用马达和引擎(第十二类)	【0701组】农业用机械及部件(不包括小农具) 【0702组】渔牧业用机械及器具 【0703组】伐木、锯木、木材加工及火柴生产用机械及器具 【0704组】造纸及加工纸制品工业用机械及器具 【0705组】印刷工业用机械及器具 【0706组】纤维加工及纺织、针织工业用机械及部件 【0707组】印染工业用机械 【0708组】制茶工业用机械 【0709组】食品业用机械及部件 【0710组】酿造、饮料工业用机械 【0711组】烟草工业用机械

续表 9-2

	【0712组】皮革工业用机械
	【0713组】缝纫、制鞋工业用机械
	【0714组】自行车工业用设备
	【0715组】陶瓷、砖、瓦制造机械
	【0716组】雕刻机
	【0717组】制电池机械
	【0718组】日用杂品加工机械
	【0719组】制搪瓷机械
	【0720组】制灯泡机械
	【0721组】包装机械(不包括成套设备专用包装机械)
	【0722组】民用煤加工机械
	【0723组】厨房家用器具(不包括烹调、电气加热设备及厨房手工具)
	【0724组】洗衣机
	【0725组】制药工业用机械及部件
	【0726组】橡胶、塑料工业机械
	【0727组】玻璃工业用机械
	【0728组】化肥设备
	【0729组】其他化学工业用机械
	【0730组】地质勘探、采矿、选矿用机械
	【0731组】冶炼工业用设备
	【0732组】石油开采、精炼工业用设备
	【0733组】建筑、铁道、土木工程用机械
	【0734组】起重运输机械
	【0735组】锻压设备
	【0736组】铸造机械
	【0737组】蒸气动力设备
	【0738组】内燃动力设备
	【0739组】风力、水力动力设备
	【0740组】办公用制针钉机械
	【0741组】制纽扣拉链机械
	【0742组】金属切削机床,切削工具和其他金属加工机械
	【0743组】非手工操作的手工具
	【0744组】静电、电子工业用设备
	【0745组】光学工业用设备
	【0746组】气体分离设备
	【0747组】喷漆机具
	【0748组】发电机、非陆地车辆用马达和引擎及其零部件

续表 9-2

	【0749组】泵,阀,气体压缩机,风机,液压元件,气动元件
	【0750组】机器传动用联轴节,传动带及其他机器零部件
	【0751组】焊接机械
	【0752组】清洁、废物处理机械
	【0753组】单一商品
	【0754组】电镀设备
【第八类】 手工具和器具(手动的);刀、叉和勺餐具;随身武器;剃刀 【注释】第八类主要包括各种行业的作为工具使用的手动器具。本类尤其包括：——贵重金属制刀、叉和勺餐具；——电动剃刀和修剪刀(手工器具)本类尤其不包括：——某些特殊器具(查阅按字母顺序排列的商品分类表)；——马达带动的机床和器具(第七类)；——外科手术刀(第十类)；——作为火器的随身武器(第十三类)；——切纸刀(第十六类)；——击剑用兵器(第二十八类)	【0801组】手动研磨器具 【0802组】小农具(不包括农业、园艺用刀剪) 【0803组】林业、园艺用手工具 【0804组】畜牧业用手工具 【0805组】渔业用手工具 【0806组】理发工具,修指甲刀 【0807组】非动力手工具(不包括刀、剪) 【0808组】非动力手工器具 【0809组】专业用手工具 【0810组】刀剪(不包括机械刀片,文具刀) 【0811组】除火器外的随身武器 【0812组】餐具刀、叉、匙
【第九类】 科学、航海、测量、摄影、电影、光学、衡具、量具、信号、检验(监督)、救护(营救)和教学用装置及仪器;处理、开关、传送、积累、调节或控制电的装置和仪器;录制、通讯、重放声音或影像的装置;磁性数据载体,录音盘;光盘,DVD盘和其他数字存储媒介;投币启动装置的机械结构;收银机,计算机器,数据处理装置,计算机;计算机软件;灭火器械 【注释】尤其包括：——实验室科研用仪器及器械；——领航用电气仪器及器械,如测量和传令仪器及器械；——量角器；——穿孔卡式办公机械；——不论录制媒体或传播途径的所有的计算机程序和软件,即包括录制在磁性媒体上的软件或从远程计算机网络上下载的软件。尤其不包括：——下列电动仪器及器械:(1)炊事用电气用具(食品碾磨和搅拌器、榨果汁器、电动磨咖啡器等)和第七类中使用电动机的其他设备及器具；	【0901组】电子计算机及其外部设备 【0902组】记录、自动售货机和其他记数检测器 【0903组】其他办公用机械(不包括打字机、誊写机、油印机) 【0904组】衡器 【0905组】量具 【0906组】信号器具 【0907组】通讯导航设备 【0908组】音像设备 【0909组】摄影、电影用具及仪器 【0910组】测量仪器仪表,实验室用器具,电测量仪器,科学仪器 【0911组】光学仪器 【0912组】光电传输材料 【0913组】电器用晶体及碳素材料,电子、电气通用元件 【0914组】电器成套设备及控制装置 【0915组】电解装置

续表 9-2

(2) 抽取或分发燃料的器具(第七类);(3) 电动剃刀和理发推子(手工具)(第八类);(4) 电动牙刷和梳子(第二十一类);(5) 房间加热或液体加热、烹调、通风等电器设备(第十一类);——钟表和其他计时器(第十四类);——时间控制钟(第十四类);——与外接显示屏或监视器连用的娱乐和游戏装置(第二十八类)	【0916组】灭火器具 【0917组】电弧切割、焊接设备及器具 【0918组】工业用X光机械设备 【0919组】安全救护器具 【0920组】警报装置,电铃 【0921组】眼镜及附件 【0922组】电池,充电器 【0923组】电影片,已曝光材料 【0924组】其他
【第十类】 外科、医疗、牙科和兽医用仪器及器械,假肢,假眼和假牙;整形用品;缝合用材料 【注释】第十类主要包括医疗仪器、器械及用品。本类尤其包括:——医用特种家具;——橡胶卫生用品(查阅按字母顺序排列的商品分类表);——矫形用绷带	【1001组】外科、医疗和兽医用仪器、器械、设备,不包括电子、核子、电疗、医疗用X光设备、器械及仪器 【1002组】牙科设备及器具 【1003组】医疗用电子、核子、电疗和X光设备 【1004组】医疗用辅助器具、设备和用品 【1005组】奶嘴,奶瓶 【1006组】性用品 【1007组】假肢,假发和假器官 【1008组】矫形用品 【1009组】缝合用材料
【第十一类】 照明、加热、蒸汽发生、烹饪、冷藏、干燥、通风、供水以及卫生用装置 【注释】本类尤其包括:——空气调节装置;——电或非电的暖床器,暖水袋,长柄暖床炉;——非医用电热垫和电热毯;——电水壶;——电烹调用具。本类尤其不包括:——制造蒸汽的装置(机器部件)(第七类);——电暖衣服(第九类)	【1101组】照明用设备、器具(不包括汽灯、油灯) 【1102组】喷焊灯 【1103组】汽灯,油灯 【1104组】烹调及民用电气加热设备(不包括厨房用手工用具,食品加工机器) 【1105组】制冷、冷藏设备(不包括冷藏车) 【1106组】干燥、通风、空调设备(包括冷暖房设备) 【1107组】加温、蒸汽设备(包括工业用炉、锅炉,不包括机车锅炉、锅驼机锅炉、蒸汽机锅炉) 【1108组】水暖管件 【1109组】卫生设备(不包括盥洗室用具) 【1110组】消毒和净化设备 【1111组】小型取暖器 【1112组】不属别类的打火器具 【1113组】核能反应设备

续表 9-2

【第十二类】 运载工具;陆、空、海用运载装置 【注释】本类尤其包括:——陆地车辆用马达和引擎;——陆地车辆用联结器和传动机件;——气垫船。本类尤其不包括:——车辆的某些部件(查阅按字母顺序排列的商品分类表);——铁路用金属材料(第六类);——非陆地车辆用马达、引擎、联结器和传动机件(第七类);——所有马达和引擎的部件(第七类)	【1201组】火车及其零部件 【1202组】汽车、电车、摩托车及其零部件(不包括轮胎) 【1203组】摩托车其零部件(不包括轮胎) 【1204组】自行车、三轮车及其零部件(不包括轮胎) 【1205组】缆车,架空运输设备 【1206组】轮椅,手推车,儿童推车 【1207组】畜力车辆 【1208组】轮胎及轮胎修理工具 【1209组】空用运载工具(不包括飞机轮胎) 【1210组】水用运载工具 【1211组】运载工具零部件
【第十三类】 火器;军火及弹药;爆炸物;烟火 【注释】第十三类主要包括火器和花炮产品。本类尤其不包括——火柴(第三十四类)	【1301组】火器,军火及子弹 【1302组】爆炸物 【1303组】烟火,爆竹 【1304组】个人防护用喷雾
【第十四类】 贵重金属及其合金,不属别类的贵重金属制品或镀有贵重金属的物品;珠宝首饰,宝石;钟表和计时仪器 【注释】第十四类主要包括贵重金属,不属别类的贵重金属制品,并通常包括珠宝、首饰和钟表。本类尤其包括:——首饰(即仿真首饰、贵重金属制首饰和宝石);——衬衫袖口的链扣,领带饰针。本类尤其不包括:——按功能或用途进行分类的贵重金属制品,如:画家、装饰家、印刷商和艺术家用金属箔及金属粉(第二类),牙科用金汞合金(第五类),刀、叉和勺餐具(第八类),电触点(第九类),金笔尖(第十六类),茶壶(第二十一类),金银线制刺绣品(第二十六类),雪茄烟盒(第三十四类);——非贵重金属制艺术品(按其原料分类)	【1401组】贵重金属及其合金 【1402组】贵重金属盒 【1403组】珠宝,首饰,宝石及贵重金属制纪念品 【1404组】钟,表,计时器及其零部件
【第十五类】 乐器 【注释】本类尤其包括:——机械钢琴及其附件;——八音盒;——电动和电子乐器。本类尤其不包括:——录音、播音、扩音和放音装置(第九类)	【1501组】乐器 【1502组】乐器辅助用品及配件

续表 9-2

【第十六类】 纸和纸板,不属别类的纸和纸板制品;印刷品;装订用品;照片;文具;文具或家庭用黏合剂;美术用品;画笔;打字机和办公用品(家具除外);教育或教学用品(仪器除外);包装用塑料物品(不属别类的);印刷铅字;印版; 【注释】第十六类主要包括纸、纸制品和办公用品。本类尤其包括:——切纸刀;——油印机;——包装用塑料纸、塑料提兜和塑料袋。本类尤其不包括:——某些纸制品和纸板制品(查阅按字母顺序排列的商品分类表);——颜料(第二类);——艺术家用手工具(如修平刀、雕塑凿刀)(第八类)	【1601组】工业用纸 【1602组】技术用纸(不包括绝缘纸) 【1603组】生活用纸 【1604组】纸板 【1605组】办公、日用纸制品 【1606组】印刷出版物 【1607组】照片,图片,图画 【1608组】纸牌,扑克牌 【1609组】纸及不属别类的塑料包装物品 【1610组】办公装订、切削用具 【1611组】办公文具(不包括笔,墨,印,胶水) 【1612组】墨,砚 【1613组】印章,印油 【1614组】笔 【1615组】办公或家庭用胶带或黏合剂 【1616组】办公室用绘图仪器,绘画仪器 【1617组】绘画用具(不包括绘图仪器,笔) 【1618组】打字机、誊写机、油印机及其附件(包括印刷铅字、印版) 【1619组】教学用具(不包括教学实验用仪器) 【1620组】室内模型物(不包括教学用模型标本) 【1621组】单一商品
【第十七类】 橡胶、古塔胶、树胶、石棉、云母,以及不属别类的这些原材料的制品;生产用成型塑料制品;包装、填充和绝缘用材料;非金属软管 【注释】第十七主要包括电绝缘,隔热或隔音材料,以及生产用塑料纸、板或杆。本类尤其包括:——修复轮胎用橡胶材料;——橡胶或塑料制衬垫及填充料;——抗污染的浮动屏障	【1701组】不属别类的橡胶,古塔胶,树胶 【1702组】非金属密封减震制品 【1703组】橡胶,树脂,纤维制品 【1704组】软管 【1705组】保温、隔热、隔音材料 【1706组】绝缘用材料及其制品 【1707组】包装、填充用材料(包括橡胶、塑料制品) 【1708组】单一商品
【第十八类】 皮革和人造皮革,不属别类的皮革和人造皮革制品;毛皮;箱子和旅行袋;雨伞和阳伞;手杖;鞭和马具 【注释】第十八类主要包括皮革、人造皮革、不属别类的旅行用品和马具。本类尤其不包括:——服装、鞋、帽(查阅按字母顺序排列的商品分类表)	【1801组】皮革和人造皮革,裘皮 【1802组】不属别类的皮革、人造皮革制品,箱子及旅行袋,日用革制品 【1803组】裘皮 【1804组】雨伞及其部件 【1805组】手杖 【1806组】动物用具 【1807组】肠衣

续表 9-2

【第十九类】 非金属的建筑材料；建筑用非金属刚性管；柏油，沥青；可移动非金属建筑物；非金属碑 【注释】第十九类主要包括非金属建筑材料。本类尤其包括：——半成品木材（如横梁、板、护板）；——胶合板；——建筑用玻璃（如平板、玻璃瓦片）；——路标用玻璃颗粒；——混凝土制信箱。本类尤其不包括：——水泥贮藏或防水用制剂（第一类）；——防火制剂（第一类）	【1901组】半成品木材 【1902组】土，沙，石，石料，灰泥，炉渣等建筑用料 【1903组】石膏 【1904组】水泥 【1905组】水泥预制构件 【1906组】建筑砖瓦 【1907组】非金属耐火材料及制品 【1908组】柏油，沥青及制品 【1909组】非金属建筑材料及构件（不包括水泥预制构件） 【1910组】非金属建筑物 【1911组】建筑用玻璃及玻璃材料 【1912组】建筑用涂层 【1913组】建筑用黏合料 【1914组】非金属雕塑品 【1915组】棺椁墓碑
【第二十类】 家具，镜子，相框；不属别类的木、软木、苇、藤、柳条、角、骨、象牙、鲸骨、贝壳、琥珀、珍珠母、海泡石制品，这些材料的代用品或塑料制品 【注释】第二十类主要包括家具及其部件和不属别类的塑料制品。本类尤其包括：——金属家具和野营用家具；——床上用品（如床垫、弹簧垫、枕头）；——镜子及陈设或梳妆用镜；——非金属牌照；——非金属、非混凝土制信箱。本类尤其不包括：——某些按其功能或用途分类的特种镜子（查阅按字母顺序排列的商品分类表）；——实验室用特种家具（第九类）；——医用特种家具（第十类）；——床单和枕套（第二十四类）；——鸭绒被（第二十四类）	【2001组】家具 【2002组】非金属容器及附件 【2003组】不属别类的工业、建筑配件 【2004组】镜子、画框及部件 【2005组】不属别类的竹、藤、棕、草制品 【2006组】未加工或半加工的骨、角、牙、介及不属别类的工艺品 【2007组】非金属牌照 【2008组】食品用塑料装饰品 【2009组】禽、畜等动物用制品 【2010组】医院用非金属制身份鉴别手环 【2011组】非金属棺材及附件 【2012组】非金属家具附件 【2013组】垫，枕 【2014组】非金属紧固件及门窗附件
【第二十一类】 家用或厨房用器具和容器；梳子和海绵；刷子（画笔除外）；制刷材料；清洁用具；钢丝绒；未加工或半加工玻璃（建筑用玻璃除外）；不属别类的玻璃器皿、瓷器和陶器	【2101组】厨房炊事用具及容器（包括不属别类的餐具） 【2102组】不属别类的玻璃器皿 【2103组】瓷器，陶器（茶具，酒具除外） 【2104组】玻璃、瓷、陶的工艺品

续表 9-2

【注释】第二十一类主要包括家庭和厨房用小型手动器具以及盥洗室用具、玻璃器皿和瓷器。本类尤其包括：——家庭和厨房用器具及容器，如：厨房用具，桶，用铁、铝、塑料或其他材料制成的盆，以及小型手动的切碎机、研磨机、压榨机等；——电梳；——电牙刷；——碗碟架和饮料瓶架(餐具)。本类尤其不包括：——某些玻璃制品、瓷器和陶器(查阅按字母顺序排列的商品分类表)；——清洁制剂、肥皂等(第三类)；——小型电动的切碎机、研磨机、压榨机等(第七类)；——剃刀及剃毛装置、修剪刀(手工器具)、修指甲和修脚的金属器具(第八类)；——电烹饪器具(第十一类)；——梳妆镜(第二十类)。	【2105组】茶具、酒具、咖啡具及饮水用具 【2106组】家庭日用及卫生器具 【2107组】梳子，刷子，制刷材料(不包括牙刷) 【2108组】刷牙用具 【2109组】牙签 【2110组】化妆用具 【2111组】隔热用具 【2112组】家用擦洗用具 【2113组】未加工或半加工玻璃(不包括建筑用玻璃) 【2114组】不属别类的动植物器具 【2115组】家用灭虫、灭鼠用具
【第二十二类】 缆，绳，网，帐篷，遮篷，防水遮布，帆，袋和包(不属别类的)；衬垫和填充材料(橡胶或塑料除外)；纺织用纤维原料。 【注释】第二十二类主要包括绳缆及帆篷制品，衬垫和填充材料，纺织用纤维原料。本类尤其包括：——用天然或人工纺织纤维、纸或塑料制成的缆和绳。本类尤其不包括：——某些网、袋和包(查阅按字母顺序排列的商品分类表)；——乐器弦(第十五类)。	【2201组】缆，绳，线，带 【2202组】网，遮篷，帐篷，防水帆布，帆 【2203组】袋子，装卸、包装用物品 【2204组】衬垫，填充料，密封物品(不包括橡胶、塑料制品) 【2205组】纤维原料
【第二十三类】 纺织用纱和线	【2301组】纺织用纱、丝 【2302组】线 【2303组】毛线
【第二十四类】 布料和不属别类的纺织品；床单；桌布。 【注释】第二十四类主要包括纺织品(布匹)和家用纺织品制罩布。本类尤其包括：——纸制床单和枕套。本类尤其不包括：——某些特殊织物(查阅按字母顺序排列的商品分类表)；——医用电热毯(第十类)和非医用电热毯(第十一类)；——纸制桌布和餐巾(第十六类)；——马用罩布(第十八类)。	【2401组】纺织品，布料 【2402组】特殊用织物 【2403组】纺织品壁挂 【2404组】毡及毡制品 【2405组】毛巾，浴巾，手帕 【2406组】床上用品 【2407组】室内遮盖物 【2409组】特殊用布 【2410组】旗 【2411组】寿衣

续表 9-2

【第二十五类】 服装,鞋,帽 【注释】本类尤其不包括:——某些特殊用途的服装和鞋(查阅按字母顺序排列的商品分类表)	【2501组】衣物 【2502组】婴儿纺织用品 【2503组】特种运动服装 【2504组】不透水服装 【2505组】戏装 【2506组】特殊用鞋 【2507组】鞋 【2508组】帽 【2509组】袜 【2510组】手套(不包括特种手套) 【2511组】领带,围巾,披巾,面纱 【2512组】腰带,服装带 【2513组】单一商品
【第二十六类】 花边和刺绣,饰带和编带;纽扣,领钩扣,饰针和缝针;假花 【注释】第二十六类主要包括缝纫用品。本类尤其包括:——拉链。本类尤其不包括:——某些特种小钩(查阅按字母顺序排列的商品分类表);——某些特种针(查阅按字母顺序排列的商品分类表);——纺织用纱和线(第二十三类)	【2601组】花边,饰品及编带 【2602组】不属别类的服饰品,饰针 【2603组】纽扣,领钩扣,拉链 【2604组】假发,假胡须 【2605组】缝纫用具(线除外) 【2606组】假花 【2607组】硬托衬骨 【2608组】修补纺织品用热粘胶片 【2609组】亚麻布标记用品 【2610组】茶壶保暖套
【第二十七类】 地毯,地席,席类,油毡及其他铺地板材料;非纺织品制墙帷 【注释】第二十七类主要包括铺在已建成的地板和墙壁上的制品。本类尤其不包括:——木地板(第十九类)	【2701组】地毯 【2702组】席类 【2703组】垫及其他可移动铺地板用品 【2704组】非纺织墙帷,墙纸及非纺织挂毯
【第二十八类】 游戏器具和玩具;不属别类的体育和运动用品;圣诞树用装饰品 【注释】本类尤其包括:——与外接显示屏或监视器连用的娱乐和游戏装置;——钓鱼用具;——各种运动和游戏设备。本类尤其不包括:——圣诞树用的蜡烛(第四类);——潜水装备(第九类);——圣诞树用的电灯(花彩式的)(第十一类);——渔网(第二十二类);——体育和运动用服装(第二十五类);——圣诞树装饰用糖果和巧克力(第三十类)	【2801组】娱乐器械,娱乐物品 【2802组】玩具 【2803组】棋、牌及辅助器材 【2804组】球类及器材 【2805组】健身器材 【2806组】射箭运动器材 【2807组】体操、举重、田径、冰雪及属于本类的其他运动器材 【2808组】游泳池及跑道 【2809组】运动防护具及冰鞋 【2810组】圣诞树用的装饰品 【2811组】钓具 【2812组】单一商品

【第二十九类】 肉,鱼,家禽和野味;肉汁;腌渍、冷冻、干制及煮熟的水果和蔬菜;果冻,果酱,蜜饯;蛋;奶和奶制品;食用油和油脂 【注释】第二十九类主要包括动物类食品,以及日用或贮藏用的蔬菜及其他可食用的园艺产品。本类尤其包括:——奶饮料(以奶为主)。本类尤其不包括:——某些植物类食品(查阅按字母顺序排列的商品分类表);——婴儿食品(第五类);——医用营养食物和物质(第五类);——膳食补充剂(第五类);——色拉调味品(第三十类)。——待孵蛋(第三十一类);——动物饲料(第三十一类);——活的动物(第三十一类)	【2901组】肉,非活的家禽,野味,肉汁 【2902组】非活水产品 【2903组】罐头食品(软包装食品不包括在内,随原料制成品归类) 【2904组】腌渍、干制水果及制品 【2905组】腌制、干制蔬菜 【2906组】蛋品 【2907组】奶及乳制品 【2908组】食用油脂 【2909组】色拉 【2910组】食用果胶 【2911组】加工过的坚果 【2912组】菌类干制品 【2913组】食物蛋白,豆腐制品
【第三十类】 咖啡,茶,可可和咖啡代用品;米;食用淀粉和西米;面粉和谷类制品;面包、糕点和甜食;冰制食品;糖,蜂蜜,糖浆;鲜酵母,发酵粉;食盐;芥末;醋,沙司(调味品);辛香料;饮用冰 【注释】第三十类主要包括日用或贮藏用的植物类食品,以及调味佐料。本类尤其包括:——以咖啡,可可,巧克力或茶为主的饮料;——人类食用谷物(如燕麦片或其他谷物)。本类尤其不包括:——某些植物类食品(查阅按字母顺序排列的商品分类表);——非食用防腐盐(第一类);——药茶和医用营养食物和物质(第五类);——婴儿食品(第五类);——膳食补充剂(第五类);——未加工的谷物(第三十一类);——动物饲料(第三十二类)	【3001组】咖啡,咖啡代用品,可可 【3002组】茶、茶饮料 【3003组】糖 【3004组】糖果,南糖 【3005组】蜂蜜,蜂王浆等营养食品 【3006组】面包,糕点 【3007组】方便食品 【3008组】米,面粉(包括五谷杂粮) 【3009组】面条及米面制品 【3010组】谷物膨化食品 【3011组】豆粉,食用预制面筋 【3012组】食用淀粉及其制品 【3013组】食用冰,冰制品 【3014组】食盐 【3015组】酱油,醋 【3016组】芥末,味精,沙司,酱等调味品 【3017组】酵母 【3018组】食用香精,香料 【3019组】单一商品

续表 9-2

【第三十一类】 谷物和不属别类的农业、园艺、林业产品；活动物；新鲜水果和蔬菜；种子；草木和花卉；动物饲料；麦芽 【注释】第三十一类主要包括日用的未经制作的田地产物，活动物及植物，以及动物饲料。本类尤其包括：——未加工的木材；——未加工的谷物；——待孵蛋；——软体动物和贝壳类动物（活的）。本类尤其不包括：——微生物培养物和医用水蛭（第五类）；——动物用膳食补充剂（第五类）；——半成品木材（第十九类）；——人造鱼饵（第二十八类）；——米（第三十类）；——烟草（第三十四类）	【3101组】未加工的林业产品 【3102组】未加工的谷物及农产品（不包括蔬菜，种子） 【3103组】花卉，园艺产品，草木 【3104组】活动物 【3105组】未加工的水果及干果 【3106组】新鲜蔬菜 【3107组】种子 【3108组】动物饲料 【3109组】麦芽 【3110组】动物栖息用干草等制品
【第三十二类】 啤酒；矿泉水和汽水以及其他不含酒精的饮料；水果饮料及果汁；糖浆及其他制饮料用的制剂。 【注释】第三十二类主要包括不含酒精的饮料及啤酒。本类尤其包括：——无酒精饮料。本类尤其不包括：——医用饮料（第五类）；——奶饮料（以奶为主）（第二十九类）；——以咖啡，可可或巧克力为主的饮料（第三十类）	【3201组】啤酒 【3202组】不含酒精饮料 【3203组】糖浆及其他供饮料用的制剂
【第三十三类】 含酒精的饮料（啤酒除外） 【注释】本类尤其不包括：——医用饮料（第五类）；——无酒精饮料（第三十二类）	【3301组】含酒精的饮料（啤酒除外）
【第三十四类】 烟草；烟具；火柴 【注释】本类尤其包括：——烟草代用品（非医用的）。本类尤其不包括：——不含烟草的医用卷烟（第五类）	【3401组】烟草及其制品 【3402组】烟具 【3403组】火柴 【3404组】吸烟用打火机 【3405组】烟纸，过滤嘴

续表 9-2

【第三十五类】 广告；商业经营；商业管理；办公事务 【注释】第三十五类主要包括由个人或组织提供的服务，其主要目的在于：(1) 对商业企业的经营或管理进行帮助；(2) 对工商企业的业务活动或者商业职能的管理进行帮助；以及由广告部门为各种商品或服务提供的服务，旨在通过各种传播方式向公众进行广告宣传。本类尤其包括：——为他人将各种商品（运输除外）归类，以便顾客看到和购买；这种服务可由零售、批发商店通过邮购目录或电子媒介提供，例如通过网站或电视购物节目；——有关注册、抄录、写作、编纂、或者书面通讯及记录系统化，以及编纂数学或者统计资料的服务；——广告单位的服务，以及直接或邮寄散发说明书或者样品的服务；本类可涉及有关其他服务的广告，如银行借贷或无线电广告服务。本类尤其不包括：——与工商企业的经营或者管理无直接关系的估价和编写工程师报告的服务（查阅按字母顺序排列的服务分类表）	【3501组】广告 【3502组】工商管理辅助业 【3503组】替他人推销 【3504组】人事管理辅助业 【3505组】商业企业迁移 【3506组】办公事务 【3507组】财会 【3508组】单一服务 【3509组】零售或批发服务
【第三十六类】 保险；金融事务；货币事务；不动产事务 【注释】第三十六类主要包括金融业务和货币业务提供的服务以及与各种保险契约有关的服务。本类尤其包括：——与金融业务和货币业务有关的服务，即：(1) 银行及其有关的机构的服务，如外汇经纪人或清算机构；(2) 不属于银行的信贷部门的服务，如信贷合作社团、私人金融公司、放款人等的服务；(3) 控股公司的"投资信托"服务；(4) 股票及财产经纪人的服务；(5) 与承受信用代理人担保的货币业务有关的服务；(6) 与发行旅行支票和信用证有关的服务；——融资租赁服务——不动产管理人对建筑物的服务，如租赁、估价或筹措资金的服务；——与保险有关的服务，如保险代理人或经纪人提供的服务，为被保险人和承保人提供的服务	【3601组】保险 【3602组】金融事务 【3603组】珍品估价 【3604组】不动产事务 【3605组】经纪 【3606组】担保 【3607组】慈善募捐 【3608组】受托管理 【3609组】典当

续表 9-2

【第三十七类】 房屋建筑;修理;安装服务 【注释】第三十七类主要包括建造永久性建筑的承包商或分包商所提供的服务,以及由个人或组织为修复建筑物或保持原样而不改变其物理或化学特征的服务。本类尤其包括:——建筑房屋、道路、桥梁、堤坝或通讯线路的服务,以及建筑行业其他专项服务,如油漆粉刷、管道铺设、安装暖气或盖屋顶;——为建筑服务的辅助性服务,如建筑计划的检查;——造船服务;——租赁建筑工具或材料的服务;——修理服务,即修复已磨损、损坏或部分破坏的任何东西(修复房屋或将其他残缺之物修复原样);——各种修理服务,如修理电器、家具、器械和工具等;——维修服务,旨在使物品保持原样而不改变其任何属性(有关本类与第四十类的区别,请看第四十类的注释)。本类尤其不包括:——诸如服装或车辆之类商品的储存服务(第三十九类);——与布料或服装印染有关的服务(第四十类)	【3701组】建设、维修信息服务 【3702组】建筑工程服务 【3703组】开采服务 【3704组】建筑物装饰修理服务 【3705组】供暖设备的安装与修理 【3706组】机械、电器设备的安装与修理 【3707组】陆地机械车辆维修 【3708组】飞机维修 【3709组】造船服务 【3710组】影视器材维修 【3711组】钟表修理 【3712组】保险装置的维修 【3713组】特殊处理服务 【3714组】轮胎维修服务 【3715组】家具的修复、保养 【3716组】衣服、皮革的修补、保护、洗涤服务 【3717组】灭虫,消毒服务 【3718组】单一服务
【第三十八类】 电信 【注释】第三十八类主要包括至少能使二人之间通过感觉方式进行通讯的服务。这类服务包括:(1)能使一人与另一人进行交谈;(2)将一人的消息传递给另一人;(3)使一人与另一人进行口头或视觉的联系(无线电和电视)。本类尤其包括:——主要进行播放无线电或电视节目的服务。本类尤其不包括:——无线电广告服务(第三十五类);——电话市场营销服务(第三十五类)	【3801组】进行播放无线电或电视节目的服务 【3802组】通讯服务
【第三十九类】 运输;商品包装和贮藏;旅行安排 【注释】第三十九类主要包括将人、动物或商品从一处运送到另一处(通过铁路、公路、水上、空中或管道)所提供的服务和与此有关的必要服务,以及货栈或者其他建筑物为便于看管、保存商品所提供贮藏的服务。本类尤其包括:——供运输者使用的由车站、桥梁、火车渡轮等公司提供的服	【3901组】运输及运输前的包装服务 【3902组】水上运输及相关服务 【3903组】陆地运输 【3904组】空中运输 【3905组】其他运输及相关服务 【3906组】货物的贮藏 【3907组】潜水工具出租 【3908组】供水电气服务

续表 9-2

务；——租赁运输车辆的服务；——与海上拖曳、卸货、港口和码头运转、营救遇险船只及其货物有关的服务；——发货前的包装和打包业务的服务；——经纪人及旅行社提供旅行或货运情况的服务以及提供价目、时刻或运送方式情况的服务；——运输前检查车辆或货物的服务。本类尤其不包括：——与运输企业广告有关的服务，如散发广告传单或无线电广告(第三十五类)；——由经纪人或旅行社提供的发行旅行支票或者信用证的服务(第三十六类)；——人或货物在运输过程中的(商业、火灾或生命)保险服务(第三十六类)；——维修车辆的服务，以及维修用于运输人或货物的运输工具的服务(第三十七类)；——由旅行社或经纪人提供的预定旅馆房间的服务(第四十三类)	【3909组】水闸管理服务 【3910组】投递服务 【3911组】旅行安排 【3912组】单一服务
【第四十类】 材料处理 【注释】第四十类主要包括没有列入其他类别的，对有机物质、无机物质或物品进行机械或者化学处理或者加工的服务。按分类的要求，只有在为他人进行处理或加工的情况下，商标才视为服务标志。根据分类的同一要求，在某人将经过处理或加工的物质或物品进行交易的各种情况下，商标都被视为商品标志。本类尤其包括：——对物品或物质进行加工的服务，包括改变其主要特性的处理服务(如染服装)；按正常分类，维修服务应该列入第三十七类，但若是进行了这样的改变，即可列入第四十类(如汽车防冲击装置的镀铬处理)；——在物质生产或建筑物建造过程中的材料处理服务，如切割、加工成形，磨光或金属镀层方面的服务。本类尤其不包括：——修理服务(第三十七类)	【4001组】综合加工及提供信息服务 【4002组】金属材料处理或加工服务 【4003组】纺织品化学处理或加工服务 【4004组】木材加工服务 【4005组】纸张加工服务 【4006组】玻璃加工服务 【4007组】陶器加工服务 【4008组】食物、饮料加工服务 【4009组】剥制加工服务 【4010组】皮革、服装加工服务 【4011组】影像加工处理服务 【4012组】污物处理服务 【4013组】空气调节服务 【4014组】水净化服务 【4015组】单一服务
【第四十一类】 教育；提供培训；娱乐；文体活动 【注释】第四十一类主要包括由个人或团体提供的人或动物智力开发方面的服务，以及用于娱乐或消遣时的服务。本类尤其包括：——有关人员教育或动物训练的各种形式的服务；——旨在人们娱乐、消遣或文娱活动的服务；——为文化和教育目的向公众展示可视艺术作品或文学作品	【4101组】教育 【4102组】组织和安排教育、文化、娱乐等活动 【4103组】图书馆服务 【4104组】出版服务 【4105组】文娱、体育活动的服务 【4106组】驯兽 【4107组】单一服务

续表 9-2

| 【第四十二类】科学技术服务和与之相关的研究与设计服务;工业分析与研究;计算机硬件与软件的设计与开发 【注释】第四十二类主要包括由人,个人或集体,提供的涉及复杂领域活动的理论和实践服务;这些服务由诸如化学家、物理学家、工程师、计算机程序员等专业人员提供。本类尤其包括:——由从事评估、估算以及从事科技领域研究与报告的工程师提供的服务;——为医务目的所做的科学研究服务。本类尤其不包括:——商业研究与开发(第三十五类);——文字处理和计算机档案管理(第三十五类);——金融与财政评估(第三十六类);——采矿和石油开采(第三十七类);——计算机(硬件)的安装与维修服务(第三十七类);——由专业人员诸如医生、兽医和精神分析医生所提供的服务(第四十四类);——医疗服务(第四十四类);——花园设计(第四十四类);——法律服务(第四十五类)。4209 提供研究和开发服务(一)技术研究 420040,技术项目研究 420061,工程学 420064,研究与开发(替他人) | 【4209组】提供研究和开发服务 【4210组】提供地质调查、研究、开发服务 【4211组】提供化学研究服务 【4212组】提供生物学研究服务 【4213组】提供气象情报服务 【4214组】提供测试服务 【4216组】外观设计服务 【4217组】建筑物的设计、咨询服务 【4218组】服装设计服务 【4220组】计算机编程及相关服务 【4224组】提供艺术品鉴定服务 【4227组】单一服务 |
| 【第四十三类】提供食物和饮料服务;临时住宿 【注释】第四十三类主要包括由个人或机构为消费者提供食物和饮料的服务以及为使在宾馆、寄宿处或其他提供临时住宿的机构得到床位和寄宿所提供的服务。本类尤其包括:——为旅游者提供住宿预订服务,尤其是通过旅行社或经纪人提供的服务;——为动物提供膳食。本类尤其不包括:——提供永久使用的不动产,例如住房、公寓等的租赁服务(第三十六类);——由旅行社提供的旅行服务(第三十九类);——食物和饮料的防腐处理服务(第四十类);——迪斯科舞厅服务(第四十一类);——寄宿学校(第四十一类);——疗养院(第四十四类) | 【4301组】提供餐饮,住宿服务 【4302组】提供房屋设施的服务 【4303组】养老院 【4304组】托儿服务 【4305组】为动物提供食宿 【4306组】单一服务 |

续表 9-2

【第四十四类】 医疗服务;兽医服务;人或动物的卫生和美容服务;农业、园艺和林业服务 【注释】第四十四类主要包括由个人或机构向人或动物提供的医疗、卫生和美容服务;它还包括与农业、园艺和林业领域相关的服务。本类尤其包括:——与治疗病人(例如X光检查和取血样)有关的医学分析;——人工授精服务;——医药咨询;——动物饲养;——与植物生长例如园艺有关的服务;——与植物艺术例如园艺设计和花卉构图有关的服务。本类尤其不包括:——灭害虫(为农业、园艺和林业目的除外)(第三十七类);——灌溉系统的安装与维修服务(第三十七类);——救护运输(第三十九类);——动物屠宰及其标本制作(第四十类);——树木砍伐和加工(第四十类);——动物驯养(第四十一类);——为体育锻炼目的而设的健康俱乐部(第四十一类);——医学科学研究服务(第四十二类);——为动物提供膳食(第四十三类);——养老院(第四十三类)	【4401组】医疗服务 【4402组】卫生、美容服务 【4403组】为动物提供服务 【4404组】农业、园艺服务 【4405组】单一服务
【第四十五类】 法律服务;由他人提供的为满足个人需要的私人和社会服务;为保护财产和人身安全的服务 【注释】本类尤其包括:——由律师为个人、组织、团体、企业提供的服务;——与个人或团体的安全相关的调查和监视服务;——为个人提供的与社会活动,例如社交护送服务、葬礼服务,婚姻介绍服务。本类尤其不包括:——为商业运作提供直接指导的专业服务(第三十五类);——为处理与保险有关的金融或货币事务和服务有关的服务(第三十六类);——护送旅客(第三十九类);——安全运输(第三十九类);——各种个人教育服务(第四十一类);——歌唱演员和舞蹈演员的表演(第四十一类);——为保护计算机软件所提供的计算机服务(第四十二类);——由他人为人类和动物提供的医疗、卫生或美容服务(第四十四类);——某些出租服务(查阅按字母顺序排列的服务分类表和一般性说明中有关服务分类的第2条)	【4501组】安全服务 【4502组】提供人员服务 【4503组】提供服饰服务 【4504组】殡仪服务 【4505组】单一服务 【4506组】法律服务

9.3 商标审查与核准

从提出商标注册申请到领取《商标注册证》,需要经历形式审查、实质性审查、编制商标初审公告、异议期、编制注册公告及发放《商标注册证》等程序。

9.3.1 商标形式审查

商标局收到申请人提交的申请书和材料后,根据法律规定进行初步审查(以称形式审查),审查申请人的申请行为是否有效,是否具备受理资格,从而决定是否受理。商标形式审查期限为3~4个月,详细检视申请表格及所有附件,以查看表格内须填写的部分是否已经填妥、有关资料是否正确、所需资料是否不全。确立申请日十分重要,由于我国商标注册采用申请在先原则,一旦发生申请日的先后成为确定商标权的法律依据,商标注册的申请日以商标局收到申请书件的日期为准,商标局受到商标申请书对于符合形式要件的申请书发放受理通知书。

9.3.2 商标实质审查

实质审查是商标主管机关为判定申请注册的商标是否具备注册条件而进行的审核,期限为12个月。商标实质审查是商标注册主管机关对商标注册申请是否合乎商标法的规定所进行的检查、资料检索、分析对比、调查研究并决定给予初步审定或驳回申请等一系列活动。在此期间,在该商标未获准注册以前,请不要在使用中标注注册标记(如:"注册商标""®"等),可以标记"TM"。另外,在未核准注册以前,带有该商标的商品及包装物,或商标标识不宜一次制作过多,以防因注册受阻而造成不必要的损失。

审查的内容包括以下几个方面:(1)商标是否具显著性;(2)商标是否相同和近似;(3)商标是否违反禁用条款;(4)商标是否有其他在先申请人。如果有两个或两个以上申请人,在同一种商品或者类似商品上,以相同或者近似的商标在同一天申请注册,而且其申请材料均符合有关的规定,由商标局通知各申请人或其代理机构补送使用证明通知书。申请人应在30日内提供商标的使用证明,以使用在先者作为申请在先。

经过实质审查,若审核通过,商标注册申请程序将进入下一阶段,即公告阶段。

9.3.3 商标公告

商标局实质审查后,对于符合商标法有关规定的商标申请给予初步审定注册,并对初步审定注册的商标进行初步审定编号,建立审查检索卡片,填写初步审定底稿在《商标公告》上予以公布。这次公告称为初步审定公告。被初步审定商标的申请人,可以免费得到一本《商标公告》,作为申请人的通告。商标公告的基本内容包括以下几方面:

(1)初步审定商标公告。刊印初步审定号、申请日期、商标、使用商品、类别、申请人、申请人地址。

(2)注册商标公告。刊印注册号、商标、类别、注册人、商标专用期限。

(3)续展注册公告。刊印注册号、商标、类别、注册人、商标专用期限。

(4)变更注册商标公告。刊印注册号、商标、原注册人、变更后名称。

(5)转让、注销、商标使用许可合同等事项。

初步审定的商标自刊登初步审定公告之日起三个月没有人提出异议的,该商标予以注册,同时刊登注册公告。三个月内没有人提出异议或提出异议经裁定不成立的,该商标即注册生效,发放注册证。

当然,会发生商标注册申请的部分驳回。商标局对受理的商标注册申请,对在部分指定商品上使用商标的注册申请符合规定的,予以初步审定,并予以公告;对在部分指定商品上使用商标的注册申请不符合规定的,予以驳回在部分指定商品上使用商标的注册申请,书面通知申请人并说明理由。商标局对在部分指定商品上使用商标的注册申请予以初步审定的,申请人可以在异议期满之日前,申请放弃在该部分指定商品上使用商标的注册申请;申请放弃在该部分指定商品上使用商标的注册申请的,商标局则撤回原初步审定,终止审查程序,并重新公告。因此,该程序并不是商标实质审查的必经程序。

9.3.4 商标异议

9.3.4.1 商标异议的概念

商标异议制度,是指自然人、法人或者其他组织在法定期限内对商标注册申请人经商标局初步审定并刊登公告的商标提出不同意见,请求商标局撤销对该商标的初步审定,由商标局依法进行裁定的制度。商标异议是《商标法》及《商标法实施条例》明确规定的对初步审定商标公开征求社会公众意见的法律程序,其目的在于监督商标局公正、公开地进行商标确权。任何人对初步审定的商标有不同意见的,可以在初步审定公告之日起3个月异议期内向商标局提出异议。商标异议包括权利保护异议和社会异议,前者是指认为初步审定的商标与注册在先或申请在先的商标相同或近似,后者是指认为初步审定的商标违反《商标法》的禁用条款或其他规定。

商标争议具有如下特点:(1)申请人必须是在先注册的商标注册人;(2)提出争议的时间是被争议商标核准注册后一年内;(3)争议的两个注册商标被核定使用的范围必须涉及同一种商品(或服务)或者类似的商品(或服务);(4)争议的两个注册商标被核准的文字、图形或者其组合具有相同或近似的可能;(5)被争议的商标在其核准注册前未以同样理由提出过异议,出未经裁定。商标异议与商标争议的区别见表9-3。

9.3.4.2 商标异议的范围

商标异议的内容范围很广,既包括初步审定的商标与申请在先的商标相同或近似,也包括初步审定的商标违反了《商标法》的禁用条款或商标不具显著性,还包括申请人不具备申请资格等。对初步审定但尚未公告的商标、已经注册的商标和未注册商标不能提出异议。这一限定的实质,是将已经商标局初步审定和由商评委终局决定应予审定的商标在核准注册之前,向全社会征询能否核准注册的意见。提出商标异议的可以是任何人,即:既可以是商标注册人,也可以是非商标注册人;既可以是企业、事业单位,也可以是个人;既可以是法人,也可以是非法人。

表 9-3 商标异议与商标争议的区别

比较项	商标异议	商标争议
实质不同	实质是对初步审定的商标所进行的社会异议,包括在相同或类似商品(或服务)上使用相同或近似注册商标的所有人或在先申请人的异议	实质是对注册商标在先注册人的一项特殊保护措施
内容不同	内容只是对初步审定的商标发生异议	内容是权利争执
提出时间不同	异议是在初步审定,即在《商标公告》上刊登三个月内提出	争议是在被争议商标核准注册,即发给商标注册证一年内提出
申请主体不同	异议人不是特定的,可以是任何机关、团体、企业或者个人,包括在先注册人	争议人是特定的,即必须是在先注册人
提出原因不同	异议除争议提出的原因外,还有违反《商标法》规定的禁用条款或其他规定等	争议的提出必须是被争议商标与争议申请人的商标在相同或类似商品(或服务)上相同或近似
处理机构不同	商标异议向商标局提出。对商标局裁定不服的,可以在收到通知十五日内向商标评审委员会提出复审	商标争议直接向商标评审委员会提出
费用不同	商标异议不用交纳费用	商品争议应缴纳评审费用

【思考】为什么实践中提出商标异议的比较多?

《商标法》在第十九条中规定,对初步审定的商标,自公告之日起三个月内,任何人均可以提出异议。"任何人"作为行为主体,在法律上是最宽泛的概念,涵盖了全世界范围内所有的组织和个人,没有除外者。这一规定充分体现了对与异议对象有利益冲突的在先权利的尊重,它给予了一切想对异议对象提出异议的人"想提就提"的权利。在实践中,所提异议的内容从违反《商标法》第七条规定缺乏显著性、违反《商标法》第八条规定的禁用条款、与在先注册和在先申请的商标构成使用在相同或者类似商品上的近似商标、具有《商标法实施细则》中第二十五条所列以欺骗手段或者其他不正当手段取得注册的行为、违反《反不正当竞争法》、商标审查不当,一直到应遵守《保护工业产权巴黎公约》等。不限定商标异议内容的结果是,在给了提出异议的人最大"言论自由"的同时把异议裁定的难题留给了商标局和商评委。

提出商标异议的主要原因有以下几点:一是商标审查行为的局限性、主观性和不统一性,使商标注册申请人的盲目性注册商标在审查中不能全部被纠正,有些具有恶意的申请注册行为不能被完全制止。二是提出异议的人具有主观性、盲目性,有的甚至明显具有恶意。

9.3.4.3 商标异议的方式

向商标局提出异议申请有以下两条途径:一是委托国家认可的商标代理机构办理,二是异议人自己办理。

9.3.4.4 商标异议的提出

提出商标异议需要填写《商标异议书》,填好被异议商标的名称、商品类别、初步审定号、初步审定公告期号、提出异议的理由。如认为被异议的商标与本异议人已注册的使用在相同或类似商品的商标相同或近似的,还应填写异议人注册商标的商品类别、商标名称、注册号等。

具体而言,申请书件的准备应提交的书件有:①商标异议申请书;②明确的请求和事实依据,并附有关证据材料,异议理由书应有异议人的签字或加盖公章;③被异议商标初步审定公告的复印件;④异议人的身份证明;⑤经办人身份证复印件;⑥委托商标代理机构办理商标异议申请的,还须提交商标代理委托书。

商标局收到商标异议申请后,经过形式审查后,符合受理条件的开具《受理通知书》。如果是异议人自己提交的异议申请,商标局将直接给异议人寄发《受理通知书》;如果是委托商标代理机构办理商标异议申请的,商标局则将《受理通知书》寄发给该商标代理机构。

提出商标异议需要注意以下事项:①异议人只能在异议期限内对经商标局初步审定登载在《商标公告》上的商标提出异议。异议期为3个月,自被异议商标初步审定公告之日起计算,至注册公告的前一天。②异议人提出的异议应当有明确的请求和事实依据并有相应的证据支持。证据在提出异议申请时不能提交的,应当在异议申请书中声明,并应自提交异议申请之日起3个月内提交证据(可在3个月内邮寄补交)。③异议期限的最后一天是法定假日的,可以顺延至假日后的第一个工作日。④商标局收到商标异议申请后,经过形式审查后,符合受理条件的开具《受理通知书》。⑤商标异议答辩的期限是30天,自收到答辩通知书之日起计算。对异议补正及证据提交的要求和时限同样适用于答辩程序。⑥异议人向商标局提交异议申请的日期:直接递交的,以递交日为准;通过邮寄的,以寄出的邮戳日为准;邮戳日不清晰或者没有邮戳的,以商标局实际收到日为准。⑦由于纸质《商标公告》排版的技术原因,一般在异议期最后一个月提出的异议申请,《商标公告》中还有可能刊登被异议商标的注册公告,因此,《商标法实施条例》第二十三条第二款规定:"被异议商标在异议裁定生效前已经刊发注册公告的,撤销原注册公告,经异议裁定核准注册的商标重新公告。"每月28日出版的《商标公告》刊登商标异议和异议裁定情况。⑧由于异议人或被异议人的地址发生变化,商标局发出有关异议的通知,邮局无法投递被退回,商标局将在每月21日出版的《商标公告》上刊登送达公告。自公告发布之日起满30日,该文件视为已经送达。

9.3.4.5 商标异议答辩

商标局在受理商标异议申请后,会及时将异议人的"商标异议申请书"及异议理由和证据材料等的副本送交被异议人,限定被异议人在收到商标异议书等副本之日起30日内答辩,被异议人在限定期限内未作出书面答辩的,视为放弃答辩权利,异议程序照常进行。

答辩人的主体资格:必须是被异议人或是被异议人合法委托的代理人。商标异议答辩如委托商标代理组织代理,须附送《商标代理委托书》。商标局将根据当事人所陈述的事实和理由,经调查核实后,作出异议裁定,制作异议裁定书通知异议双方当事人。

有明确的异议理由:针对异议人在"商标异议申请书"中的异议理由和证据材料、被异议人应提出相应的答辩理由和证据材料,答辩理由和证据材料的充分与否,将有可能对异议案件起到决定性的作用。

答辩的时限:《商标法》规定被异议人在收到商标异议书之日起30日内必须将答辩材料交寄商标局。根据《商标法实施条例》第10条的规定,当事人直接递交答辩及相关证据材料的,以递交日为准;邮寄的,以寄出的邮戳日为准。邮戳日不清晰或者没有邮戳的,以商标局实际收到日为准。但是，如果当事人能够提供实际邮戳日证据的除外。虽然法律设有此但书规定，当事人应当尽地在异议期限内寄出异议答辩并保证邮戳清晰，以免出现不必要的麻烦。如被异议人的答辩材料以邮寄方式提交且邮戳日不清，则以商标局实际收到日为答辩日。如果该实际收到日超过法定异议期限，有可能导致已做出裁决，则必然会给利害关系人带来不利影响，也会给商标局的异议审查工作带来负面影响。无论被异议人未答辩或者未在规定期限内答辩的，商标局都将依法进行裁定。

商标局寄送商标异议书副本的信封（用以确定答辩是否在规定的时限内提出）要随同异议答辩及材料一起寄送商标局。被异议人所提供的答辩材料中如果有外文书件，必须翻译成中文，否则，该外文异议答辩将不作为异议答辩材料使用，并退回给当事人。

根据《商标法》第二十二条第二款规定，当事人需要在提出异议答辩后补充有关证据材料的，应当在异议答辩书中声明，并自提交异议答辩书之日起3个月提交；期满未提交的，视为当事人放弃补充有关证据材料。

9.3.4.6 商标异议处理

商标局收到异议书及有关证据后，将异议书副本寄达被异议人商标注册申请人，被异议人应在收到异议书之日起十五天内作出书面答辩。被异议人在限期内未作出答辩的视为弃权，不影响异议程序进行。

商标局对异议人和被异议人所提出的事实与理由，经过调查核实研究后，作出异议裁定。所谓"异议裁定"，是指他人对国家商标局初步审定并公告的商标提出反对其注册的异议，并向国家商标局陈述反对其注册的理由和提出证据后，国家商标局在听取双方答辩的基础上，依法居中作出裁定的法律程序——即"异议裁定"。商标异议人的异议请求是异议受理发生的前提条件，因为商标异议采取的是"不告不理"的原则。异议人有异议权，被异议人有答辩权，被异议人可以自收到《异议答辩通知书》之日起30日内以书面形式向国家商标局提出答辩。不愿行使答辩权的，视为未答辩、未答辩的，不影响国家商标局的裁定。

异议裁定有两种结果：一是异议理由不能成立，后经初步审定的商标予以注册；二是异议理由充分，异议成立，原初步审定的商标不予注册。商标局在作出异议裁定后要将异议裁定书寄给异议人与被异议人。

如果异议当事人中任何一方是议裁定不服，可在收到异议裁定通知书日起十五天内，向商标评审委员会申请商标异议复审，商标申请注册转入申请商标异议复审阶段。

9.3.5 商标注册证领取

直接到商标注册大厅办理商标注册申请的，申请人应到商标注册大厅领证窗口领取《商标注册证》。委托商标代理机构办理商标注册申请的，商标局则将《商标注册证》邮寄给该商标代理机构。

收到《领取商标注册证通知书》的，领取《商标注册证》时应提交以下材料：(1)《领取商标注册证通知书》原件；(2) 注册人是法人或其他组织的，须提交单位介绍信；注册人是自然人的，须提交注册人的身份证及复印件；(3) 领证人的身份证及复印件。

因各种原因未收到《领取商标注册证通知书》的，领取《商标注册证》时应提交以下材料：(1) 注册人的营业执照副本及复印件，或加盖注册人公章的营业执照复印件；(2) 注册人是法人或其他组织的，须提交单位介绍信；注册人是自然人的，须提交注册人的身份证及复印件;(3)领证人的身份证及复印件;(4)注册商标的《商标公告》复印件,或该《商标公告》的期号及商标注册号。

领取商标注册证需要注意以下事项:(1)直接在商标注册大厅办理的申请,《领取商标注册证通知书》由商标局以挂号邮寄方式送达申请人。(2)介绍信中的公章名称必须与《领取商标注册证通知书》中注册人的名称完全一致。(3)商标注册人领取《商标注册证》时,如注册人的名称发生变更,应提交发照机关出具的变更证明。(4)持营业执照副本原件领取《商标注册证》的,其副本必须是经发证机关年检过的有效营业执照副本。

【思考】如何做好商标异议答辩和申请?

异议申请和答辩是当事人充分运用异议程序的重要手段,而我国《商标法》只对异议程序作了粗线条的规定,对如何做好异议申请和答辩,法律没有也不可能作出回答。笔者认为应做好如下工作:

(1)异议商标权利证明。

(2)异议理由。异议理由的阐述应根据具体案情作出不同的处理:①异议商标为已注册商标。当异议商标是经核准注册的商标时,异议人首先应当从音、形、义等方面就异议标和被异议商标作出比较,进而得出两商标构成近似商标的结论。②异议商标为未注册商标。异议人以未注册商标对初步审定商标提出异议难度较大。③异议商标为驰名商标或著名商标。由于我国对驰名商标和著名商标实行主管机关认定制度,异议人主张异议商标为驰名商标或著名商标的,必须提供国家工商局或省级工商局颁发的相关证书或证明文件。④异议商标为知名商标。首先,以我国法律的相关规定为根据,帮助异议人提供异议材料(如异议商标的使用历史、广告宣传、销售额、世界各国的注册情况),证明异议商标已经具有相当高的知名度。其次,提供材料证明异议商标在我国的知名度,进而请求将其提到驰名商标的高度加以保护。最后,分析异议商标的独创性、被异议商标是否会引起消费者的混淆、是否造成对异议商标的淡化,从而要求对异议商标给予扩大保护。⑤异议人引证其他在先权利。异议人以被异议人申请注册被异议商标的行为侵犯其在先权利的,必须提供相应的证明材料。

(3)异议材料及其后补。

【讨论】商标异议答辩要注意什么?

9.4 注册商标的期限、续展与变更

9.4.1 注册商标的有效期

注册商标的有效期为十年,自核准注册之日起计算。

注册商标有效期从法定日开始起算,期限最后一月相应日的前一日为期限届满日,该月无相应日的,以该月最后一日为期限届满日。

9.4.2 注册商标的续展

注册商标有效期满,需要继续使用的,商标注册人应当在期满前十二个月内按照规定办理续展手续;在此期间未能办理的,可以给予六个月的宽展期。每次续展注册的有效期为十

年,自该商标上一届有效期满次日起计算。期满未办理续展手续的,注销其注册商标。

注册商标需要续展注册的,应当向商标局提交商标续展注册申请书。商标局核准商标注册续展申请的,发给相应证明并予以公告。

商标局应当对续展注册的商标予以公告。

9.4.3 注册商标的变更

注册商标需要变更注册人的名义、地址或者其他注册事项的,应当提出变更申请。

变更商标注册人名义、地址或者其他注册事项的,应当向商标局提交变更申请书。变更商标注册人名义的,还应当提交有关登记机关出具的变更证明文件。商标局核准的,发给商标注册人相应证明,并予以公告;不予核准的,应当书面通知申请人并说明理由。

变更商标注册人名义或者地址的,商标注册人应当将其全部注册商标一并变更;未一并变更的,由商标局通知其限期改正;期满未改正的,视为放弃变更申请,商标局应当书面通知申请人。

注册商标专用权因转让以外的继承等其他事由发生移转的,接受该注册商标专用权的当事人应当凭有关证明文件或者法律文书到商标局办理注册商标专用权移转手续。

注册商标专用权移转的,注册商标专用权人在同一种或者类似商品上注册的相同或者近似的商标,应当一并移转;未一并移转的,由商标局通知其限期改正;期满未改正的,视为放弃该移转注册商标的申请,商标局应当书面通知申请人。

商标移转申请经核准的,予以公告。接受该注册商标专用权移转的当事人自公告之日起享有商标专用权。

9.4.4 商标注册证补证

《商标注册证》遗失的,如补证申请书件齐备并符合规定,经审查核准后,商标局在《商标公告》上刊登遗失声明,发出《领取商标注册证通知书》;《商标注册证》破损的,申请人在提交补发申请时应将《商标注册证》交回商标局,如补证申请书件齐备并符合规定,经审查核准后,商标局发出《领取商标注册证通知书》。

直接到商标注册大厅办理的,申请人收到商标局的《领取商标注册证通知书》后,应按照通知要求及时到商标注册大厅领取《商标注册证》。因各种原因没有收到《领取商标注册证通知书》的,到商标注册大厅领取《商标注册证》时应提交以下书件:(1)商标注册人营业执照副本原件及复印件,或加盖商标注册人公章的营业执照复印件;(2)领证单位介绍信;(3)领证人身份证及其复印件;(4)该注册商标的《商标公告》复印件,或该商标公告期号及商标注册号。

委托商标代理机构办理的,商标局将《商标注册证》邮寄给该商标代理机构。每补发一个《商标注册证》的规费是1 000元。委托商标代理机构办理的,申请人应向商标代理机构缴纳补证规费和代理费,商标局收取的补证规费从该商标代理机构的预付款中扣除。

9.4.5 商标注册查询

商标申请后查询是指商标申请人或其代理人自注册申请提交之日起两年以后,或变更、续展、转让、补证等申请提交之日起半年以后,尚未获得任何信息时对商标办理情况的查询。

申请人或代理人可以登录"中国商标网"点击"商标查询"栏目进行查询,也可以来人或来函向商标局进行免费查询。

商标注册查询方法有两种:

一种是来人查询。查询人在商标注册大厅查询窗口填写《商标申请后查询单》,并提交《受理通知书》或所缴纳商标规费发票复印件及商标图样。对变更、续展、转让、补证等申请的办理情况进行查询的,还应写明原商标的注册号。自商标局受理商标查询次日起三个工作日,查询人可到商标注册大厅自行领取查询结果;三日内尚未查出结果的,待查出结果后由商标局函告查询人。

另一种是来函查询。随函提交《受理通知书》复印件,或所缴纳商标规费发票复印件及商标图样,并应在信函中写明查询项目、企业名称、联系人及通信地址,并加盖公章。对变更、续展、转让、补证等申请的办理情况进行查询的,还应写明原商标的注册号。来函请寄:北京市西城区三里河东路8号国家工商行政管理总局商标局综合处,邮政编码:100820,并请在信封上注明"商标查询"字样。商标局查出结果后,及时函告查询人。

【思考】商标注册人地址变动是否需要变更?

商标注册人地址未迁移,但因行政区划或道路改名,是否需要办理地址的变更?需要。因为商标注册人的地址是商标注册人与商标主管机关和外界联系的桥梁,更是商标注册的重要内容之一,所以,凡是行政区划名称的改变或路名的改动均要办理商标注册人地址变更手续。

9.5 商标复审、撤销与无效

商标复审实质上是一种商标注册监督程序,通过该程序纠正商标注册和管理过程中的违法或不当行为,主要包括商标注册复审、商标异议复审和商标撤销复审。

9.5.1 商标复审概述

9.5.1.1 商标复审的概念

商标复审,是指针对当事人不服商标局对就商标有关事项所作处理决定而提出的复审请求、由商标评审委员会重新进行审查的法定程序。

9.5.1.2 商标复审的类型

商标复审的类型包括:

(1)当事人对商标局驳回商标注册申请不服的复审。

(2)当事人对商标局驳回注册商标转让申请不服的复审。

(3)当事人对商标局驳回注册商标续展申请不服的复审。

(4)当事人对商标局异议裁定不服的复审。

(5)当事人对商标局撤销注册商标不服的复审。

(6)当事人对商标局撤销注册不当商标不服的复审。

9.5.1.3 商标复审时间

申请人可以在收到驳回通知书、裁定通知书或撤销通知书之日起十五天内向商标评审委员会请求复审。如有特殊原因,可在期满前申请延期,延期时间为三十天,但需缴纳延期请求费。

9.5.1.4 商标复审所需材料

商标复审所需材料包括:

(1) 商标代理委托书。委托商标代理机构代理的,需提供盖有申请人章戳的委托书。大陆以外地区的申请人要在中国申请商标复审的,必须委托商标代理机构进行。

(2) 各类复审申请书。委托代理机构申请商标复审的,由代理机构制作。

(3) 理由和证据材料。

9.5.1.5 商标复审程序

商标复审包括商标异议复审、商标驳回复审、撤销商标注册复审共三项。

(1) 商标驳回复审。对驳回申请、不予公告的商标,商标局应当书面通知商标注册申请人。商标注册申请人不服的,可以自收到通知之日起十五日内向商标评审委员会申请复审,由商标评审委员会做出决定,并书面通知申请人。当事人对商标评审委员会的决定不服的,可以自收到通知之日起三十日内向人民法院起诉。

(2) 商标异议复审。对初步审定、予以公告的商标提出异议的,商标局应当听取异议人和被异议人陈述事实和理由,经调查核实后,做出裁定。当事人不服的,可以自收到通知之日起十五日内向商标评审委员会申请复审,由商标评审委员会做出裁定,并书面通知异议人和被异议人。当事人对商标评审委员会的裁定不服的,可以自收到通知之日起三十日内向人民法院起诉。人民法院应当通知商标复审程序的对方当事人作为第三人参加诉讼。

(3) 撤销注册商标复审。对商标局撤销注册商标的决定,当事人不服的,可以自收到通知之日起十五日内向商标评审委员会申请复审,由商标评审委员会做出决定,并书面通知申请人。当事人对商标评审委员会的决定不服的,可以自收到通知之日起三十日内向人民法院起诉。当事人在法定期限内对商标局做出的裁定不申请复审或者对商标评审委员会做出的裁定不向人民法院起诉的,裁定生效。

9.5.2 商标驳回复审

申请注册的商标经商标局审查后,认为符合《商标法》有关规定,予以初步审定并予以公告;认为不符合《商标法》有关规定的,予以驳回。当事人不服的,可以向商标评审委员会提出复审。商标局对商标注册申请的审查是一种行政行为,其行为准确与否在很大程度上取决于审查人员的责任心和业务水平。由于商标审查主观性较强,审查标准的把握是很难统一的。因此,申请人收到商标局的驳回通知后不要轻易放弃,而应认真研究驳回的理由。如果认为理由不成立,应及时申请复审。

9.5.2.1 商标驳回复审的概念

商标驳回复审又被称为"驳回商标的复审",是指商标注册申请经商标局审查驳回后,申请人对商标局的驳回理由和法律依据不服,而向商标评审委员会申请对原案的复查审议。

商标注册人不服商标局撤销其注册商标,依法向商标评审委员会申请复审,由商标评审委员会作出终局决定。撤销注册商标复审的申请人应是经商标局撤销商标的原注册人,撤销注册商标的复审不包括经争议裁定和注册不当裁定中被撤销的商标。

9.5.2.2　商标驳回复审材料

申请复审的书件包括：①申请人应当向商标评审委员会提交《驳回商标注册申请复审申请书》（申请人应认真填写申请书，特别是要填写充足的复审理由）。②同时附送盖有商标局"驳回"印章的《商标注册申请书》原件。③《商标核驳通知书》原件。④商标图样（原图样10张）。⑤商标局寄送商标核驳通知书的信封（用以确定复审是否在规定的时限内提出）。⑥其他有关证明材料和实物证据。⑦申请人需要在提出评审申请后补充有关证据材料的，应当在申请书中声明，并自提交申请书之日起3个月内提交与申请书相同份数的证据材料；未在申请书中声明或者期满未提交的，视为放弃补充有关证据材料。⑧其他要求。提交原《商标注册申请书》的商标，商品/服务及所填写的其他内容不能作任何改动。

9.5.2.3　商标驳回复审流程

申请商标驳回复审应依据《商标法》第三十二条和《商标评审规则》的规定进行。

申请人资格：必须是被商标局驳回商标注册申请的原申请人。

申请的时限：商标注册申请人收到商标局对该商标注册申请的《商标核驳通知书》之日起，十五天内申请复审。因不可抗拒的事由或者其他正当理由迟延的，可以在期满前申请延期三十天，是否准许延期，由商标评审委员会决定。

评审规费：申请复审的应缴纳商标驳回复审申请规费，目前的收费标准是每件申请1 500元。

商标评审委员会自收到《驳回商标注册申请复审申请书》之日起三十天内，经审查认为符合法定受理条件的，予以受理并书面通知申请人；认为不符合法定条件的，书面通知申请人不予受理，并说明理由。

商标评审委员会认为申请基本符合法定条件，但需要补正的，可以限期补正；限期内未作补正的，不予受理，书面通知申请人，并退回全部申请书件。

9.5.2.4　商标驳回复审裁定

被商标评审委员会受理的驳回商标复审申请，将根据《商标法》《商标法实施条例》和《商标评审规则》的有关规定进行评审和裁定。商标评审委员会在评审中，认为商标局的驳回理由不成立的，即作出撤销商标局的驳回裁定，核准该复审商标初步审定并公告，并移交回商标局办理有关审定及公告事宜；商标评审委员会在评审中，认为商标局的驳回理由成立的，即作出驳回该复审商标的裁定，商标申请人如果对商标评审委员会的裁定不服的，可根据《商标法》第三十二条第二款的规定，可自收到裁定通知之日起三十日内向法院起诉。

9.5.3　商标异议裁定复审

国家商标局收到被异议人的答辩后，需了解异议人的异议请求和理由以及被异议人的答辩理由，审查、确定异议人和被异议人提供的证据材料和陈述的事实是否确凿、充分，法律依据是否正确。在此过程中，国家商标局主要采取书面审查的方式审查异议申请案，基于客观的事实和证据，国家商标局依法裁定异议申请。根据不同的异议申请，国家商标局可能会裁定异议申请在全部商品或者服务上成立，或裁定在全部商品或者服务上不成立，还可能会裁定异议申请在一部分商品或服务上成立。国家商标局裁定异议成立或不成立，能准确划分当事人的权利范围，为当事人提供了应当享有权利的可能性。做出裁定后，国家商标局将以书面形式将"异议裁定通知书"通知当事人,有代理人的通知代理人。如对国家商标局的异议裁定不服的,可以提出"异议裁定复审"。

异议裁定复审,是指异议人或被异议人不服国家商标局异议裁定,在收到异议裁定通知之日起的15日法定期限内,向商标评审委员会申述事实和理由,由商标评审委员会做出复审裁定的程序。异议裁定复审为涉及的当事人提供了对国家商标局的异议裁定提出申诉的机会,也为保护自己或他人的商标权利提供了行政救济措施。

申请异议裁定复审的,应向商标评审委员会提交《商标异议裁定复审申请书》及国家商标局的《商标异议裁定书》等法律文书。同样应异议裁定复审申请书中明确提出异议复审请求,提供有关事实和证据,并陈述商标异议裁定不成立的理由。经形式审查,商标评审委员会认为申请人的复审申请符合评审的法定形式要求的予以受理。如材料需补正的应在收到商标评审委员会的补正通知之日起30日内补正,逾期未补正的视为申请人撤回复审申请。商标评审委员会收到异议裁定复审申请书后,应将复审申请书副本送对方当事人,限期在30日内答辩,未在法定期限内答辩的,不影响复审裁定。商标评审委员会对异议复审申请的裁定可以是对全部商品和服务,也可以是对部分商品或服务上成立或不成立的裁定。

商标评审委员会对异议裁定复审采用书面审理的方式进行。也可以应申请人或对方当事人的请求公开评审,但是否公开评审由商标评审委员会决定。同时商标评审委员会认为有必要的也可自行决定公开评审。如拟定公开评审,申请人未在法定期限内提交回执答复,也不参加公开评审的,申请人的异议裁定复审申请视为撤回。如申请人提交回执,答复不参加公开评审或被申请人不提交回执,也不公开评审,商标评审委员会可以缺席评审异议裁定复审申请。当事人如对商标评审委员会的异议复审裁定不服的,可以向人民法院提起诉讼。

商标评审委员会经听取异议双方意见后,集体进行复查审议,以多数委员意见作出终局裁定。异议成立的,被异议商标撤销初步审定;异议不能成立的,被异议商标即予注册,并予公告。终局裁定具有法律效力,当事人和商标局部应当严格执行。

9.5.4 注册商标异议撤销

9.5.4.1 商标异议撤销的概念

商标经初步审定公告之后,在异议期内无人提出异议,或经裁定异议不成立,该商标即予以核准注册。商标一旦获准注册,注册人即享有该商标的专用权,任何人未经注册人同意,不得在同一种或者类似的商品(服务)上使用该商标或者与该商标近似的商标。但是,对于那些违反法律规定的商标,即使已经获得了注册,当事人仍然可以通过法律程序申请撤销。按照《商标法》的规定,撤销此类商标注册的程序主要有争议程序和注册不当商标裁定程序。

商标异议撤销,是指注册保护在先的商标注册人,可以对在后注册在同一种或类似商品上相同或近似商标提出争议,并请求商标评审委员会裁定撤销在后注册的商标。撤销注册商标程序中商标评审委员会的评审程序,根据《商标法实施条例》第二十八条的规定,商标评审委员会受理当事人依据《商标法》第四十一条规定的因注册不当而提出的撤销申请、第四十九条规定的因商标局作出的撤销注册商标决定而提出的复审申请。商标评审委员会根据事实,依法进行评审。

9.5.4.2 撤销注册商标的内容

商标局根据商标注册人违反商标管理法规的行为或商标评审委员会根据争议商标与他人注册在先的商标构成相似的事实,依法撤销该注册商标的法律制度。在中国,商标撤销包括两种情况:其一,因违反商标法而被撤销。有两种情况:一是由于商标权人自行改变注册商标的文字或图形,或自行改变注册人名字、地址和其他注册事项等;二是自行转让注册商标,或者连续3年停止使用注册商标。对此,商标局有权撤销该注册商标。其二,争议撤销。根据中国《商标法》,如数个当事人所争议的商标确属相同或类似,由商标评审委员会裁定撤销后注册当事人的商标,维护先注册当事人的商标专有权。

撤销商标与注销商标不同。注销商标是由于商标注册人自动放弃专用权引起的;而撤销商标或是商标局对商标注册人违反商标法规所给予的处分,或是商标评审委员会对注册商标发生争议时所作出的终局决定。这种处分或决定,取决于商标主管机关或仲裁机关的意愿。

根据我国《商标法》及其实施条例的相关规定,注册商标可分为依申请和依职权撤销。主要情形有:

(1) 已经注册的商标,如有下列情形的,由商标局撤销该注册商标,其他单位和个人可以请求商标评审委员会裁定撤销该注册商标:①采用了不得作为商标使用和注册的标志的;②以欺骗手段或者其他不正当手段取得注册的。

(2) 已经注册的商标,有下列情形的,自商标注册之日起五年内,商标所有人或者利害关系人可以请求商标评审委员会裁定撤销该注册商标。对恶意注册的,驰名商标所有人不受五年的时间限制:①是复制、摹仿或者翻译他人未在中国注册的驰名商标,容易导致混淆的;②是复制、摹仿或者翻译他人已经在中国注册的驰名商标,误导公众,致使该驰名商标注册人的利益可能受到损害的;③未经授权,代理人或者代表人以自己的名义将被代理人或者被代表人的商标进行注册,被代理人或者被代表人提出异议的;④商标中有商品的地理标志,而该商品并非来源于该标志所标示的地区,误导公众的。但是,善意取得注册的除外;⑤申请商标注册损害他人现有的在先权利,或者以不正当手段抢先注册他人已经使用并有一定影响的商标。

在(1)(2)两种情形中,依法撤销的注册商标,其商标专用权视为自始即不存在。有关撤销注册商标的决定或者裁定,对在撤销前人民法院作出并已执行的商标侵权案件的判决、裁定,工商行政管理部门作出并已执行的商标侵权案件的处理决定,以及已经履行的商标转让或者使用许可合同,不具有追溯力;但是,因商标注册人恶意给他人造成的损失,应当给予赔偿。

(3) 使用注册商标有下列行为之一的,由工商行政管理部门责令商标注册人限期改正;拒不改正的,报请商标局撤销其注册商标:①自行改变注册商标的;②自行改变注册商标的注册人名义、地址或者其他注册事项的;③自行转让注册商标的。

(4) 连续三年停止使用注册商标的,任何人可以向商标局申请撤销该注册商标,并说明有关情况。

在(3)(4)两种情形中,商标局应当通知商标注册人,限其自收到通知之日起2个月内提交该商标在撤销申请提出前使用的证据材料或者说明不使用的正当理由;期满不提供使用的证据材料或者证据材料无效并没有正当理由的,由商标局撤销其注册商标。使用的证据材料,包括商标注册人使用注册商标的证据材料和商标注册人许可他人使用注册商标的证据材料。

(5) 使用注册商标,其商品粗制滥造,以次充好,欺骗消费者的,可以视具体情况由商标局撤销其注册商标。

在(3)(4)(5)三种情形中,被撤销的注册商标,由商标局予以公告;该注册商标专用权自商标局的撤销决定作出之日起终止。

9.5.4.3　商标异议撤销评审程序

根据《商标法实施条例》第三十条至第三十四条的规定,商标异议撤销评审程序如下:

(1) 申请商标评审,应当向商标评审委员会提交申请书,并按照对方当事人的数量提交相应份数的副本;基于商标局的决定书或者裁定书申请复审的,还应当同时附送商标局的决定书或者裁定书副本。

(2) 商标评审委员会收到申请书后,经审查,符合受理条件的,予以受理;不符合受理条件的,不予受理,书面通知申请人并说明理由;需要补正的,通知申请人自收到通知之日起三十日内补正。经补正仍不符合规定的,商标评审委员会不予受理,书面通知申请人并说明理由;期满未补正的,视为撤回申请,商标评审委员会应当书面通知申请人。

(3) 商标评审委员会受理商标评审申请后,发现不符合受理条件的,予以驳回,书面通知申请人并说明理由。

(4) 商标评审委员会受理商标评审申请后,应当及时将申请书副本送交对方当事人,限其自收到申请书副本之日起三十日内答辩;期满未答辩的,不影响商标评审委员会的评审。

(5) 当事人需要在提出评审申请或者答辩后补充有关证据材料的,应当在申请书或者答辩书中声明,并自提交申请书或者答辩书之日起3个月内提交;期满未提交的,视为放弃补充有关证据材料。

(6) 商标评审委员会根据当事人的请求或者实际需要,可以决定对评审申请进行公开评审。

(7) 商标评审委员会决定对评审申请进行公开评审的,应当在公开评审前十五日书面通知当事人,告知公开评审的日期、地点和评审人员。当事人应当在通知书指定的期限内作出答复。

(8) 申请人不答复也不参加公开评审的,其评审申请视为撤回,商标评审委员会应当书面通知申请人;被申请人不答复也不参加公开评审的,商标评审委员会可以缺席评审。

(9) 申请人在商标评审委员会作出决定、裁定前,要求撤回申请的,经书面向商标评审委员会说明理由,可以撤回;撤回申请的,评审程序终止。

9.5.4.4　注册商标撤销救济

商标局、商标评审委员会撤销注册商标,撤销理由仅及于部分指定商品的,撤销在该部分指定商品上使用的商标注册。注册商标被撤销的,自撤销之日起一年内,商标局对与该商标相同或者近似的商标注册申请,不予核准。注册商标被撤销的,原《商标注册证》作废;撤销该商标在部分指定商品上的注册的,由商标局在原《商标注册证》上加注发还,或者重新核发《商标注册证》,并予公告。

对商标局撤销注册商标的决定,当事人不服的,可以自收到通知之日起十五日内向商标评审委员会申请复审,由商标评审委员会做出决定,并书面通知申请人。当事人对商标评审委员会的决定不服的,可以自收到通知之日起三十日内向人民法院起诉。

9.5.5 注册商标的无效

9.5.5.1 注册商标无效的情形

已经注册的商标,违反《商标法》(第十条、第十一条、第十二条)规定的,或者是以欺骗手段或者其他不正当手段取得注册的,由商标局宣告该注册商标无效;其他单位或者个人可以请求商标评审委员会宣告该注册商标无效。

9.5.5.2 申请注册商标无效的期限

(1)已经注册的商标,违反商标法以下规定的,自商标注册之日起五年内,在先权利人或者利害关系人可以请求商标评审委员会宣告该注册商标无效。对恶意注册的,驰名商标所有人不受五年的时间限制。

(2)就相同或者类似商品申请注册的商标是复制、摹仿或者翻译他人未在中国注册的驰名商标,容易导致混淆的,不予注册并禁止使用。就不相同或者不相类似商品申请注册的商标是复制、摹仿或者翻译他人已经在中国注册的驰名商标,误导公众,致使该驰名商标注册人的利益可能受到损害的,不予注册并禁止使用。

(3)未经授权,代理人或者代表人以自己的名义将被代理人或者被代表人的商标进行注册,被代理人或者被代表人提出异议的,不予注册并禁止使用。就同一种商品或者类似商品申请注册的商标与他人在先使用的未注册商标相同或者近似,申请人与该他人具有前款规定以外的合同、业务往来关系或者其他关系而明知该他人商标存在,该他人提出异议的,不予注册。

(4)商标中有商品的地理标志,而该商品并非来源于该标志所标示的地区,误导公众的,不予注册并禁止使用;但是,已经善意取得注册的继续有效。

(5)申请注册的商标,凡不符合本法有关规定或者同他人在同一种商品或者类似商品上已经注册的或者初步审定的商标相同或者近似的,由商标局驳回申请,不予公告。

(6)两个或者两个以上的商标注册申请人,在同一种商品或者类似商品上,以相同或者近似的商标申请注册的,初步审定并公告申请在先的商标;同一天申请的,初步审定并公告使用在先的商标,驳回其他人的申请,不予公告。

(7)申请商标注册不得损害他人现有的在先权利,也不得以不正当手段抢先注册他人已经使用并有一定影响的商标。

9.5.5.3 注册商标宣告无效的程序

其他单位或者个人请求商标评审委员会宣告注册商标无效的,商标评审委员会收到申请后,应当书面通知有关当事人,并限期提出答辩。商标评审委员会应当自收到申请之日起九个月内做出维持注册商标或者宣告注册商标无效的裁定,并书面通知当事人。有特殊情况需要延长的,经国务院工商行政管理部门批准,可以延长三个月。

商标局做出宣告注册商标无效的决定,应当书面通知当事人。当事人对商标局的决定不服的,可以自收到通知之日起十五日内向商标评审委员会申请复审。商标评审委员会应当自收到申请之日起九个月内做出决定,并书面通知当事人。有特殊情况需要延长的,经国务院工商行政管理部门批准,可以延长三个月。

商标评审委员会在依照前款规定对无效宣告请求进行审查的过程中,所涉及的在先权利的确定必须以人民法院正在审理或者行政机关正在处理的另一案件的结果为依据的,可以中止审查。中止原因消除后,应当恢复审查程序。

法定期限届满,当事人对商标局宣告注册商标无效的决定不申请复审或者对商标评审委员会的复审决定、维持注册商标或者宣告注册商标无效的裁定不向人民法院起诉的,商标局的决定或者商标评审委员会的复审决定、裁定生效。

9.5.5.4 注册商标宣告无效的后果

依照商标法规定宣告无效的注册商标,由商标局予以公告,该注册商标专用权视为自始即不存在。

宣告注册商标无效的决定或者裁定,对宣告无效前人民法院做出并已执行的商标侵权案件的判决、裁定、调解书和工商行政管理部门做出并已执行的商标侵权案件的处理决定以及已经履行的商标转让或者使用许可合同不具有追溯力。但是,因商标注册人的恶意给他人造成的损失,应当给予赔偿。不返还商标侵权赔偿金、商标转让费、商标使用费,明显违反公平原则的,应当全部或者部分返还。

9.5.5.5 注册商标无效的救济

当事人对商标评审委员会的裁定不服的,可以自收到通知之日起三十日内向人民法院起诉。人民法院应当通知商标裁定程序的对方当事人作为第三人参加诉讼。

【思考】什么是不当商标?

不当商标是指以欺骗手段或者其他不正当手段取得的注册商标。根据《商标法实施细则》第二十五条规定,所谓以欺骗手段或者其他不正当手段取得商标注册的行为如下:

(1) 虚构、隐瞒事实真相或者申请书件及有关文件进行注册的;

(2) 违反诚实信用原则,以复制、模仿、翻译等方式,将他人已为公众熟知的商标进行注册的;

(3) 未经授权,代理人以其名义将被代理人的商标进行注册的;

(4) 侵犯他人合法的在先权利进行注册的;

(5) 以其他不正当手段取得注册的。

9.6 商标国际注册

随着我国经济发展水平日益提高,国内外企业日益重视以商标为核心的品牌战略,重视通过商标确权制度注册商标,以在市场竞争中占得先机。在经济全球化背景下,申请商标国际注册的情形日益增多。由于中外商标确权体制的差别,商标国际注册的法律问题日益凸显。

9.6.1 商标国际注册的概念

商标国际注册,是指根据《商标国际注册马德里协定》(以下简称马德里协定)、《商标国际注册马德里协定有关议定书》(以下简称马德里议定书)及《商标国际注册马德里协定及该协定有关议定书的共同实施细则》的规定办理的马德里商标国际注册。可见,商标国际注册与国外商标注册并非同一概念。

马德里商标国际注册申请包括以中国为原属国的商标国际注册申请、指定中国的领土延伸申请及其他有关的申请。

办理商标国外注册一般可以通过马德里商标国际注册和单一国家注册两种方式来进行申请。马德里商标国际注册是指根据1891年4月14日于西班牙首都马德里签订的《商标国际注册马德里协定》或根据1989年6月27日在马德里通过的《商标国际注册马德里协定有关议定书》及其共同实施细则建立的马德里联盟成员国间的商标注册体系。单一国家注册,也称"单国商标注册""逐一国家注册",指直接向各个国家/地区商标主管机关分别递交注册申请的注册方式,是国际商标保护最常用的一种方式,是与一些国际性或区域性的知识产权保护组织注册方式相对而言的保护方式。单一国家注册是在没有参加马德里协定及议定书的国家申请商标注册,需要一个国家单独递交一份注册申请。如在加拿大、东南亚国家以及香港、澳门、台湾等地区申请商标注册。

9.6.2 商标国际注册申请人

以中国为原属国申请商标国际注册的,应当在中国设有真实有效的营业所,或者在中国有住所,或者拥有中国国籍。符合该条件的申请人,其商标已在商标局获得注册的,可以根据马德里协定申请办理该商标的国际注册。符合该条件的申请人,其商标已在商标局获得注册,或者已向商标局提出商标注册申请并被受理的,可以根据马德里议定书申请办理该商标的国际注册。

9.6.3 商标国际注册申请途径

以中国为原属国申请商标国际注册的,应当通过商标局向世界知识产权组织国际局(以下简称国际局)申请办理。

以中国为原属国的,与马德里协定有关的商标国际注册的后期指定、放弃、注销,应当通过商标局向国际局申请办理;与马德里协定有关的商标国际注册的转让、删减、变更、续展,可以通过商标局向国际局申请办理,也可以直接向国际局申请办理。

以中国为原属国的,与马德里议定书有关的商标国际注册的后期指定、转让、删减、放弃、注销、变更、续展,可以通过商标局向国际局申请办理,也可以直接向国际局申请办理。

9.6.4 办理商标国际注册的基本程序

首先,申请人应向国家工商局商标局提出申请。申请的文件包括:填写好的中国国际注册申请书一份,申请书一定要加盖公章、国内商标注册证(或初步审定公告)复印件一份、代理委托书、商标图样两张,若是彩色商标,需彩色商标图样两张。

商标局收到手续齐备的申请文件后,即登记申请日期,编申请号,计算申请人所需缴纳的费用,向申请人发送《收费通知单》。

申请人接到《收费通知单》后,应尽快按数额缴纳费用,商标局只有在收到如数的汇款后,才会向国际局递交申请。如若两个月后商标局仍未收到汇款,便会将此申请文件及其他附件一并退还申请人,不再保留申请日期和申请号。

国际局如在商标局收到国际注册申请之日起,两个月之内收到商标局递交的商标注册申请,商标局的收文日期便是国际局的收文日期,也就是该商标的国际注册日期;如国际局在两个月之后收到该申请,国际局则将国际局收到该申请的日期作为收文日期和国际注册日期。

如申请人想要指定保护的国家既有"协定"成员国,又有"议定书"成员国,而在本国申请注册的商标还未取得注册,或者刚刚提交申请,申请人可先就"议定书"成员国提出国际注册申请,当该商标在本国注册后再就"协定"成员国提出后期领土延伸申请。这样既能申请商标国际注册,又能尽快取得商标注册保护,特别是当该国际注册申请是在国内注册申请提出六个月之内提出的,申请人还可要求优先权。

9.6.5 商标国际注册申请材料及费用

通过商标局向国际局申请商标国际注册及办理其他有关申请的,应当提交符合国际局和商标局要求的申请书和相关材料。

商标国际注册申请指定的商品或者服务不得超出国内基础申请或者基础注册的商品或者服务的范围。

商标国际注册申请手续不齐备或者未按照规定填写申请书的,商标局不予受理,申请日不予保留。

申请手续基本齐备或者申请书基本符合规定,但需要补正的,申请人应当自收到补正通知书之日起 30 日内予以补正,逾期未补正的,商标局不予受理,书面通知申请人。

商标局收到手续齐备的申请书件之后,登记申请日期,编定申请号,计算申请人所需缴纳的费用,向申请人发出《收费通知单》。通过商标局向国际局申请商标国际注册及办理其他有关申请的,应当按照规定缴纳费用。申请人应当自收到商标局缴费通知单之日起 15 日内,向商标局缴纳费用。商标局只有收到足额汇款后,才会向国际局递交申请。如果两个月之后,商标局仍未收到汇款,将会把申请文件及其他附件一并退还申请人,不再保留申请日期和申请号。期满未缴纳的,商标局不受理其申请,书面通知申请人。委托商标代理机构办理的,申请人除应缴纳一定数额的国际商标注册规费外,还应向商标代理机构缴纳代理费。

9.6.6 注册商标国际的审查

商标局在马德里协定或者马德里议定书规定的驳回期限(以下简称驳回期限)内,依照商标法和本条例的有关规定对指定中国的领土延伸申请进行审查,作出决定,并通知国际局。商标局在驳回期限内未发出驳回或者部分驳回通知的,该领土延伸申请视为核准。

指定中国的领土延伸申请人,要求将三维标志、颜色组合、声音标志作为商标保护或者要求保护集体商标、证明商标的,自该商标在国际局国际注册簿登记之日起 3 个月内,应当通过依法设立的商标代理机构,向商标局提交《商标法实施条例》第十三条规定的相关材料。未在上述期限内提交相关材料的,商标局驳回该领土延伸申请。

世界知识产权组织对商标国际注册有关事项进行公告,商标局不再另行公告。

对指定中国的领土延伸申请,自世界知识产权组织《国际商标公告》出版的次月 1 日起 3 个月内,符合《商标法》第三十三条规定条件的异议人可以向商标局提出异议申请。商标局在驳回期限内将异议申请的有关情况以驳回决定的形式通知国际局。被异议人可以自收到国际局转发的驳回通知书之日起 30 日内进行答辩,答辩书及相关证据材料应当通过依法设立的商标代理机构向商标局提交。

9.6.7 国际注册商标的保护期

国际局收到符合《商标国际商标注册马德里协定及其议定书共同实施细则》的国际商标注册申请后,即在国际商标注册簿上进行登记注册,并给商标注册申请人颁发《商标注册证》,《商标注册证》直接寄送给商标局国际商标注册处,由商标局国际处转寄给申请人或商标代理机构。应该注意的是,申请人填写地址一定要清楚(可增加通信地址),如果申请人的地址有变动,应及时办理变更。

在中国获得保护的国际注册商标,有效期自国际注册日或者后期指定日起算。在有效期届满前,注册人可以向国际局申请续展,在有效期内未申请续展的,可以给予 6 个月的宽展期。商标局收到国际局的续展通知后,依法进行审查。国际局通知未续展的,注销该国际注册商标。

9.6.8 国际注册商标的转让、变更和撤销

指定中国的领土延伸申请办理转让的,受让人应当在缔约方境内有真实有效的营业所,或者在缔约方境内有住所,或者是缔约方国民。转让人未将其在相同或者类似商品或者服务上的相同或者近似商标一并转让的,商标局通知注册人自发出通知之日起 3 个月内改正;期满未改正或者转让容易引起混淆或者有其他不良影响的,商标局作出该转让在中国无效的决定,并向国际局作出声明。

根据"马德里协定"及"马德里议定书",商标国际商标注册人可在注册后办理以下有关事项:(1)就所有或部分商品和服务申请领土延伸至一个或多个国家;(2)在全部或部分商品和服务上或就全部或部分国家转让或全部转让;(3)撤销国际商标注册;(4)放弃在有关国家的保护;(5)删减商品和服务;(6)变更注册人名义、地址等。办理这些事项的手续与办理商标国际商标注册申请基本相同,并应按规定缴纳相应的费用。

指定中国的领土延伸申请办理删减,删减后的商品或者服务不符合中国有关商品或者服务分类要求或者超出原指定商品或者服务范围的,商标局作出该删减在中国无效的决定,并向国际局作出声明。

申请撤销国际注册商标,应当自该商标国际注册申请的驳回期限届满之日起满 3 年后向商标局提出申请;驳回期限届满时仍处在驳回复审或者异议相关程序的,应当自商标局或者商标评审委员会作出的准予注册决定生效之日起满 3 年后向商标局提出申请。申请宣告国际注册商标无效的,应当自该商标国际注册申请的驳回期限届满后向商标评审委员会提出申请;驳回期限届满时仍处在驳回复审或者异议相关程序的,应当自商标局或者商标评审委员会作出的准予注册决定生效后向商标评审委员会提出申请。申请宣告国际注册商标无效的,应当自该商标国际注册申请的驳回期限届满之日起 5 年内向商标评审委员会提出申请;驳回期限届满时仍处在驳回复审或者异议相关程序的,应当自商标局或者商标评审委员会作出的准予注册决定生效之日起 5 年内向商标评审委员会提出申请。对恶意注册的,驰名商标所有人不受 5 年的时间限制。

根据我国《商标法》的有关规定,对要求延伸至我国予以保护的国际商标注册商标,自其在《国际商标公告》出版次月1日起的3个月内,任何人都可以对其提出异议。如果异议申请人是国内企业法人或者自然人,可将异议申请直接或通过商标代理机构邮寄或者送达商标局国际商标注册处。如果异议申请人是国外的企业或者自然人,则必须通过商标代理机构办理。

国际商标注册商标被提出异议的,申请人可在收到通知之日起30天内进行答辩。如果异议申请人是国内企业法人或者自然人,可将异议申请直接或通过商标代理机构邮寄或者送达商标局国际商标注册处。如果异议申请人是国外的企业或者自然人,则必须通过商标代理机构办理。

商标局根据双方陈述的事实和理由进行裁定。如果异议双方对商标局的异议裁定不服,可以自收到异议裁定通知书15天内,向商标评审委员会提交异议复审申请,由商标评审委员会做出终局裁定。

【思考】如何准备马德里商标国际商标注册申请书件?

首先,应提交的申请书件包括以下几项:

(1) 填写并加盖公章的中文国际商标注册申请书;
(2) 填写并加盖公章或签字的外文国际商标注册申请书;
(3) 提交国内《商标注册证》复印件,或《受理通知书》复印件;
(4) 提交商标图样两张。如是彩色商标,还需附彩色商标图样两张;
(5) 委托商标代理机构办理的,还应提交商标代理委托书。

其次,国际商标注册申请书填写具体要求主要有:

(1) 商标申请人的原属国:"商标申请人的原属国"指中国。如果申请人指定保护的国家为"马德里协定"成员国,这一项中可供申请人选择的三种情况应依次选择,即申请人首先衡量自己是否符合第一种情况,若符合,应首选第一种;若不符合,再选第二种;第二种也不符合的,再选第三种。若三种都符合或符合两种,则应选在前的一种。如果申请人指定保护的国家为"马德里议定书"成员国,这三种情况中,申请人只要符合其中一种即可。

(2) 申请人名称:申请人是法人的,应填写全称;如果申请人是自然人,应填写姓名。另外,法人如有正式英文或法文名称的,应连同中文一起填写,并加盖申请人印章(法人应加盖企业或公司印章)。

(3) 申请人地址:可按括号内要求填写。

(4) 代理人名称:申请人可按实际情况填写;如是直接申请,这一栏不填。

(5) 代理人地址:与申请人地址的填写方法相同。

(6) 商标国内申请和注册:这里指在我国的商标申请和注册,而不是国际商标注册的申请和注册。如申请人是就不同类别的同一商标提出国际商标注册申请,申请人应将各类别的申请日期、申请号或/和注册日期,注册号按类别顺序逐一填写。

(7) 优先权:若申请人要求优先权,应注明第一次申请的日期和申请号。

(8) 商标:此处要求申请人粘贴商标图样,商标尺寸大小应按申请书的要求办理。

(9) 要求颜色保护:如果申请人要求保护颜色,应说明哪些颜色、哪部分颜色要求得到保护。

(10) 商标音译:此处仅将商标的标准汉语拼音填上即可。

(11) 收文语言选择:此处在所选择语言左侧方框内打上"×"标记。

(12) 商品和服务:这里指商品和服务的填写,应按《商标注册用商品和服务国际分类表》中所列的商品和服务类别顺序填写。如:第一类,乙醇,工业用酒精;第五类,阿司匹林,婴儿食品;第九类,音响,显像管;在填写时不得把第九类排在第五类前,或把第五类排在第一类前。

(13) 指定保护的缔约方:申请人在想要保护的国家左侧的方框内打上"×"标记,如申请人指定保护的国家为德国、法国、意大利三国,申请人只需在这三个国家左侧的方框打"×"即可。

(14) 本申请交费方式:在所选择交费方式左侧方框内打上"×"标记。

9.6.9 外国人申请中国商标注册

9.6.9.1 外国人申请中国商标注册

外国人或外国企业在中国办理商标注册事宜必须委托商标代理机构代理,但在中国有经常居所或者营业所的外国人或外国企业除外。有关外国人(非中国国籍的人)在我国的商标注册申请原则采用了国际上通行的做法,即:

其一,在中国境内有经常居所或有营业场所的外国人或外国企业(包括在中国境内居住的外国人、外国驻我国的各种机构及中外合资企业、外商独资企业等):在我国申请商标注册方面享有与我国国民同等待遇原则。此类的商标注册申请可基本参照"国内商标申请人商标注册申请"进行。

其二,不在我国境内的外国人或外国企业:根据商标法的规定,外国人和外国企业在我国申请商标注册应遵循的原则是:"外国人或者外国企业在中国申请商标注册的,应当按其所属国和中华人民共和国签订的协议或者共同参加的国际条约办理,或者按对等原则办理。"

根据《巴黎公约》的相关规定,国外企业为获得在国内的申请日和先申请的程序权利,在中国提出申请时,可以要求优先权,以在本国的申请日为中国商标申请的优先权日。但相关的优先权请求应在本国商标申请日之后6个月内提出。然而,作为优先权申请的国外基础申请中的商品并不必然被我国商标局接受,对加拿大等不采用尼斯分类的国家尤为如此。

9.6.9.2 外国人商标注册申请原则

一是申请人所属国和中国之间已达成商标互惠协议的按照双边条约办理。商标互惠协议是指申请人所属国和我国通过签约或者换文而达成的商标互相注册协议。除专门的商标互惠协议外,我国在与一些国家签订的友好通商或者贸易协定中,也往往包括了商标注册的互惠原则及有关商标注册条款。按双边条约的规定,通常都给予申请人享受"国民待遇"。我国商标主管机关对于已同我国签订商标互惠协议的国家的公民和企业申请商标注册的,自应按协议的规定办理。自我国加入《保护工业产权巴黎公约》及《商标国际注册马德里协定》和《商标国际注册马德里协定有关议定书》以后,双边协定则仅适用于没有加入这三个国际条约的国家。

二是依据申请人所属国与我国共同参加的国际条约办理。目前,在商标方面的国际条约中,我国已加入的已有四个:即《世界知识产权组织公约》(1980年3月3日加入),《保护工业产权巴黎公约》(1985年3月19日加入),《商标国际注册马德里协定》(1989年10月4日加入)和《商标国际注册马德里协定有关议定书》(1995年12月1日加入)。对于我国未加入的国际条约,我国没有遵守的义务。只有双方都共同参加的国际条约,我国才有遵守的义务。根据《巴黎公约》的规定,任何一个成员国应在商标注册方面给予其他成员国国民以国民待遇,因此,《巴黎公约》的所有成员国国民在我国都可以享受商标注册的国民待遇,在注册条件、申请手续、步骤等方面享有与我国国民一样的待遇。

　　三是按对等原则办理。对等原则是处理国与国之间关系经常采用的一项原则,其基本含义就是:在处理国际间的政治、经济关系时,你用什么方式对待我,我也将以同样的方式对待你。将对等原则适用于涉外商标注册,就是要求双方按照同等方式来办理对方国家的公民或企业的商标注册申请。比如,如果外国商标申请人所属国对于我国商标到该国的注册申请要求提交本国注册证明、互惠协议证明的,则该国商标申请人也必须向我国商标主管机关提交上述证明;外国商标申请人所属国要求我方对商标申请书件进行认证、公证的,我国也按对等原则办理,反之亦同。

马德里商标国际注册

　　马德里商标国际注册,是马德里所有缔约国之间的一种商标国际注册保护方式,它最大的特点就是只需要提交一份申请就可以要求在多个缔约国进行注册。马德里商标国际注册流程是:

(1) 提交:提交申请至商标局国际处。

(2) 审查:国际处进行形式审查。

(3) 提交国际局:国际处形式审查通过后提交国际局进行形式审查。

(4) 颁发证明:如果商标国际注册申请手续完备,大约需要6个月左右,国际局可颁发商标国际注册证明(效力相当于国内的受理通知书)。

(5) 指定国审查:国际局将申请传至指定保护的国家,各国依该国法律进行审查。

(6) 指定各国核准保护:商标国际注册申请时指定国的各保护国家,将根据各自的国家法律决定是否予以保护。

非洲知识产权组织商标注册

　　非洲知识产权组织(简称OAPI或非知)是由前法国殖民地、官方语言为法语的国家组成的区域性知识产权保护联盟,商标核准注册后在16个成员国均受保护,有效期10年。该组织在喀麦隆设有知识产权办公室,统管各成员国的商标事务。各成员国在商标领域内受非洲知识产权组织的约束,没有各自独立的商标制度,所以并不存在在各个国家逐一注册的可能性,只能通过非洲知识产权组织统一注册保护。

9.7　商标代理

商标代理是民事委托代理的一种，即商标代理人在其代理权限内以被代理人的名义从事商标事务的法律行为，是社会法律中介服务的一个重要组成部分。商标代理作为知识产权法律中介服务的重要组成部分，具有很强的专业性、技术性和特殊性。我国除了在《商标法实施条例》第九章专门规定"商标代理"之外，还出台了《商标代理管理办法（2010）》（国家工商行政管理总局2010年7月12日发布实施）和《商标代理人资格考核办法》（国家工商行政管理总局2000年3月1日发布实施）。

9.7.1　商标代理的概念

商标代理，是指接受委托人的委托，以委托人的名义办理商标注册申请、商标评审或者其他商标事宜。

商标法所称商标代理机构，是指接受委托人的委托，以委托人的名义办理商标注册申请或者其他商标事宜的法律服务机构，包括经工商行政管理部门登记从事商标代理业务的服务机构和从事商标代理业务的律师事务所。

商标代理人是指在商标代理组织中执业的工作人员。

9.7.2　商标代理管理机构

工商行政管理部门应当加强对商标代理行业组织的监督和指导。

国务院工商行政管理部门依法对全国商标代理组织和商标代理人的代理行为进行管理和监督。县级以上工商行政管理部门依法对本辖区的商标代理组织和商标代理人的代理行为进行管理和监督。

申请设立商标代理组织的，申请人向所在地县级以上工商行政管理部门申请登记，领取《企业法人营业执照》或者《营业执照》。律师事务所从事商标代理的，不适用该规定。

9.7.3　商标代理备案

商标代理机构从事商标局、商标评审委员会主管的商标事宜代理业务的，应当按照下列规定向商标局备案：

（1）交验工商行政管理部门的登记证明文件或者司法行政部门批准设立律师事务所的证明文件并留存复印件。

（2）报送商标代理机构的名称、住所、负责人、联系方式等基本信息。

（3）报送商标代理从业人员名单及联系方式。

工商行政管理部门应当建立商标代理机构信用档案。商标代理机构违反《商标法》或者《商标法实施条例》规定的，由商标局或者商标评审委员会予以公开通报，并记入其信用档案。

9.7.4　商标代理从业人员

商标法所称商标代理从业人员，是指在商标代理机构中从事商标代理业务的工作人员。

商标代理从业人员不得以个人名义自行接受委托。

商标代理机构向商标局、商标评审委员会提交的有关申请文件,应当加盖该代理机构公章并由相关商标代理从业人员签字。

商标代理人应当符合以下条件:(1) 具有完全的民事行为能力;(2) 熟悉商标法和相关法律、法规,具备商标代理专业知识;(3) 在商标代理组织中执业。

商标代理人不得同时在两个以上的商标代理组织执业。

9.7.5 商标代理范围

商标代理组织不得委托其他单位和个人从事商标代办活动,并不得为从事上述活动提供任何便利。

商标代理组织可以接受委托人委托,指定商标代理人办理下列代理业务:(1) 代理商标注册申请、变更、续展、转让、异议、撤销、评审、侵权投诉等有关事项;(2) 提供商标法律咨询,担任商标法律顾问;(3) 代理其他有关商标事务。

商标代理人办理的商标注册申请书等文件,应当由商标代理人签字并加盖商标代理组织印章。

商标代理组织不得接受同一商标案件中双方当事人的委托。

9.7.6 商标代理管理

商标代理人应当遵守法律,恪守职业道德和执业纪律,依法开展商标代理业务,及时准确地为委托人提供良好的商标代理服务,认真维护委托人的合法权益。

商标代理人应当为委托人保守商业秘密,未经委托人同意,不得把未经公开的代理事项泄露给其他机构和个人。

在明知委托人的委托事宜出于恶意或者其行为违反国家法律或者具有欺诈性的情况下,商标代理人应当拒绝接受委托。

商标代理机构申请注册或者受让其代理服务以外的其他商标,商标局不予受理。

下列行为属于《商标法》(第六十八条第一款第二项)规定的以其他不正当手段扰乱商标代理市场秩序的行为:(1) 以欺诈、虚假宣传、引人误解或者商业贿赂等方式招徕业务的;(2) 隐瞒事实,提供虚假证据,或者威胁、诱导他人隐瞒事实,提供虚假证据的;(3) 在同一商标案件中接受有利益冲突的双方当事人委托的。

商标代理机构有《商标法》第六十八条规定的行为的,由行为人所在地或者违法行为发生地县级以上工商行政管理部门进行查处并将查处情况通报商标局。

商标局、商标评审委员会依照《商标法》第六十八条规定停止受理商标代理机构办理商标代理业务的,可以作出停止受理该商标代理机构商标代理业务6个月以上直至永久停止受理的决定。停止受理商标代理业务的期间届满,商标局、商标评审委员会应当恢复受理。

商标局、商标评审委员会作出停止受理或者恢复受理商标代理的决定应当在其网站予以公告。

案例讨论

"IPAD"商标权属纠纷案

【案件背景】

苹果公司 iPad 产品是一款在市场上广受欢迎的产品,获得该商标对其来讲意义重大。而该案纠纷发生时,深圳唯冠公司濒临破产,涉及债权人多达数百人,最大的财产估值集中在 iPad 商标上。对双方来讲,调解是其解决纠纷的最佳方式。法院从这一基础出发,最终促成双方调解。该案的成功调解彻底解决双方在美国、香港以及国内的一系列纷争,向国际社会展现了我国日益成熟的知识产权制度和司法保护状况,受到多家国内外媒体的正面评价。苹果与唯冠的 iPad 商标之争,在经历一年多的马拉松之后终于以苹果付出 6 000 万美元收购 iPad 商标而尘埃落定。或许类似商标争夺案还会继续上演,至少这给业界展示了一个态度。

【案情简介】

2000 年,唯冠集团旗下的子公司分别在多个国家、地区注册了 iPad 商标,其中包括唯冠科技(深圳)有限公司(简称深圳唯冠公司)在中国大陆注册的 iPad 商标。2009 年,苹果公司通过 IP 申请发展有限公司(简称 IP 公司)与唯冠集团旗下一家子公司——台湾唯冠公司达成协议,约定将 iPad 商标以 3.5 万英镑价格转让给苹果公司。原告苹果公司和 IP 公司认为:商标专用权的取得可以是原始取得、也可以是传来取得。基于上述事实,唯冠控股、唯冠电子股份有限公司和被告显然已同意转让所有商标(包括涉案商标)给原告 IP 公司。被告也同意将涉案商标列入书面协议和签署中国国家转让协议。原告 IP 公司已经完全支付了转让所有商标的对价。因此,被告应当履行将涉案商标转让给原告 IP 公司的义务。原告 IP 公司将依协议取得的所有商标的全部权益转让给原告苹果公司。因此,原告苹果公司去的涉案商标专用权符合法律规定。2010 年 4 月 19 日,苹果公司、IP 公司向深圳市中级人民法院起诉深圳唯冠公司,主张根据 IP 公司与台湾唯冠公司签订的《商标转让协议书》及相关证据,请求判令深圳唯冠公司 2001 年获准在计算机等商品上注册的"IPAD"商标和"iPAD"商标专用权归其所有及判令深圳唯冠公司赔偿其损失 400 万元。

被告深圳唯冠公司答辩认为,唯冠电子股份有限公司转让涉案商标属于无权处分,原告所主张的商标转让合同等与其无关,原告主张的表见代理不能成立。

案件的焦点在于争议的合同对被告有无约束力,表见代理能否成立。深圳市中级人民法院认为,上述协议在台湾签订,合同签订人系唯冠电子股份有限公司的法定代表人杨某授权唯冠电子股份有限公司的法务部负责人麦世宏与 IP 申请发展有限公司的代表人 Handn Wood。即唯冠电子股份有限公司与 IP 申请发展有限公司之间签订的协议,该协议的标的虽列明了第 1590557 号、第 1682310 号两个涉案商标,但不必然对被告具有约束力。原告如果想购买被告的商标,应当按照中华人民共和国的相关法律规定,与被告签订转让合同,并办理商标转让手续。涉案商标是被告公司的财产,处分该商标也应当符合公司法的规定,杨

---

① 本案例改编自《广东省深圳市中级人民法院民事判决书(2010)深中法民三初字第 208、233 号》《广东省高级人民法院民事调解书(2012)粤高法民三终字第 8,9 号》。该案居最高人民法院评选的"2012 年中国法院知识产权司法保护十大案件"之首。

某虽是被告的法定代表人,但也无权随意处分公司的财产,况且杨某是以唯冠电子股份有限公司的法定代表人身份出现,授权书的内容及签名均是唯冠电子股份有限公司,与被告没有关联性。

有无追认问题。商标转让协议不是被告签订,而协议涉及被告的注册商标,那么被告在协议签订后有无追认,如果追认也可以认定对被告具有约束力。对此,首先原告未能提交证据予以证明;其次被告至今也未确认该涉案的商标转让合同;再次被告不配合原告办理转让手续,拒绝为原告在相关转让文书上盖章等,更能够证明被告事后没有追认。

表见代理能否成立的问题。原告主张唯冠电子股份有限公司代表被告签约表见代理成立的理由:(1)杨某是被告、唯冠电子股份有限公司以及多家子公司任法定代表人。(2)被告谈判负责人与获授权签约代表均为麦世宏。(3)2008年9月10日《南方都市报》刊登的《换全球商标?美国EMC左右为难》报道中称麦世宏系被告法务部负责人。(4)谈判协议内容与书面合同内容完全相同。(5)被告在谈判中承诺参加商标集体转让交易。

深圳市中级人民法院认为,我国《合同法》第四十九条规定:"行为人没有代理权、超越代理权或者代理权终止后以被代理人名义订立合同,相对人有理由相信行为人有代理权的,该代理行为有效。"因此,表见代理是合同没有相对人或者相对当事人不明确,一方当事人以为代理人有权处分合同标的物,与该代理人之间签订的合同。而本案涉及的商标转让合同不是被告与原告订立,而是唯冠电子股份有限公司与原告IP公司订立,该合同有明确的相对人。被告也没有任何书面的委托或者授权唯冠电子股份有限公司以及麦世宏与原告IP公司进行谈判或者订立合同转让商标,原告IP公司没有理由相信麦世宏对被告有代理权。关于原告主张杨某同为被告和唯冠电子股份有限公司法定代表人,这并不代表杨某在授权给麦世宏时履行被告法定代表人的职责。事实上是杨某出具的授权书在台湾签署,授权书的名称及内容均明确宣示为唯冠电子股份有限公司授权,盖章也是唯冠电子股份有限公司,故授权书无可争议的是唯冠电子股份有限公司及其法定代表人杨某授权唯冠电子股份有限公司的法务部负责人麦世宏。

最终,深圳市中级人民法院认为,原告要商业获取他人的商标,应当负有更高的注意义务,应当按照我国的法律规定,与商标权利人订立商标转让合同,并办理必要的商标转让手续。而本案商标转让合同系原告IP公司与唯冠电子股份有限公司签订,且与被告之间的表见代理亦不成立。故,原告的诉讼请求缺乏事实和法律依据,判决予以驳回。

原告不服向广东高院提起上诉。庭审后,承办案件的合议庭经过认真严谨的分析合议认为,为使纠纷双方利益最大化,调解是最佳选择。据了解,深圳唯冠公司目前已负债累累,其债权人达到数百人,其最大的财产估值主要集中在iPAD商标的价值上。诉讼前,涉案的iPAD商标已被数个银行申请轮候查封。一旦该商标价值发生贬损的话,将会导致债权人更大损失。为此,广东高院法官充分听取苹果公司、唯冠公司的代表意见,并创造条件让双方充分交换意见,最大限度地满足双方当事人的合理诉求。因均有调解意愿,双方确认以6 000万美元一揽子解决有关iPAD商标权属纠纷,并签署了调解协议。

【案例思考】
1. 结合本案,谈谈什么是"适格的原告"和"明确的被告"。
2. 什么是"孤证"?法院能否依据"孤证"判案?
3. 什么是表见代理?
4. 结合本案,谈谈商标转让过程中需要防范哪些法律风险。
5. 就本案来看,你站在哪方立场?理由是什么?

第10章　商标权

> ◎ **导读**：
> 　　商标权的主要作用在于维护产业活动秩序。商标权具有独占性、时效性、地域性、财产性、类别性等特征，主要有注册商标的专有使用权、禁止权、转让权等内容。本章主要讲述商标权的概念、内容、期限、终止；商标的使用方法、使用范围和不当使用；商标使用许可，商标使用许可合同，商标转让等问题，重点在于商标权的内容表现、使用范围和使用许可，难点在于全面把握商标权的基本属性，正确理解和选择商标许可的类型，以及掌握商标许可合同的设计和签订。
>
> ◎ **重点**：
> 1. 如何理解商标权的地域性？
> 2. 商标权终止原因有哪些？
> 3. 商标使用的不当情形专利的种类有哪些？
> 4. 商标使用许可方式有哪些？
> 5. 如何防范商标许可合同风险？

"张小泉"案[①]

【案件背景】

"张小泉"商标纠纷案发生了很多起，本部分仅摘取其中一例，这已是上海张小泉刀剪总店被第三次喊停生产销售标有"张小泉"字样的商品。"张小泉"是形成于清康熙二年（1663年）的著名老字号品牌，杭州张小泉集团是中国驰名商标——"张小泉"的唯一拥有者，也是"张小泉"牌刀剪产品的唯一合法生产厂家，而上海张小泉刀剪总店将"张小泉"三字作为企业名称的一部分使用。杭州张小泉剪刀厂于1991年2月经注册取得"张小泉"文字商标，上海刀剪总店成立于1956年1月。杭州张小泉认为上海张小泉在商品上突出使用了"张小泉"字样涉嫌商标侵权，将其告上法庭。上海市高级人民法院于2004年7月19日作出生效判决，认为上海刀剪总店突出使用"张小泉""上海张小泉"文字的行为，是在长期的历史过程中形成的，该行为不构成商标侵权和不正当竞争，但要求上海刀剪总店今后应在商品和服务上规范使用其经核准登记的企业名称。此后，杭州张小泉发现上海方面未按判决做，仍然存

[①] 本案例改编自《上海市高级人民法院民事判决书（2007）沪高民三（知）终字第36号》、《上海市第二中级人民法院民事判决书（2005）沪二中民五（知）初字第164号》，被列入杭州市2005年度十大知识产权侵权案例。

在产品以及包装、标牌上直接使用"上海张小泉"字样标识的行为。2004年12月,杭州张小泉向杭州市中院提起诉讼。上海张小泉对此提出管辖权异议,遭驳回后向浙江省高院提起上诉,又被驳回。

【案情简介】

上海张小泉成立于1956年1月6日,开业之初名称是上海张小泉刀剪商店,1982年、1988年、1993年先后变更为张小泉刀剪商店、张小泉刀剪总店、上海张小泉刀剪总店。2006年3月24日,原告因企业改制更名为上海张小泉刀剪总店有限公司。1987年1月30日,原告经核准注册了"泉字牌"图形商标。1993年10月,国内贸易部授予原告为中华老字号。

杭州张小泉前身为杭州张小泉剪刀厂。1964年8月1日,杭州张小泉剪刀厂经注册取得张小泉文字与剪刀图形组合的"张小泉牌"商标,核定使用商品为日用剪刀,注册号为46474。1981年5月1日,"张小泉牌"商标又经国家工商行政管理总局注册,核定使用商品第20类剪刀,注册号为129501。1993和2003年连续获得续展,有效期至2013年2月28日。1991年2月28日,杭州张小泉剪刀厂经注册获得"张小泉"商标,核定使用商品第8类(包括剪刀和日用刀具等),注册号为544568。2001年续展注册,有效期至2011年2月27日。1997年5月7日,上述两商标均转为国际分类,核定使用商品第8类(包括刀剪等),有效期自1997年5月7日至2007年5月6日止。1997年4月9日,"张小泉牌"商标被国家工商行政管理局商标局(以下简称国家商标局)认定为驰名商标。2000年12月27日,杭州张小泉剪刀厂因企业改制更名为杭州张小泉有限公司。2001年5月14日、8月14日,"张小泉牌"及"张小泉"注册商标先后经核准转让给杭州张小泉。

上海市第二中级人民法院(1999)沪二中知初字第13号生效判决书认定:"根据杭州市档案馆及浙江文史资料选辑记载,'张小泉'具有三百多年的历史,起初由张思泉带着儿子小泉开设'张大隆'剪刀店,1628年张小泉又率子近高来到杭州,在杭州大井巷继续营业,招牌仍用'张大隆',后因冒名者多,于1663年改名为'张小泉'刀剪店。小泉去世后,儿子近高继承父业,并在张小泉后面加上近记,以便识别。1910年,张祖盈承业。1949年,张祖盈因亏损宣告停产,并将张小泉近记全部店基生财与牌号盘给许子耕。杭州解放后,张小泉近记剪刀复生。1953年,人民政府将当时所有的剪刀作坊并成五个张小泉制剪合作社。"

原告上海张小泉主张被告杭州张小泉在其刀剪产品外包装上标注"创立于1663"和"since 1663"的行为构成虚假宣传。上海市第二中级人民法院认为,虽然被告杭州张小泉与"张小泉"的创始人没有嫡传关系,但被告杭州张小泉的前身杭州张小泉剪刀厂先后于1964年8月1日、1991年2月28日经注册取得"张小泉牌"商标和"张小泉"商标,被告杭州张小泉是上述商标的商标权人,其在刀剪产品外包装上标注"张小泉"商标的同时,标注"创立于1663"或"since 1663",主观上是为了表明"张小泉"品牌创立于1663年的历史事实,不构成虚假宣传。

原告上海张小泉主张,被告杭州张小泉集团的"张小泉牌"商标虽于1997年被国家商标局认定为驰名商标,但被告杭州张小泉未按照《驰名商标认定和管理暂行规定》,在驰名商标认定时间超过三年时重新提出认定申请,故被告杭州张小泉在其刀剪产品外包装上标注"中国驰名商标"亦构成虚假宣传。上海市第二中级人民法院认为,1996年8月14日国家工商行政管理局颁布的《驰名商标认定和管理暂行规定》明确,对于驰名商标认定时间未超过三年的,不需要重新提出认定申请。2003年4月17日国家工商行政管理总局颁布了《驰名商标认定和保护规定》。该规定于同年6月1日起施行,原《驰名商标认定和管理暂行规定》同时废止。现行的《驰名商标认定和保护规定》中没有关于经国家商标局认定的驰名商标需在一定期限后重新提出认定申请的相关规定。鉴于被告杭州张小泉的"张小泉牌"商标曾在1997年被国家商标局认定为驰名商标,因此,被告杭州张小泉在其刀剪产品外包装上标注"中国驰名商标",不构成虚假宣传。

鉴于被告杭州张小泉在其刀剪产品外包装上标注"创立于1663""since 1663"和"中国驰名商标",不构成不正当竞争,故对于原告上海张小泉要求被告麦德龙公司停止销售被告杭州张小泉生产的上述产品的诉讼请求,上海市第二中级人民法院亦不予支持。同时,上海市第二中级人民法院指出,原告上海张小泉和被告杭州张小泉均系经营刀剪等同类商品的企业,且均与"张小泉"的创始人没有嫡传关系。双方因"张小泉"品牌的知识产权问题已经发生了多次诉讼,因此,双方在经营活动中均应依法规范使用各自与"张小泉"品牌有关的知识产权。本案中,被告杭州张小泉在刀剪产品的外包装上将其"张小泉"商标与"创立于1663"或"since 1663"字样结合使用和宣传的行为,显属不妥。为了正确区分被告杭州张小泉的"张小泉"商标与"张小泉"品牌的历史,避免相关公众的误认和混淆,今后被告杭州张小泉在经营活动中应当依法规范使用"张小泉"商标和"张小泉"品牌。最终,法院驳回了上海张小泉的诉讼请求。

判决后,原告上海张小泉不服,向上海市高级人民法院提起上诉,其主要上诉理由为:(1)原判关于杭州张小泉在其刀剪产品外包装上标注"创立于1663"文字的行为不构成虚假宣传系事实认定错误。上诉人、杭州张小泉与"张小泉"品牌的创始人均没有嫡传关系。杭州张小泉无论是企业、注册商标或是生产历史,均没有300多年历史。(2)原判关于杭州张小泉在其刀剪产品外包装上标注"中国驰名商标"文字的行为不构成虚假宣传系事实认定错误,且适用法律错误。在2003年6月1日《驰名商标认定和保护规定》施行前,驰名商标的管理应以《驰名商标认定和管理暂行规定》为法律依据。在2000年"张小泉牌"商标被认定为驰名商标三年后,根据《驰名商标认定和管理暂行规定》第四条第三款的规定,杭州张小泉应重新提出认定驰名商标的申请。由于杭州张小泉未提出申请,故该商标已不属于驰名商标,不能再适用《驰名商标认定和保护规定》。(3)原判要求杭州张小泉在经营活动中依法规范使用"张小泉"商标和品牌的判决内容含义不明确,难以实行。

被上诉人杭州张小泉答辩认为,(1)杭州张小泉的"张小泉牌"刀剪品牌与创立于1663年的张小泉刀剪之间存在密切的传承及渊源关系,因此杭州张小泉在刀剪产品包装上作系争标注,用以表明其刀剪品牌的渊源,不存在虚假捏造的事实。中华人民共和国成立后,所有企业的历史都从登记起算,不可能成立于1663年,因此消费者对杭州张小泉在产品包装上的标注,只会理解为该品牌的源头和历史,不会形成"杭州张小泉成立于1663年"的误解。(2)《驰名商标认定和管理暂行规定》已经被《驰名商标认定和保护规定》取代,后者中没有关于驰名商标超过三年必须重新进行认定的规定。前者也只是针对当事人要求工商局保护时,工商局可以要求重新认定。实践中,国家工商局没有重新认定过一件驰名商标。杭州张小泉的商标广为人知,在2004年上海法院的判决中均认定"张小泉牌"商标为驰名商标,因此宣传驰名商标并不虚假。(3)原判指出杭州张小泉行为不妥,是提醒其日后要更严谨、规范地使用权利。

最终上海市高级人民法院判决驳回上诉,维持原判。

【案例思考】
1. 结合本案,谈谈什么是虚假宣传。
2. 驰名商标的认定原则和认定途径是什么?
3. 结合本案,谈谈驰名商标的保护范围。

10.1 商标权概述

商标是产业活动中的一种识别标志。如果说,专利权的主要作用在于促进产业发展;那么,可以说商标权的主要作用在于维护产业活动秩序。

10.1.1 商标权的概念

商标权是商标专用权的简称,是指商标主管机关依法授予商标所有人对其注册商标受国家法律保护的专有权。商标注册人拥有依法支配其注册商标并禁止他人侵害的权利,包括商标注册人对其注册商标的排他使用权、收益权、处分权、续展权和禁止他人侵害的权利。

10.1.2 商标权的特征

商标权具有以下特征:

1. 独占性

商标权的独占性又称专有性或垄断性,是指商标注册人对其注册商标享有独占使用权。赋予注册商标所有人独占使用权的基本目的,是为了通过注册建立特定商标与特定商品的固定联系,从而保证消费者能够避免混淆并能接受到准确无误的商品来源信息。换言之,在商业中未经许可的所有使用,都将构成对商标专用权的侵害。这种专用权表现为三个方面:

(1) 商标注册人有权依据《商标法》的相关规定,将其注册商标使用在其核准使用的商品、商品包装上或者服务、服务设施上,任何他人不得干涉;

(2) 商标注册人有权禁止任何其他人未经其许可擅自在同一种或类似商品上使用与其注册商标相同或者近似的商标;

(3) 商标注册人有权许可他人使用自己的注册商标,也可以将自己的注册商标转让给他人,这种许可或转让要符合法律规定并履行一定的法律手续。

2. 时效性

商标权的时效性,是指商标专用权的有效期限。在有效期限之内,商标专用权受法律保护,超过有效期限不进行续展手续,就不再受到法律的保护。各国的商标法,一般都规定了对商标专用权的保护期限,有的国家规定的长些,有的国家规定的短些,多则二十年,少则七年,大多数是十年。我国商标法规定的商标专用权的有效期为十年。

3. 地域性

商标法的地域性,是指商标专用权的保护受地域范围的限制。注册商标专用权仅在商标注册国享受法律保护,非注册国没有保护的义务。在我国注册的商标要在其他国家获得商标专用权并受到法律保护,就必须分别在这些国家进行注册,或者通过《马德里协定》等国际知识产权条约在协定的成员国申请领土延伸。

4. 财产性

商标权是一种无形资产权,具有经济价值。商标权的客体是智力成果,其凝聚了权利人的心血和劳动。智力成果不同于有形的物质财富,它虽然需要借助一定的载体表现,但载体本身并无太大的经济价值,体现巨大经济价值的只能是载体所蕴含的智力成果。"可口可乐""苹果""华为"等商标本身具有极高的经济价值,可以作为无形资产成为企业出资额的一部分。

5. 类别性

商标权的类别性,是指国家工商行政管理总局商标局依照商标注册申请人提交的《商标注册申请书》中核定的类别和商品(服务)项目名称进行审查和核准。注册商标的保护范围仅限于所核准的类别和项目,以世界知识产权组织提供的《商标注册商品和服务国际分类》为基础,国家商标局制定的《类似商品和服务区分表》将商品和服务总共分为45个类别,在相同或近似的类别及商品(服务)项目中只允许一个商标权利人拥有相同或近似的商标,在不相同和近似的类别中允许不同权利人享有相同或近似的商标。

10.1.3 商标权的取得方式

在我国,商标权的获得必须履行商标注册程序,而且实行申请在先原则。从取得方式角度而言,商标权取得的方式分为原始取得和继受取得两种。

商标权的原始取得,也称为商标权的直接取得,是指商标权由创设而来,其产生并非基于他人既存之商标权,也不以他的意志为根据。商标权的继受取得,也称为商标权的传来取得,是指以他人既存的商标权及他人意志为基础而取得商标权。根据我国《商标法》第三条的规定,商标权的原始取得,应按照商标注册程序办理。商标注册人对注册商标享有的专用权,受法律保护。

商标权的继受取得主要包括商标权的转让和继承。继受取得应按合同转让和继承注册商标的程序办理。

根据我国《商标法》的规定,商标可以转让,转让注册商标时转让人和受让人应当签订转让协议,并共同向商标局提出申请。在转让商标权时,应当按照《企业商标管理若干规定》的要求,委托商标评估机构进行商标评估,依照该评估价值处理债务抵偿事宜,而且,要及时向商标局申请办理商标转让手续。

商标权因商标权的主体不同,而能否继承则不同。个体工商业者申请注册的商标权,是一项财产权利。在商标有效期内,商标注册人死亡的,其继承人应及时申报商标局,更改商标注册登记,变更注册人名称,成为新的注册人,即继承了商标权。同样享有转让商标专用权,通过商标许可合同许可他人使用并收取使用费的权利。在注册商标专用权受到侵犯时,同样可以请求侵权人停止侵害,赔偿损失。继承人在商标的有效期内继承商标专用权,若注册期满,继承人可以申请续展从而继续享有专用权。若继承人未申请续展的,则丧失注册商标专用权。企业、事业单位享有的注册商标专用权,因为不能作为某一个人的个人财产,故不能作为个人遗产被继承,而只能转让。

【思考】注册商标专用权为什么能继承?

根据现行《商标法实施条例》第47条第1款规定,商标注册人死亡或者终止,自死亡或者终止之日起1年期满,该注册商标没有办理移转手续的,任何人可以向商标局申请注销该注册商标。这一规定实际上承认了注册商标专用权的继承问题,即是说,作为自然人的商标注册人死亡,在法定期限内应由合法权利人办理注册商标移转手续,注册商标专用权将因此移转给新权利人,新权利人即继承了商标注册人生前所有的注册商标专用权。

注册商标专用权作为一种可以带来财富的知识产权,从根本上属于民事权利的一种。按照继承法的一般原理,凡属于公民死亡时遗留下来的个人合法财产,均属于财产继承的范畴。财产继承法不仅适用于有形财产的继承,也适用于无形财产的继承。公民所享有的注册商标专用权在该公民死亡后,也应当适用财产继承。

在商标转移时,继承人需要向商标局申请办理相关手续。即继承人向商标局提出申请,填写并寄送《注册商标移转申请书》和有关继承的证明文件。《商标法实施条例》第26条规定:"注册商标专用权因转让以外的其他事由发生移转的,接受该注册商标专用权移转的当事人,应当凭有关证明文件或者法律文书到商标局办理注册商标专用权移转手续。"当事人继承他人注册商标专用权的证明文件一般包括:原注册商标权利人的死亡证明;继承人的身份证明及其与原权利人的法定继承关系证明;原权利人留有遗嘱的,提交遗嘱文本;继承人之间达成遗产分割协议的,提交协议文本;遗产分割经公证机关公证的,提交公证文书;因注册商标专用权继承发生争议而诉讼的,提交人民法院的判决文书。

注册商标专用权的继承人可以委托国家工商行政管理总局认可的商标代理组织办理注册商标专用权的继承移转手续,也可以本人直接向国家商标局申请办理。

经商标局核准后,发给《注册商标移转证明》,并予以公告。继承人继承原权利人的注册商标专用权后有义务保证使用该注册商标的商品/服务质量。

注册商标专用权属于知识产权的一种,不能分割转移。因此,当继承人为两人或两人以上时,除继承人共有外,不能像有形财产中的实物、货币、股票一样分割继承。根据2001年修正后的《商标法》关于注册商标专用权共有的规定,多个继承人可以适用商标共有的规定。如果多个继承人不能协商一致共有商标的话,注册商标专用权可以由其中的某一继承人享有,在对该注册商标专用权评估作价后以货币或者其他方式补偿其他继承人。

如果被继承人的商标专用权在他死后无人继承,又无人受领遗赠的,应当如何处理呢?根据《商标法实施条例》第47条规定,商标注册人死亡或者终止,该注册商标在法律规定时间内没有办理移转手续的,任何人都可以向商标局申请注销该注册商标。

10.1.4 商标权的内容

商标权人的权利主要有注册商标的专有使用权、禁止权、转让权等内容。

10.1.4.1 专有使用权

专有使用权是商标权最重要的内容,是商标权中最基本的核心权利。它的法律特征为,商标权人可在核定的商品上独占性地使用核准的商标,并通过使用获得其他合法权益。

专有使用权具有相对性,只能在法律规定的范围内使用。我国《商标法》第五十六条规定:"注册商标的专用权,以核准注册的商标和核定使用的商品为限。"即注册商标只能在注册时所核定的商品或者服务项目上使用,而不及于类似的商品或者服务项目;商标权人也不得擅自改变构成注册商标的标志,也不能使用与注册商标近似的商标。

10.1.4.2 禁止权

禁止权是指注册商标所有人有权禁止他人未经其许可,在同一种或者类似商品或服务项目上使用与其注册商标相同或近似的商标。商标权具有与财产所有权相同的属性,即不受他人干涉的排他性,其具体表现为禁止他人非法使用、印制注册商标及其他侵权行为。由此可见,专有使用权和禁止权是商标权的两个方面。

使用权和禁止权的区别在于两者之间有着不同的效力范围。使用权涉及的是注册人使用注册商标的问题,禁止权涉及的是对抗他人未经其许可擅自使用注册商标的问题。根据我国《商标法》的规定,注册人的专有使用权以核准的注册商标和核定使用的商品为限。质言之,注册人行使使用权时受到两方面限制:第一,只限于商标主管机关核定使用的商品,而不能用于其他类似的商品;第二,只限于商标主管机关核准注册的文字、图形,而不能超出核准范围使用近似的文字、图形。但是,禁止权的效力范围则不同,注册人对他人未经许可在同一种商品或类似商品上使用与其注册商标相同或近似的商标,均享有禁止权。换言之,禁止权的效力涉及以下四种情形:第一,在同一种商品上使用相同的商标;第二,在同一种商品上使用近似商标;第三,在类似商品上使用相同商标;第四,在类似商品上使用近似商标。

10.1.4.3 许可权

许可权是指注册商标所有人通过签订许可使用合同,许可他人使用其注册商标的权利。许可使用是商标权人行使其权利的一种方式。许可人是注册商标所有人,被许可人根据合同约定,支付商标使用费后在合同约定的范围和时间内有权使用该注册商标。

10.1.4.4 转让权

商标转让,是注册商标所有人按照一定的条件,依法将其商标权转让给他人所有的行为。转让商标权是商标所有人行使其权利的一种方式,商标权转让后,受让人取得注册商标所有权,原来的商标权人丧失商标专用权,即商标权从一主体转移到另一主体。转让注册商标,应由双方当事人签订合同,并应共同向商标局提出申请,经商标局核准公告后方为有效。

10.1.5 商标权的期限

根据我国《商标法》第三十九条、第四十条的规定,商标权有效期10年,自核准注册之日起计算,期满前12个月内申请续展,在此期间内未能申请的,可再给予6个月的宽展期。续展可无限重复进行,每次续展注册的有效期为10年。自该商标上一届有效期满次日起计算。期满未办理续展手续的,注销其注册商标。

10.1.6 商标权的终止

商标权可因以下几种情形而终止:

(1) 因注册商标法定有效期限届满又未办理续展注册,导致注册商标注销,商标权因而终止。

(2) 因商标注册人自动申请注销注册而导致商标权终止。

(3) 因注册商标争议被商标评审委员会裁定撤销注册商标,而导致商标权终止。

(4) 因商标注册人死亡或者终止而导致商标权终止。

(5) 因商标注册不当,被商标局撤销注册或者经商标评审委员会裁定撤销注册,而导致商标权终止。

(6) 因商标注册人违反商标法规定被商标局撤销其注册商标,导致商标权终止。

10.2 商标的使用

10.2.1 商标的使用方法

商标使用方法包括但不限于以下几种：

(1) 在原材料的提供、产品的加工、拣选等制作产品的商品初级阶段使用商标；

(2) 在商品的再包装（修饰性）、仓储、运输、销售等实现产品转化为商品的成型阶段使用商标；

(3) 在商业经营中直接在商品上或者商品包装物上标注或者贴附商标；

(4) 在商业经营中为销售商品而开展的必要的、辅助性交易活动所使用的物品，比如合同、账簿、商品交易文书等中使用商标；

(5) 为推销商品，比如商品广告宣传、商品展示，而使用商标；

(6) 通过商标使用许可等方式，授权他人使用，即他人被授权使用注册人的商标；

(7) 为树立商标形象、树立与商标关系密切的企业形象所做的非营利性行为，比如以商标命名的社会公益性活动，比如知识竞赛、文艺演出、体育比赛等，而使用商标。

10.2.2 商标的使用范围

商标使用只能在特定的范围内，即只能在核定使用的商品上使用核准注册的商标，不能任意更改注册商标，也不能把核准注册的商标用于未经核准的商品上。超出这一范围，不享有专用权。使用权的范围受到法律的限制，是其显著特征。在上述特定使用范围内，权利人对注册商标的使用是一种专有使用、独占使用。使用主体仅限于注册人、被许可人、受让人等，排除他人使用。

10.2.3 商标使用的不当情形

商标使用不当是指商标注册人在使用注册商标的过程中，违反了商标法中有关义务性规定的情形。商标使用不当主要包括以下几种情形：

(1) 自行改变注册商标的；

(2) 自行改变注册商标的注册人名义、地址或者其他注册事项的；

(3) 自行转让注册商标的；

(4) 连续三年停止使用的；

(5) 使用注册商标，其商品粗制滥造，以次充好，欺骗消费者的。

使用注册商标，有以上前四种情形之一的，由商标局责令改正或者撤销其注册商标。

出现第五种情况，由各级工商行政管理部门分别不同情况，责令限期改正，并可以予以通报或者处以罚款，或者由商标局撤销其注册商标。

10.3 商标使用许可

根据我国《商标法》第四十三条的规定，商标注册人可以通过签订商标使用许可合同，许可他人使用其注册商标。但是，许可人应当监督被许可人使用其注册商标的商品质量，被许可人应当保证使用该注册商标的商品质量。经许可使用他人注册商标的，必须在使用该注册商标的商品上标明被许可人的名称和商品产地。许可他人使用其注册商标的,许可人应当将其商标使用许可报商标局备案,由商标局公告。商标使用许可未经备案不得对抗善意第三人。

10.3.1　商标使用许可的概念

商标使用许可又称商标授权,是指商标注册人通过法定程序允许他人使用其注册商标的行为。商标权人或其授权的人为许可人,被许可使用商标的一方成为被许可人。许可他人使用注册商标,是商标注册人的一项重要权利内容。

商标的使用许可同商标的转让不同,商标的转让将发生注册人的变更,相应的注册商标权利由一个主体转移到另一个主体。商标的使用许可并不发生商标主体的变更,注册人所出让的仅仅是商标的使用权,商标专用权仍由许可人自己拥有。从这个角度上讲,商标的使用许可类似于有形物的出租。许可使用后,许可人并不丧失商标权,被许可人只取得使用权。

商标授权要通过签订商标使用授权合同进行,这种确立商标使用关系的协议通常称为商标使用许可合同或商标使用许可证,由于合同的签订常常是有偿的,故商标使用许可亦属于国际上流行的许可证贸易的一种。

根据商标使用许可,商标注册人可以取得商标使用费,被许可人则取得按照约定使用该注册商标的权利。许可他人使用注册商标的,许可人应当监督被许可人使用其注册商商品质量,被许可人应当保证使用该注册商标的商品质量。

【思考】商标授权需要注意哪些事项?

在进行商标授权生产时要注意以下材料的查收:

(1) 要营业执照复印件并加盖印章。

(2) 商标的法律状态查询结果(商标注册证书、图案、是否处于有效期、所有权人是谁等)。

(3) 商标使用许可的授权书。

(4) 保证书。保证该品牌的商标所有权属于授权人,没有权利上的任何瑕疵,如果因为商标许可使用所发生的纠纷而产生的一切经济损失包括但不限于诉讼费、经营损失及维护权利的合理开支等都由授权人承担。

10.3.2　商标使用许可的方式

根据《商标法》的规定,商标注册人可以通过签订商标使用许可合同,许可他人使用其注册商标。商标许可使用的方式,是指注册商标权人通过签订许可使用合同,规定许可使用人以何种方式使用商标。《最高人民法院关于审理商标民事纠纷案件适用法律若干问题的解释》规定商标许可使用的方式包括以下三种:

1. 普通许可

商标的普通许可,是指商标权人在约定的期间、地域和以约定的方式,许可他人使用其注册商标,同时许可人保留自己使用该注册商标和再授予第三人使用该注册商标的权利。

商标的普通许可属于"薄利多销"的许可形式。这种许可方式多适用于被许可人生产能力有限或者产品市场需求量较大的条件下,许可人可以多选择几个被许可人,而每个许可证的售价相对较低,因而是一种"薄利多销"的方式。对被许可人来说其获得的商标使用权是非排他性的,因此如果合同涉及的注册商标被第三人擅自使用,被许可人一般不得以自己的名义对侵权者起诉,而只能将有关情况告知许可人,由许可人对侵权行为采取必要措施。

2. 排他许可

排他许可,是指商标权人在约定的期间、地域和以约定的方式,将该注册商标仅许可一个被许可人使用,商标注册人依约定可以使用该注册商标但不得另行许可他人使用该注册商标。即许可人不得把同一许可再给予任何第三人,但许可人保留自己使用同一注册商标的权利。排他许可仅仅是排除第三方在该地域内使用该商标。

3. 独占许可

商标的独占许可,是指商标权人在约定的期间、地域和以约定的方式,将该注册商标仅许可一个被许可人使用,被许可人对授权使用的注册商标享有独占使用权,商标注册人依约定不得使用该注册商标。

许可人不得再将同一商标许可给第三人,许可人自己也不得在该地域内使用该商标。独占许可的使用费比其他许可证要高得多,所以只有当被许可人从产品竞争的市场效果考虑,认为自己确有必要在一定区域内独占使用该商标才会要求得到这种许可。

独占许可可对抗商标所有人的独家使用。被许可人的法律地位相当于"准商标权人",当在规定地域内发现商标侵权行为时,被许可人可以"利害关系人"身份直接起诉侵权者。

【讨论】各种商标许可方式的优劣。

10.3.3 商标使用许可的条件

商标使用许可要满足以下三个条件:

一是被许可使用的商标是注册商标。商标依法注册是依法取得商标专用权的合法途径,因此,只有注册商标才存在被许可使用的法律必要。而未注册商标没有商标专用权,不受商标法律保护,不需建立商标的使用许可关系,任何人均可以善意使用而不承担法律意义的商标侵权责任(未注册的驰名商标除外)。

二是商标许可人依法享有商标专用权。《商标法》规定,商标注册人才可以作为许可人许可他人使用其注册商标,其他人不能假借注册人名义或者受注册人委托,充当商标法律意义上的许可人。

三是商标使用许可合同的标的是商标专用权,该商标专用权范围仅以被核准注册的商标在核定的商品上使用,超出核定使用商品上的范围,其标的不受法律保护,已签订的商标使用许可合同无效。

【思考】注册商标使用许可应注意什么?

首先,当事人之间应签订商标使用许可合同,该合同既可以是专门为商标使用许可而订立的,也可以是技术引进合同或专利许可合同的一部分。双方应当约定使用商标的期限、使用方式、使用费的计算及结算方式、使用该商标的商品质量控制等内容。

其次,许可人与被许可人应当在合同签订之日起3个月内,将合同副本各自交送其所在地县级工商行政管理机关存查;许可人与被许可人应当共同填写《商标使用许可合同备案表》,由许可人将该表连同合同副本以及该商标的注册证复印件一并送交商标局备案。商标局在备案的同时对其使用许可予以公告。需要指出的是,商标使用许可合同的备案是当事人的义务,必须予以履行。否则,工商行政管理机关将处以罚款,直至撤销该商标的注册。

再次,许可人与被许可人应共同保证使用人的商品质量,被许可人还应在其使用该商标的商品上标明被许可人的名称和商品产地。这是《商标法》第四十三条为商标使用许可的当事人明确规定的义务。

10.3.4　商标使用许可的费用

注册商标使用许可费的确定是商标使用许可合同的重要内容之一,也是引发商标使用许可双方当事人争议的重要因素之一。注册商标使用许可费原则上由双方协商确定。

10.3.4.1　商标使用许可费的确定因素

关于如何确定注册商标使用许可费,影响许可费的主要因素有以下几方面:
(1) 商标的知名度;
(2) 商标的许可使用方式;
(3) 商标许可的时间、地域、商品范围;
(4) 行业利润、前景。

10.3.4.2　商标使用许可费的计算方法

关于商标使用许可费的计算方法,常见的有以下几种:
(1) 根据产品售价的百分比计算,通常为1‰~5‰;
(2) 根据产品利润率计算;
(3) 根据双方协商确定的一定数额计算。

10.3.4.3　商标使用许可费的支付方式

商标许可费的支付方式有以下几种:一次性支付或分期支付。付费的标准可以一次协商一个总数,也可以按照产品的产量或利润提成。一次全部支付许可费的方式对许可人非常不利,除非被许可人实力雄厚。另外一次性支付风险过大,一旦商标不能带来利润将血本无归。相对来说提成的方式比较可取,一方面不会占用太多资金,另外也便于根据商标的实施情况随机应变。

10.3.5　商标许可人的权利义务

一般地讲,商标使用许可人和被许可人是订立商标使用许可合同的双方当事人,他们的权利义务关系是他们之间依法自行设立的,规定在商标使用许可合同的内容之中。在实践中,商标许可人的主要权利和义务是:

许可人依合同的约定享有收取商标许可费的权利;有监督被许可人按照合同约定使用被许可商标的权利;以及在被许可人严重违反合同的情况下收回商标使用权并追究其相应法律责任的权利。与此同时,许可人有适时提供真实合法的被许可商标的义务;有保证被许可人不受任何商标侵权控告及保护商标专用权的义务;对于独占许可的,许可人自己应当停止使用并且不再许可他人使用;对排他许可的,许可人不得将被许可商标再许可给他人使用。

10.3.6 商标被许可人的权利义务

被许可人有权在合同约定的时间、地域范围内使用约定的注册商标;对于独占许可的,监督许可人以及其他人不再使用被许可商标;对于排他许可的,监督许可人不再将被许可商标许可他人使用。被许可人有缴纳商标许可使用费的义务,有不超越合同约定的范围和限制使用被许可商标的义务,发现商标的侵权行为,被许可人应当及时通知并协助许可人查处商标侵权。

另外,根据《商标法》第四十三条规定:商标注册人可以通过签订商标使用许可合同,许可他人使用其注册商标。许可人应当监督被许可人使用其注册商标的商品质量。被许可人应当保证使用该注册商标的商品质量。经许可使用他人注册商标的,必须在使用该注册商标的商品上标明被许可人的名称和商品产地。商标使用许可合同应当报商标局备案。

10.4 商标许可合同

10.4.1 商标使用许可合同的概念

商标注册商标的使用许可是一种租借使用注册商标的契约形式,是通过合同来实现的。商标使用许可合同,是指商标权人可以将其注册商标许可给他人使用,被许可使用人应该根据合同约定权限而签订合同,一般被许可使用人需要向指商标权人支付使用费。

我国《商标法》第四十三条规定:"商标注册人可以通过签订使用许可合同,许可他人使用其注册商标。许可人应当监督许可人使用其注册商标的商品质量。被许可人应当保证使用该注册商标的商品质量。"

10.4.2 商标使用许可合同的内容

商标使用许可合同应包括的内容主要有:
(1) 许可人和被许可人的姓名和地址;
(2) 许可使用的商标及其注册号;
(3) 许可使用商标的商品范围;
(4) 许可使用期限(不应超过被许可商标的注册有效期);
(5) 许可使用商标的标识提供方式;
(6) 许可人对被许可人使用其注册商标的商品质量进行监控的条款;
(7) 在使用许可人商标的商品上标明被许可人的名称和商品产地的条款。

【思考】签订商标许可合同前应注意哪些事项?

签订商标许可合同前应注意以下事项:

1. 商标的权利状态

首先要对被许可商标是否得到授权,权利保护期还有多长时间,或者到期后是否及时进行了续展注册等情况进行考察。如果商标仍处于正在申请过程中,是否受让要慎重。如果商标虽已授权,但正处于争议中,存在被撤销的风险,最好等有结果后再决定是否受让或使用。

2. 商标的权利主体

只有商标权人或其特别授权的代理人有权利进行商标授权使用。在交易前一定要考查交易人是否是真正的商标权利人，可以通过查验商标注册证书、查询商标公告或中国商标网等了解真正的权利主体。如果许可方本身已经是商标的被许可人，一定要考查原许可合同中权利人是否授权被许可人将其被许可的商标再次转让或许可。如果与其按许可合同未约定或约定不明确，被许可人无权进行再许可或转让。如果许可方本身已经是商标的受让人，一定要考查原转让合同是否经过商标局审查核准。商标转让合同必须经过商标局核准公告，否则不发生法律效力。这时的商标受让人还不是真正的权利人，无权进行商标的许可或再转让。

3. 商标的效力范围

商标专有权受地域的限制，只在注册地受专用权的保护。被许可使用前企业要审查商标是否已在中国核准注册，如果企业生产的产品主要用于出口，还要考查商标是否在出口地获得注册，否则在产品销售地还可能产生商标侵权的纠纷。商标专用权以商标核定使用的商品或服务为准，权利人不得随意扩大商标所使用的商品的范围。如果要在不同类的产品上使用已注册商标，要另行提出申请。

10.4.3 商标使用许可合同备案

商标许可合同备案是指商标注册人可以通过签订商标使用许可合同，许可他人使用其注册商标。许可人应当监督被许可人使用其注册商标的商品质量。被许可人应当保证使用该注册商标的商品质量。经许可使用他人注册商标的，必须在使用该注册商标的商品上标明被许可人的名称和商品产地。许可他人使用其注册商标的，许可人应当自商标使用许可合同签订之日起 3 个月内将合同副本报送商标局备案。提交申请后，一个月左右，商标局会发出《商标许可合同备案受理通知书》；三个月左右，商标许可合同备案完成，商标局发出《商标许可合同备案书》。

10.4.3.1 商标使用许可合同备案时间

许可他人使用注册商标的，许可人应当自商标使用许可合同签订之日起 3 个月内将合同副本报送商标局备案。报送备案时，许可人应提交《商标使用许可合同备案表》、商标使用许可合同副本、《商标注册证》复印件，并按照规定缴纳备案费。

10.4.3.2 商标使用许可合同备案效力

商标许可使用是商标权人实现商标财产权的重要途径之一，对于"商标许可使用合同"，我国《商标法》第四十三条、《商标法实施条例》第六十九条均明确要求许可人应履行"备案"手续，但却未涉及商标许可合同备案的法律效力问题。我国最高法院颁布并于 2002 年 10 月 16 日施行的《关于审理商标民事纠纷案件适用法律若干问题的解释》（以下简称《司法解释》）第 19 条弥补了现有法律规定的不足，该条共有两款，即：

一是商标使用许可合同未经备案的，不影响该许可合同的效力，但当事人另有约定的除外。二是商标使用许可合同未在商标局备案的，不得对抗善意第三人。

10.4.3.3 商标许可备案的文件

根据《商标法》规定,商标许可报送商标局备案文件包括:

(1) 填写《商标使用许可合同备案申请书》一份。无代理的,必须由许可人在申请书上加盖公章或签字;有代理的,许可人须在委托书上签字盖章。

(2) 许可合同副本或是经过公证的商标使用许可合同复印件一份。

(3) 通过代理机构代理的,须附送一份《商标代理委托书》;申请人直接申请,未经代理的,需另外提交许可人证件复印件(包括营业执照或身份证)、经办人身份证复印件。

(4) 人用药品商标使用许可合同备案,应当同时附送被许可人取得的卫生行政管理部门的有效证明文件。

(5) 卷烟、雪茄烟和有包装烟丝的商标使用许可合同备案,应当同实附送被许可人取得的国家烟草主管部门批准生产地有效证明文件,包括《烟草生产许可证》《烟草经营许可证》复印件。

(6) 缴纳备案规费 300 元。委托商标代理机构办理的,申请人应向商标代理机构缴纳备案规费和代理费,商标局收取的备案规费从该商标代理机构的预付款中扣除。

(7) 合同文字为外文的应同时附送中文译本。

(8) 许可使用商标的注册证复印件(这项不是必须的)。

同时办理通过一份合同许可一个被许可人使用多个商标的,许可人应当按照商标的数量报送《商标使用许可合同备案申请书》,但可以只报一份商标使用许可合同副本,在其他备案申请中可提交合同复印件,并标注许可合同副本原件所在的卷号。

同时办理通过一份合同许可多个被许可人使用一个商标的,许可人应当按照被许可人的数量报送《商标使用许可合同备案申请书》,但可以只报一份商标使用许可合同副本,在其他备案申请中提交合同复印件,并标注许可合同副本所在的卷号。

根据《商标法》规定,如不备案,许可人或者被许可人所在地工商行政管理机关将责令限期改正;拒不改正的,处以一万元以下的罚款,直至报请商标局撤销该注册商标。

10.4.3.4 商标使用许可合同备案程序

委托商标代理机构办理商标使用许可合同备案的,申请人可以自愿选择任何一家国家认可的商标代理机构办理。所有在商标局备案的商标代理机构都公布在"代理机构"一栏中。

申请人直接到商标注册大厅办理商标注册申请的,申请人可以按照以下步骤办理:

(1) 准备申请书件。

(2) 在商标注册大厅受理窗口提交申请书件。

(3) 在打码窗口打收文条形码。

(4) 在交费窗口缴纳备案规费。

(5) 收取商标使用许可合同备案通知书。

【思考】如何准备商标使用许可合同备案申请书?

1. 应提交的申请书件

(1) 一件注册商标许可一个被许可人使用,应提交一份商标使用许可合同备案申请书。

(2) 申请人为自然人的,应当提交能够证明其身份的有效证件的复印件(如身份证等),

申请人为法人或其他组织的,应提交加盖申请人公章的营业执照的复印件。

(3) 商标使用许可合同副本,或经过公证的商标使用许可合同复印件。

(4) 合同文字使用外文的应当同时附送相应的中文译本。

(5) 自行到商标注册大厅办理的,应提交经办人的身份证复印件。

(6) 委托商标代理机构办理的,还应提交商标代理委托书。

2. 具体要求

所有书件应当字迹工整、清晰,备案申请书应当用打字机打印。

许可合同双方当事人应当在合同上签字或盖章。当事人为法人或其他组织的,应当加盖申请人的公章,外国法人或其他组织可以由法定代表人或者授权人签字。

申请书的填写应符合以下要求:

(1) 申请书上的许可人名称、注册证号、商品或者服务名称应与《商标注册证》上的注册人名义、注册证号、商品或者服务名称完全相同。

(2) 许可使用的商品或服务不得超出《商标注册证》核定使用的商品或服务范围。

(3) 许可使用的期限不得超过《商标注册证》上的有效期限。

10.4.4 商标使用合同的终止

10.4.4.1 商标使用合同终止情形

根据《合同法》的规定,商标使用合同终止的主要情形有:

(1) 到期终止;

(2) 合同当事人协商一致,提前终止合同;

(3) 其他需提前终止合同的情况。

合同到期终止的,合同备案自动失效。合同提前终止时,双方应当签订终止协议。合同双方就合同终止发生争议的,应请求仲裁机构或人民法院裁定,当事人依据裁定向商标局办理提前终止备案,商标局予以公告。

10.4.4.2 商标使用合同的提前终止

提前终止不需缴纳规费,需提交的材料有:

(1) 商标使用许可合同提前终止申请书;

(2) 许可人与被许可人签订的终止协议或法院及仲裁机关做出的终止决定,终止协议或终止决定应在三个月之内报到商标局;

(3) 原备案通知书;

(4) 代理人委托书。

商标局审核合格后出具《商标使用许可合同备案提前终止通知书》,发布公告。不符合条件的,进行补正。商标使用许可合同终止后,原被许可人仍继续使用许可人商标,许可人可以依法追究其商标侵权责任。

【思考】签订商标许可合同后的注意事项

签订商标许可合同后的注意事项包括:

1. 商标使用许可合同的备案

督促许可方须在签订之日起3个月内将商标使用许可合同副本向商标局办理备案;商

标使用许可合同未经备案的,不影响该许可合同的效力,但不得对抗善意第三人,当事人另有约定的除外。双方将许可合同副本送交双方所在地工商行政管理机关备查。

2. 维持商标的有效性

监督帮助商标许可方维持商标的有效性。未经被许可人同意,商标权不得转让给第三人;不得放弃续展注册;不得申请注销商标,不能妨碍被许可人合法使用商标等。当然被许可人也应积极使用商标,否则商标可能因为3年不使用被撤销注册。根据最高法院的司法解释的规定:独占许可的被许可人有权单独向人民法院提起诉讼,或提出诉前禁令、证据保全的申请;排他许可的被许可人,在权利人不起诉或不申请的情况下,才可以向人民法院提起诉讼,或提出诉前禁令、证据保全的申请;普通许可的被许可人则只能在许可人有明确授权时,才能提起诉讼或诉前禁令。在不能制止侵权的情形下,督促商标权利人(特别是在普通许可的情形)配合(如不起诉声明或积极授权等)被许可人主张权利。

3. 保证使用被许可商标的商品质量

被许可人对商标的使用情况可能影响到许可人的利益,甚至关系到商标是否能维持其有效性,所以,一般许可方在许可前会对被许可人的生产能力、管理能力和技术水平等进行考察,许可合同签订后,许可方也会采取措施控制被许可人使用该商标的商品或服务质量。控制的方式包括帮助和监督,如定期不定期的派技术人员进行指导、培训、巡视等或进行其他的交流活动,比如定期不定期的抽查、抽检产品,确保使用相同商标的不同企业的产品质量保持相同。许可方对商品的监督不仅权利也是义务,若不履行品质控制义务将付出被剥夺商标权的惨重代价。

4. 许可合同终止后相关产品的处理

许可合同终止后,被许可方不得再继续使用许可人的商标。那么被许可方的剩余货物的销售期限、剩余商标标识如何处理等也应予以约定,以最大限度内减少损失。为防止纠纷,双方最好就合同终止后的相关产品的处理最初约定。

10.4.5 商标使用许可合同风险防范

商标使用许可合同要防范的风险主要有以下方面:

1. 商标许可的标的

合同中应明确许可使用的是哪个商标,允许被许可方在哪些商品或服务上使用,即明确商标使用的商品范围。许可使用的商标必须与注册商标保持一致,不能分割使用,也不得随意改变商标标志。

2. 商标许可方式

商标许可的类型有三种:独占许可、排他许可及普通许可。要结合商标具体情况、市场竞争程度、许可使用费高低等因素确定商标许可方式,并在合同中明确。

3. 商标许可的时间及地域范围

合同中明确约定商标使用的时间及地域范围。被许可是只能在国内使用,还是在国外市场上也可使用。跨国公司进行商标许可时,要把全球市场划分为不同的区域,一般在一个区域获得授权的企业不得到其他区域进行制造销售使用。另外要约定合理的使用时间及商标使用到期后是否可以继续使用的问题。

4. 商标许可费的支付

商标许可费的支付方式有以下几种：一次性支付或分期支付。付费的标准可以一次协商一个总数，也可以按照产品的产量或利润提成，可以根据实际情况以对方协商选择。提成的依据可以根据利润确定也可依据销售额确定。

5. 违约责任及争议条款

在合同执行过程中一方或双方出现违约情形，责任如何分担应事先予以约定。如哪些情况构成违约，责任如何承担，责任形式有哪些，什么情况下可以解除合同。违约责任的承担一定要具体化，如违约金如何计算，如何支付，应采取哪些补救手段等。如果笼统规定违约一方全部承担违约责任，否则到时会因约定不明确使条款流于形式。双方出现争议协商不成，采取哪种解决方式：是诉讼，还是仲裁？到哪个法院进行起诉？当然约定还要符合诉讼法的规定，否则不生效。

另外，其他一些与双方利益相关的问题也应予以约定，如被许可方是否能再许可第三方使用、被许可方是否要对许可费的数目保密等。

【思考】签订商标许可合同要注意什么？

签订商标使用许可合同除应当具备一般经济合同应有的必要条款外，还应当注意以下几个问题：

(1) 商标被许可人必须具有《商标法》规定的商标申请人资格；
(2) 许可他人使用的商标必须是商标注册人自己的注册商标；
(3) 许可他人使用的商标应与注册商标一致；
(4) 许可他人使用的商标所指定的商品不得超出该商标核定使用商品/服务的范围；
(5) 许可他人使用的商标期限应当在该注册商标的有效期内；
(6) 合同中应明确规定是否允许被许可人再许可的条款。

10.5 商标转让

转让权是商标权的重要内容之一。商标转让与商标许可的区别在于，商标许可并不转移商标的"所有权"，许可后商标权人仍可持续、使用（独占许可除外）该商标；而商标转让则转移了商标的"所有权"，转让后商标权人无权再持有、使用该商标。

10.5.1 商标转让的概念

注册商标转让是指注册商标的所有人依法定程序，将其注册商标转移给他人，并由受让人享有该注册商标的专用权。注册商标的转让，一般是通过商标转让合同进行的，商标转让合同，是注册商标转让人和受让人就转让注册商标所有权而签订的协议。

10.5.2 商标转让的基本规则

一方面，转让注册商标的，转让人和受让人应当向商标局提交转让注册商标申请书。转让注册商标申请手续应当由转让人和受让人共同办理。商标局核准转让注册商标申请的，发给受让人相应证明，并予以公告。转让注册商标，商标注册人对其在同一种或者类似商品上注册的相同或者近似的商标未一并转让的，由商标局通知其限期改正；期满未改正的，视为放弃转让该注册商标的申请,商标局应当书面通知申请人。

另一方面,转让注册商标的,转让人和受让人应当签订转让协议,并共同向商标局提出申请。受让人应当保证使用该注册商标的商品质量。转让注册商标的,商标注册人对其在同一种商品上注册的近似的商标,或者在类似商品上注册的相同或者近似的商标,应当一并转让。对容易导致混淆或者有其他不良影响的转让,商标局不予核准,书面通知申请人并说明理由。转让注册商标经核准后,予以公告。受让人自公告之日起享有商标专用权。

10.5.3　商标转让合同的内容

注册商标转让合同需要包括以下主要条款:
(1) 转让人和受让人的名称、住所、法定代表人等;
(2) 被转让注册商标的基本情况,包括:商标图样、名称、注册日期、下一次应续展的日期、该商标取得注册所包括的商品或服务;
(3) 转让费用及支付方式;
(4) 合同生效方式和生效时间;
(5) 违约责任及双方签字等。

10.5.4　商标转让的公证

通常而言,商标局会要求商标转让进行公证。商标转让公证需要以下资料:
(1) 转让或受让方是公民的应提交《居民身份证》原件和复印件一份;
(2) 转让和受让方是企业法人的,应提交《企业法人营业执照》原本或副本的原件和复印件一份、《机构代码证》原件和复印件一份、法定代表人资格证明原件和复印件一份、法定代表人的《居民身份证》的原件和复印件一份和单位介绍信;
(3) 转让或受让方是其他组织的,应提交相关的主题资格证明和负责人身份证明原件以及单位介绍信;
(4) 转让或受让方是股份制企业的,应提交公司章程和股东会同意出让或受让商标使用权的股东会决议原件;
(5) 注册商标证书、商标所有权证明和商标图案原件及复印件一份;
(6) 委托他人办理的,提供有效的《授权委托书》和受托人的身份证。

另外,注册商标不得超过有效期限。共有的商标专有权应有其他共有人的书面同意证明。已经许可他人使用该注册商标的,应提交被许可人同意转让的书面证明。受让烟草制品、药品等的注册商标时,必须提供相应的生产主管机关的证明。转让协议中应有转让等相关费用的约定。公证员根据公证事项的具体情况可能需要当事人补充提交其他证件材料。

案例讨论

"飞人乔丹"诉"乔丹体育"①

【案件背景】

篮球明星飞人乔丹在全世界都家喻户晓,乔丹体育品牌在国内也有一定的知名度,但二者之间的关系恐怕许多消费者搞不清楚。鉴于飞人乔丹作为知名篮球明星的影响力,该案件的审判备受关注。乔丹体育的前身为成立于1984年的"福建省晋江陈埭溪边日用品二厂",2000年左右,该公司更名为"乔丹体育",并先后注册了"乔丹""QIAODAN""侨丹""桥丹""乔丹王"以及乔丹两个儿子的名字"杰弗里·乔丹""马库斯·乔丹"等多个商标。近年来,随着乔丹体育在国内的发展,该品牌商标也惊动了"飞人"乔丹。为了保护自身的权益、避免消费者受到误导,2012年,乔丹向国家工商行政管理总局商标评审委员会申请,撤销乔丹体育的78个相关注册商标。国家工商行政管理总局商标评审委员会裁定,维持乔丹体育的一系列商标注册。飞人乔丹不服,向北京市第一中级法院提起诉讼,北京市第一中级人民法院一审又驳回了飞人乔丹的诉讼请求。在两度受挫之后,乔丹继续上诉至北京市高级人民法院。仅从商标案的结果来看,中国乔丹体育似乎赢得了胜利。但是,这起商标侵权案也成了乔丹体育上市的羁绊。原计划于2012年上市的乔丹体育,受到侵权案件的影响,上市事宜一直被搁置。此外,这场与飞人乔丹的纠纷和"辩解",也很可能导致该品牌失去相当一部分消费者和市场。值得一提的是,这起商标案的原告是乔丹本人,与"飞人"有着紧密商业关系的耐克并不参与此案。但是,这起商标案的结果,对耐克旗下品牌Jordan brand在中国市场的发展有不少影响。

【案情简介】

北京市第一中级人民法院经审理查明:第3921394号"乔丹专业篮球运动装备专为中国消费者量身定做及图"商标(简称争议商标)由乔丹体育股份有限公司(简称乔丹体育)于2004年2月23日申请注册,2008年9月28日获准注册,核定使用在第25类服装、游泳衣等商品上。该商标处于有效状态。

2012年10月31日,迈克尔·乔丹(以下简称"飞人乔丹")向国家工商行政管理总局商标评审委员会(简称商标评审委员会)提出撤销争议商标的申请,其主要理由为:

(1) Michael Jordan(迈克尔·乔丹)作为世界知名的美国篮球运动体育明星,在中国具有极高的知名度。经媒体报道,中国公众看到与"乔丹""QIAODAN"相同或者相似的标识,就会将其与飞人乔丹联系到一起。乔丹体育及其关联企业在明知或应知飞人乔丹知名度的情况下,将包括争议商标在内的大量与飞人乔丹相关的标识申请注册为商标,属于《中华人民共和国反不正当竞争法》第二条所指违反诚实信用原则的行为,以及第五条第(三)项"擅自使用他人的企业名称或姓名,引人误认为是他人的商品"所指的不正当竞争行为。

(2) 乔丹体育及其关联企业还大规模申请注册与飞人乔丹相关的商标和他人商标,不正当占用行政审查资源,扰乱商标注册秩序。乔丹体育的行为属于2001年施行的《中华人民共和国商标法》(简称《商标法》)第四十一条第一款"以其他不正当手段取得注册"所指

---

① 本案例改编自《北京市高级人民法院行政判决书》(2015)高行(知)终字第1577号、商标评审委员会作出商评字(2014)第052419号《关于第3921394号"乔丹专业篮球运动装备专为中国消费者量身定做及图"商标争议裁定书》。

情形。

(3) 乔丹体育与飞人乔丹从未有过任何商业往来,未得到过飞人乔丹的授权,争议商标的注册和使用会造成公众对产品的来源产生误认,扰乱正常的市场秩序,产生不良影响,属于《商标法》第十条第一款第(八)项"有其他不良影响"所指情形。

(4) 争议商标损害了 Michael Jordan(迈克尔·乔丹)的在先姓名权和在先肖像权,属于《商标法》第三十一条"损害他人现有的在先权利"所指情形。综上,请求依法撤销争议商标的注册。

飞人乔丹向商标评审委员会提交了如下主要证据:

(1) 有关飞人乔丹在中国的知名度证据;

(2) 关于飞人乔丹特定篮球运动形象的证据材料;

(3) 有关飞人乔丹参加商业活动等涉及其商业价值的报道资料;

(4) 用于证明乔丹体育与其他企业之间关联关系的证据;

(5) 乔丹体育及其关联企业其他商标注册资料;

(6) 其他用于证明乔丹体育恶意注册的证据;

(7) 飞人乔丹诉乔丹体育侵权民事案件的受理证据、涉及该案的媒体报道及公众评论资料;

(8) 其他商标在先案件判决书;

(9) 关于公众对"乔丹"的认知以及对乔丹体育与飞人乔丹关系产生误认的调查报告、相关质疑报道和评论;

(10) 其他相关证据。飞人乔丹提交的媒体报道证据显示,自1984年起,飞人乔丹已作为篮球运动明星被《当代体育》《体育博览》《新体育》《篮球》《体育世界》《中国新闻周刊》《中学生百科》《中国广告》《经营与管理》等众多中国媒体所报道,多被称为"飞人乔丹",在部分媒体的篮球运动相关报道叙述中也以"乔丹"指代飞人乔丹。

乔丹体育向商标评审委员会提交了如下主要证据:

(1) 关于"乔丹"一词的解释、其他姓氏为"乔丹"的名人的报道资料、中国公民姓名为"乔丹"的统计资料;

(2) 乔丹体育商标在先案件裁定书;

(3) 用于证明争议商标与飞人乔丹并无对应关系的证据;

(4) 乔丹体育商号登记、使用证据;

(5) 乔丹体育商标注册证据;

(6) 乔丹体育广告专项审计报告、广告合同、付款单据、投放报告等广告宣传证据;

(7) 乔丹体育内部财务报表审计报告、开设品牌专卖店等经营证据;

(8) 乔丹体育赞助体育赛事、公益活动、所获荣誉等知名度证据;

(9) 乔丹体育商标及产品所获荣誉证据;

(10) 乔丹体育相关商标受到保护的证据、曾获驰名商标保护的证据;

(11) 用于证明乔丹体育并未故意致使公众产生混淆的证据资料;

(12) 其他商标在先案件判决书;

(13) 乔丹体育在美国NBA进行广告宣传、飞人乔丹队友使用乔丹体育产品等用于证明飞人乔丹早已知晓乔丹体育商标存在,提出本案争议存在恶意的证据资料。

2014年4月14日,商标评审委员会作出商评字(2014)第052419号《关于第3921394号"乔丹专业篮球运动装备专为中国消费者量身定做及图"商标争议裁定书》(简称第52419号裁定)。

该裁定认定:争议商标图形部分为运球人物剪影,动作形象较为普通,并不具有特定指向性,难以认定该图形与飞人乔丹存在一一对应关系,并被社会公众普遍认知指向飞人乔丹,故对飞人乔丹关于争议商标损害其肖像权的理由不予支持。在案证据可以证明飞人乔丹在中国篮球运动领域具有较高知名度,但争议商标中包含的文字"乔丹"与"Michael Jordan""迈克尔·乔丹"均存在一定区别,并且"乔丹"为英美普通姓氏,难以认定其与飞人乔丹存在当然的对应关系。飞人乔丹在宣称使用其姓名及形象时使用的是"Michael Jordan""迈克尔·乔丹"的全名,以及具有一定标志性的飞身扣篮形象标识。尽管飞人乔丹提交的证据中部分报道也以"乔丹"指代,但其数量有限且未就该指代形成统一、固定的使用形式,难以认定争议商标的注册损害飞人乔丹的姓名权。争议商标的注册未构成《商标法》第三十一条关于"损害他人现有的在先权利"所指情形。判断是否扰乱商标注册秩序不以注册商标数量的多寡为唯一依据,尽管乔丹体育拥有近二百件商标,但大部分是围绕主商标进行的防御性注册,不属于为谋取不正当利益大量抢注他人知名商标的行为。争议商标经过大量使用,与乔丹体育形成密切联系,其积累的商誉及相关利益应归属于实际使用者。即使乔丹体育部分行为确有不当,亦难以将其作为撤销争议商标的充分依据。因此,争议商标的注册未违反《商标法》第四十一条第一款有关"以欺骗手段或者其他不正当手段取得注册"的规定。综上,裁定争议商标予以维持。

飞人乔丹不服商标评审委员会作出的第52419号裁定,依法向北京市第一中级人民法院提起行政诉讼,请求撤销该裁定。在诉讼中,飞人乔丹提交了20份证据,用以证明其在中国大陆地区的知名度及乔丹体育注册争议商标存在恶意;乔丹体育提交了25份证据,用以证明争议商标经过使用具有极高的知名度,相关公众不会产生混淆误认。

另查,乔丹体育还申请注册有"侨丹""桥丹""乔丹王""飞翔动力"等近二百件其他商标。乔丹体育于2001年3月21日获准注册的第1541331号"乔丹"商标曾在第3208768号商标异议案件中被认定为足球鞋、爬山鞋等商品上的驰名商标;

乔丹体育于2003年3月21日获准注册的第3028870号运球动作图形商标曾于2005年6月被中华人民共和国国家工商行政管理总局商标局认定为运动鞋、运动服装商品上的驰名商标。

北京市第一中级人民法院认为,在案证据不足以证明争议商标的注册损害了飞人乔丹的姓名权和肖像权,争议商标未违反《商标法》第三十一条关于"不得损害他人现有的在先权利"的规定,维持第52419号裁定。

飞人乔丹不服原审判决,向北京市高级人民法院提出上诉。

在北京市高级人民法院审理期间,飞人乔丹提交了以下证据材料:

(1) 2015年4月10日北京零点市场调查有限公司所作的"乔丹"联想调查报告(北京);

(2) 中华人民共和国北京市长安公证处(2015)京长内经字第6291号公证书,内容为2012年2月24日中华人民共和国中央电视台新闻专题节目;

(3) 新浪网关于2014年中华人民共和国国家体育总局局长袁伟民会见飞人乔丹的报道的网络打印件;

(4) 人民网、光明网等网站关于飞人乔丹将于 2015 年访华的报道的网络打印件；

(5) "知产力"发布的"微信"案法官自述审理心路及相关判决书删节版；

(6) 中华人民共和国最高人民法院(2012)知行字第 11 号行政裁定书；

(7) 本院(2010)高行终字第 766 号行政判决书。

以上证据材料用以证明飞人乔丹在中国以"乔丹"为广大公众熟知并具有极高知名度，争议商标已经导致了公众混淆误认，已有裁判认定导致公众混淆误认可以适用《商标法》第十条第一款第(八)项的规定。

北京市高级人民法院认为，即便"Michael Jordan"中文翻译为"迈克尔·乔丹"，但争议商标中的"乔丹"并不唯一对应于"Jordan"，且"Jordan"为美国人的普通姓氏而不是姓名，故现有证据不足以证明"乔丹"确定性指向"Michael Jordan"和"迈克尔·乔丹"，故飞人乔丹主张争议商标损害其姓名权的依据不足。肖像权是自然人基于其肖像而享有的人格权益，肖像应清楚反映人物的主要容貌特征，至少应清楚到社会公众能够普遍将该肖像识别为肖像权人。本案中，争议商标图形部分的人体形象为阴影设计，未能清楚反映人物的容貌特征，相关公众难以将争议商标中的形象认定为飞人乔丹。因此，飞人乔丹有关争议商标的注册损害了其肖像权，违反《商标法》第三十一条关于"不得损害他人现有的在先权利"的规定的上诉理由依据不足，本院不予支持。《商标法》第十条第一款第(八)项规定，有害于社会主义道德风尚或者有其他不良影响的标志不得作为商标使用。申请注册的商标是否属于"有害于社会主义道德风尚或者有其他不良影响的标志"，通常是指申请注册的商标标志本身是否"有害于社会主义道德风尚或者有其他不良影响"，一般不包括该标志作为商标使用时可能导致的混淆误认。在审查判断有关标志是否构成具有其他不良影响的情形时，应当考虑该标志或者其构成要素是否可能对我国政治、经济、文化、宗教、民族等社会公共利益和公共秩序产生消极、负面影响。本案中，争议商标标志本身并不具有"有害于社会主义道德风尚或者有其他不良影响"的因素，商标评审委员会认定争议商标不属于"有害于社会主义道德风尚或者有其他不良影响的标志"并无不当。最终，北京市高级人民法院驳回上诉，维持原判。

然而，该案的影响远未结束。对于法院的判决，飞人乔丹在声明中表示："过去 30 多年时间里，从在 NBA 球场上打球的早期开始，基于我的名字和球衣号码，我积累了声誉并建立了国际知名的品牌。我有权保护我的名字和声誉。同时，中国消费者和喜欢我的球迷有权知道乔丹体育及其产品和我并没有任何关联。"并对法院就商标争议案做出的终审判决感到遗憾，将继续向最高人民法院申请再审。

2011 年 11 月 25 日，中国证监会发行审核委员会审核通过了乔丹体育首次公开发行股票的申请，公司获准在上海证券交易所上市发行，预计发行股数为 11 250 万股，预计募集资金 10.6 亿元。按照此前计划，乔丹体育将于 2012 年 3 月底前挂牌上市，成为首家在上交所上市的体育用品公司。

然而在 2012 年 2 月 23 日，乔丹宣布他已向中国法院提起诉讼，指控乔丹体育在未经授权的情况下滥用其姓名和形象。由于被诉侵犯姓名权，乔丹体育的 IPO 上市之路在获得证监会发审委核准之后被迫止步。

另外，乔丹与乔丹体育的纷争再起波澜。2015 年 3 月 29 日，身处舆论漩涡的乔丹体育向福建省泉州市中级人民法院提起诉讼，要求乔丹停止侵害乔丹体育名誉权的行为，澄清事实，赔礼道歉，恢复乔丹体育名誉，并赔偿经济损失 800 万美元。4 月 2 日，泉州市中院正式受理此案。乔丹体育方面称,乔丹在乔丹体育上市关键时刻进行高调起诉,利用诉讼损害了乔丹体育的名誉权,致使乔丹体育IPO上市受阻,影响了公司的商业发展计划。此次公司提起诉讼实属无奈,希望能以法律手段维护自身合法权益,恢复乔丹体育的合法名誉权。

【案例思考】

1. 飞人乔丹是篮球乃至体育界最具影响力的球员之一,最初乔丹体育注册"乔丹"系列商标的时候,是否存在"搭便车"的意图?答案也许显而易见。但飞人乔丹为什么在严格的法律层面输了官司?

2. 在国内此类商业诉讼案中,是否存在着保护本土品牌的因素?

3. 外国人的姓名权是否可以受中国法律保护?

4. 如何认定侵犯他人的姓名权?

5. 该案对中国企业创造品牌过程的教训启示是什么?

第11章 驰名商标

> ◎ 导读：
> 驰名商标具有重要的商业价值，也一直是被侵权的对象。基于此，《巴黎公约》和我国商标法对驰名商标赋予优于普通注册商标的特别保护，即实行跨类保护。在我国，驰名商标的认定问题一直很突出，甚至在实践中出现骗取驰名商标认定的现象。因此，驰名商标的认定和保护是商标法学习和研究的重点内容之一。本章主要论述了驰名商标的概念、价值、法律规定，驰名商标的认定原则、认定途径、认定条件、认定程序，驰名商标保护的范围、方式，等等。
>
> ◎ 重点：
> 1. 驰名商标和著名商标有什么区别？
> 2. 驰名商标认定原则、认定途径、认定标准是什么？
> 3. 法律如何保护驰名商标？
> 4. 什么是驰名商标的反淡化保护？
> 5. 企业应当怎样利用驰名商标的特殊保护原则？

宝马驰名商标案[①]

【案件背景】

在明知他人企业字号（如宝马）具有较高知名度的情况下，仍将该文字组合登记为企业名称中的字号进行商业使用，是否明显违背诚实信用原则和公认商业道德？是否属于有意误导公众，属于典型的不正当竞争行为。在"傍名牌""搭便车"等中国"山寨文化"盛行的今天，本案的裁判由于涉及驰名商标和有较高知名度的企业字号的法律保护，而意义重大。宝马是全球知名的汽车生产商，本案中，法院综合考虑原告注册商标的显著性、市场知名度，依法认定原告的注册商标为驰名商标，进而认定被告在服装、服饰商品上使用与原告注册商标相近似的"MBWL及图""MBWL"标识，容易造成相关公众误认为被告生产、销售的商品系经原告授权或与原告具有许可使用、关联企业关系等特定联系，不正当地利用原告驰名商标的市场声誉牟取不法利益，从而对原告合法利益造成损害，构成对原告注册商标专用权的侵犯。

[①] 本案例改编自《湖南省高级人民法院民事判决书（2009）湘高法民三初字第1号》，该案被最高人民法院评为"2009年中国法院知识产权司法保护十大案件"之一。

【案情简介】

原告宝马公司因与被告世纪宝马公司、傅某侵犯注册商标专用权及不正当竞争纠纷一案向湖南省高级人民法院提起诉讼。

原告宝马公司于2009年2月4日向湖南省高级人民法院提出财产保全申请和证据保全申请,请求冻结被告世纪宝马公司人民币1500万元的银行存款或其他等值财产以及所销售的侵权产品涉及的合同、发票、财务账册、银行账户等证据。原告同时提供证据证明被告世纪宝马公司将加盟保证金指定汇入到傅某账户,请求对傅某账户进行冻结。湖南省高级人民法院于2009年2月12日作出(2009)湘高法民三初字第1-1号民事裁定,裁定查封、冻结被告世纪宝马公司及傅某账户人民币1500万元的银行存款或查封、冻结世纪宝马公司其他等值财产。同时作出(2009)湘高法民三初字第1-2号民事裁定,裁定保全被告世纪宝马公司、阿波罗商业广场所销售的侵权产品涉及的合同、发票、财务账册、银行账户等证据。

原告宝马公司诉称:原告成立于1916年2月19日,位于德意志共和国慕尼黑市。历经百余年的发展,原告的BMW(宝马)汽车行销全球,原告以及原告的BMW(宝马)汽车广为相关公众所知晓。2006年度,原告全球收入达到615亿美元,利润达到36亿美元,为世界500强企业。1987年3月30日,原告在第12类"机动车辆、摩托车及其零件"商品上注册了"BMW""BMW及图"商标,注册号为282195、282196。1995年10月21日,原告在第12类"车辆、机动车辆及其零配件"商品上注册了"寶馬"商标,注册号为784348。1997年1月28日,原告在第25类"服装、鞋、帽"商品上注册了"BMW及图"商标,注册号为G673219号。2001年,原告与宝姿公司合作,推出"BMW Life Style"服饰。由于"蓝白构图的BMW及图"商标在汽车商品上的使用已经具有很长的历史,更由于"蓝白构图的BMW及图"商标已经广为相关公众所知晓。因此"蓝白造型BMW及图"已经构成了原告"BMW Life Style"服饰知名商品的特有装潢,能够指示上述商品的来源,能够代表上述商品所具有的优秀品质。2008年3月,原告发现被告家润多公司擅自销售带有"BMWL"(蓝白造型MBWL及图)商标的服装、服饰商品。经查,上述商品均由被告世纪宝马公司生产。被告世纪宝马公司成立于2004年12月27日,其运营管理中心位于北京市大兴区南苑东高地北树桥京都酒厂8号楼。根据世纪宝马公司的宣传,截至2007年其已经在全国设立了"世纪宝马"专卖店近300家,年销售额近亿元。另外被告世纪宝马公司以其公司员工,即本案被告傅某的名义收取有关货款等。综上,由于注册并使用于汽车商品上的"BMW""BMW及图""寶馬"经过长期使用和广泛宣传已经在相关公众中具有了很高知名度,属于驰名商标。使用于服装、服饰商品上的"蓝白造型BMW及图"经过长期使用和广泛宣传已经构成了原告"BMW Life Style"服饰知名商品的特有装潢。世纪宝马公司未经许可擅自使用上述商标的行为侵犯了宝马公司的商标权,并构成不正当竞争。世纪宝马公司未经许可擅自使用"蓝白造型MBWL及图"标识构成不正当竞争,擅自使用了包含有"宝马"字样的"世纪宝马集团有限公司"和"深圳市世纪宝马服饰有限公司"企业名称构成不正当竞争。家润多公司销售上述侵权商品,傅某明知以上事实,却仍将以其名义设立的银行账户供世纪宝马公司使用,为世纪宝马公司实施商标侵权及不正当竞争行为提供了便利。因此世纪宝马公司、傅某共同侵犯了原告的商标权,并构成不正当竞争。请求判令:1.被告立即停止使用"MBWL及图"商标。2.被告立即停止使用"蓝白构图的MBWL及图"标识。3.被告立即停止使用"世纪宝马集团有限公司"企业名称。4. 被告立即停止使用"深圳市世纪宝马服饰有限公司"企业名称。5. 上述被告共同赔偿原告经济损失5000万元。6. 上述被告在全国发行的报纸、期刊上刊登声明,为原告消除影响。2009年4月17日原告宝马公司对其诉讼请求进行说明,放弃之前对诉讼请求的变更,仍坚持起诉时提出的六项诉讼请求,但明确放弃对被告家润多公司的赔偿请求。

被告世纪宝马公司辩称:原告所说的是由深圳市世纪宝马公司生产销售涉案侵权产品是与事实不符的,相关证据也已经表明我们是香港宝马集团的大陆总代理,虽然相关厂家也有生产,但不能说明所有侵权产品都是我们生产加工的。原告的诉讼请求是要求停止使用MBWL及图等诉讼请求,但是原告在提交的相关证据以及上次开庭的质证意见,均认为香港宝马集团的注册商标是BMWL及图,显然原告的证据、质证意见和当庭意见相互矛盾。

被告傅某辩称:没有构成侵权,不应承担赔偿责任,请求法院驳回原告的全部诉讼请求。

湖南省高级人民法院认为,宝马公司系全球知名的汽车生产商,为世界500强企业。原告宝马公司在第12类"机动车辆、摩托车及其零件"商品上核准使用的"BMW"(BMW及图)、"BMW""寶馬"注册商标经过长期使用,大量宣传,已广为中国相关公众所知晓,具有较高的知名度,并享有较高声誉。根据《中华人民共和国商标法》第十三条、第十四条,《最高人民法院关于审理商标民事纠纷案件适用法律若干问题的解释》第二十二条,《最高人民法院关于审理涉及驰名商标保护的民事纠纷案件应用法律若干问题的解释》第一条、第二条、第四条、第五条之规定,人民法院在审理商标纠纷案件中,根据当事人的请求和案件的具体情况,可以对涉及的注册商标是否驰名依法作出认定。湖南省高级人民法院认为,根据湖南省高级人民法院确定的事实以及权利保护的需要,原告宝马公司在第12类"机动车辆、摩托车及其零件"商品上核准使用的"BMW"(BMW及图)、"BMW""寶馬"商标已处于事实上的驰名状态,因此湖南省高级人民法院依法认定原告宝马公司注册号分别为282196、282195、784348的"BMW"(BMW及图)、"BMW""寶馬"注册商标为驰名商标。宝马公司作为上述驰名商标的权利人,其合法权利应当依法受到法律保护。

本案中,被告世纪宝马公司在其服饰产品上使用的"MBWL"(蓝白 MBWL及图)商标与原告宝马公司第282196号"MBW"(BMW及图)商标进行比较,两者已构成混淆性近似,足以使相关公众对使用驰名商标和被诉商标的商品来源产生误认。商标近似,是指被控侵权的商标与原告的注册商标相比较,其文字的字形、读音、含义或者图形的构图及颜色,或者其各要素组合后的整体结构相似,或者其立体形状、颜色组合近似,易使相关公众对商品的来源产生误认或者认为其来源与原告注册商标的商品有特定的联系。本案中,从外形比较、从发音方面比较、在隔离比对的状态下,世纪宝马公司使用的蓝白造型MBWL及图商标与原告宝马公司第282196号BMW及图商标构成混淆性近似,构成侵权。

关于被告世纪宝马公司使用包含有"宝马"字样的"深圳市世纪宝马服饰有限公司"和"世纪宝马集团有限公司"企业名称是否构成对原告宝马公司的不正当竞争问题,湖南省高级人民法院认为,"BMW"系原告宝马公司的注册商标,亦为其在先、合法的商号。原告宝马公司带有"BMW"商标的汽车自进入中华人民共和国境内以来,其"BMW"商标、字号一直与中文"宝马"文字作为商标和字号联合使用,"宝马"字号因宝马公司的长期使用和广泛宣传已产生很强的显著性,"宝马"代表了宝马公司的汽车商品所具有的优秀品质,宝马(BMW)商标、字号已经完全与宝马公司提供的汽车商品之间建立了特定的、一一对应的联系,"宝马"已成为BMW汽车品牌在中国境内的统一称呼,经过宝马公司长期经营和广泛宣传,其

"宝马"字号已为业内人士及相关公众广为知悉。字号作为企业名称中的核心要素,是一个企业区别于其他企业的主要标志。本案被告2004年12月核准登记企业名称时,原告宝马公司的"宝马"字号已经享有较高的知名度,"宝马"商标亦处于驰名状态,而被告世纪宝马公司在明知宝马公司具有较高知名度的企业字号为"宝马"的情况下,仍将"宝马"文字组合登记为"深圳市世纪宝马服饰有限公司"企业名称中的字号进行商业使用,同时,还在产品上使用案外人"世纪宝马集团有限公司"企业名称,明显违背诚实信用原则和公认的商业道德。其行为的目的就是要利用原告宝马公司所享有的商业信誉从事经营活动,获取非法利益。因为将上述企业名称中的世纪宝马与宝马公司"宝马"进行比较,可以明显看出世纪宝马是由弱显著性的"世纪"来修饰"宝马",其呼叫的重点仍在于"宝马"而非"世纪",二者非常近似,容易使相关公众对原告与被告公司的产品及其关联性产生混淆或误认,从而达到其"搭便车"非法牟利的目的。尽管世纪宝马公司提供的是服装、服饰商品,但由于"宝马"已属于宝马公司的驰名商标,其作为字号也已具有较高的知名度,为相关公众所知晓,因此被告世纪宝马公司登记并使用含有"宝马"字样的企业名称,以及使用案外人在香港登记的世纪宝马集团有限公司企业名称显然是在有意误导公众,具有明显的主观恶意,属于典型的不正当竞争行为,依法应当予以禁止。

对于被告傅某的行为是否构成商标侵权和不正当竞争问题,《中华人民共和国商标法实施细则》第五十条规定:"故意为侵犯他人注册商标专用权行为提供仓储、运输、邮寄、隐匿等便利条件的",属于商标法第五十二条第(五)项所称的侵犯注册商标专用权的行为。《最高人民法院关于贯彻执行中华人民共和国民法通则若干问题的意见(试行)》第一百四十八条规定:"教唆、帮助他人实施侵权行为的人,为共同侵权人,应当承担连带民事责任。"本案中,被告世纪宝马公司指定全国各地加盟店、专卖店将加盟金及货款汇入以"傅某"名义设立的中国工商银行、中国农业银行、中国交通银行、中国建设银行的银行卡中。被告傅某作为世纪宝马公司财务人员,应当知道企业的货款必须通过企业的账号进行收支,但仍将自己开设的银行账号提供给被告世纪宝马公司使用,因而对世纪宝马公司利用其银行账号收取货款的事实是明知的。而宝马(BMW)商标、宝马公司在相关公众中具有非常高的知名度,被告傅某作为世纪宝马公司的工作人员,也应当明知世纪宝马公司所从事的经营活动存在侵犯他人合法权益的情况,却仍以自己名义设立银行账户为世纪宝马公司收取货款,因而傅某主观上存在过错。显然,被告傅某提供银行账号供被告世纪宝马公司使用,为世纪宝马公司实施商标侵权和不正当竞争行为提供了极其重要的便利条件,使被告世纪宝马公司通过侵权行为获得的非法利益更为隐蔽,更难以被发现。因此被告傅某的行为同样构成对原告宝马公司的商标侵权和不正当竞争,应当对其提供帮助侵权的行为承担停止侵权、赔偿损失的法律责任。

原告宝马公司还认为被告擅自使用"蓝白构图的MBWL及图"标识侵犯了原告在先、合法的"BMW"(蓝白BMW及图)知名商品特有标志专用权,请求判令被告立即停止使用"蓝白构图的MBWL及图"标识。对此,湖南省高级人民法院认为,因判令被告世纪宝马公司、傅某停止商标侵权行为,已能给予原告宝马公司注册商标充分保护,故对宝马公司这一诉讼请求,湖南省高级人民法院不再予以支持。

本案中原告宝马公司主张被告世纪宝马公司、傅某共同赔偿其经济损失5 000万元,但未能提供具体的损失依据,亦未能提供被告世纪宝马公司、傅某侵权获利的证据,因此湖南省高级人民法院根据被告世纪宝马公司侵权时间较长、侵权范围广、侵权情节严重以及原告宝马公司涉案商标为驰名商标及企业具有较高知名度等因素,酌情确定侵权损害赔偿数额为 500 000 元。

原告宝马公司还要求上述被告在全国发行的报纸、期刊上刊登声明,为原告消除影响。《最高人民法院关于审理商标民事纠纷案件适用法律若干问题的解释》第二十一条规定,法院在审理侵犯注册商标专用权纠纷案件中,可以判决侵权人承担停止侵害、排除妨碍、消除危险、赔偿损失、消除影响等民事责任。湖南省高级人民法院认为,本案被告的侵权行为主观故意明显,客观上造成了市场混乱,已给原告宝马公司的商誉造成严重不良影响,故湖南省高级人民法院对原告宝马公司要求上述被告在全国发行的报纸、期刊上刊登声明,为原告消除影响的诉讼请求予以支持。

本案一审判决后,当事人均未提出上诉,已经发生法律效力。

【案例思考】
1. 什么是驰名商标?驰名商标一定是注册商标吗?
2. 财产保全申请和证据保全申请如何提出?
3. 结合本案原告的证据,谈谈诉讼中的质证。
4. 假如你是本案宝马公司的代理律师,会收集哪些证据?

11.1 驰名商标概述

"驰名商标"(Well-known Trademark)这一法律概念,最早出现在 1883 年签订的《保护工业产权巴黎公约》。我国于 1984 年加入该公约,因而依据该公约的规定对驰名商标给予特殊的法律保护。同时,国家工商行政管理总局于 2003 年 4 月 17 日发布并于 2014 年 7 月 3 日修订了《驰名商标认定和保护规定》,专门对驰名商标问题作出规定。

11.1.1 驰名商标的概念

根据《驰名商标认定和保护规定》的规定,驰名商标是指"在中国为相关公众广为知晓并享有较高声誉的商标",同时,驰名商标的认定必须经过有权机关(国家工商总局商标局、商标评审委员会或人民法院)和相关法律程序。

所以,驰名商标可以界定为,经有权机关依法定程序认定的在中国国内为公众广为知晓并享有较高声誉的商标。相关公众包括与使用商标所标示的某类商品或者服务有关的消费者,生产商标所标示的商品或者提供服务的其他经营者以及经销渠道中所涉及的销售者和相关人员等。

【思考】驰名商标与名牌和著名商标有哪些不同?

驰名商标和名牌是不同领域的两个不同概念。具体地讲,驰名商标通常是指市场上享有较高声誉的商标,是个法律的概念,它的产生经过严格的法律程序,由司法机关或行政管理部门依法认定的,其目的在于解决商标权利冲突,保护驰名商标人的合法权益。而名牌则是一般公众对那些在市场上具有较高声誉的商标的俗称,它是经过民间团体或有关行业管理部门的评定产生的,它的目的是授予企业的一种荣誉,而不具备任何的法律地位,也不被其他国家的商标主管机关和司法机关认可。根据《中华人民共和国商标法》和相关法规的规定，驰名商标除依法享有商标注册所产生的商标专用权外，还有权禁止其他人在一定范围的非类似商品上注册或使用其驰名商标。在驰名商标具有较强显著性和较高知名度的情况下，还有权禁止其他人将其作为企业名称的一部分使用。著名商标并非法律概念，因此也没有法定的认定标准和认定条件。而驰名商标则是法律有明确规定的，有一定的认定条件和认定程序。驰名商标的认定当前分为行政认定和司法认定两种，行政认定是由国家工商总局认定；司法认定则是由中级以上人民法院来认定。

11.1.2 驰名商标的价值

驰名商标能够增加品牌的含金量，升值企业的无形资产，扩大企业的知名度，增强企业的市场竞争力。企业可以据此制定商标知识产权战略，如非主申请商标的转让、许可等，获取不菲的商标许可和转让的收益。同时，驰名商标可以增加政府和公众对企业的认同程度，在投资、信贷等其他领域将得到更多的优惠和支持。另外，如在国外受到抢注或侵权，驰名商标的认定无疑是决胜的筹码。企业可以向有关主管机构提起撤销或保护申请。

驰名商标制度是为充分保护知名商标所有权人的合法权益而创设的，其宗旨是合理保护相关的商标所有权，维护公平竞争，制止侵犯他人商标专用权的行为。

由于法律赋予驰名商标比普通注册商标更为广泛的排他性权利，即驰名商标的保护不仅仅局限于相同或者类似商品或服务，而且扩展到不相同或者不相类似的商品，与此同时，驰名商标持有企业的公司名以及网址域名都会受到不同于普通注册商标的格外法律保护，因此，驰名商标具有巨大的商业价值和法律价值，能够为企业带来巨大的经济效益，有利于企业在市场经济中巩固地位，有利于企业对抗恶意抢注、不同商品的相似商标影响等一系列问题，因此，中国企业纷纷申请认定其商标为驰名商标。到目前为止，获得中国"驰名商标"认定的商标将近1700个，其中外资品牌近100个。

需要说明的是，驰名商标在本质上是一种防止不正当竞争的法律制度，企业不应把其当作一种荣誉称号以及进行广告宣传的资本，更不能为了获得这种特殊的"资本"而弄虚作假，甚至制造根本不存在的商标纠纷以求在诉讼中被认定为驰名商标，这违背了驰名商标制度维护公平竞争之目的，也违背了起码的商业准则。

【讨论】有人认为中国目前驰名商标"太多太滥"，你如何看待？

11.1.3 《保护工业产权巴黎公约》关于驰名商标的规定

《保护工业产权巴黎公约》第6条规定，一个商标如构成对经注册国或使用国主管机关认为是属于一个享有本公约保护的人所有，用于相同或者类似商品上已在该国驰名的商标的伪造、模仿或翻译，易于造成混淆，本同盟成员国都要按其本国法律允许的职权，或应有关当事人的请求，拒绝或取消注册，并禁止使用。这些规定也适用于主要部分系伪造或模仿另一驰名商标易于造成混淆的商标。世界贸易组织《与贸易有关的知识产权协议》第16条第3款规定，巴黎公约1967年文本第6条之2原则上适用于与注册商标所标示的商品或者服务不类似的商品或者服务，只要一旦在不类似的商品或者服务上使用该商标，即会暗示该商品或者服务与注册商标所有人存在某种联系，从而使注册商标所有人的利益可能因此受损。

对驰名商标的保护扩大到了与驰名商标"近似"的标识，范围也从相同或类似商品或服务扩大到非类似的商品或服务上,从而达到给予特殊保护的目的。世界有关商标的知识产权公约也是基于这种思路来认定驰名商标侵权以保护驰名商标的。如《巴黎公约》规定:凡系被成员国认定为驰名商标的标识,一是禁止其他人抢先注册,二是禁止其他人使用与之相同或近似的标识。《知识产权公约》则进一步规定:宣布《巴黎公约》的特殊保护延及驰名的服务商标,把保护范围扩大到禁止在不类似的商品或服务上使用与驰名商标。

中国是《保护工业产权巴黎公约》成员国,并已经加入世界贸易组织,履行《保护工业产权巴黎公约》和《与贸易有关的知识产权协议》的规定,保护成员国在中国已注册或者未注册的驰名商标是我国应尽的义务。

11.1.4 我国关于驰名商标保护的规定

为了切实保护驰名商标权利人的利益,根据《与贸易有关的知识产权协议》和《保护工业产权巴黎公约》的规定,结合中国的实际做法,在《商标法》修改时,增加了对驰名商标的保护。

为了规范驰名商标认定工作,保护驰名商标持有人的合法权益,根据商标法及其实施条例,2003年4月17日,国家工商行政管理总局发布《驰名商标认定和保护规定》,并自2003年6月1日起施行。2014年7月3日,国家工商行政管理总局对《驰名商标认定和保护规定》进行了修订。这是我国专门规范驰名商标的法律法规。

为推进商标战略的实施,规范驰名商标的认定工作,促进驰名商标认定工作进一步制度化、规范化、程序化、法治化,切实维护商标权人的合法权益,健全知识产权保护体系,优化创新环境,促进经济社会又好又快发展,根据《商标法》《商标法实施条例》《驰名商标认定和保护规定》和《国家工商行政管理总局主要职责内设机构和人员编制规定》,国家工商行政管理总局2009年4月21日发布了《驰名商标认定工作细则》。

另外,《最高人民法院关于审理商标民事纠纷案件适用法律若干问题的解释》中也有驰名商标的相关规定。该解释第2条规定:"依据商标法第十三条第一款的规定,复制、摹仿、翻译他人未在中国注册的驰名商标或其主要部分,在相同或者类似商品上作为商标使用,容易导致混淆的,应当承担停止侵害的民事法律责任。"

11.2 驰名商标的认定

驰名商标是一个法律概念和法律保护手段,它的产生需要经过严格的法律程序。在我国,驰名商标认定是指商标局、商标评审委员会依照《商标法》《商标法实施条例》《驰名商标认定和保护规定》《商标评审规则》以及国家工商行政管理总局《各司(厅、局、室)主要职责内设机构和人员编制规定》的有关规定认定驰名商标的过程。

11.2.1 驰名商标的认定目的

驰名商标认定工作的目的是加大商标权保护力度,引导企业实施商标战略,使用自主商标,丰富商标内涵,重视商标知识产权创新和保护,提高商标知名度,形成一批拥有自主知识产权和知名品牌、国际竞争力较强的优势企业,促进企业和社会经济发展,推动创新型国家建设。

11.2.2 驰名商标的认定原则

"被动认定,个案认定"是《巴黎公约》和 TRIPs 协议所确定的驰名商标的认定原则和保护模式,是世界贸易组织所认定的国际通行惯例。我国 2003 年颁布《驰名商标认定和保护规定》中也确立了"被动认定,个案认定"的认定原则。

所谓个案认定,是指在一个案件中只能认定一个驰名商标,而不能通过评比等方式批量认定,这与认定著名商标的方式不同;所谓被动认定,是指行政单位或者司法机关只有在当事人提出认定驰名商标的请求时才能启动驰名商标认定程序,而不能主动认定驰名商标。即只有在商标所有人认为其驰名商标权益受到损害并请求保护其合法权益时,国家商部主管部门和案件审理部门才考虑是否认定驰名商标。在行政体系中商标所有人可以通过商标异议、商标案件向商标局提出驰名商标的认定,还可以通过商标复审案件向商标复审委员会提出驰名商标的认定。

"被动认定,个案认定"的驰名商标认定原则,其实质就是要求驰名商标的认定保护中,坚持驰名商标认定的市场化运作。当事人提出驰名商标的证据,商标行政执法机关或者司法机关根据商标驰名的证据事实和法律规定的依据,对其进行驰名商标的保护。

另外,商标局、商标评审委员会要根据当事人请求和审查、处理案件的需要,负责在商标注册审查、商标争议处理和工商行政管理部门查处商标违法案件过程中认定和保护驰名商标。国家机关在审理商标、域名等知识产权纠纷案件中应在查明事实的基础上严格按照商标法的规定的标准和条件,不能滥用驰名商标认定程序。

11.2.3 驰名商标的认定条件

目前,我国驰名商标的认定采用行政主管部门与人民法院均可认定的双轨制,但须以当事人提出申请或请求为前提,并且该申请或请求必须建立在相关权益受损的基础上。驰名商标的认定条件可以概括为三个方面:

一是商标权人的合法权益遭到不法侵害,而且必须将这一商标认定为驰名商标才能有效地保护其合法权益。

二是该商标在相关人群中具备一定的知名度。

三是该商标权人依法提出了认定驰名商标的申请。

11.2.4 驰名商标的认定途径

我国驰名商标的认定途径有行政认定和司法认定两种。所谓驰名商标的行政认定,是指在商标注册、使用与评审过程中产生争议时,国家工商行政管理总局商标局与商标评审委员会可以根据当事人的请求,依据具体事实认定其商标是否构成驰名商标。所谓驰名商标的司法认定,是指人民法院在审理商标纠纷案件中根据当事人的请求和案件的具体情况对涉及的商标是否构成驰名依法作出认定。其中,行政认定又包括通过商标局认定和通过商标评审委员会认定,另外根据 2014 年 7 月 3 日国家工商行政管理总局发布的《驰名商标认定和保护规定》的规定,还可以在商标侵权保护中通过工商行政管理部门认定。

11.2.4.1 通过商标局认定

可以通过商标异议程序一并向商标局申请认定驰名商标。即申请人如果认为他人经商标局初步审定并公告的商标与申请人在先权利相同或相近似时,在提出异议申请的同时提出驰名商标的认定申请。

11.2.4.2 通过商标评审委员会认定

可以在商标争议案件中同时向商标评审委员会提出对商标驰名的认定申请。依照商标法及条例的规定,在商标评审过程中产生争议时,有关当事人认为其商标构成驰名商标的,可以向商标评审委员会请求认定驰名商标,此时,有关当事人应当依法提交其商标构成驰名商标的证据材料。

11.2.4.3 通过工商行政管理部门认定

可以在商标侵权行政处理过程中向当地工商行政管理部门提出驰名商标的认定申请。即当事人请求工商行政管理部门查处商标违法行为,并依照《商标法》第十三条规定请求驰名商标保护的,可以向违法行为发生地的市(地、州)级以上工商行政管理部门进行投诉,并提出驰名商标保护的书面请求,提交证明其商标构成驰名商标的证据材料。

11.2.4.4 通过人民法院认定

在商标侵权民事诉讼程序中,可以向地方中级以上人民法院提起认定驰名商标的申请。

人民法院在审理商标纠纷案件中,根据当事人的请求和案件的具体情况,可以对涉及的注册商标是否驰名依法作出认定。《最高人民法院关于审理涉及计算机网络域名民事纠纷案件适用法律若干问题的解释》及《最高人民法院关于审理商标民事纠纷案件适用法律若干问题的解释》两个规范性文件的出台,为人民法院认定驰名商标提供了充分的法律依据。

一直以来,中国驰名商标大部分都是通过工商总局(商标局和商标评审委员会)认定的,与人民法院相比,其认定的驰名商标所占比例更大。目前,许多企业纷纷将其商标通过司法这一方式认定为驰名商标,这在某种程度上反映了企业商标意识、品牌意识的增强,对于企业的知识产权维权具有积极意义;同时,司法认定方式可以在地方中级人民法院完成,使驰名商标的认定更为便利,因而已成为许多企业的首选方式。

【讨论】结合实际,谈谈当前司法认定驰名商标存在哪些问题。

11.2.5 认定驰名商标的考虑因素

商标局、商标评审委员会在认定驰名商标应当根据《商标法》第十四条的规定,综合考虑考虑下列各项因素,但并不以该商标必须满足下列全部因素为前提:
(1) 相关公众对该商标的知晓程度;
(2) 该商标使用的持续时间;
(3) 该商标的任何宣传工作的持续时间、程度和地理范围;
(4) 该商标作为驰名商标受保护的记录;
(5) 该商标驰名的其他因素。

法院认定驰名商标的,应当依照以上认定驰名商标的五个因素进行。当事人对曾经被商标局、商标评审委员会或者人民法院认定的驰名商标请求保护的,对方当事人对涉及的商标驰名不持异议,人民法院不再审查。提出异议的,人民法院依照认定驰名商标的五个因素进行审查。

11.2.6 认定驰名商标的证据材料

根据认定驰名商标考虑的因素,驰名商标申请人可以提供以下材料作为证明商标驰名的证据:

(1) 证明相关公众对该商标知晓程度的有关材料。

(2) 证明该商标使用持续时间的有关材料,如该商标使用、注册的历史和范围的材料。该商标为未注册商标的,应当提供证明其使用持续时间不少于五年的材料。该商标为注册商标的,应当提供证明其注册时间不少于三年或者持续使用时间不少于五年的材料。

(3) 证明该商标的任何宣传工作的持续时间、程度和地理范围的有关材料,如近三年广告宣传和促销活动的方式、地域范围、宣传媒体的种类以及广告投放量等材料。

(4) 证明该商标作为驰名商标受保护记录的有关材料,包括该商标曾在中国或者其他国家和地区作为驰名商标受保护的有关材料。

(5) 证明该商标驰名的其他证据材料,包括使用该商标的主要商品在近三年的销售收入、市场占有率、净利润、纳税额、销售区域等材料。

上述所称"三年"、"五年",是指被提出异议的商标注册申请日期、被提出无效宣告请求的商标注册申请日期之前的三年、五年,以及在查处商标违法案件中提出驰名商标保护请求日期之前的三年、五年。

当事人请求驰名商标保护应当遵循诚实信用原则,并对事实及所提交的证据材料的真实性负责。

图 11-1

知识链接

认定驰名商标主要证明材料

企业在申请认定驰名商标时,应提交驰名商标认定申请报告,在报告中须提供其商标权益受到损害的证据。同时应如实填写《驰名商标认定申请表》,并提供相应的证明材料。这些证明材料主要包括:

(1) 驰名商标认定申请人的营业执照副本复印件;

(2) 驰名商标认定申请人委托商标代理机构代理的,应提供申请人签章的委托书,或者申请人与商标代理机构签订的委托协议(合同);

(3) 使用该商标的主要商品或服务近3年来主要经济指标(应提供加盖申请人财务专用章以及当地财政与税务部门专用章的各年度财务报表或其他报表复印件,行业证明材料应由国家级行业协会或者国家级行业行政主管部门出具);

(4) 使用该商标的主要商品或服务在国内外的销售或经营情况及区域(应提供相关的主要的销售发票或销售合同复印件);

(5) 该商标在国内外的注册情况(应将该商标在所有商品或服务类别以及在所在国家或地区的注册情况列明,并提供相应的商标注册证复印件);

(6) 该商标近年来的广告发布情况(应提供相关的主要的广告合同与广告图片复印件);

(7) 该商标最早使用及连续使用时间(应提供使用该商标的商品或服务的最早销售发票或合同或该商标最早的广告或商标注册证复印件);

(8) 有关该商标驰名的其他证明文件(如省著名商标复印件等)。

企业申请认定驰名商标,可以自行准备申请材料,也可以委托国家工商行政管理总局批准的商标代理机构代理。凡委托不具备商标代理资格的机构或个人提交的驰名商标认定申请材料,各省级工商局不予受理。接受企业委托办理申请认定驰名商标有关事宜的商标代理机构,除收取适当的代理费用外,不得向委托人收取其他任何费用。

11.2.7 驰名商标的认定程序

驰名商标的认定程序因认定方式不同而有所差异。具体而言:

1. 通过商标局或商标评审委员会认定驰名商标的程序

商标局、商标评审委员会成立驰名商标认定委员会,其成员包括商标局、商标评审委员会的局长、主任、副局长、副主任、巡视员、副巡视员,局长、主任为主任委员。商标局、商标评审委员会承办处依法进行驰名商标认定申请材料的受理、整理和审查工作;商标局局长办公会、商标评审委员会委务会依法进行驰名商标认定中的审定工作;驰名商标认定委员会依法进行驰名商标认定中的复审工作;国家工商行政管理总局局长办公会对驰名商标认定委员会拟认定的驰名商标予以核审。

当事人通过商标局认定方式以及通过商标评审委员会认定方式提出驰名商标保护请求的,商标局、商标评审委员会应当在《商标法》第三十五条、第三十七条、第四十五条规定的期限内及时作出处理。

企业需要通过商标局认定驰名商标,必须通过所在地省、自治区、直辖市工商行政管理局(以下简称省级工商局)报送有关材料,由各省级工商局将经过初审并签署意见的有关申请材料以邮寄方式及时报送国家工商总局商标局,最后,由国家工商总局商标局认定该商标是否驰名。

要通过商标评审委员会认定驰名商标,即当事人在商标不予注册复审案件和请求无效宣告案件中,如果认为他人已注册的商标违反《商标法》第十三条的规定,在请求裁定撤销该注册商标的同时,向商标评审委员会提交证明自己商标驰名的有关材料,由商标评审委员会认定自己的商标为驰名商标。

商标局、商标评审委员会在认定驰名商标时,应当综合考虑驰名商标的各项认定要素,但不以满足全部因素为前提。

商标局、商标评审委员会在认定驰名商标时,需要地方工商行政管理部门核实有关情况的,相关地方工商行政管理部门应当予以协助。

商标局、商标评审委员会应严格、准确、依法开展驰名商标认定工作,正确引导舆论宣传,促进驰名商标认定和保护制度的健康发展,支持帮助企业合理实施商标战略。商标局应指导各地工商行政管理部门在驰名商标认定申请工作中严格把关,确保申请材料内容真实、准确。

知识链接
驰名商标认定程序的相关法律条文

《商标法》第三十五条规定：对初步审定公告的商标提出异议的，商标局应当听取异议人和被异议人陈述事实和理由，经调查核实后，自公告期满之日起十二个月内做出是否准予注册的决定，并书面通知异议人和被异议人。有特殊情况需要延长的，经国务院工商行政管理部门批准，可以延长六个月。

商标局做出准予注册决定的，发给商标注册证，并予公告。异议人不服的，可以依照本法第四十四条、第四十五条的规定向商标评审委员会请求宣告该注册商标无效。

商标局做出不予注册决定，被异议人不服的，可以自收到通知之日起十五日内向商标评审委员会申请复审。商标评审委员会应当自收到申请之日起十二个月内做出复审决定，并书面通知异议人和被异议人。有特殊情况需要延长的，经国务院工商行政管理部门批准，可以延长六个月。被异议人对商标评审委员会的决定不服的，可以自收到通知之日起三十日内向人民法院起诉。人民法院应当通知异议人作为第三人参加诉讼。

商标评审委员会在依照前款规定进行复审的过程中，所涉及的在先权利的确定必须以人民法院正在审理或者行政机关正在处理的另一案件的结果为依据的，可以中止审查。中止原因消除后，应当恢复审查程序。

《商标法》第三十七条规定：对商标注册申请和商标复审申请应当及时进行审查。

《商标法》第四十五条规定：已经注册的商标，违反本法第十三条第二款和第三款、第十五条、第十六条第一款、第三十条、第三十一条、第三十二条规定的，自商标注册之日起五年内，在先权利人或者利害关系人可以请求商标评审委员会宣告该注册商标无效。对恶意注册的，驰名商标所有人不受五年的时间限制。

2. 通过工商行政管理部门认定驰名商标的程序

当事人请求工商行政管理部门查处商标违法行为的，工商行政管理部门应当对投诉材料予以核查，依照《工商行政管理机关行政处罚程序规定》的有关规定决定是否立案。决定立案的，工商行政管理部门应当对当事人提交的驰名商标保护请求及相关证据材料是否符合商标法及其实施条例和《驰名商标认定和保护规定》的相关规定进行初步核实和审查。经初步核查符合规定的，应当自立案之日起三十日内将驰名商标认定请示、案件材料副本一并报送上级工商行政管理部门。经审查不符合规定的，应当依照《工商行政管理机关行政处罚程序规定》的规定及时作出处理。

省（自治区、直辖市）工商行政管理部门应当对本辖区内市（地、州）级工商行政管理部门报送的驰名商标认定相关材料是否符合及其实施条例和《驰名商标认定和保护规定》的相关规定进行核实和审查。经核查符合规定的，应当自收到驰名商标认定相关材料之日起三十日内，将驰名商标认定请示、案件材料副本一并报送商标局。经审查不符合规定的，应当将有关材料退回原立案机关，由其依照《工商行政管理机关行政处罚程序规定》的规定及时作出处理。

商标局经对省（自治区、直辖市）工商行政管理部门报送的驰名商标认定相关材料进行审查，认定构成驰名商标的，应当向报送请示的省（自治区、直辖市）工商行政管理部门作出批复。

立案的工商行政管理部门应当自商标局作出认定批复后六十日内依法予以处理,并将行政处罚决定书抄报所在省(自治区、直辖市)工商行政管理部门。省(自治区、直辖市)工商行政管理部门应当自收到抄报的行政处罚决定书之日起三十日内将案件处理情况及行政处罚决定书副本报送商标局。

各级工商行政管理部门在商标注册和管理工作中应当加强对驰名商标的保护,维护权利人和消费者合法权益。商标违法行为涉嫌犯罪的,应当将案件及时移送司法机关。

3. 通过人民法院认定驰名商标的程序

人民法院在审理商标纠纷案件中,根据当事人的请求和案件的具体情况,可以对涉及的注册商标是否驰名依法作出认定,具体程序依照民事诉讼法的相关规定办理。

11.2.7 驰名商标的审查审定

11.2.7.1 商标管理程序中的审查

对经省级工商行政管理机关依《驰名商标认定和保护规定》上报的驰名商标认定申请的案件材料及证明商标驰名的证据材料,商标局实行收文和办文分开制度,由商标局综合处负责收文,有关承办处负责材料整理,建立登记簿登记。

对在商标管理中提出的驰名商标认定申请,申请人提交补充证据材料的,有关承办处在相关申请提交商标局局长办公会之前可将补充材料内容纳入申请材料予以整理。承办处可以就商标的显著性和驰名程度等技术性问题征求有关处室或有关部门的意见。承办处认为确有必要时,可以向地方工商行政管理部门了解有关情况。

对于在商标管理中提出的驰名商标认定申请,由承办处处长主持召开处务会讨论并提出初步意见。处务会的参加人员不得少于全处人员的三分之二。会议应做记录。

经处务会讨论,形成符合驰名商标条件或不符合驰名商标条件的初步意见,由处长报分管副局长。分管副局长提交商标局局长办公会讨论。

11.2.7.2 商标异议程序中的审查

对于在商标异议(含国际注册程序中的商标异议)程序中提出的驰名商标认定申请,按照《商标法》《商标法实施条例》和《驰名商标认定和保护规定》的规定,原则上根据商标异议的申请时间顺序进行审理。

承办人员对驰名商标的证明材料进行整理,经合议组讨论后报处务会讨论。承办处的处长主持召开处务会议,处务会的参加人员不得少于全处人员的三分之二。会议应做记录。

经处务会讨论,形成证据材料充足且该异议案件确需依《商标法》第十三条裁定的意见或证据不足、该异议案件不需要依《商标法》第十三条裁定的意见,由处长报分管副局长。分管副局长提交商标局局长办公会讨论。

11.2.7.3 商标异议复审、商标争议程序中的审查

对在商标异议复审、商标争议程序中提出的驰名商标认定申请,商标评审委员会按照《商标法》《商标法实施条例》《驰名商标认定和保护规定》和《商标评审规则》的规定进行审理。

商标评审委员会审理涉及驰名商标认定的案件应由案件承办处组成合议组进行审理。合议组由商标评审人员三人以上的单数组成,案件承办处处长必须担任合议组成员。合议

组审理涉及驰名商标认定的案件,实行少数服从多数的原则。

合议组经审理认为基本符合驰名商标条件的,由处长报分管副主任。分管副主任经研究认为基本符合驰名商标条件的,报经主任同意后,提交商标评审委员会委务会讨论。

主任同意将涉及驰名商标认定案件提交委务会讨论的,案件承办人应当及时将相关材料送交综合处。综合处应当在委务会召开三天之前,将相关材料复印并送交参加委务会的人员。

11.2.7.4 驰名商标的审定

商标局讨论驰名商标认定案件的局长办公会由局长、副局长、巡视员、副巡视员组成,承办处处长列席。

商标评审委员会讨论驰名商标认定案件的委务会由主任、巡视员、副主任、副巡视员、各处处长组成。

商标局局长办公会就商标局分管副局长提交的意见进行研究审定。其中,对于商标异议程序中提出的驰名商标认定申请,商标局局长办公会认为证据不足或该异议案件不需要依《商标法》十三条裁定的,承办处按一般的异议案件处理;对于商标管理程序中提出的驰名商标认定申请,商标局局长办公会认为不符合驰名商标条件的,承办处按照公文办理程序发文退回申请,并将申请材料一并退回。商标评审委员会委务会就分管副主任提交的意见进行研究审定,商标评审委员会委务会的参加人员不得少于应到人员的三分之二。商标局局长办公会或商标评审委员会委务会形成意见后,及时报驰名商标认定委员会研究。

11.2.7.5 驰名商标的复审与核审

驰名商标认定委员会按照《商标法》《商标法实施条例》《驰名商标认定和保护规定》和《商标评审规则》的规定对商标局、商标评审委员会提交的驰名商标审定意见进行研究复审,并及时将经复审拟认定的驰名商标,报总局局长办公会议核审。经复审拟退回的,退回商标局或商标评审委员会按照有关程序处理。驰名商标认定委员会召开上述复审会议时,参加人员不得少于应到人员的三分之二。

根据总局的核审意见,商标局、商标评审委员会应当按照各自的公文办理程序作出批复或裁定,并及时向社会公布认定的驰名商标。

商标局和商标评审委员会在作出商标异议、商标异议复审裁定、商标争议裁定后,应将有关驰名商标认定的材料与商标异议、商标异议复审、商标争议案件材料一并归档。商标局就商标管理中案件作出有关认定驰名商标的批复后,应将该有关材料立卷归档。驰名商标认定的材料应一案一卷,保留期限为三年。

对于商标管理程序中提出的驰名商标认定申请,在复审、核审程序中认为不符合驰名商标条件的,一律作退回处理,由总局分管副局长核审。根据总局领导的核审意见,商标局按照公文办理程序发文退回申请,并将申请材料一并退回。

11.2.8 驰名商标认定监督与法律责任

商标局局长办公会、商标评审委员会委务会研究驰名商标认定时,中央纪委、监察部驻国家工商行政管理总局纪检组、监察局派员进行监督。驰名商标认定委员会召开复审会议时,中央纪委、监察部驻国家工商行政管理总局纪检组、监察局派员监督,中华商标协会派代表列席会议。

商标局、商标评审委员会应将驰名商标的认定工作列为廉政风险点,建立健全监督检查制度,加强风险点管理。

驰名商标认定审查期间,任何单位、个人均可向商标局、商标评审委员会反映情况,提出意见。驰名商标权利主张者、利害关系人及其代理人就相关驰名商标认定申请的来访,由商标局综合处或商标评审委员会综合处接待。商标局综合处或商标评审委员会综合处应及时将反映的情况书面反馈有关承办处。

从事驰名商标认定工作的人员要严格遵守工作纪律,不得泄露驰名商标认定工作中的保密事项和按照相关要求不应公开的情况。

驰名商标认定工作以及从事认定工作的人员要严格遵守廉洁自律的有关规定,要严格遵守《商标法》《工商行政管理部门商标注册、管理和评审工作守则》等有关规定。对于违法、违纪行为,要依照有关规定,追究相关当事人的责任。

【思考】我国在驰名商标认定方面存在哪些问题?

《驰名商标认定和保护规定》等驰名商标法律法规,在保证驰名商标工作制度化、规范化、程序化等方面发挥了重要作用。但是,我国关于驰名商标的认定方面还存在认定程序过于原则、认定标准不够具体、工作责任不够明确等问题,在实践中集中公布认定结果的方式也易使社会公众错误认为认定驰名商标是一种行政审批或者荣誉评比。因此,仍需要在认真总结驰名商标案件审理经验的基础上,针对驰名商标案件认定工作实践中需要解决的问题,围绕"规范程序、细化标准、明确责任"的思路和目标,修订相关法律法规。

11.3 驰名商标的保护

中国驰名商标依法受到优于普通注册商标的特别保护。驰名商标既具有一般商标的区别作用,又具有知名度高、影响范围广、商业价值巨大等特点,因此一直是不法侵权者觊觎的对象。为了防止和减少这种侵权行为的发生,《保护工业产权巴黎公约》《与贸易有关的知识产权协议》都对驰名商标的特殊保护作了行之有效的具体规定,赋予驰名商标比一般的商标更强、更全面的保护。法律对普通商标的保护仅限于相同或相似的商品,而对驰名商标进行跨类保护,即只要认定为驰名商标,其他企业在其任何商品中均不得采用该驰名商标。

11.3.1 驰名商标保护的重要性

对驰名商标进行特殊保护是参与国际市场竞争、加入世贸组织的要求。国际上对驰名商标进行特殊保护的规定主要有《巴黎公约》1967年文本及《与贸易有关的知识产权协议》(简称"TRIPs协议")。我国已先后正式加入了《巴黎公约》和TRIPs协议,对其中关于驰名商标保护的条款都没有作出保留,所以有义务履行相关规定,对成员国驰名商标给予特殊的法律保护。同时,要使我国的名优产品能在国际市场上占有一席之地,必然要求解决本国驰名商标保护的问题。

对驰名商标进行特殊保护是维护驰名商标权益人和消费者利益的需要。驰名商标凝聚了商品生产者和经营者以及服务提供者大量的智慧和劳动,对广大消费者来说,驰名商标意味着产品质量高、形象好,甚至能够体现出消费者的身份和地位。因此,对驰名商标的有效保护不仅关系到商标权人的利益,也是维护消费者的利益所需。

对驰名商标进行特殊保护是维护公平竞争的市场秩序、保护民族产业的体现。驰名商标因其本身所具有的巨大商业价值易成为假冒、仿冒的对象,通过对驰名商标的侵权不仅可以省去巨额的市场开拓费用,而且能够迅速攫取可观的市场利益。① 而这种侵权行为构成了不正当竞争,建立公平竞争的市场秩序就必须打击对驰名商标的侵权,对本国驰名商标进行特殊保护。

11.3.2 驰名商标保护的主体

11.3.2.1 行政保护主体

能够保护驰名商标的行政主体除了商标局和商标评审委员会以外,根据《驰名商标认定和保护规定》的规定,案件发生地的市(地、州)以上的工商行政管理部门可以保护驰名商标。

商标注册审查、商标争议处理和工商行政管理部门查处商标违法案件过程中,当事人依照商标法规定请求驰名商标保护时,可以提供该商标曾在我国作为驰名商标受保护的记录。

当事人请求驰名商标保护的范围与已被作为驰名商标予以保护的范围基本相同,且对方当事人对该商标驰名无异议,或者虽有异议,但异议理由和提供的证据明显不足以支持该异议的,商标局、商标评审委员会、商标违法案件立案部门可以根据该保护记录,结合相关证据,给予该商标驰名商标保护。

在商标违法案件中,当事人通过弄虚作假或者提供虚假证据材料等不正当手段骗取驰名商标保护的,由商标局撤销对涉案商标已作出的认定,并通知报送驰名商标认定请示的省(自治区、直辖市)工商行政管理部门。

地方工商行政管理部门违反法律规定未履行对驰名商标认定相关材料进行核实和审查职责,或者违反法律规定未予以协助或者未履行核实职责,或者违反法律规定逾期未对商标违法案件作出处理或者逾期未报送处理情况的,由上一级工商行政管理部门予以通报,并责令其整改。

各级工商行政管理部门应当建立健全驰名商标认定工作监督检查制度。

参与驰名商标认定与保护相关工作的人员,玩忽职守、滥用职权、徇私舞弊,违法办理驰名商标认定有关事项,收受当事人财物,牟取不正当利益的,依照有关规定予以处理。

11.3.2.2 司法保护主体

驰名商标的司法保护主体是中级以上各级人民法院。根据《商标法》以及《驰名商标认定和保护规定》的规定,根据当事人的申请,人民法院可以通过民事诉讼、行政诉讼和刑事诉讼三种形式来保护驰名商标专用权。

11.3.3 驰名商标的特殊保护

由于驰名商标内所蕴含的巨大投入和可预期的经济利益,驰名商标长期是不法侵权者觊觎的对象,因此,对驰名商标侵权的认定与一般商标不同,前者更宽泛。因为对驰名商标的保护主要是从横向和纵向两方面入手,横向使与驰名商标"近似"的标识范围扩大,扩大到

---

① 黄晖.驰名商标和著名商标的法律保护.北京:法律出版社,2001:43.

了纵向则使驰名商标所标示的商品或服务类别扩大,从相同或类似商品或服务扩大到非类似的商品或服务上,达到给予特殊保护的目的。另外,驰名商标与一般注册商标的侵权相比较,还有其他的典型的商标侵权所不具备的侵权形式,学理上称之为"淡化"方式侵权。所谓"淡化"就是以某种方式歪曲、减弱甚至消除具有某种驰名商标的特定商品(服务)与特定的商品生产者(服务提供者)的联系,导致商标的显著性和吸引力弱化,从而引起消费者的混淆。

(1) 禁止不当使用。普通商标只能在获准注册的商品或服务类别上受到法律的保护,享有商标专用权;而驰名商标与其独创性和显著性而获得不同程度的跨类保护。将与他人驰名商标相同或者近似的商标使用在非类似的商品上,且会暗示该商品与驰名商标注册人存在某种联系,从而可能使驰名商标注册人的权益受到损害的,驰名商标注册人可请求工商行政管理机关予以制止。就相同或者类似商品申请注册的商标是复制、摹仿或者翻译他人未在中国注册的驰名商标,容易导致混淆的,不予注册并禁止使用。就不相同或者不相类似商品申请注册的商标是复制、摹仿或者翻译他人已经在中国注册的驰名商标,误导公众,致使该驰名商标注册人的利益可能受到损害的,不予注册并禁止使用。使用商标违反《商标法》第十三条规定的,有关当事人可以请求工商行政管理部门禁止使用。经商标局依照《商标法》第十四条的规定认定为驰名商标的,由工商行政管理部门责令侵权人停止违反《商标法》第十三条规定使用该驰名商标的行为,收缴、销毁其商标标识;商标标识与商品难以分离的,一并收缴、销毁。

(2) 禁止不当注册。驰名商标可以对抗其他人的恶意抢注。将与他人驰名商标相同或近似的商标在非类似商品上申请注册,且可能损害驰名商标注册人的权益,商标局可以驳回其注册申请。已经注册的,驰名商标注册人可以请求商标评审委员会予以撤销。已经注册的商标,违反商标法相关规定的,自商标注册之日起五年内,商标所有人或者利害关系人可以请求商标评审委员会裁定撤销该注册商标。对恶意注册的,驰名商标所有人不受五年的时间限制。

(3) 其他公司不得以该驰名商标作为域名注册。他人的域名或其主要部分构成对驰名商标的复制、摹仿、翻译或音译的,应当认定其注册、使用域名等行为构成侵权或者不正当竞争。

(4) 禁止作为商号使用。其他公司不得以该驰名商标作为公司名称注册;自驰名商标认定之日起,他人将与该驰名商标相同或近似的文字作为企业名称的一部分使用,且可能引起公众误认的,工商行政管理机关不予登记;已经登记的,驰名商标注册人可以请求予以撤销。我国修正后的《商标法》第十三条中将驰名商标的保护扩展至非类似商品或服务上,正式以立法形式确立了对驰名商标的扩张保护。驰名商标所有人认为他人将其驰名商标作为企业名称登记,可能欺骗公众或者对公众造成误解的,可以向企业名称登记主管机关申请撤销该企业名称登记。企业名称登记主管机关应当依照《企业名称登记管理规定》处理。

我国法律保护驰名商标的特殊原则

禁止不当注册	将与他人驰名商标相同或近似的商标在非类似商品上申请注册,且可能损害驰名商标注册人的权益,商标局可以驳回其注册申请。已经注册的,驰名商标注册人可以请求商标评审委员会予以撤销
禁止不当使用	将与他人驰名商标相同或者近似的商标使用在非类似的商品上,且会暗示该商品与驰名商标注册人存在某种联系,从而可能使驰名商标注册人的权益受到损害的,驰名商标注册人可请求工商行政管理机关予以制止
禁止作为商号使用	自驰名商标认定之日起,他人将与该驰名商标相同或近似的文字作为企业名称的一部分使用,且可能引起公众误认的,工商行政管理机关不予登记;已经登记的,驰名商标注册人可以请求予以撤销。我国修正后的《商标法》第十三条中将驰名商标的保护扩展至非类似商品或服务上,正式以立法形式确立了对驰名商标的扩张保护

11.3.4 驰名商标的跨类保护

从法律规定来说,驰名商标并非受全类保护,只能说可以获得不同程度的跨类保护,也就是说,可以根据驰名商标的驰名程度,获得不同程度的跨类保护。即对驰名程度非常高的驰名商标,工商部门在跨类保护时就可能涵盖全类;但对有些驰名程度不是非常高的驰名商标,在一些不会造成公众误导的类别上就不会得到保护。

在实践中,国家工商总局认定的驰名商标,得到的跨类保护比较多,如商标局在审查商标注册申请以及工商部门在审查企业名称申请时,一旦发现申请注册的商标是复制、摹仿或者翻译他人已经在中国注册的驰名商标准备申请注册在不相同或者不相类似的商品上时,商通常都会主动地对这些商标不予核准注册,各地工商部门也会主动地不予核准与驰名商标相同或者相类似的企业名称。

但司法认定的驰名商标,很难享受到这样的待遇,因为由各地中级法院认定的驰名商标,并没有在国家工商总局统一备案和统一公告,商标局和各地工商局压根就不知道他是法院认定的驰名商标,当然不会主动地给予保护。法院认定的驰名商标,遇到别的公司侵权时,就只能自己提出异议或争议,或者向法院提起诉讼。总的来说,法院认定的驰名商标遇到侵权时,主要由拥有这个驰名商标的企业被动地通过打官司来维权,但国家工商总局认定的驰名商标在遇到侵权时,却能得到工商部门的主动保护。

11.3.6 企业驰名商标保护策略

目前,我国企业在驰名商标的保护上主要存在着以下问题:(1)为获取眼前利益,盲目许可他人使用。(2)有的企业搭便车乱用驰名商标,造成驰名商标的淡化。(3)注重品牌宣传,轻视商品质量和售后服务。(4)有的企业对自己的驰名商标国外注册不及时,遭恶意抢注,保护遇到障碍。

企业防范驰名商标淡化的风险应当从以下几个方面着手:

一是及时注册商标。要把没有注册的商标及时注册,在我国还没有建立联合商标和防御商标制度的情况下,可以采取全面注册的办法防止抢注。

二是设计标识时要统一。在设计企业标识时要统一,使商标和企业名称、商号、牌匾、包装装潢、域名乃至企业的其他标识统一起来,这样既有利于宣传企业的商标,提高企业的知名度,又有利于防止一些别有用心的人钻空子,抢注企业标识。

三是重视企业的网络标识。随着经济和科技的发展,企业生存和发展的空间不断扩大,当前一个重要的发展趋势是企业在网络空间的发展,由此产生了一系列新的权利,如域名权、IP 地址等,对这些新的企业标识企业要及时注册,为企业在网络空间的发展占据一个立足点。

四是许可使用商标要慎重。一些企业用其知名商标或驰名商标作价出资与外方合资,合资后外方却将该商标弃置不用,只用自己的商标,几年后该商标已无人知晓,导致商标严重退化,对于这种情况,企业应警惕。

五是企业可以使用组合商标。企业对其生产经营的不同产品,在使用总商标的同时,再各自使用一个分商标。这样既能维护企业的整体形象,又能体现各个商品的特点。在某一品牌的商品质量发生问题时,也不至于影响其他品牌的商品。对于某些驰名商标也可以为其注册副牌,在产品质量得不到保证时,可用副牌商标销售。这样既不影响商标的声誉,也能保证企业产品的销量。

【讨论】什么是驰名商标的反淡化保护?

"三一"驰名商标保护案[①]

【案件背景】

三一重工公司是国内知名企业,其所拥有的第 1550869 号"三一"文字注册商标被相关公众广为知晓。永合公司在其机床类产品上突出使用"三一"标识,并在其企业名称中冠以"三一"文字。法院根据商标法第十四条的规定,依法认定三一重工公司拥有的第 1550869 号"三一"文字注册商标为驰名商标,判定永合公司的行为构成商标侵权及不正当竞争。本案通过驰名商标的司法认定,有力地保护了商标权人的合法权益,对于维护正常的经济秩序,制止"傍名牌""搭便车"行为,促进知名企业的品牌建设具有积极的意义。

【案情简介】

三一重工股份有限公司(以下简称三一重工公司)是第 1550869 号及第 6131503 号"三一"文字注册商标专用权人。马鞍山市永合重工科技有限公司(以下简称永合公司)未经三一重工公司许可,在其企业名称中冠以"三一"文字,并在其机床类产品、厂房外墙、广告宣传及网站首页中使用"三一重工""三一机床"等标识,三一重工公司据此提起商标侵权及不正当竞争诉讼。

湖南省长沙市中级人民法院一审判决永合公司停止商标侵权及不正当竞争行为并赔偿三一重工公司经济损失 40 万元。永合公司不服,提起上诉。

---

① 本案例改编自《湖南省高级人民法院民事判决书(2012)湘高法民三终字第 61 号》,该案被最高人民法院评为"2012 年中国法院知识产权司法保护十大案件"之一。

湖南省高级人民法院经审理认为，三一重工公司依法享有第1550869号及第6131503号"三一"文字注册商标专用权，其中第1550869号商标由三一重工公司在企业名称、产品、对外宣传、企业设施及股票名称中持续使用，已为相关公众广为知晓，符合《中华人民共和国商标法》第十四条关于驰名商标的认定条件，依法应认定为中国驰名商标。同时，"三一"文字是三一重工公司企业名称中最为显著和核心的部分，构成其企业字号，具有较高的知名度，应认定为反不正当竞争法第五条第一款（三）项规定的"企业名称"，依法受法律保护。永合公司未经许可，在与涉案第1550869号"三一"商标核准使用的商品范围不相同亦不相似的机床类产品上突出使用"三一"商标，并在其企业名称中冠以"三一"文字，其行为构成商标侵权及不正当竞争，依法应当承担相应的民事责任。遂判决驳回上诉，维持原判。

【案例思考】

1. 与普通商标相比，驰名商标的保护有哪些特殊性？
2. 当驰名商标受到侵害时，如何维护其权利？
3. 结合本案，谈谈你对"傍名牌""搭便车"的看法。

第五编 其他知识产权

第 12 章 商业秘密权

◎ **导读**：

商业秘密作为企业的宝贵财富,在现代市场经济竞争中的作用日益增大,防范商业秘密泄露是企业法律风险管理的重要一环。本章主要讲述商业秘密的概念、特征、构成、属性,商业秘密权的性质、内容、限制,侵犯商业秘密的形式、商业秘密保护的方式方法。重点在于熟悉我国商业秘密保护相关的法律法规,理解商业秘密的构成要件和法律地位,了解商业秘密权的利用和限制,掌握常见侵犯商业秘密权的表现形式。难点在于区分商业秘密保护方式与专利保护方式,把握商业秘密的法律构成要件以及商业秘密的表现形式,判别是否侵犯商业秘密,熟知商业秘密保护措施。

◎ **重点**：

1. 商业秘密有哪些类型?
2. 与专利相比,商业秘密保护方式有哪些优缺点?
3. 企业如何做好保密工作?
4. 如何确定商业秘密的标志?
5. 商业秘密被侵犯后如何救济?

力拓"间谍"案①

【案件背景】

力拓"间谍"案涉及受贿、泄露商业秘密员工多人,涉案钢企二十多家,中澳双方高度重视。商业机密的泄漏给中国钢铁行业带来了巨大损失,使中国企业在铁矿石谈判中处于不利地位。该案不仅首次暴露出中国钢铁企业多年在国际铁矿石谈判中屡遭失败,并为此付出了七千亿元沉重代价的原因,更在于它揭开了外国公司在华间谍行为的冰山一角,牵引出了力拓等一些外企在中国有偷税漏税、商业间谍、政界腐败等相关等问题。该案让公众在认识经济间谍面纱的同时,也对商业秘密保护有了更新的认识,再一次为我国企业商业秘密保护敲响了警钟。我国已进入改变经济发展结构、大力发展高新技术的关键时期,企业应当高度重视商业秘密保护。

---

① 本案例改编自《上海第一中院刑事判决书(2010)沪一中刑初字第34号》。

【案情简介】

2009年7月5日,胡某、王某、葛某、刘某等四名力拓员工,因涉嫌"采取不正当手段刺探窃取中国国家秘密"被上海市国家安全局刑事拘留。

2009年8月11日,胡某等四人被正式批捕时的罪名则降格为"涉嫌侵犯商业秘密罪和非国家工作人员受贿罪"。

2010年2月10日,上海市人民检察院第一分院对澳大利亚力拓公司胡某等四人涉嫌非国家工作人员受贿、侵犯商业秘密犯罪一案,向上海第一中院提起公诉。

2010年3月22日,备受关注的"力拓案"在上海市第一中级人民法院(以下简称"上海第一中院")第一法庭开庭审理。

经法院查明:

2008年至2009年初,为获得进口铁矿石,河北敬业钢铁有限公司向力拓新加坡公司上海代表处首席代表胡某行贿人民币100万元,河北唐山国丰钢铁有限公司向胡某行贿79.84余万美元(折合人民币546.23万余元),共计646万余元。

2003年至2009年6月,天津荣程联合钢铁集团有限公司、山东日照钢铁公司、山东华信工贸有限公司、山东日照中瑞物产有限公司、河北普阳钢铁有限公司等企业,向力拓罗泊公司上海代表处销售主管王某共行贿人民币共计7514万余元,其中日照钢铁行贿超过人民币6000万元。

2007年至2009年6月,中化国际(控股)股份有限公司、中建材集团进出口公司、河北敬业钢铁公司等企业,向先后担任力拓公司北京代表处、新加坡公司上海代表处销售经理的葛某行贿共计694万余元,葛某个人从中分得210余万元。

同时,河南安阳保泰盈商贸有限责任公司、山西建邦集团有限公司、香港泛亚矿产有限公司、山西安泰集团股份有限公司、山东万宝贸易有限公司、山东广福集团有限公司、山西晋城福盛钢铁有限公司、山东传洋集团有限公司等企业,向力拓新加坡公司上海代表处销售主管刘某行贿共计378万余元。

但上述涉案多数企业均对媒体和外界称"未有行贿",其中上海明勤国际贸易有限公司还在行业网站上发表声明,否认有违法行贿行为。但判决书上显示,上述行贿企业涉案人员已多数作"另案处理"。

法院还认定,从2008年12月至2009年6月,四名被告为了掌握中国钢铁企业对2009年度国际铁矿石价格谈判策略,以便其所属力拓公司制定相应政策,利用该公司在铁矿石贸易中的优势地位,采取利诱及其他不正当手段,获取了中国钢铁企业2009年进口铁矿石价格谈判的多项商业秘密。

经法院认定的"商业秘密",主要包括中国钢铁工业协会多次铁矿石价格谈判策略的会议信息,以及中国钢铁企业购买铁矿石的价格信息等,使得中国企业在2009年谈判中失败,并为此支付额外大量购矿资金和利息损失。

2010年3月29日,上海第一中院对力拓案作出一审判决。根据判决书,向力拓员工行贿的中国企业达到20家。除央企中化国际、中建材外,主要为民营钢铁企业日照钢铁、荣程钢铁等和贸易企业。除已宣布的力拓涉案四名员工外,还有澳大利亚哈默斯利中国有限公司(属于力拓集团)北京首席代表王某、力拓新加坡公司上海代表处销售总监李某也涉嫌窃取相关机密。上述提及人士,以及其他中国钢厂和贸易商行贿者,判决书绝大部分以"另案处理"标注。

判处被告人胡某有期徒刑十年,并处没收财产和罚金人民币 100 万元;王某有期徒刑十四年,并处没收财产和罚金人民币 520 万元;葛某有期徒刑八年,并处没收财产和罚金人民币 80 万元;刘某有期徒刑七年,并处没收财产和罚金人民币 70 万元;违法所得均予以追缴。

之后,除胡某外,王某等其余三名被告人均以各自理由提出上诉。

上海市高级人民法院经审理认定,一审判决事实清楚、证据确实、充分,适用法律正确,量刑适当,审判程序合法,故依法终审裁定驳回上诉,维持原判。

上海市高级人民法院 2010 年 5 月 17 日对该案二审公开宣判,判决驳回被告人上诉,维持一审判决。

【案例思考】

1. 结合本案,谈谈什么是商业秘密,商业秘密与国家机密是什么关系。
2. 结合本案,谈谈加强商业秘密保护的必要性、重要性和紧迫性以及商业秘密泄密的根源。
3. 我国商业秘密立法体系包括哪些内容?
4. 结合本案,谈谈商业秘密泄密的途径有哪些。
5. 哪些案件由国家安全局立案侦查?

12.1 商业秘密概述

企业间关于商业信息的争夺自古有之,也是影视作品经久不衰的创作题材。在信息革命向纵深发展的今天,商业秘密已成为企业的核心竞争力之一,事关企业的生存和发展,商业秘密的重要性更加凸显。从某种意义上讲,商业秘密是市场竞争的一个制高点,谁掌握了商业秘密,谁就拥有了竞争优势。与此同时,随着企业人才流动的频繁、商业间谍的出现,商业秘密的保护日益成为重要的法律问题。

12.1.1 商业秘密的概念

商业秘密(Trade Secrets),是指不为公众所知悉、能为权利人带来经济利益,具有实用性并经权利人采取保密措施的技术信息和经营信息。

世界贸易组织制定的《与贸易有关的知识产权协定》关于商业秘密的规范更为宽泛。该协定规定:为反不正当竞争提供有效保护的过程中,成员应依照以下保护未披露的信息,即只要有关信息符合下述条件,则自然人和法人应有可能禁止他人未经许可以违背诚实商业行为的方式,披露、获取或使用处于其合法控制的信息都属于商业秘密。具体而言包括:

(1) 其在某种意义上属于秘密,即其整体或内容的确切体现或组合,未被通常从事有关信息工作的人普通所知或容易获得;

(2) 由于是秘密而具有商业价值;

(3) 是特定情势下合法控制信息人的合理保密措施的对象。

12.1.2 商业秘密的特征

商业秘密与专利权、商标权、著作权等其他知识产权相比,有着以下特点:

1. 非公开性

商业秘密的前提是不为公众所知悉,即该信息是不能从公开渠道直接获取的;而其他知识产权都是公开的,对专利权甚至有公开到相当程度的要求。

2. 非排他性

商业秘密是一项相对的权利。商业秘密的专有性不是绝对的,不具有排他性。如果其他人以合法方式取得了同一内容的商业秘密,他们就和第一个人有着同样的地位。商业秘密的拥有者既不能阻止在他之前已经开发掌握该信息的人使用、转让该信息,也不能阻止在他之后开发掌握该信息的人使用、转让该信息。

3. 具有价值

商业秘密能为权利人带来经济利益,获得竞争优势,或具有潜在的商业利益。质言之,商业秘密能为权利人带来现实的或者潜在的经济利益或者竞争优势。

4. 无期限限制

商业秘密的保护期不是法定的,取决于权利人的保密措施和其他人对此项秘密的公开。一项技术秘密可能由于权利人保密措施得力和技术本身的应用价值而延续很长时间,远远超过专利技术受保护的期限。

12.1.3 商业秘密的构成要件

根据商业秘密的概念和特征,可以得出,一项商业信息能够构成商业秘密应符合秘密性、价值型、实用性、保密性等条件。

12.1.3.1 秘密性

秘密性是商业秘密与公知技术、专利技术相区别的最显著特征,也是认定商业秘密的难点和商业秘密案件争议的焦点。秘密性,是指"不为公众所知悉",即权利人所主张的商业信息未进入"公有领域"、并非"公知信息"或"公知技术"。商业秘密的秘密性,是指该商业信息所处的状态是秘密的,没有被公开过,相关公众普遍不知道的,也无法从公开渠道直接、无偿且完整地获取该商业信息。可见,确定商业秘密的秘密性的客观标准是"不为公众所知悉"。

秘密性是商业秘密维系其经济价值的根基,也是法律保护的前提条件。若一项信息已被公众所知悉或者可以轻而易举取得,任何人均得以运用该公开信息,那么该项信息即不具有竞争优势,亦无需给予法律保护。关键的是,如何理解"秘密性"?质言之,商业秘密的秘密性是一种绝对秘密性还是一种相对秘密性?所谓绝对秘密性,包括两个方面:一是"人的绝对性",即要求该信息被所有社会公众知悉;二是"地域的绝对性",即要求该信息在所有地域都是秘密的。所谓相对秘密性,也包括两个方面:一是"人的相对性",即只要求该信息"不被该信息应用领域的人所知晓";二是"地域的相对性",即在一地域成为公知技术的信息并不妨碍在另一地域成为商业秘密。

法律一般对商业秘密的秘密性要求并不高,仅仅是一种相对秘密性而不是绝对秘密性。我国国家工商行政管理局《关于禁止侵犯商业秘密行为的若干规定》第 2 条第 2 款指出:"本规定所称不为公众所知悉,是指该信息是不能从公开渠道直接获得的。"该解释是从信息的消极获取渠道所作的界定,"不能从公开渠道直接获得"是对商业秘密来源的要求,可以从"公众的相对性"和"地域范围的相对性"来理解商业秘密"秘密性"的相对性。

"公众"的相对性。法律保护商业秘密的本质在于规范企业之间的竞争行为,防止利用商业秘密进行不正当竞争。因此,商业秘密要求"公众"在主体上具有相对性,不能泛指社会上不特定的多数人,而是指该信息应用领域的竞争者即同业竞争者,只要该信息在本行业或本领域内不为公众所知即构成商业秘密。再进一步讲,"公众"不仅把一般公民和组织等非竞争者排除在外,而且把非同行业、非同领域的,不能凭借该信息取得经济利益的企业、科研机构或个人等排除在外。

"地域范围"的相对性。不同国家之间,一国不同地区之间,经济文化和科技发展水平可能非常不平衡,在某些发达国家或发达地区即将淘汰的技术或者早已推广应用的公知技术,可能在落后国家或者经济欠发达地区可能还属于先进技术。因而,商业秘密"秘密性"的具有一定的空间标准,该标准只能在个案中根据涉及利益主体的性质和范围来确定。

因此,商业秘密的"秘密性"具有相对性,无法以一个统一的、硬性的、绝对的标准来衡量。通常而言,以下几种情形虽然其他人在形式上已经知悉该商业秘密,但不能由此否认该信息的商业秘密属性:一是独立多重发明,即商业秘密的权利人和他人各自都以为自己是该商业秘密的唯一权利人,或者相互之间发生横向关系共同采取保密措施的情形;二是反向工程,即根据商业秘密权利人投入市场的产品,他人通过自己的研究发现该产品的商业秘密并且同样作为秘密管理的情形;三是商业秘密的使用与管理中,一定限度的公开;四是为其他行业、专业领域知悉。

12.1.3.2 价值性

商业秘密正是"因其属于秘密而具有商业价值",所以价值性是商业秘密必须具备的特征。商业秘密的"价值性"是指商业秘密能为权利人带来经济利益,这种经济利益既可以表现为显现的实际丰厚的利润,也可以为表现为潜在的经济价值或竞争优势,不以现实的价值为限。

世界各国法律和有关的国际公约均要求一项商业秘密应体现一定的经济价值。我国《关于禁止侵犯商业秘密行为的若干规定》第2条第3款规定:"本规定所称能为权利人带来经济利益、具有实用性,是指该信息具有确定的可应用性,能为权利人带来现实的或者潜在的经济利益或者竞争优势。"可见,能为权利人带来经济利益即商业秘密具有价值性,是权利人取得商业秘密并努力维护所享有的商业秘密权的内在动力,是法律保护商业秘密的目的。质言之,法律保护商业秘密的意义就是禁止他人从商业秘密中取得不正当的经济利益。

价值性是评估或计算商业秘密的基础和前提,也是商业秘密与其他秘密,如个人隐私、国家政治机密、军事机密等相区别的一个根本点。需要说明的是,商业秘密虽然可能在技术开发、产品营销、经营管理等方面能够给其拥有者带来现实的或可预见的竞争优势,但商业秘密的价值评估或损失计算是商业秘密诉讼中的一个难点。

12.1.3.3 实用性

商业秘密的"实用性",是实现商业秘密价值性的基础和必然要求,具体是指该商业信息具有确定的可应用性和客观有用性,即通过运用商业秘密可以为所有人创造出经济上的价值。

商业秘密只有能够用于制造或者使用才能为其所有人带来经济利益。商业秘密必须是一种现在或者将来能够应用于生产经营或者对生产经营有用的具体的技术方案和经营信息,只要掌握了该商业信心就必然可以将之用于实践,带来现实的或者潜在的使用价值。商业秘密的实用性主要体现在商业秘密必须有一定的表现形式,如一个生产配方、一项工艺流程说明书和图纸、一种产品制造技术方案、一份管理档案等等。因此,商业秘密的价值应当是具体的、可预期的,必须能够运用到一定行业产生实际的经济价值,那些没有实用性的商业信息,譬如抽象的产品概念、管理原理、工作原则等如不能转化为具体的可以操作的方案,不能称之为商业秘密,是不能获得法律保护的。当然,实用性并不要求权利人对商业秘密的现实利用,只要该信息满足应用的现实可能性即可。

12.1.3.4 保密性

保密性是商业秘密成为法律保护对象的一个重要依据,即要求商业秘密的权利人对其所拥有的商业秘密采取必要的或者合理的保密措施。商业秘密的"保密性",是指商业秘密经权利人采取了一定的保密措施,从而使一般人不易从公开渠道直接获取。商业秘密的"保密性",要求权利人不仅仅在主观上有保密的意识,还必须在客观上实施积极的保密措施。如果权利人对一项信息没有采取保护措施,对该项信息采取放任其公开的态度,则说明他自己就不认为这是一项商业秘密,或者其并不要求保护。

法律对商业秘密强调的是权利人的保密行为,而不是保密的结果,并且仅仅要求是合理的保密措施。保密性的客观存在,使得竞争对手在正常情况下通过公开渠道难以直接获悉该信息。合理的保密措施,就是建立在商业秘密相对秘密性的基础上,根据各种商业秘密的不同要求进行控制和保护的措施。详言之,保密措施的判断应当以合理性为标准,要求权利人采取万无一失的保密措施是不切实际的,即只要求持有信息的人采取措施并合理执行,而不要求措施的万无一失。

法律对保密措施采取了比较"宽容"的态度,即只要权利人采取了合理的、适当的保密措施,使商业秘密在合法的条件下不至于被泄露就应当认为具有秘密性。《关于禁止侵犯商业秘密行为的若干规定》第2条第4款规定:"本规定所称权利人采取保密措施,包括订立保密协议,建立保密制度及采取其他合理的保密措施",国家工商行政管理局工商《关于商业秘密构成要件问题的答复》更是进一步指出:"只要权利人提出了保密要求,商业秘密权利人的职工或与商业秘密权利人有业务关系的他人知道或应该知道存在商业秘密,即为权利人采取了合理的保密措施,职工或他人就对权利人承担保密义务。"

商业秘密的本质在于,法律赋予商业秘密所有人对该商业信息合法垄断权。因此,商业秘密的拥有者应当支付一定的成本和费用来取得和维持对该项商业信息的占有,并且不能排斥他人通过独立开发等正当途径获得同样的技术和信息。

【讨论】假如你是企业老板,你会采取哪些措施保护商业秘密?

12.1.4 商业秘密的类别

我国《反不正当竞争法》第十条规定:商业秘密是不为公众所知悉,能为权利人带来经济利益,具有实用性并经权利人采取保密措施的技术信息和经营信息。由该条可知,商业秘密包括技术秘密和经营秘密两大类。国家工商行政管理局发布的《关于禁止侵犯商业秘密行为的若干规定》中对商业秘密保护的范围规定是"从宽认定,充分保护"为原则的,对技术秘密和经营秘密做了进一步的列举:"本规定所称技术信息和经营信息,包括设计、程序、产品配方、制作工艺、制作方法、管理诀窍、客户名单、货源情报、产销策略、招投标中的标底及标书内容等信息。"

技术秘密一词来源于英文"know-how",是"I know how to do it"的缩写,它产生于西方发达国家技术转让实践,已成为国际技术转让中一个非常重要的名词。但对于"know-how"的中文翻译以及对于"技术秘密"的内涵界定,尚未有一个统一的看法。1994年6月17日最高人民检察院、国家科委联合发布的《关于办理科技活动中经济犯罪案件的意见》第五条第二款从法律保护角度对技术秘密曾经做出过一个定义,即"技术秘密是指不为公众所知悉,具有实用性,能为拥有者带来经济利益或竞争优势,并为拥有者采取保密措施的技术信息,计算机软件和其他非专利技术成果"。从外延角度看,技术秘密是指技术信息类的商业秘密,包括生产配方、设计图纸、试验记录、试验结果、工艺流程、技术诀窍、产品样品、开发数据、检验方法、计算机程序、生产操作知识经验、机器设备改进方案等。技术秘密涉及的技术信息可以是特定的、完整的技术内容,构成一项产品、工艺、材料及其改进的技术方案;也可以是某一产品、工艺、材料等的部分技术要素。

经营信息指除技术信息外,能为权利人带来竞争优势与利益,通常表现为经营手段和经营策略的各种信息,如供货渠道、管理诀窍、管理方法、价格方案、客户资料、货源情报、产销策略、分配方案、财务和会计报表、企业诉讼状况、企业规划和战略发展计划、招投标中的标底及标书内容等信息。

【思考】 专利保护与技术秘密保护有什么样的区别?

技术秘密非专利技术,也不是一般的技术。一项新技术产生后,采取专利保护的方式,抑或是采取技术秘密的保护方式,是两种不同的保护策略,因而也就无所谓绝对的优劣。关键是要把握二者的区别,并根据技术信息的具体内容,选择合适的恰当的保护措施。具体而言,专利保护与技术秘密保护方式在以下方面存在不同之处:

(1) 公开性不同。专利是公开的、具体的,因而其保护范围也是明确的,因而其国家保护力度更强,更有利于打官司;技术秘密保护比较灵活、成本低,但国家保护力度相对弱些。具体而言,专利技术的内容表现在专利说明书及其附图上,专利的保护范围以权利要求书的内容为准;而技术秘密处于秘密状态,以保密的方式维持技术的价值,无需任何部门的审查批准,一般表现在易于保密的物理的、化学的、生物的或者其他形式的载体如缩微胶卷、磁盘或文字资料等载体之中。

(2) 保护期限不同。专利权特设时间限制,逾此期限,专利技术进入公共领域,任何人皆可合法利用。在我国,专利权的保护期从申请之日起,发明专利为20年,实用新型和外观设计为10年。而技术秘密的保护期与技术的寿命相关,无时间长短的限制,只要技术持有人能够采取妥善措施,一直不将技术公开,则可一直受到保护。

(3) 保护地域限制不同。专利为特定国家或地区专利授权机关授予专利权人在该国家或地区内所获得排他收益的权利,专利权利为特定主权特许的权利,因而具有严格的地域性与时间性限制,超出该区域进入其他主权区域,专利权利则不受保护,除非向其他主权区域另行申请授予专利权。技术秘密是由企业自行采取保密措施进行保护,不受地域限制。转让或转移技术秘密时,可以合同形式约定对方的保密义务。

(4) 排他性不同。一项发明创造只存在一项专利权,一旦被提出专利申请,其他人就不得以相同的发明创造提出专利申请。因此,专利权具有法律意义上"所有权"属性。而技术秘密权只有相对的排他性,企业不能阻止或对抗他人依靠自己的力量开发出同样的技术或者以合法途径获得同样技术,不能阻止在他之前掌握该项技术成果的人实施该项成果,也不能阻止在他之后开发、掌握该项成果的人使用、转让该项成果。因此,技术秘密只有使用权、转让权,没有法律意义上的"所有权"属性。

(5) 技术水准不同。专利技术只有符合国家规定的标准才能得到该国法律的保护,通常而言,专利技术要具有一定的创造性、新颖性与实用性,否则不会授予专利。而技术秘密的技术水准高低不一,有些专有技术可能已经达到甚至超过专利标准的要求,而有些专有技术可能水平较低达不到专利标准的要求。

12.1.5 商业秘密相关法律法规

目前虽然没有专门的商业秘密保护法,但是不乏商业秘密保护的法律规定。商业秘密权作为一种知识产权已经得到《与贸易有关的知识产权协议》(TRIPs 协议)的充分肯定,在我国《反不正当竞争法》等法律法规中也有明确规定。

表 12-1

渊源	名称	内容
宪法	《中华人民共和国宪法》	第二十条对奖励科学研究成果和技术发明创造做出了规定
法律	《中华人民共和国反不正当竞争法》	第十条第一款列举了3种关于侵犯商业秘密禁止性规范;第二款是关于不正当竞争进行界定的解释性规范;第二十条是关于侵害商业秘密等应承担损害赔偿责任的规定
	《中华人民共和国合同法》	第四十二条、第四十三条关于缔约过失责任的规定;第六十条第2款关于附随义务的规定;第九十二条关于后合同义务的规定;第十八章第二节关于技术转让合同中关于技术秘密转让的规定
	《中华人民共和国公司法》	第二十四条、第八十条关于有限责任公司、股份有限公司股东可以以非专利技术出资(包括商业秘密中的技术秘密)以及对非专利技术金额的限制规定;第六十一条第一款、第一百二十三条第二款关于有限责任公司、股份有限公司董事、经理竞业禁止的规定;第六十二条、第一百二十三条第2款关于董事、监事、经理不得泄露企业或公司商业秘密的禁止性规定;第二百一十五条关于董事、经理违反竞业禁止所应承担的民事责任及其他责任的规定
	《中华人民共和国中外合资经营企业法》	第五条第1款关于合营企业各方可以以工业产权(包括商业秘密中的技术秘密)进行投资的规定
	《中华人民共和国中外合作经营企业法》	第八条关于中外合同者可以提供工业产权以及非专利技术(包括商业秘密中的技术秘密)作为合作条件的规定

续表 12-1

渊源	名称	内　　容
法律	《中华人民共和国民法通则》	第一百一十八条关于侵害其他科技成果(包括商业秘密中的技术秘密)应承担的民事责任的规定
	《中华人民共和国律师法》	第三十三条关于律师应当保守在执业活动中知悉的当事人的商业秘密的规定;第四十条第6项泄露当事人的商业秘密应承担的行政责任
	《中华人民共和国进出口商品检验法》	第十条第2款关于国家商检部门和商检机构的工作人员在履行进出口商品检验的职责中,对所知悉的商业秘密负有保密义务的规定;第三十七条关于国家商检部门、商检机构的工作人员违反本法规定,泄露所知悉的商业秘密应承担的行政责任和刑事责任的规定
	《中华人民共和国科学技术进步法》	第五十一条第一款关于国家建立科学技术保密制度的规定;第六十条关于非法窃取技术秘密的,依照有关法律的规定承担法律责任的规定
	《中华人民共和国促进科技成果转化法》	第二十七条关于科技成果完成单位与其他单位合作进行科技成果转化时,应签订保守商业秘密的协议以及中介机构在从事代理或者居间业务中知悉的商业秘密应负保密义务的规定;第二十八条关于企业内部的保密制度建立的规定
	《中华人民共和国民事诉讼法》	第一百三十四条第二款关于涉及商业秘密的案件,当事人申请不公开审理的,可以不公开审理的规定
	《中华人民共和国劳动法》	第二十二条关于劳动合同中当事人可以约定保守企业商业秘密有关事项的规定;第一百零二条关于违反劳动合同中的保密事项,给企业造成损失,应承担损害赔偿责任的规定
	《中华人民共和国刑法》	第二百一十九条关于侵犯商业秘密罪以及应承担的刑事责任的规定
行政法规	《中华人民共和国技术进出口管理条例》	第2条第二款关于技术秘密转让的规定
	《中华人民共和国中医药条例》	第24条第三款关于属于国家科学技术秘密的中医药科研成果,确需转让、对外交流的,应当符合有关保守国家秘密的法律、行政法规和部门规章的规定;第35条对违反本条例规定,造成重大中医药资源流失和国家科学技术秘密泄露应承担的刑事责任和行政责任的规定
	《中华人民共和国外资企业法实施细则》	第26条第一款关于外国投资者可以用工业产权(包括商业秘密中的技术秘密)作价出资的规定

续表 12-1

渊源	名称	内　　容
部门规章	国家经贸委《关于加强企业商业秘密保护工作的通知》	关于正确理解商业秘密的定义,合理认定商业秘密的范围的规定
	国家工商行政管理局《关于禁止侵犯商业秘密行为的若干规定》	对侵犯商业秘密行为作了具体的规定
	《国家工商行政管理局关于商业秘密构成要件问题的答复》	对商业秘密的构成要件进行了规定
	原国家科委《关于加强科技人员流动中技术秘密管理的若干意见》	对商业秘密和竞业禁止作了细致的规定
	劳动和社会保障部《违反〈劳动法〉有关劳动合同规定的赔偿办法》	第5条关于劳动者违反劳动合同中约定保密事项,对用人单位造成经济损失的,按《反不正当竞争法》第二十条的规定支付用人单位赔偿费用的规定;第6条关于用人单位招用尚未解除劳动合同的劳动者,因获取商业秘密给原用人单位造成的经济损失,该用人单位应当承担连带赔偿责任
	《劳动和社会保障部办公厅关于劳动争议案中涉及商业秘密侵权问题的函》	第2条关于由于劳动者未履行保守商业秘密的内容,造成用人单位商业秘密被侵害而发生劳动争议,当事人向劳动争议仲裁委员会申请仲裁的,仲裁委员会应当受理,并依据有关规定和劳动合同的约定作出裁决作了明确的规定
司法解释	全国法院知识产权审判工作会议《关于审理技术合同纠纷案件若干问题的纪要》	关于对商业秘密司法保护的规定
	最高人民法院《关于审理劳动争议案件适用法律若干问题的解释》	第11条第二款、第三款关于侵权发生时当事人诉讼主体的规定
国际条约	1994年4月5日签署,1995年1月1日生效的《与贸易有关的知识产权协议》	(简称TRIPs协议)第7节关于"未披露的信息的保护"的规定

12.1.6　商业秘密保护方式的优劣势

对于企业的技术信息、经营信息而言,采取商业秘密保护的方式,与采取专利等其他保护方式相比,具有诸多优势:

(1) 期限优势。商业秘密的保护期不受限制,只要保密方式得当,技术秘密的存在时间有可能无限延续。换言之,商业秘密只要没有公开、没有进入"公知"领域,就一直受法律保护。

(2) 地域优势。商业秘密不受地域限制,商业秘密所有人可以向任何国家的任何人转让该商业秘密。

(3) 方法优势。商业秘密采取的是一种保密而非公开的保护方法,从而给信息的拥有者带来了事实上的技术垄断,不会无偿地向竞争对手提供了研发方向和市场开拓方向的信息,不会因为商业秘密内容的公开而给相关领域的经营者掌握现有技术、研究替代技术提供途径,也不会容易使原有商业信息在无形中贬值。

(4) 权利取得优势。企业对商业秘密权益的享有是一种事实行为,只要该商业信息满足了商业秘密的构成条件,那么任何以不正当手段获取或使用该项商业信息的行为都是对商业秘密拥有者合法权益的侵犯。所以,权利取得方式简便,无需负担申请专利所要经过的繁琐程序以及额外的费用。

(5) 不受法律强制性规定的限制。商业秘密作为纯粹的私权,只要对其拥有和行使不妨害到社会利益,不对他人造成损害,法律不会主动干涉权利人的活动,不会采用类似专利实施强制许可类似的制度限制商业秘密权。

商业秘密正是由于以上优势,才成为企业的重要财产。然而,正如同任何一种技术保护措施都有优缺点一样,商业秘密保护方式也具有一定的劣势:

(1) 商业秘密界定难度较大。有许多企业认为无商业秘密,也有许多企业不知道本企业的商业秘密在哪里,甚至还有部分本企业认为企业到处都是商业秘密,这都说明商业秘密界定难度较大,进而导致商业秘密保护需要付出一定成本。

(2) 商业秘密是自我保护,保护力度较弱。与专利的国家保护方式不同,商业秘密保护要靠企业自身系统的、有效的保护措施,因此,企业必然要承担更大的风险,一旦出现权利人疏忽、保密措施不当等情况导致秘密泄露,就会使商业秘密权利绝对丧失,没有任何回转的可能。

(3) 商业秘密的排他性不强。知识产权则一般说来具有排他性,可以对抗任何人,而商业秘密不能对抗独立开发出同一秘密技术、知识的第三人,任何独立获得相同技术知识的第三者,都可以使用、转让这种知识。

(4) 商业秘密保护制度相对薄弱。虽然法律已将"商业秘密"纳入到知识产权的保护范围,但立法尚未明确承认商业秘密的财产权性质,实践中主要通过合同法、反不正当竞争法的规定加以保护。因而商业秘密的法律保护主要是一种消极的、被动的保护,只有在个案发生时经法院确认才能发挥效力。

因此,企业采用商业秘密手段来保护自身的技术信息和经营信息有利有弊,只能结合商业信息的具体情况从一个相对的角度进行综合考量和判断取舍,最终选择能实现企业最大利益的保护策略。实践中,很多企业将专利保护与商业秘密保护综合运用,从技术权益保护的现实性、可行性、保护成本等角度,并根据该技术的特点和企业的实际情况来定。通常情况下,如果竞争对手容易通过"反向工程"获得该发明创造成果的技术要点,那么就采用专利的保护方式,否则就采用商业秘密的保护方式;如果一些产品由多个部件或多项技术构成,可以选择其中一个或几个部件,或者将其中保密性差的技术申请专利,而配方、总装工艺流程等作为技术秘密加以保护;也可以将发明创造中大部分内容申请专利,而将其中最关键、最核心的部分以技术秘密保护。总之,知识产权成果保护应该形式多样、灵活多变的,而非单一僵化、一成不变的。

【讨论】假如你有一项技术信息,是选择采取商业秘密保护方式还是专利保护方式?

12.2 商业秘密权

随着以科技竞争、信息竞争为主要特征的知识经济时代的到来,商业秘密已成为企业在市场竞争中能否取胜的重要法宝,商业秘密权成为法律保护的重要知识产权之一。我国《反不正当竞争法》明确规定,以盗窃、利诱、胁迫或者其他不正当手段获取权利人的商业秘密属侵犯他人商业秘密的行为。

12.2.1 商业秘密权的性质

商业秘密权的法律属性是商业秘密法律保护的一个关键性问题,也是学界关于商业秘密研究尚未解决的一个焦点问题。有人认为商业秘密权是财产权,有人认为商业秘密权是信息权,有人认为商业秘密权是人格权,有人认为商业秘密权是知识产权,还有人认为商业秘密权是企业权,甚至是一种是一种全新的权利类型。

财产权说认为商业秘密权是一种与有形财产一样的价值与意义的无体财产权。该学说以英美法系国家尤其是美国的部分学者为代表,具体又有财产说与准财产说之分。财产说的核心观点是:商业秘密权是人类智力活动的结果,具有竞争财产的价值,可以进行转让、继承、信托。人格权说认为商业秘密权是从人格权中衍生出来的,以不正当方法获得他人的商业秘密是侵犯人格权的行为。该学说以德国的部分学者为代表,核心观点是:商业秘密保护的主要是经济利益和最基本的人权,反不正当竞争法所保护的对象是作为客体的人格权益即具有人格性质的营业活动。信息权说是伴随着信息时代的到来,部分信息法学着提出的观点,即认为商业秘密权是一种信息权。企业权说认为商业秘密权是企业设立和从事经营活动权利的一部分。部分德国学者提出,企业是结合动产、不动产、无体财产权、债权的组织体,而商业秘密本身具有竞争上的客观经济价值,是企业财产的重要组成部分,对于企业的生存与发展有着重大的影响,因而属于企业权。知识产权说认为商业秘密权的客体是无形的智力成果,是一种特殊的、新型的知识产权。该学说现已为众多学者所接受。该学说已逐渐成为学界通说,并为一些新近出台的法律文件和国际条约所肯定。另外,还有部分学者认为,商业秘密权一个权利多面体,可以分解为侵权法上的权利、合同法上的权利和财产法上的权利,因而是一种全新的权利类型。

本书赞同商业秘密权属于知识产权的观点。可以而且应当从多个角度认识和研究商业秘密权的属性,上述各种学说都具有一定的合理性。人格权说强调了商业秘密权的人身属性或人格属性,信息权说强调了商业秘密权的客体本质,企业权说强调了商业秘密在企业发展中的巨大作用。但整体而言,商业秘密权与人格权有本质的不同,将商业秘密权归入信息权和企业权也不利于对商业秘密的保护,商业秘密权既具有人身属性又具有财产属性,定位为知识产权比较合适。

12.2.2　商业秘密权的特征

商业秘密权具有知识产权的一般特征,但又具有其他知识产权不同的独有特征:

首先,商业秘密权的权利主体不是单一的,同样的商业秘密可能为多个权利主体所占有、使用、收益。其次,商业秘密权的权利客体创造性要求不一,商业秘密中的技术秘密的创造性有高有低,而经营信息通常无明显的创造性,价值性和秘密性是确定一项信息是否属于商业秘密的关键。再次,商业秘密权的保护期限不具有确定性和法律强制性,期限的长短取决于权利人的保密措施是否得力及商业秘密是否被公开。最后,商业秘密权的确立无须国家部门的审核、批准或授权,自商业秘密产生之日起自动取得。

12.2.3　商业秘密的权利人

根据法律规定,商业秘密的权利人包括商业秘密所有人和经商业秘密所有人许可的商业秘密使用人,当商业秘密遭到侵犯的时候,所有人和使用人都有权要求侵害人停止侵害并承担法律责任。经营秘密的归属问题通常比较容易确定,而技术秘密的归属问题则比较复杂,尤其是在雇佣关系、委托开发关系和合作开发关系中商业秘密的归属问题比较特殊。

12.2.3.1　雇佣关系下商业秘密的归属

雇佣关系下商业秘密的归属分两种情况,即职务技术成果的归属和非职务技术成果的归属。

所谓职务技术成果是指执行单位工作任务或利用本单位的物质技术条件所完成的技术成果,除此之外属于非职务技术成果,即哪些与职工的工作任务和责任范围没有直接关系而且不是利用本单位的物质技术条件完成的技术成果属于非职务技术成果。

根据我国《合同法》第三百二十六条,职务技术成果属于单位所有,由单位拥有并行使技术成果的使用权、转让权。质言之,职务技术成果的归属;非职务技术成果的属于职工个人,其使用权、转让权由完成技术成果的个人拥有和行使。

12.2.3.2　委托开发关系下商业秘密的归属

根据我国《合同法》的规定,委托开发关系下商业秘密的归属由当事人自行约定,也就是说当事人可以约定委托关系下完成的技术成果属于委托人,也可约定属于被委托人。如果没有约定或约定不明的,委托人和被委托人都有使用和转让的权利,也就是说由当事人共同拥有。但是,被委托在向委托人交付研究成果之前,不得转让给第三人。另外,除当事人另有约定以外,委托开发中完成的技术成果的专利申请权属于被委托人。

12.2.3.3　合作开发关系下商业秘密的归属

根据我国《合同法》的规定,合作开发关系下商业秘密的归属由当事人自行约定,也就是说当事人可以约定委托关系下完成的技术成果属于参加合作的任何一方或几方。如果没有约定或约定不明的,归全体合作人共同拥有,共同行使使用权、转让权和专利申请权。

12.2.4 商业秘密权的内容

作为一种无形财产权,商业秘密的权利人与有形财产所有权人一样,依法对商业秘密享有占有、使用、收益和处分的权利。

(1) 占有权。商业秘密的占有权,是指权利人对商业秘密实际上的控制与管理,具体包括采取合理的保密措施防止他人采取不正当手段获取、泄露与使用。

(2) 使用权。商业秘密的使用权,是指权利人依照商业秘密的性质和用途对商业秘密加以利用。权利人有权依法使用自己的商业秘密,他人不得干涉。在法定或者当事人约定的情况下,非权利人也可以使用该商业秘密。

(3) 收益权。商业秘密的收益权,是指权利人有权通过自己使用或者许可他人使用或者转让商业秘密获得相应的经济利益。

(4) 处分权。商业秘密的处分权,是指商业秘密的权利人有权处分自己的商业秘密,包括放弃对商业秘密的占有、对商业秘密不再采取保密措施、赠与或转让商业秘密等。

12.2.5 商业秘密的许可使用

商业秘密的许可使用是商业秘密权利人在一定条件下将其所拥有的商业秘密许可使用并得到一定收益的行为。商业秘密的许可使用是的实质是权利人在保留该商业秘密的所有权的前提下,向他人转让该商业秘密的使用权的行为,其目的在于利用因商业信息的垄断而给其权利人带来显著的竞争优势从而产生实际经济利益,除了拥有者自己合理利用外,在一定条件下,还可以通过将商业许可他人使用从而获得利益。商业秘密的许可使用是商业秘密价值性的体现,是一种双赢的商业行为。对于商业秘密权利人而言,以一定限度地让渡商业秘密的使用权可以换取一定甚至不菲的经济利益,而对与商业秘密的受让人(即被许可人)而言,则可以通过支付一定报酬换取在约定的范围内使用该商业秘密的权利,进而通过使用该商业秘密获得收益。商业秘密的许可使用分为以下几种类型:

(1) 独占许可,即商业秘密被许可方在约定的期限内和约定的范围内有生产和销售的独占使用权,并且这种独占权可以许可方使用。在这种情形下,商业秘密所有权人即许可方仅保留商业秘密的所有权和收益权,自己不能进行生产和销售,也不能许可他人使用该商业秘密。

(2) 排他许可,即商业秘密被许可方在约定的期限内和约定的范围内有生产和销售的独占使用权,但许可方可以使用该商业秘密。

(3) 普通许可,即商业秘密被许可方在约定的期限内和约定的范围内有生产和销售的使用权,许可方可以使用该商业秘密,也可以许可第三人使用该商业秘密。换言之,在普通许可类型下,被许可方不仅限于一家,在约定范围内可能许可数家或更多家使用其商业秘密。

(4) 交叉许可,即商业秘密使用许可双方相互允许对方一定条件使用自己的商业秘密的行为。

(5) 分许可,即商业秘密被许可方除了自己可以实施秘密外,还拥有在约定范围内对第三人有再许可权利的许可类型。

(6) 混合许可,即既包括技术秘密许可又包括专利许可的商业秘密许可类型,这也是国际技术转让中常见的许可情况。

商业秘密权利人许可他人使用商业秘密时,必须签订许可合同,许可合同的主要条款包括:

(1) 序文,包括合同名称、当事人名称、地址、签约时间、地点、合同生效日期等等;
(2) 定义,对合同涉及的技术、法律、经济术语进行双方同意的统一解释;
(3) 商业秘密的提供与保密义务;
(4) 授权范围;
(5) 许可方的培训、服务、咨询义务、被许可方的协助义务;
(6) 验收标准和验收方式;
(7) 权利保障条款;
(8) 许可使用费及支付方式;
(9) 违约条款;
(10) 继续改进的提供与完善;
(11) 争议解决的方法。

12.2.6　商业秘密权的限制

由于商业秘密只有相对的排他性,企业不能阻止或对抗他人依靠自己的力量获取同样的商业信息或者以合法途径获得同样的商业信息,因此,并不是所有使用他人商业秘密的行为都属于侵权,这也是企业采用商业秘密保护方式的风险之一。商业秘密权的限制,也被称为商业秘密侵权行为的例外情形,即合法取得商业秘密的途径。

商业秘密权的限制是以除外手段对侵权判定类型进行描述,主要包括独立开发获得、合法购买、从公开渠道观察获得、合法接受许可获得及通过反向工程获得等。美国在其《统一商业秘密法》中列举的五种正当手段即:独立开发、反向工程、接受所有人的许可而获得、通过观察公开使用或公平展示商品而获得、从公共出版物上获得。我国最高人民法院在有关司法解释中也列举了五种合法方式即自行构思、独立开发、反向工程、合法受让或被许可等。本书把商业秘密权的限制分为以下几种:

1. 独立开发

所谓独立开发,是指通过自己创造性的智力劳动获得与他人商业秘密相同的商业信息的行为。商业秘密权利人不能禁止他人自行研究出相同的商业秘密,也不能禁止他人对自行研制出来的商业秘密采用商业秘密权保护。因此,当事人通过独立研究开发、付出一定代价获得的商业秘密当属合法获取。对于经营信息,当事人根据各项公开的资料,通过整理、分析、研究而获得权利人的经营信息的,不属于违法行为。

2. 情报分析

所谓情报分析,是通过合法途径获取竞争对手在经营和技术方面的情报并通过对该情报进行综合分析来获取对手商业秘密。依据公共分享的理论知识,依据理论知识、结合文献信息等,通过对公开发行的文献、公开发表公布的信息综合调查研究并取得某项商业信息的过程实际上也是开发者智力劳动的成果,产生的商业秘密当然应为开发者合法所有。通过情报分析的方法而获得他人的商业秘密的前提是获取情报的方法必须合法,当事人不得利用违法甚至犯罪的手段去刺探权利人的经济情报。正如《中华人民共和国商业秘密法(建议稿)》第 7 条规定:数人分别独立研究开发完成时间之先后,各独立研究开发人均得自由使用、让与或披露该商业秘密。

【思考】企业通过情报分析获取商业秘密的方式有哪些?

有学者把企业通过情报分析获取商业秘密的方式归纳为以下几种:[①]

(1) 收集商品推销员、采购员、供应商业已发表的有关购销方面的报告、评述,获得有关信息;

(2) 通过收集竞争对手从书刊等渠道公开发表的资料,获得有关信息;

(3) 分析企业招聘广告、合同,了解竞争对手人才资源状况;

(4) 出席竞争对手主办或者参加的各种活动,通过商品展销会、鉴定会、新闻发布会、交易会等形式,分析竞争对手提供的信息;

(5) 参观、访问对方的生产经营场所;

(6) 通过市场调查获取商业秘密情报等。

3. 反向工程

所谓反向工程,是指他人对权利人公开出售的产品或从合法渠道取得的产品进行拆卸、测绘、研究等活动,从而反推出该产品的配方、结构、生产工艺和方法等获得商业秘密的行为。商业秘密权的权利人投放到市场上流通的产品中所蕴含的商业秘密信息,一旦被竞争对手通过方向工程分析研究获知(法律限制的某些特殊产品除外),则其秘密性相对丧失,原拥有者也失去相应的权利。因此,对市售产品或其他合法渠道取得的产品的解剖分析,由此取得的技术秘密视为自己的技术秘密,原权利人无权干涉,但当事人之间有协议不得开拆或分解权利人产品的作为等约定除外。实施反向工程的前提是取得权利人的产品应合法,与此相反的是"黑箱封闭",即产品在法律上受保护,如果他人并未获得权利人产品的所有权,就不得有开拆、窥视等行为。比如对出租的产品,因出租人仍然享有所有权,产品中的商业秘密当然属于出租人,承租人就不得随意窥密,如果实施反向工程就是违法行为。

4. 合法受让

所谓合法受让,是指使用人通过许可使用、技术转让合同、合资联营等合法方式使用商业秘密的行为。正如《中华人民共和国商业秘密法(建议稿)》第八条和第九条所规定,商业秘密所有人得将商业秘密全部或部分让与他人,商业秘密所有人得将其商业秘密许可他人使用。

5. 权利用尽

所谓权利用尽,是指商业秘密权利人对体现该技术的已出售产品的流通(诸如转销、分销等)无权限制与干涉。

6. 共同研究开发

所谓共同研究开发,是指数人共同研发而得的一项成果(商业秘密),不论其有无约定、有无合同,均可以按照民法上的共有财产的理论来加以处理,任何一方研发人无权以自己享有该商业秘密权为由阻却其他方对该项权利的拥有和行使。正如《中华人民共和国商业秘密法(建议稿)》第六条所规定:"数人共同研究开发之商业秘密,为共同所有。各人所享有之

[①] 冯晓青.企业知识产权战略.北京:知识产权出版社,2005:405-406.

份额依合同之约定;无约定或者约定不明者,推定为均等。"

7. 公知领域

所谓公知领域,是指通过公开渠道可以获得的信息、轻而易举可以获得的信息、在本行业内公知的信息,一般性的常识、经验、技术等。运用已被公开的技术秘密,包括保密措施不力、权利人主动自愿告知披露而致使技术秘密公开已成为公知的技术,不受法律保护。在很多情形下,拥有商业秘密的权利人可能会基于这样或那样的原因自主的、有些时候是在不自觉的情况下将商业秘密的内容披露出来。只要是自愿的非被胁迫或欺诈下的披露与告知,该商业秘密的获得者就不必承担任何责任。所以,在商业秘密所有人未采取任何合理的保密措施(即在无意、或疏忽)的情况下,他人获取该商业秘密是合法的并不被视为侵权行为。

8. 公权限制

所谓公权限制,是指国家机关根据法律的规定在执行公务过程中获取当事人的商业秘密的行为。以国家公权利限制商业秘密必须具有法律的明文规定,范围以执行职务为限。国家机关工作人员在职务过程中获得的商业秘密,仍然负有保密的义务。

9. 强制披露

所谓强制披露,主要是指上市公司的强制信息披露制度,对于未上市公司可以保持其商业秘密,但是对于上市公司必须按照《证券法》《公司法》的规定进行信息披露,如:财务状况、经营情况、重组计划、人事变动等。信息一旦披露,即进入公众领域而不再属于商业秘密。这种对商业秘密的强制披露也是基于维护公共利益的需要。[①]

10. 公共利益

此处所谓公共利益,是指维护公共利益的需要而对商业秘密进行披露时取得,如政府为限制垄断而公开商业秘密的行为。商业秘密权利人在行使其权利过程中,如果存在过度消耗资源、污染破坏环境、危害国家和社会安全、败坏社会公德及其他非法行为、负有保密义务的人或其他人披露该商业秘密等。在这种情况下的商业秘密的秘密性将被破坏而丧失存在基础。

【思考】法律对反向工程有何特殊规定?

我国当前立法对反向工程并没有明确的界限,《中华人民共和国商业秘密法(建议稿)》中都没有涉及该问题,而仅在《集成电路布图设计保护条例》中稍有提及。《集成电路布图设计保护条例》第二十三条第二及第三款规定"依据前项评价、分析受保护的布图设计的基础上,创作出具有独创性的布图设计的"和"对自己独立创作的和他人相同的布图设计进行复制或者将其投入商业利用的"的这两种行为,是可以不经布图设计人许可,不向其支付报酬的。

最高人民法院于2007年1月17日公布"关于审理不正当竞争民事案件应用法律若干问题的解释"中,首次明确规定:通过自行开发研制或者反向工程等方式获得的商业秘密,不认定为反不正当竞争法有关条款规定的侵犯商业秘密行为。这一司法解释同时规定,反向工程是指通过技术手段对从公开渠道取得的产品进行拆卸、测绘、分析等而获得该产品的有关技术信息。当事人以不正当手段知悉了他人的商业秘密之后,又以反向工程为由主张获

---

① 张耕,等.商业秘密法.厦门:厦门大学出版社,2006:232-233.

取行为合法的,不予支持。这是我国第一次对反向工程做出的明确的规定。

实际上,"反向工程"本属于技术领域,其能否放置于解决商业秘密侵权纠纷问题一直备受争议。反向工程对于缩短产品开发周期、降低产品开发成本、提高产品竞争能力、促进科技更新发展具有重要意义,然而,若反向工程使用不当,很有可能侵犯其他企业的商业秘密。因此,为了平衡各方利益,各国法律对于反向工程都做出了严格限定,企业应当按照这些规定避免侵犯其他企业商业秘密。

一是主体要件。实施反向工程的人只能是与该商业秘密权利人无关系的人,即反向工程的参与人不能是对商业秘密权利人负有义务的人,即反向工程相关主体不承担保密义务。如果实施反向工程的企业本身与商业秘密权利企业订有保密协议或参加反向工程的员工对前企业负有保密义务,那么,在此基础上实施的反向工程是违法的,不能作为被告抗辩的合法理由。

二是对象要件。实施方向工程的必要前提是产品的获得途径必须合法如购买的产品,购买者与出卖人间不存在不得为反向工程的约定。对于出租产品,出租产品的使用权暂时归承租人,所有权仍属于出租人,产品总所含的商业秘密也同样属于出租人,根据与权利人的明示或默示约定不得将该物体开拆、分解,不得窥视(此种行为称为"黑箱封闭",此类条款称为"黑箱封闭"条款),则不能通过这种手段获取商业秘密,此即"黑箱封闭"理论。

三是程序要件。即在整个项目的完成过程中不得非法依靠任何他人的专有信息(此即所谓的"净室程序"),开发者应处于与原商业秘密完全隔离的"净室"之中。这也是公平性要求,杜绝开发人获得任何不合理合法的帮助。

四是程度要求。即行为人实施的反向工程需要是耗费较长时间和较多费用的,而非纯复制性的行为。如《WIPO关于集成电路的知识产权条约》明确规定,反向工程仅限于对他人产品的布线设计分析研究,但不得简单复制。为此,实施反向工程时应注意保存好有关反向工程解剖对象取得的合法证据。如供货合同、产品发票、反向工程实施过程详细的文字记载及录像等,这些材料是证明反向工程实施的有力证据。

五是目的性要求。即通过反向工程获得的信息不应被用于非生产兼容程序的目的,不能扩散给不必要的第三人,也不能用于开发、制作或销售表达形式类似或有其他侵权因素的程序和技术。

12.2.7 商业秘密权的终止

法律对商业秘密的要求是从客观秘密性和主观秘密性两方面展开的,商业秘密的生命也就在于它的秘密性和保密性。一旦商业秘密被公开,其也就失去了存在价值。因此,商业秘密权终止的原因就在于商业秘密被公开,具体包括两种情形:

一种是权利人公开。具体包括:(1)商业秘密权利人以口头、书面或其他方式自愿将商业秘密公之于众,从而使商业秘密不再具有秘密性,可以被公知公用。(2)权利人将技术秘密申请专利,无论最终是否申请专利成功,都会因为在申请专利的过程中公开技术要点而使商业秘密丧失秘密性。(3)权利人公开出售含有商业秘密的产品,并且该产品的商业秘密是显而易见的,但是对于他人是通过反向工程获知商业秘密的,由于该信息尚未进入公用领域以及商业秘密不具有独占性的特点决定了原权利人并不丧失其商业秘密权。(4)权利人将含有商业秘密的作品公开出版或公开宣读。(5)权利人疏忽泄密。

另一种是第三人将权利人的商业秘密公开。具体包括：(1) 第三人合法公开，即指第三人在没有保密义务的情况下，将通过受让、反向工程等合法途径获知的商业秘密予以公开。(2) 第三人非法公开，即负有保密义务的职工、合同相对人、第三人等以不正当手段获取的商业秘密予以公开。

12.2.8 商业秘密的善意取得

商业秘密的善意取得，是指第三人不知且非因重大过失而不知商业秘密持有人(第二人)无转让商业秘密的权利而受让商业秘密。善意取得则由于欠缺故意或重大过失的主观要件，不但不能被认定为侵犯商业秘密的行为，而且还受到法律的适当保护。

《物权法》第一百零六条规定：无处分权人将不动产或者动产转让给受让人的，所有权人有权追回；除法律另有规定外，符合下列情形的，受让人取得该不动产或者动产的所有权：(一) 受让人受让该不动产或者动产时是善意的；(二) 以合理的价格转让；(三) 转让的不动产或者动产依照法律规定应当登记的已经登记，不需要登记的已经交付给受让人。受让人依照前款规定取得不动产或者动产的所有权的，原所有权人有权向无处分权人请求赔偿损失。当事人善意取得其他物权的，参照前两款规定。

有些地方性规定更是直接肯定了商业秘密的善意取得。如《深圳经济特区企业技术秘密保护条例》规定："技术秘密受让人或技术秘密得悉人，获悉不知道也没有理由知道该技术秘密是非法转让或违约披露的，赔偿责任由非法出让人或违约披露人承担。""该技术秘密如果尚未公开，技术秘密受让人或技术秘密得悉人获悉属非法转让或违约披露后应当立即停止使用，并采取合理、有效的措施保守秘密。技术秘密受让人或技术秘密得悉人的损失或采取保密措施的费用，可向非法出让人或违约披露人追偿。无法追偿的，由合法拥有技术秘密的企业与技术秘密受让人或技术秘密得悉人合理分担。经合法拥有技术秘密的企业书面同意，技术秘密受让人或技术秘密得悉人可以继续使用该技术秘密。"

认定为善意第三人，必须满足以下构成要件：

一是第三人不是直接从商业秘密所有人处取得或受让商业秘密，而是从第二人或商业秘密持有人处取得或受让商业秘密。二是商业秘密持有人并不享有转让商业秘密的权利。三是商业秘密持有人与第三人之间转让商业秘密的交易行为除持有人无处分权的瑕疵外，其他方面都合法有效。四是第三人为善意，即不知且非因重大过失而不知商业秘密持有人无转让商业秘密的权利。五是第三人支付了适当的对价。无对价或者仅仅支付很少的对价取得商业秘密不是真正的市场交易行为，故不受善意取得制度的保护。

12.3 商业秘密的企业保护

商业秘密在信息革命向纵深发展的今天，已经成为市场竞争中的一个制高点。然而，商业秘密与专利不同，其主要依赖于权利人的主观意识而产生和存在，其存续时间完全依赖于企业的秘密保护水平。随着企业人才流动的日益频繁、商业间谍的日益活跃，商业秘密泄密情况相当严重。因此，企业应当结合自己的实际情况制定保护战略，选择适宜保护策略、采取周全的保护措施，防范商业秘密管理中可能出现的法律风险。

12.3.1 商业秘密的泄密途径

百密一疏。企业商业秘密泄密的原因多种多样,既有竞争对手的原因,也有自身的原因;既有故意的窃密,也有无意识的泄密。概括起来,主要有以下途径:

(1) 竞争对手窃密。既包括竞争对手通过新产品展示会、参观、参加展览会、订货会、信息发布会、产品促销会、情报分析、反向工程等合法渠道和公开场合获取企业秘密信息,也包括竞争对手通过非法侵入企业网络、派出工业间谍、贿赂收买企业员工等非法手段窃取企业秘密信息。

(2) 第三方泄密。即与企业有业务往来关系但又不是直接竞争对手的组织或个人,包括供应商、销售商、广告商、上级单位、开户银行、律师、会计和审计机构、咨询公司等,有意或者无意泄漏其所了解和掌握的企业商业秘密。

(3) 自己失密。即商业秘密的拥有者在无意识的情况下,因疏忽大意将商业秘密泄漏出去。譬如,通过技术著述的公开发表和演讲,发布企业信息,参加商务谈判,接受媒体的采访或客户的参观考察,不注重废旧秘密载体管理等方式泄露了企业商业秘密。

(4) 员工泄密。即一些掌握企业商业秘密的员工,因为离职或自己开办同行业或业务近似的企业导致原来企业商业秘密的流失,或者在职员工经受不住利益的诱惑,将自己掌握的企业商业秘密泄露给他人。

(5) 商业间谍,即工(商)业间谍为了获取利益,非法获取企业的商业秘密并将其泄露给需要的企业或个人。

12.3.2 选择商业秘密保护策略时考虑的因素

前已述及,商业秘密与专利是两种不同的保护技术信息的方式方法,各有利弊,企业应当要充分考虑各种主客观条件,选择合适的技术保护策略,通常而言,企业选择技术信息保护策略时应当综合考虑以下因素:

一是技术水平。对于复杂的技术,由于其不容易被发明,采取商业秘密的保护方式能维持技术垄断,并避免因专利公开所带来的负面影响。

二是技术获取成本。对于企业通过投入巨大人力物力研发获取的新技术,保护风险过大,应及时申请专利加以保护;对于在生产过程中偶然获得的技术,可以采取商业秘密保护的方式。

三是保护成本。对于那些能通过自我保护获得超额利润或者自我保护成本较低的技术秘密可以选择考虑商业秘密保护方式;对于那些在我保护成本较高,或者在技术成熟或即将被淘汰或寿命周期行将结束时,为维持竞争地位可选择专利的保护方式。

四是保护效果。对于那些容易通过逆向分析或反向工程获得的技术秘密,可抢先一步申请专利;否则可以考虑商业秘密保护方式。

五是技术的生命周期。对于那些更新速度快、稳定性差的技术,优先考虑商业秘密的保护方式;否则可以考虑专利的保护方式。

六是技术实施条件。对于那些市场需求比较小或者暂时不能实施,或者企业没有能力实施的技术可以先申请专利,待条件成熟时选择是否许可他人实施。

七是企业营销战略。可以根据原有技术的市场潜力、同行业相关技术的开发状况以及技术开发的难易程度等方面,选择采取商业秘密或专利的保护方式。

八是技术在企业内部被知悉的程度。若技术内容仅限定在人数人范围内,可以选择商业秘密保护方式;若技术内容涉及的人数较多较广,则优先考虑专利的保护方式。

九是侵权认定难易程度。若技术难以认定侵权,即难以分析技术特征或者原始配方或者生产工艺,要采取商业秘密保护方式。

十是企业自身的保密能力。若企业保密能力强,则可以考虑商业秘密的保护方式,否则应当优先考虑专利的保护方式。

12.3.3 企业商业秘密管理策略

企业商业秘密管理体系是由商业秘密战略、商业秘密管理策略、商业秘密保护制度、商业秘密保护措施和手段等构成。企业商业秘密管理策略主要有:

(1) 加强保密教育,增强保密意识,提高企业全体员工的商业秘密保护能力。
(2) 设立专门的商业秘密保护部门,建立健全商业秘密保护制度。
(3) 对企业拥有的商业秘密进行调查、统计、分析,进行分类分级保护。
(4) 制定并落实商业秘密保护计划和方案。
(5) 加强对接触商业秘密员工的管理,约定保密条款,签订竞业禁止协议。
(6) 建立商业秘密保护的物理设施和技术设施,实施商业秘密保护技术措施。
(7) 加强对外交流、合作、洽谈中商业秘密的管理。
(8) 强化商业秘密维权快速反应能力。

12.3.4 企业商业秘密保护措施

商业秘密的保护是一项非常重要而又复杂的工作,企业商业秘密自我保护的措施可以分为以下几类:

1. 教育性措施

应加强商业秘密保护教育培训工作,提高企业和员工自我防范意识,时刻注意保密,将泄密消灭在萌芽阶段,减少泄密事件的发生。

2. 制度性措施

通过制定科学、规范、严密的企业保密制度,对商业秘密划定密级和范围,确定有关人员的保密责任。合理完善的保密制度可以使员工对企业的义务明示化,使员工有相应的行为准则,有利于实际的遵照执行及在诉讼之中举证。商业秘密保护章程制度,具体包括:

(1) 商业秘密的确定、登记和评估制度;
(2) 商业秘密保护等级的划分和保护期限的设定制度;
(3) 商业秘密相关资料的登记、保管、查阅、复制、外借制度;
(4) 商业秘密相关废弃资料或报废物品的销毁制度;
(5) 对了解、接触和掌握商业秘密的(单位)人员建立登记和跟踪制度;
(6) 员工接触商业秘密的权限设置制度;
(7) 保密区域划定及保安措施制度;
(8) 对与本企业商业秘密相关的市场进行监控以及受侵害后的应急快速反应制度。

3. 组织性措施

应成立一个专门的部门,或者原有的部门如经理办公室、知识产权部、法律事务部等下属的专门小组,专业负责商业秘密的认定及保护措施的开发与实施,确定商业秘密并控制商业秘密文件。保密规章制度的制定要合理合法,切实可行。

4. 物理性措施

如设立保密库、建立电子监控装置、限制参观者或客户与核心样品或生产工具接触等隔离措施;如将员工所掌握的信息控制在必须的范围之内,尽可能减少员工了解其他业务信息的机会;如妥善保管涉密文件。

5. 合同性措施

要在涉密的商业合同中,通过合同保密条款或签订专门的保密协议,以明确对方在缔约前、转让、生产过程和合同终止后的保密义务,包括保密范围、保密期限以及泄密的法律责任等。规范的保密条款(或者可以是独立的保密协议)应当包含以下内容:

(1) 明示合同所涉及的需要保密的商业秘密范围;

(2) 合同对方以及合同对方的任何员工、代理人均受保密条款的约束;

(3) 受约束的保密义务人在未经许可的情况下,不可将商业秘密透露给任何第三方或用于合同目的以外的用途;

(4) 受约束的保密义务人不可将含有保密信息的资料、文件、实物等携带出保密区域;

(5) 保密义务人不可在对外接受访问或者与任何第三方交流时涉及合同规定的商业秘密内容;

(6) 不相关的员工不可接触或了解商业秘密;

(7) 保密信息应当在合同终止后交还;

(8) 保密期限在合同终止后仍然保持有效;

(9) 违反保密义务的,应当承担明确的违约责任。

6. 人才保密性措施

一方面,企业要与涉密员工签订保密合同和竞业禁止(限制)协议,防止员工泄密;另一方面,企业应做到感情留人、事业留人、待遇留人,签订长期劳动合同乃至使人才成为企业股东,从而建立长期稳定的劳动关系。

【讨论】企业在与员工签订竞业禁止协议时应当注意什么问题?

7. 技术性措施

商业秘密的保护要落到实处,技术措施是必不可少的,给予商业秘密最直接的保护。企业应当采取一些具体的、卓有成效的措施:

对商业秘密载体加以物理屏蔽,除了保管箱和库房以外,对于必须经常移动的载体也要加以遮蔽,以避免能接触但不应了解其内容的人员得知,例如秘密文件以及放有秘密文件的文件柜的移动需要将文件封装、将文件柜进行遮盖等。

(1) 对于易被竞争者用反向工程解剖的新产品,要在设计上加以防卫,以防止产品所涉及的商业秘密被轻易地解读出来,例如对产品采用不可拆卸封装。

(2) 根据需要订购一些设备,如文件粉碎机、警报器、监视器、密码启动收信的传真机等。建立企业内部完备的监控系统和防盗系统。将高科技用于保护商业秘密,如设立全天候电视或电眼监控系统,对于机房重地,则以磁卡机密码双重操纵方式,有时甚至以指纹、语音识别系统,来限定仅有高层人员或经手人员才有权进入。

(3) 采取防止文件被非法复制的物理措施,如对电子文件设置访问的权限,加设访问密码等,对其他文件也要予以妥善保管。某些高技术公司采用特殊墨水及纸张记载商业秘密,使其无法用一般影印机复印。

(4) 保证企业内部网络的安全,防止竞争对手通过"黑客"手段窃取公司的秘密数据。同时也要防止本公司员工通过私人电子邮件等方式将商业秘密泄漏出去。公司内部网络要设立访问口令,通过身份识别对用户授权,禁止公司员工利用公司网络发送私人邮件。

【思考】如何认定商业秘密的权利人已经采取了合理的保密措施?

保密性是商业秘密构成要件之一,即权利人对其所拥有的商业秘密要采取必要的或者合理的保密措施。在司法实践中,这一点应当如何认定?

国家工商行政管理局《关于禁止侵犯商业秘密行为的若干规定》第2条第4款有"采取其他合理的保密措施"的规定,最高人民法院《关于审理科技纠纷案件的若干问题的规定》第51条第2款第4项将"采取了适当保密措施"规定为非专利技术成果的要件,这些规定均表明我国行政执法机关和司法机关对保密措施采取了与国际惯例相一致的合理标准。

国家工商行政管理局工商公字〔1998〕第109号文件《关于商业秘密构成要件问题的答复》对"合理的保密措施"的解释是:"只要权利人提出了保密要求,商业秘密权利人的职工或与商业秘密权利人有业务关系的他人知道或应当知道存在商业秘密,即为权利人采取了合理的保密措施,职工或他人就对权利人承担保密义务。"而保密措施最终体现为权利人为保护商业信息的秘密性而采取的客观措施。权利人必须有将商业信息作为秘密进行保护的主观意识,如果其本身都不将商业信息作为商业秘密来看待,对其商业信息作为商业秘密来保护则无从谈起;另外,仅仅具有主观意识还不够,还必须实施客观的保密措施,通过保密措施将其商业信息控制起来,成为独占状态,法律才能够给予相应的保护,倘若商业信息因没有保密措施而未处于独占状态,则不适合认定为商业秘密。

从主体角度讲,保密措施可以是针对权利人的,可以是针对雇员的,还可以是针对第三人的。从内容角度讲,保密措施包括软件措施和硬件措施。前者主要是制度上的保密措施,如签订保密合同(订立保密协议)、制定保密制度、在保密资料上加印"机密""保密"之类的字样、限制文件的发放范围和数量、加强保密教育等等。后者主要是指物理措施,如隔离机器设备、加强门卫、为资料上锁等等。概括起来,常见的保密措施通常有制定内部保密规则、与雇员或有业务往来的其他人签订保密协议、建立进入与监控设施等。

根据司法实践,权利人只要采取了下列措施之一,即认为采取了保密措施:(1)建立了保密规章制度,将有关信息明确列为保密事项;(2)经营者建立了保密制度,虽然没有明确该项信息是秘密,但按照其保密制度规定,该项信息是属于保密范围的信息;(3)经营者没有制定保密制度,但明确要求对某项信息予以保密的,例如在该项信息的载体上明确标明"保密"字样等;(4)与相对人或职工签订了保密协议或提出了保密要求;(5)涉及商业秘密的特殊领域采取了适当的管理或警戒措施;(6)经营者在向他人披露、提供该项信息时,在有关的合同或者其他文件中明确要求予以保密;(7)经营者与他人合作开发或者委托开发一项新技术,在开发合同或者委托合同中,明确要求对待开发的技术进行保密;(8)其他为防止泄密而采取的具有针对性及合理性的保密措施,如软件开发商在其开发的软件上进行加密,同时制作了解密软件。

12.3.5 企业商业秘密保护方法

对于不同的商业秘密载体,应当采取不同的保密方法。

12.3.5.1 传真机保密方法

(1) 企业高级管理人配备专用传真机,企业高级人员宜直接收发核心商业秘密的文件,减少信息传播的不必要环节。

(2) 对于载有企业秘密信息的传真件,应与对方负责人事先联系,要求其亲自或安排人员等候传真件输出。若对方要向自己公司传真的,应事先要求对方,在传真前进行传真确认,让自己公司安排人员等候输出。在输出完毕后,应与对方确认页数及内容,避免对方因传真机意外中断而误以为传真完毕,之后继续传真而无人等候输出。若传真机发生卡纸之类的情况,要将传真的坏页也一起带走,不能遗弃。

(3) 若企业采用将传真机集中置于公共地方,应将传真机放置于近靠行政人员的地方,并要求行政人员如有传真件传过来,应立即收取好传真并交给传真件收件人,最大限度地减少传真件中间不必要环节。

(4) 传真时,传真人员也不可中途离开,以免发生泄密事件。

(5) 对于企业重要秘密文件采用亲手交付。

12.3.5.2 打印机保密方法

(1) 对掌握企业商业秘密的人员特别是企业高级管理人员,配备专用打印机,避免打印文件内容被他人知悉。

(2) 若企业不能给掌握商业秘密的所有人员全部配备打印机有困难,应将这些掌握商业秘密的人员的打印机与普通员工的打印机分开,并放置于单独房间。同时,在该房间内配备摄像头。

(3) 若使用公用打印机,先查看公用打印机旁边是否有不相关人员,若没有,在开始打印后,应立即亲自到打印机旁等候。若有多份文件,多次点击打印会有一定等候时间,宜分别打印。或让身边亲近的人替你去等候输出并告知其保密,或选择在休息时间或其他人尚未上班或已下班后打印。

(4) 因文件修改而多次打印,要将废弃的打印文件一并收回,不可遗留在打印室或随意抛弃。

(5) 对废弃的打印纸不要重复利用。

12.3.5.3 电脑保密方法

(1) 设置电脑进入密码。设置定时锁定电脑程序,即电脑处于不使用状态经过一定时间,电脑会自动闭屏,若要再次使用,电脑会自动要求输入密码。

(2) 设置文件进入密码。为了防止企业秘密电子文件被不相关人擅自打开或被窃取等,可以设置文件密码,凡是要打开此文件,必须输入密码,确保该文件被他人窃取或在传输过程中被不相关人获取等,也不能知悉该文件中的商业秘密内容。

(3) 当企业的商业秘密文件存储电脑中不希望被他人复制时,可以设置禁止复制。

(4) 拆除软盘、USB接口及光盘刻录等,防止有人通过上述方法窃取商业秘密。

(5) 电脑内容清除,让企业电脑技术工作人员清除该电脑中前员工遗留的所有不必要的信息。

(6) 设置内部网络应避免包含商业秘密信息。

(7) 安装电脑操作历史记录程序,保留该电脑中所有的操作的历史记录。

12.3.5.4　网络保密方法

(1) 涉密计算机不上网,上网信息不涉密,防止黑客通过间谍手段窃取企业商业秘密。

(2) 限制网络聊天,禁止安装摄像头。

(3) 禁止擅自下载、安装与工作无关的程序,防止被安装了间谍软件。

(4) 通过网络监控,监视企业信息传播,监视内部员工的电子邮件或为员工提供工作电子邮箱并要求员工一律通过工作邮箱收发邮件。

(5) 采取加密措施。对于员工使用网络传输涉及商业秘密的文件时,应使用加密计算机程序,取得解密钥匙。

12.3.6　企业商业秘密泄露后的救济

随着商业秘密逐渐被人们重视,商业秘密侵权纠纷也日益增多,企业在加强商业秘密保护力度的同时,应加强商业秘密维权。

发现他人侵犯自己商业秘密后,企业要及时向工商行政管理局提出控告或向人民法院提起诉讼,促使工商机关和人民法院采取有效措施及时制止"秘密"进一步扩散,同时也有利于及时保全证据、调取证据,更有效的维护权利人的合法权益。

商业秘密权利人应注意对保护商业秘密证据的采集和保存。收集和保护有关证据要全面,要注意证据与侵犯商业秘密行为的关联性。在证据有可能灭失的情况下,及时向人民法院提出证据保全申请。

【思考】企业在商业秘密保护中容易出现什么样的疏忽?

企业在商业秘密保护中最容易出现疏忽的地方有:

(1) 在接受外来人员的采访、参观、考察、学习中由于缺乏防范意识,过于热情有问必答,造成商业秘密的流失。

(2) 出差人员对出差时随身携带的有关商业秘密的各种技术经营文件保管不善而被他人窃取。

(3) 企业内部的掌握着企业商业秘密的员工由于利益的驱使出卖了企业的商业秘密,或者由于员工"跳槽"而带走大量的商业秘密。

(4) 公关宣传、公开发表的学术论文或者做学术交流时由于把关不严,缺乏保密意识而导致商业秘密的流失。

(5) 不注重废旧文件等有关秘密的载体的管理,导致商业秘密的流失。有的废旧物品往往包含着有关企业的商业、技术或者经营的秘密,对这些废旧物品管理不善导致秘密的流失。

(6) 各种有关商业秘密的通信或者谈话被截取或者窃听。

12.4　商业秘密的国家保护

与商业秘密价值日益凸显相伴随的是,商业秘密侵权、商业秘密诉讼也呈上升趋势,侵权主体更加多元,侵权后果更加严重。因此,商业秘密的保护不仅需要企业的努力,而且还需要国家的力量。

12.4.1　国家保护商业秘密的必要性

国家公权力保护商业秘密的必要性可以从两方面理解:

一方面,国家保护商业秘密维护商业秘密权利人合法权益的需要,是维护正常的市场竞争秩序的需要。侵犯商业秘密不仅损害了商业秘密权利人的经济利益,而且扰乱了市场竞争秩序,败坏了诚实信用商业道德,破坏了公平竞争的市场经营原则,因此,需要国家严厉打击侵犯商业秘密行为。

另一方面,国家保护商业秘密是参与世界经济一体化的必然要求,是加入WTO的必然要求。随着我国加入WTO的逐渐深入,我国企业的经济活动日益与国际接轨,企业保密环境更加复杂,应当遵循国际商业秘密保护规则,严格遵守《与贸易有关的知识产权协议》协议等国际法规范对商业秘密法律保护的明确要求。

12.4.2　商业秘密保护的法律规定

为了保护商业秘密权利人的经济利益和竞争优势,维护市场经济秩序,各国法律都确认对商业秘密提供保护。虽然我国尚未出台专门的商业秘密保护法,但不乏对商业秘密保护的法律规定。

(1)《民法通则》第一百一十八条的规定:"公民、法人的著作权、专利权、商标专用权、发现权、发明权和其他科技成果受到剽窃、篡改、假冒等侵害的,有权要求停止侵害,消除影响,赔偿损失。"

(2)《合同法》第四十三条规定:当事人在订立合同过程中知悉的商业秘密,无论合同是否成立,不得泄露或者不正当地使用。泄露或者不正当地使用该商业秘密给对方造成损失的,应当承担损害赔偿责任。第九十二条规定:合同的权利义务终止后,当事人应当遵循诚实信用原则,根据交易习惯履行通知、协助、保密等义务。第三百四十七条规定:技术秘密转让合同的让与人应当按照约定提供技术资料,进行技术指导,保证技术的实用性、可靠性,承担保密义务。第三百四十八条规定:技术秘密转让合同的受让人应当按照约定使用技术,支付使用费,承担保密义务。

(3)《反不正当竞争法》第十条、第二十条、第二十五条规定,第三人以不正当手段获取商业秘密构成对商业秘密所有者的侵权,应当赔偿商业秘密所有者的实际损失,如实际损失难以计算,赔偿额为侵权人在侵权期间因侵权而获得的利润;并承担商业秘密所有者因调查第三人侵害其合法权益的不正当竞争行为所支付的合理费用。此外,工商行政部门对侵犯商业秘密的第三人应当责令其停止违约行为,并根据情节处以1万元以上,20万元以下的罚款。

(4)《劳动法》第二十二条规定:劳动合同当事人可以在劳动合同中约定保守用人单位商业秘密的有关事项。该法第一百零二条对劳动者的泄密行为作了进一步的规定:劳动者违反本法规定,解除劳动合同或违反劳动合同约定的保密事项,对用人单位造成经济损失的,应当依法承担赔偿责任。《劳动法》对技术秘密的保护是通过用人单位和劳动者在劳动合同中约定来实现的。用人单位和劳动者一旦作出约定,劳动者应当遵守合同的约定,不能泄露用人单位的技术秘密,否则即承担责任。

(5)《公司法》第一百四十八条规定,董事、监事、高级管理人员应当遵守法律、行政法规和公司章程,对公司负有忠实义务和勤勉义务。第一百四十九条规定,董事、高级管理人员不得有未经股东会或者股东大会同意,利用职务便利为自己或者他人谋取属于公司的商业机会,自营或者为他人经营与所任职公司同类的业务;擅自披露公司秘密;违反对公司忠实义务的其他行为。董事、高级管理人员违反前款规定所得的收入应当归公司所有。

(6)《刑法》第二百一十九条规定:有下列侵犯商业秘密行为之一,给商业秘密的权利人造成重大损失的,处三年以下有期徒刑或者拘役,并处或者单处罚金;造成特别严重后果的,处三年以上七年以下有期徒刑,并处罚金:(一)以盗窃、利诱、胁迫或者其他不正当手段获取权利人的商业秘密的;(二)披露、使用或者允许他人使用以前项手段获取的权利人的商业秘密的;(三)违反约定或者违反权利人有关保守商业秘密的要求,披露、使用或者允许他人使用其所掌握的商业秘密的。明知或者应知前款所列行为,获取、使用或者披露他人的商业秘密的,以侵犯商业秘密论。第三人明知或者应知前款所列违法行为,获取、使用或者披露他人的商业秘密,视为侵犯商业秘密。

(7)国家工商局《关于禁止侵犯商业秘密行为的若干规定》的规定,对侵犯商业秘密的不正当行为,工商行政管理机关应当责令停止违法行为,可以根据情节处以一万元以上二十万元以下的罚款,并可对侵权物品作如下处理:①责令并监督侵权人将载有商业秘密的图纸、软件及其他有关资料返还权利人;②监督侵权人销毁使用权利人商业秘密生产的、流入市场将会造成商业秘密公开的产品。但权利人同意收购、销售等其他处理方式的除外。

12.4.3 侵犯商业秘密的行为

侵犯商业秘密的行为是指,以盗窃、利诱、胁迫或其他不正当方法获取权利人的商业秘密,或者非法披露、使用和允许他人使用商业秘密的行为。

侵犯商业秘密权的主体主要有三类:(1)非合法知悉商业秘密的不特定第三人。(2)保密义务的合同相对人或者关系人。(3)企业内部职工,包括技术人员、管理人员和其他办公室、档案管理人员。

侵犯商业秘密行为的表现形式多种多样。根据《反不正当竞争法》第十条的规定,下列行为属于侵犯他人商业秘密的不正当竞争行为:

(1)以盗窃、利诱、胁迫或其他不正当手段获取的权利人的商业秘密。以"其他不正当的手段"获取的常见表现有:"业务洽谈""技术合作开发""参与技术鉴定会"等方法套取权利人的商业秘密。

(2)披露、使用或者允许他人使用以前项手段获取的权利人的商业秘密。具体表现为,合法掌握商业秘密的人或商业秘密权利人单位的职员违反了权利人守密约定或违反了公司、企业的保密章程或违反劳动合同中的保密条款,而向外界泄露,自己使用或允许他人使用本单位的商业秘密。

(3) 违反约定或者违反权利人保守商业秘密的要求,披露、使用或者允许他人使用其所掌握的权利人和商业秘密。

(4) 第三人明知或者应知上述所列三种违法行为,获取、使用或者披露他人的商业秘密,视为侵犯商业秘密。这里所谓的"明知"或者应知是指行为人主观上的知情。而对善意第三人因受让取得商业秘密的,可以继续使用,但应当向权利人支付合理的使用费并承担保密义务。

12.4.4 商业秘密权救济方式

商业秘密权利被侵犯时,可根据不同情况,分别向不同部门寻求法律救济,主要有以下几种途径:

1. 向仲裁机构申请仲裁解决

向仲裁机构申请仲裁解决的前提是,此前企业与侵权人之间签订了商业秘密保护合同,并且约定或事后双方自愿达成仲裁协议的,可依据《仲裁法》向双方仲裁协议中约定的仲裁机构申请仲裁。

2. 向当地劳动争议仲裁委员会申请劳动仲裁

企业与包括离职职工在内的职工之间因商业秘密引起的纠纷,企业可依据《劳动争议调解仲裁法》向当地劳动争议仲裁委员会申请劳动仲裁。

3. 向工商行政管理部门投诉

根据《中华人民共和国反不正当竞争法》第二十五条的规定,对侵犯商业秘密的行为,监督检查部门应当责令停止违法行为,可以根据情节处以一万元以上二十万元以下的罚款。企业的商业秘密被侵犯后,可以向县级以上工商机关投诉,并提供商业秘密及侵权行为的有关证据。

4. 向人民法院提起民事诉讼

当企业商业秘密被侵犯时,被侵权人可以分别按照合同法、侵权行为法、反不正当竞争法或刑法的规定寻求救济,追究侵权者的法律责任。具体而言:

(1) 侵犯商业秘密行为如果属于违约行为,权利人则依合同法规定追究其违约责任。

(2) 侵犯商业秘密行为如果属于侵权行为,权利人则可依侵权行为法追究侵权人的侵权责任。除了承担损失赔偿责任外,还可以申请法院颁发禁止侵害令,禁止侵害令又分临时禁止令和长期禁止令。临时禁止令一般在诉讼中发出,长期禁止令一般在案件审结裁决时发出。请求损害赔偿既可单独使用,又可同时使用。

(3) 侵犯商业秘密行为如果属于不正当竞争行为,依反不正当竞争法追究其法律责任,包民事责任和刑事责任。

当然,某一侵犯商业秘密行为在性质上可能可以同时被认为具有多种性质,譬如侵权行为和不正当竞争行为,具体诉讼时由权利人选择。至于人民法院的管辖范围,一般讲应向被告所住地人民法院或侵权行为地人民法院起诉。订立合同的,应向被告所住地或合同履行地人民法院起诉。

5. 刑事诉讼程序

侵犯商业秘密行为构成犯罪时,权利人应向公安机关报案,由公安机关立案侦查,侦查终结的案件,移送同级人民检察院。检察院认为事实清楚、证据充分,应该追究刑事责任的,向同级人民法院提起公诉。对于犯罪行为尚未对社会秩序和国家利益造成严重危害的案件,权利人可以自行向法院提起刑事自诉。在刑事公诉或自诉程序中,权利人可以提起附带民事诉讼,要求被告人赔偿自己遭受的损失。

12.4.5　侵犯商业秘密的证据

打官司即是打证据。根据"谁主张谁举证"的民事诉讼举证原则,商业秘密侵权的原告对其诉讼主张应当作如下举证:

(1) 商业秘密客观存在的证据。这些证据的形式可以是图纸,也可以是实物,但并应指出具体的保护范围、确定秘密点。

(2) 所主张的商业信息构成商业秘密的证据。即从商业秘密构成的要件——秘密性、价值性、保密性、实用性入手,证明所主张的商业信息属于商业秘密。

(3) 商业秘密权属的证据。商业秘密的所有权人要证明自己是合格的当事人,即证明商业秘密是通过自身开发而取得的或者是通过转让而获得。

(4) 保密措施的证据。这是权利人占有该商业秘密的前提,当然,保密措施的举证是否到位,以"适当"为准。其基本原则是:权利人在主观上有保密的意愿,在客观上有保密的行为,并且这些行为足以使相对人明确自己具有保密义务。

(5) 侵权行为的证据。即权利人必须举证以证明签署商业秘密侵权行为的一种或者几种的客观存在。

(6) 侵权范围的证据。即权利人要提供表明侵权范围大小的证据,从而确定民事责任的范围。

(7) 主观过错的证据。根据《反不正当竞争法》第十条的规定,前三种侵权行为足以证明或推定行为人的主观过错,这里说明的是对行为人的主观过错举证,主要是指第三人对获取、使用、披露的商业秘密是否"明知"或"应知"其来源不当。

(8) 经济赔偿的证据。通常而言,计算经济赔偿额的依据主要有三种方式:一是以权利人的损失为依据;二是以侵权人的赢利所得为依据;三是以该商业秘密的转让费或研制、开发费为依据。具体说来,商业秘密权利人可以提供原、被告双方的年产量、利润率、侵权前后损失情况对比、双方的年报表以及纳税情况、研制开发该商业秘密的费用、转让该商业秘密的费用及其评估资料、被告的产品的市场占有情况以及客户变化情况、商业秘密披露的程度等证据资料。

(9) 合理费用的证据。即商业秘密权利人提供证明权利人因调查被告侵害其商业秘密所支付的合理费用并为被告承担该费用提供依据,包括原告因调查支出的车旅费及食宿费、调查有关档案资料而支出的费用、调查有关的财产情况或作一些证据调查聘请有关财会人员或法律工作者所支出的费用,等等。

12.4.6　商业秘密的侵权责任

侵犯商业秘密的责任包括民事责任、行政责任和刑事责任。

(1) 侵犯商业秘密的民事责任。民事责任的承担方式主要有以下几种:停止侵害、支付违约金、赔偿损失、赔礼道歉、消除影响等。对于损失赔偿额可以按以下原则进行:首先,当事人自愿协商确定赔偿额的计算办法与方法,或直接商定赔偿额。其次,以受害人研发该商业秘密所有的费用支出(依原始凭证)作为赔偿额。第三,按受害人的损失计算赔偿额。可考虑以下几种计算方式:一是因技术秘密受到侵犯致使该产品销售数量减少的量与被侵犯前一定时期内的该产品平均利润率的积;二是以侵权产品出现后的本产品销量与侵权前后产品销售利润率之差的积。第四,如果受害人的损失难以计算的,以侵权人在侵权期间,因侵权所获的利润作为赔偿额。

(2) 侵犯商业秘密的行政责任。《中华人民共和国反不正当竞争法》规定,对于不正当竞争行为,县级以上的监督检查部门有权监督检查加以发现和制止。"可以根据情节处1万元以上20万元以下的罚款"。根据国家工商行政管理局颁发的《工商行政管理机关行政处罚程序规定(试行)》,工商行政管理机关可以采取紧急强制措施。在紧急情况下,商业秘密因泄露马上会产生扩散等情况,权利人可请求工商行政管理机关采取规定的强制措施,如扣留、封存、暂停支付等。

(3) 侵犯商业秘密的刑事责任。《中华人民共和国刑法》第二百一十九条规定了侵犯商业秘密罪,即以盗窃、利诱、胁迫或者其他不正当手段获取权利人的商业秘密,或者非法披露、使用或者允许他人使用其所掌握的或获取的商业秘密,给商业秘密的权利人造成重大损失的行为。侵犯商业秘密罪的刑事责任为:

①自然人犯本罪的,处三年以下有期徒刑或拘役,并处或单处罚金;造成特别严重后果的,处三年以上七年以下有期徒刑,并处罚金。

②单位犯本罪的,对单位判处罚金,并对其直接负责的主管人员和直接责任人员,以上述规定追究刑事责任措施。

"天府可乐"配方商业秘密案[①]

【案件背景】

产品配方及生产工艺属于商业秘密的一类,具有极高的经济价值。尤其是对生产配方型饮料的企业而言,其产品配方及生产工艺是核心资产,也是企业核心竞争力之源。在我国企业改制、转型的特定发展历程中,部分企业因保密意识和法律风险防范能力不强,引发了诸多关于商业秘密的纠纷,"天府可乐"配方及生产工艺商业秘密案就是其中一例。该案被最高人民法院评为"2010年中国法院知识产权司法保护十大案件"之一,对类似案件的处理具有导向性作用,对企业商业秘密保护也具有警示性作用。

【案情简介】

原告是天府可乐集团向重庆市第五中级人民法院起诉称:1981年,重庆饮料厂与四川省中药研究所签订协议,合作开发天府可乐。后经重庆市科学技术委员会评审和卫生部批准,正式生产天府可乐,重庆饮料厂对天府可乐配方及其生产工艺享有商业秘密权。1985年,经批准以重庆饮料厂为主体成立重庆天府可乐饮料工业公司;1988年,经批准在重庆天府可乐饮料工业公司基础上成立天府可乐集团,因此天府可乐集团对天府可乐配方及其生产工艺享有商业秘密权。

---

① 本案例改编自《重庆市第五中级人民法院(2009)渝五中法民初字第299号民事判决书》《江苏省高级人民法院民事判决书(2009)苏民三终字第0181号》,该案被最高人民法院评为"2010年中国法院知识产权司法保护十大案件"之一。

1994年,中国轻工总会与百事可乐国际公司签订《备忘录》及《备忘录附件》。同年,按照前述《备忘录》及《备忘录附件》,天府可乐集团与百事可乐国际公司的子公司肯德基国际控股公司签订合资经营合同,成立了百事天府公司。根据合同约定,百事天府公司生产天府可乐饮料及浓缩液、百事系列产品等。但按照合同约定天府可乐集团的出资并不包括天府可乐配方及其生产工艺这部分商业秘密。1995年,轻工总会批复同意百事天府公司生产百事可乐等系列牌号饮料,确定国产品牌饮料不低于总产量的50%。1997年5月19日,肯德基国际控股公司将其持有的百事天府公司的全部股份(60%)转让给百事(中国)公司。百事天府公司成立后实际由肯德基国际控股公司和百事(中国)公司先后控制。由于百事天府公司聘用了天府可乐集团的主要生产骨干,加之交接过程中出现疏漏,百事天府公司长期非法占有和使用天府可乐集团的天府可乐配方及其生产工艺商业秘密,生产天府可乐。百事天府公司长期超过批准比例生产百事系列产品,百事(中国)公司通过大幅提高浓缩液价格获取高额利润,致使百事天府公司连续十二年亏损。2006年天府可乐集团将对百事天府公司持有的全部股权转让给百事(中国)公司,但是百事天府公司依然占有和使用属天府可乐集团所有的天府可乐配方及其生产工艺商业秘密,其行为侵犯了天府可乐集团的合法权益。百事(中国)公司实际控制百事天府公司,滥用股东权利,应当承担连带责任。原告天府可乐集团请求法院判决:1. 确认天府可乐配方及其生产工艺商业秘密属于天府可乐集团所有;2. 判决百事天府公司立即停止使用天府可乐配方及其生产工艺商业秘密;3. 判决百事天府公司立即归还天府可乐配方及其生产工艺商业秘密的技术档案;4. 判决百事天府公司和百事(中国)公司共同赔偿天府可乐集团损失100万元,承担诉讼费。

被告百事天府公司与百事(中国)公司的答辩意见主要有:(1)双方诉争的商业秘密纠纷属于合资合同争议,按照合资合同约定本案应由中国国际经济贸易仲裁委员会仲裁,法院无管辖权。(2)对天府可乐集团界定的商业秘密范围无异议,但不能证明天府可乐集团采取了保密措施。(3)百事天府公司成立之前,外方股东已明确要求将包括诉争商业秘密在内的所有有关天府可乐浓缩液的制造技术全部转移给合资公司。相关的合资合同也明确约定,包括诉争商业秘密在内的所有天府可乐浓缩液制造技术以及天府可乐集团的其他所有生产和经营要素都通过"整体合资""原厂改造"的方式投入到合资公司中。外方股东的要求得到天府可乐集团的接受,天府可乐集团以其在合资公司成立前后的一系列实际行动表明其依约将包括诉争商业秘密在内的所有有关天府可乐浓缩液的制造技术投入到合资公司,天府可乐集团不再拥有对诉争商业秘密的权益。(4)滥用股东权利与侵犯商业秘密是完全不同的法律关系、分属于两个案由。如天府可乐集团认为百事(中国)公司滥用股东权利,应当另案提起诉讼,但已超过诉讼时效。事实上百事(中国)公司根本没有滥用股东权利的动机和能力。另外确认之诉和侵权之诉不能在一个案件中同时处理。(5)由于天府可乐集团不享有涉案商业秘密权,因而百事天府公司和百事(中国)公司不存在侵犯商业秘密权的行为。天府可乐集团的诉讼请求均不成立,应予驳回。

天府可乐集团为证明其主张,举示了以下证据:

一、证明天府可乐集团主体资格的下列天府可乐集团工商档案资料

二、证明天府可乐集团享有商业秘密权并采取保密措施的证据

1. 姜某某移交清单及天府可乐配方、工艺等资料。(1)姜某某向钱某移交天府可乐配方及生产工艺等材料形成的清单;(2)天府可乐底料(甲、乙料)消耗原材料定额计算表;

(3)有关调整底料的通知;(4)天府可乐产品配方文件;(5)天府可乐产品定额消耗文件;(6)天府可乐药浆酶法生产工艺规程(试行);(7)天府可乐主剂生产工艺规程。前述证据(3)、(4)、(5)的首页均标注"绝密"字样。

2. 天府可乐药浆和生产工艺报告(第二代天府可乐原浆全酶法工艺报告)。

3. 病理学实验资料。(1)天府可乐的果蝇寿命实验资料;(2)天府可乐原浆的慢性毒性实验资料;(3)天府可乐原浆的慢性毒性及致癌性实验资料;(4)《关于天府可乐安全性毒理学实验研究评议会情况》(科技工作简报第十一期);(5)"天府可乐慢性毒理实验成功新闻发布会"图片资料。

4. 重庆饮料厂与四川省中药研究所签订的关于研制保健饮料的技术协定书。

5. 重庆饮料厂与四川省中药研究所签订的"第二代'天府可乐'合作研究生产协议"及"第二代'天府可乐'合作研究生产协议修改条文"。

6. 卫生部(88)卫防字第28号《关于正式批准天府可乐生产销售的通知》。

7. 四川省中药研究所与中国天府可乐集团公司签订的"协议书"及收据。

8. 《卫生部监督局关于已获批准新资源食品调查情况的函》。

9. 证人李某某(原天府可乐集团总经理)、姜某某(原天府可乐集团总工程师)、刘某某(天府可乐集团技术科科长)、辛某某(原百事天府公司行政部主任)、高某某(天府可乐集团保卫处主任)出庭作证的证词。李某某证明天府可乐集团成立保密小组,浓缩液甲料和乙料、注香剂材料由档案室保管,分别由专人负责,只有总工程师一人全部知悉。谈合资时"未涉及配方"。姜某某证明他是保密小组成员,对天府可乐配方及工艺保密,相关材料放置于档案室。百事天府公司使用了天府可乐配方及工艺生产。刘某某证明他是保密小组成员,全套配方及工艺只有他和姜某某知悉,另外一人只负责执行。辛某某证明百事天府公司成立后科技档案按照百事天府公司的要求留在了该公司,但是对档案如何处理和百事天府公司是否使用天府可乐配方及工艺不清楚。高某某证明天府可乐集团提交的"天府可乐"浓缩液乙部分(浓缩液)产品实物,以及百事天府公司领料单及损耗报告单等是2009年从百事天府公司和另一公司办公处所附近发现的。

10. 重庆市档案局《关于中国天府可乐集团公司(重庆)申请国家二级档案管理企业报告的批复》。

11. 企业档案管理升级的相关资料、文件。

12. 科技技术档案管理的文件及管理规定。

13. 技术档案分类编号图。

14. 天府可乐集团《关于印发〈档案库藏简介〉的通知》

15. 姜某某的退休审批资料。

三、证明百事天府公司和百事(中国)公司获取、使用涉案商业秘密的证据

1. 中国轻工总会与百事可乐国际公司签订的《备忘录》及《备忘录附件》。

2. 1994年1月18日天府可乐集团与肯德基国际控股公司签订的合资经营合同。

3. 1995年1月20日中国轻工总会《关于同意重庆百事天府饮料有限公司生产百事可乐等系列牌号饮料的批复》。

4. 1997年5月19日重庆市人民政府高新技术产业开发区管理委员会《关于中外合资经营"重庆百事天府饮料有限公司"修改合同、章程的批复》。

5. 百事天府公司生产的"天府可乐"产品实物。
6. 百事天府公司生产的"天府可乐"浓缩液乙部分(药浆)产品实物。
7. 百事天府公司2006年10月至12月的工业产销总值及主要产品产量报表。
8. 中国饮料工业协会《关于印发2008年"两乐"合资合作企业生产完成情况的函》。
9. 中国饮料工业协会《关于印发2009年1～3季度"两乐"合资合作企业生产完成情况的函》。
10. 百事天府公司领料单及损耗报告单等。
11. 百事天府公司关于"天府可乐"的宣传资料。
12. 重庆市科学技术委员会《关于收回并重振"天府可乐"品牌的报告》[渝科委(1997)13号]。
13. 《商务部办公厅关于切实执行外国牌号碳酸饮料管理工作的通知》。
14. 重庆会计师事务所《验资报告书》[(94)重会所外验字第72号]。
15. 邹振黄致百事中国副总裁贺东先生的函。
16. 百事可乐中国装瓶商协作会文件。
17. 四川百事可乐饮料有限公司对"百事可乐中国区装瓶商协作会"的抗议函。
18. 邹振黄给国家经贸委的函。
19. 科学技术研究成果公报(1987年第一期)。
20. 重庆市第五中级人民法院根据天府可乐集团的申请,向重庆市九龙坡区疾病预防控制中心调取的天府可乐《检验报告》。

经过质证,除认为中国饮料工业协会《关于印发2008年"两乐"合资合作企业生产完成情况的函》《关于印发2009年1～3季度"两乐"合资合作企业生产完成情况的函》是复印件,不认可其真实性外,百事天府公司和百事(中国)公司对天府可乐集团上列证据的真实性无异议。但认为前述证据不能证明天府可乐集团的主张,反而其中的部分证据能够证明百事天府公司和百事(中国)公司的反驳意见。

百事天府公司为支持其辩解,举示了以下证据:

一、证明百事天府公司合法使用天府可乐配方及其生产工艺的证据

1. 天府可乐集团与百事公司签订的合资协议及叶某某致天府可乐集团总工程师姜某某的函。
2. 《重庆百事天府饮料有限公司可行性报告》(1994年3月)。
3. 天府可乐集团与肯德基国际控股公司签订的合资经营合同及相关附件。
4. 百事天府公司成立时天府可乐集团移交的技术文件清单(部分节选)。
5. 天府可乐集团致百事(中国)公司的两份函件(2008年10月15日、2008年12月3日)。
6. 百事天府公司的"天府"系列商品注册证书。
7. 百事天府公司的营业执照。
8. 天府可乐混合规程。
9. 《乳化铁的特性及应用》(《中国食品添加剂》2000年第三期)。

二、证明天府可乐集团知悉和同意百事天府公司使用天府可乐配方及其生产工艺的证据

1. 百事天府公司董事会部分会议纪要、决议及相关资料(第一次、第二次、第三次、第七次、第十五次、第十六次、第十七次、第十八次董事会会议纪要等)。
2. 百事天府公司1994年及1995年年度损溢表。
3. 重庆市轻工业局重轻发(1994)50号及重轻发(1994)091号文件。
4. 百事天府公司编制的《天府可乐工艺、配方、技术文件》。
5. 四川省中药研究所和重庆饮料厂的《第二代天府可乐原浆全酶法工艺报告》。
6. 协商成立合资企业过程中的往来传真函件：(1)天府可乐集团工程师姜某某1993年11月19日发送给百事(中国)公司的传真；(2)叶某某1993年11月22日发出的有关函件；(3)天府可乐集团工程师姜某某1993年11月23日发给叶某某的传真；(4)叶某某1993年11月23日发给天府集团工程师姜某某的函件；(5)叶某某发送函件的封页。
7. 2008年11月18日及2008年12月16日天府可乐集团发送给百事(中国)公司及相关企业的函件。
8. 百事天府公司与泸县食品厂签订的《关于继续使用天府牌浓缩液制造产品的协议书》。
9. 百事天府公司董事会的《月会纪要》和《会议纪要》：(1)1998年4月13日《月会纪要》(一)；(2)1998年4月14日《会议纪要》(八)；(3)1998年6月2日《会议纪要》(十五)。
10. 百事天府公司第十二次董事会《关于批准报废闲置淘汰设备的决议》。
11. 四川省中药研究所《关于解决天府可乐问题的复函》。

三、证明天府可乐集团出让其股权后百事天府公司仍有权生产天府可乐的证据

1. 天府可乐集团、百事(中国)公司、中国轻工总会和重庆轻纺控股(集团)公司签订的股权转让协议(2006年3月27日)。
2. 百事天府公司董事会决议(2006年3月27日)。
3. 天府可乐集团、中国轻工总会和百事(中国)公司签订的《重庆百事天府饮料有限公司章程及合资经营企业合同修改协议》(2006年3月27日)。
4. 天府可乐集团作出的"董事会成员免职书"(2006年8月3日)。
5. 重庆市人民政府高新技术产业开发区管理委员会《关于同意重庆百事天府饮料有限公司股权变更的批复》(2006年7月10日)。

四、证明百事天府公司合法经营和百事天府公司、百事(中国)公司对天府可乐集团提供支持的证据

1. 国家经济贸易委员会、国家发展计划委员会、海关总署《调整外国牌号碳酸饮料管理工作的公告》。
2. 百事天府公司致中国饮料工业协会的《关于中国饮料工业协会若干问题回复函》。
3. 百事天府公司与天府可乐集团签订的《咨询、后勤服务协议》。
4. 标注"绝密"字样的英文资料。百事(中国)公司表示该资料为百事可乐技术资料。
5. 百事(中国)公司向各关联公司发送传真的封页。
6. 百事(中国)公司的传真回执文件。

经过质证，除对2008年10月15日天府可乐集团致百事(中国)公司的函件，以及叶某

某发送函件的英文封页不认可真实性外,天府可乐集团认可百事天府公司举示的上述证据的真实性,但认为不能证明其辩解。

百事(中国)公司对百事天府公司举示证据的真实性、合法性及证明力均无异议。

百事(中国)公司为支持其辩解,举示了以下证据:

一、证明百事(中国)公司对百事天府公司享有合法权益的证据

二、百事(中国)公司依法受让股权的证据

三、证明百事(中国)公司合法行使股东权的证据

经过质证,天府可乐集团对百事(中国)公司上列证据的真实性无异议,但认为不能证明其辩解。百事天府公司对百事(中国)公司上列证据的真实性、合法性和证明力均无异议。

重庆市第五中级人民法院认为,天府可乐集团举示的中国饮料工业协会《关于印发2008年"两乐"合资合作企业生产完成情况的函》《关于印发2009年1~3季度"两乐"合资合作企业生产完成情况的函》是复印件,没有其他证据加以印证,百事天府公司和百事(中国)公司不认可其真实性,其真实性不予认定。百事天府公司举示的2008年10月15日天府可乐集团致百事(中国)公司的函件虽然是复印件,但是能为天府可乐集团认可真实性的该公司同年12月3日的函件印证,天府可乐集团不认可真实性却不能提供反证证明,重庆市第五中级人民法院认定该函件的真实性。叶某某发送函件的英文封页有中文译本,天府可乐集团不认可真实性但没有提出合理怀疑理由,重庆市第五中级人民法院确认其真实性。百事天府公司举示证据四中的证据4没有中文译本,重庆市第五中级人民法院不予采信。双方当事人举示的上述证据以外的其他证据,各方对真实性均无异议,重庆市第五中级人民法院确认其真实性。

重庆市第五中级人民法院还查明:

1981年,重庆饮料厂与四川省中药研究所签订《关于研制保健饮料的技术协定书》,约定"协作研制"佛光牌天府可乐饮料,四川省中药研究所研制药物浓浆,重庆饮料厂和"饮料研究所"负责香精配制和饮料配制。同年,双方另行签订补充协议,约定重庆饮料厂为四川省中药研究所提供部分研制经费;重庆饮料厂拥有佛光牌天府可乐的"生产专利权(包括商标权)",四川省中药研究所拥有药物浓浆的"生产专利权",药物浓浆只能供应重庆饮料厂,不得供应其他单位;双方对佛光牌天府可乐的"有关资料负有保密责任",不得向双方之外的任何单位和个人泄露。1982年12月17日,双方再度签订《第二代"天府可乐"合作研究生产协议》,约定在双方已有研究成果基础上改进浓浆工艺,天府可乐集团将所获利润的20%支付给四川省中药研究所。

1984年10月,重庆市科学技术委员会组织召开了"天府可乐安全性毒理学实验研究"评议会,认为天府可乐安全无毒,对机体有保健作用,在当时国内可乐型饮料的生产中居于先进水平,建议上报卫生部门审批。而后,重庆饮料厂委托同济医科大学对天府可乐原浆进行了各种相关试验。

1986年5月23日,重庆饮料厂和四川省中药研究所签订《第二代"天府可乐"合作研究生产协议修改条文》,约定天府可乐原浆工艺的权益由双方共有。为保守秘密,药料由指定人员配制。

天府可乐配方及生产工艺研制成功并试产试销后,中华人民共和国卫生部于1988年4月4日发出(88)卫防字第28《关于正式批准天府可乐生产销售的通知》,批准生产天府可

乐。生产经营中,对于天府可乐浓缩液乙料的成分、配方及其生产工艺,天府可乐集团成立了保密小组,在记载其内容的纸质文件的显著位置标注了"绝密"字样,相关材料保管于天府可乐集团的档案室,不同的部分由专人分别负责,非相关人员不得查阅。

1994年,美国百事公司与中国轻工总会签订《备忘录》及《备忘录附件》,确定百事公司在广州、重庆、北京等地开展合资项目,合作生产饮料。按照上述《备忘录》及附件的要求,天府可乐集团与百事公司的子公司肯德基国际控股公司于1994年1月签订合资经营合同,合资设立百事天府公司。合同约定的相关内容为:1. 天府可乐集团投资713.8万美元,肯德基国际控股公司投资1070.7万美元。2. 天府可乐集团的投资为"全部土地、厂房、生产设备、附属设备作价相当于柒佰壹拾三万捌仟美元"。3. 合资公司生产天府可乐饮料和浓缩液,生产百事系列产品。4. 董事会由5名董事组成,天府可乐集团委派2名,肯德基国际控股公司委派3名。5. 天府商标作价人民币350万元转让给合资公司,就此另行签订合同。6. 合资双方对"专有资料"和"一方认为是机密或秘密的资料"负保密义务。7. 纠纷协商不能解决的,提交中国国际经济贸易仲裁委员会仲裁。

1994年9月26日,四川省中药研究所致函天府可乐集团,表示已收到相关函件,考虑到天府可乐集团与外方合资的实际,同意天府可乐集团提出的"一次性了结"的建议。1995年7月3日,四川省中药研究所与天府可乐集团签订协议,双方考虑到合资企业百事天府公司成立的事实,约定由天府可乐集团向四川省中药研究所支付人民币25万元,双方此前就天府可乐研究项目签订的诸合同"即行终止作废"。同年7月24日,天府可乐集团如约支付了四川省中药研究所人民币25万元。

2006年3月27日,天府可乐集团与百事(中国)公司、中国轻工总会、重庆轻纺控股(集团)公司签订股权转让协议,天府可乐集团将其持有的全部股权(34%)以人民币1亿3千万元转让给百事(中国)公司,并约定纠纷协商不能解决则提交中国国际经济贸易仲裁委员会仲裁。该项转让获得了有关部门批准。

2008年10月15日,天府可乐集团致函百事(中国)公司,称"1994年与贵公司合作时,我公司将所有有形、无形资产投入到了合资企业中,其结果却是……",要求将"天府"商标及"天府系列产品"归还天府可乐集团。

重庆市第五中级人民法院认为,本案双方争议的焦点在于:

(1) 重庆市第五中级人民法院对本案是否有管辖权、天府可乐集团的确认之诉和侵权之诉能否在本案中一并处理。法院认为,本案天府可乐集团提起的是商业秘密权的确认之诉和侵权之诉,天府可乐集团依法可以向有管辖权的人民法院提起。判定某行为是否构成对某特定主体权利的侵犯,首先必须确定某特定主体是否享有该项权利。因此,确认之诉和侵权之诉可以在本案中一并审理。

(2) 天府可乐浓缩液乙料的成分、配方及其生产工艺是否构成商业秘密,其权利人如何确定。法院认为,根据商业秘密的构成要件,应当认为涉案技术符合规定的商业秘密的构成要件,属于商业秘密中的技术秘密。天府可乐集团根据该协议支付四川省中药研究所相应款项后,是双方合作研究的技术成果(即涉案商业秘密)的权利人。

(3) 百事天府公司和百事(中国)公司是否构成侵权,是否应当承担民事责任以及承担何种民事责任。法院认为,在本案判定之前百事天府公司对涉案商业秘密的使用属于合法使用,不构成侵权。

最终,重庆市第五中级人民法院判决认定,天府可乐集团要求确认其为涉案商业秘密权利人和要求百事天府公司停止使用涉案商业秘密、返还相关材料的请求成立,法院予以支持;其余请求不成立,应予驳回。

【案例思考】
1. 结合本案,谈谈案件管辖权异议和回避问题。
2. 如何证明企业采取了保密措施,或者说保密措施有哪些?
3. 结合本案,谈谈当事人向法院提交证据以及质证需要注意哪些事项。
4. 本案对天府可乐集团的教训是什么?
5. 什么样的行为构成商业秘密侵权?应从哪些方面进行分析?

第13章　商号权及其他知识产权

◎ **导读**：

商号权不等于商标权,是企业名称权;但商号权与商标权都属于重要的工业产权,是两种独立的知识产权。市场竞争中,以他人商标作为商号使用,或者以他人商号作为商标注册的不正当竞争行为并不少见。另外,在网络时代和知识经济时代,域名权和集成电路布图设计权的重要性日益凸显,相关纠纷也层出不穷。本章主要讲述商号权、域名权、集成电路布图设计权、植物新品种权、地理标志权,其重点在于了解商标权与商号权的关系、域名权的特殊价值、地理标志权的特性等问题。

◎ **重点**：
1. 商号权与商标权的区别在哪里?
2. 什么是域名权?
3. 么是集成电路布图设计权?
4. 什么是植物新品种权?
5. 什么是地理标志权?

山东起重机有限公司与山东山起重工有限公司企业名称权纠纷案[①]

【案件背景】

商标与企业名称之间的权利冲突纠纷早已存在,但引起人们广泛关注则是近年来的事情。随着市场经济的发展和市场竞争的加剧,个别企业为了争夺市场、获取利益,把其他企业商标登记为商号,或者把其他企业的商号注册为商标,故意造成商标与企业名称的混淆,进行不正当竞争,导致市场混淆。企业名称与商标都是商业标识,都有区别商品和服务的作用。但商标权和商号权是两种不同的知识产权,分别受《商标法》和《企业名称登记管理规定》调整。由于我国的商标注册由国家工商行政管理总局商标局实行全国统一注册,而企业名称(包括字号)的登记则分别由县级以上工商行政管理部门登记,从而造成同一文字可能由不同的企业分别注册登记为商标和字号使用。他人注册商标在先,并不是企业名称登记的禁止条件;而企业名称权一般也不能对抗商标权。我国对企业名称的管理实行的是核准注册制和企业分级管理制,对商号的保护限定在同行政区划和同行业。这为"傍名牌""攀

---

① 本案例改编自《最高人民法院民事裁定书(2008)民申字第758号》《山东省高级人民法院民事判决书(2007)鲁民三终字第108号》《山东省潍坊市中级人民法院民事判决书(2006)潍民三初字第26号》,载《最高人民法院公报》2010年第6期。

附""搭车""撞车"等不正当竞争留下可乘之机。《建立世界知识产权组织公约》将商标、商号纳入知识产权法的调整范围,我国《商标法》及其实施条例,《企业名称登记管理规定》及其实施办法和《反不正当竞争法》,也对解决商标与商号冲突作了规制。本案对于企业名称简称界定及其意义作出了解释,对于类似案件具有重要参考意义。

【案情简介】

山东省潍坊市中级人民法院一审查明,山东起重机厂有限公司(简称山东起重机厂)成立于1968年,以起重机械制造加工为主,1976年4月组建益都起重机厂,1991年10月31日变更名称为山东起重机厂,2002年1月8日成立山东起重机厂有限公司,其经营范围包括起重机械及配件的设计、制造、安装、咨询、技术服务与销售等业务。山东山起重工有限公司(简称山起重工公司)成立于2004年2月13日,2004年5月24日获得企业法人营业执照,其经营范围为起重机械、皮带输送机械、石油机械设备制造、销售、安装、维修。在山起重工公司成立过程中,山东省工商行政管理局于2004年1月13日同意其预先核准企业名称为山东山起重工有限公司。2004年2月26日,青州市经济贸易局向山东省工商行政管理局发出《关于申请保护山东起重机厂有限公司名称的报告》称:"'山起'既是山东起重机厂的简称,也代表着企业的形象,山起重工公司的注册损害了山东起重机厂的名称权利,并在职工中引起了强烈反响,恳切希望贵局对此企业名称给予撤销。"山东省工商行政管理局个体私营经济监督处于2004年3月9日提出如下意见:"山东起重机厂有限公司原为国有老企业,在生产经营和对外经济来往中使用'山起'作为企业简称,同时该企业在我省同行业中有一定知名度,现上述几个企业住所地都在青州市,在社会上易产生误解。根据有关规定,请你局(青州市工商局)做好双方企业的工作,并督促山东山起重工有限公司到省局变更企业名称。"但当事人未达成一致意见。

另查明,山东起重机厂李某等于2003年8月28日向青州市工商行政管理局提出企业名称预先核准申请,青州市工商行政管理局于2003年8月28日出具(青)名称预核私字(2003)第590号企业名称预先核准通知书,同意预先核准其出资企业名称为"青州山起机械制造有限公司",该预先核准的企业名称保留期至2004年2月27日,在保留期内,不得用于经营活动,不得转让。

山东起重机厂于2005年7月11日向山东省青州市人民法院起诉,请求判令山起重工公司立即停止对"山起"字号的使用,赔偿损失50万元,并承担诉讼费用。后来本案被移送至山东省潍坊市中级人民法院审理。

一审法院认为,山东起重机厂在生产经营状况、企业规模、企业营销、企业荣誉、企业贡献等诸多方面不仅为同行业认可,而且被社会广泛认知,具有较高知名度,并已形成一个消费群体,用户在看到具有"山起"字样的名称时,很容易与其产生联系,应当确认"山起"系山东起重机厂企业名称的简称。山起重工公司使用山东起重机厂在先使用并知名的企业名称中最核心的"山起"字号,双方当事人所属行业相同或有紧密联系,其住所地都在青州市,使相关公众产生误认,应当认定山起重工公司已构成对山东起重机厂名称权的侵犯,应该赔偿因此给山东起重机厂造成的经济损失。由于山东起重机厂未能提供证据证明山起重工公司在侵权期间的全部获利情况,也未提供其因侵权所受到的损失,需综合考虑山起重工公司侵权行为的性质、情节、持续期间、范围,酌情确定赔偿数额。后判令山起重工公司到工商管理部门办理变更企业名称的相关手续,停止使用"山起"二字作为字号;赔偿山东起重机厂经济损失人民币20万元;驳回山东起重机厂其他诉讼请求。

山起重工公司不服一审判决,向山东省高级人民法院提起上诉。

二审法院另查明,山东起重机厂与山海关起重机械厂签订的"山起"注册商标转让合同经河北省高级人民法院(2007)冀民再终字第27号民事判决确认为有效合同。

二审法院认为,山东起重机厂是起重机行业中的知名企业,在特定区域,特别是在青州市,"山起"已经被相关公众识别为山东起重机厂,两者之间建立了特定联系,可以认定为山东起重机厂的特定简称。山起重工公司在企业名称中使用"山起",没有正当理由,并且由于其与山东起重机厂同处青州市,导致相关公众对两家企业产生误认,构成不正当竞争。故判决驳回上诉,维持原判。

2008年8月18日,山起重工公司向最高人民法院申请再审。

山起重工公司申请再审称,(1)一、二审判决认定事实错误。山东起重机厂依法核准登记的企业名称是山东起重机厂有限公司,没有核心字号,也没有简称或从属名称,原审判决通过推理,凭空捏造出了一个未经核准登记的"山起"字号。原审判决关于山东起重机厂与山海关起重机械厂签订的"山起"注册商标转让合同为有效合同的认定与事实不符。原审判决把山东省工商局个体私营监督处给青州市工商局内部批复函件作为有效证据加以认定,并以此说明山东起重机厂使用"山起"简称的合法性,这种处理不恰当。(2)二审判决适用法律不当。反不正当竞争法第五条第(三)项及相关司法解释所保护的是依法登记注册的企业名称和登记注册的知名企业名称中的字号,并未规定保护企业法人不合常理且没有依法登记注册的简称。山东起重机厂的企业名称中根本就没有字号,原审判决适用上述法律和司法解释的规定显属错误。山起重工公司的名称是依法核准登记的合法名称,主观上没有损害山东起重机厂的故意,客观上没有擅自使用山东起重机厂企业名称的行为,不构成不正当竞争行为。原审法院判决山起重工公司赔偿山东起重机厂20万元亦属错误。

最高人民法院另查明,本案中,"山起"这一名称的使用情况主要分为两类。一是山东起重机厂自己主动使用;二是社会公众或其他有关单位使用"山起"作为"山东起重机厂"的代称。山东起重机厂主动使用"山起"简称的情况有:(1)对外宣传使用;(2)在对外经营活动中使用;(3)企业内部使用。社会公众或有关单位使用"山起"作为简称指代"山东起重机厂"的情况有:莱芜钢铁集团机械制造有限公司的书面证明称,其在口语上经常以"山东山起"名称代称山东起重机厂;青州市经济贸易局于2004年2月26日作出的《关于申请保护山东起重机厂有限公司名称的报告》认为,"山起"作为山东起重机厂的简称已经为青州乃至全国、全省同行业众所周知。

又查明,河北省高级人民法院(2007)冀民再终字第27号民事判决确认山东起重机厂与山海关起重机械厂签订的"山起"注册商标转让合同为有效合同。山海关起重机械厂破产清算组不服该民事判决,于2008年7月6日向最高人民法院申请再审,后被最高人民法院裁定驳回。

再查明,山东起重机厂在原审中提供了潍柴动力股份有限公司技术改造部、潍坊市储运有限公司和青州市邮政局出具的证明。潍柴动力股份有限公司技术改造部的证明内容为山起重工公司曾以与山东起重机厂是一家为名招揽业务。潍坊市储运有限公司的证明内容为该公司曾误认山起重工公司为山东起重机厂。青州市邮政局的证明内容为该公司曾将山起重工公司的邮件误投到山东起重机厂。山起重工公司则提供了山东筑金机械有限公司等十七家单位的证明,证明内容为上述公司没有对山起重工公司和山东起重机厂产生误认。

最高人民法院经审查认为,本案主要涉及如下问题:

(1) 关于原审判决是否认定"山起"是山东起重机厂的字号问题。尽管原审判决引用了最高人民法院《关于审理不正当竞争民事案件应用法律若干问题的解释》第六条的规定,但并未明确认定"山起"是山东起重机厂的字号。山起重工公司关于二审判决认定"山起"是山东起重机厂的字号的主张,缺乏事实根据。

(2) 关于原审判决认定山东起重机厂与山海关起重机械厂签订的"山起"注册商标转让合同为有效合同的问题。虽然原审判决没有提及山海关起重机械厂破产清算组在上述案件中提交的证据及相关事实,但由于该案涉及的是"山起"商标转让问题,其证据与相关事实对本案的处理并无影响,原审法院的处理并无不当。

(3) 关于原审法院把山东省工商局个体私营监督处给青州市工商局内部批复函件作为有效证据加以认定,以此说明山东起重机厂使用"山起"简称的合法性是否恰当。上述工作函由山东省工商局个体私营监督处依职责作出,用以证明有关事实,并与本案有关联,可以作为证据使用。而且,原审法院并未单独依据这一证据认定山东起重机厂使用"山起"简称,而是结合青州市经济贸易局的《报告》、莱芜钢铁集团机械制造有限公司等单位的书面证明以及与山东起重机厂签订的协议、照片等证据,综合作出认定。

(4) 关于原审判决认定"山起"是"山东起重机厂"为公众所认可的特定简称是否正确。简称源于语言交流的方便。简称的形成与两个过程有关:一是企业使用简称代替其正式名称;二是社会公众对于简称与正式名称所指代对象之间的关系认同。这两个过程相互交织。由于简称省去了正式名称中某些具有限定作用的要素,可能不适当地扩大了正式名称所指代的对象范围。因此,一个企业的简称是否能够特指该企业,取决于该简称是否为相关公众认可,并在相关公众中建立起与该企业的稳定联系。本案中,可以认定"山起"在一定地域范围内已为相关公众识别为山东起重机厂,两者之间建立了稳定联系。原审法院认定"山起"是"山东起重机厂"为公众认可的特定简称并无不当。

(5) 关于原审判决认定山起重工公司使用"山起"字号构成不正当竞争是否正确。最高人民法院认为山起重工公司不构成不正当竞争的主张不能成立。

最后,最高人民法院裁定驳回山东山起重工有限公司的再审申请。

【案例思考】

1. 企业名称是否等同于商号?
2. 企业名称与商号孰可专用?
3. 结合本案,谈谈商标与企业名称(字号)权利冲突的原因、形式、法律属性及其解决建议。
4. 结合本案,谈谈企业简称与商号之间的关系。
5. 结合本案一审、二审、再审,谈谈最高人民法院再审论证的严谨性。

13.1 商号权

依法核准注册的商号是商号权的客体,因此,在讨论商号权之前首先讨论商号。由于多数国家都以商号的登记作为商号获得法律保护的必要条件,因此一般来说,只有基于经过登记的商号才能享有商号权。《德国商法典》第 29 条规定:"任何一名商人均有义务将其商号和营业所所在的地点向营业所所在辖区的法院申报商事登记。"我国《企业名称登记管理规定》也要求,商号或企业名称必须经过登记才能获得专有权。但是,也有一些国家规定依法注册并不是取得商号权的必要条件。如日本,其法律将商号权分为商号专用权和商号使用权两种类型,商号使用权是指未经核准登记的商号,这样的商号不能成为商号专用权的客体,其使用人无权对抗他人使用相同或相似的商号。

13.1.1 商号

商号(Trade Names)即厂商字号,又称企业标志、厂商标志,是指从事生产或经营活动的经营者在进行登记注册时用以表示自己营业名称的一部分。可见,严格说来,商号与企业名称、厂商名称并不相同。

商号作为企业特定化的标志,是企业具有法律人格的表现。商号权属于《保护工业产权巴黎公约》所定义的工业产权范畴,即经过依法登记而取得的商号受到法律保护。所以,商号一经核准登记,该企业就可以在牌匾、合同、商品包装等商行为中使用,即享有专有使用权。并且,商号的专有使用权不受时间的限制,随着企业的产生而产生,随着企业的消亡而消亡。

在一些企业中,既把某种文字、图形或其他标志作为商号使用,又作为商标注册,这是法律允许的。商号和商标的相同点主要体现在:(1) 二者对应的权利范围基本相同。商标权和商号权都属于无形财产,都具有专有权、使用权、转让权,也都属于知识产权的范畴。(2) 二者都是商业信誉的重要组成部分,都能起到表示和区别商品或服务的来源和质量的作用,都起到广告宣传的功能。(3) 侵犯二者的行为性质和法律责任类似,即都属于不正当竞争行为,都应当承担相应的法律后果。(4) 二者可以一致,即商号可以申请商标注册,商标可以申请商号。

但即便如此,商号与商标在作用和性质上是较大区别:(1) 商标必须与其所依附的特定商品相联系而存在,而商号则必须与生产或经营该商品的特定厂商相联系而存在。(2) 商标主要是用来区别商品或服务的,代表着商品的信誉,商标权属于知识产权;商号主要是用来区别企业的,代表着厂商的信誉,商号权属名称权,所以商号权与人身或身份联系更紧密。(3) 商标按照《商标法》的规定进行注册和使用,其专用权在全国范围内有效,并有法定的时效性;商号按照《公司法》或《企业登记管理条例》登记注册,其专用权在所登记的工商行政管理机关管辖的地域范围内有效,并与企业同生同灭。(4) 商标权受到商标法的专门保护;而商号权仅比照民法通则关于企业名称权的保护方法保护。(5) 带有某公司商号标记的含注册商标的商品销售到另一国家时,商标有必要在该国另行注册,商号没有必要另行注册。

13.1.2 商号的取得

我国并没有明确规定商号取得的方式。当前,商号的取得主要是基于商号作为企业名称一部分的企业名称的取得而取得。企业名称一旦核定,即取得了专用权,同时商号作为企业名称的主要部分在申请的行政区划和特定的行业中也取得了专用权,也就视为商号获得了登记,而商号经登记后就产生商号的专用权,即商号权。

13.1.3　商号权的概念

商号权,又称商事名称权、厂商名称权,是指从事生产或经营活动的经营者对其注册取得的商号所拥有的权利,包括商号使用权以及商号专用权。商事主体对商号,即商业名称在一定地域范围内依法享有的独占使用权。我国法律对商号权未有明确规定,但民法通则中对企业名称权的保护有具体规定。

商号权具有人身权属性,与特定的商业主体的人格与身份密切联系,与主体资格同生同灭,具有精神财产权属性。商号权人可依法使用其商号,且有权禁止他人重复登记或擅自冒用、盗用其商号,并有权对侵害其商号权行为提起诉讼要求赔偿。对于商号权的转让,我国《民法通则》的规定,允许对商号买卖、许可使用或设为抵押。

一般认为,商标权和商号权都属于无形财产,都具有专有权、使用权、转让权,也都具有许可使用的权利。但正如商标与商号存在诸多区别一样,商标权与商号权也有很大差别:

(1) 二者功能与作用不同。商标主要是用来区别商品的,代表着商品的信誉,商标权属知识产权。商号主要是用来区别企业的,代表着厂商的信誉,商号权属名称权的范畴。

(2) 二者表现形式不同。按照《企业名称登记管理规定》第10条规定,商号应当由两个以上的字组成,只能用汉字来表示。而商标的表现形式是复杂多样的,按照《商标法》的规定,文字、图形、字母、数字、三维标志和颜色组合,均可作为商标进行注册,有的国家甚至允许把声音、气味等也作为商标注册。

(3) 二者专用权的实现方式与程序不同。商号权的实现只要按照行政管辖的要求在工商部门申请企业名称后,在取得名称权的同时也取得商号权,因此时间较短。而商标权的取得从申请到权利取得要经过申请、审查、公告、异议等程序,时间较长。

(4) 二者的效力范围不同。在我国,商标权在全国范围内都有法律的效力,有效期十年,但可以无限次地续展;而商号权除了在国家工商行政管理总局核准的外,其效力一般都限定在所登记的省、市、县等一定行政区划之内,但其时空效力是一次申请,且伴随着企业名称权永远存在。

(5) 二者实现方式不同。商标权的实现大多以标志于特定商品或服务上为主要方式,而商号权的实现则依赖于商事主体体企业名称的不断使用。

(6) 二者产生依据和保护程度不同。在我国,商标权取得的依据是《商标法》——属于法律的范畴;而商号权取得的依据是《企业名称登记管理规定》——属于行政规章范畴。因此,二者保护力度的不同。

(7) 同一个商事主体只能拥有一个商号,但是可以拥有多个商标。

13.1.4　商号权的特点

与其他知识产权相比,商号权有以下特征:

其一,商号权具有人身权属性。商号权与特定的商事主体的人格与身份密切联系,与主体资格同生同灭。

其二,商号权具有精神财产权属性。商号权具有排他性和专用性,权利人可依法使用其商号,且有权禁止他人重复登记或擅自冒用、盗用其商号,并有权对侵害其商号权行为提起诉讼要求赔偿。

其三,商号权具有区域性。商号登记的效力受一定区域范围内使用的限制,除全国驰名的大企业的商号可以在全国范围内享有专用使有权之外,其他商主体的商号只能在其所有登记的某一地区范围内享有专有使用权。

其四,商号权具有公开性。商号必须进行登记而予以公开,登记是公开的程序。

其五,商号权具有可转让性。商号权具有财产权的性质,因此可以随商主体或商主体的一部分的转让而转让,商号权的转让不同于其他财产转让。

13.1.5 商号权的法律定位

我国法律对商号权未有明确专门规定,在民法、商法、反不正当竞争法、知识产权法中的法律定位又侧重不同。

民法以私法规范为核心,主要通过授予民事主体法定权利的方式实现国家对公民、企业生活的保障,我国《民法通则》明确规定了企业名称权,其本质上也是对企业商号权的保护。质言之,民法对商号权的规制是定位在企业权利层面上的。

商法虽然也是以私法规范为核心,但其作为调整商事交易主体商行为的法律部门,又包含了大量的国家干预商事交易活动的公法性规范,即坚持商主体、商行为"法定主义"。其中一个重要体现,即是商主体的类型、内容和公示都要由法律予以明确规定。商事登记、商号的设定和使用、商号的变更和转让、商号废止都是商法公法性规范的重要部分。对此,我国《企业名称登记管理规定》有明确的相关规定。可见,商法对商号权的规制是定位在行政管理和监督的层面上的。

反不正当竞争法是市场竞争秩序和交易安全维护之法,其对商标权的保护范围更为宽泛,包括企业名称、注册商号、与商业名称相关的商品包装等,只要容易发生混淆的一切不正当竞争行为都属于法律所禁止的。对此,我国《反不正当竞争法》第五条第 3 项、第二十一条等也有相关规定。可见,反不正当竞争法对商号权的规制是定位在保护市场竞争秩序层面的。

有些国家的知识产权法是把商号权定位为企业经营性标记权,即通过知识产权法中的商标法对商号进行保护,这种模式以美国为代表。《美国商标法》第 44 条 G 款规定:不论商号注册与否,他人若采用或行使相同或近似于商号权人之商号或标章者,应认为权利之侵害;对于内、外国人,均予以同等之保护。该模式的优势在于,可促成商号和商标运用的一体化。有些国家的知识产权法是把商号权作为一种独立的知识产权进行保护的,即把对商号权的规制应该是定位在私权保护和市场秩序的维护的层面上的。一方面,商号附载商誉,可以为企业带来物质利益,具有重要经济价值,需要法律特殊保护,从而促进社会财富的增加;商号权可转让、许可使用、设为抵押、继承,在同一个行政区划内的相同营业范围里具有排他性和专用性,有权在行政区域内禁止他人重复登记或擅自冒用、盗用其商号,还有权对侵害其商号权行为提起诉讼要求赔偿,因而商标具有财产权属性。另一方面,商号权与商事主体不可分离,与主体资格同生同灭,商号是商事主体法律人格的化身,商号权相对商标权、专利权等更具人格性。因此,商号权具有人身权属性,与特定的商业主体的人格与身份密切联系。

【讨论】有无必要以及如何解决商号保护方面的地域和行业上的限制?

13.1.6　商号权的取得

商号权的取得,依各国立法的不同通常有以下三种方式:使用取得主义、登记对抗主义、登记生效主义。我国采用登记生效主义。《企业名称登记管理规定》第三条规定,企业名称经核准登记后方可使用,在规定的范围内享有专用权。第二十六条规定,如果使用未经核准登记注册的企业名称从事生产经营活动的,将受到相应的处罚。《巴黎公约》第八条的规定:"厂商名称应在本联盟所有国家受到保护,而无申请或注册的义务,也不论其是否组成商标的一部分。"可见,对于国内企业而言,只有商号的登记日期早于商标的申请注册日期,才有资格主张其在先商号权;对于依据外国法律登记成立的企业而言,并不要求其商号在中国登记注册,但应证明其商号在中国进行了在先的使用。

13.1.7　商号权的主体

商号权主体,是依法取得商事主体资格的独立的商品生产者或经营者。商号权的主体具有商事独立性,即不从事商品生产经营活动的机关、团体、个人不能成为商号权的主体;而虽从事商品生产经营活动,但未取得独立的商事主体的资格者,如公司的分支机构,也不能成为商号权主体。同时,商号权的主体也具有单一性,即同一商号在核准范围内只能为一个商品生产经营者所拥有,而不存在多个商事主体共有一个商号权的情况。一个总公司的商号可为其数个子公司共同使用,但只有总公司才有权转让该商号,总公司是该商号的唯一的所有者。

【讨论】是否应当存在驰名商号这一法律概念?

13.1.8　商号权的内容

从知识产权的角度而言,商号权包括以下内容:

一是使用权,即商号权利人可以依法自主地使用其商号。

二是禁止权,即商号权利人有权禁止他人登记注册与其商号相同或近似的商号,禁止他人擅自使用其商号。

三是转让权,即商号权利人有权依法将其商号转让给他人使用。

四是许可使用权,即商号权利人有权允许他人使用其商号。

【思考】如何理解商号权与商标权的冲突?

商标与商号同属工业产权的范畴,两者识别功能相似,均承载着商事主体享有的商业信誉,引导着公众的消费选择。因此,把他人的著名商标注册成自己的商号,或者把他人的知名商号注册成自己的商标,用来生产相同或类似产品都极易可能使消费者产生混淆,商号权与商标权的冲突也就由此产生,出现了各种各样的"傍名牌""搭便车"现象。

商标的构成要素和商号的构成要素都可以是文字,两者构成要素相似,这是引发商标权和商号权的冲突的内在原因。我国商标注册与企业名称登记管理体制实行条块分割,即商号保护与商标保护没有统一于知识产权法体系下,商号与商标登记按级别区域进行,其相关日常管理和保护由不同的部门管辖。质言之,商标注册由国家商标局统一注册;商号归入企业名称的登记管理范围,企业名称登记分别由国家与地方各级工商行政管理局分别登记。

这种商标与商号的现有管理体制中存在缺陷是引发商标权和商号权的冲突的外在原因。

《国家工商行政管理局关于解决商标与企业名称中若干问题的意见》中进行了规定。该意见第4条规定:"商标中的文字和企业名称中的字号相同或者相似,使他人对市场主体及其商品或者服务的来源产生混淆(包括混淆的可能性),从而构成不正当竞争行为,应当依法予以制止。"因此,商号权与商标权冲突属于构成不正当竞争行为。三是认定不正当竞争行为要求行为人主观上有过错,这有时比较困难。如何改革现行商标与商号的管理体制,能否建立企业名称全国联网检索体系,完善现行商标与商号的法律规范,扩大现有商标法的调整范围,最大化地解决商号权与商标权的冲突问题,值得思考。

13.2 域名权

13.2.1 域名

域名(Domain Name),是指由一串用点分隔的名字组成的 Internet 上某一台计算机或计算机组的名称,用于在数据传输时标识计算机的电子方位或地理位置。

域名的目的在于便于记忆和沟通的一组服务器的地址,如网站等。网络是基于TCP/IP协议而进行通信和连接的,每一台主机都有一个唯一的标识固定的IP地址,以区别其他用户和计算机。为了保证网络上每台计算机的IP地址的唯一性,用户必须向特定机构申请注册,分配IP地址。网络地址方案分为IP地址系统和域名地址系统两套,二者是一一对应的关系。即IP地址用二进制数来表示,每个IP地址长32比特,由4个小于256的数字组成,数字之间用点间隔,例如100.10.0.1表示一个IP地址。由于IP地址是数字标识,使用时难以记忆和书写,因此在IP地址的基础上又发展出一种符号化的地址方案,来代替数字型的IP地址,此即域名。例如,百度的网址是由两个部分组成,标号"baidu"是这个域名的主体,而最后的标号"com"则是该域名的后缀,代表的这是一个com国际域名,是顶级域名。而前面的www.是网络名,为www的域名。

域名是上网单位的名称,是上网单位和个人在网络上的重要标识,可以起到引导、宣传、代表等作用。在网络上域名是一种相对有限的资源,它的价值将随着注册企业的增多而逐步为人们所重视。DNS规定,域名中的标号都由英文字母和数字组成,每一个标号不超过63个字符,也不区分大小写字母。一些国家也纷纷开发使用采用本民族语言构成的域名,中国也开始使用中文域名。但在今后很长一段时间内,域名仍然通常以英语为基础,英文域名是主流。

13.2.2 域名争议

域名争议是指因互联网络域名的注册或者使用而引发的争议。《中国互联网络信息中心域名争议解决办法》《中国互联网络域名管理办法》《中国互联网络信息中心域名争议解决办法程序规则》等法律法规规定了域名争议的解决办法。

域名注册管理机构可以指定中立的域名争议解决机构解决域名争议。任何人就已经注册或使用的域名向域名争议解决机构提出投诉,并且符合域名争议解决办法规定的条件的,域名持有者应当参与域名争议解决程序。

域名争议解决机构作出的裁决只涉及争议域名持有者信息的变更。域名争议解决机构作出的裁决与人民法院或者仲裁机构已经发生法律效力的裁判不一致的,域名争议解决机构的裁决服从于人民法院或者仲裁机构发生法律效力的裁判。

域名争议在人民法院、仲裁机构或域名争议解决机构处理期间,域名持有者不得转让有争议的域名,但域名受让方以书面形式同意接受人民法院裁判、仲裁裁决或争议解决机构裁决约束的除外。

13.2.3 域名权的概念

域名权是域名所有者针对域名享有的各种权利。域名权属于知识产权的一种,是域名所有者对域名享有的使用、收益并排除他人干涉的权利。现代活动日益依赖于互联网,争夺网络中的空间市场已经成为重要的商战战略之一。域名权也因此日益受到重视。

13.2.4 域名权的性质

对于域名权的法律属性,学界有不同的看法,归纳起来主要有以下几种:域名权是传统知识产权在网络空间的延伸、域名权属于名称权范畴、域名权是一项新型的知识产权。当然,还有人认为域名不具有权利属性。本书认为,域名是一种新型的知识产权。

首先,域名是一种识别性标记,域名权属于知识产权中的"识别性标记权利",与"创作性成果权利"相对应。域名就属于识别性标记,体现了创造性劳动。质言之,域名是经过人的构思、选择创造性劳动产生的,具有特别的含义,蕴含了创意,凝结着智力,是人类的智力成果。因此,保护域名是制止不正当竞争的需要。

其次,域名具备知识产权的三性:专有性、时间性和地域性。域名是网上计算机的对应地址符号,同一等级内域名具有事实上的唯一性,其合法持有人对域名在网上享有绝对的排他权,因而域名具有排他的专有性。为了制止某些域名抢注者出于投机炒卖为目的而任意囤积域名,域名注册采取续展制而非终身制,否则便会被撤销。《中国互联网络域名注册实施细则》第19条规定:域名注册后每年都要进行年检,自年检日起30日内完成年检及交费的,视为有效域名,30日内未完成年检及交费的,暂停域名的运行,60日内未完成年检及交费的,撤销该域名。因此域名具有时间性。在地域上,域名不同于传统知识产权的以国别为限,而是以网络为限,域名只能在网络这个载体上才能发挥其特殊的商业价值和意义,在网络之外无法实现此功能,因此,域名具有地域性。

再次,域名是无形资产。域名作为企业在网络中的唯一具有识别性的标志,具有显著的区别功能。从某种程度上讲,域名代表了一个企业的形象、信誉、商品及服务质量等,与域名持有者的商业声誉紧密相连,包含了持有者丰富的文化底蕴,因而具有巨大的无形价值。

13.2.5 域名权的确认

域名权仅是企业取得的网上唯一网址的权利,不具备物质实体,具有无形资产的特征。与此同时,域名权不能与特定企业或企业的有形资产相分离,企业域名一旦离开特定的企业,便成了毫无价值的代号。

域名的注册遵循先申请先注册原则,管理机构对申请人提出的域名是否违反了第三方的权利不进行任何实质审查。同时,每一个域名的注册都是独一无二的、不可重复的。因此,在网络上,域名是一种相对有限的资源,它的价值将随着注册企业的增多而逐步为人们所重视。域名权的取得有两种方式:一种是企业申请注册的,办理登记手续;另一种是从受让于其他注册的企业或从抢注者手中购回的。

13.2.6 域名权侵权认定

域名权侵权主要是指域名恶意抢注引发的域名权与商标权先占权的冲突纠纷。以注册域名为手段来谋取不当利益,妨碍权利人在因特网上的合法权利,降低他人商标的商业价值,应当认定其为恶意抢注行为。

对确定域名是否恶意注册,世界知识产权组织的认定依据是:a. 争议域名与商标权人持有的商标相同或者足以引起混淆的相似;和 b. 域名持有人对该域名不享有权利或其他受法律保护的利益;和 c. 域名持有人对该域名的注册与使用具有恶意。

在域名纠纷中,恶意是法院认定抢注行为构成侵权或不正当竞争必须具备的主观要件。对恶意的具体表现概括起来为以下几个方面:(1) 为商业目的将他人驰名商标注册为域名的;(2) 为商业目的注册、使用与原告的注册商标、域名等相同或相近的域名,故意造成与原告提供的产品、服务或者原告网站的混淆、误导网络用户访问其网站或其他在线站点的;(3) 曾要约高价出售、出租或者以其他方式转让该域名获取不正当利益的;(4) 注册域名后自己并不使用也未准备使用,而有意阻止权利人注册该域名的;(5) 具有其他恶意情形的。

注册并使用域名可能给商标权人造成损害的表现主要有:(1) 域名持有人意在出售域名,向当商标权人提出转让域名的要约时,其索要的出让价格非常高,明显具有营利性。(2) 域名持有人注册有关域名后使得商标权人无法利用自己的商标作域名,因而使其通过网络从事的经营活动受到严重影响。(3) 域名持有人在相应的网站上从事与商标权人相同或相似的业务,并直接或间接地表明其与商标权人系同一人,或者至少有某种内在的联系,导致有意同商标权人交易的用户选择域名持有人进行交易,从而剥夺商标权人本来应当有的交易机会。(4) 在相应的网站或网页上传播损害商标权人形象与声誉的信息,从而贬损商标权人在市场上的竞争地位。(5) 注册了与他人注册商标文字相同的域名但不使用,属于非法抢注。

13.2.7 域名权的法律保护

国务院信息办是中国域名系统的管理机构,负责制定中国域名的设置、分配和管理的政策及办法;选择、授权或撤销顶级和二级域名的管理单位,监督、检查各级域名注册服务情况。中国互联网络信息中心(CNNIC)是中国负责管理和运行中国顶级 CN 域名的机构。2002 年出台的《中国互联网信息中心域名争议解决办法》和《中国互联网络信息中心域名争议解决办法程序规则》,为互联网络域名的注册或者使用而引发的争议提供了途径,建立了一种专家组负责解决相关争议的中国域名争议解决机制。

域名的起源与类型

DNS 即为域名解析服务。DNS 最早于 1983 年由保罗·莫卡派乔斯(Paul Mockapetris)发明,原始的技术规范在 882 号因特网标准草案(RFC 882)中发布。1987 年发布的第 1034 和 1035 号草案修正了 DNS 技术规范,并废除了之前的第 882 和 883 号草案。在此之后对因特网标准草案的修改基本上没有涉及 DNS 技术规范部分的改动。

1985 年,Symbolics 公司注册了第一个.com 域名。

1993 年 Internet 上出现 WWW 协议。

1993 年 Network Solutions(NSI)公司与美国政府签下 5 年合同,独家代理.COM、.ORG、.NET 三个国际顶级域名注册权。此时域名共有 7 000 个左右。

1994 年开始 NSI 向每个域名收取 100 美元注册费,两年后每年收取 50 美元的管理费。

1998 年初,NSI 已注册域名 120 多万个,其中 90%使用".COM"后缀。

1997 年 7 月 1 日,作为美国政府"全球电子商务体系"管理政策的一部分,克林顿总统委托美国商务部对域名系统实施民间化和引入竞争机制,并促进国际的参与。1998 年 1 月 30 日,美国政府商务部通过其网站正式公布了《域名技术管理改进草案(讨论稿)》,申明了美国政府将"谨慎和和缓"地将 Internet 域名的管理权由美国政府移交给民间机构,总结了在域名注册查询问题上的四项基本原则,即移交过程的稳定性、域名系统的竞争性、"彻底的"协作性和民间性,以及反映所有国际用户需求的代表性。

1998 年 9 月 30 日美国政府终止了它与域名提供商 NSI 之间的合同。

1998 年 10 月组建 ICANN,一个非营利的 Internet 管理组织。它与美国政府签订协议,接管了原先 IANA 的职责,负责监视与 Internet 域名和地址有关的政策和协议,而政府则采取不干预政策。

2001 年,在澳大利亚召开的 ICANN 大会上,互联网国际域名管理机构 ICANN 通过决议,从近 50 个申请中遴选出 7 个新顶级域名来满足域名市场的需求。该机构理事会推出的 7 个顶级域名分别为代表航空运输业专用的.ero;面向企业的.biz;为商业、行业协会专用的.coop;可以替代.com 通用域名的.info;博物馆专用的.museum;个人网站专用的.name;会计、医生和律师等职业专用的.pro。

域名的基本类型有:

一是国际域名(International Top-level Domain Names,简称 iTDs),也叫国际顶级域名。这也是使用最早也最广泛的域名。例如表示工商企业的.com,表示网络提供商的.net,表示非营利组织的.org 等。

二是国内域名,又称为国内顶级域名(National Top-level Domain Names,简称 nTLDs),即按照国家的不同分配不同后缀,这些域名即为该国的国内顶级域名。200 多个国家和地区都按照 ISO3166 国家代码分配了顶级域名,例如中国是 cn,美国是 us,日本是 jp 等。详细见下文。

在实际使用和功能上,国际域名与国内域名没有任何区别,都是互联网上的具有唯一性的标识。只是在最终管理机构上,国际域名由美国商业部授权的互联网名称与数字地址分配机构(The Internet Corporation for Assigned Names and Numbers)即 ICANN 负责注册和管理;而国内域名则由中国互联网络管理中心(China Internet Network Information Center)即 CNNIC 负责注册和管理。

域名可分为不同级别,包括顶级域名、二级域名、三级域名、注册域名。

顶级域名又分为两类:一是国家顶级域名(National Top-level Domain Names,简称 nTLDs),200 多个国家都按照 ISO3166 国家代码分配了顶级域名,例如中国是 cn,美国是 us,日本是 jp 等;二是国际顶级域名(International Top-level Domain Names,简称 iTDs),

例如表示工商企业的.com,表示网络提供商的.net,表示非营利组织的.org 等。大多数域名争议都发生在 com 的顶级域名下,因为多数公司上网的目的都是为了赢利。为加强域名管理,解决域名资源的紧张,Internet 协会、Internet 分址机构及世界知识产权组织(WIPO)等国际组织经过广泛协商,在原来三个国际通用顶级域名:(com)的基础上,新增加了 7 个国际通用顶级域名:firm(公司企业)、store(销售公司或企业)、Web(突出 WWW 活动的单位)、arts(突出文化、娱乐活动的单位)、rec(突出消遣、娱乐活动的单位)、info(提供信息服务的单位)、nom(个人),并在世界范围内选择新的注册机构来受理域名注册申请。

二级域名是指顶级域名之下的域名,在国际顶级域名下,它是指域名注册人的网上名称,例如 ibm,yahoo,microsoft 等;在国家顶级域名下,它是表示注册企业类别的符号,例如 com,edu,gov,net 等。中国在国际互联网络信息中心(Inter NIC)正式注册并运行的顶级域名是 CN,这也是中国的一级域名。在顶级域名之下,中国的二级域名又分为类别域名和行政区域名两类。类别域名共 6 个,包括用于科研机构的 ac;用于工商金融企业的 com;用于教育机构的 edu;用于政府部门的 gov;用于互联网络信息中心和运行中心的 net;用于非营利组织的 org。而行政区域名有 34 个,分别对应于中国各省、自治区和直辖市。

三级域名用字母(A~Z,a~z,大小写等)、数字(0~9)和连接符(-)组成,各级域名之间用实点(.)连接,三级域名的长度不能超过 20 个字符。如无特殊原因,建议采用申请人的英文名(或者缩写)或者汉语拼音名(或者缩写)作为三级域名,以保持域名的清晰性和简洁性。

2014 年 8 月 6 日,国际顶级中文域名".网址"正式全球开放注册。国际顶级中文域名".网址"于 2011 年被列入 ICANN 首批中文域名申请名录。".网址"具有易记、易传播、易输入的特点,市场前景被普遍看好。

中国的域名体系也遵照国际惯例,包括类别域名和行政区域名两套。类别域名是指前面的六个域名,分别依照申请机构的性质依次分为:

ac——科研机构

com——Commercial Organizations,工、商、金融等企业

edu——Educational Institutions 教育机构

gov——Governmental Entities 政府部门

mil——Military,军事机构

arpa——Come from ARPANET,由 ARPANET(美国国防部高级研究计划局建立的计算机网)沿留的名称,被用于互联网内部功能

net——Network Operations and Service Centers,互联网络、接入网络的信息中心(NIC)和运行中心(NOC)

org——Other Organizations,各种非盈利性的组织

biz——Web Business Guide 网络商务向导,适用于商业公司(注:biz 是 business 的习惯缩用)

info——Infomation,提供信息服务的企业

pro——Professional,适用于医生、律师、会计师等专业人员的通用顶级域名

name——Name,适用于个人注册的通用顶级域名

coop——Cooperation,适用于商业合作社的专用顶级域名

aero—Aero,适用于航空运输业的专用顶级域名

museum—Museum,适用于博物馆的专用顶级域名

mobi—适用于手机网络的域名

asia—适用于亚洲地区的域名

tel—适用于电话方面的域名

int—International Organizations,国际组织

cc—原是岛国"Cocos（Keeling）Islands"的缩写,但也可把它看成"Commercial Company"(商业公司)的缩写,所以现已开放为全球性国际顶级域名,主要应用在商业领域内。简短,容易记忆,漂亮,容易输入,是新一代域名的新秀

tv—原是太平洋岛国图瓦卢"Tuvalu"的国家代码顶级域名,但因为它也是"television"(电视)的缩写,主要应用在:视听、电影、电视等全球无线电与广播电台领域内

us—类型 表示美国,全球注册量排名第二

travel—旅游域名,国际域名

xxx—用于成人网站

idv—用于个人

行政区域名是按照中国的各个行政区划划分而成的,其划分标准依照原国家技术监督局发布的国家标准而定,包括"行政区域名"34个,适用于中国的各省、自治区、直辖市。

ad—Andorra 安道尔

ae—United Arab Emirates 阿拉伯联合酋长国

af—Afghanistan 阿富汗

ag—Antigua and Barbuda 安提瓜和巴布达

ai—Anguilla 安圭拉

al—Albania 阿尔巴尼亚

am—Armenia 亚美尼亚

an—Netherlands Antilles 荷兰属地

ao—Angola 安哥拉

aq—Antarctica 南极洲

ar—Argentina 阿根廷

as—American Samoa 美属萨摩亚

at—Austria 奥地利

au—Australia 澳大利亚

aw—Aruba 阿鲁巴

az—Azerbaijan 阿塞拜疆

ba—Bosnia Herzegovina 波斯尼亚和黑塞哥维那

bb—Barbados 巴巴多斯

bd—Bangladesh 孟加拉国

be—Belgium 比利时

bf—Burkina Faso 布基纳法索

bg—Bulgaria 保加利亚

bh—Bahrain 巴林
bi—Burundi 布隆迪
bj—Benin 贝宁
bm—Bermuda 百慕大
bn—Brunei Darussalam 文莱
bo—Bolivia 玻利维亚
br—Brazil 巴西
bs—Bahamas 巴哈马
bt—Bhutan 不丹
bv—Bouvet Island 布韦岛
bw—Botswana 博茨瓦纳
by—Belarus 白俄罗斯
bz—Belize 伯利兹
ca—Canada 加拿大
cc—Cocos Islands 科科斯群岛
cf—Central African Republic 中非
cg—Congo 刚果（布）
ch—Switzerland 瑞士
ci—Ivory Coast 科特迪瓦
ck—Cook Islands 库克群岛
cl—Chile 智利
cm—Cameroon 喀麦隆
cn—China 中国
co—Colombia 哥伦比亚
cq—Equatorial Guinea 赤道几内亚
cr—Costa Rica 哥斯达黎加
cu—Cuba 古巴
cv—Cape Verde 佛得角
cx—Christmas Island 圣诞岛（英属）
cy—Cyprus 塞浦路斯
cz—Czech Republic 捷克
de—Germany 德国
dj—Djibouti 吉布提
dk—Denmark 丹麦
dm—Dominica 多米尼克国
do—Dominican Republic 多米尼加共和国
dz—Algeria 阿尔及利亚
ec—Ecuador 厄瓜多尔
ee—Estonia 爱沙尼亚

eg—Egypt 埃及
eh—Western Sahara 萨摩亚
es—Spain 西班牙
et—Ethiopia 埃塞俄比亚
ev—El Salvador 萨尔瓦多
fi—Finland 芬兰
fj—Fiji 斐济群岛
fk—Falkland Islands 福克兰群岛（马尔维纳斯群岛）
fm—Micronesia 密克罗尼西亚联邦
fo—Faroe Islands 法罗群岛
fr—France 法国
ga—Gabon 加蓬
gb—Great Britain (UK) 英国
gd—Grenada 格林纳达
ge—Georgia 格鲁吉亚
gf—French Guiana 法属圭亚那
gh—Ghana 加纳
gi—Gibraltar 直布罗陀（英属）
gl—Greenland 格陵兰群岛
gm—Gambia 冈比亚
gn—Guinea 几内亚
gp—Guadeloupe 瓜德罗普（法属）
gr—Greece 希腊
gt—Guatemala 危地马拉
gu—Guam 关岛
gw—Guinea-Bissau 几内亚比绍
gy—Guyana 圭亚那
hk—Hong Kong 香港
hm—Heard 赫德与麦克唐纳群岛
hn—Honduras 洪都拉斯
hr—Croatia 克罗地亚
ht—Haiti 海地
hu—Hungary 匈牙利
id—Indonesia 印度尼西亚
ie—Ireland 爱尔兰
il—Israel 以色列
in—India 印度
io—British Indian Ocean Territory 英属印度洋领地
iq—Iraq 伊拉克

ir—Iran 伊朗
is—Iceland 冰岛
it—Italy 意大利
jm—Jamaica 牙买加
jo—Jordan 约旦
jp—Japan 日本
ke—Kenya 肯尼亚
kg—Kyrgyz Stan 吉尔吉斯斯坦
kh—Cambodia 柬埔寨
ki—Kiribati 基里巴斯
km—Comoros 科摩罗
kn—St. Kitts 圣基茨和尼维斯
kp—Korea-North 朝鲜
kr—Korea-South 韩国
kw—Kuwait 科威特
ky—Cayman Islands 开曼群岛（英属）
kz—Kazakhstan 哈萨克斯坦
la—Lao People's Republic 老挝
lb—Lebanon 黎巴嫩
lc—St. Lucia 圣卢西亚
li—Liechtenstein 列支敦士登
lk—Sri Lanka 斯里兰卡
lr—Liberia 利比里亚
ls—Lesotho 莱索托
lt—Lithuania 立陶宛
lu—Luxembourg 卢森堡
lv—Latvia 拉脱维亚
ly—Libya 利比亚
ma—Morocco 摩洛哥
mc—Monaco 摩纳哥
md—Moldova 摩尔多瓦
mg—Madagascar 马达加斯加
mh—Marshall Islands 马绍尔群岛
ml—Mali 马里
mm—Myanmar 缅甸
mn—Mongolia 蒙古
mo—Macao 澳门
mp—Northern Mariana Islands 北马里亚纳群岛（美属）
mq—Martinique 马提尼克（法属）

mr—Mauritania 毛里塔尼亚
ms—Montserrat 蒙特塞拉特（英属）
mt—Malta 马耳他
mv—Maldives 马尔代夫
mw—Malawi 马拉维
mx—Mexico 墨西哥
my—Malaysia 马来西亚
mz—Mozambique 莫桑比克
na—Namibia 纳米比亚
nc—New Caledonia 新喀里多尼亚
ne—Niger 尼日尔
nf—Norfolk Island 诺福克岛
ng—Nigeria 尼日利亚
ni—Nicaragua 尼加拉瓜
nl—Netherlands 荷兰
no—Norway 挪威
np—Nepal 尼泊尔
nr—Nauru 瑙鲁
nt—Neutral Zone 中立区
nu—Niue 纽埃
nz—New Zealand 新西兰
om—Oman 阿曼
pa—Panama 巴拿马
pe—Peru 秘鲁
pf—French Polynesia 法属玻利尼西亚
pg—Papua New Guinea 巴布亚新几内亚
ph—Philippines 菲律宾
pk—Pakistan 巴基斯坦
pl—Poland 波兰
pm—St. Pierre 圣皮埃尔和密克隆群岛
pn—Pitcairn Island 皮特克恩岛
pr—Puerto Rico 波多黎各
pt—Portugal 葡萄牙
pw—Palau 帕劳
py—Paraguay 巴拉圭
qa—Qatar 卡塔尔
re—Reunion Island 留尼汪（法属）
ro—Romania 罗马尼亚
ru—Russian Federation 俄罗斯

rw—Rwanda 卢旺达
sa—Saudi Arabia 沙特阿拉伯
sb—Solomon Islands 所罗门群岛
sc—Seychelles 塞舌尔
sd—Sudan 苏丹
se—Sweden 瑞典
sg—Singapore 新加坡
sh—St. Helena 圣赫勒拿（英属）
si—Slovenia 斯洛文尼亚
sj—Svalbard 斯瓦尔巴群岛和扬马延岛
sk—Slovakia 斯洛伐克
sl—Sierra Leone 塞拉利昂
sm—San Marino 圣马力诺
sn—Senegal 塞内加尔
so—Somalia 索马里
sr—Suriname 苏里南
st—Sao Tome 圣多美和普林西比
su—USSR 苏联
sy—Syrian Arab Republic 叙利亚
sz—Swaziland 斯威士兰
tc—Turks 特克斯和凯科斯群岛
td—Chad 乍得
tf—French Southern Territories 法属南半球领地
tg—Togo 多哥
th—Thailand 泰国
tj—Tajikistan 塔吉克斯坦
tk—Tokelau 托克劳
tl—TIMORLESTE 东帝汶
tm—Turkmenistan 土库曼斯坦
tn—Tunisia 突尼斯
to—Tonga 汤加
tp—East Timor 东帝汶
tr—Turkey 土耳其
tt—Trinidad 特立尼达和多巴哥
tv—Tuvalu 图瓦卢
tw—Taiwan 台湾
tz—Tanzania 坦桑尼亚
ua—Ukrainian SSR 乌克兰
ug—Uganda 乌干达

uk—United Kingdom 英国
us—United States 美国
uy—Uruguay 乌拉圭
va—Vatican City State 梵蒂冈
vcSt.—Vincent 圣文森特和格林纳丁斯
ve—Venezuela 委内瑞拉

2014年9月8日,美国纽约市长比尔·德布拉西奥宣布启用全球首个以城市命名的网络域名后缀.nyc。

域名命名的共同规则,主要有以下几点:

域名中只能包含以下字符:

1. 26个英文字母。
2. "0,1,2,3,4,5,6,7,8,9"十个数字。
3. "-"(英文中的连词号)。

字符组合规则

1. 在域名中,不区分英文字母的大小写。
2. 对于一个域名的长度是有一定限制的。

CN下域名命名的规则为:

1. 遵照域名命名的全部共同规则。
2. 早期,cn域名只能注册三级域名,从2002年12月份开始,CNNIC开放了国内.cn域名下的二级域名注册,可以在.CN下直接注册域名。
3. 2009年12月14日9点之后新注册的CN域名需提交实名制材料(注册组织、注册联系人的相关证明)。
4. 不得使用,或限制使用以下名称(下表列出了一些注册此类域名时需要提供的材料):
  (1) 注册含有"CHINA""CHINESE""CN""NATIONAL"等。
  (2) 公众知晓的其他国家或者地区名称、外国地名、国际组织名称不得使用。
  (3) 县级以上(含县级)行政区划名称的全称或者缩写,须经相关县级以上(含县级)人民政府正式批准。
  (4) 行业名称或者商品的通用名称不得使用。
  (5) 他人已在中国注册过的企业名称或者商标名称不得使用。
  (6) 对国家、社会或者公共利益有损害的名称不得使用。
  (7) 经国家有关部门(指部级以上单位)正式批准和相关县级以上(含县级)人民政府正式批准是指,相关机构要出具书面文件表示同意××××单位注册×××域名。

域名由两个或两个以上的词构成,中间由点号分隔开。最右边的那个词称为顶级域名。下面是几个常见的顶级域名及其用法:

.COM—用于商业机构。它是最常见的顶级域名。任何人都可以注册.COM形式的域名。

.NET—最初是用于网络组织,例如因特网服务商和维修商。任何人都可以注册以.NET结尾的域名。

.ORG——是为各种组织包括非盈利组织而定的,任何人都可以注册以.ORG 结尾的域名。

国家代码由两个字母组成的顶级域名如.cn,.uk,.de 和.jp 称为国家代码顶级域名(ccTLDs),其中.cn 是中国专用的顶级域名,其注册归 CNNIC 管理,以.cn 结尾的二级域名我们简称为国内域名。注册国家代码顶级域名下的二级域名的规则和政策与不同的国家的政策有关。您在注册时应咨询域名注册机构,问清相关的注册条件及与注册相关的条款。某些域名注册商除了提供以.com,.net 和.org 结尾的域名的注册服务之外,还提供国家代码顶级域名的注册。ICANN 并没有特别授权注册商提供国家代码顶级域名的注册服务。

国际域名及 IP 地址管理权威机构 ICANN 认证的域名注册服务商(称为 Registrar)可以提供商业机构、网络服务机构、非营利性组织下的二级域名注册服务,全球通过 ICANN 认证的 Registrar 有 120 多家,其中只有 60 家是正式投入运营的 Registrar。

国内注册的域名,通常是指中国国内域名,域名以.cn 结尾。此类域名由"中国互联网络管理中心"(CNNIC)发放册登记。例如:.gov、.cn、.edu.cn、.com.cn、等国内域名由中国互联网信息中心统一管理。中国互联网络信息中心(China Internet Network Information Center,简称 CNNIC)是经国家主管部门批准,于 1997 年 6 月 3 日组建的管理和服务机构,行使国家互联网络信息中心的职责。

13.3 集成电路布图设计权

13.3.1 集成电路布图设计权的概念

集成电路,是指半导体集成电路,即以半导体材料为基片,将至少有一个是有源元件的两个以上元件和部分或者全部互连线路集成在基片之中或者基片之上,以执行某种电子功能的中间产品或者最终产品。集成电路是微电子技术的核心,也是电子信息技术的基础,被广泛应用于计算机、通讯设备、家用电器等电子产品,具有集成性、整体性及工艺严格性等特征。集成电路布图设计(Layout-designs of Integrated Circuits),是指集成电路中至少有一个是有源元件的两个以上元件和部分或者全部互连线路的三维配置,或者为制造集成电路而准备的上述三维配置。简言之,集成电路布图设计即是确定用以制造集成电路的电子元件在一个传导材料中的几何图形排列和连接的布局设计。

从本质上看,集成电路布图设计是一种图形设计,更新换代较快,但它并非是工业品外观设计,很难具有专利所具有的创造性、新颖性和实用性。与此同时,专利取得程序复杂、专利申请审批时间过长、成本较高,这种保护方式不利于集成电路布图设计技术的推广和应用。因而,集成电路布图设计不宜适用专利法保护。另外,集成电路布图设计也不是一定思想的表达形式,不具备艺术性,不属于"作品",著作权过长的保护期也不利于集成电路业的发展。因而,集成电路布图设计也不宜采用著作权法加以保护。正式由于现有专利法、著作权法对集成电路布图设计无法给予有效的保护,世界许多国家就通过单行立法,确认集成电路布图设计的专有权,即给予其他知识产权保护。

集成电路布图设计权作为一项独立的知识产权,是集成电路布图设计持有人对其布图设计进行复制和商业利用的专有权利。布图设计权的主体是指依法能够取得布图设计专有权的人,通常称为专有权人或权利持有人。

13.3.2 集成电路布图设计权的特征

与著作权、发明专利权等其他知识产权相比较,集成电路布图设计专有权既不同于版权,又不同于专利或商标,但其保护制度既具有部分版权保护的特征,又具有部分工业产权,特别是专利权保护的特征。具体如下表 13-1:

表 13-1 集成电路布图设计权特征

	著作(权)	集成电路布图设计(权)	发明专利(权)
受保护条件	独创性	独创性;非公认的常规性	新颖性、创造性和实用性
程序要件	无须登记,自动产生	必须登记	必须申请
保护期限	署名权、修改权、保护作品完整权无期限;公民的作品发表权及财产权为终生之年加死后50年	10年,自登记申请或首次投入商业利用之日,以较前者为准;创作完成15年后,不受条例保护	20年,自申请日计算
侵权行为	未经许可发表、复制、发行、通过信息网络传播等	未经许可复制;为商业目的进口、销售或其他方式提供受保护的布图设计、集成电路及物品	未经许可实施专利,即生产经营目的制造、使用、许诺销售、销售、进口等
反向工程	没有规定	允许	不允许
归责原则	不能证明其发行、出租的复制品有合法来源的,应当承担法律责任	不知情前无责任,知情后可以继续使用但需支付合理使用费	不知情,但能证明合法来源的,不承担赔偿责任
权利限制	合理使用,可以不经允许,不付报酬	合理使用,可以不经许可,不付报酬	权利用尽等四种情形不视为侵犯专利权
强制性许可	没有规定	可以	可以
主管部门	版权局	知识产权局	知识产权局

以上图表可以看出:(1)与著作权等版权相比,集成电路布图设计专有权更具有工业实用性;(2)与一般专利权相比,布图设计专有权允许反向工程,具有独创性;(3)从技术创新角度来看,集成电路布图设计技术更新较快,所以法律保护期只有10年,并且从创作完成15年后将不受保护;(4)从权利限制角度看,根据我国《集成电路布图设计保护条例》第24条规定,"受保护的布图设计……由布图设计权利人或者经其许可投放市场后,他人再次商业利用的,可以不经布图设计权利人许可,并不向其支付报酬。"第2条规定,商业利用是指"为商业目的进口、销售或者以其他方式提供受保护的布图设计……的行为"。可见,只要集成电路布图设计合法投放市场后,权利在全世界用尽,可以不经再次许可而进口、销售等。

13.3.3 集成电路布图设计权相关法律

在国际法方面,关于集成电路布图设计权的规定主要是1989年5月26日订立于华盛顿的《集成电路知识产权公约》,又称为华盛顿公约。另外,《知识产权协议》中也专节规定了集成电路布图设计问题,其缔约方按照公约的有关规定对布图设计提供保护。

在国内法方面,关于集成电路布图设计权的规定主要是 2001 年 3 月 28 日国务院通过的《集成电路布图设计保护条例》,于 2001 年 10 月 1 日生效。根据《集成电路布图设计保护条例》,制定了《集成电路布图设计保护条例实施细则》,自 2001 年 10 月 1 日起施行;制定了《集成电路布图设计行政执法办法》,自 2001 年 11 月 28 日起实行。

13.3.4 集成电路布图设计权的取得与保护期

13.3.4.1 集成电路布图设计权的取得方式

关于集成电路布图设计权的取得方式,从世界各国立法来看主要有三种方式:登记制、自然取得制、有限的使用取得与登记制相结合的方式,我国采用登记制。

13.3.4.2 集成电路布图设计权的取得程序

我国采取集成电路布图设计权登记制度。取得程序如下:
(1) 申请;
(2) 初审;
(3) 登记并公告;
(4) 对驳回申请的复审;
(5) 登记的撤销。

13.3.4.3 申请集成电路布图设计权需提交的材料

(1) 集成电路布图设计登记申请表;
(2) 集成电路布图设计的复制件或者图样;
(3) 集成电路布图设计已投入商业利用的,提交含有该集成电路布图设计的集成电路样品;集成电路布图设计在申请日之前已投入商业利用的,申请登记时应当提交 4 件含有该集成电路布图设计的集成电路样品;
(4) 国家知识产权局规定的其他材料。

13.3.4.4 集成电路布图设计权的取得方式

关于布图设计权的保护期,世界各国法律一般都规定为 10 年。《集成电路知识产权公约》规定,集成电路布图设计权的保护期至少为 8 年;《知识产权协议》规定,集成电路布图设计权的保护期则为 10 年。我国《集成电路布图设计保护条例》第十二条规定,布图设计专有权的保护期为 10 年,自布图设计登记申请之日或者在世界任何地方首次投入商业利用之日起计算,以较前日期为准。但是,无论是否登记或者投入商业利用,布图设计自创作完成之日起 15 年后,不再受该条例保护。

13.3.5 集成电路布图设计权的主客体及内容

集成电路布图设计权是通过申请注册后依法获得的利用集成电路设计布图实现布图设计价值得到商业利益的权利。

13.3.5.1 集成电路布图设计权的主体

按照我国《集成电路布图设计保护条例》第 3 条的规定,中国自然人、法人或者其他组织创作的布图设计,依照本条例享有布图设计权;外国人创作的布图设计首先在中国境内投入商业利用的,依照本条例享有布图设计权;外国人创作的布图设计,其创作者所属国同中国签订有关布图设计保护协议或共同参加国际条约的,依照本条例享有布图设计权。

13.3.5.2 集成电路布图设计权的客体

集成电路布图设计必须具备独创性。集成电路布图设计应当是作者依靠自己的脑力劳动完成的,设计必须是突破常规的贵的设计或者即使设计者使用常规设计但通过不同的组合方式体现出独创性时,都可以获得法律保护。

13.3.5.3 集成电路布图设计有权的内容

(1)复制权:重新制作含有该集成电路布图设计的集成电路。

(2)商业利用权:权利人为商业目的而利用布图设计或含有布图设计的集成电路的权利。

(3)转让权:权利人将其全部权利转让给受让人所有。根据我国《集成电路布图设计保护条例》的规定,转让集成电路布图设计权的,当事人应当订立书面合同,并向国务院知识产权部门登记并公告。

(4)许可权:权利人将其权利许可他人享有。许可集成电路布图设计权的,当事人应当订立书面合同。

13.3.5.4 集成电路布图设计权的限制

集成电路布图设计权的限制主要包括:合理使用或利用,譬如为个人目的的复制或者供教学研究而复制;反向工程,即对他人的部图设计进行分析、研究然后根据这种分析评价的结果创作出新的部图设计;权利穷竭,即集成电路部图设计权人或经其授权的人,将受保护的布图设计或含有该布图设计的半导体集成电路产品投入市场以后,对与该布图设计或该半导体集成电路产品有关的任何商业利用行为,不再享有权利;善意购买;强制许可。

13.4 植物新品种权

13.4.1 植物新品种权的概念

植物新品种,是指经过人工培育的或者对发现的野生植物加以开发,具备新颖性、特异性、一致性、稳定性,并有适当的命名的植物新品种。植物新品种权,是指完成育种的单位或个人对其授权的品种依法享有的排他使用权。

植物新品种权与专利权、著作权、商标权一样,属于知识产权的范畴,并且属于工业产权的一种。植物新品种权的实质在于赋予完成育种的单位和个人对其授权的品种享有排他的独占权,即拥有植物新品种权,其最终目的在于鼓励更多的组织和个人向植物育种领域投资,利于育成和推广更多的植物新品种,最终促进农林业生产的不断发展。国务院与1997年3月20日颁布了《植物新品种保护条例》,并于2013年1月16日进行了修改。

13.4.2 植物新品种权的范围

我国植物新品种保护工作是由国家林业局和农业部两个部门来进行的。根据两部门在植物新品种保护工作上的分工,国家林业局负责林木、竹、木质藤本、木本观赏植物(包括木本花卉)、果树(干果部分)及木本油料、饮料、调料、木本药材等植物新品种保护工作。目前，我国对植物品种权的保护还仅限于植物品种的繁殖材料。

13.4.3　植物新品种权的归属

植物新品种权的归属按以下不同情况处理：

(1) 如果个人执行其单位的任务或主要是利用其单位的物质条件包括资金、设备、场地、繁殖材料及技术资料等所完成的育种属于职务育种，那么该植物新品种权属于其单位。否则，非职务育种的品种权应属于完成育种的个人。

(2) 如果属于委托育种，那么该植物新品种权的归属应由委托方与受委托方的合同确定；如没有合同约定，其植物新品种权属于受委托方。

(3) 如果属于合作育种，那么该植物新品种权属于共同完成育种工作的单位和个人。

(4) 如果两个以上的申请人分别就一个植物新品种申请品种权时，植物新品种权授予最先申请的人；同时申请的，植物新品种权授予最先完成的人。

另外，需要说明的是，植物新品种的申请权和品种权可以依法转让。

13.4.4　植物新品种权的申请程序

植物新品种权的申请程序如下：

首先，育种者应准备相应的申请文件，主要包括：植物新品种权请求书、说明书和照片。

其次，申请文件准备齐全后，申请林业植物新品种权的申请人可以直接向国家林业局提出申请，也可委托国家林业局指定的代理机构代理申请；可以直接向国家林业局植物新品种保护办公室递交申请文件，也可通过邮局邮寄申请文件。

最后，申请文件递交后，申请人所申请的保护品种将在国家林业局下发的书面公告或网上进行公告，如果在公告期没有任何人对该品种提出质疑，该申请人将获得新品种保护权。

13.4.5　植物新品种权的保护期限

一般来说，木本植物培育的时间较长，因此保护的期限也较长。在我国，藤本植物、林木、果树和观赏树木的品种权保护期限为20年，其他15年。

13.5　地理标志权

13.5.1　地理标志权的概念

所谓地理标志权，是指为国内法或国际条约所确认的或规定的由地理标志保护的相关权利。在法律层面上对地理标志予以保护不仅仅是对地理标志的一种技术上的鉴别和判断，更主要的是，明确附着在地理标志上的权利特点和权利内容。使用特定地理标志的特定产品，其自然属性和人文属性本身归属于该特定地域的自然环境和人文资源，是当地人民利用智慧和劳动所创造出来的。因而，需要法律对具有自然属性的权利予以确认。《巴黎公约》《里斯本协定》《与贸易有关的知识产权协议》对地理标志权的都有相关规定。

13.5.2 地理标志权的主体

地理标志权是基于特定地理标志之上的权利,这种法定权利的产生缘于两种途径:一是法律对地理标志权部分权能的确认,类似于法定权利的原始取得。如:该地域生产者的财产收益权、保护该特定标志的完整权、保护使用地理标志产品的不受侵犯和仿冒权以及该特定地域生态权等。二是法律规定一些相应的与地理标志保护相关的权利。类似基于对原始自然权利的某些限制或约束而后继取得的由法律规定的权利。地理标志主要被运用于具有特定地域特征和人文因素的特定产品,从这个角度看,地理标志权的主体应当包括:

(1) 特定产品的生产者,即该产品的生产者享有该地理标志下的财产权和收益权。

(2) 特定产品的消费者,即消费者享有生命健康权、知情权等,使用地理标志的产品不得对公众构成误认,不得构成不正当竞争。

(3) 地理标志所属地域范围的公众,地理标志权的产生最终根源于该特定地域的自然环境对特定产品的独特属性的贡献,根源于该特定产品反映了和体现了该特定地域的环境特征。因此,地理标志权不应当归属于某一或某些有限的生产者,而是为公众所共有的一种权利。地理标志权主体的公众化的目的还在于更进一步的发扬和提升该项地理标志的国际影响力,维持地理标志产品所具有特定地域因素的长久性。

13.5.3 地理标志权的内容

法律从国际社会或全体国家及地理标志的相关权益人(包括地理标志的所有者、使用者及消费者)的利益出发,对地理标志的保护重在防止市场上的不正当竞争行为,以确保市场的稳定性以及消费者的合法权益。地理标志权的内容包括:

(1) 生产者的权利,主要包括地理标志广告宣传、标识权等。当然生产者为保证地理标志产品独具特色的自然属性,应当注重产品生产过程的特定生产工艺和技术,尤其是在产品质量和自然特色上做到精益求精,以最终体现给予特别保护的法律价值和社会价值。

(2) 消费者的权利,主要包括消费者购买地理标志产品并在消费的过程中,保证消费者的生命健康和财产安全,并赋予消费者对地理标志的建议权和监督权。

(3) 社会公众对的权利,主要包括社会公众对于地理标志的监督权和环境权等。地理标志权同时蕴含了对特定地域环境权的保护。根据《里斯本协定》和TRIPs协议对"原产地标记"和"地理标志"的定义,地理标志至少涉及三个标准或内涵三个构成要件:用于标明商品地理来源的标志;与特定地域有关;商品的质量、信誉或其他特性主要归因于特定的自然因素和人文因素。因此,在特定地理地区的商品尤其是具有地方特色的产品在很大程度上受当地地理条件的约束,地理标志的保护过程中应当加强对当地生态环境的保护,地理标志权应当包括一定程度的环境权益。

案例讨论

"红肉蜜柚"植物新品种权案[①]

【案件背景】

本案涉及植物新品种权属纠纷中较为普遍的问题,因而社会关注度较高。《植物新品种保护条例》规定,委托育种或者合作育种,品种权的归属由当事人在合同中约定;没有合同约定的,品种权属于受委托完成或者共同完成育种的单位或者个人。这是确定育种人和品种权的主要法律依据。在现实生活中,由于种种原因,当事人对于委托育种品种权的归属没有约定或约定不明,为引发纠纷埋下了伏笔。本案判决对于育种活动中,如何依法合理保护种源发现者、实质参与者的合法利益,具有重要意义。

【案情简介】

原告林某以福建省农业科学院果树所、陆某、卢某为被告,向福建省福州市中级人民法院提起诉讼,请求判令其为"红肉蜜柚"植物新品种权人。

福州市中级人民法院查明:林某在自己的果园里发现一棵琯溪蜜柚果实因裂果露出红色的果肉,因不知其原因,遂将情况逐级上报。时任平和县科技局农艺师的卢某得知这一消息后,在林某陪同下来到现场进行观测,发现果肉变红着色均匀,无异味,形态发育正常,便断定其并非病变或人为因素造成的,而是一种自然变异,有可能是一种很好的育种材料,这给林某等人大胆进行嫁接提供了依据。根据林某的陈述他们在1998年开始嫁接,即从母树上剪下枝条嫁接在"土柚"树头上,2003年嫁接成功开始挂果;1999年开始高接换种,2005年开始挂果,其果实与母树上的果实一样,果肉呈红色。当年进行嫁接育苗的还有果农林某,卢某指导果农林某进行嫁接培育,在同一时间开始挂果。根据林某的陈述:"当年一株苗木可卖到15元左右,2005年其进行了大面积的嫁接,当时由于有关媒体报道吃蜜柚对身体不好,会导致高血压、糖尿病,所以当年大量的苗木卖不出去。"2003年7月18日福建省农业科学院果树所落叶果树研究室申请"红肉蜜柚变异新株系选育研究"项目,同年8月立项得以审批。福建省农业科学院果树所等便开始了对红肉蜜柚突变单株进行了子一代、子二代、子三代生物特性研究。于2005年经福建省非主要农作物品种认定委员会通过了"非主要农作物品种认定",于2007年经农业部进行实质性审查颁发了《植物新品种权证书》,福建省农业科学院果树所、陆某、卢某被授予"红肉蜜柚"植物新品种权人,林某列为培育人之一。另查明,2003年12月30日,被告从开发经费中支付给林某1 000元作为"母树"拥有者的补偿费。

根据林某的陈述:被告所开展的一切研究活动和省非主要农作物品种认定、农业部对红肉蜜柚植物新品种权进行实质性审查均在林某的果园里进行。

福州市中级人民法院认为:林某发现了可培育"红肉蜜柚"植物新品种的种源,为后续培育新品种作出了重大贡献,同时林某不仅发现并成功地对该变异品种进行了嫁接、培育,在福建省农业科学院果树所2003年介入研究之前就已经培育出了"红心蜜柚"。其作为育种者所付出的劳动理当得到法律保护。福建省农业科学院果树所以林某的果园为实验基地,

---

[①] 本案例改编自《福建省高级人民法院民事判决书(2010)闽民终字第436号》《福建省福州市中级人民法院民事判决书(2009)榕民初字第1246号》,该案被最高人民法院评为"2010年中国法院知识产权司法保护十大案件"之一。

并根据植物新品种所必须具备的条件,开展了一系列的研究工作,经有关专家的鉴评,通过了省非农作物品种认定,并经申请获得了农业部授权"红肉蜜柚"植物新品种权证书。为了保护农民育种的合法权利和研究人员育种的积极性,林某享有红肉蜜柚植物新品种权。本案属于"红肉蜜柚"品种权权利归属纠纷,林某请求撤销被告以"红肉蜜柚"为标的的转让行为,要求责令被告不能进行新的转让行为责令果树研究所赔偿林某经济损失人民币100万元,陆某、卢某承担连带责任的请求,与本案的权属纠纷是两个法律关系,在本案中不予审理,林某可另案起诉。据此,依照《中华人民共和国植物新品种保护条例》第二条、第七条、第四十三条的规定、最高人民法院《关于审理植物新品种纠纷案件若干问题的解释》第一条第一款第(七)项、第三条之规定,经审判委员会研究,判决:一、原告林某享有"红肉蜜柚"植物新品种权;二、驳回原告林某的其他诉讼请求。案件受理费人民币100元,由福建省农业科学院果树所、陆某、卢某共同承担。

原审宣判后,福建省农业科学院果树所、陆某不服,向福建省高级人民法院提起上诉。

福建省农业科学院果树所上诉称:(1)一审法院认定林某系"红肉蜜柚"植物新品种的种源发现者属认定事实不清。首先,在林某提供的证据及庭审陈述,林某对红肉蜜柚变异新株发现人说法不一。尽管红肉柚果出现在林某果园,但林某不知柚果变红原因,更不懂其是变异单株、有何利用价值,不具有知识产权性质的发现。事实是,卢某最早对结出红肉柚果的柚树进行考察,应用所学知识,最先确定该树是变异单株,是一种很好的选育种材料,并最先进行繁育子一代、子二代、子三代和多点适应性试验,因此卢某才是红肉蜜柚变异单株即"红肉蜜柚"植物新品种种源的真正发现者。其次,发现与品种权的认定没有直接必然的联系。作为选育新品种基础材料的种质资源属于国家所有。生物种质资源是遗传资源,是自然之物,发现变异植株并不代表新品种的产生。任何人都有权对变异植株进行研究开发和利用,因此,即使林某拥有种质资源的载体也不能垄断国家科研机构对该变异植株的研究开发和利用,更不能以最先发现者为由试图来侵占国家的科研成果。(2).一审法院以林某系红肉蜜柚母树的发现者为由判决确认其为红肉蜜柚的品种权人没有任何法律依据。一审法院认定林某为红肉蜜柚的品种权人的依据是其发现了可培育"红肉蜜柚"植物新品种的种源,为后续培育新品种作出了重大贡献,这显然属于一审法院的主观臆断。植物新品种权是知识产权,其保护的对象是具有创造性的智力成果。植物新品种权法律制度保护的不是某个特定的植株,而是保护利用有关生物遗传资源来培育植物新品种的技术信息或技术方案。红肉蜜柚植物新品种的培育,是一个专业化的科学研究过程,其研究发明程序包括:首先对所发现的原始育种材料进行专业的初步鉴定,其次要对新的蜜柚芽变材料进行生物学特性观察、品质鉴定、产量测定、适应性考察、种缘关系的考证、遗传稳定性鉴定等等,最后经行政管理部门组织同行专家鉴定、认定才能成为新品种。林某既不是《中华人民共和国植物新品种保护条例》第7条规定的委托育种的完成者,也不是合作育种协议中约定的品种权的归属者,更不是红肉蜜柚新品种选育研究的项目承担单位。根据《中华人民共和国植物新品种保护条例》第8条规定,植物新品种权采取的是申请优先原则,申请人既可以是实际完成育种的人也可以是没有任何育种行为的委托人或者合同约定的品种权的归属者。本案中,福建省农业科学院果树所经过多年的精心培育并通过申请取得了"红肉蜜柚"植物新品种权。(3) 自从2003年福建省农业科学院果树所对"红肉蜜柚变异新株系选育研究"课题进行立项研究以来,福建省农业科学院果树所始终牵头主持开展了各项有关红肉蜜柚的研究工作。

经过多年的研究培育,在有机栽培方式、红肉蜜柚遗传背景、不同区域红肉蜜柚适时采收掌控原则、最佳结果母枝径粗、梢长、叶片数参数以及在树冠中的分布规律、蜜柚果肉色素及营养成分鉴定等方面取得突破性进展和创造性贡献,突显出子代的特异性、一致性和稳定性,为红肉蜜柚芽变材料成为新品种提供了技术支撑,这完全是智力劳动的成果。这些凝聚着科研人员的辛勤汗水的智力成果,为社会作出了巨大贡献,理应得到人们的尊重和法律的保护。林某仅是红肉蜜柚母树的拥有者,在福建省农业科学院果树所的整个研究过程中,其未参加子一代至子三代繁育以及任何辅助试验工作,但鉴于其系红肉蜜柚种质资源的载体拥有者,考虑到其对科学研究开发的贡献,福建省农业科学院果树所已将其列入物红肉蜜柚品种认定主要完成者之一和红肉蜜柚新品种培育人之一。综上,林某以红肉蜜柚最先发现者和母树拥有者为由要求成为品种权人,试图独占当地红肉蜜柚苗木市场的意图不应得到法律的保护。故请求撤销原审判决,改判驳回林某所有诉讼请求。

陆某补充上诉称:(1)林某诉讼的目的是想垄断苗木经营生产。红肉蜜柚通过上诉人多年潜心研究,通过了省级认定,又获得了农业部授予品种权,其科研价值和经济价值得到了社会和同行业的公认。目前新品种在平和、福州、宁德、霞浦推广已达3万多亩,引种遍及广东、广西、贵州、云南、等省,新增产值超亿元。林某虽然对红肉蜜柚新品种的选育没有做任何实质性的贡献,因为有一棵母树,已经将其列为课题组成员之一。但林某并不满足,对外宣扬是"红肉蜜柚第一发现人",利用上诉人的科研成果资料做宣传广告,通过苗木出售取得可观的经济利益。随着红肉蜜柚名气的扩大,平和县繁育种苗的果农就有几十家,对林某的种苗经营产生挤压,因此林某产生了独占品种权的念头,无理诉求要成为品种权人,而且要撤销上诉人合法的品种使用权转让行为,以达到其垄断经营目的。(2)林某错误地认为,其拥有母树就理所当然是品种权人,进行了种苗繁育就从事了培育新品种的工作。一个自然产生突变的单株,无论生产上应用面积多大,它都不成其为新品种。要成为新品种就必须弄清其变异单株的遗传背景、遗传稳定性、生物学特征特性、适宜栽培区域、相配套的栽培技术方案。育种人还必须提交一整套试验、观察、鉴定、分析报告上报相关部门审查、确认。林某自始至终没有参加这些新品种选育过程,也没有这样的专业知识。(3)林某是红肉蜜柚成果的得益者,反而要求上诉人赔偿经济损失毫无根据。林某多年来都在经营销售红肉蜜柚种苗,上诉人从未限制其生产,因此林某种苗生产经营盈亏与上诉人没有直接关系。相反的,当红肉蜜柚遭遇谣言攻击,林某所育种苗无人问津时,是上诉人在平和电视台为其排忧解难,用科学的试验结论反驳了谣言,使红肉蜜柚种苗市场恢复了往日的繁荣景象。而当大批果农蜂拥而至育苗,种苗供过于求时,林某则诉求上诉人予以赔偿,把这种市场自然调节规律归罪于上诉人是毫无道理的。由此可见,林某以没有品种权为由,诉求上诉人给予经济赔偿,事实和法律依据不足。综上,林某以红肉蜜柚最先发现者和母树拥有者为由要求成为品种权人,试图独占当地红肉蜜柚苗木市场的意图不应得到法律的保护。故请求撤销原审判决,改判驳回林某所有诉讼请求。

林某辩称:(1)一审判决确认林某为品种权人是正确的。(2)上诉人以品种权系上诉人职务成果为由,否定林某应当拥有品种权,与事实和法律不符。

卢某答辩:(1)其并非申请"红肉蜜柚"植物新品种权的经办人,林某也从未向其提出过任何有关"红肉蜜柚"植物新品种权申请。其不应成为本案被告,不应承担任何诉讼费用。(2)本案焦点是,林某诉求其应享有"红肉蜜柚"植物新品种权。因此,林某应负举证责任。

然而，林某在整个案件审理过程中，提供的证据只是他的陈述及媒体报道，均未能提供有效、有力、真实的事实依据，因此无法证明他有进行过"红肉蜜柚"植物新品种的培育。一审法院竟以林某的"陈述"作为事实依据来判定其也享有"红肉蜜柚"植物新品种权，这显然是错误的，该判决应予撤销。事实是林某根本不懂柚子果肉变红的原因及有何价值，也未进行过任何选育种试验。(3)植物新品种权并非资源保护法或物权法，而是对一种智力劳动成果保护，是一种知识产权。是对植物资源进行认真考察、思考和科学试验研究而获取的对以下知识价值的肯定：红肉蜜柚的遗传稳定性研究；红肉蜜柚的适应性研究；红肉蜜柚的抗病虫害能力及丰产、优质生产技术研究；红肉蜜柚果实品质的测定及安全性检测评估；品种的命名及申请、组织省级认定。以上科学知识的获取均与林某无关，因此林某不应享有"红肉蜜柚"植物新品种权。

福建省高级人民法院另查明：为加速"红肉蜜柚"的选育种过程，2003年12月28日，福建省农业科学院果树所落叶果树研究室（甲方）与平和县红柚科技示范场（乙方）签订了《科技合作协议》。该协议对科研经费的分配及使用，选育品种认定后成果归属及开发使用等事项进行约定。其中"育种人员排名"中有陆某、卢某、林某、林海青等8人。陆某和卢某分别代表双方在协议上签字。2005年，福建省农业科学院果树所在向福建省非主要农作物品种认定委员会提交的《福建省非主要农作物品种认定申请书》的"选育（引进）者"一栏中记载有陆某、卢某、林某、林海青等11人。福建省非主要农作物品种认定委员会2006年2月27日颁发的《福建省非主要农作物品种认定证书》（闽认果2006006）记载：选育单位为福建省农业科学院果树所；主要完成者为陆某、卢某、林某、林海青等11人；作物类型为柑橘；品种名称为红肉蜜柚；品种来源为从琯溪蜜柚的变异株系选育而成。

福建省高级人民法院认为：在本案"红肉蜜柚"新品种的育种过程中，福建省农业科学院果树所始终将林某视为共同育种人。根据《中华人民共和国植物新品种保护条例》第七条第二款"委托育种或者合作育种，品种权的归属由当事人在合同中约定；没有合同约定的，品种权属于受委托完成或者共同完成育种的单位或者个人"的规定，应认定林某为植物新品种"红肉蜜柚"的共同育种人。福建省农业科学院果树所和陆某关于林某没有相关知识，也没有参与"红肉蜜柚"育种等上诉主张，事实依据不足，不予采纳。现没有证据证明，福建省农业科学院果树所在申请"红肉蜜柚"品种权时，已经充分征求其他共同育种人的意见，福建省农业科学院果树所以申请优先为理由，否认林某"红肉蜜柚"品种权人的上诉意见，法律依据不足，不予支持。福州市中级人民法院有关林某作为育种者所付出的劳动理当得到法律保护，其享有红肉蜜柚植物新品种权的认定，事实和法律依据充分，应予维持。所以判决驳回上诉，维持原判。

【案例思考】

1. 什么是植物新品种权？
2. 结合本案谈谈什么是共同育种人。
3. 如何确定育种权人？
4. 育种人一定是植物新品种权人吗？
5. 《中华人民共和国植物新品种保护条例》第七条第二款立法理由是什么？

第六编　知识产权管理与保护

第14章　知识产权管理与利用

> ◎ **导读**：
>
> 近年来，我国企业知识产权管理和保护意识不断增强，但仍不能完全适应知识经济发展的需要，普遍存在知识产权管理重视程度不够、管理制度不健全、管理部门阙如、管理能力有待提高等问题。在市场竞争日趋激烈的今天，企业迫切需要建立并不断调整、完善自己的知识产权战略，加强对知识产权的管理，加大知识产权保护力度。本章主要探讨企业知识产权管理创新体系，讲述企业专利权、商标权、商业秘密权等知识产权的管理和利用问题。
>
> ◎ **重点**：
> 1. 企业知识产权管理体系有哪些内容？
> 2. 专利出资有哪些需要注意的事项？
> 3. 如何防范专利侵权？
> 4. 商标和专利评估的难点在哪里？
> 5. 如何做好商业秘密管理工作？

案例讨论

王老吉与加多宝大战[①]

【案件背景】

因 2008 年汶川地震捐款一亿元人民币赢得国人尊重的加多宝集团，再一次因与广药集团的王老吉商标之争而名声大噪。王老吉与加多宝大战主要包括三个案件，分别是第一战商标争夺——谁该叫"王老吉"，即"王老吉"商标的争夺案；第二战广告语之争，即加多宝集团的虚假宣传案；第三战"红罐之争"——谁可以用红罐，即"红罐"包装装潢的争夺案。其中，"王老吉"商标的争夺案被称中国商标第一案——价值 1 080 亿元的"王老吉"商标——合同争议案。王老吉与加多宝系列案是我国近年来影响较大的市场竞争案例，再一次凸显了企业法律风险管理的重要性。王老吉与加多宝之争引起了社会各界的广泛关注，也产生了一系列深远影响。

[①] 本案例改编自《中国国际经济贸易仲裁委员会裁决书（2012）中国国际经济贸易仲裁委员会京裁字第 0240 号》《广东省高级人民法院民事裁定书（2014）粤高法立民终字第 715 号》等，该案是"2015 年广东省知识产权司法保护十大案件"之一。

【案情简介】

加多宝集团是一家以香港为基地的大型专业饮料生产及销售企业，旗下产品包括红色罐装王老吉、茶饮料系列。广药集团以中西成药制造和销售为主营，超亿元的重点产品包括王老吉药业的王老吉凉茶等，历经10余年将"王老吉"做成价值千亿的品牌。广药集团现有注册商标1 000余项。其中，中国驰名商标5个（"白云山""王老吉""陈李济""中一""抗之霸"）；百年企业6家，包括"陈李济""王老吉""敬修堂""中一""潘高寿""明兴"；获得中华老字号认证的企业13家，占据全国医药行业老字号的半壁江山，除上述6家百年企业外，还有"星群""何济公""采芝林""奇星""光华"和"健民连锁"等，产品有川贝枇杷膏、小柴胡系列、阿莫西林、复方丹参片、板蓝根颗粒、乌鸡白凤丸。

王老吉凉茶在清朝道光年间由王泽邦初创，王家第三代传人将凉茶店开到了香港、澳门，并将王老吉"橘红底杭线葫芦"的商标注册。1949年，王老吉被一分为二，广州王老吉凉茶被归入企业，香港的王老吉则依然由王泽邦家族后人把持经营。

1995年，广药集团将罐装王老吉品牌的使用权，以20年的租期租给了香港加多宝，广药集团继续销售绿色盒装王老吉。2002年11月，广州王老吉与香港王老吉达成共识，双方签署了10年使用权转让协议。

1995年作为王老吉商标的持有者，广药集团将红罐王老吉的生产销售权租给了加多宝，而广药集团自己则生产绿色利乐包装的王老吉凉茶，也就是绿盒王老吉。

1997年，广药集团又与加多宝的母公司香港鸿道集团签订了商标许可使用合同。2000年双方第二次签署合同，约定鸿道集团对王老吉商标的租赁期限至2010年5月2日到期。

2001年至2003年间，时任广药集团副董事长、总经理李益民先后收受鸿道集团董事长陈鸿道共计300万元港币，得到了两份的"协议"：广药集团允许鸿道集团将"红罐王老吉"的生产经营权延续到2020年，每年收取商标使用费约500万元。后李益民因受贿罪被判刑，陈鸿道也保释外逃。但王老吉商标却由此被贱租给鸿道集团，从2000年至2011年广药集团的商标使用费仅增加56万元。

2004年广药集团下属企业王老吉药业推出了绿盒装王老吉。2010年8月30日，广药集团就向鸿道集团发出律师函，申诉李益民签署的两个补充协议无效。2010年11月，广药启动王老吉商标评估程序，彼时王老吉品牌价值也被评估为1 080.15亿元，跻身目前中国第一品牌。

2011年4月，广药向中国国际经济贸易仲裁委员会提出仲裁请求，并提供相应资料；5月王老吉商标案立案，确定当年9月底开庭；后因鸿道集团一直未应诉，开庭时间推迟至2011年12月29日。2012年1月，双方补充所有材料，确定2月10日仲裁；但中国国际经济贸易仲裁委员会考虑到王老吉商标价值，建议双方调解，并将仲裁时间再延期3个月至5月10日。而因鸿道集团提出的调解条件是以补充合同有效为前提，广药无法接受，调解失败。

2012年5月11日，广药集团收到中国国际经济贸易仲裁委员会日期为2012年5月9日的裁决书，中国国际经济贸易仲裁委员会裁决：广药集团与加多宝母公司鸿道（集团）有限公司签订的《"王老吉"商标许可补充协议》和《关于"王老吉"商标使用许可合同的补充协议》无效；鸿道（集团）有限公司停止使用"王老吉"商标。

鸿道集团对此仲裁裁决不服，向北京市第一中级人民法院提出撤销仲裁裁决的申请。

而该申请最终被北京第一中院在 2012 年 7 月作出裁定予以驳回。至此可以确定广药与加多宝关于"王老吉商标"的争夺迎来尾声,广药集团确定了对该商标的所有权,且加多宝集团也已经无法在大陆地区再继续使用王老吉商标。

2012 年 7 月,加多宝与广药又就"红罐"包装、装潢展开争夺,双方均以对方"擅自使用知名商品特有的名称、包装、装潢"为由,向法院提起诉讼。而在这起装潢案未了之日,广药集团又在广州起诉加多宝集团,认为其在广告宣传中所使用的"王老吉改名为加多宝"等类似的广告语构成了虚假宣传。

2013 年 12 月,广州中院对加多宝集团的广告语涉嫌虚假宣传案进行了判决,法院审理认定加多宝所使用的"全国销量领先的红罐凉茶改名为加多宝""红罐王老吉凉茶更名为加多宝凉茶了"广告语属于虚假广告,认为加多宝集团已经构成了虚假宣传行为。对此法院判决加多宝集团自判决生效之日起停止使用上述广告语进行广告宣传,销毁相关物品,赔偿广药集团经济损失 1 000 万元及合理费用 813 250 元,加多宝公司在判决生效日起 10 日内在媒体上刊登声明公开赔礼道歉。

2014 年 8 月,重庆市第五中级人民法院两纸判决书分别判定加多宝"全国销量领先的红罐凉茶改名加多宝"及"中国每卖 10 罐凉茶 7 罐加多宝"两广告违反了《反不正当竞争法》,构成虚假宣传,判令加多宝(中国)饮料有限公司立即停止使用并销毁、删除和撤换包含相关广告语的产品包装和广告,要求加多宝在主流媒体上公开发表声明以消除负面影响,并共计赔偿广州王老吉大健康产业有限公司经济损失及合理开支 80 余万元。

【案例思考】
1. 撇开感情因素,从法律的角度你支持王老吉还是加多宝?
2. 加多宝败诉的根源在哪里?有什么值得吸取的教训?
3. "红罐"包装装潢争夺案有什么特殊性?其相关法律有哪些?
4. 结合王老吉与加多宝系列案,谈谈我国企业法律风险管理问题。

14.1 企业知识产权管理创新与体系

只有开展自主创新,才能不断实现产品的更新换代,才能真正掌握世界先进技术,才能在国际竞争中立于不败之地。我国已确立了以自主创新为中心的科技工作思想,《科学技术进步法》第二条明确规定:"国家坚持科学发展观,实施科教兴国战略,实行自主创新、重点跨越、支撑发展、引领未来的科学技术工作指导方针,构建国家创新体系,建设创新型国家。"这从法律层面上确立了自主创新的科技工作方针,也确立了构建国家创新体系、建设创新型国家的科技工作目标。目前,我国企业知识产权申请保护意识有了极大提高,自主知识产权成果明显增多,但知识产权的"含金量"以及转化率、利用率与西方发达国家还有较大差距。

14.1.1 企业知识产权管理创新的概念

管理创新是企业增强竞争力的需要,是企业永葆旺盛生命力的源泉。什么是管理创新(Management Innovation)?经济学家约瑟夫·熊彼特于 1912 年首次提出了"创新"的概念。管理创新是指企业把新的管理要素(如新的管理方法、新的管理手段、新的管理模式等)或要素组合引入企业管理系统以更有效地实现组织目标的创新活动。企业知识产权管理是指,企业的知识产权管理机构和管理人员,在企业相关部门的配合和支持下,为贯彻国家制度、促进企业技术进步和创新、保障自身合法权益、提高经济效益而对知识产权事务进行战略策划、规划、监督、保护、组织和协调等活动的总称。

企业实施自主创新战略,必须加强知识产权管理。取得知识产权是实现自主创新的重要标志,加强知识产权管理是保护自主创新成果的前提。具体而言,企业实施知识产权创新管理由以下两方面所决定的:

一方面,企业内部管理创新的需求决定了企业应当实施知识产权创新管理。在知识经济时代,世界经济竞争模式由资本竞争转变为技术竞争,高技术产业成为知识经济的支柱。技术、竞争、市场的变化不仅对企业的创新提出了挑战,而且对企业的管理提出了新的挑战。企业不能仅仅践行所谓的"现代管理",更不能仅仅坚守20世纪甚至19世纪发明的管理理念,而是要打破传统管理的桎梏,进行管理创新,即从利润最大化向企业可持续发展转变,从传统要素竞争向企业运营能力竞争转变,从单一绩效考核转向全面绩效管理。总之,管理创新与制度创新并举,管理创新与技术创新协调,已成为现代企业保持竞争优势的重要趋势,而知识产权管理创新是企业管理创新的应有之义。

另一方面,知识产权自身的特点决定了企业应当实施知识产权创新管理。知识产权管理不同于传统的企业管理活动,具有知识性、法治性、国际性、动态性等特征。企业知识产权管理是企业经营管理的系统的重要分系统,企业知识产权管理水平是衡量其经营管理状况的重要标准,是企业获得、维持和增强市场竞争优势,提高技术创新能力和水平,实现外向型发展的重要保障,是实行国际化经营战略的软基础。总之,管理创新是知识产权管理特点和基本规律的反映,是企业进行科学管理的必然要求,是企业可持续发展的生命线。

14.1.2　企业知识产权创新管理的要求

14.1.2.1　知识产权管理方针

知识产权管理方针应包括以下几点:符合法律法规的要求,并与企业发展总方针相适应;为知识产权管理目标的制定提供总体框架;向全体员工进行宣传、贯彻。

14.1.2.2　知识产权管理内容

管理创新的具体内容可以包括三个方面:管理思想理论创新;管理制度创新;管理具体技术方法创新。三者从低到高,相互联系、相互作用。知识产权管理的内容包括以下四个方面:其一,知识产权的开发管理。企业从鼓励发明创造的目的出发,制定相应策略,促进知识产权的开发,做好知识产权的登记统计,清资核产工作,掌握产权变动情况,对直接占有的知识产权实施直接管理,对非直接占有的知识产权实施管理、监督,等等。其二,知识产权的经营使用管理。主要包括对知识产权的经营和使用进行规范,研究核定知识产权经营方式和管理方式,制定知识产权制度,等等。其三,知识产权的收益管理。主要包括对知识产权使用效益情况进行统计、合理分配,等等。其四,知识产权的处分管理。主要包括企业根据自身情况确定对知识产权的转让、拍卖和终止,等等。

14.1.2.3　知识产权管理要求

知识产权管理体系的总体要求:企业应依据自身特点,按照一定标准要求建立知识产权管理体系,加以实施和保持,并持续改进其有效性。为此,企业应识别所涉及的知识产权种类及其在企业中所起的作用;确保知识产权创造、运用、保护和管理的有效运行和控制;开展检查、分析、评价,确保持续改进。

14.1.2.4 知识产权管理环节

知识产权管理应覆盖创新链的所有环节。进入 21 世纪,科技创新不断涌现且呈现出群体突破的态势,研发链被大大压缩,研发与创新其他环节的联结更加紧密,在很大程度上出现了市场决定研发的局面。这一状况使得对研发实施独立管理的意义相对弱化,而对创新链强化管理的需求则急剧上升。随着科技基础条件、资金、知识产权、信息等创新资源的社会化程度明显增强,科技项目的工程化、集成化趋势愈加显著,科技人才的流动化、国际化、团队化日渐突出,迫切要求科技管理覆盖整个创新链的所有环节。

14.1.2.5 知识产权管理重点

创新管理的重点是搭建创新链。通常理解的研发是指由基础研究、技术研究、应用推广等一系列科技活动组成的链状结构,可称之为"研发链"。所谓创新,应是指从创意到形成市场价值的全过程,既包括研发链,也包括"产业链"(产品—小试—中试—产业)和"市场链"(商品供应—流通—销售—服务)。这三条链形成一个有机的系统,可称之为"创新链"。在创新链中,环节间联结互动,链条间整合贯通,呈现出研发牵动产业、产业构建市场、市场引导研发的螺旋式推进态势。创新管理将创新链纳入管理范畴,在拓展科技发挥作用空间的同时,也契合了当今时代发展的要求。

14.1.3 我国企业知识产权管理现状

我国部分企业非常重视知识产权工作,长期致力于不断提升知识产权创造和运用能力,积极建立健全知识产权保护机制,努力提高知识产权管理能力,知识产权申请、应用、保护等工作逐步展开,知识产权管理取得显著成效。但是,整体而言而,我国企业知识产权管理工作尚处于起步阶段,还存在以下不足:

(1) 在知识产权战略方面,大部分企业都缺乏专门的自主研发及成果使用或知识产权方面的战略规划的相关内容;有些单位根据本单位的科技实力和特长制定了战略规划,但战略制定存在模糊性和变动性,并且由于各个单位承担的运行保障的角色不同,战略定位存在较大差异。

(2) 在制度建设方面,多数企业已经建立相应的研发制度,但对于知识产权管理制度的建设相对滞后。许多未把知识产权管理作为企业日常管理的一部分,在明确产权归属、激励职务发明、解决纠纷、知识产权运营、无形资产评估等制度建设不健全。知识产权的归属存在诸多漏洞,权属不明,保护不力。

(3) 在组织机构方面,许多企业都没有明确的主管研发和知识产权工作的领导和部门,即使有知识产权管理部门,其管理岗位的设置多为兼职。我国大部分企业既没有设立知识产权管理机构,又没有配备专门人员负责知识产权事宜,往往由相关部门、相关人员"兼管",使知识产权管理流于形式。一些企业即使有专门负责处理知识产权业务的机构和人员,也没有制定相应的知识产权管理保护规定,职责不落实,不能依法保护企业知识产权,更谈不上灵活运用知识产权战略来促进企业的发展。

(4) 在资源投入方面,由于受到政策、法规等影响,研发单位大多存在研发经费投入不足的情况。

（5）在人才队伍方面，大部分企业都较为重视专业队伍建设情况，认识到这是企业发展的重要环节，通过企业内部定期培训、学历教育、与国外合作等形式培养人才。但整体而言，研发人员比重明显偏低，受行业外薪酬待遇的影响，人员流动性较大。知识产权培训还无法满足知识产权工作的需要，知识产权的考核评审还未普遍纳入企业绩效考核体系，没有将专利工作纳入企业考核指标之中。

（6）在激励机制方面，一些企业采取了激励措施，如绩效考核、薪酬、职务晋升、培训、荣誉等形式，以提高本单位自主研发水平。但总体看来，多数企业未真正形成能激励研发的激励机制，尤其缺乏有效的物质激励机制，存在奖励政策落实程度不够，奖励不透明、不到位的现象，部分企业仍习惯于单一的科技奖励制度，发明人的报酬与知识产权的创造及收益关系不大，科技人员的绩效考核与知识产权的数量和质量无关，没有全部兑现和没有兑现奖酬政策，打击了科技人员的创新积极性。

（7）在研发机制方面，受技术水平和产品需求影响，目前企业研发模式主要有完全自主、合作、委托、引进等，研发组织形式主要是项目组形式，对专利文献信息的收集与利用程度不够，专利文献库等基础设施缺乏，跟踪分析国内外知识产权情报能力较弱。

（8）在知识产权纠纷处理方面，不同的知识产权纠纷有不同的处理策略和措施，譬如专利侵权纠纷与商标侵权纠纷，前者往往首先会优先采取协商措施，后者往往会直接采取法律手段。我国企业通常只把知识产权问题简单地看作法律问题，知识产权保护通常依靠法律事后补救机制，解决知识产权纠纷方式过于单一。

14.1.4 企业知识产权创新管理体系

创新的竞争形势催生知识产权管理模式变革。管理知识产权关键在于提高知识产权资产的效用。知识产权管理涉及经济、法律和管理等各个学科知识，需要从经济杠杆、法律工具、管理机制等多方面入手，采取目标管理、战略管理、绩效管理等措施。知识产权管理涉及的范围十分广泛，主要集中在产权归属、奖励机制、知识产权运用、知识产权纠纷处理以及知识产权教育培训等方面。

14.1.4.1 确立以自主创新为中心的知识产权管理思想

我国《科学技术进步法》第十九条明确规定："国家遵循科学技术活动服务国家目标与鼓励自由探索相结合的原则，超前部署和发展基础研究、前沿技术研究和社会公益性技术研究。"这表明，超前部署已成为我国科技工作的策略之一。正是如此，我国2006年编制了《国家中长期科学和技术发展规划纲要（2006—2020）》，确立了到2020年我国科学技术发展的总体目标，确定了科技工作的重点领域、方向和计划，以指导我国科技工作发展。因此，企业要确立以自主创新为中心的知识产权管理思想，实行超前部署发展科技的策略。

14.1.4.2 实施知识产权战略

将知识产权管理工作作为企业管理体系中具有战略意义的基础性管理环节。企业应通过政府部门的政策导向和信息服务，转变企业管理者意识，推动企业知识产权战略的制定与实行，将知识产权战略与生产经营战略一体化，纳入组织战略的核心部分。应学习借鉴发达国家企业在知识产权战略实施方面的成功经验，把创造知识产权、保护知识产权，特别是有效利用知识产权作为整体战略考虑,运用知识产权战略开拓市场,获得市场竞争优势,提高企业经济效益。将知识产权战略作为企业中长期战略的重要组成部分,并根据企业的知识产权状况制定企业知识产权战略和机制;将知识产权管理工作纳入企业的研究开发、生产管理、市场销售、品牌建设、人事行政等各环节或领域的管理工作中;制定知识产权管理工作的年度计划,并与企业其他专项管理计划有效衔接,进行管理目标的指标分解和量化管理,及时作出知识产权年度工作总结报告和专项工作报告;对各部门就知识产权保护情况纳入相应的工作考评。

14.1.4.3 健全企业知识产权制度

企业在利用外部法律环境保护自有知识产权的同时,也应建立和完善企业内部知识产权管理制度,包括:建立激励机制,将知识产权收益与科研人员的报酬挂钩,将知识产权的数量与质量纳入科技人员考核指标体系,鼓励创新性犯错,调动全员的创新意识与积极性;明确知识产权归属与保护责任,与员工签订知识产权相关协议;规范技术的转让与引进的合同管理;作好专有技术、保密信息和计算机软件的分级管理建立知识产权评估制度;建立知识产权纠纷应对机制。

14.1.4.4 建立健全组织机构人员配置

知识产权管理是一项专业性很强的业务,企业应根据其规模、经营性质等,设立专门的知识产权管理机构和人员管理知识产权事务。知识产权部门的主要职责包括:制定知识产权发展战略;制定知识产权规章制度;知识产权的申请、登记、缴费、续展;专利文献利用;知识产权的保护;知识产权许可、转让谈判;纠纷处理以及知识产权的教育培训等。企业应吸收国外企业的成功经验,设立专门机构与人员从事知识产权工作,设计知识产权管理机构组织模式时,应考虑情报信息的沟通渠道,有选择地采取各类知识产权综合管理手段,形成多角度的管理机制。

14.1.4.5 构建企业知识产权管理体系

研发管理及机制包括制度建设、组织机构、资源投入、人才队伍、激励机制、研发机制等。企业应成立企业内部专门的研究开发机构,重视对专业技术人才的培养和选拔,充分利用知识产权情报信息,加强考核激励管理和成果利用管理,通过专利转让、专利许可、商标许可等方式提高知识产权利用率,通过知识产权的高效利用来创造和获取价值。

14.1.4.6 加大企业知识产权保护力度

企业知识产权保护机制包括知识产权预警应急管理机制和知识产权纠纷处理机制,并且,知识产权的类型不同,保护策略和措施也不尽相同。

14.1.5 企业知识产权管理措施

企业知识产权工作的基本任务是加强知识产权管理、激励员工发明创造的积极性、鼓励技术创新、防止无形资产流失,为推动企业技术进步、提高企业市场竞争能力和经济效益服务。

14.1.5.1 知识产权研究与开发管理措施

(1) 在从事研究与开发活动之前,企业与研究开发者之间应以一定方式明确知识产权研发关系,明确管理责任、知识产权信息及查询系统的利用、知识产权的归属、知识产权的保密等重要事项。

(2) 对本企业研究与开发的技术或产生的相关知识产权文献应做好收集和分析工作,在论证技术方案和制定项目研究与开发计划时,应提交有关知识产权方面的分析报告。

(3) 建立并执行研究与开发活动工程记录的管理制度,详尽记载与知识产权相关的活动记录。

(4) 建立在审查研究开发活动中及其成果产出时是否有侵害他人知识产权或本企业技术成果权益为他人所侵害的管理制度。

(5) 建立知识产权方面资料、档案、记录和其他相关信息材料由专人负责保管的管理制度。

(6) 在研究与开发活动结束后,管理部门应要求项目负责人把本项目的研究与开发情况以及所取得的各项研究与开发成果完整、准确、客观、及时地以书面形式向知识产权部和有关机构作出汇报,并将研究与开发过程中所使用技术资料提交知识产权部,建立相关技术档案,实行加密管理。

14.1.5.2　知识产权委托或合作开发管理措施

(1) 严格依照我国现行《合同法》的有关规定,建立相关知识产权合同管理制度,通过合同明确确认委托开发和合作开发关系中的权利义务关系。

(2) 作为委托人应在技术合同中明确成果的归属关系,既包括作为开发目的技术的技术成果,也包括非目的性的技术成果,如相关技术成果、中间技术成果和部分技术成果,还包括委托关系结束后一方继续进行技术开发所形成的后续技术成果。

(3) 当技术成果为双方共有时,必须在技术合同明确共有方式并对共有技术成果的进一步开发或合作方式进行约定。

(4) 在本企业与外单位建立委托开发或合作开发关系时,应当由知识产权部或法务部对涉及本企业重大知识产权成果的义务性条款进行分析、审查和决定。

14.1.5.3　知识产权归属管理措施

(1) 对本企业的职务技术成果与非职务技术成果的认定,应严格遵照国家有关知识产权法律、法规的规定处理。

(2) 对本企业的职务技术成果,应由本企业知识产权部与科研开发部门联合管理。知识产权部应对职务技术成果开发过程中可能存在的知识产权问题提供分析预测报告;科研开发部门负责职务技术成果的具体使用,当某项职务技术成果付诸使用时要向知识产权部提供使用方案。

(3) 对本企业的非职务技术成果,应由知识产权部负责建立相关的成果登记制度。

14.1.5.4　知识产权的转让管理措施

对于本企业职务技术成果转让,应严格按以下程序办理:

(1) 由本企业知识产权部提交相关知识产权价值评估报告和转让可行性论证报告。

(2) 由知识产权部经理会同相关职能部门对技术成果转让进行知识产权专项审查,提出审查意见。

(3) 由知识产权部经理将审查意见提交董事局通过后形成知识产权转让决定。对于本企业技术成果转让,必须经由本企业知识产权部签署意见后,企业行政主管部门方可在技术转让合同中加盖企业法人合同专用章。

14.1.5.5 专利权管理措施

(1) 依照企业知识产权管理工作总体规划制定本企业的专利工作计划和专利战略方案,并明确其具体实施步骤。

(2) 会同科研与开发部门对研究与开发成果进行新颖性、创造性、实用性论证。

(3) 负责专利申请事宜,并决定相应成果和资料公开与否及召开方式。

(4) 负责保管专利证书及相关文件。

(5) 负责缴纳专利权相关规费和其他行政事宜。

(6) 负责专利信息的收集、分析、预测,发现本企业专利技术权益遭受损害时,应及时建议单位领导作出相应处理决定。

14.1.5.6 商标权管理措施

(1) 依照企业知识产权管理工作总体规划制定本企业的商标工作计划和商标战略方案,并明确其具体实施步骤。

(2) 会同市场营销部门对企业产品与服务进行商标注册事宜的论证。

(3) 负责商标注册及其续展事宜。

(4) 负责保管商标注册证书及相关文件。

(5) 负责商标权相关规费及其他行政事宜。

(6) 负责商标信息的收集、分析、预测,发现本企业商标权益遭到损害时,应及时建议法人代表作出相应处理。

14.1.5.7 著作权权管理措施

(1) 应依照企业知识产权管理工作总体规划制定本企业的著作权及计算机程序成果权工作计划和版权战略方案,并明确其具体实施步骤。

(2) 应遵循不影响正常科研工作,不损害单位技术权益,不违反有关保密规定的原则,会同科研开发部门对本企业研究开发过程中形成的科技论文、工程设计及产品设计图纸和计算机程序等作品,进行发表与否发表方式的论证。

(3) 负责职务作品的登记工作,并负责向国家计算机程序著作权登记管理机关提出著作权登记,并决定职务作品的使用不当方式。

(4) 负责保管著作权证书及相关文件。

(5) 负责著作权相关规费及其他行政事宜。

(6) 负责著作权信息的收集、分析、预测,发现本企业著作权益遭到损害时,应及时建议法人代表作出相应处理。

14.1.5.8 商业秘密管理措施

(1) 依照企业知识产权管理工作总体规划制定本企业的商业秘密与技术秘密的工作计划及其战略方案,并明确其具体实施步骤。

(2) 会同科研开发部门和市场营销主管部门对本企业的商业秘密和技术秘密进行认定与论证。

(3) 负责编制商业秘密与技术秘密管理的密级标准和制定具体的保护措施。

(4) 负责保管与商业秘密和技术秘密相关的文件、档案、资料。

(5) 负责审查本企业对发布信息、资料,并建立对外业务谈判和接待外来参观人员及合作研究开发过程中商业秘密和技术秘密的保护,负责制定商业秘密和技术秘密的保护制度。

(6) 负责商业秘密和技术秘密信息的收集、分析和预测,发现本企业商业秘密和技术秘密权益遭到损害时,应及时建议法人代表作出相应处理。

14.1.5.9 技术合同管理措施

(1) 在技术合同签订之前,会同有关部门对对方当事人进行资信调查和技术状况分析。

(2) 参与技术合同的起草,谈判工作。

(3) 在技术合同履行过程中,建立本企业技术合同登记制度和阶段性与终期履行状况的检查与汇报制度。

(4) 对本企业技术合同履行过程造成失误或损失的直接责任人,提出具体责任承担方案,报请单位主管领导处理。

14.1.5.10 科技档案管理措施

(1) 知识产权部会同有关部门建立严格的档案管理与保密制度,并建立知识产权的专门文档。

(2) 有权要求研究与开发部门提交工程活动记录、科研资料、获奖证书、专利文件、合同书、商标文件、软件文档等文件供其查阅,并可制作备份。

(3) 建立档案密级制度、档案查阅与保管制度、档案签收制度。

14.1.5.11 成果奖励管理措施

(1) 会同有关部门,遵照国家奖励制度的有关规定,制定本企业知识产权技术成果及其他成果的奖励制度。

(2) 企业成果奖励的对象应包括:本企业的干部、职员及离退休人员,以及成果权归属本企业的其他临时受聘人员和合作研究与开发人员。

(3) 企业成果奖励的范围应包括:技术创新奖、技术改进奖、技术发明奖、创新成果奖、合理化建议案、设计方案奖、计算机程序奖、科研论文奖、成果转化奖以及知识产权管理成就奖。

(4) 企业成果奖励的形式应包括:精神奖励、物质奖励、情事奖励等。

14.1.5.12 知识产权经费管理措施

(1) 企业设立知识产权工作专项资金,由知识产权部统一管理,用于与知识产权管理有关的规费、经费,如专利申请费、审查费、复审费、证书费、代理费、专利年费及其附加费,商标注册费、续展费;计算机程序登记费;相关调解、仲裁与诉讼费用;知识产权培训、知识产权奖酬、知识产权工作事务及知识产权信息网络建设等费用支出。

(2) 建立独立会计账簿登记知识产权工作的各项成本。

(3) 会同财务主管部门对知识产权费用进行审核、分析与预测,并以此作为及时调整知识产权管理战略的重要依据。

14.1.5.13 知识产权交流管理措施

技术引进与输出以及国际交流与合作过程中的知识产权管理工作,应做到:

(1) 会同科研部门和生产部门,根据企业技术引进与输出的计划,提出技术引进或输出项目的可行性论证报告,并提出技术消化、吸收和改进方案。

(2) 根据企业国际科技交流与合作的计划,负责国际科技交流与合作过程中的产项管理、成果归属管理和档案与保密工作管理。

14.1.5.14　知识产权预警应急管理措施

加强知识产权预警应急机制建设,提高知识产权纠纷应对和处理能力。及时准确把握知识产权国际规则和主要贸易伙伴国家的法律政策和发展趋势,适时发布重点领域和行业的知识产权发展态势报告,对可能发生的对企业影响力大的知识产权纠纷、争端和突发事件,及时警示,制定预案,妥善应对,控制和减轻损害,避免发生因知识产权权属和技术纠纷而造成的不应有的经济、技术损失。

14.1.5.15　知识产权纠纷处理措施

(1) 知识产权部对外代表企业法人处理知识产权调解、仲裁与诉讼事务。

(2) 知识产权部对内负责处理本企业职工之间发生的知识产权纠纷。

(3) 建立健全企业重大经营活动知识产权审议制度和审查机制。

【思考】目前国家有哪些识产权归属及收益分配制度?

目前国家有关知识产权归属及收益分配的基本制度主要有:

(1) 职务发明等知识产权归属单位,职务发明人有获得奖励和报酬的权利。根据《专利法》等法律法规,职务发明创造申请专利的权利属于该单位;申请被批准后,该单位为专利权人。职务发明人的权利包括:①获得奖励权。具体由单位与发明人约定或在单位规章规定;未约定或规定的,一项发明专利的奖金最低不少于3 000元;一项实用新型专利或者外观设计专利的奖金最低不少于1 000元。②获得报酬权。具体由单位与发明人约定或在单位规章规定;未约定或规定的,在专利权有效期限内,实施发明创造专利后,每年应当从实施该项发明或者实用新型专利的营业利润中提取不低于2%或者从实施该项外观设计专利的营业利润中提取不低于0.2%,作为报酬给予发明人或者设计人,或者参照上述比例,给予发明人或者设计人一次性报酬;被授予专利权的单位许可其他单位或者个人实施其专利的,应当从收取的使用费中提取不低于10%,作为报酬给予发明人或者设计人。③署名权。职务发明人有权在专利文件中写明自己是发明人或者设计人。

(2) 合作研发、委托研发中的知识产权一般通过合同约定明确归属,收益分配也通过合同约定。对此,《专利法》等法律法规有明确规定。

(3) 他人经过许可、受让、国家推广使用等方式使用知识产权成果的,应向知识产权持有人支付报酬。相关费用可通过约定的方式明确。

14.2　企业专利管理与利用

14.2.1　企业专利管理战略体系

一个企业系统、完善的专利管理战略应由以下四个部分有机构成:

1. 专利研发阶段的管理战略

长期以来,企业专利管理存在一个严重误区,即认为专利管理从企业新技术开发成熟或新产品研制成功可以申请专利时开始。殊不知,这一错误认识导致研发阶段的专利管理成为企业专利管理体系中最薄弱的一环,极易因为企业重复开发引发专利纠纷,或者因开发人员擅自以论文形式对外公布成果及其他保密工作失误,从而导致技术丧失"新颖性"而无法获得专利。在专利研发阶段,企业对专利的管理应注意以下几个方面:

首先,加强相关专利文献信息的检索、查询。即通过专利文献所提供的技术资料,了解本技术领域内国内外最新科技成果和研究动态,降低新产品研发风险,节省研发经费。

其次,订立技术开发协议。即在技术开发前,应与委托单位(受托单位)以及开发人员签订开发协议,约定知识产权归属、开发各方的权利义务尤其是保密义务。

最后,重视研发过程中的保密工作。一方面,企业内部应成立专门的保密领导机构,制定健全的保密规章制度,对于研发图纸、工业配方、工艺流程、计算机软件、客户名单等设专人管理、分级存放、严格保管;对于涉密场所和涉密复印机、传真机、电话机的使用以及来往信函的收发都严格监督控制。另一方面,企业要与员工签订保密协议、竞业禁止协议,明确保密的范围、手段及违约责任,防止因人员流动而造成泄密。

2. 专利申请阶段的管理战略

我国专利授予实行申请在先原则,即专利权授予在先申请的发明人,因此,当企业某项项新产品已开发成功或新技术已研制成熟,符合专利申请的条件时,应及时向专利申请机关提出专利申请,防止因他人抢先申请而使企业合法权益遭到侵害。同时,对于可以分阶段申请专利的技术或产品,企业应采取分段申请策略,即先就阶段性成果申请专利权,待整个专利技术或产品研究成功后,再就新研究部分的成果申请专利权。在专利申请过程中,企业还应当明确专利申请权的权属,即区分职务发明与非职务发明,以及合作开发、委托开发的专利申请权归属。另外,专利权具有地域性特征,企业在本国获得专利权后一般只能在本国范围内受到保护,企业可根据情况想开拓国际市场向国外申请专利,扩大专利保护空间。

3. 专利应用阶段的管理战略

企业在专利申请获准后,应充分有效的应用专利,实现专利技术的产业化。当然,关于专利的应用方式,既可以采取自行实施该专利技术的方式,也可以通过将对该专利技术转让的方式获得专利转让费,还可以通过专利许可的方式获得专利许可费,还可以通过联营、技术入股等方式充分实现该专利的经济效益。在专利应用阶段,企业对专利的管理,应注意以下几个方面:

其一,要按时交纳专利年费,维持专利权效力。停止缴纳专利年费属于自动放弃专利行为,因此,企业应慎重考虑。

其二,要注意专利转让、许可、投资合同的签订。企业在专利转让、许可及投资过程中,应签订书面合同,并特别注意专利技术条款、违约责任条款、纠纷处理条款的内容。

其三,要加强专利技术的后续研究。企业应根据市场需求加强对专利技术的后续研究,以便使专利技术升级换代,确保本企业产品的技术含量和竞争优势。

14.2.2 专利权出资

专利出资即专利技术投资,是指以专利技术成果作为财产作价后,以出资的形式与其他形式的财产(如货币、实物、土地使用权等)相结合,按法定程序组建公司或其他企业形态的一种商业行为。专利出资,不仅涉及专利法、合同法等民事法律,而且还涉及公司法、合伙企业法等商事法律。

在实践中,以专利进行出资需要注意以下几个问题:

(1) 关于专利出资的主体,必须是专利的合法权利人,并且法律对企业、法人内设职能机构、个人进行专利出资有一定的限制。

(2) 关于专利出资的形式,包括用专利权出资、以专利实施权出资的以及把专利申请权视为专利技术作价出资。如我国《公司法》第二十七条规定"股东可以用货币出资,也可以用实物、知识产权、土地使用权等可以用货币估价并可以依法转让的非货币财产作价出资;但是,法律、行政法规规定不得作为出资的财产除外。"但是,以专利实施权出资的以及把专利申请权视为专利技术作价出资这两种形式面临较多的法律问题如将出资转让问题,也容易产生法律纠纷,因此应首先考虑以专利技术出资形式。

(3) 关于专利出资的程序,需完成以下出资手续方可认定出资无瑕疵,首先须对专利的价值进行评估,然后专利权人依据设立企业的合同和章程到专利局办理专利权转移于被投资的企业的登记和公告手续,工商登记机关凭专利权转移的手续确定以专利技术出资的投资人的完成出资人投资义务的履行。

(4) 关于专利出资的手续,必须注意技术资料的交接和权利的移交,专利出资方的技术培训和指导,后续改进成果的权属和各方的违约责任。

(5) 关于专利技术本身风险,需要特别注意专利技术的可靠性,即专利存在被宣告无效的情形,专利一旦被宣告无效就不具备财产权的属性,当然也就不能作为入股的技术。所以有必要在合同中约定专利被宣告无效后的处理办法。

(6) 关于专利技术的出资比例,我国《公司法》规定"全体股东的货币出资金额不得低于有限责任公司注册资本的30%",质言之,知识产权的出资比例最高可达到70%,可成为绝对的控股股东。因此,我国《公司法》给予了公司更多更大的自主权,无形资产的重要性日益凸显,并对入股后的公司治理问题产生重大影响。

14.2.3 专利权质押

14.2.3.1 专利权质押程序

专利质押作为企业融资的常见方式之一,要遵循以下程序:

1. 申请

当事人申请办理专利权质押合同登记,须向专利局提交登记申请表、主合同和质押合同、出质人的合法身份证明、专利权有效证明、专利权出质前的实施及许可情况等文件。委托他人代理的,须提交委托书及代理人身份证明;其中,涉外专利质押合同登记,必须委托涉外专利代理机构代理。如果全民所有制单位以专利权出质的,须有上级主管部门的批准文件;如果中国单位或个人向外国人出质专利权的,须经国务院有关主管部门的批准文件。

2. 受理、审查

收到当事人提高文件之日为登记申请受理日。专利局受理当事人登记申请以后,就进入专利权质押合同登记审查阶段。专利权质押合同登记审查分形式审查和实质审查两个方面,形式审查主要是审查合同的条款是否齐全,应补正的文件是否补正。实质审查是针对质押合同的有关实质性问题进行审查。它包括:出质人主体资格的审查,即是否为明确的、唯一或全部专利权人;专利权的有效性的审查;合同的合法性的审查,即是否有违反法律禁止性条款。

3. 决定

质押合同登记审查决定自受理日起15日内(不含补正时间)作出,审查决定分准予登记和不予登记两种,并应向当事人发送通知书。准予登记的,质押合同自登记之日起生效,质权设立;不准予登记的,质押合同无效,质权不成立。

4. 变更、延期与注销

专利权质押合同登记变更是指经质押双方当事人协商同意,就有关专利权质押著录项目作出变更决定,而向专利局办理变更手续。这些著录项目主要有质权人、主债权或担保范围等方面内容,当事人提出变更的,应在作出变更决定之日起七日内持变更协议、原登记通知书和其他有关文件,向专利局办理变更手续。申请延长质押期限的,当事人应当自解除质押期限届满前持延期协议、原登记通知书及其他有关文件,向专利局办理延期手续。

14.2.3.2 专利权质押合同登记审查

我国《担保法》七十九条规定,出质人和质权人应当采取书面形式订立质押合同并向专利管理机关办理出质登记,质押合同自登记之日起生效;第八十条规定,专利权出质后,出质人不得转让或许可他人使用,除非经质权人同意。《专利权质押合同登记管理暂行办法》第三条规定:"以专利权出质的,出质人与质权人应当订立书面合同,并向中国专利局办理出质登记,质押合同自登记之日起生效。"可见,我国在专利权质押方面实行的是"登记生效主义",即专利质押需要向专利管理机关提交文书、缴纳费用、审核登记。中国专利局在受理专利权质押合同登记申请之后,依照国家法律、法规的规定,审查下列内容:

(1) 质押合同条款是否齐全;
(2) 是否出现《暂行办法》规定的不予登记的情况;
(3) 是否按要求补正;
(4) 其他有必要审查的内容。

14.2.3.3 专利权质押合同登记应提交的文件

根据我国《专利权质押合同登记管理暂行办法》的规定,申请办理专利权质押合同登记的,当事人应当向中国专利局寄交或面交下列文件:

(1) 专利权质押合同登记申请表;
(2) 主合同和专利权质押合同;
(3) 出质人的合法身份证明;
(4) 委托书及代理人的身份证明;
(5) 专利权的有效证明;
(6) 专利权出质前的实施及许可情况;
(7) 上级主管部门或国务院有关主管部门的批准文件;
(8) 其他需要提供的材料。

14.2.3.4 专利权质押合同不予登记范围

对出现下列情况之一的专利权质押合同,中国专利局不予登记:

(1) 出质人非专利文档所记载的专利权人或者非全部专利权人的;
(2) 专利权被宣告无效、被撤销或者已经终止的;
(3) 假冒他人专利或冒充专利的;

（4）专利申请未获授权的；
（5）专利权被提出撤销请求或被启动无效宣告程序的；
（6）存在专利权属纠纷的；
（7）质押期超过专利权有效期的；
（8）合同约定在债务履行期届满质权人未受清偿时，质物的所有权归质权人所有的；
（9）其他不符合出质条件的。

中国专利局自受理日起 15 日内（不含补正时间）作出审查决定。经审查合格的专利权质押合同准予登记，并向当事人发送《专利权质押合同登记通知书》；经审查不合格或逾期不补正的，不予登记，并向当事人发送《专利权质押合同不予登记通知书》。

14.2.3.5 专利权质押合同的内容

专利权质押合同通常包括以下内容：
（1）出质人、质权人以及代理人或联系人的姓名（名称）、通讯地址；
（2）被担保的主债权种类；
（3）债务人履行债务的期限；
（4）专利件数以及每项专利的名称、专利号、申请日、颁证日；
（5）质押担保的范围；
（6）质押的金额与支付方式；
（7）对质押期间进行专利权转让或实施许可的约定；
（8）质押期间维持专利权有效的约定；
（9）出现专利纠纷时出质人的责任；
（10）质押期间专利权被撤销或被宣告无效时的处理；
（11）违约及索赔；
（12）争议的解决办法；
（13）质押期满债务的清偿方式；
（14）当事人认为需要约定的其他事项；
（15）合同签订日期，签名盖章。

14.2.3.6 专利权质押担保的债权范围

专利权质押担保的债权范围包括以下几项：
（1）主债权即原债权，为质押设立时所担保的原本债权，除有特殊约定以外，一般应推定为债权的全部，其种类与数额是合同设立时应登记事项。
（2）利息，含法定孳息和迟延利息。无论法定利息还是约定利息，只要不违反国家有关禁止性规定，都应为质押所担保的范围。
（3）违约金，即当事人预定的违约赔偿金，除非违约金是专门为迟延履行约定，一般不得同时请求其继续履行合同或者赔偿损失，违约金的数额可以根据履行情况或实际损害大小进行适当地增减。
（4）损害赔偿金，损害赔偿不仅包括因债务不履行而产生的损害赔偿，而且包括由于质押专利权隐有瑕疵而产生的损害赔偿，如因专利技术瑕疵造成债权人的损害。

14.2.3.7 专利权质押消灭

专利质押消灭的原因主要有以下几种：

(1) 被担保债权的消灭。质权设立目的是为了实现债权,其有从属性,自然随主债权的消灭而消灭。债权消灭原因多种多样。主要有:①债权受到清偿;②债权与债务混同;③债务抵消;④债权债务变更;⑤主债权债务合同无效。当被担保债权消灭后,当事人应向专利局办理注销登记手续,质权消灭。

(2) 质押专利权被撤销或被宣告无效或其他原因丧失。在专利权质押期间,专利权被撤销或被宣告无效或其他原因丧失,质权标的物丧失,其权利质权也归于消灭,依《专利权质押合同登记管理暂行办法》第十七条之规定,此种情况发生后,当事人应在收到通知之日起七日内持专利权丧失凭证和原质押合同登记通知书,向专利局办理质押合同的登记注销手续。

(3) 质权人对质押专利权的返还或对专利权质权的抛弃。质押的根本特征是质权人对质物的持续占有,对质押专利权的返还或对专利权质权的抛弃当然致使质权消灭,但依我国担保法规定,专利权转移占有的公示方式是登记,因此仅为权利凭证(如专利权凭证)的返还和抛弃没有公示、公信力,返还或抛弃行为均须经注销方能产生法律效力。

(4) 专利质押期届满。出质人与质权人可以约定质押存续期限,质押期限届满,应向专利局申请办理注销手续,专利权质权消灭,当事人不办理注销手续的,质押期限届满15日内,质押合同登记自动注销,专利权质权也随之消灭。

(5) 提前解除质押合同。根据《专利权质押合同登记管理暂行办法》第16条规定,提前解除质押合同的,当事人应自解除质押合同的协议签字后七日内持解除协议和《专利权质押合同登记通知书》向中国专利局办理质押合同登记注销手续,专利权质权也消灭。

(6) 专利权质押的实现。专利权质押实现,质权人优先受偿其债权,质权也自然消灭。

14.2.4 专利权评估

14.2.4.1 专利权评估的考虑因素

专利评估复杂、专业,通常会考虑以下因素:

(1) 专利权属的完整性,即该专利人或委托人所拥有的专利权权属的完备程度。

(2) 法律的保护程度,即专利所处的状态以及权利要求的完整性。

(3) 专利所处的状态,即技术在专利申请中所处的状态是处于初审阶段还是实质性审查阶段或是获得专利证书阶段。

(4) 专利的类型,发明专利由于通过实质性审查,技术含量较高,申请的周期较长,授权后被宣告撤销的可能性较小,价值相对较高。

(5) 权利要求的完整性,即专利申请权利要求书所提出的需要保护的专利范围是否完整。

(6) 剩余使用年限,通常采取专利技术的经济寿命与法定使用年限比较的办法来确定剩余使用年限,使用年限越长其价值越大。

14.2.4.2 专利权评估的方法

专利的价值不仅仅取决于获得专利的成本,更取决于专利的使用价值。基于此,对于专利的评估方法以收益现值法为主,在特殊情况下也可以采用重制成本法。

收益现值法应用于专利权的评估,计算的目的是如何寻找、判断、选择和测算专利权评估中的各项技术指标和参数,即专利权的收益额、折现率和获利期限。首先,专利权的收益额是指直接由专利权带来的预期收益。对于收益额的测算,通常可以通过直接测算超额收益和通过利润分成率测算获得。据此,专利权可分为收入增长型专利和费用节约型专利。其次,应根据不同的类型测算其超额收益。采用利润分成率测算专利技术收益额,即以专利技术投资产生的总收益为基础,按一定的比例(利润分成率)分成确定专利技术的收益。利润分成率反映专利技术对整个利润额的贡献程度。最后,确定合理的、准确的利润分成率应是建立在对被评估专利技术进行切合实际的分析的基础之上的。

14.2.5 专利侵权与风险防范

14.2.5.1 专利侵权风险来源

此处权利侵权风险主要是指某项技术侵犯他人合法专利的行为,即行为人可能从事的侵犯他人专利的情形;换个角度来看,对专利所有人而言,就是需要防止他人侵犯专利的情形。从司法实践来看,专利侵权风险主要来源于以下情形:

1. 侵犯已公开的专利技术

一项新的发明创造完成之后,发明人或者相关主体一般都会提出专利申请。经过国家知识产权局依法审查符合专利条件的就会授予专利权,并通过专利公报等形式把专利技术方案和保护范围向社会公开。任何人未经专利权人许可,都不得以生产经营为目的制造、使用、进口、销售、许诺销售专利产品,使用专利方法,否则就要承担相应的法律责任。因此,如果行为人不关注专利公报,不及时检索相关技术领域的专利文献,或者在检索过程中出现遗漏,会面临着侵犯他人专利权的风险。

2. 侵犯他人尚未公开的专利技术

一项发明创造从提出专利申请之日到国家知识产权局授权公布之日,通常会有一段较长的时间,在此期间,专利申请技术处在国家知识产权局审批流程之中,他人不能通过专利检索知晓相关技术信息。但是,一旦该项技术通过专利申请,其保护期则从专利申请之日起。如此一来,实施他人尚未公开的专利技术也构成专利侵权,即使该技术是自己独立研发的技术,除非享有先用权。

3. 侵犯享有国外优先权的专利申请

《巴黎公约》和我国专利法都规定了国外优先权,即国外申请人向任一其他巴黎公约成员国提出专利申请后,发明专利申请在18个月内、实用新型和外观设计专利申请在12个月内,再向我国提出申请的,其申请日的确定以第一次在国外提出的申请日为准。因此,如果实施一项当时并没有在我国申请专利保护的技术有可能在日后出现侵权纠纷。

4. 在先专利和在后专利互相侵权

在他人专利基础上仍可以进行创新并申请新的专利,在先专利一般称为基础专利,在后专利称为从属专利。在后专利的实施要依赖于在先专利;在先专利的实施要受制于在后专利。在此情况下,权利人之间可以相互协商、交叉许可,否则都有侵权的风险。

5. 忽视专利的地域性和时间性

专利保护具有地域性和时间性,但各国对专利的保护期长短不一样,有的国家甚至允许某些领域的专利保护期可以申请"续展"。因此,把专利产品出口到不同的国家和地区,面临的风险不同,需要区别对待。

14.2.5.2 专利侵权风险防范

企业应建立完善的专利侵权风险预警机制,将侵权纠纷防范于未成形之时。

若他人已有专利技术对自身非常重要,要认真研究该专利的有效性和有效保护范围,并针对不同情况采取不同策略:

(1)可以签订专利许可合同获得合法授权;

(2)对该专利技术进行改进,获得一系列相关外围技术成果并申请专利获得法律保护,然后再以此为条件同基础专利权人友好协商,争取获得专利交叉许可。

首先,要建立可靠的权利基础。企业可以通过研发设计、生产经营等活动建立自身的权利基础,包括专利、专利申请、技术秘密、计算机软件、集成电路布图设计等,并利用自身合法权利抗辩侵权指控。

其次,对于自身已经已经完成的发明创造应及时申请专利;对于一些不容易被别人通过市场购买和反向工程的方法掌握的技术也可以采取商业秘密保护方式。

再次,要跟踪查阅专利文献,从而掌握本领域的最新技术动向,提升企业研发活动有效性,有效降低侵权风险。

第四,要保存先用权证据。根据《专利法》的规定,在专利申请日前已经制造相同产品、使用相同方法或者已经作好制造、使用的必要准备,并且仅在原有范围内继续制造、使用的,不属于侵权行为。企业这种合法权益被称为先用权,但是企业要确立自己的先用权地位,就要收集、保存、提出相关证据,如新技术立项文件、工程设计图纸、会议纪要、购买相关原材料设备的发票、生产计划等。

最后,必要时进行技术咨询。如果不能确定本企业即将实施的技术项目是否落入他人有效的专利保护范围,可以向法院认可或司法行政机构指定的咨询机构、司法鉴定机构提出咨询要求。这些专业咨询机构出具的咨询报告虽不具有法律约束力,但往往能成为判断是否侵权的重要证据。

14.2.6 企业职务发明风险管理

技术创新有两个基本要素:人的创造性和资金投入。其中,人的创造能力起决定性作用。随着技术竞争加剧,研究开发深度增加,研究开发投入规模也越来越大,需要有组织的研究开发才能完成。因此,职务发明在技术创新中的作用越来越大。企业要增强自身的核心竞争力,加强对职务发明的管理与风险防范是必由之路。

14.2.6.1 职务发明创造的侵权形式

根据我国《专利法》规定,侵犯专利权的行为有以下形式:未经专利权人同意,擅自制造他人专利产品;擅自使用、许诺销售、销售、进口他人专利产品和擅自使用他人专利方法;擅自使用、销售、进口根据他人专利方法直接获得的产品;以及假冒他人专利的行为。职务发明创造的侵权行为,除上述第三人、第三人与职务发明创造完成人共同侵犯专利权的一般形式外,因其自身的特点,其侵权形式还包括以下几种:

第一,职务发明创造,被个人作为非职务发明创造申请专利并获得专利权的;

第二,申请专利、获得专利权,以及实施、许可与转让专利时,单位侵害完成职务成果人应该享有的人身权和部分财产权的。

14.2.6.2 职务发明创造的情形与确认

职务发明创造是一项具有较高经济价值和社会价值的智力成果,是发明人创造性劳动的凝结。同时,职务发明创造依赖于本单位的物质支持和(或)技术支持,职务发明创造的发明人与单位间是一种行政隶属关系(即使是退休、退职或调动工作一年以内者)。

我国《专利法》第六条规定,"执行本单位的任务或者主要利用了本单位的物质技术条件所完成的发明创造为职务发明创造。"因此,下列情形属于职务发明创造。

表 14-1

执行本单位的任务所作出的发明创造	这种情形又分为三种情况: (1) 在本职工作中作出的发明创造,是否指单位的职工,在本职工作范围内承担单位工作任务所完成的发明创造。其判断标准可参照工作人员的职务内容或责任范围 (2) 履行本单位交付的本职工作之外的任务所作出的发明创造。第一种情况与这种情况是不同的,前者是工作人员任职期间,并在本职工作范围内完成的发明创造;后者是根据科研单位安排,工作人员承担的短期或临时性非本职工作,或者工作人员本职不是搞科研设计,但被派去临时从事科研工作而作出的发明创造 (3) 退职、退休或者调动工作一年内作出的,与其在原单位承担的本职工作或者分配的任务有关的发明创造。但作出的发明创造若与原工作单位承担的工作或任务毫无关系,则该发明创造不论何时完成,都不是职务发明创造
主要利用本单位的物质技术条件所完成的发明创造	该发明创造的完成人虽并不是在执行单位职务或任务,但在发明创造的过程中,主要利用了单位的物质技术条件,与单位的物质技术帮助密不可分。若离开单位的物质技术帮助,就不可能完成该发明创造。其中,物质技术条件是指本单位的资金、设备、零部件、原材料或者不向外公开的技术资料。利用物质技术条件的程度,以"主要"为限。"主要"应理解为发明创造的完成大部分或绝大部分是利用了单位的物质技术条件,如果仅利用了少部分或者仅用单位的技术资料作为辅助参考,或这种物质条件的利用对于发明创造的完成起不到决定性作用,就不应视为"主要"利用
利用本单位物质技术条件所完成的发明创造,单位与发明人或者设计人订有合同,约定申请专利的权利和专利权归属单位的	同时,也可以约定申请专利的权利和专利权归属发明创造人,由发明创造人向单位支付使用物质技术条件的费用。这种情形的意义在于既有利于发挥单位物质技术条件的优势,又尊重作出创造性劳动的人的意愿

综上可见,判断一项发明创造是职务发明创造还是非职务发明创造,既不能单纯以发明创造是否在工作时间内来划分,也不能仅仅根据本职工作来确定。这是由脑力劳动的特点所决定的。脑力劳动不同于体力劳动,不受时间和场所的限制,具有一定的连续性、创造性,简单地以工作时间和工作范围作为区分标准是不科学的。因此,判断一项发明创造是否是职务发明创造,应从职务发明创造的特征着眼,从该发明创造的课题立项来源、创造发明的条件及过程、责任承担等多方面综合判断。

14.2.6.3 职务发明风险防范措施

目前我国企业缺乏职务发明人的有效激励机制。尽管专利法规定职务发明人享有专利收入的分配权利,但因缺乏具体的操作办法,在实施中企事业单位往往强调职务发明归单位所有,缺乏对职务发明人应有的激励机制。就职务发明风险防范而言,可采取以下措施:

一是强化职务成果权利人的自我保护。职务成果的自我保护是职务成果权利人合法权益得到保护的最基本也是最有效的保护方式,应当进一步增强法律意识,丰富保护知识产权等权益的基本知识,加强职务成果权利人在内的维权能力。

二是充分运用现有法律制度保护本单位职务成果。企业应当充分运用现有的知识产权法律制度保护本单位职务成果。在侵权发生前,注意选择法律保护,把职务成果的保护同现有的专利权、著作权及商业秘密的保护结合起来。例如对职务技术成果的保护,单位在申请职务发明创造时,可以保留一部分作为技术秘密,这样一来,职务技术成果就可能既受专利法保护,又受反不正当竞争法保护,当订立合同许可或转让时,还受到合同法保护。当发生职务成果侵权时,权利人一经发现,应当积极主动地依法采取各种措施制止侵权的发生或继续,如申请禁止令、发律师函、向行政执法部门检举等,直至诉讼,挽回经济损失,保障自身权益。

三是通过订立人事、劳动合同,预防和避免一些职务成果纠纷的发生。企业和员工间可以在订立人事、劳动合同中,补充、完善一些职务成果归属的条款,事前确定双方在职务成果方面的权利与义务,尽可能地避免侵权纠纷的发生。

四是通过管理的规范化、制度化加强职务成果的防卫性保护。防卫性保护是指权利人采取一切合法有效的措施,将单位职务成果管理规范化、制度化,以预防他人发生侵权行为。例如,实行单位职务成果高级别、统一管理制度;所有科研从立项开始备案、跟踪建档制度;建立健全保密制度,特别是单位商业秘密,权利人无论从主题、计划的提出到实施研究等一系列过程,再到单位商业秘密的形成,都必须采取保密措施,以确保单位商业秘密的安全;建立健全职务成果所有有关合同订立审查、监督履行、终止备案制度,等等。

五是激励创造、保障权益,健全奖惩机制,建立职务成果的保护秩序。依据知识产权法律规定,结合单位性质,根据科研成果的实际情况,加大奖励力度,具体、明确和细化成果完成人的各项权利和义务,制定各类职务成果的奖惩制度。通过制度确定成果完成人的各项权利,通过制度激励员工的积极性和创造性,通过制度追究违章、侵权者的责任,建立一个良好的职务成果保护秩序。

六是强化职务成果的开发和利用,促进职务成果的良性循环。研发、管理和保护职务成果的全部意义在于发挥它的社会和经济价值。成果的束之高阁或得不到充分发挥,不仅是对人才、社会财富的极大浪费;而且因成果的投入得不到回报而失去下一步的动力和活力。同时,开发、利用职务成果,既可以发挥它的社会和经济价值,促进社会科学技术、文化的发展,还可以获得一定的经济效益,用于成果完成人的奖励、研究的再投入和职务成果的进一步开发,促进职务成果的良性循环。

14.3　企业商标管理与利用

14.3.1　商标使用的企业管理

所谓商标使用,是指将商标用于商品、商品包装或者容器以及商品交易文书上,或者将商标用于广告宣传、展览以及其他商业活动中,用于识别商品来源的行为。

(1) 使用注册商标,可以在商品、商品包装、说明书或者其他附着物上标明"注册商标"或者注册标记。注册标记包括㊟和®。使用注册标记,应当标注在商标的右上角或者右下角。

(2)《商标注册证》遗失或者破损的,应当向商标局提交补发《商标注册证》申请书。《商标注册证》遗失的,应当在《商标公告》上刊登遗失声明。破损的《商标注册证》,应当在提交补发申请时交回商标局。商标注册人需要商标局补发商标变更、转让、续展证明,出具商标注册证明,或者商标申请人需要商标局出具优先权证明文件的,应当向商标局提交相应申请书。符合要求的,商标局发给相应证明;不符合要求的,商标局不予办理,通知申请人并告知理由。伪造或者变造《商标注册证》或者其他商标证明文件的,依照刑法关于伪造、变造国家机关证件罪或者其他罪的规定,依法追究刑事责任。

(3) 许可他人使用其注册商标的,许可人应当在许可合同有效期内向商标局备案并报送备案材料。备案材料应当说明注册商标使用许可人、被许可人、许可期限、许可使用的商品或者服务范围等事项。

(4) 以注册商标专用权出质的,出质人与质权人应当签订书面质权合同,并共同向商标局提出质权登记申请,由商标局公告。

14.3.2　商标使用的国家管理

(1) 商标注册人在使用注册商标的过程中,不得自行改变注册商标、注册人名义、地址或者其他注册事项的。若存在上述情况,由地方工商行政管理部门责令限期改正;期满不改正的,由商标局撤销其注册商标。

(2) 注册商标成为其核定使用的商品的通用名称的,任何单位或者个人可以向商标局申请撤销该注册商标。提交申请时应当附送证据材料。商标局受理后应当通知商标注册人,限其自收到通知之日起2个月内答辩;期满未答辩的,不影响商标局作出决定。商标局应当自收到申请之日起九个月内做出决定。有特殊情况需要延长的,经国务院工商行政管理部门批准,可以延长三个月。

(3) 注册商标没有正当理由连续三年不使用的,任何单位或者个人可以向商标局申请撤销该注册商标。提交申请时应当说明有关情况。商标局受理后应当通知商标注册人,限其自收到通知之日起2个月内提交该商标在撤销申请提出前使用的证据材料或者说明不使用的正当理由;期满未提供使用的证据材料或者证据材料无效并没有正当理由的,由商标局撤销其注册商标。商标局应当自收到申请之日起九个月内做出决定。有特殊情况需要延长的,经国务院工商行政管理部门批准,可以延长三个月。提交申请时应当附送证据材料,包括商标注册人使用注册商标的证据材料和商标注册人许可他人使用注册商标的证据材料。以无正当理由连续3年不使用为由申请撤销注册商标的,应当自该注册商标注册公告之日起满3年后提出申请。下列情形属于《商标法》第四十九条规定的正当理由:①不可抗力;②政府政策性限制;③破产清算;④不可归责于商标注册人的正当事由。

（4）注册商标被撤销、被宣告无效或者期满不再续展的,自撤销、宣告无效或者注销之日起一年内,商标局对与该商标相同或者近似的商标注册申请,不予核准。

14.3.3 注册商标使用许可

注册商标的使用许可是指商标注册人通过签订合同许可他人使用其注册商标。这种确立商标使用关系的协议通常称为商标使用许可合同或商标使用许可证,由于合同的签订常常是有偿的,故商标使用许可亦属于国际上流行的许可证贸易的一种。

商标的使用许可同商标的转让不同,商标的转让将发生注册人的变更,相应的注册商标权利由一个主体转移到另一个主体。商标的使用许可并不发生商标主体的变更,注册人所出让的仅仅是商标的使用权,而自己仍保留所有权。从这个角度上讲,商标的使用许可类似于有形物的出租。对于许可人来说,商标使用许可不但可以收取商标使用费,更重要的是,可以扩大自己商标的知名度,可以借助他人的力量帮助自己去占领那些自己无暇顾及或不宜立即进入的市场。另外,大多数国家用商标法律都将被许可人对商标的使用视为许可人的使用,从而使注册人免除因商标不使用而导致撤销注册之忧。

许可人应当监督被许可人使用其注册商标的商品质量,被许可人应当保证其使用该注册商标的商品的质量,被许可人应当在被许可使用的商品上标明自己真实的名称和商品产地。注册商标使用许可应注意以下问题:

（1）慎重选择合作伙伴。重选择合作伙伴是商品质量控制的前提,应选择那些生产能力较好、经营管理水平较高且履约能力较强的企业作为被许可人。在授予许可使用权之前,许可人应对被许可人的法人资格、生产能力、管理水平、产品质量等进行考查、测试。达不到与自己产品相同质量标准的不能授予许可证。使用许可合同订立后,许可人应密切注视被许可人的生产销售情况,防止被许可人在产品质量、售后服务方面任何有损商标信誉的现象发生。

（2）当事人之间应签订商标使用许可合同,该合同既可以是专门为商标使用许可而订立的,也可以是技术引进合同或专利许可合同的一部分。双方应当约定:使用商标的期限,使用方式,使用费的计算及结算方式、使用该商标的商品质量控制等内容。

（3）许可人与被许可人应当在合同签订之日起3个月内,将合同副本各自交送其所在地县级工商行政管理机关存查;许可人与被许可人应当共同填写《商标使用许可合同备案表》,由许可人将该表连同合同副本以及该商标的注册证复印件一并送交商标局备案。商标局在备案的同时对其使用许可予以公告。需要指出的是,商标使用许可合同的备案是当事人的义务,必须予以履行。否则,工商行政管理机关将处以罚款,直至撤销该商标的注册。如果办理了备案,则可以对抗第三人。

（4）许可人与被许可人应共同保证使用人的商品质量,被许可人还应在其使用该商标的商品上标明被许可人的名称和商品产地。商标的产权价值在于它所享有的声誉,许可他人使用商标即意味着商标信誉寄附于被许可人的行为和其提供的商品之上。因此使用许可合同中的质量控制是一项极为重要的内容。在合同期限内,许可人有责任对被许可人的生产过程、工艺制作、产品检验和管理等方面实施必要的监督。当被许可人的产品达不到许可使用的注册商标的商品质量,许可人应采取果断措施以阻止情势进一步发展,必要时应断然终止合同,收回商标使用许可权。

(5) 尽心维护商标权。许可人有义务保证被许可使用的商标权的确定性和稳定性,维护被许可人的使用权。具体地说,许可人应保证合同项下的注册商标真实可靠,是经过商标主管机关审查核准予以注册的商品商标或服务商标,并且该商标仍处于法律保护的有效期限内。许可人不得在同一地区内和两个以上的企业签订独占许可使用合同,导致两个以上的被许可人的使用权发生冲突。在合同有效期间,许可人不应将该注册商标任意转让给第三人,如需转让必须向被许可人说明情况,取得被许可人同意或者与被许可人解除使用许可合同。许可人还应当采取有效措施维系其商标权利并承担所需费用,如及时办理。对于市场上出现的行为,如果是独占许可、排他许可,可由被许可人提起诉讼,许可人积极参加配合行动。如果是普通许可则由许可人起诉,但被许可人应将有关侵权的事实情况及证据及时告知许可人。

(6) 监督商标使用。对被许可人商标使用进行监督的内容包括:第一,许可使用的商标必须与注册商标一致。被许可人使用注册商标和商标权人自己使用一样,以核准的注册商标和核定使用的商品为限。不得超出核定使用的商品范围,不得任意修改注册商标的文字和图形。同时,被许可人还必须按照合同规定在许可使用的商品范围内进行使用。第二、被许可使用的商品上应标明被许可人的名称和商品产地。在商标许可使用实践中,一些被许可使用商标的企业不仅使用许可人的商标,还将许可人的厂名和商品的产地名一起使用。这种行为极易使消费者产生误解,还可能给许可人的企业形象和商业信誉带来不利影响。为了防止借商标许可使用而侵害商标权人及消费者正当权益的现象发生,规定经许可使用他人注册商标的,必须在使用该注册商标的商品上标明被许可人的名称和商品产地。作为许可人的商标权人也应当重视对被许可人商标使用的监督,防止不利于企业名声和商品信誉的事情发生。

14.3.4 注册商标转让

注册商标转让是商标注册人对其商标权的一种最重要的处分方式,是指商标注册人按照法律规定的程序,将其所有的商标专用权转移给他人所有的法律行为。注册商标转让与注册商标变更注册人名义不同,转让后注册商标的主体变更,原注册人不再是该商标注册的所有人;而变更注册人名义后,注册商标的主体仍是原注册人。商标注册人称为转让人,接受其注册商标的人称为受让人。

14.3.4.1 商标转让程序

商标转让属于法律行为,应遵循以下程序:

(1) 转让方和受让方签订商标转让合同。

(2) 转让双方共同向商标局提出转让申请,向商标局提交由双方签字或者盖章的转让申请书。向国家商标局提交《转让申请》(采用商标局固定格式并且由双方盖章签字)、转让人及受让人身份资料、转让协议(如果是以商标出资,则需要出资协议,商标价值评估报告等)需要委托他人办理的还需要提供委托书、资料为外文的需翻译成中文。

（3）商标局依法对转让申请进行审查。商标局受理后将进行审查,主要审查内容为:转让人是否商标权人,是否有权出让商标;转让商标是否合法有效,是否存在质押且未取得质押权人同意,是否存在许可使用的备案,是否存在法院或其他权力部门的查封等强制措施;是否符合"一并转让原则";是否存在不良影响;此外,转让方如果是企业的话,商标转让可能涉及国有资产的处理,还需要特别的审批手续。从目前商标转让审查时间来看,如果递交申请时,同时递交了经公证的《商标转让申请》或《商标转让协议》,商标局约在6个月左右的时间核准商标转让,并下发《核准商标转让证明》。如果递交之时,未能提交上述经公证的材料,有可以下发补正,核准转让时间相应延长,约在8~12个月左右。商标局在收到撤回商标转让申请后,经审定认为可以撤回申请的,书面通知申请人对撤回意愿予以确认,经转让人、受让人确认撤回的,商标局对转让申请不予核准。商标转让人、受让人未对撤回意愿予以确认的,商标局将按正常工作程序继续对转让申请进行审查。

（4）交纳转让申请费和转让注册费。转让注册商标的申请,由地方工商行政管理部门审查后,报送商标局审定,核准后刊登于《商标公告》,并将原《商标注册证》加注发给受让人,转让即告完成。

14.3.4.2 商标转让所需材料

根据我国《商标法》及其相关法律的规定,商标转让所需文件和材料如下:

（1）转让人主体资格证明复印件;

（2）注册商标申请书;

（3）受让人主体资格证明复印件;

（4）办理转让的商标的受理通知书或注册证复印件;

（5）授权委托书;

（6）特殊证明材料:①转让人用于药品、医用营养食品、医用营养饮料和婴儿食品的注册商标在转让时,受让人需提供卫生行政管理部门的证明文件,即《药品生产企业许可证》或《药品经营企业许可证》,还未取得以上两证的,提供卫生行政部门出具的同意成立药品生产或经营企业的批复文件;转让人用于消毒剂商标的,受让人需提供卫生防疫部门的证明。②转让卷烟、雪茄烟和有包装的烟丝的商标的,受让人需提供国家烟草主管部门批准生产的证明文件。大陆地区以外的申请人不需要此类文件。③企业因合并、分离或兼并因故未及时办理转让手续且章戳已作废的,可不盖转让人章戳,但必须提供转让人主管部门的有效证明文件或当地工商行政管理部门的证明文件。

如果委托商标代理机构代为办理商标转让,则在递交上述文件时,还需向商标局提供受让人签字或盖章的授权委托书。受让人为域外公司的,则授权书上由公司负责人签字;受让人为中国境内企业的,授权书上应盖有公章。大陆以外地区的受让人要在中国申请商标转让的,必须委托商标代理机构进行。

此外,商标转让申请书和商标转让授权委托书均为商标局所提供的格式文本,申请人必须严格按照格式文本签字或盖章,不能对其格式进行调整。商标转让当事人一方若为境外企业在提交主体资格证明时应附带该主体资格证明的中文翻译。境内企业需提交营业执照副本复印件。

14.3.4.3 商标转让手续注意事项

商标转让后,商标专用权即发生转移,所以,转让商标一定要慎重。转让注册商标应注意以下问题：

（1）转让注册商标的，转让人和受让人应当签订转让协议，并共同向商标局提出申请。受让人应当保证使用该注册商标的商品质量。转让注册商标经核准后，予以公告。受让人自公告之日起享有商标专用权。

（2）转让注册商标的，转让人和受让人应当向商标局提交转让注册商标申请书。转让注册商标申请手续由受让人办理。商标局核准转让注册商标申请后，发给受让人相应证明，并予以公告。

（3）转让注册商标的，商标注册人对其在同一种或者类似商品上注册的相同或者近似的商标，应当一并转让。联合商标、防御商标必须一并转让。未一并转让的，由商标局通知其限期改正；期满不改正的，视为放弃转让该注册商标的申请，商标局应当书面通知申请人。对可能产生误认、混淆或者其他不良影响的转让注册商标申请，商标局不予核准，书面通知申请人并说明理由。

（4）已许可他人使用的商标，除非必须征得被许可人的同意，不得随意转让。共有商标不得单独决定转让。

14.3.4.4　商标转让转让方注意事项

（1）转让方名下的所有商标，有商标是近似或相同的应一并转让。这点也该是受让方注意的重点。如需要转让的商标有与转让方的其他商标近似或相同应一并转让，如不同时办理转让会把所需要办理的商标视为放弃转让申请。这个注意事项需要事先就了解清楚，在以后的商标转让申请中避免出现类似的麻烦。

（2）转让商标是否为有效商标。在办理商标转让申请前，应了解清楚此商标目前是否在有效期内，是否有被撤销或是注销等情况。只有有效的商标才具有商标专用权，才能办理转让等手续。

（3）商标的地址及企业名称未变更导致驳回。如转让方的营业执照及地址有所变更，应同时把商标注册证上的地址及企业名称办理变更手续，如未办理会导致商标转让申请被驳回。

（4）转让商标是否有被法院查封或办理了质押登记，这一点受让方也应得到重视。被人民法院查封的商标以及办理了质押登记的商标，在查封期和质押期内，未经人民法院和质权人的同意，该商标不得转让。

14.3.4.5　商标转让受让方注意事项

（1）转让人应为转让商标的合法权利人。办理商标转让申请前，可以了解下此商标在办理转让申请前是否还有被转让给他人。转让人是否为商标注册人，转让人名称与商标局档案记录的申请人名义是否相符。

（2）转让商标的许可情况。受让方首先要了解清楚转让方是否在转让商标之前有无许可其他公司使用此商标。因为根据现行法规，发生在后的商标转让合同不能影响在先的许可合同的效力。被许可人在许可合同有效期内仍可以继续使用该商标，从而对转让商标的受让人产生不利影响。

（3）转让协议内的权责分明。在签订转让协议的时候就规定了双方的权利及义务等要遵守的相关规定都应一一罗列出来。规避将来在半年的转让期间出现的种种问题。

14.3.4.6 商标转让合同内容

由于商标转让涉及双方当事人之间许多具体而复杂的权利与义务,因此应依据《民法通则》和《合同法》的有关规定,遵循诚实信用原则采取书面形式签订商标转让合同,双方共同保存,有据可查,在发生纠纷时有利于当事人主张权利,便于国家商标局或商标评审委员会或法院依法裁决。合同的内容主要有以下:

(1) 转让双方的名称、主体资格证明、地址、联络方式等;
(2) 被转让商标的详细资料;
(3) 商标的转让价格和付款方式;
(4) 商标转让人的权利与义务;
(5) 商标受让人的权利与义务;
(6) 合同的解除;
(7) 纠纷的处理方式;
(8) 其他约定事宜;
(9) 双方签字盖章。

14.3.5 商标评估

14.3.5.1 商标评估的情形

在以下情况时对商标进行评估:
(1) 转让商标时;
(2) 以商标权作为投资时;
(3) 企业变卖或分家时;
(4) 企业合资时;
(5) 企业破产审计时;
(6) 其他依法需要计算商标价值时。

14.3.5.2 商标评估的原则

商标评估需遵循以下原则:
(1) 一致性原则。即商标评估提供的信息与商标业务所需要的信息是一致。
(2) 客观性原则。指评估事实是有充分依据的,作出必不可少的假设是与事实相一致的,不得与事实有冲突并被证伪。
(3) 合理性原则。商标评估中的主观活动必须体现事物的内在联系的逻辑,符合商标业务的客观需要。
(4) 重要性原则。要求商标评估对价格计量和评估精度均发生作用。

14.3.6 不规范使用商标表现及后果

14.3.6.1 不规范使用商标情形

注册商标的使用规范包括:一是商标使用的主体须合法;二是使用的商标须合法;三是使用商标的商品或服务项目名称、范围须合法。缺少任何一个要件,都构成商标不规范使用行为。相应地,注册商标使用不规范的情形主要有:

(1) 使用商标的主体不合法。主要表现有：

①企业进行分立、合并、转制或更名等形态变化时，商标权主体已经相应发生变化，但没有办理商标转让或更名的行为；

②企业形态没有发生变化，但自行改变了商标注册人的名义的行为；

③自行将注册商标转让给他人 并以他人名义进行使用的行为；

④商标许可使用不当的行为。

(2) 使用的商标不合法。主要表现有：

①自行改变注册商标的文字、图形、颜色或其组合但仍然加注注册商标标记的行为；

②商标注册有效期满，原注册人没有申请续展仍然继续使用并加注注册商标标记的行为；

③广告宣传中商标使用不当；

④纯视觉意义的注册商标在实际使用中混淆纯听觉的意义注册商标的行为，或者纯听觉意义的注册商标在实际使用中混淆纯视觉意义的注册商标并造成消费者误认的行为；

⑤组合商标使用不规范的行为。

(3) 使用商标的商品或服务不合法。主要表现有：

①超出核定使用的商品或服务范围使用其注册商标并仍然加注注册商标标记的行为；

②服务商标使用不当的行为；

③擅自改变核定使用的商品或服务项目名称，或者实际使用的商品名称模糊、概念含混；

④共存商标使用不当行为；

⑤反向假冒行为。

另外，需要注意的是，未注册商标的使用也必须合法，既不得违反商标法规定的禁用条款，也不得使用与注册商标近似的商标，否则构成不规范使用行为。

14.3.6.2 不规范使用商标的法律后果

1. 实际使用的商标和注册商标不一致的后果

商标注册人实际使用的商标如果与核准注册的商标不一致，可能导致自身的商标专用权得不到有效保护，同时还可能带来其他后果：

一是构成自行改变注册商标的文字、图形或其组合的违法行为；

二是在自行改变的商标与核准注册的商标有明显区别，同时又标明注册标记的情况下，构成冒充注册商标的违法行为；

三是若改变后的商标同他人的注册商标近似，会构成侵犯他人商标专用权的行为；

四是因连续三年不使用，导致注册商标被撤销。

2. 注册商标登记商品与实际使用商品不一致的后果

商标注册人实际使用的商标如果与核准注册的商标不一致，可能导致自身的商标专用权得不到有效保护，同时还可能带来其他后果：

商标注册人实际使用的商品如果与核定使用的商品不一致，有可能带来三种后果：

一是超出核定商品范围使用注册商标，构成冒充注册商标的违法行为；

二是因连续三年未在核定的商品上使用，导致注册商标被撤销；

三是因超出核定商品范围（与核定使用的商品类似的除外）使用注册商标，构成侵犯他人商标专用权的行为。

14.3.7 企业商标被抢注风险管理

商标作为产品和服务的标识,是企业至为重要的无形资产。商标抢注行为既损害了真正权利人的合法权益,也破坏了市场经济中应当遵循的诚实信用、公平竞争的原则,危害巨大。企业应当尽早部署防御计划,防范商标抢注,对于已经发生的商标抢注行为,要及时有效地予以制止和打击,维护企业的合法利益。

14.3.7.1 商标抢注的表现

"商标抢注"一词的含义经历了两个展阶段。在第一阶段,商标抢注的对象基本上限于未注册商标;在现阶段,商标抢注进一步扩展,主要表现为将他人已为公众熟知的商标或驰名商标在非类似商品或服务上申请注册的行为。另外,将他人的创新设计、外观设计专利、企业名称和字号、著作权等其他在先权利作为商标申请注册的行为,也应视为商标抢注。

14.3.7.2 认识商标抢注行为的本质属性

不正当性是商标抢注行为的本质属性,即将他人受到消费者欢迎的、已经在市场上建立了一定知名度的商标抢先注册是一种恶意的不正当竞争行为,无论在道德上还是在法律上均应受到否定的评价。

14.3.7.3 把握商标抢注的构成要件

从主观方面来看,实施商标抢注的当事人在主观上都具有恶意,即明知或应知他人在先创意、使用商标的情况而抢先向国家工商总局商标局申请注册。一般认为,如果商标注册人与商标权利人曾经进行过有关商标商品的购销活动或者其他与该商标有联系的商业往来,可以认定商标注册人主观上为"明知";如果权利人的商标具有较强的显著性,并且(或者)在相关区域、相关行业内具有一定的知名度,如果商标注册人与商标权利人处于同一或邻近地域,并且(或者)为同行业经营者,在上述情形下,可以推定商标注册人主观上为"应知"。

从客观方面来看,被抢注的对象是他人在先使用并有一定影响的商标。这里所称的"他人在先使用并有一定影响的商标",主要是指未注册商标,既包括在所有的商品和服务类别上均未注册的商标,也包括在某些商品或服务类别上已经注册、但在其他商品或服务项目上未注册的商标。所谓有一定影响,是指真正权利人的商标在相关地域、相关行业内具有一定的知名度,为相关公众所知晓并享有一定的声誉。

14.3.7.4 运用商标抢注防范措施

首先,要强化商标先行意识。企业应当秉承"自愿注册原则"和"申请在先原则",企业应对已经在他国或其他地区进行交易的商标及时"补过"、尽快注册,对即将打入他国或其他地区市场的商标提前、及时注册。

其次,要适当构筑防御性注册。根据"一类商品一件商标一份申请"原则,具有一定知名度的商标可在与该商标类似或非类似商品类别上分别进行防御注册,以免受职业商标炒家的侵害。

再次,要加强国际市场的监测。企业应密切关注国家工商总局颁布的《商标公告》,如发现相同或近似商标,及时向国家工商总局提出异议;应委托商标代理组织进行市场追踪监测,及时反馈侵权信息。另外,企业一旦发现商标在他国或其他地区遭抢注,也要利用法律手段尽力进行抢救,例如,可根据《保护工业产权巴黎公约》和《与贸易有关的知识产权协议》的有关规定,通过诉讼等司法程序争取属于自己的商标。

第四,及时就初审公告的商标向商标局提出异议。根据我国《商标法》第三十条的规定:"对初审公告的商标,自公告之日起3个月内,任何人均可以提出异议。"权利人认为自己的商标被他人恶意抢先申请注册的,如果在该商标初步审定公告期内及时发现,可以向商标局提出异议,请求商标局不予核准注册。

第五,就已经注册的商标向商标评审委员会提出异议。根据我国《商标法》第四十一条的规定,权利人认为自己的商标被他人恶意抢先注册的,可以自该商标注册之日起5年内,向商标评审委员会申请撤销。当事人在向商标局或商标评审委员会申请异议或争议、主张权利时,应当结合上面所分析的商标抢注行为的构成要件来陈述理由、提供相应的证据。这些证据应侧重于两个方面:一方面是商标注册人在主观上具有恶意的证据,例如双方当事人之间与争议商标有关的商品购销合同、往来函电,商标注册人向权利人索要不合理的高额"商标转让费"的书面证据;另一方面是权利人在先使用、宣传争议商标的证据,例如权利人与商标设计、商标标识印刷单位之间的委托合同及相应单据,有关商标的广告制作、发布合同,刊登商标广告的报纸、杂志,有关商标商品的购销合同及发票等。需要注意的是,当事人在向商标局或商标评审委员会提交申请书件时,应当符合规定的要求。

14.3.8　预防侵犯他人商标权

(1) 企业的主要负责人和商标工作者,包括标识及包装的设计人员,应当熟悉商标法律并能灵活地运用。

(2) 不使用未注册商标。要么不使用商标,要么使用注册了的商标。申报了注册但未经商标局核准注册,只是受理了,也最好不要提前使用,因为该商标的专用权是不确定的。为避免注册时间长和急需使用的矛盾,建议企业申报注册要有超前意识,在产品开发研究之初就申报。

(3) 不对产品起别名。如需要区分自己同一类型的新老产品,可以给新产品起一个新的名称,但必须作为商标申报注册。

(4) 依法正确使用注册商标,不改变注册商标的图样。如确需改变,则将改变后的图案申报注册。

(5) 设计商标标识和产品包装时,尽量突出注册商标图形,少一点装潢图案。最好是在申报商标注册时,就考虑标识和包装设计的要求,或者先设计出产品标识和包装,然后将其能够作商标注册的部分提出来申报注册。另外要留意同行业同类产品的标识和包装,不要仿照他人的设计风格,要有自己独特的设计思路和风格。

14.3.9　防范他人商标侵权

商标注册后,注册人享有专用权。保护商标专用权,不仅仅是行政执法部门的职责,更是企业的重要工作。防止他人侵犯、危害自己的注册商标专用权,就是一个重要的方面。除了要注意前面所说的商标使用方面的问题外,还要注意和做好以下几方面的工作:

(1) 认真关注商标注册情况,注意查阅《商标公告》,发现他人申请注册的商标与自己的商标相同或近似,应提出异议或争议。我国《商标法》第三十条规定,对初步审定的商标,自公告之日起三个月内,任何人均可提出异议。《商标法》第四十五条第二款规定,对注册不当商标或者对已经注册的商标有争议的,可以自该商标核准注册之日起五年内,向商标评审委员会申请裁定。

(2) 经常进行市场调查,要求各地推销商及分公司注意市场上同类产品企业的标识包装,发现侵权嫌疑时,要及时加以制止,直至向工商行政管理机关投诉或向法院起诉。

(3) 加强商标标识的管理。工商部门查处的假冒商标案子,有不少与注册人对商标标识、包装物的管理不善有关。有些注册人保管不善,造成标识物被盗、流失;有些是对废次标识物(包括印制过程中和使用过程中出现的废次标识物)未进行有效的销毁,甚至卖给收废品的;有些是未对标识物印刷厂、纸箱厂等进行严格审查,这些标识物加工厂违背法律、合同和良心,加印数量转卖给他人;等等。还有一种情况就是产品经消费者消费后,产品包装等标识物可能仍完好无缺,此时一些不法之徒就会高价回收这些标识物,用以制造假冒产品。对付这种情况的最好办法就是设计出产品经消费者消费后标识物即遭破坏的标识物,或者将商标直接标在商品上。

(4) 注册防御商标和联合商标。防御商标是指驰名商标所有者,为了防止他人在不同类别的商品上使用其商标,而在非类似商品上将其商标分别注册,这种在非类似商品上注册的商标便是防御商标。我国《商标法》对此无明确规定。企业可以按一般商标分别在非类似商品上注册,以防止他人利用自己知名商标的声誉。按照国际上的惯例,此种商标一般难以注册,但一经注册,则不因闲置不用而被国家商标主管机关撤销。我国因无法律上的明确规定,企业只能按一般商标分别注册,注册后必须使用,即不得连续三年停止使用。但我国商标法对此种商标使用,规定的范围很宽,包括用于商品、商品包装或者容器以及交易文书上,也包括用于广告宣传、展览以及其他业务活动。因此,企业只要在三年内使用一次,或做一次广告,即可排除"连续三年停止使用"的障碍。

14.3.10 企业驰名商标风险管理

"驰名商标"是指在一国内相当大的区域内公众所熟知,具有极高商品或服务质量信誉和品牌影响力的商标。基于驰名商标的特殊意义,法律对驰名商标进行了扩大保护,即权利保护范围可以扩展至不相同或者类似商品或服务,所以,如果能够及时取得驰名商标认定将有利于驰名商标获得及时和最大限度的法律保护。在驰名商标认定和保护过程中,同样存在着一定法律风险。

14.3.10.1 熟悉驰名商标认定原则

我国认定驰名商标遵循"个案认定"和"被动认定"的原则。所谓"个案认定",即在审理商标纠纷案件的过程中认定;所谓"被动认定",即当事人要提出驰名商标认定的申请,当事人未提出请求的,国家机关不能主动认定或依职权认定。

14.3.10.2 把握驰名商标认定条件

驰名商标的取得需要符合严格的条件,根据法律规定,认定驰名商标应当考虑下列因素:(1) 相关公众对该商标的知晓程度;(2) 该商标使用的持续时间;(3) 商标的任何宣传工作的持续时间、程度和地理范围;(4) 该商标作为驰名商标受保护的记录;(5) 该商标驰名的其他因素。根据相关法规规定,证明该商标驰名的其他证据材料,包括使用该商标的主要商品近三年的产量、销售量、销售收入、利税、销售区域等有关材料。

14.3.10.3　了解驰名商标认定方式

企业需要申请认定驰名商标的,根据《驰名商标认定和保护规定》,申请驰名商标的途径有四种:(1)提出商标异议申请的同时,请求国家工商总局商标局予以认定;(2)提出商标争议申请的同时,请求商标评审委员予以认定;(3)根据国家驰名商标司法保护机制各项规定,由司法机关认定为驰名商标;(4)在商标管理案件中由当地工商局层层上报至商标总局加以认定。前述第(1)(2)种途径,由于法律没有明确规定审查时限,异议案件至少需要3年以上,争议案件更长达4年,甚至5年以上。第(3)种方式为司法认定方式,司法认定驰名商标一般为六至九个月,在上述程序中为时间最短的,而现有法律、法规对于司法认定的驰名商标又是加以认可并大力推广的,而第(4)种方式在实践中基本上很少采用。

14.3.10.4　及时对驰名商标进行商标注册

对一般的商标来说,注册的才享有专用权,但是驰名商标是例外的。在相同或者类似商品或服务中申请注册的商标,是复制、仿制或翻译他人未在中国注册的驰名商标,容易导致公众混淆的,不予注册并禁止使用,驰名商标的权利人有权提出异议,阻止其注册和使用。对已注册的驰名商标,权利保护范围可以扩展至不相同或者不相类似商品或服务。法律规定,就不相同或者不相类似商品或服务申请注册的商标是复制、仿制或翻译他人已在中国注册的驰名商标,误导公众,致使驰名商标注册人的利益可能受到损害的,不予注册并禁止使用。但这并不意味着商标取得驰名商标认定后不需要注册,相反,为了避免商标纠纷,建议要及时进行驰名商标注册。在驰名商标注册申请方面,可以不适用申请在先原则即使他人首先申请,也会被认定为以不正当手段抢先注册的侵权行为;也可以不适用显著性要求原则,即直接叙述商品内在特点的标记不得注册的规定不适用于驰名商标。

14.3.10.5　防范他人将驰名商标作为商号进行登记

法律禁止将他人驰名商标作为企业名称登记,以免欺骗公众或者造成公众误解。因此,企业可以考虑将驰名商标注册为企业名称,同时法律禁止将他人驰名商标作为名称登记,已经登记的,可申请予以撤销。

14.3.10.6　防范他人将驰名商标作为商品名称或装潢使用

以任何方式将与驰名商标相同或者近似的文字、图形作为商品名称或装潢使用,这属于不正当竞争行为,对驰名商标所有人的权益将会造成严重损害,因而被法律所禁止。

14.3.10.7　防范他人将驰名商标作为网络域名使用

法律在互联网上对驰名商标给予高于一般商标的特殊保护,法律禁止为商业目的恶意将他人"驰名商标"注册为网络域名使用。但要符合以下条件:一是域名注册人对该域名或其主要部分不享有权益,也无注册、使用该域名的正当理由。二是注册人主观上具有恶意,即注册后自己并不使用也未准备使用,而且有意阻止权利人注册该域名的,为不正当的商业目的而申请注册。三是侵权的注册行为主要包括域名或者主要部分构成对驰名商标的复制、摹仿、翻译或音译。

14.3.10.8　采取有效措施防范驰名商标侵权

首先,从企业内部着手建立完善的商标管理制度,针对驰名商标产品、服务进行严格的内部监管,对出厂成品、进厂原材料等进行严格的把关。其次,慎重进行驰名商标授权许可使用行为,设计完善的驰名商标许可使用合同条款,对授权使用驰名商标一方应当保证产品、服务质量等至关重要的环节进行有把握性的监管,如设定严格的违约责任、损害赔偿责任等合同条款。最后,在出现侵权事件时应当主动联系相关工商执法部门,进行驰名商标维权处理,并同时注意采用及时有效的方式固定、搜集证据,做好通关司法途径进行相关损害索赔的准备。

【思考】如何申请撤销连续停用三年的商标?

商标局根据商标注册人违反商标管理法规的行为或商标评审委员会根据争议商标与他人注册在先的商标构成相似的事实,依法撤销该注册商标的法律制度。

在中国,商标撤销包括三种情况:(1)违反商标法而被撤销。(2)争议撤销。根据中国《商标法》,如数个当事人所争议的商标确属相同或类似,由商标评审委员会裁定撤销后注册当事人的商标,维护先注册当事人的商标专有权。(3)三年不使用撤销。根据《商标法》的规定,对于申请注册的商标超过三年不使用,任何第三人都可以对该商标提出无效撤销申请。

申请人办理撤销连续三年停止使用注册商标申请,应向国家商标总局提交以下书件:(1)撤销连续三年停止使用注册商标申请书(应注明撤销理由);(2)直接到商标注册大厅办理的,提交申请人的营业执照副本复印件(同时出示营业执照副本原件),或提交加盖申请人印章的营业执照副本复印件。委托商标代理机构办理的,提交申请人的营业执照副本的复印件;(3)直接到商标注册大厅办理的,提交经办人的身份证复印件;委托商标代理机构办理的,提交商标代理委托书。

14.4 企业商业秘密管理与利用

14.4.1 商业秘密泄露的途径

商业秘密泄露的途径主要包括企业内部管理过程中和外部交往活动中的泄露。主要表现为以下几个方面:

1. 研发阶段泄露商业秘密

在技术开发阶段,对技术情报、资料、试验数据,设计方案,技术程序、电子文档,开发计划和进度等信息缺少保护,尤其是对核心技术员工掌握的技术数据和成果缺少有效监控,以至于把整个技术的研制过程、主要理论依据、主要技术参数等技术信息不经意地公开了。

2. 申请专利权过程中泄露商业秘密

专利申请的过程中需要公开技术秘密,如果企业保密意识不强,就有可能将全部技术秘密或核心技术成果通过法定的公布程序公开,此时若他人通过专利申请检索获取关键信息进行摹仿或利用,在专利申请尚未取得前将同类产品投放市场,必然会产生重大法律风险。因此,专利申请信息公开范围的大小、是否涉及核心技术秘密、是否容易被摹仿等,都应是企业在申请专利的过程中必须考虑的问题。

3. 技术宣传中泄露商业秘密

对新开发的技术进行说明和描述属于向公众披露,等于放弃或损害了企业获得商业秘密保护的权利,广告、商贸展览等信息发布行为也会降低秘密性。

4. 商业合作中泄露商业秘密

商业合作时最容易泄露商业秘密,主要泄密途径有:

一是国内外合作伙伴考察、参观过程中商业秘密泄露的法律风险,如企业自身经验介绍、接待来访时轻易将信息透露给别人。

二是缔约前商业秘密泄露的法律风险,如企业在与合作对象商谈合作时,为了证明自己技术的存在及价值,而必然向合作对象披露全部或部分技术信息或商业信息,若在商谈前签订保密协议,则极易可能造成商业秘密泄露。

三是缔约后商业秘密泄露的法律风险,如商业合同中保密条款不完备,致使合同相对方成为泄露商业秘密的危险源。

四是员工流动中泄露商业秘密。核心员工跳槽带走技术秘密和客户资源将对高新技术企业带来难以估量的损失。承担企业研发任务、掌握关键技术秘密的专业技术人员是企业核心技术员工,若为针对企业核心员工签订竞业限制条款,极易造成核心技术员工通过跳槽泄露原企业的商业秘密。

14.4.2　商业秘密泄露的原因

企业泄露商业秘密的原因可以分为内部原因和外部原因两类:

从内部原因来看主要包括:(1)对商业秘密认识不足,表现在对何为商业秘密、商业秘密的范围和认定等方面认识模糊,以为企业无秘密或者企业到处都是商业秘密,或者将已经处于公知领域的、事实上无秘密可言的信息当作自己的商业秘密加以保护。(2)保密制度不健全,没有完善的企业商业秘密管理机构和规章管理制度,缺乏企业保密监督、约束机制。(3)在职涉密人员泄密,即人才流动时带着经营策略、管理诀窍、货源情报、客户名单等技术信息和经营信息跳槽,甚至作为另谋高就的资本和条件。尤其是当企业商业秘密过于集中时,个别员工或几个员工就可以掌握企业整套能够投放市场的商业秘密,一旦员工离职则导致商业秘密泄露甚至可以带走公司的一个完整技术。(4)离职、退休员工泄密。

从外部来看主要包括:(1)业务往来中客户泄密,即客户获得的产品、材料、生产设备或工艺的某些机密有意或无意地泄露;(2)企业在对外交流中失密,即企业在接待外来人员采访、参观、考察中不经意间导致商业秘密失密;技术著述的发表或广告、展览中商业秘密失密;(3)被商业(竞争)情报人员或工(商)业间谍获得,其既可以采用合法的手段进行,如收集分析竞争对手的办公室遗弃物、工业垃圾等;也可以采用非法的手段获得,如窃听电话、派人进入竞争对手的公司任职等。

14.4.3　防范商业秘密泄密对内措施

在激烈的市场竞争中,商业秘密是重要的竞争武器。在市场竞争中想打败竞争对手,企业要防患于未然,制定周密的保护方案和措施。只有采取严格的防范措施,使商业秘密在尽可能长的时间内处于"秘密"状态,才能最大限度地保护权利人的利益,对此企业应努力做到以下几点:

(1)企业领导与员工对商业秘密要有深刻的认识。我国《反不正当竞争法》第十条第三款规定:"商业秘密是不为大众所知悉,能为权利人带来经济利益,具有实用性并经权利人采取保密措施的技术信息和经营信息。"这些信息具有秘密性、价值性、实用性和管理性。技术信息主要包括:制造技术、设计方法、生产方案、产品配方、研究手段、技术规范、工艺流程、质量控制与管理等。经营信息主要包括:发展规划、管理方法、客户名单、营销策略、财务状况、供销情报、标书标底、竞争方案、投资计划等。

(2) 建立健全适合本企业实际的商业秘密管理机构和规章管理制度。①建立商业秘密管理机构。企业要成立一个专门的商业秘密管理机构——商业秘密保护委员会,负责制定企业商业秘密保护制度,商业秘密的认定,确定和修改商业秘密范围,保护措施的开发与实施。②制定严格的规章管理制度。企业要建立各类资料的存放制度、建立商业秘密保护制度、设置商业秘密保护职能部门及区域,明确确定商业秘密申报与审查、建立载有商业秘密的文档及电子文档的管理制度、内部员工管理制度、员工保密协议、竞业禁止协议、离职协议、商业秘密的管理者产生及责任制度、企业内部处罚规定等。建立公司保密制度,并把公司的保密制度写入《员工手册》,在员工进入公司时就向其灌输保密观念,了解公司保护商业秘密的职责,了解公司各类信息资料的保密等级,让员工在平时的工作中防止无意泄密,如在商务谈判中。对涉密员工,不仅在选聘时要从其工作经历、财务状况、性格及嗜好等进行多方面的考查,还要在聘用期间跟踪考核。在该准雇员进入企业后对其讲明保密责任及违约的后果,对已雇人员给予充分信任,提供优厚的待遇。但一旦发生问题,就应及时处理,不再给予信任,且给予相当严厉的惩罚。

(3) 加强对涉密员工的管理。①对涉密人员加强保密素质教育。首先,企业领导层要加强对商业秘密的相关法律、法规、规章的学习,保守本企业的商业秘密。其次,要对员工进行保密意识、保密知识、保密技能等方面的教育。②签订合理性保密协议、加强对涉密人员兼职的管理。签订保密协议需要注意以下几个方面:第一,对本企业哪些属于商业秘密要有明确的规定。第二,对保密期限和保密津贴要有明确的约定。第三,是关于违约责任的问题。根据权利和义务对等原则,在员工工资中,特别是在涉密员工的工资中保密津贴。一旦有员工发生窃(泄)密事件,就应依法追究其法律责任、赔偿经济损失、追索其每月所得的保密津贴费。企业保护商业秘密既是全员的,又有重点人员,公司应该与这部分直接涉密人员订立商业秘密守密协议,按劳动法规定,把脱密期、竞业限制期等条款直接写入保密协议,依法明确双方的权利和义务。③与高管人员签订适用性强的竞业禁止协议。竞业禁止又称竞业避让、不竞争义务,是指禁止从事竞争性行为,即规定掌握单位商业秘密的职工在任职期间或离职后的一定时期内,不得到生产同类产品或经营同类业务且有竞争关系的其他用人单位任职,也不得自己生产与原单位有竞争关系的同类产品或经营同类业务。④对离、退休员工也需加强管理。

(4) 加强对商业秘密本身的管理。企业要规定出商业秘密的具体内容,确定秘密等级,明确接触人员范围,制定严格的借阅办法,减少泄密的可能。在技术转让或合作时,也要讲明商业秘密的内容,并约定保密义务和违约责任。信息是商业秘密的物质载体。对储存资料、电脑盘片建立管理制度,专人保管资料,借用、复制必须登记批准。重要资料的借用、复制必须经总经理批准;对公司内部的电脑设立分级操作口令,对上网电脑严格控制,防止信息通过互联网传输失窃。

(5) 加强保密区域的管理。建立内部监控设施、防盗系统,不让无关人员随便进出保密区域,如技术部、产品开发部、资料室等高度涉密区域。在公司内部严禁串岗游岗,把涉密人员控制在一定范围内。

14.4.4　防范商业秘密泄密对外措施

（1）对业务往来客户的管理。如原材料供应、产品销售、加工承揽、设备维修、成果鉴定、提供保险服务而知悉该企业商业秘密的客户，企业需加强管理。必要时企业可要求与可能得知商业秘密的第三人签订适当的保密协议，写明保密条款，要求对方保证不泄漏履行合同时掌握的企业商业秘密，否则将承担违约和赔偿责任。

（2）加强对外交流中的商业秘密管理。①控制外来人员参观、考察，防止商业秘密失密。对外来人员除了应登记及佩戴出入识别证外，通常要由被访者亲自将来访者带入公司，不允许来访者任意自由走动；接待部门设置电视屏幕监视系统，就入口及各主要通道实行控制管理；接待人员配有无线电话，可随时作内外联络；对于密码钥匙或密码通行证，要经常变换密码。企业要将总的产品生产程序、工艺流程划分为多级，根据每一级的重要程度分层次、分车间限定知悉人员。一切参观应避开敏感区域，勿做详细解释，勿对生产制造工艺进行演示，必要时要求来访者参观商业秘密设备时签订保密协议。这些措施和管理办法都有助于防止商业秘密失窃。②防止发表公开或广告、展览公开。对企业员工发表专业性文章、出版著作以及相关讲演等要进行相应要求，必要时，可进行适当的监督及控制。同样，对于广告、展览等可能失密的活动也应进行相应的检查与控制，以防止失密。

（3）防止商业（竞争）情报人员或工（商）业间谍获得商业秘密。首先要防止采用计算机技术窃密。因为电子文件比纸文件更容易传播出去，所以凡是重要的文件都回归原始，不把它变成电子文件。对电子文件要进行加密，使用计算机信号干扰器，搅乱计算机工作时发出的电磁信号，防止商业间谍使用特殊装置探测出计算机正在处理的内容。其次要防止商业（竞争）情报人员或工（商）业间谍获得商业秘密，就必须完善笔者上面提到的各项企业商业秘密管理制度，加强对原材料、模具、文件、生产设备、过程、废弃物的管理。加强对外来人员驻留、内部人员的管理等。企业需要有完善的外事接待商业秘密保护制度。参观应避开敏感区域，勿做详细解释，勿对生产制造工艺进行演示，并要求来访者参观商业秘密设备时签订保密协议。

（4）缔约前商业秘密泄露的法律风险防范，需要在缔约前通过签订保密合同防止或制约对方将知悉的商业秘密泄露或不正当地使用，否则可追究对方缔约过失责任。

（5）缔约后商业秘密泄露的法律风险防范。只要企业认为是需要保密的，就有必要在合同中加入保密条款，要求合作对方不得将双方在合同中约定或履行的内容向任何第三方披露。否则，当对方对外泄露与本企业有关的合同内容，将不视为是侵犯本企业的商业秘密。

（6）员工流动中商业秘密泄露的法律风险。企业应通过竞业限制条款以尽可能地避免员工利用商业秘密。在员工流动过程中商业秘密泄露的主要表现是核心技术员工跳槽泄露商业秘密。此外，在职职工兼职、退休员工为他人提供服务等也是泄露的常见途径，同样需要竞业限制条款的约束。从风险的角度看，主要是人员管理的缺陷，对员工缺少有效的商业秘密教育和管理、监控手段。

14.4.5 技术开发法律风险管理

技术创新是一种具有探索性、创造性的技术经济活动。在技术创新过程中,不可避免地要碰到各种风险甚至是失败的风险。防范技术开发的风险除了管理手段、技术手段外,从法律的角度而言,最重要的就是把握法律关于技术开发风险的负担原则,从而寻求最大化地规避自身风险。

《合同法》第三百三十八条第1款规定:"在技术开发合同履行过程中,因出现无法克服的技术困难,致使研究开发失败或者部分失败的,该风险由当事人约定。没有约定或者约定不明确,依照本法第六十一条的规定仍不能确定的,风险责任由当事人合理分担。"根据上述规定,技术开发的风险的负担原则具体为:

(1) 技术开发合同履行过程中,因出现无法克服的困难,致使研究开发失败或者部分失败的,该风险责任由当事人约定。没有约定或者约定不明确的,在合同生效后,当事人双方可以协议补充;不能达成补充协议的,按照合同有关条款或者交易习惯确定;仍不能确定的,风险责任由当事人合理分担。

(2) 当事人一方发现因无法克服的困难可能致使研究开发失败或者部分失败的情形时,应当及时通知另一方并采取适当措施减少损失。没有及时通知并采取适当措施,致使损失扩大的,应当就扩大的损失承担责任。

14.4.6 技术转让法律风险管理

14.4.6.1 技术转让法律风险表现

技术商品是知识性商品,具有激发性、再生性和无形性的特征。技术转让是技术开发进入工业化使用的关键阶段,而技术转让合同类型多样、各有特点,因此存在诸多法律风险:

1. 技术转让标的有瑕疵

技术瑕疵包括权利瑕疵和技术本身瑕疵。权利瑕疵是指技术不归转让人所有或者与他人共有而未取得同意就擅自转让;技术本身瑕疵是指技术根本无价值或价值很低。对于技术转让合同中的受让方而言,如果疏忽签订了有瑕疵的技术转让合同这种合同,就会对企业造成严重损失。因此,受让企业在签订技术转让合同前要聘请专业人员进行评估,注意转让技术的本身完整性,并对对方资信进行调查,以防范其中的法律风险。

2. 技术使用范围约定不明

技术的使用范围包括时间、地域和用途。由于技术成果一般具有时间性,合同期限过长,显然对技术受让人不利,尤其是限制了受让人在选择使用技术成果方面的自由,这与技术引进的目的也是相悖的。而对技术使用的地域和用途约定不明,同样会产生相关争议。因此,应当在技术转让合同中,明确约定技术使用范围,但不能限制受让人的技术竞争和技术发展。

3. 专利许可实施方式约定不明

专利许可实施方式包括普通许可、独占实施许可合同和排他实施许可,不同方式的权利义务不一样,经济利益也大大不同。专利当事人可以根据需要,选择适合自己的实施许可形式。

4. 技术转让合同不完备

技术转让合同比较复杂,合同条款若约定不明或者存在"陷阱",则容易产生纠纷甚至造成重大损失。因此,建议聘请专业律师进行操作和审查,以防范相应的法律风险。另外,若属于专利权转让合同(包括专利申请权转让合同),则要经过专利局登记、公告才能生效。所以,在签订合同后,应注意要经过专利局登记和公告。

5. 技术价格评估不规范

对引进技术的价值评估,既关系到技术转让价格,也关系到技术使用费的提取标准,因此,企业在技术引进过程中,应重视技术评估的制度和方法,否则出现评估不实等虚假行为,就很容易发生争议。

6. 技术后续成果权属约定不明确

技术后续成果的归属和分享是指在技术合同实施中,所产生的改进技术、发现的新技术和其他技术成果权益归谁所有、如何使用以及由此产生的利益如何分配的问题。技术后续成果的权属极易引起技术合同纠纷。因此,建议企业在技术合同中一定要对后续成果的归属和分享作出约定,以防范其中的法律风险。

7. 保密不当

转让方将其拥有的技术秘密提供给受让方,明确相互间技术秘密使用权、转让权,受让方支付约定使用费,但要约定受让方不能将技术秘密擅自转让给第三人。在技术秘密转让合同有效期内,由于非受让人的原因导致合同标的技术公开且已进入公有领域的,当事人可以解除合同,但另有约定的除外。

8. 转让专利申请权

专利申请权可以转让,但需要注意的是,受让人申请专利有可能被驳回,此时责任如何承担?建议企业在合同中应当约定申请被驳回的责任分担,选择对自己有利的一种方式,以防范相应的法律风险。

9. 转让公用技术

由于不同地区和不同实施主体的技术水平高低不同,技术转让合同中有时会出现转让公用技术的合同,该合同并不一定认为无效。法律并不禁止当事人就一定的公知公用技术签订技术转让合同,尤其是受让人在实施已经过期的专利技术时可能还需要得到专利权人的技术支持,在此情况下,这种合同可以作为技术服务合同处理。

14.4.6.2 技术转让法律风险防范

防范技术转让合同风险,除了上述已经涉及的相关建议,还需要注意以下问题:

1. 技术转让合同须以书面形式订立

书面合同对于明确当事人之间的权利义务,以及发生纠纷有据可查等具体问题处理有重要意义,对技术转让合同更有特殊意义。法律偏重于保护权利人,如果受让人不能证明权利人已授权自己实施或使用技术,那么受让人实施或使用他人技术的行为就要被视为侵权行为,从而承担严重的侵权责任。因此,为了充分保护受让人的权利,法律规定技术转让合同必须以书面形式订立,受让人可以在书面合同中争取对自己有利的条款。

2. 应当明确约定转让技术的有关情况

技术是技术转让合同的标的,技术的有关情况应当在合同中详细规定,便于履行。技术的有关情况包括:技术项目的名称,技术的主要指标、作用或者用途,关键技术,生产工序流程,注意事项等。这些数据表明了技术的内在的特征,是有效的,同时也是当事人计算使用费或者转让费的依据。

3. 应当明确约定技术转让或者许可的范围

转让技术或者许可他人实施技术,都应当明确范围。合同中可供选择的条款包括:专利转让的,涉及专利权人的变更,因而其范围及于全国;专利许可的,则要明确在什么区域内可以使用该专利,超过的就是违约;技术秘密转让的,让与人要承担保密责任,其使用范围可以及于全国,也可以只是某个地区。

4. 应当明确约定转让费用

转让费用包括转让费和使用费。在专利转让情况下,受让人应当支付转让费。转让费根据技术能够产生的实际价值计算,通常规定一个比例,便于操作。在实施许可的情况下,则根据使用的范围和生产能力以及是否是独家等因素考虑转让费或者使用费的数额。受让人未按照约定支付使用费的,应当补交使用费并按照约定支付违约金;不补交使用费或者支付违约金的,应当停止实施专利或者使用技术秘密,交还技术资料,承担违约责任。实施专利或者使用技术秘密超越约定的范围的,未经让与人同意擅自许可第三人实施该专利或者使用该技术秘密的,应当停止违约行为,承担违约责任;违反约定的保密义务的,应当承担违约责任。

5. 权利人应当保证专利与技术秘密的有效性

专利的有效性主要体现转让的专利或者许可实施的专利应当在有效期限内;超过有限期限的,不受法律保护。技术秘密的有效性主要体现保密性上,即不为社会公众所知,是所有人的独家所有。因此,专利有效期限届满或者专利权被宣告无效的,专利权人不得就该专利与他人订立专利实施许可合同。在合同有效期内,专利权被宣告无效的,合同同时终止,让与人应当赔偿由此给受让人造成的损失,但已经支付的使用费不再返还。

6. 应当约定后续改进技术成果的分享办法

一般后续改进技术成果的分享方法由当事人约定;当事人无约定,依合同条款和交易习惯确定;都不能确定的,一方后续改进的技术成果,他方无权分享。

7. 应注意技术受让方资质

技术能否转化为生产力,不仅与转让方的技术是否切实可行有关,还与受让方的资金、设备、人员素质等紧密相关。因而,签订技术转让合同之前,让与方首先需要对受让方的经济实力、技术实力有所了解,切忌向资质较低、信誉度不高的受让方转让技术,因为它所产生的经济风险和社会风险都比较大。

中国首例驰名商标造假案①

【案件背景】

驰名商标的品牌价值、商业价值、经济价值毋庸置疑,正因为此,许多企业为了获得驰名商标颇费心机,甚至不惜造假。"康王"是云南滇红的一个注册商标,然而多年以来,云南及全国市场内冠以"康王"二字的洗发及各类日常洗涤用品层出不穷,为在全国范围内打假,云南"康王"的合法持有者疲于奔命,在全国各地提出或卷入的诉讼多达三十余起。这其中最

---

① 本案例改编自《重庆市高级人民法院民事判决书(2010)渝高法民终字第178号》《重庆市第一中级人民法院民事判决书(2009)渝一中法民初字第265号》,该案被称为中国首例驰名商标造假案。

引人注目也最富戏剧性的当数云南"康王"与汕头"康王"之间的诉讼大战：汕头康王所属企业精心策划，导演了一起"驰名商标认定案"，认定了三件驰名商标；而云南康王则一手将汕头康王推入了这起驰名商标造假的漩涡。这起看似荒唐的造假案背后折射的是中国驰名商标认定制度的异化。目前，通过行政认定和司法认定的中国驰名商标已达上千枚，并呈逐年上升趋势，与此相随的是，驰名商标认定弄虚作假、驰名商标默默无闻、名牌产品出问题等怪相时有发生。驰名商标司法认定存在被异化现象，诸多案件带有明显"制造"痕迹，"驰名"造假现象无疑是对法律的亵渎，是对社会公众的欺骗。

【案情简介】

广东省汕头市康王精细化工实业有限公司（以下简称"汕头康王公司"）状告安徽泾县慈坑村村民李朝芳，指控后者在网上注册"中国康王"等网络域名，对汕头公司的"康王 kanwan"商标构成侵权，请求判决"康王 kanwan"商标为驰名商标。

2006年8月4日，宣城市中院判决汕头胜诉，认定了汕头公司持有的"康王 kanwan"等三枚商标为驰名商标。

2006年12月20日，云南滇虹公司向安徽省高级人民法院提出了民事再审申请，2007年6月5日宣城中院对该案开庭重审。随着举证质证的展开，原判中的大量虚假证据一一败露：假案情、假被告、假委托、假代理人、假证据，实为侵权者骗取驰名商标的造假案。

2009年，云南滇虹公司、昆明滇虹公司向重庆市第一中级人民法院共同起诉称：1997年11月28日，云南滇虹公司（及其前身）获准注册了第1130744号"康王"商标，该商标由中外行楷书体"康王"二字构成，核定使用商品为第5类的中药、西药、中药制剂、西药制剂。从2003年起，云南滇虹公司将该商标许可昆明滇虹公司使用至今。该商标已被认定为驰名商标。被告汕头康王公司从2004年起将其注册在第3类牙膏、香皂商品上的第3125776号"康王 Kanwan"商标非法使用在洗发水上，实施侵犯原告商标权的行为。原告曾就其侵权行为诉至云南省昆明市中级人民法院，后经该院一审判决认定被告构成侵权，并经云南省高级人民法院二审维持。在该判决生效后，被告仍然继续生产、销售侵权产品。2008年12月20日最高人民法院以（2008）民申字第613号裁定书维持了云南省两级法院的裁判结论。2009年5月6日，被告李某在重庆市合川区销售上述侵权产品，被重庆市合川区工商局依法查处。现原告就二被告继续生产、销售侵权产品的行为请求判令：1. 第一被告立即停止销售侵权产品；2. 第一被告赔偿原告因侵权遭受的经济损失50万元；3. 第二被告赔偿原告因侵权遭受的经济损失50万元；4. 二被告就其侵权行为在全国性的媒体上公开赔礼道歉，保证不再实施侵权行为；5. 二被告承担本案诉讼费用。

被告李某答辩称：其从2009年2月开始经销第二被告生产的产品，系通过正规、合法的渠道经销，且不知道该产品侵权他人商标权，因此不应承担本案赔偿责任。

被告汕头康王公司答辩称：二原告就相同事实在全国各地法院诉被告侵权，系滥用诉权，重复起诉；被告在洗发水产品上延伸使用其"康王 Kanwan"注册商标，不存在复制、摹仿或翻译原告"康王"商标的情形，故不构成商标侵权；对原告的"康王"商标系驰名商标的主张提出异议。请求驳回原告的诉讼请求。

重庆市第一中级人民法院认为：

（1）原告云南滇虹公司第1130744号"康王"商标是否构成驰名商标。根据最高人民法院《关于审理涉及驰名商标保护的民事纠纷案件应用法律若干问题的解释》第七条："被诉侵犯商标权或者不正当竞争行为发生前,曾被人民法院或者国务院工商行政管理部门认定驰名的商标,被告对该商标驰名的事实不持异议的,人民法院应当予以认定。被告提出异议的,原告仍应当对该商标驰名的事实负举证责任"。昆明市中级法院的判决是在2007年1月作出,之后云南省高级法院及最高人民法院的维持裁判均是针对一审查明的事实进行审查认定,故本案中原告应当就其"康王"商标在2007年之后至被控侵权行为发生时仍是驰名商标的事实负举证责任。从本案的证据来看,原告的"康王"商标在2005年至2007年期间两次被人民法院司法认定为驰名商标,2010年再次被国家工商总局商标局认定为驰名商标。考虑到企业经营状况及其商标知名度的延续性,在一个相对不长的、合理的时间间隔内,足以认为该商标作为驰名商标的状况是连续的。在被告仅有异议却没有提供相反证据的情况下,一审法院依法对原告"康王"商标从2005年至今系驰名商标的事实予以确认。

(2) 被告汕头康王公司在其生产、销售的洗发水产品上标注"康王 Kanwan"商标的行为性质认定。根据《中华人民共和国商标法》第五十一条之规定,注册商标的专用权,以核准注册的商标和核定使用的商品为限。汕头康王公司将第3125776号、核定使用商品仅为牙膏、香皂的"康王 Kanwan"商标,使用于洗发水产品上,已经超出了该注册商标核定使用的商品范围,不能得到我国商标法的保护。被告所谓"延伸使用"的抗辩主张于法无据。汕头康王公司在洗发水商品上使用"康王 Kanwan"商标并在包装上突出宣传其去屑功效,由于"康王"二字与原告"康王"驰名商标的文字、读音相同,虽然被告使用的"康王 Kanwan"商标在"康王"二字之下还有拼音字母,但文字比拼音字母更容易引起消费者关注,该商标标识与原告"康王"驰名商标构成近似,容易误导公众,损害驰名商标注册人的利益。

(3) 二被告的民事责任承担问题。第二被告汕头康王公司的行为侵犯了原告的注册商标专用权,依法应当承担停止侵权、赔偿损失的民事责任。第一被告销售了涉案侵权产品,但其已经提供了产品合法来源,并举示了其向第二被告或其经销商索要的关于该产品合法不侵权的有关资料,其已尽到合理的审查义务,其应当承担停止销售侵权产品的民事责任,但不应承担本案赔偿责任。关于第二被告赔偿损失的金额,因原告未举证证明其在涉案侵权产品销售范围内所遭受的损失或者被告的侵权获利,综合考虑原告商标的知名度状况、被告在侵权行为被司法认定后继续侵权的主观故意、侵权行为持续时间、本案销售商销售侵权产品的规模及其给原告造成的影响等因素酌情予以确定(最后判决认定为2万元)。此外,关于原告要求二被告公开赔礼道歉,因赔礼道歉系人身损害的责任承担方式,商标权在性质上主要属于财产权而不包含人身属性,且原告并未主张及证明二被告的行为造成其商誉损失应当消除影响,对原告的该项诉请不予支持。

上诉人汕头康王公司不服一审判决,向重庆市高级人民法院提出上诉。重庆市高级人民法院经审理后作出判决驳回上诉,维持原判。

【案例思考】
1. 什么是滥用诉权、重复起诉?
2. 在我国现阶段,如何认定驰名商标?
3. 如何加强驰名商标认定中前审查和事后监督?
4. 认定驰名商标要考虑哪些因素?
5. 通过本案,谈谈我国驰名商标认定存在哪些问题。

第 15 章　知识产权的保护与救济

◎ **导读：**

知识产权的保护救济与知识产权的管理利用密不可分，或者说，它们是一枚硬币的两面。知识产权保护与救济，主要包括专利权保护与救济、商标权保护与救济、商业秘密权保护与救济等。本章根据知识产权的分类，主要讲述专利侵权的表现、认定及责任，和商标侵权的表现、认定及责任，重点在于熟悉知识产权的救济途径，难点在于把握知识产权的民事赔偿数额的确定。

◎ **重点：**

1. 商标侵权的表现有哪些？
2. 如何认定商标侵权？
3. 商标侵权抗辩有哪些？
4. 商标侵权损害赔偿数额如何确定？
5. 知识产权纠纷解决途径有哪些？

"3Q"之争引发的不正当竞争纠纷案①

【案件背景】

QQ软件系一款在我国信息网络上被普遍使用的即时通讯软件，具有较大数量的用户群体。"3Q"之争引发的不正当竞争断纠纷案，不仅引起业界关注，还暴露出我国《反垄断法》的滞后性及局限性。知识经济是继土地和资本之后，知识成为一种新的生产要素，以高新技术产业为主要支柱产业的新型经济。它具有网络外部性、消费者锁定效应、全球化以及高固定成本和低边际成本等特征，传统的认定滥用市场支配地位的方法在知识经济时代受到了新的挑战。"3Q"之争引发的反不正当竞争纠纷案，具有较强的典型意义及较大的社会影响。本案的审理结果涉及数亿网络用户的切身利益，社会反响巨大，被称为"3Q"大战，充分体现了知识产权保护对社会发展和公众生活的重要影响。本案主要涉及用户业务不同的网络运营商在竞争法意义上竞争关系的界定，以及在互联网行业规则尚未成熟的情况下商业诋毁行为的认定。通过本案判决，人民法院对在互联网环境下的不正当竞争行为进行了阐释，从而对网络环境下的行业竞争行为起到了规范、指引作用，对互联网行业的健康有序发展产生了积极影响。

---

① 本案例改编自《北京市第二中级人民法院民事判决书(2011)二中民终字第12237号》《北京市朝阳区人民法院民事判决书(2010)朝民初字第37626号》，该案被最高人民法院评为"2011年中国法院知识产权司法保护十大案件"之一。

【案情简介】

腾讯科技公司和腾讯计算机公司向北京市朝阳区人民法院原审起诉称：腾讯科技公司和腾讯计算机公司（以下合并简称"腾讯公司"）系QQ软件的权利人。QQ软件包括了QQ2006、QQ2007、QQ2008、QQ2010正式版软件（以下简称QQ2010软件）。QQ软件是目前国内用户数量最多的即时通讯软件。奇虎科技公司、奇智软件公司（以下合并简称"奇虎公司"）、三际无限公司是从事桌面客户端软件开发和运营的互联网公司，与腾讯公司具有竞争关系。

2010年9月27日，腾讯公司发现网址为"www.360.cn"的网站（以下简称"360网"）向网络用户提供"360隐私保护器"V1.0Beta软件（以下简称"360隐私保护器"）下载并在"360网"上出现很多不当的文章和言论，构成了不正当竞争。具体而言，奇虎公司、三际无限公司实施了两类不正当竞争行为：第一类是通过"360隐私保护器"只针对QQ软件进行监测，监测的结果将QQ2010软件正常的文件扫描描述为侵犯了用户隐私；第二类是通过"360网"发布明确针对QQ软件的多篇文章内容，称QQ软件窥视用户隐私由来已久，该言论虚构事实，构成诋毁商誉。腾讯公司认为，奇虎公司、三际无限公司的行为损害了其商业信誉和商品声誉，构成了不正当竞争。奇虎公司、三际无限公司系关联公司，其中奇虎科技公司系"360隐私保护器"的开发者和著作权人，也系"360网"的域名注册人，奇智软件公司系"360隐私保护器"的发行人，三际无限公司系"360网"的实际经营者。奇虎科公司、三际无限公司共同实施了涉案的不正当竞争行为，应当承担连带责任。请求北京市朝阳区人民法院判令奇虎公司：立即停止涉案不正当竞争行为，连续三个月在"360网"、新浪网、搜狐网、网易网站首页显著位置，以及《法制日报》和《中国知识产权报》第一版显著位置向腾讯公司公开赔礼道歉、消除影响，并连带赔偿经济损失400万元。

奇虎公司答辩称：

第一，"360隐私保护器"不存在不正当竞争的事实。奇智软件公司开发的"360隐私保护器"只是为用户提供了监测QQ软件等产品在用户计算机系统后台运行情况的工具，并将该软件产品运行后扫描或查看用户计算机系统中安装的软件和文件信息的情况如实记录下来，对其中可能涉及用户隐私信息的情况向用户进行提示。"360隐私保护器"是否启动使用以及对于监测结果是否涉及个人隐私，均可由用户自行选择和自主判断。"360隐私保护器"作为一款软件，是中立的，并不会对某款软件是否侵犯用户隐私权做最终的判定。对于QQ软件，"360隐私保护器"所做的提示也是"被QQ查看过的文件，有可能涉及您的隐私"。"360隐私保护器"监测并反映出的结果，是客观反映事实的，没有"捏造事实、诋毁商誉"等行为，因此不构成不正当竞争。

第二，"360网"上发表的一系列文章，不存在"捏造、散布虚伪事实"等不正当竞争行为。腾讯公司所诉称侵权文章的主要内容是向用户介绍"360隐私保护器"的功能、原理和运行结果。其中很多言论根本没有涉及腾讯科技公司、腾讯计算机公司或QQ软件。"360网"上发布的文章中列举的QQ软件查看用户计算机系统中文件的情况以及网络用户对QQ软件涉嫌侵犯用户隐私的投诉，均有事实依据，并非"捏造、散布虚伪事实"。在文章的用语上，也无恶意诋毁、污蔑、诽谤等情节，因此亦不构成不正当竞争。

综上，客观上，QQ软件是即时通讯软件，而奇智软件公司开发的"360隐私保护器"是安全软件，两者的功能、使用领域、用户对象均不相同，不构成竞争关系；主观上，奇智软件公司开发"360隐私保护器"的目的只是为了保护用户的知情权和选择权。"360网"的官方博客、官方论坛、专题网页等形式是向用户介绍"360隐私保护器"的功能、原理、运行结果,并不构成不正当竞争,腾讯公司的诉讼请求没有事实和法律依据,请求法院驳回腾讯公司诉讼请求。

三际无限公司原审答辩称:三际无限公司不是"360网"的注册人以及实际运营人,且没有证据证明三际无限公司系"360隐私保护器"的著作权人。因此,请求法院驳回腾讯公司对三际无限公司的诉讼请求。

北京市朝阳区人民法院除对双方没有争议的证据予以确认,对双方有争议的证据认证如下:

北京市朝阳区人民法院认为:本案双方争议的焦点有两个:第一,三际无限公司是否是本案适格被告。第二,腾讯公司主张的商业诋毁行为是否成立。

关于第一个争议焦点。三际无限公司提出"360网"的运营商为奇虎软件公司,其不是适格的诉讼主体的答辩。北京市朝阳区人民法院认为,虽然"360网"由奇虎科技公司注册、提供因特网信息服务业务,但该网站的主办单位系三际无限公司,故三际无限公司无法摆脱其营运该网站的干系。而"360隐私保护器"是在"360网"上发行,因此三际无限公司也应与奇虎科技公司一起承担发行"360隐私保护器"的责任。对三际无限公司提出其为不适格被告的答辩意见不予支持。

关于第二个争议焦点。我国反不正当竞争法调整市场经营主体之间的竞争行为和竞争关系。该法通过规范竞争行为来维护正当的市场竞争关系,从而达到保障经济健康发展、保护经营者和消费者合法权益的目的。在市场活动中,以竞争目的而实施的获得或破坏他人竞争优势的行为系竞争行为,实施竞争行为中形成的关系是竞争关系。

本案中,腾讯公司对QQ软件享有权利。依据反不正当竞争法的调整范围,腾讯公司可以对同时满足以下两个条件的主体提出主张:第一,该主体与腾讯公司具有竞争关系。第二,该主体实施了针对QQ软件的竞争行为。就竞争关系方面而言,第一,从主体的经营范围看,腾讯公司与奇虎公司和三际无限公司之间存在业务重合,拥有相同的市场利益,具有竞争关系。第二,从涉案产品的用户群看,在本案中,"360隐私保护器"只针对QQ软件进行监测,具有唯一针对性,因此"360隐私保护器"是依附于QQ软件运行,从而"360隐私保护器"的用户群也是QQ软件的用户群。由于双方的客户群是同一,从而使得两产品的经营者之间形成竞争关系。从上述两点看出,无论是从经营范围,还是涉案产品的用户群上,双方之间存在竞争关系。就竞争行为方面,奇虎公司和三际无限公司对"360隐私保护器"开发、发行以及对QQ软件的评价行为,会产生对"360隐私保护器"经营者增加自己的竞争优势或降低腾讯公司竞争优势的后果,属于竞争行为。

在市场经济中,鼓励正当的市场竞争,这有助于实现经济的良性发展。但在具有竞争关系的经营者进行竞争时,应当遵循诚实信用和公认的商业道德,不得实施不正当的竞争行为。本案中,"360隐私保护器"对QQ2010软件的运行监测,这种监测本身法律虽无禁止,但由于腾讯公司与奇虎公司和三际无限公司之间具有竞争关系,故"360隐私保护器"对QQ软件运行监测以及对监测结果进行表述和评价时,就应当遵循诚实信用的准则,公正且客观地表述和评价。

通过本案原审查明的事实,"360隐私保护器"在对QQ2010软件监测时,对QQ2010软件扫描计算机中可执行文件的行为,使用了"可能涉及您的隐私"的表述。对此,北京市朝阳区人民法院认为:(1)就"隐私"而言,从社会大众对隐私的一般性理解来看,隐私是指不愿告人或不愿公开的个人事情或信息;(2)"360隐私保护器"对QQ2010软件监测提示的可能涉及隐私的文件,均为可执行文件。事实上,涉案的这些可执行文件并不涉及用户的隐私;(3)《360用户隐私保护白皮书》中对"隐私"的界定中明确表述为:"可执行文件本身不会涉及用户隐私"。综上,"360隐私保护器"对QQ2010软件监测结果使用"可能涉及您的隐私"的表述,与客观事实不符,与奇虎公司自行界定的隐私认定标准不符。在这里尽管使用了"可能"的表述,但会使用户产生一种不安全感,导致放弃使用或避免使用QQ2010软件的结果,从而使"可能"变成是一种确定的结论,也必然造成软件用户在使用"360隐私保护器"后会对QQ2010软件产生负面的认识和评价。

除上述"360隐私保护器"的监测提示外,在"360隐私保护器"界面用语和"360网"的360安全中心、360论坛、360隐私保护器软件开发小组博客日志、《用户隐私大过天》专题网页中还对QQ软件进行了一定数量的评价和表述。这些评价和表述,使用了"窥视""为谋取利益窥视""窥视你的私人文件""如芒在背的寒意""流氓行为""逆天行道""投诉最多""QQ窥探用户隐私由来已久""请慎重选择QQ"等词语和表述来评价QQ软件。这些表述的前提,是上述"可能涉及您的隐私"表述的成立。但通过上面的论述,涉案对QQ2010软件的使用不会涉及用户的隐私。此外,上述评价的词语和表述,带有较强的感情色彩并具有负面评价效果和误导性后果。尤其是,这些表述没有任何的事实基础,不符合诚实信用的商业准则,不符合维护市场正当合理竞争秩序的要求。上述行为的目的,在于损害腾讯公司的竞争优势。

"360隐私保护器"监测提示用语和界面用语以及"360网"上存在评价和表述,采取不属实地表述事实、捏造事实的方式,具有明显的不正当竞争的意图,损害了腾讯公司的商业信誉和商品声誉,构成了商业诋毁。

本案侵权行为是"360隐私保护器"依附于"360网"产生,故无论作为"360隐私保护器"的权利人、发行商,还是"360网"的注册商、运营商、主办方都无法摆脱共同侵权的责任。因此,可以认定奇虎公司、三际无限公司承担涉案不正当竞争的后果,并由此共同承担停止侵权、公开消除影响和赔偿经济损失的责任。赔礼道歉的责任通常不适用于商业诋毁的行为,腾讯公司的该项请求,北京市朝阳区人民法院不予支持。腾讯公司并未明确所主张400万赔偿额的具体依据,故北京市朝阳区人民法院依据奇虎公司、三际无限公司的主观过错程度、不正当竞争行为的影响范围和损害后果等因素,酌情确定具体的赔偿额。

最终,北京市朝阳区人民法院依据《反不正当竞争法》规定判决:一、北京奇虎科技有限公司、奇智软件(北京)有限公司和北京三际无限网络科技有限公司停止发行使用涉案"360隐私保护器"V1.0Beta版软件;二、北京奇虎科技有限公司、奇智软件(北京)有限公司和北京三际无限网络科技有限公司在"360网"上删除"360安全中心""360论坛""360隐私保护器软件开发小组博客日志"和《用户隐私大过天》专题网页中本案查明的涉案侵权内容;三、北京奇虎科技有限公司、奇智软件(北京)有限公司和北京三际无限网络科技有限公司于本判决生效之日起三十日内在"360网"的首页以及《法制日报》上公开发表声明,消除因涉案侵权行为给腾讯科技(深圳)有限公司和深圳市腾讯计算机系统有限公司造成的不良影响(在"360网"首页上的声明保留三十日,上述声明的内容均须经北京市朝阳区人民法院审核,逾期不执行,北京市朝阳区人民法院将依法公开本判决书的主要内容,相关费用由北京奇虎科技有限公司、奇智软件(北京)有限公司和北京三际无限网络科技有限公司共同负担;四、北京奇虎科技有限公司、奇智软件(北京)有限公司、北京三际无限网络科技有限公司于本判决生效之日起十日内共同赔偿腾讯科技(深圳)有限公司和深圳市腾讯计算机系统有限公司经济损失四十万元;五、驳回腾讯科技(深圳)有限公司和深圳市腾讯计算机系统有限公司的其他诉讼请求。

三际无限公司、奇虎科技公司均不服原审判决,向北京市第二中级人民法院提起上诉。请求撤销原审判决,裁定驳回被上诉人腾讯公司的诉讼请求。北京市第二中级人民法院经审理后判决驳回上诉,维持原判。

【案例思考】

1. 互联网时代的企业不正当竞争有什么新特点?
2. 结合本案,谈谈什么是"隐私"。
3. 结合本案,相关市场应如何界定。
4. 结合本案,谈谈如何确定是否具有市场支配地位。
5. 结合本案,谈谈什么是滥用市场支配地位。

15.1 企业专利权的保护与救济

15.1.1 专利侵权行为

专利侵权是指未经专利权人许可实施其专利的行为,即以生产经营为目的制造、使用、销售、许诺销售、进口其专利产品或依照其专利方法直接获得的产品。质言之,专利侵权行为是指在专利有效期内,行为人未经专利权人许可而又无法律依据,以营利为目的实施他人专利的行为违反《专利法》规定的行为。专利侵权行为,应当承担侵害专利权的责任;为生产经营目的使用或者销售不知道是未经专利权人许可而制造并售出的专利产品或者依照专利方法直接获得的产品,能证明其产品合法来源的,不承担赔偿责任。

我国《专利法》第十一条、第六十三条规定了五种具体的专利侵权行为。它们是:

(1) 未经专利权人许可制造专利产品的行为。具体包括:制造发明专利产品、实用新型专利产品、外观设计专利产品的行为。不论制造者在主观上是否知道其制造的产品属于他人的专利,只要制造了专利产品,就构成专利侵权。

(2) 未经专利权人许可使用专利产品或者专利方法的行为。具体包括:使用发明专利产品、专利方法、依专利方法直接获得的产品和实用新型专利产品的行为,但不包括使用外观设计专利产品的行为。仅仅使用外观设计专利产品,是不构成专利侵权的。

(3) 未经专利权人许可销售专利产品的行为。具体包括:销售发明专利产品、依专利方法直接获得的产品、实用新型专利产品和外观设计专利产品。

(4) 未经专利权人许可进口专利产品的行为。具体包括:进口发明专利产品、实用新型专利产品、外观设计专利产品和依专利方法直接获得的产品。

(5) 假冒他人专利的行为。即行为人未经专利权人许可,在自己生产的产品或者产品的包装上,注明专利权人的专利号或者其他专利标记,冒充专利权人专利的行为。构成这种专利侵权,无需行为人制造专利产品或者使用专利方法。

《专利法》除了规定了上述属于专利侵权的行为外,还规定了一些不视为专利侵权的行为。它们分别是:

(1) 专利权用尽。即专利权人制造或者经专利权人许可制造的专利产品售出后,他人使用或者销售该产品的,不视为专利侵权。

(2) 使用或者销售不知道是未经专利权人许可而制造并售出的专利产品的行为。这里所说的"不知道",包括根据当时情况,行为人既不能知道,也不应当知道两种情况。

(3) 在先使用行为。即行为人在专利申请日前已经制造相同产品、使用相同方法或者已经做好制造、使用的必要准备,并且仅在原有范围内继续制造、使用的,不视为专利侵权。

(4) 临时过境行为。即临时通过中国领土、领水、领空的外国运输工具,依照其所属国同中华人民共和国签订的协议或者共同参加的国际条约,或者依照互惠原则,为运输工具自身需要而在其装置和设备中使用有关专利的,不视为专利侵权。

(5) 专为科学研究和实验而使用有关专利的行为。

【思考】专利权人发现专利侵权后应该做什么?

专利权人认为自己的中国专利受到侵害后,应首先将对方技术与自己的专利技术进行认真的对比分析,看对方的技术特征是否确实落入自己专利的保护范围内,以确定专利侵权是否成立。专利权人往往会过高估计自己的专利权,因此,最好委托中国的专利律师对是否构成专利侵权进行分析,提供法律意见,作为决策时的参考。

然后,专利权人还应对自己的中国专利权的专利性进行分析,以确定其有效性。根据中国专利法规定,中国专利局只对发明专利进行实审,而对实用新型和外观设计不进行实审,只进行形式审查。因此,一般情况下,如果是发明专利,对其专利三性即新颖性、创造性和实用性可以不进行分析,只要检查一下年费是否缴纳,专利是否有效即可。而对实用新型专利和外观设计专利,必须认真进行专利三性分析。只有该实用新型专利或外观设计专利具有专利性,确实是有效权利的前提下,才宜对专利侵权者采取行动。否则,一旦对方向中国专利局对该实用新型专利或外观设计专利宣告专利权无效请求,该实用新型专利或外观设计专利就会因缺乏专利性而被宣告无效。

专利权人在确认自己的专利权有效、专利侵权成立之后,方可着手进行下一步工作。所谓下一步工作,主要是收集证据,主要包括以下几方面的证据:

(1) 有关侵权者情况的证据。包括侵权者确切的名称、地址、企业性质、注册资金、人员数、经营范围等情况,以便采取有针对性的策略。

(2) 有关侵权事实的证据。包括侵权物品的实物、照片、产品目录、销售发票、购销合同等,这是认定专利侵权的前提,也是维权的基础。

(3) 有关损害赔偿的证据。专利权人可以向侵权者要求损害赔偿,要求损害赔偿的金额可以是专利权人所受的损失。专利权人要提供证据,证明因对方的侵权行为,自己专利产品的销售量减少,或销售价格降低,以及其他多付出的费用或少收入的费用等损失。要求损害赔偿的金额也可以是侵权者因侵权行为所得的利润。专利权人要提供证据,证明侵权者的销售量、销售时间、销售价格、销售成本及销售利润等,以此为依据,计算侵权者所得的利润。要求损害赔偿的金额还可以是不低于专利权人与第三人的专利许可证贸易的专利许可费。为此,专利权人要提供已经生效履行的与第三人的专利许可证协议。

15.1.2 专利侵权行为的认定

15.1.2.1 专利侵权行为的归责原则

依《专利法》第六十三条第二款的规定,销售或使用者只有符合"不知道"且"来源合法"时,才可以免除赔偿责任,但仍然构成侵权,应承担停止侵害和消除影响的责任。质言之,对善意的销售者或使用者而言,停止侵害和消除影响适用无过错责任原则,赔偿则适用过错责任原则,但这种"混合原则"的使用范围不包括制造或进口专利产品的行为。

因此,过错不是专利侵权行为的构成要件,在确定行为人的侵权责任时,对停止侵权责任适用无过错责任,而赔偿损失责任则按视不同情形分别适用过错责任和无过错责任。对同一专利侵权行为可以适用不同的归责原则来确定不同的民事责任,这是对传统侵权行为归责原则理论的突破。

【思考】冒充专利与假冒他人专利是一回事吗?

冒充专利与假冒他人专利不同。冒充专利行为是指将非专利技术或者落后技术冒充是先进的专利技术,以骗取消费者信任的一种违法行为。冒充专利实际上不发生对其他专利权的侵犯,它标明的专利标记或者专利号是不存在的,是一种欺诈行为。冒充专利行为包括:

(1) 制造或者销售标有专利标记的非专利产品的;
(2) 专利权被撤销或者被宣告无效后,制造或销售标有专利标记产品的;
(3) 专利权届满或者终止后,继续制造或者销售标有专利标记的产品的;
(4) 为一至三项所述行为人印制或者提供专利标记的;
(5) 伪造或者变造专利证书或者其他专利文件、专利申请文件的;
(6) 将非专利技术称为专利技术与他人订立专利许可合同的;
(7) 在广告中将非专利技术称为专利技术的;
(8) 其他将非专利产品冒充专利产品或者将非专利方法冒充为专利方法的行为的;
(9) 专利申请(受理)未被授权,在产品上标有专利产品的。

专利权届满或者终止后,继续销售专利权限期届满或者终止前合法制造的标有专利标记的产品,不属于冒充专利行为;专利申请(受理)而未被授权的,在产品上标有专利申请号的产品,不属于冒充专利行为。

冒充专利产品和专利方法扰乱了市场秩序,侵犯了消费者的合法权益。我国《专利法》规定,冒充专利的,由管理专利工作的部门责令冒充者改正并予以公告,可以处五万元以下的罚款。

15.1.2.2 专利侵权行为的判定条件

同时符合以下四个要件,才构成专利侵权行为:

(1) 侵犯的对象应当是在我国享有专利权的有效专利。首先,鉴于专利权的地域性,有效专利一般应当是指获得国家知识产权局授权的专利。其次,鉴于专利权的时效性,只有在规定保护期内未因缴费、无效宣告、放弃等原因失效的专利权才是有效专利。需要注意的是,如果一项专利权由于某些原因被宣告无效,则该专利权将被视为自始不存在,因此即使有他人在前已经实施也不构成专利侵权。

（2）有违法行为存在。即行为人未经专利权人许可,有以营利为目的实施专利的行为。《专利法》第六十三条规定了5种不认为是侵权的行为,是专利侵权责任的例外规定,如果行为人不能举证以此作为抗辩理由,则应当认定行为人构成专利侵权,并依法承担责任。

（3）通常要求行为人主观上有过错,包括故意和过失。所谓故意是指行为人明知自己的行为是侵犯他人专利权的行为而实施该行为;所谓过失是指行为人因疏忽或过于自信而实施了侵犯他人专利权的行为。

（4）应以生产经营为目的。《专利法》第十一条规定:发明创造被授予专利权后,除本法另有规定外,任何人不得实施其专利,而实施即是不得以生产经营为目的。因此,以生产经营为目的也应是判断专利侵权的构成要件之一。

【思考】何谓专利侵权等同原则?

等同原则是专利侵权诉讼中,专利权人为维护其自身的合法权益,用以对付专利侵权而经常使用的一项判定专利侵权的原则。

等同原则的基本理论是:将被控侵权物的技术构成与专利权利要求书记载的相应技术特征进行比较,如果所属技术领域的普通技术人员在研究了专利权人的专利说明书和权利要求书后,不经过创造性的智力劳动就能够联想到的,诸如采用等同替换、部件移位、分解或合并等替换手段实现专利的发明目的和积极效果的,并且与专利技术相比,在目的、功能、效果上相同或者基本相同,法院将适用等同原则判定侵权。

适用等同原则,就是为了追究侵权人仅将有关专利进行一些非必要的技术变化或步骤,以取代专利权利中的技术特征,从而避免在专利权利要求书的文字上直接与专利要求相同、企图逃避侵权责任的目的的行为。等同原则的适用有利于保护专利权人对其发明创造的合法独占权、防止专利欺诈。

15.1.2.3 专利侵权行为的证明责任

所谓证明责任,是指引起法律关系发生、变更或者消灭的构成要件事实处于真伪不明状态时,当事人负有证明该事实存在的义务,以促使法院适用以该事实存在为构成要件的法律,否则将承担不利法律后果。民事诉讼中通常采用"谁主张,谁举证"的基本原则,但在专利侵权诉讼中,存在证明责任倒置的情况。如《专利法》第五十七条第二款规定:"专利侵权纠纷涉及新产品制造方法的发明专利的,制造同样产品的单位或者个人应当提供产品制造方法不同于专利方法的证明。"

【思考】如何认定假冒他人专利行为?

假冒他人专利行为即在其制造或销售的产品、产品包装上使用他人专利的行为。假冒他人专利行为必须符合以下要件才能认定:其一,必须有假冒行为;其二,被假冒的必须是他人已经取得的、实际存在的专利;其三,假冒他人专利的行为应为故意行为。假冒他人专利行为具体包括以下情形:

（1）在其制造或者销售的产品、产品的包装上标注他人专利号的;

（2）专利权被撤销或者被宣告无效后,制造或者销售标有专利标记的产品的;

（3）专利权届满或者终止后,继续制造或者销售标有专利标记的产品的;

（4）为上述行为人印制或者提供专利标记的;

（5）在广告或者其他宣称材料中使用他人的专利号,使人将所设计的技术误认为是他

人专利技术的;

(6) 在合同中使用他人的专利号,使人将合同设计的技术误认为是他人的专利技术的;

(7) 伪造或者变造专利证书或者其他专利文件、专利申请文件的;

(8) 将非专利技术称为专利技术与他人订立专利许可合同的;

(9) 其他将非专利产品冒充专利产品或者将非专利方法冒充专利方法的行为。

15.1.3 专利侵权行为的法律责任

专利侵权行为人应当承担的法律责任包括民事责任、行政责任与刑事责任。

15.1.3.1 民事责任

专利侵权行为的民事责任主要有以下三种:

一是停止侵权。停止侵权,是指专利侵权行为人应当根据管理专利工作的部门的处理决定或者法院的裁判,立即停止正在实施的专利侵权行为。

二是赔偿损失。侵犯专利权的赔偿数额,按照专利权人因被侵权所受到的损失或者侵权人获得的利益确定;被侵权人所受到的损失或侵权人获得的利益难以确定的,可以参照该专利许可使用费的倍数合理确定。

三是消除影响。在侵权行为人实施侵权行为给专利产品在市场上的商誉造成损害时,侵权行为人就应当采用适当的方式承担消除影响的法律责任,承认自己的侵权行为,以达到消除对专利产品造成的不良影响。

【思考】如何判断专利侵权的损害赔偿?

《专利法》第六十条规定:"侵犯专利权的赔偿数额,按照权利人因被侵权所受到的损失或者侵权人因侵权所获得的利益确定;被侵权人的损失或者侵权人获得的利益难以确定的,参照该专利许可使用费的倍数合理确定。"2001年7月1日,最高人民法院印发了《关于审理专利纠纷案件适用法律问题的若干规定》。在该规定中,最高人民法院规定了以下计算方法:

(1) 以专利权人因侵权所受到的损失或以侵权人因侵权所获得的利益确定赔偿额;其一,权利人因被侵权所受到的损失可以根据专利权人的专利产品因侵权所造成销售量减少的总数乘以每件专利产品的合理利润所得之积计算。权利人销售量减少的总数难以确定的,侵权产品在市场上销售的总数乘以每件专利产品的合理利润所得之积可以视为权利人因被侵权所受到的损失。其二,侵权人因侵权所获得的利益可以根据该侵权产品在市场上销售的总数乘以每件侵权产品的合理利润所得之积计算。侵权人因侵权所获得的利益一般按照侵权人的营业利润计算,对于完全以侵权为业的侵权人,可以按照销售利润计算。

(2) 参照专利许可使用费的1至3倍合理确定赔偿数额;该方法应用的前提是:被侵权人的损失或者侵权人获得的利益难以确定,且有专利许可使用费可以参照。

(3) 根据专利权的类别、侵权人侵权的性质和情节等因素,一般在人民币5 000元以上30万元以下确定赔偿数额,最多不得超过人民币50万元。该方法应用的前提是:被侵权人的损失或者侵权人获得的利益难以确定,且没有专利许可使用费可以参照或者专利许可使用费明显不合理。

除上述最基本的计算方式外,在司法实践中,还存在一些专利侵权赔偿数额的计算方

式,根据最高法院知识产权审判的经验,司法实践中还有以下几种:

(1) 以权利通常、合理的转让费、使用费、等收益报酬作为标准进行赔偿。专利权的使用费、转让费等一般由当事人在合同中约定,即合同标准,以及同行业、同等水平的其他单位的使用费标准。这些标准一般是客观的,不会受到当事人之间纠纷因素的影响。

(2) 以权利人被侵权产品在侵权期间销售额下降或减少的数额乘每件权利产品利润之积,作为赔偿额。

(3) 以侵权人在侵权期间实施侵权行为所获扣除税收等合理成本的全部利润,作为赔偿额。

(4) 以权利人每件权利产品合理的平均利润或该行业该产品的每件平均利润,与侵权人侵权产品数量之积作为赔偿数额。此种方法对侵权人经审计亏损或利润过少致使赔偿额过低的情形使用很有效。

(5) 为调查和制止侵权行为而支出的合理费用,包括律师代理费、权利人为购买侵权商品(证据)的支出、为收集证据而作的证据保全公证费用、为审查证据购买的设备、消除侵权影响费(广告)、合理的差旅费等可计算在赔偿费用内。

(6) 侵权行为人所获得的利润作为赔偿数额计算,在这种情况下,可视具体案情经营费用不作为合理成本扣除。

15.1.3.2 侵权行为的行政责任

《专利法》对侵权行为中的假冒他人专利、泄露国家机密、徇私舞弊等行为规定了行政责任。另外,我国《专利法》第六十三条和六十四条条还对侵犯发明人或者设计人合法权益的行为规定了行政责任。对专利侵权行为,管理专利工作的部门有权责令侵权行为人停止侵权行为、责令改正、罚款等,管理专利工作的部门应当事人的请求,还可以就侵犯专利权的赔偿数额进行调解。

15.1.3.3 侵权行为的刑事责任

根据《专利法》的规定,专利侵权主要给予民事制裁,但有时也需要刑事制裁。《专利法》第六十三条中明确规定:"构成犯罪的,依法追究刑事责任。"专利犯罪行为,是指侵犯商标专用权行为情节严重,依照刑法的规定构成犯罪,应当给予刑罚处罚的行为。

《刑法》第二百一十六条规定了假冒专利罪:假冒他人专利,情节严重的,处 3 年以下有期徒刑或者拘役,并处或者单处罚金。《最高人民法院、最高人民检察院关于办理侵犯知识产权刑事案件具体应用法律若干问题的解释》第四条规定:

假冒他人专利,具有下列情形之一的,属于《刑法》第二百一十六条规定的"情节严重",应当以假冒专利罪判处 3 年以下有期徒刑或者拘役,并处或者单处罚金:①非法经营数额在 20 万元以上或者违法所得数额在 10 万元以上的;②给专利权人造成直接经济损失 50 万元以上的;③假冒两项以上他人专利,非法经营数额在 10 万元以上或者违法所得数额在 5 万元以上的;④其他情节严重的情形。

此处的"非法经营数额",是指行为人在侵犯知识产权行为过程中,制造、存储、运输、销售侵权产品的价值。已销售的侵权产品的价值,按照时间销售的价格计算。制造、存储、运输和未销售的侵权产品的价值,按照标价或者已经查清的侵权产品的实际销售平均价格计算。被侵权产品没有标价或者无法查清其实际销售价格的,按照被侵权产品的市场中间价格计算。此外,多次实施侵犯专利权行为,未经行政处理或者刑事处罚的,非法经营数额、违法所得数额或者销售金额累计计算。

15.1.4 专利纠纷解决途径

未经专利权人许可,实施其专利,即侵犯其专利权,引起纠纷的,由当事人协商解决;不愿协商或者协商不成的,专利权人或者利害关系人可以向人民法院起诉,也可以请求管理专利工作的部门处理。管理专利工作的部门处理时,认定侵权行为成立的,可以责令侵权人立即停止侵权行为,当事人不服的,可以自收到处理通知之日起15日内依照《行政诉讼法》向人民法院起诉;侵权人期满不起诉又不停止侵权行为的,管理专利工作的部门可以申请人民法院强制执行。进行处理的管理专利工作的部门应当事人的请求,可以就侵犯专利权的赔偿数额进行调解;调解不成的,当事人可以依照《民事诉讼法》向人民法院起诉。

15.1.4.1 调解

《专利法》第七十九条规定:除专利法第五十七条规定的外,管理专利工作的部门应当事人请求,还可以对下列专利纠纷进行调解:

(一)专利申请权和专利权归属纠纷;
(二)发明人、设计人资格纠纷;
(三)职务发明的发明人、设计人的奖励和报酬纠纷;
(四)在发明专利申请公布后专利权授予前使用发明而未支付适当费用的纠纷。

对于前款第(四)项所列的纠纷,专利权人请求管理专利工作的部门调解,应当在专利权被授予之后提出。

15.1.4.2 行政解决

专利管理机关是国务院各部委和地方人民政府根据中国专利法的规定,在本部门、本地区设立的管理专利工作的行政部门。利管理机关可以处理以下专利纠纷:专利侵权纠纷;有关发明专利申请公布后,专利权授予前,他人实施发明的费用纠纷;专利申请权和专利权归属纠纷;关于对职务发明人奖励和报酬的纠纷。

专利管理机关对上述纠纷所作出的处理决定,当事人不服的,可以向专利管理机关所在地的中级人民法院起诉,当该法院对专利案件无管辖权时,当事人可以向专利管理机关所属省、自治区、直辖市人民政府所在地的中级人民法院起诉。

双方当事人在规定的期限内没有向人民法院起诉的,专利管理机关的处理决定即发生法律效力。专利管理机关对侵权行为作出的处理决定,当事人期满不起诉,又不履行的,专利管理机关可以请求人民法院强制执行

15.1.4.3 仲裁

与诉讼相比,仲裁相对便捷、省时、公正,但仲裁适用"一裁终局"规则,且双方当事人签订仲裁协议是仲裁之前提,因此,仲裁制度有着自身的优劣。在美国,近年来美国国家专利商标局正在尝试"干预"程序,即专利权利纠纷专家强制仲裁制度,寻求有关当事人自愿的基础上解决专利纠纷,成效显著,值得借鉴。

15.1.4.4 诉讼

此处的专利诉讼救济,不包括专利行政诉讼,即不服专利管理部门专利决定提起的专利

行政诉讼,仅仅是针对专利民事诉讼,即专利人认为他人行为侵犯其合法权利时向人民法院起诉寻求救济的法律制度。专利诉讼适用普通民事诉讼程序,只是在专利诉讼的管辖方面具有特殊性。由于专利诉讼具有很强的专业性、技术性,对法官的素质要求较高,所以法律规定对专利诉讼管辖有特殊的规定。

1. 专利侵权案件起诉条件

(1) 请求人是专利权人或者利害关系人;

(2) 有明确的被请求人;

(3) 有明确的请求事项和具体事实、理由;

(4) 属于市管理专利工作的部门受案范围和管辖;

(5) 当事人没有就该专利侵权纠纷向人民法院起诉。

2. 专利侵权案件管辖

在级别管辖方面,专利纠纷第一审案件,由各省、自治区、直辖市人民政府所在地的中级人民法院和最高人民法院指定的中级人民法院管辖;在地域管辖方面,因侵犯专利权行为提起的诉讼,由侵权行为地或者被告住所地人民法院管辖。因此,专利侵权的起诉应当向侵权行为地或被告住所地的有管辖权的中级人民法院提起。如果是实用新型专利侵权,则侵权行为地应为被控侵犯实用新型专利权的产品的制造、使用、许诺销售、销售、进口等行为的实施地及以上侵权行为的侵权结果发生地。上述行为地点不一致的,可以依法根据实际情形选择最有利的管辖法院。

3. 专利侵权诉讼时效

侵犯专利权的诉讼时效为二年,自专利权人或者利害关系人得知或者应当得知侵权行为之日起计算。

发明专利申请公布后至专利权授予前使用该发明未支付适当使用费的,专利权人要求支付使用费的诉讼时效为二年,自专利权人得知或者应当得知他人使用其发明之日起计算,但是,专利权人于专利权授予之日前即已得知或者应当得知的,自专利权授予之日起计算。

【思考】专利侵权的诉讼时效有无特殊性?

专利侵权诉讼时效是权利人依照民事诉讼法规定向人民法院提起民事诉讼,请求人民法院判令被指控侵权人停止侵权行为的诉讼期间。专利侵权诉讼的时效,依据民法通则和专利法的规定为二年,自专利权人或者利害关系人得知或者应当得知侵权行为之日起计算。一些持续进行的专利侵权行为,权利人从知道或者应当知道专利权被侵害起二年内未予追究,当权利人提起侵权之诉时,权利人的专利权仍在法律规定的保护期内,侵权人仍然在实施侵权行为。对于这种连续实施的专利侵权行为,从专利权人知道或者应当知道侵权行为发生之日起至专利权人向人民法院提起诉讼之日止已超过二年的,法院一般仍然判决被告停止侵权行为,但对侵权损失赔偿额应自专利权人向人民法院起诉之日起向前推算二年计算,超过二年的侵权损失不予保护。即专在权利人提起诉讼时,如果诉讼时效已经届满并且没有法律规定的中止、中断或延长的情节的,权利人将丧失胜诉的权利,法院将依职权驳回权利人的诉讼请求。

对于发明专利申请公布后至专利权授予前使用该发明未支付适当使用费的,专利权人要求支付使用费的诉讼时效为二年,自专利权人得知或者应当得知他人使用其发明之日起计算,但是,专利权人于专利权授予之日前即已得知或者应当得知的,自专利权授予之日起计算。

4. 专利侵权诉讼材料

提起专利侵权诉讼时,应当准备相关诉讼材料。除了起诉状外,一般还应包括权属证明文件和侵权证据材料。权属证明文件根据原告的不同,提交的文件也有所不同。专利权人应当提交证明其专利权真实有效的文件,包括专利证书、权利要求书、说明书、专利年费交纳凭证;利害关系人应当提供能够证明其权属的相关证明文件;专利财产权利的继承人应当提交已经继承或者正在继承的证据材料。而侵权证据材料主要包括被控侵权产品以及专利技术与被控侵权产品技术特征对比材料,相关的票据、信函、其他侵权证据材料等。特别需要注意的是,提起侵犯实用新型专利权诉讼的原告,应当在起诉时出具由国家专利局作出的检索报告,作为实用新型专利权有效性的初步证据,否则人民法院有权不予受理。

【思考】如何理解专利无效宣告请求是专利侵权诉讼中作被告最常采用且最具效力的手段?

专利侵权诉讼中,被告一般的对抗措施是两个:一个是在答辩期间内提出专利无效的答辩,如此一来,一审法院将中止审理,原被告双方需到国家知识产权局专利复审委员会解决专利是否有效问题;另一个是被告会提出自己在先使用来抗辩构成侵权。

在专利侵权纠纷案中,作为被告一方在抗辩过程中最常用、最有效的一种手段就是对涉案专利在法院规定的答辩期内及时向国家知识产权局专利复审委员会提出"专利权无效宣告请求"。专利获得授权后,并不是一劳永逸。《专利法》规定,自专利局公告授予专利权之日起,任何单位或者个人认为该专利的授予不符合专利法有关规定的,都可以向专利复审委员会请求宣告该专利权无效。被宣告无效的专利权自始无效。专利权无效宣告请求应注意以下问题:

(1) 无效程序的启动。根据《专利法》第四十五条的规定,无效程序启动的时间为自国家知识产权局专利局授予专利权之日起的任何时候,可以一直持续到该专利权终止后。由于无效宣告请求审查决定能够对专利权终止前的某些事项产生影响,因此允许在专利权终止后提出无效宣告请求。无效宣告启动的主体:包括任何单位和个人,但是根据《专利审查指南》的规定,专利权人不可宣告自己的专利权全部无效。

(2) 无效宣告的理由。请求宣告无效的理由主要包括:认为发明创造不具备新颖性、创造性及实用性或同已有外观设计相同或相近似或与他人在先取得的合法权利相冲突;发明或者实用新型说明书中的技术方案所属技术领域的技术人员不能实现;说明书修改超出原始说明书、权利要求书范围,或超出原始图片、照片超出原始说明书、权利要求书范围,或超出原始图片、照片表示的范围;权利要求书没有以说明书为依据说明要求保护的范围;权利要求书中权利要求保护的范围不清楚;独立权利要求缺少必要技术特征;违反国家法律或者不属于专利保护范围等。在实践工作中,一个专利的申请文件的撰写质量,专利代理工作质量及发明人选择专利类型决策的正确与否,在很大程度上决定了一个专利的被无效的风险的大小。无效宣告请求人在请求宣告专利权无效或者部分无效的,应当向专利复审委员会提交专利权无效宣告请求书和必要的证据一式两份。无效宣告请求书应当结合提交的所有证据,具体说明无效宣告请求的理由,并指明每项理由所依据的证据。

(3) 无效宣告请求的审查。专利复审委员会经形式审查合格受理无效宣告请求从而启动无效宣告程序后,成立合议组对无效宣告请求案件进行合议审查。一般案件由3人组成的合议组进行审查,重大案件由5人合议组进行审查。

(4) 无效宣告请求审查决定的作出。合议组经审查作出无效宣告请求审查决定。无效宣告请求审查决定有三类:一是宣告专利权全部无效,二是宣告专利权部分无效,三是维持专利权有效。

(5) 后续的司法救济程序。根据我国《专利法》第四十六条第二款的规定,对专利复审委员会宣告专利权无效或者维持专利权的决定不服的,可以自收到通知之日起3个月内以专利复审委员会为被告向北京市第一中级人民法院起诉,无效程序的对方当事人作为第三人参加诉讼。

可见,专利无效宣告请求是专利侵权诉讼过程中作为被告一方最常采用且最具效力的手段之一。

15.1.5 专利侵权的取证方法

权利人根据案件的具体情况,选择一种最为有利可行的取证方法,尤为重要。其主要方式如下:

1. 自行取证和委托律师调查取证

由于知识产权案件专业性较强,由权利人自行取证,对取证的方向和范围把握得十分准确会有一定的难度。作为专门从事法律工作的律师,不仅具有丰富的法律知识,而且具有丰富的办案经验和熟练的诉讼技巧,其调查取证要比当事人调查取证方便得多,收集证据的范围也更加广泛、精确。

2. 申请公证机关进行证据保全

公证机关的法定业务之一便是"保全证据"。公证证据具有推定为真的效果。《民事诉讼法》第五十九条规定:"人民法院对经过公证证明的法律行为、法律事实和文书,应当确认其效力。但是,有相反证据足以推翻公证证明的除外。"公证机关对证据进行保全,其效果与法院依职权所进行的保全,是相等的。在诉前,当事人能够充分运用公证机关收集、保全证据,是一个做好诉前准备的有效措施。

3. 申请法院进行诉前证据保全

2002年最高人民法院颁布实施的《关于民事诉讼证据若干问题的规定》《关于诉前停止侵犯注册商标专用权行为和保全证据适用法律问题的解释》《关于审理著作权民事纠纷案件适用法律若干问题的解释》等司法解释中,都规定了可以在知识产权侵权案件中申请诉前证据保全。保全措施后,当事人或利害关系人应在法定时间段里提起诉讼。如果没有向法院提起诉讼,则此种保全措施应当予以解除,或者将有关证据予以销毁或发还,同时申请人还要就此所造成的损失承担赔偿责任。

4. 申请人民法院调取证据

我国《民事诉讼法》第六十四条规定:当事人及其代理人因客观原因不能自行取得的证据,或者人民法院认为审理案件需要的证据,人民法院应当调查收集。在知识产权侵权诉讼中,当事人申请法院调取的证据通常分为三类:一类是保全被控侵权产品;一类是调查被控侵权单位的财务账册,以便确定赔偿额;还有一类是调取被控侵权人存在侵权的证据。

根据《民事诉讼法》及有关司法解释的规定,法院调查收集证据有两种运作方式:一是主动依职权调查收集证据。在涉及可能有损国家利益、社会公共利益或者他人合法权益的事实以及有关程序事项时,法院应当主动依职权调查和收集证据,而无需当事人提出取证申请。二是根据当事人的申请取证。在当事人提出证据调查申请后,法院是否启动调查取证的机制还取决于法院的审查判断,只有在当事人提出的该项申请符合法院取证范围之时,法院才有义务调查取证,否则法院应当驳回该项申请。当事人申请法院调查取证应当注意两点:一是申请调查的证据范围,必须符合法定情形;二是此项申请必须注意举证时限。

法院通常采取的措施是对易拍照的被控侵权产品采用拍照的方式,或采用记录下被控侵权产品的技术特征的方式,对易于调取的书籍、商标实物等采用扣押、提取等手法,而对于被控侵权人的财务账册往往因侵权人的阻挠或隐藏而极难得到。

5. 申请行政机关调查取证

我国的《专利行政执法办法》第五章对调查取证有专章规定。管理专利工作的部门在查处案件的过程中,可以根据需要依职权调查收集有关证据。可以查阅、复制与案件有关的合同、账册等有关文件;询问当事人和证人;采用测量、拍照、摄像等方式进行现场勘验。涉嫌侵犯制造方法专利权的,管理专利工作的部门可以要求被调查人进行现场演示。涉及产品专利的,可以从涉嫌侵权的产品中抽取样品。

不管采取哪种方法收集证据,都要以客观性为前提,只有客观真实的证据才有证明力。千万不能篡改、伪造证据,否则要承担法律责任。

15.2 企业商标权的保护与救济

15.2.1 注册商标专用权的法律保护

注册商标专用权既受到商标法等民法的保护,而且还受到反不正当竞争法的保护。我国《商标法》第五十八条的规定,将他人注册商标、未注册的驰名商标作为企业名称中的字号使用,误导公众,构成不正当竞争行为的,依照《反不正当竞争法》处理。

根据《商标法》第五十九条的规定,注册商标专用权的法律保护范围是:(1) 注册商标中含有的本商品的通用名称、图形、型号,或者直接表示商品的质量、主要原料、功能、用途、重量、数量及其他特点,或者含有的地名,注册商标专用权人无权禁止他人正当使用。(2) 三维标志注册商标中含有的商品自身的性质产生的形状、为获得技术效果而需有的商品形状或者使商品具有实质性价值的形状,注册商标专用权人无权禁止他人正当使用。(3) 商标注册人申请商标注册前,他人已经在同一种商品或者类似商品上先于商标注册人使用与注册商标相同或者近似并有一定影响的商标的,注册商标专用权人无权禁止该使用人在原使用范围内继续使用该商标,但可以要求其附加适当区别标识。

【思考】发生商标民事纠纷怎么办?

发生商标民事纠纷时,商标权益人必须及时采取相应的对策,来及时保护自己的权益:

(1) 收集好涉案的证据。只要在证据充分的情形下,才有利于行政执法机关或司法审判机关对某一行为是否违法侵权尽快加以认定。

(2) 积极采取诉前临时措施和保全措施。当事人应该根据纠纷情形决定是否需要申请诉前临时措施和保全措施。人民法院采取诉前临时措施和保全措施,必须以当事人的申请为前提,人民法院不得主动地使用。

(3) 注意诉讼时效。诉讼时效是指权利人通过诉讼程序请求人民法院保护其民事权利的有效时间。《最高人民法院关于审理商标民事纠纷案件使用法律若干问题的解释》第十八条规定,侵犯注册商标专用权的诉讼时效为2年,自商标注册人或利害权利人知道或者应当知道侵权行为之日起计算。商标注册人或者利害关系人超过2年起诉的,如果侵权行为在起诉时仍在持续,在该注册商标专用权有效期限内,人民法院应当判决被告停止侵权行为,侵权损害赔偿数额应该自权利人向人民法院起诉之日向前推算2年计算。

15.2.2 商标民事纠纷案件的类型

根据商标法、民事诉讼法、行政诉讼法、《最高人民法院关于审理商标案件有关管辖和法律适用范围问题的解释》等相关法律的规定,商标民事纠纷案件的主要类型包括:

(1) 商标专用权权属纠纷案件;
(2) 侵犯商标专用权纠纷案件;
(3) 商标专用权转让合同纠纷案件;
(4) 商标许可使用合同纠纷案件;
(5) 申请诉前停止侵犯商标专用权案件;
(6) 申请诉前财产保全案件;
(7) 申请诉前证据保全案件;
(8) 其他商标案件。

15.2.3 侵犯注册商标专用权的行为表现

注册商标的专用权,以核准注册的商标和核定使用的商品为限。有下列行为之一的,均属侵犯注册商标专用权:

(1) 未经商标注册人的许可,在相同商品或者类似商品上使用与其注册商标相同或者近似的商标,可能造成混淆的。

(2) 销售侵犯注册商标权的商品的。

(3) 伪造、擅自制造与他人注册商标标识相同或者近似的商标标识,或者销售伪造、擅自制造的与他人注册商标标识相同或者近似的标识的。

(4) 未经商标注册人同意,更换其注册商标并将该更换商标的商品又投入市场的。

(5) 在相同或者类似商品上,将与他人注册商标相同或者近似的标志作为商品名称或者商品装潢使用,误导公众的。

(6) 故意为侵犯他人商标权行为提供仓储、运输、邮寄、隐匿、加工、生产工具、生产技术或者经营场地等便利条件的。

(7) 将与他人注册商标相同或者相近似的文字作为企业的字号在相同或者类似商品上使用,或者以其他方式作突出其标识作用的使用,容易使相关公众产生误认的。

(8) 复制、摹仿、翻译他人注册的驰名商标或其主要部分在不相同或者不相类似商品上作为商标使用,误导公众,致使该驰名商标注册人的利益可能受到损害的。

(9) 将与他人注册商标相同或者相近似的文字注册为域名,并且通过该域名进行相关商品宣传或者商品交易的电子商务,容易使相关公众产生误认的。

(10) 给他人的注册商标专用权造成其他损害的。《最高人民法院关于审理商标民事纠纷案件适用法律若干问题的解释》第一条规定：下列行为属于商标法第五十二条第（五）项规定的给他人注册商标专用权造成其他损害的行为：①将与他人注册商标相同或者相近似的文字作为企业的字号在相同或者类似商品上突出使用，容易使相关公众产生误认的；②复制、摹仿、翻译他人注册的驰名商标或其主要部分在不相同或者不相类似商品上作为商标使用，误导公众，致使该驰名商标注册人的利益可能受到损害的；③将与他人注册商标相同或者相近似的文字注册为域名，并且通过该域名进行相关商品交易的电子商务，容易使相关公众产生误认的。

可见，在不同的品类中使用与他人相同或相近的商标，一般不属于侵权行为。但是，如果对方的商标属于驰名商标，即使相同或相近的商标用于其他品类，只要容易使相关公众产生误认的，也属于侵犯商标权的行为。

15.2.4　商标纠纷解决方式

根据《商标法》第六十条的规定，有侵犯注册商标专用权行为引起纠纷的，由当事人协商解决；不愿协商或者协商不成的，商标注册人或者利害关系人可以向人民法院起诉，也可以请求工商行政管理部门处理。

15.2.4.1　协商解决方式

即商标纠纷发生后，由双方当事人自行协商解决的方式，该方式省时、经济、彻底。

15.2.4.2　行政解决方式

对侵犯注册商标专用权的行为，工商行政管理部门有权依法查处；涉嫌犯罪的，应当及时移送司法机关依法处理。

（1）商标侵权案件的行政管辖，既可以是侵权人所在地的工商行政管理部门，也可以是侵权行为地的工商行政管理部门。

（2）县级以上工商行政管理部门在受理商标侵权案件后，通过调查取证、在认定事实的前提下，制止侵权行为，并根据侵权人违法事实和情节轻重、作出行政处罚。具体处罚措施包括：责令立即停止销售；收缴并销毁侵权商标标识；消除现在商标上的侵权商标；收缴直接专门用于商标侵权的模具、印版或者其他作案工具；责令并监督销毁物品；根据情节处以非法经营额50%以下或侵权所获利润五倍以下发罚款，并可以责令侵权人赔偿被侵权人的损失。

（3）工商行政管理机关认为侵犯注册商标专用权的，在调查取证时可以行使下列职权：询问有关当事人；检查与侵犯活动有关的物品，对有证据证明是侵犯他人注册商标专用权的物品，可以查封或者扣押；调查与侵权活动有关的行为；查阅、复制与侵权活动有关的合同、账册等业务资料。

选择工商行政管理部门处理商标侵权案件，有其独特优势：受理案件的人员业务熟悉，处理程序简便，结案较快，因而省时省力。但其明显的不足之处是行政处理决定无终局效力，当事人如对工商行政机关处理不服的，仍可以向人民法院起诉。

15.2.4.3　诉讼解决方式

根据《最高人民法院关于审理商标案件有关管辖和法律适用范围问题的解释》的规定，法院受理以下商标案件：不服国务院工商行政管理部门商标评审委员会作出的复审决定或者裁定的案件；不服工商行政管理部门作出的有关商标的具体行政行为的案件；商标专用权权属纠纷案件;侵犯商标专用权纠纷案件;商标专用权转让合同纠纷案件;商标许可使用合同纠纷案件;申请诉前停止侵犯商标专用权案件;申请诉前财产保全案件;申请诉前证据保全案件;其他商标案件。不服国务院工商行政管理部门商标评审委员会作出的复审决定或者裁定的第一审案件,由北京市高级人民法院根据最高人民法院的授权确定其辖区内有关中级人民法院管辖。不服工商行政管理部门作出的有关商标的具体行政行为的第一审案件,根据行政诉讼法的有关规定确定管辖。商标民事纠纷第一审案件,由中级以上法院管辖。各高级法院根据本辖区的实际情况,经最高人民法院批准,可以在较大城市确定1~2个基层法院受理第一审商标民事纠纷案件。

1. 商标诉讼提起人

商标诉讼的提起人是指有权向人民法院提起请求保护商标权利的权利人。依据《商标法》规定,有权向人民法院提起商标诉讼的是指商标注册人或者利害关系人。商标注册人是指经申请,被中华人民共和国商标局核准的商标权所有人。与商标权有关的利害关系人是指与注册商标所有人签订注册商标使用合同的注册商标使用人、注册商标财产的合法继承人。

2. 起诉方式

商标注册人或者利害关系人向人民法院起诉,可以单独起诉,也可以共同起诉。《最高人民法院关于审理商标民事纠纷案件适用法律若干问题的解释》指出:在发生注册商标专用权被侵犯时,独占使用许可合同的被许可人可以向人民法院提起诉讼,排他使用许可合同的被许可人可以和商标注册人共同起诉,也可以在商标注册人不起诉的情况下,自行提起诉讼;普通使用许可合同的被许可人可经商标注册人授权,可以提起诉讼。

3. 管辖

商标侵权案件可以由侵权行为地或者侵权人所在地人民法院管辖。对此,被侵权人可以自主选择侵权行为地或侵权人所在地人民法院起诉。同时,由于商标侵权案件较为复杂,目前,最高人民法院指定中级人民法院管辖。

(1)侵犯商标权案件的地域管辖。对于侵权案件来讲,民事诉讼法规定因侵权行为提起的诉讼,由侵权行为地或被告住所地法院管辖。由于最高人民法院对商标案件规定了特殊的管辖,因此侵犯商标专用权纠纷的案件的管辖与一般侵权案件的管辖不同。基层人民法院对商标侵权案件一般并无管辖权,而基层人民法院对一般性侵权纠纷一般有管辖权。因此,对于商标侵权纠纷而言,侵权地法院或者被告住所地法院一般指的是侵权地或者被告住所地的中级人民法院,而不是基层人民法院,只有高级人民法院确定的并经最高人民法院批准的较大城市的基层人民法院才有商标案件的管辖权。按照最高人民法院的司法解释,侵权行为地,包括侵权行为实施地、侵权结果发生地。

(2)商标合同纠纷案件管辖。《民事诉讼法》第二十四条规定,合同纠纷由被告住所地或者合同履行地法院管辖。根据最高人民法院《关于适用〈中华人民共和国民事诉讼法〉若干问题的意见》的规定,当事人约定的履行地与实际履行地不一致的,以实际履行地为准。如果合同没有实际履行,当事人双方住所地又都不在合同约定的履行地的,应由被告住所地法院管辖。一般来说,合同履行地的确定要遵循以下原则。如果当事人有明确的约定,并且当事人约定的履行地与实际履行地又一致的,或者约定与实际履行地不一致的,一律以实际履行地为准。如果当事人没有约定或者约定不明确的,按照《合同法》第六十二条、第一百四十一条的规定,当事人没有约定交付地点或者约定不明确,依据《合同法》第六十一条的规定仍不能确定的,适用下列规定:标的物需要运输的,出卖人应当将标的物交付给第一承运人以运交给买受人;标的物不需要运输,出卖人和买受人订立合同时知道标的物在某一地点的,出卖人应当在该地点交付标的物;不知道标的物在某一地点的,应当在出卖人订立合同时的营业地交付标的物;履行地点不明确,给付货币的,在接受货币一方所在地履行;交付不动产的,在不动产所在地履行;其他标的,在履行义务一方所在地履行。对于商标合同纠纷案件,除商标专用权转让合同纠纷案和商标许可合同纠纷案件外,应当按照上述管辖原则来确定。对合同责任与侵权责任竞合的商标案件,由于当事人可以选择诉因起诉,因此该案件的管辖应当按照当事人选择的诉因来确定。

(3) 诉前停止侵权与财产保全案件管辖。《商标法》第五十七条规定,商标注册人或者利害关系人可以向人民法院提出诉前责令停止侵犯注册商标专用权行为的申请。《最高人民法院关于诉前停止侵犯注册商标专用权行为和保全证据适用法律问题的解释》第二条规定,诉前责令停止侵犯注册商标专用权行为或者保全证据的申请,应当向侵权行为地或者被申请人住所地对商标案件有管辖权的人民法院提出。对涉商标案件的诉前财产保全案件,《最高人民法院关于适用〈中华人民共和国民事诉讼法〉若干问题的意见》第三十一条规定:"诉前财产保全,由当事人向财产所在地的人民法院申请。在人民法院采取诉前财产保全后,申请人起诉的,可以向采取诉前财产保全的人民法院或者其他有管辖权的人民法院提起。"根据以上规定和《最高人民法院关于审理商标案件有关管辖和法律适用范围问题的解释》第一条、第二条规定,诉财产保全案件,应当向侵权行为地或者被申请人所在地对商标案件有管辖权的法院提出。商标案件的证据保全案件,也应由侵权行为地或者被申请人住所地的有商标管辖权的法院管辖。这与普通证据保全案件的管辖是不同的。

(4) 商标专用权权属纠纷等其他商标案件管辖。商标专用权权属纠纷案件,是指双方当事人对商标专用权的归属发生争议。根据《最高人民法院关于审理商标案件有关管辖和法律适用范围问题的解释》的规定,管辖法院应是有商标案件管辖权的法院,即指被告住所地的中级人民法院或者被告住所地有商标案件管辖权的基层人民法院。其他商标民事案件与商标专用权权属纠纷案件,也应由被告住所地有商标案件管辖权的人民法院管辖。

(5) 对不服工商行政管理部门作出的有关商标的具体行政行为起诉的案件的管辖。

一是级别管辖,是指确定各级人民法院之间受理第一审行政案件的分工和权限。我国《行政诉讼法》对级别管辖的具体划分是:

①基层人民法院管辖的第一审行政案件。《行政诉讼法》第十三条规定:"基层人民法院管辖第一审行政案件。"第一审行政案件由基层人民法院管辖,但是法律规定由上级人民法院管辖的除外。在一般情况下,原告和被告所在地、行政案件发案地、具体行政行为发生地或行政争议发生地,大都在基层人民法院辖区内。根据《行政诉讼法》第十三条规定,除商标局撤销注册商标的决定外,其他具体行政行为的第一审行政案件,均应由基层人民法院管辖。

②中级人民法院管辖的第一审行政案件。根据《行政诉讼法》第十四条的规定,中级人民法院管辖三类第一审行政案件,即:a. 确认发明专利权的案件、海关处理的案件;b. 对国务院各部门或者省、自治区、直辖市人民政府所作的具体行政行为提起诉讼的案件;c. 本辖区内重大、复杂的案件。对商标局撤销注册商标决定提起诉讼的案件,应由中级人民法院管辖。

③高级人民法院管辖的第一审行政案件。《行政诉讼法》第十五条规定:"高级人民法院管辖本辖区内重大、复杂的第一审行政案件。"

④最高人民法院管辖的第一审行政案件。《行政诉讼法》第十六条规定:"最高人民法院管辖全国范围内重大、复杂的第一审行政案件。"

二是地域管辖,是指确定同级人民法院之间,以辖区为标准受理第一审行政案件的分工和权限。

①一般地域管辖。一般地域管辖,是指按照当事人所在地为标准确定案件管辖的制度,除法律另有规定外,一般行政诉讼案件的管辖均按照一般地域管辖原则确定。《行政诉讼法》第十七条规定:"行政案件由最初作出具体行政行为的行政机关所在地人民法院管辖。经复议的案件,复议机关改变原具体行政行为的,也可以由复议机关所在地人民法院管辖。"上述规定,体现了由最初作出具体行政行为的行政机关所在地法院管辖为一般地域管辖原则,由被告所在地法院管辖,也体现了原告就被告原则。

②特殊地域管辖。特殊地域管辖,是相对于一般地域管辖而言,是按法律的特别规定直接确定案件管辖,即根据特殊的行政法律关系或者特殊的行政法律关系所指向的对象来确定管辖的法院。根据《行政诉讼法》的有关规定,特殊地域管辖涉及商标行政纠纷案件有两种情况:其一,经过复议的案件,复议机关改变原具体行政行为的,由原告选择由最初作出具体行政行为的行政机关所在地的人民法院,或者由复议机关所在地人民法院管辖。其二,专属管辖,即因不动产提起的行政诉讼,由不动产所在地人民法院管辖。《行政诉讼法》第十九条规定:"因不动产提起的行政诉讼,由不动产所在地人民法院管辖。"工商行政管理部门对有证据证明是侵犯他人注册商标专用权的物品进行查封的,这些物品虽未必是不动产,但如果工商行政管理部门是在非本辖区内查封的侵犯他人注册商标专用权的物品,被查封物品的当事人,可向被查封物品所在地的人民法院,对查封的强制行政措施提起行政诉讼。

裁定管辖,是在遇有特殊情况下,人民法院依照《行政诉讼法》有关规定,自由裁定具体行政案件由哪一级或哪一个人民法院管辖。

4. 诉讼时效

《最高人民法院关于审理商标民事纠纷案件适用法律若干问题的解释》规定,侵犯注册商标专用权的诉讼时效为2年,自商标注册人或者利害权利人知道或者应当知道侵权行为之日起计算。

5. 诉前保全与证据保全

商标注册人或者利害关系人有证据证明他人正在实施或者即将实施侵犯其注册商标专用权的行为,如不及时制止将会使其合法权益受到难以弥补的损害的,可以依法在起诉前向人民法院申请采取责令停止有关行为和财产保全的措施。

为制止侵权行为,在证据可能灭失或者以后难以取得的情况下,商标注册人或者利害关系人可以依法在起诉前向人民法院申请保全证据。

15.2.5 商标侵权行为的认定

一般地,构成侵权行为必须具备四个要件:一是有违法行为存在;二是有损害事实发生;三是违法行为与损害事实之间有因果关系;四是行为人主观上必须有过错。商标侵权行为是一种特殊的民事侵权行为,认定商标侵权行为无疑要考虑上述四个基本要件。同时,还应充分注意到商标侵权行为自身的特殊性。

15.2.5.1 有违法行为存在

商标违法行为的存在是侵权行为构成的前提条件。行为的违法性是指行为人实施的行为违反了《商标法》《商标法实施条例》及其他有关法律的规定,即发生了行为人未经商标注册人的许可,擅自在相同商品或类似商品上使用了与他人注册商标相同或近似的商标,或妨碍商标注册人行使商标专用权的行为。是否相同或相似,并造成混淆当事人所经营的商品与商品之间、服务与服务之间、商品与服务之间是否相同或类似,并造成混淆和误认,亦是判断侵权构成与否的重要因素。在判断时,既要对争议的主要部分进行对比,又要结合整体进行判断。

15.2.5.2 有损害事实发生

损害事实在商标侵权行为中是一个具有特殊性的条件。至于损害事实,可以是物质损害,也可以是非物质损害。物质损害是造成商标注册人在经济利益上的减少、消灭。非物质损害是因侵犯商标专用权而致使权利人的商品信誉、企业形象被损毁、贬低。非物质的损害是无形的,并且当时是无法计算的,但终归导致权利人财产利益的减损。

15.2.5.3 违法行为与损害事实之间有因果关系

侵犯商标专用权的违法行为造成了损害事实的客观存在,则违反行为与损害事实形成因果关系。例如某种假冒名牌的酒,质量很差,消费者饮用后,会误认为某种名牌酒的质量下降了。如果损害事实的发生是因为其他原因所致,则不构成商标侵权行为的构成要件。

15.2.5.4 行为人主观上有过错

在侵权责任的构成上,一般民事侵权行为以过错责任原则为归责原则,知识产权侵权行为的认定一般不以过错为要件。有无过错并不影响侵权责任的认定,然而却是衡量应承担何种民事责任的重要因素。若被告并无过错,一般判令被告停止侵权即可。在侵权责任的承担方式上,相关法律都作了较明确的规定:侵权人一般应当承担停止侵权、消除影响、赔偿损失的民事责任,侵犯人身权的,还应当承担赔礼道歉的民事责任。

注册商标专用权人请求赔偿,被控侵权人以注册商标专用权人未使用注册商标提出抗辩的,人民法院可以要求注册商标专用权人提供此前三年内实际使用该注册商标的证据。注册商标专用权人不能证明此前三年内实际使用过该注册商标,也不能证明因侵权行为受到其他损失的,被控侵权人不承担赔偿责任。

另外,注册商标专用权人请求赔偿,被控侵权人以注册商标专用权人未使用注册商标提出抗辩的,人民法院可以要求注册商标专用权人提供此前三年内实际使用该注册商标的证据。注册商标专用权人不能证明此前三年内实际使用过该注册商标,也不能证明因侵权行为受到其他损失的,被控侵权人不承担赔偿责任。

15.2.6 侵犯注册商标专用权的法律责任

15.2.6.1 民事责任

《最高人民法院关于审理商标民事纠纷案件适用法律若干问题的解释》第 21 条规定:"人民法院在审理侵犯注册商标专用权纠纷案件中,依据《民法通则》第一百三十四条、《商标法》第五十三条的规定和案件具体情况,可以判决侵权人承担停止侵害、排除妨碍、消除危险、赔偿损失、消除影响等民事责任,还可以作出罚款,收缴侵权商品、伪造的商标标识和专门用于生产侵权商品的材料、工具、设备等财物的民事制裁决定。罚款数额可以参照《商标法实施条例》的有关规定确定。工商行政管理部门对同一侵犯注册商标专用权行为已经给予行政处罚的,人民法院不再予以民事制裁。"

1. 停止侵害

即责令侵权人立即停止侵害。可以销毁构成侵权行为的物品,拆除侵权行为所用的设备,收缴直接专门用于侵权行为的工具、模板等。

2. 赔偿损失

对侵犯商标专用权的赔偿数额的争议,当事人可以请求进行处理的工商行政管理部门调解,也可以依照民事诉讼法向人民法院起诉。经工商行政管理部门调解,当事人未达成协议或者调解书生效后不履行的,当事人可以依照民事诉讼法向人民法院起诉。

侵犯商标专用权的赔偿数额,按照权利人因被侵权所受到的实际损失确定;实际损失难以确定的,可以按照侵权人因侵权所获得的利益确定;权利人的损失或者侵权人获得的利益难以确定的,参照该商标许可使用费的倍数合理确定。对恶意侵犯商标专用权,情节严重的,可以在按照上述方法确定数额的一倍以上三倍以下确定赔偿数额。赔偿数额应当包括权利人为制止侵权行为所支付的合理开支。另外,被侵权人因调查、取证、聘请诉讼代理人或非诉讼代理人所花的费用,侵权人也应予以赔偿。

人民法院为确定赔偿数额,在权利人已经尽力举证,而与侵权行为相关的账簿、资料主要由侵权人掌握的情况下,可以责令侵权人提供与侵权行为相关的账簿、资料;侵权人不提供或者提供虚假的账簿、资料的,人民法院可以参考权利人的主张和提供的证据判定赔偿数额。权利人因被侵权所受到的实际损失、侵权人因侵权所获得的利益、注册商标许可使用费难以确定的,由人民法院根据侵权行为的情节判决给予三百万元以下的赔偿。

销售不知道是侵犯注册商标专用权的商品,能证明该商品是自己合法取得并说明提供者的,不承担赔偿责任。

3. 消除影响

消除影响,恢复被侵权人的信誉,如责令被侵权人在报纸杂志上登载道歉声明等,以恢复被侵权人的商业信誉。

除上述责任形式外,人民法院还可以采取训诫、责令具结悔过、没收非法所得、罚款或拘留等措施。

【思考】商标侵权赔偿如何确定?

在赔偿方面,我国遵循全面赔偿原则,即赔偿数额应当足以弥补因侵犯知识产权而给权利人造成的损失,包括被侵权人为制止侵权行为所支付的合理开支。赔偿数额可以通过权利人的损失或者侵权人的获利来计算,当损失难以确定时,可由法院根据权利的性质、使用许可费的数额、侵权行为的性质、期间、后果等因素综合确定。《商标法》对商标侵权赔偿做了以下规定:

第五十六条:"侵犯商标专用权的赔偿数额,为侵权人在侵权期间因侵权所获得的利益,或者被侵权人在被侵权期间因被侵权所受到的损失,包括被侵权人为制止侵权行为所支付的合理开支。前款所称侵权人因侵权所得利益,或者被侵权人因被侵权所受损失难以确定的,由人民法院根据侵权行为的情节判决给予五十万元以下的赔偿。销售不知道是侵犯注册商标专用权的商品,能证明该商品是自己合法取得的并说明提供者的,不承担赔偿责任。人民法院依据《商标法》第五十六条第一款的规定确定侵权人的赔偿责任时,可以根据权利人选择的计算方法计算赔偿数额。"

《商标法》第五十六条第一款规定的侵权所获得的利益,可以根据侵权商品销售量与该商品单位利润乘积计算;该商品单位利润无法查明的,按照注册商标商品的单位利润计算。《商标法》第五十六条第一款规定的因被侵权所受到的损失,可以根据权利人因侵权所造成商品销售减少量或者侵权商品销售量与该注册商标商品的单位利润乘积计算。侵权人因侵权所获得的利益或者被侵权人因被侵权所受到的损失均难以确定的,人民法院可以根据当事人的请求或者依职权适用《商标法》第五十六条第二款的规定确定赔偿数额。当事人按照本条第一款的规定就赔偿数额达成协议的,应当准许。《商标法》第五十六条第一款规定的制止侵权行为所支付的合理开支,包括权利人或者委托代理人对侵权行为进行调查、取证的合理费用。

关于商标侵权民事赔偿额的确定,首先应确定商标侵权民事赔偿范围,然后再确定赔偿标准。具体而言,商标侵权民事赔偿范围包括因侵权造成的直接损失和间接损失。直接损失表现为权利人的产品因侵权行为导致销售量减少、利润下降。间接损失包括权利人可得利益的损失和为制止侵权行为,防止损失扩大而支付的合理费用,即权利人对侵权行为进行调查、取证的合理费用和符合国家有关部门规定的律师费用,以及权利人商誉和商标权自身精神利益损害的赔偿。

15.2.6.2 行政责任

工商行政管理部门处理时,认定侵权行为成立的,责令立即停止侵权行为,没收、销毁侵权商品和主要用于制造侵权商品、伪造注册商标标识的工具,违法经营额五万元以上的,可以处违法经营额五倍以下的罚款,没有违法经营额或者违法经营额不足五万元的,可以处二十五万元以下的罚款。对五年内实施两次以上商标侵权行为或者有其他严重情节的,应当从重处罚。销售不知道是侵犯注册商标专用权的商品,能证明该商品是自己合法取得并说明提供者的,由工商行政管理部门责令停止销售。

15.2.6.3 刑事责任

未经商标注册人许可,在同一种商品上使用与其注册商标相同的商标,构成犯罪的,除赔偿被侵权人的损失外,依法追究刑事责任。伪造、擅自制造他人注册商标标识或者销售伪造、擅自制造的注册商标标识,构成犯罪的,除赔偿被侵权人的损失外,依法追究刑事责任。销售明知是假冒注册商标的商品,构成犯罪的,除赔偿被侵权人的损失外,依法追究刑事责任。具体而言,为保障社会主义市场经济秩序和人民群众的合法权益,根据《刑法》《刑事诉讼法》《商标法》及其他法律规定,对假冒注册商标犯罪做了以下规定:

(1) 对生产者、销售者违反商标管理法律、法规,假冒他人注册商标,达到立案标准的,应当依法追究刑事责任。

(2) 假冒他人注册商标,违法所得(即销售收入,下同)数额达到下列标准的,应予立案:

① 未经注册商标所有人许可,在同一种商品上使用与其注册商标相同的商标,违法所得数额在二万元以上的。

②销售明知是假冒注册商标的商品,违法所得数额在二万元以上的。

③伪造、擅自制造他人注册商标标识或者销售伪造、擅自制造的注册商标标识,违法所得数额在一万元以上的。同假冒他人注册商标犯罪人通谋,为其提供制造、销售、使用、仓储、运输、邮寄、隐匿等便利条件,以假冒注册商标的共犯追究刑事责任。

(3) 假冒他人注册商标,具有下列情形之一的,视为情节严重,应予立案:

①非法经营额在十万元以上的。

②伪造、擅自制造他人注册商标标识或者销售伪造、擅自制造的注册商标标识在二万件(套)以上的。

(4) 假冒他人注册商标,虽未达到上述,但有下列情形之一的,也视为情节严重,应予立案:

①因假冒他人注册商标,被工商行政管理部门给予两次行政处罚又假冒他人注册商标的。

②假冒他人已经注册的人用药品商标的。

③利用贿赂等非法手段推销假冒商标商品或者伪造、擅自制造的他人注册的商标标识的。

④假冒他人注册商标造成恶劣社会影响、国际影响的。

(5) 企业事业单位具有上列行为达到法定立案标准的,人民检察院应当予以立案,依法追究刑事责任。

(6) 凡与生产、销售伪劣商品犯罪行为具有直接联系的假冒他人注册商标案件,由检察机关立案侦查。检察机关认为需要自己直接受理的生产、销售伪劣商品犯罪的案件,也可自行立案侦查。

假冒注册商标在剽窃注册人商品信誉的同时,还损害消费者的利益,因此各国都将假冒注册商标列入犯罪行为,对犯罪人予以刑事制裁。我国《刑法》也对此做了以下规定:

(1) 未经注册商标所有人许可,在同一种商品上使用与其注册商标相同的商标,违法所得数额较大或者有其他严重情节的,即构成犯罪。处3年以下有期徒刑或者拘役,可以并处或者单处罚金。对于违法所得数额巨大的,处3年以上7年以下有期徒刑,并处罚金。

(2) 销售明知是假冒注册商标的商品,违法所得数额较大的,亦构成假冒注册商标罪,比照前述规定处罚。

(3) 伪造、擅自制造他人注册商标标识或者销售伪造、擅自制造的注册商标标识,违法所得数额较大或者有其他严重情节的,比照上述规定处罚。由此可见,刑法规定的假冒注册商标行为更具体,也更符合实际了。它不但便于执行,也使得商标专用权的保护更加充分、有力。与此同时,刑法将假冒注册商标罪的最高刑期由3年提高到7年,无疑加大了对假冒注册商标犯罪分子的威慑力量。

【思考】商标代理机构有可能承担哪些法律责任?

商标代理机构有下列行为之一的,由工商行政管理部门责令限期改正,给予警告,处一万元以上十万元以下的罚款;对直接负责的主管人员和其他直接责任人员给予警告,处五千元以上五万元以下的罚款;构成犯罪的,依法追究刑事责任:

(1) 办理商标事宜过程中,伪造、变造或者使用伪造、变造的法律文件、印章、签名的;

(2) 以诋毁其他商标代理机构等手段招徕商标代理业务或者以其他不正当手段扰乱商

标代理市场秩序的；

(3) 违反《商标法》第十九条第三款、第四款规定的。

商标代理机构有上述行为的，由工商行政管理部门记入信用档案；情节严重的，商标局、商标评审委员会并可以决定停止受理其办理商标代理业务，予以公告。

商标代理机构违反诚实信用原则，侵害委托人合法利益的，应当依法承担民事责任，并由商标代理行业组织按照章程规定予以惩戒。

15.2.7 商标侵权抗辩

15.2.7.1 商标侵权先用权抗辩

关于商标侵权的在先权利抗辩，在我国《商标法》中有所体现，其中第九条规定"申请注册的商标不得与他人在先取得的合法权利相冲突"，第三十一条规定"申请商标注册不得损害他人现有的在先权利，也不得以不正当手段抢先注册他人已经使用并有一定影响的商标"，但对在先权利的范围没有明确规定。在商标侵权诉讼中，被控侵权人常以行使自己在先享有的知识产权为由进行抗辩，这形成所谓的权利冲突。

"在先权利"是指在商标注册申请人提出商标注册申请之前，他人已经取得的权利，比如外观设计权、著作权、企业名称权等等。商标法领域的在先用权是指某人在他人申请商标注册前已经在相同或者类似商品上使用与注册商标相同或近似的商标，当他人申请注册的商标被核准注册后，该先用人享有在原有范围内继续使用其商标的权利，但该使用人不得扩大使用范围，也不能转让或许可该未注册商标。先用权是针对在先注册的商标的，故该制度主要存在于实行注册原则的国家和地区。先用权制度的立法价值就在于，保护虽没有注册但已经在市场上有一定声誉的商标在先使用人的利益，从而稳固已有的社会经济关系，实现注册商标专用权保护和先用权人之间的利益平衡。

先用权制度既要充分考虑在先使用人的利益，以实现商标法公平合理地分享知识财产的社会目标；也要充分保障商标权人的利益，在先使用人对他人相同或近似的注册商标的使用不能使消费者对商品或服务的来源产生混淆。为此，先用权抗辩需满足以下条件：

(1) 在先使用的事实。即主张先用权抗辩的人在他人申请商标注册之前确已在生产经营活动中于相同或者类似商品上使用与注册商标相同或近似的商标。

(2) 在先使用的商标在他人申请注册商标之前已经产生了一定的影响，并为相关消费者所熟悉。

(3) 先用权的范围应当限制在他人注册商标被核准注册前所使用的商品范围，而不能任意扩大。这种范围通常是限于原有的商品品种或服务范围，而不能任意扩大。

(4) 在他人申请注册的商标核准注册后，先用权人对该商标的使用应以不造成消费者混淆为原则，不能接商标权人的影响销售自己的商品。也就是说，先用权人不得出于不正当竞争的目的继续使用其商标。在具体做法上，先用权人可以通过在自己的商品上附加一定的标记的形式与商标权人的产品作出区别，如标明自己的厂名或厂址等。

15.2.7.2 商标合理使用的侵权抗辩

商标侵权案件中的不侵权抗辩事由包括商标合理使用抗辩事由。其中，商标侵权商标的合理使用是指商标权人以外的人在一定条件下，以叙述性使用、指示性使用等方式善意使用商标权人的商标而不构成侵犯商标专用权的行为。同专利权和著作权的合理使用制度一样,商标合理使用是一种重要的侵权抗辩事由。

《TRIPs协议》第十七条规定,成员可规定商标权的有限例外,诸如对说明性词汇的合理使用之类,只要这种例外顾及了商标所有人及第三方的合法利益。该条是对合理使用制度的原则性规定。很多国家均对商标的合理使用做出了规定,如美国《兰哈姆法令》的第三十三条、法国《知识产权法典》第L713-6条、《德国商标法》第二十三条、《日本商标法》第二十六条等。

我国对商标合理使用的规定体现在《商标法实施条例》第四十九条,该条规定注册商标中含有的本商品的通用名称、图形、型号,或者直接表示商品的质量、主要原料、功能、用途、重量、数量及其他特点,或者含有地名,注册商标专用权人无权禁止他人正当使用。

15.2.7.3 商标权穷竭抗辩

1. 商标权穷竭抗辩的概念

商标权穷竭又称为商标权用尽或权利穷竭,是指商标权人或者其被许可人将附载注册商标标识的商品投入市场后,其他任何人进一步使用或者销售该商品,不受商标权人的控制;买售商标权商品的人,只要不是最终消费者,仍要继续在该商品上使用该商标。商标权穷竭抗辩制度的立法价值在于,平衡商标权人的商标权和附载注册商标标识的商品所有人的物权,保障商品在市场上的正常流通,促进经济贸易活动的正常运行。即通过限制商标权而实现贸易自由,体现了知识产权法对权利人利益和社会福祉的综合考量。

2. 商标权穷竭抗辩的条件

商标权穷竭抗辩必须满足以下要件:

首先,合法投入。商标权穷竭原则只适用于"合法投入"市场的商品,这是商标权穷竭的前提条件。即附载注册商标标识的商品首次进入流通领域必须是由商标权人控制的,必须是经商标权人合法投入的。

其次,告知来源。第三者在进一步销售附载注册商标标识的商品时,有义务以显著方式告知消费者商品来源。第三者转售时不能改变商品原样,不能与其他商品混合,甚至不能重新包装。我国《商标法》第五十二条第(四)项明确规定,未经商标注册人同意,更换其注册商标并将该更换商标的商品又投入市场的,属于侵犯注册商标专用权的行为。

最后,保障质量。第三者在进一步销售时,必须保障商品质量,不能改变商品原样,不能与其他商品混合,否则会有不正当竞争之嫌。

15.3 企业商业秘密保护与救济

商业秘密是企业宝贵的信息资源和无形的知识资产,是企业保持竞争优势和提升竞争能力的武器之一。商业秘密包括经营秘密与技术秘密两方面,侵犯商业秘密的行为多种多样。

15.3.1 侵犯商业秘密的行为

侵犯商业秘密行为主要有六种表现形式:

(1) 以盗窃、利诱、胁迫或者其他不正当手段获取权利人的商业秘密;

(2) 披露、使用或者允许他人使用以前项手段获取权利人的商业秘密；

(3) 与权利人有业务关系的单位和个人违反合同约定或者违反权利人保守商业秘密的要求，披露、使用或者允许他人使用其所掌握的权利人的商业秘密；

(4) 权利人的职工违反合同约定或者违反权利人保守商业秘密的要求，披露、使用或者允许他人使用其所掌握的权利人的商业秘密；

(5) 第三人明知或者应知属于侵犯商业秘密的违法行为，仍从侵权人处获取、使用或者披露权利人的商业秘密；

(6) 以高薪或者其他优厚条件聘用掌握或者了解权利人商业秘密的人员，以获取、使用、披露权利人的商业秘密。

15.3.2　侵犯商业秘密的法律责任

为加强对商业秘密的保护，我国《反不正当竞争法》第二十条规定了侵犯商业秘密的民事责任，即经营者违反该法规定，给被侵害的经营者造成损害的，应当承担损害赔偿责任；第二十五规定了相应的行政责任，即对侵犯商业秘密的行为，监督检查部门应当责令停止违法行为，可以根据情节，处以1万元以上20万元以下的罚款。我国《刑法》第二百一十九条规定了侵犯商业秘密罪，即实施侵犯商业秘密行为，给商业秘密的权利人造成重大损失的，处3年以下有期徒刑或者拘役，并处或者单处罚金；造成特别严重后果的，处3年以上7年以下有期徒刑，并处罚金。因此，权利人发现自己的商业秘密被侵犯后，要及时向工商行政管理局提出控告或向人民法院提起诉讼，以保护自己的合法权益。

15.3.3　商业秘密侵权案件原告的举证责任

企业平时在对自己的商业秘密保护的同时，有必要收集相应的材料，作为将来可能发生的诉讼所需的证据。商业秘密侵权的原告提起诉讼的主要请求一般包括停止侵权、赔偿损失、承担诉讼费用以及其他的民事责任。根据"谁主张谁举证"的原则，原告对其诉讼主张应当作如下举证：

一是技术信息或者经营信息等客观存在的证据。这是商业秘密构成的主要内容，也是权利人主张权利的主要内容。当事人向法院提供的证据，应是需要经过诉讼而保护的技术信息或经营信息，并应指出具体的保护范围，确定秘密点。这些证据的形式可以是图纸，也可以是实物。

二是技术信息或经营信息权属的证据。有的技术信息或经营信息是通过自身开发而取得的，有的则是通过转让而获得的，技术信息或经营信息的所有权人是合格的当事人，既无所有权也无使用权的人则不能主张权利。

三是保密措施的证据。保密措施的证据一般包括以下几个方面：①对技术信息载体加强管理的有关规定。如筛选保密文件，确定保密期限，加盖保密印章，资料的复制和销毁等规章制度。②在全体职工大会上或有关技术人员会议上提出保密要求。③对涉及技术秘密的场所和人员制定严格的保密制度。④保密约定，即权利人与特定的对象订立保密合同，明确权利与义务，等等。保密措施的举证是否到位，以"适当"为准，一般应掌握这样的原则：权利人在主观上有保密的意愿，在客观上有保密的行为，并且这些行为足以使相对人明确自己具有保密义务。

四是技术信息或者经营信息的实用性和价值性的证据。法律保护的是权利人的价值和利益,如果不能证明在正当竞争中因权利带来价值和利益,则法律保护没有任何意义。该证据的实质是表明技术信息或经营信息具有确定性,是完整的可应用的方案,而不是大概的原理或抽象的概念。

五是侵权行为的证据。侵权的行为表现前已述及,权利人必须举证以证明上述侵权行为的一种或者几种的客观存在。

六是侵权范围的证据。该证据主要是表明侵权范围大小,如产品市场范围,商业秘密扩散程度。只有对侵权范围进行确定,才能相对确定赔礼道歉等民事责任的范围。

七是主观过错的证据。主要是指第三人对获取、使用、披露的商业秘密是否"明知"或"应知"其来源不当。

八是经济赔偿的证据。计算经济赔偿额的依据主要有三种方式:①以权利人的损失为依据;②以侵权人的赢利所得为依据;③以该商业秘密的转让费或研制、开发费为依据。原告应当根据案情,提供相关的证据,如原、被告双方的年产量,利润率,侵权前后损失情况对比,双方的年报表以及纳税情况,研制、开发该商业秘密的费用,转让该商业秘密的费用及其评估资料,被告的产品的市场占有情况、客户变化情况,商业秘密披露的程度,等等。

九是合理费用的证据。举证的目的是证明原告因调查被告侵害其商业秘密所支付的合理费用并为被告承担该费用提供依据。该证据一般包括原告因调查支出的车旅费及食宿费;调查有关档案、索取相关资料而支出的费用,调查有关的财产情况或作一些证据调查聘请有关财会人员或法律工作者所支出的费用,等等。

15.3.4 商业秘密侵权案件被告的举证责任

根据原告的诉讼请求和证据,被告应当提出抗辩的理由,并根据案情,提出反驳证据,以及根据举证责任相对转移的规则,由被告进行举证:

被告可从以下几方面提出反驳证据:

(1) 商业秘密不能成立的证据。作为被告应从这三个方面提出一些证据,表明技术信息或经营信息不能构成商业秘密。

第一,技术信息或经营信息已公知的证据,被告可以从国际、国内的技术领域、生产领域举出有关公知的资料、产品、方案,等等,以证明该信息是可以从公开渠道直接获取的。

第二,保密措施不适当的证据。技术信息或者经营信息上升为商业秘密,需要适当的保密措施为前提,若原告未采取保密措施,或保密措施不当,则不能作为商业秘密保护。如果被告能举证证明,原告没有采取保密措施,将有关资料置于公开场合;或者没有具体确定保密范围及保密内容;或者没有将有关保密规章制度告知相对人,以明确相对人的保密义务,这些都表明保密措施不适当。

第三,该信息不具有经济价值或不具有实用性的证据。被告可以举出证据证明所谓的技术信息尚处于概念、意向阶段等,还不具有确定的可应用性,不能为权利人带来现实的或者潜在的经济利益或者竞争优势。

(2) 侵权行为不存在的证据。被告可以通过有关证据证明无以不正当手段获取商业秘密的行为;无违约将所掌握的商业秘密进行使用、泄露的行为,等等。

(3) 不明知和不应知的证据。这主要是通过相关证据反驳原告提出的明知或应知的证据以证明自己对商业秘密的获取和使用等行为是善意的。

（4）有关损害的证据。被告通过这方面的反驳证据以证明原告的实际损失并不存在，或者损失较小，同时以此证明损害的范围。

15.3.6　企业泄密应急机制

泄密事件发生后，应尽快评估泄密对商业秘密的损害状况，采取相应的补救措施保护商业秘密，并决定采取何种法律来弥补自己的损失。

（1）商业秘密保护的补救措施。申请专利并不是保护技术的唯一途径，对于易于为社会共知的技术，要用专利加以保护。当发现商业秘密遭到侵害时，企业可结合实际情况，考虑转用专利等其他方式进行权利保护，也即"转地下保护为地上保护"。

（2）健全侵权赔偿机制。作为企业来说，遇到商业秘密纠纷或者自己的商业秘密受到侵犯，首先要搞清自己的商业秘密范围，是否具有可靠的书面、电子等材料，受到侵犯的范围、程度，侵权者行为的证据等。

在决定是否采取诉讼方式时，要考虑诉讼对企业业务及客户的影响、胜诉的意义、诉讼中进一步泄密的可能性：①对于商业秘密本身权属就争议较大、涉及相当多的专业技术问题等纠纷，宜于向人民法院提起诉讼；②如果经过评估认为所失商业秘密价值巨大后果严重，证据又比较充分，可以向当地公安机关投诉要求追究行为人的刑事责任；③在市场发现对商业秘密侵权的商品等，是非分明，无需太多的证据，也可以采取向工商行政管理局投诉要求行政查处的办法。不过应当注意同时提出赔偿要求。

如决定采取诉讼方式，要准确选择诉讼对象：①仅是个人侵犯商业秘密的，应以该个人为被告；②其他单位"挖墙脚"的，应以该单位及个人为共同被告；③其他单位虽非"挖墙脚"但已通过个人掌握了商业秘密的，应以该单位及个人为共同被告。

15.4　其他知识产权的保护与救济

15.4.1　商誉侵权行为

15.4.1.1　商誉侵权行为表现

一是出现在比较广告、产品宣传、产品促销等经营活动中的诽谤、诋毁行为。如利用散发公开信、召开新闻发布会、刊登对比性广告、声明性广告等形式，制造、散布贬损竞争对手商业信誉、商品声誉的虚假事实；或在对外经营过程中，向客户及消费者散布虚伪事实，贬低竞争对手的商业信誉或商品声誉；或组织人员，以顾客或消费者的名义，向有关经济监督管理部门作关于竞争对手产品质量低劣、服务质量差、侵害消费者权益等情况的虚假投诉，以增加竞争对手的社会投诉量，从而达到贬低其商业信誉的目的等等。

二是《反不正当竞争法》第五条所禁止的行为。即假冒他人注册商标，擅自使用知名商品特有的名称、包装、装潢，擅自使用他人的企业名称或者姓名，在商品上伪造或冒用认证标志、名优标志等质量标志，伪造产地等，这些行为不仅构成对他人的商标权等知识产权的侵害，而且也损害了权利人的商业信誉和商品声誉，构成了对商誉权的侵害。

三是商标的反向假冒。所谓商标的反向假冒，就是指经营者未经商标权利人的许可，将他人商品的商标去除后换上自己的商标，将他人的商品冒充自己的商品出售。我国在2001

《商标法》修正案第五十二条中,第一次规定了关于反向假冒的条款。该条中的第4款规定:"有下列行为之一的,均属侵犯注册商标专用权:未经商标注册人同意,更换其注册商标并将该更换商标的商品又投入市场的"。

四是商标淡化。所谓商标淡化,是指在非类似商品上使用与驰名商标相同或近似的标志,或是以一种降低商标区别性的方式使用该驰名商标,导致该驰名商标的市场形象模糊或是价值贬损的行为。商标淡化行为削弱、冲淡了他人商标的显著性和识别性,侵害该商标所承载的商誉。

15.4.1.2 商誉权的法律保护

在《反不正当竞争法》颁布以前,我国对法人的商业信誉和商品声誉的法律保护,主要体现在 1986 年通过实施的《民法通则》中。该法第五章"人身权"一节中专门规定了法人名誉权、荣誉权。但这项规定将上述权利归类于非财产权,这与发生在工商业活动中的商誉权有很大差别。因此,仅仅以法人名誉权制度来代替商誉权的专门保护是不够的。1993 年通过的《反不正当竞争法》从维护市场竞争秩序、促进市场经济健康发展的原则出发,对侵害商誉权的行为作出了明确的规定。该法第十四条规定:"经营者不得捏造、散布虚伪事实,损害竞争对手的商业信誉、商品声誉。"《刑法》第二百二十一条规定,即"捏造并散布虚伪事实,损害他人的商业信誉、商品声誉,给他人造成重大损失或者其他严重情节的,处 2 年以下有期徒刑或者拘役,并处或单处罚金",进一步追究行为人的刑事责任。

15.4.2 商标与企业名称冲突

商标与使用企业名称冲突纠纷,从侵权人的行为性质上看,主要是借助于合法的形式侵害他人商誉,表现为使消费者对商品或者服务的来源以及不同经营者之间具有关联关系产生混淆误认,故一般属于不正当竞争纠纷,应当适用《民法通则》《反不正当竞争法》进行调整;将与他人注册商标相同或者近似的文字作为企业字号在相同或者类似商品上单独或和突出使用,容易使相关公众产生误认的,属于侵犯他人注册商标专用权的行为,应当适用《商标法》进行调整。

"葫芦娃"案①

【案件背景】

"葫芦娃"是我们非常熟悉的动漫形象,动画《葫芦娃》作为中国动画第二个繁荣时期的代表作品之一,自 1986 年播出以来一直受到广大观众尤其是少年儿童们的喜爱,已成为中国动画经典。然而,二十年后,围绕"葫芦娃"这一角色形象的著作权归属问题,却发生了诉讼纠纷。"葫芦娃"案,即"葫芦娃"角色形象著作权权属纠纷案,原告是胡某、吴某,被告是上海美术电影制片厂。本案涉及动画造型著作权的认定,法人作品与职务作品、一般职务作品与特殊职务作品的比较和区分等法律问题,以及计划经济时代著作权归属的司法政策问题。

---

① 本案例改编自《上海市第二中级人民法院民事判决书(2011)沪二中民五(知)终字第 62 号》《上海市黄浦区人民法院民事判决书(2010)黄民三(知)初字第 28 号》,该案被最高人民法院评为"2012 年中国法院知识产权司法保护十大案件"。

本案判决综合考虑了作品创作之时的特定历史条件和规章制度,以及当事人的具体行为及其真实意思表示等各个层面。结论一方面符合公众对此类作品著作权归属的通常认识,另一方面也维护了文化产业的健康发展。

【案情简介】

1953年,胡某进入美影厂工作,历任动画设计、动作设计、造型设计、导演、艺术委员会副主任等职。1964年8月,吴某进入美影厂工作,历任动作设计、造型设计、作监、导演等职。二人分别于1988年3月和1996年10月被评为一级导演和一级美术设计师。1985年11月9日,美影厂向文化部电影局上报1986年题材计划,在暂定节目项下共有各类影片四十本,其中包含剪纸片《七兄弟》(民间故事)八本。1987年1月12日,上海电影总公司向上海市人民政府报告《上海电影总公司一九八六年工作概况》中称:"今年美术片生产的主要突破是,根据广大观众特别是少年儿童的要求,在系列片创作方面作了尝试,包括剪纸片《葫芦兄弟》在内的五个系列影片,试映后获得不同程度的好评,也满足了社会对于国产系列美术片的要求。"

证人沈某(时任涉案影片的动作设计)、龚某(时任涉案影片的动作设计和绘景)、沈B(时任涉案影片的动作设计)证实:1986年前后,导演等创作人员均需完成美影厂创作办公室每年下达的任务指标,导演每年需完成一部长片(约20分钟)或二部短片(约10分钟),主要由美影厂指派任务,其他创作人员跟随导演完成相应工作量,创作成果均归属于单位。

1984年,美影厂的文学组编剧杨某根据民间故事《七兄弟》创作了《七兄弟》文学剧本大纲。1985年底,美影厂成立《七兄弟》影片摄制组,指派胡某、周某、葛某担任导演,胡某、吴某担任造型设计,二人绘制了"葫芦娃"角色造型稿。葫芦七兄弟的造型一致,其共同特征是:四方的脸型、粗短的眉毛、明亮的大眼、敦实的身体、头顶葫芦冠、颈戴葫芦叶项圈、身穿坎肩短裤、腰围葫芦叶围裙,葫芦七兄弟的服饰颜色分别为赤、橙、黄、绿、青、蓝、紫。胡某先后绘制《葫芦兄弟》十三集分镜头台本。为加快影片拍摄进度,1986年1月至12月,美影厂成立单、双集摄制组。经比对,分镜头台本中的"葫芦娃"角色造型与影片中的"葫芦娃"外形基本一致,前者为黑白、笔法简略、前后呈现细节上的诸多不一致。后者为彩色、画工精致、前后一致。1988年,胡某先后绘制《葫芦小金刚》六集分镜头台本,"金刚葫芦娃"的造型与"葫芦娃"基本一致,仅改为身穿白衣、颈项佩戴金光闪闪的葫芦挂件,以示"金刚葫芦娃"由葫芦七兄弟合体而成。

广电部电影局编印的影片目录显示,《葫芦兄弟》《葫芦小金刚》每集的美术设计基本上均署名为吴某、进某、常某。《葫芦兄弟》每集完成台本和1996年美影厂出品的葫芦兄弟系列VCD光盘的每集片尾工作人员名单显示,单集创作人员包括编剧:姚某、杨某、墨某,导演:胡某、葛某,造型设计:吴某、进某,等等;双集创作人员包括导演:胡某、周某,造型设计:吴某、进某,等等。《葫芦小金刚》每集完成台本的片尾工作人员名单显示,编剧:姚某、墨某,造型设计:吴某、进某,总导演:胡某,等等。

1987年3月和1988年3月,广电部电影局分别编印的1986年、1987年影片目录显示:1986年完成《葫芦兄弟》第一集至第九集,1987年完成《葫芦兄弟》第十集至第十三集。1990年3月、1991年3月和1992年3月,广电部电影局分别编印的1989年、1990年、1991年影片目录显示:1989年完成《葫芦小金刚》第一集至第三集,1990年完成《葫芦小金刚》第四集至第五集,1991年完成《葫芦小金刚》第六集。涉案影片上映时先是以剪纸动画片的形式在电视台播出,后在电影院公映。1996年,美影厂将涉案两部影片制作成六盒VCD进行出版发行,该出版物的封套显示:上海美术电影制片厂出品,上海电影音像出版社出版发行。2008年,美影厂将《葫芦兄弟》十三集合成制作成一部电影进行公开放映。涉案影片的投资拍摄、拷贝洗印、出版发行,在电视台和电影院播映、音像市场发行等费用均由美影厂出资。

1988年1月15日,美影厂创作办公室向广电部电影局推荐包括剪纸片《葫芦兄弟》(第三、四集)在内的共四部影片评选1986年优秀影片。1988年5月20日,美影厂向广电部电影局上报参加1986年、1987年优秀影片颁奖大会名单,其中包括《葫芦兄弟》影片的代表:导演胡某和动作设计沈某。1988年8月19日,美影厂向《葫芦兄弟》影片的创作人员发放1986年优秀影片奖的奖金7 000元。此外,《葫芦兄弟》还获得1987年儿童电影"童牛奖"。

胡某、吴某认为,"葫芦兄弟"形象作为美术作品可以独立于影片而由作者享有著作权,该美术作品属于一般职务作品,在双方未就著作权进行约定的情况下,"葫芦兄弟"角色造型形象的美术作品著作权应归二人所有。遂诉至上海市黄浦区人民法院,请求法院确认《葫芦兄弟》及其续集《葫芦小金刚》系列剪纸动画电影中"葫芦娃"(即葫芦兄弟和金刚葫芦娃)角色形象造型原创美术作品的著作权归胡某、吴某所有。

上海市黄浦区人民法院认为,本案的争议焦点在于:1."葫芦娃"角色造型是否构成作品及由谁创作;2."葫芦娃"角色造型美术作品的性质;3."葫芦娃"角色造型能否作为可以单独使用的作品并由作者单独行使其著作权;4."葫芦娃"形象与"葫芦娃"角色造型美术作品的关系。

关于争议焦点1,上海市黄浦区人民法院认为,"葫芦娃"造型设计的作者首次以线条勾勒出"葫芦娃"的基本形象,塑造出炯炯有神、孔武有力、天真可爱的"葫芦娃"角色造型,并以七色区分七兄弟,体现了作者的匠心独运与绘画技巧,其通过手工绘制而形成的视觉图像,结合线条、轮廓、服饰以及颜色的运用形成特定化、固定化的"葫芦娃"角色造型,已不再停留于抽象的概念或者思想,具有艺术性、独创性和可复制性,符合我国著作权法规定的作品的构成要件,应当受到我国《著作权法》的保护。至于"金刚葫芦娃",因其与"葫芦娃"的基本造型并无二致,仅在衣服的颜色和颈部佩饰方面稍做改动,故不构成新的作品,可归结为一个"葫芦娃"角色造型。故应认定"葫芦娃"角色造型构成美术作品。

对于"葫芦娃"角色造型由谁创作的问题,胡某和吴某提供的证据尚不足以证明其独立创作了"葫芦娃"角色造型美术作品。但是,涉案影片的影片目录、每集的完成台本和1996年美影厂出品的葫芦兄弟系列VCD光盘的每集片尾工作人员名单均显示,造型设计:吴某、进某,对该署名自影片创作完成至今双方均无异议,美影厂亦承认胡某、吴某对系争造型所作的贡献。根据我国《著作权法》的规定,如无相反证明,在作品上署名的公民、法人或者其他组织为作者,据此可认定,胡某和吴某共同创作了"葫芦娃"角色造型美术作品。

关于争议焦点2,上海市黄浦区人民法院认为,第一,从当时的社会背景来看,在涉案影片创作时,我国正处于计划经济时期,美影厂作为全民所有制单位,影片的创作需严格遵循行政审批程序,影片的发行放映需严格遵循国家的计划安排,如根据上级单位下达的年度指标任务上报年度创作题材规划,根据年初规划组织安排人员落实,创作成果归属于单位,单位并将创作成果交由相关单位统一出版发行,年底向上级单位、政府部门等汇报各项指标任务的完成情况等。在作品创作的当时,胡某和吴某作为美影厂的造型设计人员完成厂方交付的工作任务正是其职责所在,其创作的成果归属于单位是毋庸置疑的行业惯例,也是整个社会的一种约定俗成。第二,从法律法规的规定来看,当时著作权法尚未颁布,《中华人民共和国民法通则》第九十四条仅原则性地规定,公民、法人享有著作权(版权),依法有署名、发表、出版、获得报酬等权利。对于电影作品著作权的归属及电影作品中哪些作品可以单独使用并由作者单独行使著作权均未作出规定。现已失效的《图书、期刊版权保护试行条例》可供参照,其中仅规定,用机关、团体和企业事业单位的名义或其他集体名义发表的作品,版权归单位或集体所有。我们更无法要求本案当事人在系争造型创作时,能够预先按照1991年6月1日起施行的著作权法的规定,就职务作品著作权的归属以合同的形式进行明确约定。因此,认定胡某和吴某对其创作的作品于创作的当时享有著作财产权缺乏法律依据。第三,从单位的规章制度来看,根据美影厂的规定,在涉案影片创作的当时,导演等均需完成厂创作办公室每年下达的任务指标,其他创作人员跟随导演完成相应工作量。美影厂就涉案影片成立了摄制组,并指派胡某担任导演,胡某、吴某任造型设计,此系完成美影厂交付的工作任务。可见,完成法人交付的工作指标任务,取得工资、奖金及相关的医疗、分房等福利待遇,创作成果则归属于法人,符合当时社会人们的普遍认知,也是社会公众普遍认同的行为准则。第四,从取得的奖励来看,根据有关规定,美影厂自1986年1月1日起对创作人员实行酬金制,并对分给导演的奖金适当提高数额,由此说明在当时的历史条件下国家对影片主创人员创造性劳动的鼓励、尊重及对其价值的认可。胡某、吴某就系争造型的作品创作已取得远高于工资性奖金的酬金和奖励,自涉案影片最初播映的1986年起至2010年二人起诉之日前的24年间,也没有证据表明二人曾就酬金和著作权归属向美影厂提出过异议。综上,根据系争造型创作当时的时代背景、历史条件和双方当事人的上述行为,可以认定"葫芦娃"角色造型美术作品的著作权由美影厂享有,胡某、吴某仅享有表明其作者身份的权利。另一方面,虽然胡某、吴某系单位职工,造型设计属于其职责范围,系争造型是在单位主持下,为了完成单位的工作任务而进行的创作,责任亦由单位承担,但是,不能将法人意志简单地等同于单位指派工作任务、就创作提出原则性要求或提出修改完善意见等。系争美术作品的创作无须高度借助单位的物质技术条件,创作的过程也并不反映单位的意志,而是体现了作者独特的思想、感情、意志和人格。虽然,摄制组其他成员和美影厂的部门负责人曾提出过修改意见,但这并不影响对"葫芦娃"角色造型作出实质性贡献的仍然是作者个人。而且,从片尾的署名来看,造型设计也已署名两原告个人,因此,"葫芦娃"角色造型美术作品并不是代表法人的意志创作,不应认定为法人作品。

关于争议焦点3,上海市黄浦区人民法院认为,我国《著作权法》第十五条第二款"电影作品和以类似摄制电影的方法创作的作品中的剧本、音乐等可以单独使用的作品的作者有权单独行使其著作权"的适用前提之一是著作财产权归属于作者,本案中,系争造型美术作品的著作权应属美影厂所有,胡某和吴某仅享有表明其作者身份的权利,故二人也就丧失了单独行使著作权的前提,不得援引该条款获得法律的保护。

关于争议焦点4,上海市黄浦区人民法院认为,"葫芦娃"形象之所以能够成为家喻户晓、深受观众朋友喜爱的动画形象,其知名度的形成有赖于:一是美影厂于1986年作出的投资拍摄《葫芦兄弟》系列剪纸动画电影的决定;二是美影厂在1986年至1991年期间连续不断地推出《葫芦兄弟》《葫芦小金刚》共十九集系列剪纸动画电影;三是二十多年来美影厂通过电视台播映、电影院放映、发行VCD等载体形式,公开、广泛、持续、全面地传播涉案影片及所涉的"葫芦娃"形象,使之成为具有机智、勇敢、正义、协作等精神品质的可爱中国男童的代表,在广大的少年儿童乃至成人社会中产生良好的公众效应,在社会公众中享有较高的知名度,胡某、吴某对于美影厂的上述投资、出版发行等行为均未表示异议。因此,从民法的公平原则角度出发,对于"葫芦娃"形象的整体性和知名度所作的贡献均应归功于美影厂,故对胡某、吴某关于影片中"葫芦娃"形象的著作权归其所有的主张,不予支持。

最终,上海市黄浦区人民法院根据《著作权法》《著作权法实施条例》《民法通则》等规定,判决:对原告胡某、吴某要求确认《葫芦兄弟》及其续集《葫芦小金刚》系列剪纸动画电影中"葫芦娃"(即葫芦兄弟和金刚葫芦娃)角色形象造型原创美术作品的著作权归原告胡某、吴某所有的诉讼请求,不予支持。

判决后,胡某、吴某不服,向上海市第二中级人民法院提起上诉,请求撤销原判,改判确认《葫芦兄弟》及其续集《葫芦小金刚》系列剪纸动画电影中"葫芦娃"(即葫芦兄弟和金刚葫芦娃)角色形象造型原创美术作品的著作权归上诉人胡某、吴某所有。

上海市第二中级人民法院认为,从动画电影的创作过程看,动画电影中的角色形象应有在先的静态造型,该造型如构成美术作品,应受到著作权法的保护。本案中,双方当事人均确认,系争造型即"葫芦娃"角色形象最初由胡某创作,经吴某修改。被上诉人虽称该造型综合了集体的意见,代表了被上诉人的意志而最终形成,但根据现有证据,在《葫芦兄弟》动画片正式立项以前,胡某已独立创作了"葫芦娃"造型初稿,经吴某补充修改,再报美影厂相关部门审核。最终形成的"葫芦娃"造型虽经美影厂其他创作人员的若干修改而成,但与原作相比并无实质性差别,不构成新的作品。故难以证明"葫芦娃"造型是由被上诉人主持,代表其意志而创作的。此外,虽然当时已有《七兄弟》的文学剧本梗概,但该剧本的内容与后来形成的《葫芦兄弟》有较大差异,且当时尚无角色形象造型,故也不能据此认为"葫芦娃"造型是基于《七兄弟》而产生的。综上,上海市第二中级人民法院确认系争"葫芦娃"造型美术作品不属于"法人作品"。

另一方面,上诉人提交了《葫芦兄弟》前三集的分镜头台本,作为"葫芦娃"造型美术作品原件的证据。该分镜头台本因形式要件欠缺,未被上海市黄浦区人民法院采信,对此上海市第二中级人民法院不表异议。但证明作品的著作权归属并不必然与作品的载体相联系。换言之,即使上诉人未能提交其主张的造型作品的原件,也不意味着就应否认其权利。本案中,根据《葫芦兄弟》动画片的署名、证人证言,以及双方对创作过程的陈述等,足以确认上诉人创作了系争"葫芦娃"角色造型美术作品,且是为完成单位的工作任务所创作的。因此,系争作品属于《著作权法》第十六条规定的职务作品。本案的关键就在于该职务作品的著作权归属问题。

本案系争造型美术作品创作于著作权法施行之前,当时的法律法规和政策对职务作品著作权的归属并无规定,因涉案作品尚在著作权保护期内,故本案应适用著作权法的现行规定予以处理。《著作权法》第十六条区分了职务作品著作权归属的不同情况,上海市第二中级人民法院认为,系争作品属于该条第二款第(二)项规定的"特殊职务作品",即"法律、行政法规规定或者合同约定著作权由法人或者其他组织享有的职务作品",理由如下:

首先,本案中,双方当事人的确没有就系争作品的著作权归属签订书面合同,但这是特定历史条件下的行为。正如原审判决所言,难以要求本案当事人在作品创作当时,就预先按照著作权法的规定,对职务作品著作权的归属作出明确约定。同时,因为当时的法律法规对此问题也无规范,故应深入探究当事人行为时所采取的具体形式,及其真实意思表示,在此基础上才能正确判断系争职务作品著作权的归属。

其次,就当时的法律环境来看,我国尚未建立著作权法律制度,社会公众也缺乏著作权保护的法律意识,双方当事人对此也予认可。因此,才有证人所述的,谈论权利问题是"很不光彩的事情"的情况发生。这说明,针对动画电影的整个创作而言,完成工作任务所创作的成果归属于单位,是符合当时人们的普遍认知的。另外,在《葫芦兄弟》动画片拍摄过程中,时任美影厂创作办公室主任的蒋某曾明确要求创作人员不得对外投稿,而作为创作人员的本案上诉人并未对此提出异议。现有证据也不能证明上诉人是在《葫芦兄弟》动画片拍摄期间即向《动画大王》投稿的。也就是说,上诉人以实际行为遵守了被上诉人的规定。这一事实表明,双方当事人均认可被上诉人可对包括上诉人在内的创作人员提出上述要求,即被上诉人有权对动画电影的角色形象造型进行支配。因此,从诚信的角度出发,上诉人不得在事后作出相反的意思表示,主张系争角色造型美术作品的著作权。

再次,从被上诉人的行为来看,被上诉人在动画电影拍摄完成后,对上诉人将《葫芦兄弟》连环画对外投稿并出版的行为未加干涉,并不表明其放弃了权利,而只是放弃行使权利,即放弃利用作品所带来的经济利益。因为在此过程中,被上诉人的著作权并未受到质疑,也未产生如本案这样的权属纠纷,故其行为不能看作是对权属问题的表态。同理,被上诉人其后在相关侵权诉讼中未以原告的身份主张权利,也仅能作如上理解,而非如上诉人所言是不具备权利人的资格。

最后,本案中,系争"葫芦娃"角色造型美术作品确由胡某、吴某创作,体现的是二人的个人意志,故对上诉人作为作者的人格应予尊重。具体而言,对于系争作品这样的"特殊职务作品",应根据《著作权法》第十六条第二款的规定,由上诉人享有署名权,著作权的其他权利由被上诉人享有。

综上,本案系争的"葫芦娃"角色造型美术作品属于特定历史条件下,上诉人创作的职务作品,由被上诉人享有除署名权以外的其他著作权。因此,上海市黄浦区人民法院认定事实清楚,适用法律正确,上诉人胡某、吴某的上诉请求不能成立。判决驳回上诉,维持原判。

【案例思考】
1. 如何判断是否属于职务作品?
2. 结合本案,谈谈什么是"特殊职务作品"。
3. 结合本案,谈谈法律的时间效力。

第16章 网络知识产权保护

◎ **导读**：

网络是一把双刃剑，它在为人们提供方便的同时也为侵权行为提供了便利。随着计算机技术、互联网技术的飞速发展，网民人数的迅猛增加，网络知识产权保护问题也日益凸显。本章首先从整体角度讲述网络知识产权保护问题，分析了网络知识产权的特点、网络知识产权保护问题产生的根源，总结了网络知识产权侵权领域和侵权形式，探讨了网络知识产权侵权责任和应对措施。其次，专门分析了网络著作权保护问题，包括网络著作权的范围、特点、侵权表现、限制、保护途径和法律责任，鉴于信息网络传播权的独特性，本节予以专门论述。最后，专门讲述了域名保护与纠纷解决问题，包括域名纠纷类型、域名侵权的认定条件、域名纠纷解决途径等。

◎ **重点**：

1. 网络知识产权具有哪些特点？
2. 网络知识产权侵权主要集中在哪些领域？
3. 网络著作权侵权有哪些特点？
4. 我国关于信息网络传播权有什么专门规定？
5. 域名侵权如何认定？

韩寒诉百度文库案[①]

【案件背景】

互联网侵权具有成本低、隐蔽性高的特点，因此知识产权侵权行为在互联网呈现爆炸式的发展，盗版、盗链、盗播等违法行为层出不穷。1999年，王蒙等6位作家状告北京世纪互联通信技术有限公司侵犯其知识产权一案，被视为我国首起擅自将他人作品"上网"引发的著作权纠纷案。但当时法律并不健全，没有对数字化作品、网络信息传播权、网络服务商法律责任、知识产权赔偿数额等问题作出明确规定。十五年之后，我国知识产权法律体系已相当完善。然而，网络侵权并未消失，反而有愈演愈烈之势。为了防止电影产业陷入类似音乐产业那样的萧条困境，2013年11月13日，中国网络视频集体启动反盗版联合行动，优酷土豆集团、搜狐视频、腾讯视频、乐视网、万达影业、光线传媒等十大视频公司宣布，已向法院起

---

① 本案例改编自《北京市海淀区人民法院民事判决书（2012）海民初字第5558号》，该案被最高人民法院评为"2012年中国法院知识产权司法保护十大案件"之一。

诉百度等盗版侵权案件共立案百余起,涉及影视作品逾万部,索赔损失3亿元。同时将联合对视频盗版、盗链采取技术反制,全面禁止百度视频爬虫访问。百度作为最大中文搜索引擎,被指不断利用搜索引擎身份和"避风港"原则规避责任,百度音乐事件、百度文库事件、百度视频事件都成为社会争议热点问题。韩寒是当代知名青年作家,本案是作家维权联盟与百度公司就文库模式发生冲突寻求司法解决的典型案件,广受各界关注。本案判决论证了信息存储空间网络服务商的主观过错、注意义务、控制能力、技术措施等问题,意在平衡文化产品创作者、传播者以及公众的利益,促成权利人与网络企业的合作,实现互联网文化的繁荣。

【案情简介】

原告韩寒向北京市海淀区人民法院诉称,我是当代著名青年作家,知名度较高。《像少年啦飞驰》(以下简称《像》书)是我原创的代表性作品。百度公司经营的百度文库是供网友上传、在线阅读、下载小说等各类文档的网络平台,该平台自2009年11月上线以来,至2011年5月,其中的文档已经增长至1907多万份,但百度公司对上传作品不作著作权审查。2011年,我发现多个网友将《像》书上传至百度文库,供用户免费在线浏览和下载。为此,我多次致函百度公司,要求立即停止侵权、采取措施防止侵权行为再次发生,但百度公司消极处理。故我诉至法院,请求判令百度公司:1. 立即停止侵权、采取有效措施制止侵犯我著作权的行为再次发生;2. 关闭百度文库;3. 持续7天在百度网站首页赔礼道歉;4. 赔偿经济损失25.4万元(按照2000元/千字×版权页字数)并承担为制止侵权支出的合理费用4 038元(包括律师费3 800元和公证费238元)。

被告百度公司辩称:1. 我公司合法经营百度文库,百度文库具有实质性非侵权用途,属于信息存储空间,其中的文档由网友贡献,并得到网民欢迎。2. 百度文库通过多种方式向网民公示了法律法规要求的保护权利人的措施和步骤,我公司尽到了充分提醒的义务。3. 我公司收到韩寒投诉后,及时删除了投诉链接和相关作品,完全履行了信息存储空间服务商的法定义务,并将投诉作品纳入文库的文档DNA识别反盗版系统(以下简称反盗版系统)正版资源库,在现有技术条件下尽了最大努力采取措施制止侵权。我公司不存在过错,不应承担侵权责任。

一审经审理查明如下事实:

(1)《像》书及韩寒情况。2008年10月,万卷出版公司出版署名韩寒著《像》书第1版,2011年4月第11次印刷,字数127千字,定价24元。韩寒提交了辽宁万榕书业发展有限责任公司于2011年12月1日出具的《关于韩寒的三部作品信息网络传播权的说明》,称韩寒系万榕公司的签约作家,该公司于2005年8月1日起一直为韩寒提供版权经纪服务;韩寒至今未将《像》书等作品的信息网络传播权的专有许可使用权授予他人;经该公司经纪服务出版的图书最低保底发行数为50万册,每部作品稿酬累计金额经折算相当于2万元/千字。但经本院多次释明,韩寒一直未能提供出版合同、稿酬、纳税证明等表明其《像》书的稿酬标准。百度公司对上述说明不予认可,但同时表示不清楚韩寒是否将《像》书的专有信息网络传播权授予他人。诉讼中,韩寒提交了盖有京东商城图书音像采销部专用章的图书销售情况表,显示《像》书在京东网自2010年11月至2011年11月期间,累计销量为1 087册。韩寒还提交了北京当当科文电子商务有限公司于2011年12月30日出具的显示《像》书自2009年3月上架后累计销量1 490册的图书销售情况表。百度公司以京东商城图书音像采销部非独立机构为由不认可京东网图书销售情况表，以未注明哪个阶段的销量为由不认可当当公司出具的图书销售情况表。

（2）百度文库情况。百度文库由百度公司经营。(2011)京方圆内经证字第16298号公证书(以下简称第16298号公证书)显示：2011年7月18日，百度文库首页左侧栏所列文档分类有幼儿小学教育、中学教育、高等教育、外语学习、资格考试、专业文献、应用文书、文学作品、生活娱乐等，网页中间为热门推荐，右侧注明"和万千网友分享文档资料，当前已有22 735 308份文档""分享我的文档"。公告区列有"文库帮助""产品投诉及意见反馈"。"文库帮助"中设有"文库介绍"，称"百度文库是百度为网友提供的信息存储空间，是供网友在线分享文档的开放平台"。在这里，用户可以在线阅读和下载，涉及课件、习题、论文报告、专业资料、各类公文模板、法律文件、文学小说等多个领域的资料。平台上所累积的文档，均来自热心用户的积极上传。百度自身不编辑或修改用户上传的文档内容。用户通过上传文档，可以获得平台虚拟的积分奖励，用于下载自己需要的文档。下载文档需要登录，免费文档可以登录后下载，对于上传用户已标价的文档，下载时需要付出虚拟积分。当前平台支持主流的 doc(docx)、ppt、txt 等格式。韩寒认可百度文库为信息存储空间。本案第二次庭审中，百度公司表示，百度文库中的文学作品和生活娱乐栏目已于2011年9月删除；百度文库当前已有4 000多万份文档。

（3）韩寒主张百度公司侵权的情况。诉讼中，韩寒提出百度公司在百度文库推荐、编辑加工《像》书，向用户提供免费浏览、下载服务，并从中获利。推荐行为体现在文档页右侧显示的"相关推荐文档"栏；编辑行为体现为百度公司改变了涉案文档格式；获利行为体现为百度文库有很多合作伙伴，有合作就会有经济利益存在。百度公司解释，"相关推荐文档"是百度文库针对网民的搜索意图，根据文档关键词、题目和内容自动识别、匹配出与网民搜索需求类似的文档，这与百度公司主动推荐是不同的，百度公司在百度文库设有"热门推荐"栏目，其中的作品系百度公司的合作权利人提供，《像》书并不在"热门推荐"栏目中，也未在其他显著位置上；百度公司对文库中上传的作品不做编辑加工；百度文库中文档的浏览和下载均是免费的，合作伙伴自愿将相关文档放在百度文库中给网民共享，百度公司未从中获利；百度文库设置的财富值只是其吸引和鼓励网民分享文档的方式，下载文档所需的财富值由上传者自己设定，财富值归属于网民，对百度公司没有任何商业价值。

（4）百度公司就百度文库预防侵权的措施。诉讼中，百度公司表示，百度文库预防侵权的措施主要有反盗版系统、百度文库网页中网民不得上传侵权作品的提示及百度文库设置的投诉举报通道。

（5）百度公司针对《像》书所采用的制止侵权的措施百度公司表示，除了使用百度文库一般的预防侵权措施以及于2011年7月20日、2011年11月收到韩寒侵权通知及时删除涉案文档外，百度公司专门针对《像》书使用的制止侵权的措施有：①将第5755号公证书所显示的《像》书文档作为正版作品纳入反盗版系统正版资源库。②使用作者名加作品名称作为标题关键词进行文档屏蔽。上述事实，有百度公司提交的(2011)京方圆内经证字第16672、23343、23068、23069、23070、23960号公证书及本院开庭笔录、谈话笔录等予以证明。

基于上述事实，一审法院认为：(1)韩寒享有对该书包括信息网络传播权在内的著作权。(2)百度公司所实施的涉案行为侵害了韩寒享有的信息网络传播权、百度公司的行为与损害后果之间存在因果关系以及百度公司主观上存在过错。百度公司的行为满足侵权责任构成要件,应为此承担相应的法律责任。(3)关于百度公司所采取的制止侵权的措施,作为经营现有规模的百度文库的百度公司,一方面在多页面鼓励用户上传文档,并对所上传文档的格式、大小、数量等作相当宽松之要求;另一方面强调应适用法律规定的"接到通知后删除"的"避风港"规则,并将反盗版工作主要寄托于网民自觉性和尚不完善的技术措施,一定程度上造成百度文库"文学分类"等栏目一度成为侵权"重灾区",未能实现在文库资源丰富程度与制止侵权方面基本同步,确实存在经营中尚待发展完善之处。(4)关于韩寒的诉讼请求,鉴于双方均认可百度公司已经删除百度文库中的《像》书,本院再行判令百度公司停止本案侵权行为并无必要,要求关闭百度文库的主张并无法律依据,不予支持。需要指出的是,韩寒授权的代理人当庭陈述关闭百度文库的意见与韩寒本人庭后发表不希望百度文库关闭的意见矛盾,在本院多次释明后,韩寒仍不对此矛盾作出合理解释,而且在本院主动与其本人联系的情况下消极回避。韩寒作为权利人,有权通过司法程序对侵害其权利的行为寻求法律救济,也有义务按照诉讼程序配合法院查明事实并对自己的主张作出适当解释。韩寒以自行发表博客文章形式表达的意见即使是其真实意思,也需要向法院作明确陈述才能在诉讼中成为正式的法律意见。这是韩寒行使诉讼权利并履行诉讼义务的基本要求,而韩寒在诉讼中的此项态度既是对法律的不尊重,也是对法律赋予其自身民事权利的不尊重。关于赔礼道歉,适用于著作人身权被侵犯而应承担责任的情形,本案中,在韩寒未主张其著作人身权被侵犯,且无证据显示韩寒的著作人身权实际被侵犯的情形下,本院对此项请求无法予以支持。关于赔偿损失,韩寒虽然提交了万榕公司出具韩寒稿酬2万元/千字的说明,但经本院多次释明,未提交包括出版合同、纳税证明等其他任何证据证明此稿酬标准的客观性及稿酬实际支付情况,百度公司对此稿酬标准亦不予认可。经双方共同确认,两次公证保全的百度文库中的《像》书字数分别为100千字和99千字,韩寒在本案中主张按2 000元/千字版权页字数的方式计算赔偿数额,没有事实依据。本院根据韩寒及《像》书知名度、畅销情况以及百度公司的侵权行为情节、过错程度、侵权影响等因素酌情考虑赔偿数额,韩寒所提赔偿数额请求过高,本院不予全部支持。韩寒因本案支出费用的合理部分,百度公司应一并予以赔偿。由于韩寒提出过高的赔偿请求产生的案件受理费,不应全部由百度公司负担。

最终,一审法院依据《侵权责任法》第六条第一款、第三十六条、《著作权法》第四十八条第(一)项、第四十九条、《信息网络传播权保护条例》第二十二条之规定,判决如下:(1)本判决生效之日起十日内,被告北京百度网讯科技有限公司赔偿原告韩寒经济损失三万九千八百元及合理开支四千元;(2)驳回原告韩寒的其他诉讼请求。

【案例思考】

1. 什么是信息网络传播权?
2. 结合本案,谈谈网络作品侵权的判断标准。
3. 结合本案,谈谈提供信息存储空间的网络运营商,未经同意传播知名作家的知名作品,并消极等待权利人提供正版作品或通知后才删除作品的,是否应承担侵权责任。
4. 本案中,百度公司如何做才能被认定为采取了足够的制止侵权措施?
5. 结合本案,谈谈什么是"避风港"规则。
6. 本案中为什么认为韩寒不尊重法律?

16.1 网络知识产权保护概述

据中国互联网络信息中心(CNNIC)2015年7月23日发布的第36次全国互联网发展统计报告显示,截至2015年6月,我国互联网普及率为48.8%,网民总数已达6.68亿人。其中,手机网民规模达5.94亿,网民通过台式电脑和笔记本电脑接入互联网比例分别为68.4%和42.5%,网络电视使用率为16.0%。随着互联网技术的飞速发展和网民人数的不断地增加,知识产权保护也显示出新的特点,即兼具知识产权和网络技术特征的网络知识产权打破了传统知识产权的时空性,由此产生网络知识产权侵权案件频发、侵权手段多样,为知识产权保护提出了新的要求,需要特殊的法律规则予以规制。

16.1.1 网络知识产权的特点

知识产权一般具有无形性、地域性、时间性、专有性等特点,由于网络信息技术利用传播的条件发生了很大变化,网络知识产权体现出不同于传统知识产权的新特点:

其一,网络知识产权的无形性更加明显。传统知识产权虽然是一种无形财产权,保护的是权利人的智力成果,但通常而言这种智力成果要和物质载体即"固化物"相结合,譬如商标标识、专利产品、外观装潢、图书资料、视听光盘、录音录像带等。但在网络空间,智力成果通常表现为数字化的电子信号,瞬时生灭,其无形性更加明显,由此带来的知识产权保护问题更加复杂和困难。

其二,网络知识产权的时间性大大缩短。知识产权中的财产权具有时间性,只能在法定的期限内有效,逾期便进入公有领域,任何人都可以无偿占有、使用而不构成侵权。在网络信息环境下,信息传播交流的范围和速度大大超过传统环境下信息传播交流的范围和速度,相应地,智力成果的收益实现时间也就大大缩短,技术老化周期大大变短,智力成果无形损耗大为加剧。

其三,网络知识产权的地域性日趋减弱。虽然知识产权国际保护的力度在不断加大,但由于各国政治、经济、文化、技术背景的不同,各国知识产权立法仍具有明显的地域性特点。然而,国际互联网的出现,使得智力成果信息可以以极快的速度在全球范围传播,国家与国家之间的界限在网络空间越来越模糊和淡化,这一变化给知识产权的地域性带来了实质性的冲击,促使知识产权的地域性日入减弱趋势,各国知识产权立法差异大大缩小。

其四,知识产权的专有性受到影响。专有性是知识产权的本质特征,即法律对某一智力成果只授予一次专有权,为权利主体独自所享有,非经权利人许可或法律另有特别规定外任何其他人均不得占有和使用。知识产权的这种专有性也即独占性或垄断性在网络环境下收到很大影响,智力成果信息的"非物质化"特性给知识产权的确认、有偿使用、侵权监测及实施保护等专有权的实现都带来很大挑战。

16.1.2 网络知识产权保护问题的产生

随着互联网的日益普及,全球网民人数的成倍增长,人们交往和学习的方式在不断发生着新的变化。互联网为人们提供了丰富的网络资源和迅捷的交易平台,使得普通大众可以享受来自不同国家和地区的商品和信息服务,可以通过视频、文本、音频等方式进行娱乐、学习和交流。

互联网信息技术对传统知识产权的保护方式产生了很大冲击。互联网具有全球性,数字技术的发展使得大量的纸质资料、音频资料和视频资料网络传播简单化、快捷化,传统意义上的知识产权的某些特性,譬如地域性、时间性、专有性等,在网络社会都大大淡化,取而代之的是更广的传播范围、更宽的传播速度以及更容易的侵权手段。[1] 与此同时,网络知识产权侵权行为地域极广、隐蔽性极强,进一步导致侵权数量大、取证难等问题。具体而言,侵犯网络知识产权现象非常普遍的原因主要有以下几方面:其一,网络知识产权侵权方法简单。计算机技术的发展,大大"便利"了网络知识产权侵权行为,能够通过复制、粘贴、下载、P2P等简单方式就能完成。其二,网络知识产权侵权追究困难。网络技术打破了传统物理空间的限制,任何人在任何时间、任何地点都可能实施侵权行为,并且很难举证或者要付出高昂的代价才能追究侵权者的责任。其三,网络知识产权侵权人数众多。随着互联网技术的普及,网民的大幅增加,网络知识产权侵权人数也在不断增多,这必然会给知识产权法律制度的完善和司法保护的健全提出更高的要求。

知识全球化的趋势迫切需要新的法律制度应对网络知识产权的新变化。如果不对传统的知识产权法进行修改,那么网络知识产权将不仅得不到法律的保护,甚至将被现行的法律所拖累。[2]

16.1.3　网络知识产权侵权领域

网络知识产权被侵犯主要存在以下几个领域:

1. 网络著作权

网络数字空间的信息资源以非线性结构存在,容易被他人复制、篡改和消除,容易被复制和传输、压缩并被多次利用,从而造成对权利人的极大损害。

2. 数据库

数据库是信息资源最早的存在形式,随着网络环境的发展和完善,数据库得到更为迅速的发展和更为广泛的应用,也因而成为网络知识产权侵权的主要对象之一。

3. 域名

域名,又被称作网址,是连接到国际互联网上的计算机地址。域名是一种独立的知识产权,域名争端也是知识产权面临的新问题。

16.1.4　网络知识产权侵权形式

网络侵权可以分为三个层次:一是对个人利益的侵犯,譬如在网络中泄露他人隐私或者侵犯他人著作权;二是对社会公共利益的侵犯,譬如制造传播网络谣言扰乱网络秩序,三是对国家利益的侵犯,比如利用网络煽动民族分裂或者泄露国家机密。[3] 其中,侵犯网络知识产权属于第一种情形,其主要表现形式有:

一是网络转载侵权,即在没有经过原著作权人同意的情况下,把上传到网络的数字化作品进行转载,并且未注明转载出处的行为。

---

[1] 胡瑾.互联网知识产权保护的热点与难点研究.信息网络安全,2009(2).
[2] 费兰芳.劳伦斯·莱格斯网络知识产权思想述评.电子知识产权,2003(1).
[3] 王志强.网络侵权背后的思考.信息网络安全,2006(12).

二是上传和下载侵权,即未经权利人许可将其作品数字化后上传到网络或者将网络资料下载之后以营利为目的而出版发行的行为。

三是网页和网站侵权,即网页抄袭其他网页独创的文字、信息、图像、图片、视频、音频等多媒体元素,或者在网站布局、色调、排版等方面与其他网站相似,足以产生混淆误导网民的行为。

四是P2P下载侵权,即在未得到权利人同意的情况下通过peer to peer技术传播其作品,并且没有向权利人支付费用的行为。[1]

五是抢注域名侵权,即行为人恶意抢注与他人商标尤其是知名商标或驰名商标相同或者相类似的域名,并出卖域名的行为。

六是网络软件侵权,即通过下载安装电脑软件或者盗用网络软件的源代码的行为。

16.1.5　网络知识产权保护法律法规

在国际公约方面,1996年12月20日由世界知识产权组织主持缔结的《世界知识产权组织版权条约》(World Intellectual Property Organization Copyright Treaty,WCT,简称《WIPO版权条约》)以及《世界知识产权组织表演和录音制品条约》(WIPO Performances and Phonograms Treaty,WPPT,简称《WIPO表演和录音制品条约》),都针对网络知识产权保护问题作出了专门规定。如《WIPO版权条约》在第1条"与《伯尔尼公约》的关系"中开宗明义:"《伯尔尼公约》第9条所规定的复制权及其所允许的例外,完全适用于数字环境,尤其是以数字形式使用作品的情况。不言而喻,在电子媒体中以数字形式存储受保护的作品,构成《伯尔尼公约》第9条意义下的复制。"目前,包括我国在内的120多个国家都加入了这两个公约。

在国内法方面,除了《民法通则》《侵权责任法》《刑法》等传统法律法规对知识产权保护内容外,还有一些专门性的条款对网络知识产权予以特殊保护。早在2001年我国第一次修改《著作权法》时,就特别增加了信息网络传播权,"即以有线或者无线方式向公众提供作品,使公众可以在其个人选定的时间和地点获得作品的权利"。随后,又专门出台了《计算机软件保护条例》《著作权集体管理条例》《信息网络传播权保护条例》等多个法律法规,对网络版权保护进行特殊保护。为了加强互联网信息服务活动中信息网络传播权的行政保护,2005年4月30日由国家版权局和信息产业部联合制定了《互联网著作权行政保护办法》,自2005年5月30日起生效。该办法对互联网信息服务行为、互联网信息服务提供者作出了明确界定,对信息网络传播权的内容作出了细化解释,对信息网络传播权行政保护的主管部门责任作出了明确规定,这对于推动我国网络环境下知识产权的保护提供了有力保障。另外,《计算机信息电子网络国际联网管理暂行规定》《计算机信息电子网络国际联网管理暂行规定实施办法》《关于审理涉及计算机电子网络著作权纠纷案件适用法律若干问题的解释》《关于互联网中文域名管理的通告》《互联网出版管理暂行规定》《计算机网络著作权解释》等专门性法律法规,也是网络知识产权保护的特殊性规定。

---

[1] 冯聪.试论网络侵权案件的取证.信息网络安全,2008(3).

16.1.6 网络知识产权侵权责任

网络知识产权侵权行为不仅侵犯知识产权权利人的合法权益,而且增加了网络服务商的风险管理成本,不利于互联网行业的健康发展。网络知识产权侵权责任可以分为民事责任、刑事责任和行政责任。

16.1.6.1 民事责任

我国《侵权责任法》第三十六条规定:"网络用户、网络服务提供者利用网络侵害他人民事权益的,应当承担侵权责任。"可见,网络知识产权侵权与一般民事侵权并无本质不同,仅仅是改变了侵权的表现形式,因此,网络知识产权侵权仍适用侵权责任法和民法通则中的责任形式,包括停止侵害、赔礼道歉、赔偿损失等;仍适用民事责任一般归责原则,即过错原则;仍适用侵权行为地或者被告住所地人民法院管辖原则。只是在具体责任制度方面可能会有所差异,譬如,网络知识产权侵权的行为地就包括实施被诉侵权行为的网络服务器、计算机终端等设备所在地;对难以确定侵权行为地和被告住所地的,原告发现侵权行为的计算机终端等设备所在地可以视为侵权行为地。

网络用户、网络服务提供者利用网络侵害他人民事权益的,应当承担侵权责任。网络用户利用网络服务实施侵权行为的,被侵权人有权通知网络服务提供者采取删除、屏蔽、断开链接等必要措施。网络服务提供者接到通知后未及时采取必要措施的,对损害的扩大部分与该网络用户承担连带责任。网络服务提供者知道网络用户利用其网络服务侵害他人民事权益,未采取必要措施的,与该网络用户承担连带责任。

16.1.6.2 行政责任

我国《信息网络传播权保护条例》第十八条、第十九条规定了网络侵权人的行政责任,即"违反本条例规定,有下列行为之一的,由著作权行政管理部门予以警告、没收违法所得,没收主要用于避开、破坏技术措施的装置或者部件;情节严重的,可以没收主要用于提供网络服务的计算机等设备,并可处以 10 万元以下的罚款;构成犯罪的,依法追究刑事责任。"具体而言,这些行为主要包括:故意制造、进口或者向他人提供主要用于避开、破坏技术措施的装置或者部件,或者故意为他人避开或者破坏技术措施提供技术服务的;通过信息网络提供他人的作品、表演、录音录像制品,获得经济利益的;为扶助贫困通过信息网络向农村地区提供作品、表演、录音录像制品,未在提供前公告作品、表演、录音录像制品的名称和作者、表演者、录音录像制作者的姓名(名称)以及报酬标准的。

16.1.6.3 刑事责任

《关于维护互联网安全的决定》《信息网络传播权保护条例》和《关于办理侵犯知识产权刑事案件具体应用法律若干问题的解释》等相关法律法规都规定,侵权人利用互联网侵犯他人知识产权构成犯罪的,依照刑法有关规定追究刑事责任。

【思考】搜索引擎与链接技术导致的侵权如何认定责任?

搜索引擎是基于数据挖掘技术的一项互联网技术,可以帮助用户在互联网上迅速搜到到自己所需的内容,搜索引擎服务网站将搜索到的信息集中陈列在用户面前供用户使用。[①]

搜索引擎提供给用户的是一个网络链接,并没有将链接的内容直接呈现在自己的网站上,这个链接将带领用户到其网页进行浏览,质言之,搜索引擎只提供指向该网页的路标,去或者不去还需要用户自己选择。[②] 链接作为互联网上实现快捷传递和获取各种信息的一种技术手段,是互联网的重要功能,促进了资源共享的,极大地方便了用户上网。从技术角度上说,搜索引擎网站提供的只是搜索服务,引导用户按照自己的意愿利用这个工具去找到自己需要的内容。搜索引擎服务商并不存在将对方网站资源直接复制的行为,也不构成传播。此外,互联网是一个极其庞大的构成,如果每一项搜索结果都需要搜索引擎服务商对其进行合法检测,是不现实的,也是不客观的,网站上的信息若出现问题,应该由信息的提供者承担法律责任,而不能要求引擎服务商提供赔偿。但是,当著作权所有人发现自己的作品能够被搜索引擎所搜到,如果他不愿意这种情况发生,他可以在一定的时限内向搜索引擎服务商提出异议,并要求其移除该链接从而达到保证自己权益的做法。此时搜索引擎服务商需要对其异议进行核实,如果核实确是此权利人的作品,应该按照该权利人的要求在一定时限内移除链接,消除影响,若是在该有限时间内还未移除链接,则构成侵权。

网络服务商可分为网络服务提供商(Internet Service Providers,简称 ISP)和网络内容提供商(Internet Content Providers,简称 ICP)。互联网用户只要向互联网上传信息,就是网络内容提供商,对这些行为人而言,只要实施了侵权行为,无论是否存在过错,都要承担法律责任,而 ISP 是指提供互联网络的物理构架使用户和互联网之间实现互联的从业者。[③] 对他们的侵权行为认定根据我国《信息网络传播权保护条例》第二十三条规定,是过错认定,即以上所提到的通知和移除条款。

16.1.7 网络知识产权侵权的应对措施

网络技术的发展对知识产权保护产生了挑战,也带来了机遇。除了采用网络加密技术、添加数字水印防伪技术、建立互联网用户权限系统等计算机网络技术手段予以保护外,还应当采取不同于传统知识产权保护的方式方法。发生网络知识产权侵权时,权利人可采取以下几种方式:

(1) 向服务商发出警告,要求其及时删除侵权内容。在发警告时,应提交相应证据。

(2) 向服务商索要证据。当权利人确有证据证明被侵权并向网络服务提供者提出请求时,网络服务商有义务向权利人提供侵权行为人在网络上的注册资料,否则将被追究法律责任。

(3) 收集有用证据。电子证据具有高科技的特性,故其真实性难证明。为解决这一问题,当事人可以考虑以下方法(见表 16-1):

[①] 芒果.搜索引擎侵权官司引发的困惑.现代广告,2008(9).
[②] 魏颖.网络服务提供者的版权侵权及法律责任探究.四川教育学院学报,2010(1).
[③] 薛兴华.电信网络知识产权管理与法律保护对策.当代通信,2004(11).

表 16-1

进行权利登记	经过登记和封存的程序,在发生侵权诉讼时,如果对方不能提供足够、确实的反驳证据,法院可以登记的情况作为认定案件事实的直接依据
进行电子认证	通过电子认证,不但为当事人的网上交易提供安全保障,同时可作为证据使用
要求网络服务供应者提供证明	可和网络服务商申请侵权发送者的电话号码、上网账号、上网计算机 IP 地址和代号、电子邮件的发送时间等系列证据,从而为事实的认定打下坚实的基础
请专家鉴定出具咨询意见书	对案件事实方面存在的技术问题,及时聘请有关专家以鉴定结论或者出具咨询意见书的形式向法院进行举证,有效提高证明力

(4) 发现网络侵权行为,向服务商发现警告被拒绝的,权利人人可立即向法院申请禁令,先行制止侵权行为,防止损失的进一步扩大。

【讨论】如何在网络知识产权保护立法中实现利益的平衡?

16.2 网络著作权保护

随着互联网和手机通信技术的快速发展,互联网的著作权保护问题已经成为国内外关注的焦点。新的传播技术、新的商业模式所引发的网络著作权具有复杂多样性,涉及网络环境下著作权人与公众利益的平衡。

16.2.1 网络著作权的范围

原则上讲,我国著作权法规定的作品保护范围,在网络上也同样受到保护。我国《著作权法》第三条列举的作品范围,括以下列形式创作的文学、艺术和自然科学、社会科学、工程技术等作品:

(1) 文字作品;
(2) 口述作品;
(3) 音乐、戏剧、曲艺、舞蹈、杂技艺术作品;
(4) 美术、建筑作品;
(5) 摄影作品;
(6) 电影作品和以类似摄制电影的方法创作的作品;
(7) 工程设计图、产品设计图、地图、示意图等图形作品和模型作品;
(8) 计算机软件;
(9) 法律、行政法规规定的其他作品。

其他智力成果的要求是:
(1) 在文学、艺术和科学领域内具有独创性;
(2) 能以某种有形形式复制。

16.2.2 网络著作权特点

数字化作品仍享有著作权,但是互联网的发展促使网络著作权有一些新变化。

其一,作品的表现形式更加多样化,且以数字形式为主要表现形式。传统意义上的作品,多以手稿、印刷品、音像作品为主要表现方式,各作品之间的界限泾渭分明。而在网络环境下,由于数字技术的发展,作品可自由地实现数字化,信息可自由地实现多媒体化。如此一来,各类作品之间的分界线日趋模糊,作品与载体之间的联系逐渐淡化,作品受保护的标准也日益模糊化。

其二,作品的归属日益复杂化。传统意义上的作品,其创作人容易区分,作品的归属也比较明确。而在网络环境下,由于计算机创作手段的广泛应用,作品被分解、被改编、再创作、再传播现象非常普遍。如此一来,确定作品各部分的著作权归属变得困难。

其三,权利的内容日趋信息化。在传统著作权制度中,著作权的财产权利以复制权为核心展开,广泛涉及发行权、录制权、广播权、改编权等权利。但在网络时代,著作权的这些权利与传播技术的联系得到了极大强化,大量的信息通过"信息高速公路"进行传递,著作权的行使与技术措施的运用密不可分,著作权的权利内容日趋信息化。

16.2.3 网络著作权侵权

16.2.3.1 网络著作权侵权表现

受著作权法保护的作品,包括著作权法规定的各类作品的数字化形式。已在报刊上刊登或者网络上传播的作品,除著作权人声明或者上传该作品的网络服务提供者受著作权人的委托声明不得转载、摘编的以外,网站予以转载、摘编并按有关规定支付报酬、注明出处的,不构成侵权。

网络著作权侵权行为按主体可分为网站侵权(法人)和网民(自然人)侵权,按侵权的主观过错可分为主动侵权(恶意侵权)和被动侵权,按侵权的内容可分为侵犯人身权和侵犯财产权。

网站侵权多为主动性侵权,即网站转载别的网站或他人的作品既不注明出处和作者,也不向相关的网站和作者支付报酬,这就同时侵犯了著作权人的人身权和财产权。当然,侵权人是否以赢利为目的并不影响侵权的构成。网站的被动侵权主要是指在网站所不能控制的领域内本网站的用户有侵权行为的发生,经著作权人向网站提出警告后网站仍不将侵权作品移除的情况。由于网站信息的海量和自由度较大的特征,决定了网站不可能审查所有上传信息的合法性,当网络用户有侵犯著作权行为的发生时,网站往往不能及时发现。此时,权利人不能追究网站的侵权责任。但网站负有配合著作权人查明侵权人信息(一般的网站都实行注册用户管理)的义务,并在著作权人提出证据证明侵权行为确实发生并向网站提出警告后及时将该作品移除,否则即构成共同侵权。

网民的侵权多为被动性侵权,即在使用别人的作品(图片、文章、音乐、动画等)时未注明出处和作者,没有向作者支付报酬,但主观上没有恶意的行为。但是,如果是复制了别人的作品以自己的名义发表则属于恶意侵权和主动侵权,也即抄袭行为。

常见的网络侵犯著作权行为有以下几类:

(1) 将网络上他人作品下载并复制光盘;
(2) 图文框链接;
(3) 将他人享有著作权的文件上传或下载非法使用;
(4) 超越授权范围的使用共享软件或试用期满不进行注册而继续使用;

(5) 超链接，即未经权利人同意超范围利用相关网页信息；

(6) 在图像链接中侵害某图像著作权人复制权；

(7) 未经许可将作品原件或复制物提供公众交易或传播，或者明知为侵害权利人著作权的复制品仍然网上散布以及拟散布的输入上传；

(8) 侵害作者的发表权、署名权和保护作品完整权等侵害网络作品著作人身权的行为；

(9) 网络服务商的侵犯著作权行为；

(10) 违法破译著作权人利用有效技术手段防止侵权的行为。

【讨论】在网上免费下载音乐作品侵权吗？

16.2.3.2 软件盗版侵权

随着各种光磁介质的出现，复制技术的进步以及网络的发展，软件盗版的形式也呈多样化。主要包括最终用户盗版、硬盘预装盗版、网络盗版和街头贩卖盗版光盘四种类型：

1. 最终用户盗版

最终用户盗版是业界公认的给产业发展带来损失最大的盗版形式，即最终用户特别是企业用户未经许可或者超许可范围使用软件。

2. 硬盘预装盗版

软件预装是指厂商、系统集成商或电脑销售商在电脑中为客户预先安装操作系统或一些应用软件，如果预先安装的软件并未得到授权，并非从正常途径获得甚至是销售商自己非法复制的，则构成软件的非法预装。

3. 网络盗版

即通过网站提供免费或有偿下载的软件，但这些软件是没有经过合法的授权，这种非法上传和下载的行为构成网络盗版。

4. 街头贩卖盗版光盘

街头贩卖盗版光盘是最常见的制售盗版的形式。

16.2.4 网络著作权限制

16.2.4.1 网络著作权合理使用

所谓合理使用，是指在特定的条件下，法律允许他人自由使用作品而不必征得著作权人的同意，也不必向著作权人支付报酬的情形。网络环境下的著作权合理使用行为有以下几种情形：

(1) 为介绍、评论某一作品或者说明某一问题，在通过互联网向公众提供的作品中适当引用已经发表的作品；

(2) 为报道时事新闻，在通过互联网向公众提供的作品中不可避免地再现或者引用已经发表的作品；

(3) 为学校课堂教学或者科学研究，通过互联网向少数教学、科研人员提供少量已经发表的作品；

(4) 国家机关为执行公务，在合理范围内通过互联网向公众提供已经发表的作品；

(5) 将中国公民、法人或者其他组织已经发表的、以汉语言文字创作的作品翻译成少数民族语言文字作品，通过互联网向中国境内少数民族提供；

(6) 不以营利为目的,以盲人能够感知的独特方式向盲人提供已经发表的文字作品;

(7) 向公众提供在信息网络上已经发表的关于政治、经济问题的时事性文章,通过互联网向公众提供在公众集会上发表的讲话。

16.2.4.2 网络作品的法定许可

(1) 图书馆、档案馆、纪念馆、博物馆、美术馆等可以不经著作权人许可,通过信息网络向本馆馆舍内服务对象提供本馆收藏的合法出版的数字作品和依法为陈列或者保存版本的需要以数字化形式复制的作品,不向其支付报酬,但不得直接或者间接获得经济利益。当事人另有约定的除外。前述为陈列或者保存版本需要以数字化形式复制的作品,应当是已经损毁或者濒临损毁、丢失或者失窃,或者其存储格式已经过时,并且在市场上无法购买或者只能以明显高于标定的价格购买的作品。

(2) 为通过信息网络实施九年制义务教育或者国家教育规划,可以不经著作权人许可,使用其已经发表作品的片断或者短小的文字作品、音乐作品或者单幅的美术作品、摄影作品制作课件,由制作课件或者依法取得课件的远程教育机构通过信息网络向注册学生提供,但应当向著作权人支付报酬。

(3) 为扶助贫困,通过信息网络向农村地区的公众免费提供中国公民、法人或者其他组织已经发表的种植养殖、防病治病、防灾减灾等与扶助贫困有关的作品和适应基本文化需求的作品,网络服务提供者应当在提供前公告拟提供的作品及其作者、拟支付报酬的标准。自公告之日起 30 日内,著作权人不同意提供的,网络服务提供者不得提供其作品;自公告之日起满 30 日,著作权人没有异议的,网络服务提供者可以提供其作品,并按照公告的标准向著作权人支付报酬。网络服务提供者提供著作权人的作品后,著作权人不同意提供的,网络服务提供者应当立即删除著作权人的作品,并按照公告的标准向著作权人支付提供作品期间的报酬。依照前述规定提供作品的,不得直接或者间接获得经济利益。

依照规定不经著作权人许可、通过信息网络向公众提供其作品的,还应当遵守下列规定:(1) 除网络作品的合理利用情形第一项至第七项、网络作品的法定许可情形第一类之外,不得提供作者事先声明不许提供的作品;(2) 指明作品的名称和作者的姓名(名称);(3) 依照规定支付报酬;(4) 采取技术措施,防止网络作品的法定许可情形中服务对象以外的其他人获得著作权人的作品,并防止网络作品的法定许可情形第一类规定的服务对象的复制行为对著作权人利益造成实质性损害;(5) 不得侵犯著作权人依法享有的其他权利。

16.2.5 网络著作权行政保护

网络著作权行为,是指互联网信息服务活动中根据互联网内容提供者的指令,通过互联网自动提供作品、录音录像制品等内容的上传、存储、链接或搜索等功能,且对存储或传输的内容不进行任何编辑、修改或选择的行为。鉴于,我国专门出台了《互联网著作权行政保护办法》,本部分就网络著作权的行政保护问题进行阐述。

16.2.5.1 网络著作权行政保护机关

各级著作权行政管理部门依照法律、行政法规和本办法对互联网信息服务活动中的信息网络传播权实施行政保护。国务院信息产业主管部门和各省、自治区、直辖市电信管理机构依法配合相关工作。

著作权行政管理部门对侵犯互联网信息服务活动中的信息网络传播权的行为实施行政处罚,适用《著作权行政处罚实施办法》。侵犯互联网信息服务活动中的信息网络传播权的行为由侵权行为实施地的著作权行政管理部门管辖。侵权行为实施地包括提供本办法第二条所列的互联网信息服务活动的服务器等设备所在地。

16.2.5.2　网络著作权人的侵权通知

著作权人发现互联网传播的内容侵犯其著作权,向互联网信息服务提供者或者其委托的其他机构(以下统称"互联网信息服务提供者")发出通知后,互联网信息服务提供者应当立即采取措施移除相关内容,并保留著作权人的通知6个月。

著作权人的通知应当采取书面形式,应当包含以下内容:(1)涉嫌侵权内容所侵犯的著作权权属证明;(2)明确的身份证明、住址、联系方式;(3)涉嫌侵权内容在信息网络上的位置;(4)侵犯著作权的相关证据;(5)通知内容的真实性声明。著作权人的通知不具备上述规定内容的,视为未发出。

16.2.5.3　互联网信息服务提供者的反通知

互联网信息服务提供者收到著作权人的通知后,应当记录提供的信息内容及其发布的时间、互联网地址或者域名。互联网接入服务提供者应当记录互联网内容提供者的接入时间、用户账号、互联网地址或者域名、主叫电话号码等信息。前款所称记录应当保存60日,并在著作权行政管理部门查询时予以提供。互联网信息服务提供者未履行该义务,由国务院信息产业主管部门或者省、自治区、直辖市电信管理机构予以警告,可以并处三万元以下罚款。

互联网信息服务提供者根据著作权人的通知移除相关内容的,互联网内容提供者可以向互联网信息服务提供者和著作权人一并发出说明被移除内容不侵犯著作权的反通知。反通知发出后,互联网信息服务提供者即可恢复被移除的内容,且对该恢复行为不承担行政法律责任。

互联网内容提供者的反通知应当采取书面形式,应当包含以下内容:(1)明确的身份证明、住址、联系方式;(2)被移除内容的合法性证明;(3)被移除内容在互联网上的位置;(4)反通知内容的真实性声明。互联网内容提供者的反通知不具备上述规定内容的,视为未发出。

16.2.6　网络著作权纠纷管辖法院选择

根据《最高人民法院关于审理涉及计算机网络著作权纠纷案件适用法律若干问题的解释》第一条的规定,网络著作权侵权纠纷案件由侵权行为地或者被告住所地人民法院管辖。侵权行为地包括实施被诉侵权行为的网络服务器、计算机终端等设备所在地。对难以确定侵权行为地和被告住所地的,原告发现侵权内容的计算机终端等设备所在地可以视为侵权行为地。在网络著作权纠纷处理实践中,管辖法院的确定因案件是否具有涉外因素而不同。

具体而言,在涉内案件中,只有在无法确定被告住所地和侵权行为实施地时,才会由发现侵权内容的计算机终端设备所在地的法院管辖。在涉外案件中,一般的民众确实很难确定国外侵权者的住所地或侵权行为实施地,所以该类案件往往由国内的法院审理,原告完全可以从利己的原则出发来确定审理法院,再从该法院管辖范围内的计算机上取证侵权内容。

关于网络著作权侵权案件的级别管辖,根据《最高人民法院关于审理著作权民事纠纷案件适用法律若干问题的解释》,著作权民事纠纷案件,由中级以上人民法院管辖。各高级人民法院根据本辖区的实际情况,可以确定若干基层人民法院管辖第一审著作权民事纠纷案件。

【思考】版权网络侵权如何调查取证?

著作权的取证方式通常有:(1) 查阅、复制与涉嫌违法行为有关的文件档案、账簿和其他书面材料;(2) 对涉嫌侵权复制品进行抽样取证;(3) 对涉嫌侵权复制品先行登记保存。

在处理版权网络侵权时,需要注意以下几点:(1) 在起诉前向当地公证处申请证据保全,以保全对自己有利的证据。公证书应详细地说明取证的过程,包括时间、地点、上网操作人、浏览程序、实施下载打印等具体过程,尽最大努力保证公证文书的真实性、合法性,加强其证据效力。(2) 在取得网页的公证文书之后,可向对方发出律师函,对对方的侵权行为进行警示,其已获知相关商家为侵权人,若不积极配合取消侵权商品,应对其故意容忍侵权的行为承担连带责任,网站提供商往往会因此而积极配合。但是一般需要权利人提供相关的支持证据,比如侵权网址、版权归属的相关证据等。(3) 在取得网页的公证文书之后,若想提起诉讼追究侵权方的赔偿责任,则先需按照前述证据调取方法对各证据进行调取。

16.2.7 侵犯网络著作权的法律责任

16.2.7.1 网络服务商的侵权责任

根据我国民法、知识产权法及理论,如属单纯提供连线的网络服务商,对用户通过网络传输侵权著作权内容信息不承担法律责任,其用户侵权责任由用户本人承担。但网络服务商通过网络自行实施侵犯他人著作权行为的应当承担民事责任。

网络服务商通过网络教唆、帮助用户实施著作权侵权行为,或者提供内容服务的网络商具有对其传输内容可以控制、监督、做增删编辑的,用户上网传输侵害他人权利的内容,经权利人告知该网络商仍不采取措施停止侵权内容传播的,应当承担连带侵权责任。

网络使用者以网络商应著作权人要求采取移除等措施,向网络商提出承担违约责任的,免除法律责任;使用者因网络商采取措施造成损失等,由使用者与申请采取措施的著作权人接洽解决。

16.2.7.2 侵犯网络著作权的赔偿范围

著作权侵权损害赔偿的范围,按照全部赔偿原则,即指因侵权造成著作权权利人全部实际损失的范围。侵权损失是指侵权行为造成权利人现有财产的减少或丧失,以及可得利益的减少或丧失,通常又分为侵权损害的直接损失和间接损失。除了著作权造成的财产损失外,著作权的损害赔偿还包括著作权人身精神权益的精神损害赔偿。

直接损失包括:(1) 对侵权直接造成的著作权使用费等收益减少或丧失的损失;(2) 因调查、制止和消除不法侵权行为而支出的合理费用;(3) 因侵犯著作权人身精神权益而造成的财产损失。

间接损失是指权利人受到侵害的著作权在一定范围内的未来财产利益的损失,它属于《民法通则》第一百一十七条第三款规定的受害人因此遭受其他重大损失的,侵害人并应当赔偿损失中规定的其他重大损失的范围。著作权的间接损失是由于造成了权利人不能正常利用该著作权进行经营活动而遭受的。

精神损害主要指著作权的精神损害的赔偿。在侵权人侵犯著作权人人身权或者表演者人身权情节严重情形下,判令侵权人向著作权人或表演者支付一定数额的精神损害抚慰金。

16.2.7.3　侵犯网络著作权的赔偿数额

《著作权法》第四十八条规定,侵犯著作权或者著作权有关的权利;侵权人应当按照权利人的实际损失给予赔偿;实际损失难以计算的,可以按照侵权人的违法所得给予赔偿,赔偿数额还应当包括权利人为制止侵权行为所支付的合理开支。权利人的实际损失或者侵权人的违法所得不能确定的,由人民法院根据侵权行为的情节,判决给予50万元以下的赔偿。软件复制品的出版者、制作者不能证明其出版、制作有合法授权的,或者软件复制品的发行者、出租者不能证明其发行、出租的复制品有合法来源的,应当承担法律责任。

最高人民法院《关于审理著作权民事纠纷案件适用法律若干问题的解释》第二十四条规定,权利人的实际损失可以根据权利人因侵权所造成复制品发行减少量或者侵权复制品销售量与权利人发行该复制品单位利润乘积计算,发行减少量难以确定的,按照侵权复制品市场销售量确定。第二十五条规定,权利人的实际损失或者侵权人的违法所得无法确定的,人民法院根据当事人的请求或者依职权适用著作权法第四十八条第二款的规定确定赔偿数额。人民法院在确定赔偿数额时,应当考虑作品类型、合理使用费、侵权行为性质、后果等情节综合确定。

【讨论】结合"一个馒头引发的血案",谈谈网络演绎作品侵权的认定。

16.2.7.4　侵犯网络著作权的行政责任

互联网信息服务提供者明知互联网内容提供者通过互联网实施侵犯他人著作权的行为,或者虽不明知,但接到著作权人通知后未采取措施移除相关内容,同时损害社会公共利益的,著作权行政管理部门可以责令停止侵权行为,并给予下列行政处罚:(1)没收违法所得;(2)处以非法经营额3倍以下的罚款;非法经营额难以计算的,可以处10万元以下的罚款。

没有证据表明互联网信息服务提供者明知侵权事实存在的,或者互联网信息服务提供者接到著作权人通知后,采取措施移除相关内容的,不承担行政法律责任。

著作权行政管理部门在查处侵犯互联网信息服务活动中的信息网络传播权案件时,可以要求著作权人提交必备材料,以及向互联网信息服务提供者发出的通知和该互联网信息服务提供者未采取措施移除相关内容的证明。

互联网信息服务提供者明知互联网内容提供者通过互联网实施侵犯他人著作权的行为,或者虽不明知,但接到著作权人通知后未采取措施移除相关内容,同时损害社会公共利益的,且经著作权行政管理部门依法认定专门从事盗版活动,或有其他严重情节的,国务院信息产业主管部门或者省、自治区、直辖市电信管理机构依据相关法律、行政法规的规定处理;互联网接入服务提供者应当依据国务院信息产业主管部门或者省、自治区、直辖市电信管理机构的通知,配合实施相应的处理措施。

著作权行政管理部门在查处侵犯互联网信息服务活动中的信息网络传播权案件过程中,发现互联网信息服务提供者的行为涉嫌构成犯罪的,应当依照国务院《行政执法机关移送涉嫌犯罪案件的规定》将案件移送司法部门,依法追究刑事责任。

16.2.8 信息网络传播权保护

信息网络传播权是网络著作权的一种,但我国专门出台了《信息网络传播权保护条例》,所以,本部分就信息网络传播权的相关问题专门进行阐述。

16.2.8.1 信息网络传播权的概念

我国2001年《著作权法》第九条明确规定了"信息网络传播权,即以有线或者无线方式向公众提供作品,使公众可以在其个人选定的时间和地点获得作品的权利"。这是我国首次以法律的方式确立了"信息网络传播权"这一民事权利。

国务院于2006年5月10日通过了《信息网络传播权保护条例》,自2006年7月1日起施行,并于2013年1月30日进行了修改,自2013年3月1日起施行。该条例包括合理使用、法定许可、避风港原则、版权管理技术等一系列内容,更好地区分了著作权人、图书馆、网络服务商、读者各自可以享受的权益,网络传播和使用都有法可依,较好地体现了产业发展与权利人利益、公众利益的平衡。

【思考】什么是信息网络传播权领域的"避风港"?

著作权领域的"避风港"条款最早出现在美国1998年制定的《数字千年版权法案》(DMCA法案),是指在发生著作权侵权案件时,当ISP(网络服务提供商)只提供空间服务,并不制作网页内容,如果ISP被告知侵权,则有删除的义务,否则就被视为侵权。如果侵权内容既不在ISP的服务器上存储,又没有被告知哪些内容应该删除,则ISP不承担侵权责任。"避风港"条款也被扩展应用于提供搜索引擎、网络存储、在线图书馆等服务的提供商处。

在《信息网络传播权保护条例》中,至少给网络参与者提供了如下的避风港:(1)数字图书馆的避风港;(2)远程教育的避风港;(3)ISP的避风港;(4)搜索引擎的避风港;(5)网络存储的避风港。

16.2.8.2 信息网络传播权的内容

权利人享有的信息网络传播权受著作权法和本条例保护。除法律、行政法规另有规定的外,任何组织或者个人将他人的作品、表演、录音录像制品通过信息网络向公众提供,应当取得权利人许可,并支付报酬。

未经权利人许可,任何组织或者个人不得进行下列行为:(1)故意删除或者改变通过信息网络向公众提供的作品、表演、录音录像制品的权利管理电子信息,但由于技术上的原因无法避免删除或者改变的除外;(2)通过信息网络向公众提供明知或者应知未经权利人许可被删除或者改变权利管理电子信息的作品、表演、录音录像制品。权利管理电子信息,是指说明作品及其作者、表演及其表演者、录音录像制品及其制作者的信息,作品、表演、录音录像制品权利人的信息和使用条件的信息,以及表示上述信息的数字或者代码。

依法禁止提供的作品、表演、录音录像制品,不受保护。

权利人行使信息网络传播权,不得违反宪法和法律、行政法规,不得损害公共利益。

16.2.8.3 保护信息网络传播权技术措施

技术措施,是指用于防止、限制未经权利人许可浏览、欣赏作品、表演、录音录像制品的或者通过信息网络向公众提供作品、表演、录音录像制品的有效技术、装置或者部件。为了保护信息网络传播权,权利人可以采取技术措施。

任何组织或者个人不得故意避开或者破坏技术措施,不得故意制造、进口或者向公众提供主要用于避开或者破坏技术措施的装置或者部件,不得故意为他人避开或者破坏技术措施提供技术服务。但是,法律、行政法规规定可以避开的除外。

属于下列情形的,可以避开技术措施,但不得向他人提供避开技术措施的技术、装置或者部件,不得侵犯权利人依法享有的其他权利:

（1）为学校课堂教学或者科学研究,通过信息网络向少数教学、科研人员提供已经发表的作品、表演、录音录像制品,而该作品、表演、录音录像制品只能通过信息网络获取;

（2）不以营利为目的,通过信息网络以盲人能够感知的独特方式向盲人提供已经发表的文字作品,而该作品只能通过信息网络获取;

（3）国家机关依照行政、司法程序执行公务;

（4）在信息网络上对计算机及其系统或者网络的安全性能进行测试。

16.2.8.4 信息网络传播权"避风港"原则

著作权行政管理部门为了查处侵犯信息网络传播权的行为,可以要求网络服务提供者提供涉嫌侵权的服务对象的姓名（名称）、联系方式、网络地址等资料。

对提供信息存储空间或者提供搜索、链接服务的网络服务提供者,权利人认为其服务所涉及的作品、表演、录音录像制品,侵犯自己的信息网络传播权或者被删除、改变了自己的权利管理电子信息的,可以向该网络服务提供者提交书面通知,要求网络服务提供者删除该作品、表演、录音录像制品,或者断开与该作品、表演、录音录像制品的链接。通知书应当包含下列内容:（1）权利人的姓名（名称）、联系方式和地址;（2）要求删除或者断开链接的侵权作品、表演、录音录像制品的名称和网络地址;（3）构成侵权的初步证明材料。权利人应当对通知书的真实性负责。

网络服务提供者接到权利人的通知书后,应当立即删除涉嫌侵权的作品、表演、录音录像制品,或者断开与涉嫌侵权的作品、表演、录音录像制品的链接,并同时将通知书转送提供作品、表演、录音录像制品的服务对象;服务对象网络地址不明、无法转送的,应当将通知书的内容同时在信息网络上公告。

服务对象接到网络服务提供者转送的通知书后,认为其提供的作品、表演、录音录像制品未侵犯他人权利的,可以向网络服务提供者提交书面说明,要求恢复被删除的作品、表演、录音录像制品,或者恢复与被断开的作品、表演、录音录像制品的链接。书面说明应当包含下列内容:（1）服务对象的姓名（名称）、联系方式和地址;（2）要求恢复的作品、表演、录音录像制品的名称和网络地址;（3）不构成侵权的初步证明材料。服务对象应当对书面说明的真实性负责。

网络服务提供者接到服务对象的书面说明后,应当立即恢复被删除的作品、表演、录音录像制品,或者可以恢复与被断开的作品、表演、录音录像制品的链接,同时将服务对象的书面说明转送权利人。权利人不得再通知网络服务提供者删除该作品、表演、录音录像制品,或者断开与该作品、表演、录音录像制品的链接。

16.2.8.5 侵犯信息网络传播权的行为表现

（1）通过信息网络擅自向公众提供他人的作品、表演、录音录像制品的;

(2) 故意避开或者破坏技术措施的;

(3) 故意删除或者改变通过信息网络向公众提供的作品、表演、录音录像制品的权利管理电子信息,或者通过信息网络向公众提供明知或者应知未经权利人许可而被删除或改变权利管理电子信息的作品、表演、录音录像制品的;

(4) 为扶助贫困通过信息网络向农村地区提供作品、表演、录音录像制品超过规定范围,或者未按照公告的标准支付报酬,或者在权利人不同意提供其作品、表演、录音录像制品后未立即删除的;

(5) 通过信息网络提供他人的作品、表演、录音录像制品,未指明作品、表演、录音录像制品的名称或者作者、表演者、录音录像制作者的姓名(名称),或者未支付报酬,或者未依照本条例规定采取技术措施防止服务对象以外的其他人获得他人的作品、表演、录音录像制品,或者未防止服务对象的复制行为对权利人利益造成实质性损害的;

(6) 故意制造、进口或者向他人提供主要用于避开、破坏技术措施的装置或者部件,或者故意为他人避开或者破坏技术措施提供技术服务的;

(7) 通过信息网络提供他人的作品、表演、录音录像制品,获得经济利益的;

(8) 为扶助贫困通过信息网络向农村地区提供作品、表演、录音录像制品,未在提供前公告作品、表演、录音录像制品的名称和作者、表演者、录音录像制作者的姓名(名称)以及报酬标准的。

16.2.8.6 侵犯信息网络传播权的法律责任

(1) 有侵犯信息网络传播权的行为(1)至(5)项的,根据情况承担停止侵害、消除影响、赔礼道歉、赔偿损失等民事责任;同时损害公共利益的,可以由著作权行政管理部门责令停止侵权行为,没收违法所得,非法经营额5万元以上的,可处非法经营额1倍以上5倍以下的罚款;没有非法经营额或者非法经营额5万元以下的,根据情节轻重,可处25万元以下的罚款;情节严重的,著作权行政管理部门可以没收主要用于提供网络服务的计算机等设备;构成犯罪的,依法追究刑事责任。

(2) 有侵犯信息网络传播权的行为(6)至(8)项的,由著作权行政管理部门予以警告,没收违法所得,没收主要用于避开、破坏技术措施的装置或者部件;情节严重的,可以没收主要用于提供网络服务的计算机等设备;非法经营额5万元以上的,可处非法经营额1倍以上5倍以下的罚款;没有非法经营额或者非法经营额5万元以下的,根据情节轻重,可处25万元以下的罚款;构成犯罪的,依法追究刑事责任。

16.2.8.6 侵犯信息网络传播权的责任免除

网络服务提供者根据服务对象的指令提供网络自动接入服务,或者对服务对象提供的作品、表演、录音录像制品提供自动传输服务,并具备下列条件的,不承担赔偿责任:(1) 未选择并且未改变所传输的作品、表演、录音录像制品;(2) 向指定的服务对象提供该作品、表演、录音录像制品,并防止指定的服务对象以外的其他人获得。

网络服务提供者为提高网络传输效率,自动存储从其他网络服务提供者获得的作品、表演、录音录像制品,根据技术安排自动向服务对象提供,并具备下列条件的,不承担赔偿责任:(1) 未改变自动存储的作品、表演、录音录像制品;(2) 不影响提供作品、表演、录音录像制品的原网络服务提供者掌握服务对象获取该作品、表演、录音录像制品的情况;(3) 在原网络服务提供者修改、删除或者屏蔽该作品、表演、录音录像制品时,根据技术安排自动予以修改、删除或者屏蔽。

网络服务提供者为服务对象提供信息存储空间,供服务对象通过信息网络向公众提供作品、表演、录音录像制品,并具备下列条件的,不承担赔偿责任:(1)明确标示该信息存储空间是为服务对象所提供,并公开网络服务提供者的名称、联系人、网络地址;(2)未改变服务对象所提供的作品、表演、录音录像制品;(3)不知道也没有合理的理由应当知道服务对象提供的作品、表演、录音录像制品侵权;(4)未从服务对象提供作品、表演、录音录像制品中直接获得经济利益;(5)在接到权利人的通知书后,根据本条例规定删除权利人认为侵权的作品、表演、录音录像制品。

网络服务提供者为服务对象提供搜索或者链接服务,在接到权利人的通知书后,根据本条例规定断开与侵权的作品、表演、录音录像制品的链接的,不承担赔偿责任;但是,明知或者应知所链接的作品、表演、录音录像制品侵权的,应当承担共同侵权责任。

需要注意的是,因权利人的通知导致网络服务提供者错误删除作品、表演、录音录像制品,或者错误断开与作品、表演、录音录像制品的链接,给服务对象造成损失的,权利人应当承担赔偿责任。网络服务提供者无正当理由拒绝提供或者拖延提供涉嫌侵权的服务对象的姓名(名称)、联系方式、网络地址等资料的,由著作权行政管理部门予以警告;情节严重的,没收主要用于提供网络服务的计算机等设备。

16.3　域名保护与纠纷解决

域名,是指企业、政府、非政府组织等机构或者个人在域名注册商上注册的名称,是互联网上企业或机构间相互联络的网络地址。域名具有以下基本特征:一是标示作用,使用域名可以是用对对互联网上的各类网站进行区别,是用户在日常生活中便于记忆。二是域名具有唯一的,每一个网站对应了唯一的IP地址,全球网站域名不存在重复的情形。三是域名具有排他性,域名适用"先申请,先注册"原则,注册域名具有绝对的排他性,其他主体无权再注册使用该域名。域名本属于网络虚拟世界的产物,但是其经常与商标权、商号权、企业名称权、地理标志权、姓名权等发生冲突与矛盾。[①]尤其是恶意抢注域名,侵害了他人的合法权益,扰乱了社会秩序,需要法律予以规制。

16.3.1　域名纠纷类型

域名纠纷多种多样,归纳起来大致有以下三种类型:一是域名抢注,即出于从他人商标、商号或商业标志中牟利的恶意注册并出卖域名的行为;二是域名混淆,即把与他人相同或相似的商标、商号或域名注册为自己的域名,利用他人的知名度获得不当利益的行为,其实质是搭便车的不正当竞争行为;三是由域名引起的权利冲突,即由于域名的唯一性与同一商标、商号可以存在多个权利人的矛盾引起的权利冲突。

16.3.2　域名侵权的认定条件

在域名纠纷中,恶意是法院认定抢注行为构成侵权或不正当竞争必须具备的主观要件。

---

① 周丹丹."网站名称"是否受法律保护.中小企业科技,2007(7).

恶意的具体表现概括起来为以下几个方面：

(1) 为商业目的将他人驰名商标注册为域名的；

(2) 为商业目的注册、使用与原告的注册商标、域名等相同或相近的域名，故意造成与原告提供的产品、服务或者原告网站的混淆、误导网络用户访问其网站或其他在线站点的；

(3) 域名持有人对该域名没有任何其他在先的权利；

(4) 域名持有人提出向权利人出售、出租或其他方式有偿转让域名的；

(5) 专为阻止他人将商标、商号用于域名而注册，或者为损害他人声誉而注册；

(6) 具有其他恶意情形的。

16.3.3 域名注册纠纷解决途径

域名注册纠纷的争议双方可通过协商解决争端，如协商未果或者不愿协商，也可以通过以下途径解决：

(1) 向人民法院起诉。当事人可根据侵权内容的不同以及维护自身权益的便利性，按《消费者权益保护法》等相关法律法规提起民事侵权诉讼，以维护自身的合法权益。恶意抢注域名是不正当竞争行为，法院可判令恶意抢注者停止使用、申请撤销或变更域名，直至判令经济赔偿。

(2) 向仲裁机构申请仲裁。当事人可根据争议对方之间经协商达成的仲裁协议，向有关的仲裁机构申请仲裁。

(3) 向专门仲裁机构申请仲裁。国内域名注册管理机构 CNNIC 下设专门的域名争端仲裁机构，规定了专门的域名仲裁程序，当事人也可以向其申请仲裁。

(4) 向工商行政管理部门请求处理。

16.3.4 中国互联网络信息中心域名争议解决途径

我国为了解决日益突出的域名侵权问题，我国于 2002 年 9 月 30 日颁布施行了《中国互联网络信息中心域名争议解决办法》(以下简称《解决办法》)，并被 2006 年 3 月 17 日颁布施行的《中国互联网络信息中心域名争议解决办法程序规则》(以下简称《程序规则》)所替代。《程序规则》首次对域名争议的事件期限做出了规定，对什么是"恶意"注册进行了说明，进一步明确了域名持有人的权益。

16.3.4.1 域名争议案件文件的提交与送达

1. 域名争议案件文件的提交原则

域名争议案件文件的提交应当遵守以下原则：

(1) 任何一方当事人提交的文件必须同时向另一方当事人、专家组以及域名争议解决机构提交副本。

(2) 域名争议解决机构向一方当事人传送的任何文件，必须同时向另一方当事人传送副本。

(3) 专家组传送给任何一方当事人的文件，必须同时向域名争议解决机构和另一方当事人传送副本。

(4) 文件传送方有义务为其传送的文件保留记录，以记载有关文件传送的具体事实和情况，供有关当事方查阅，并用以制作相应的报告。

(5) 当传送文件的一方当事人收到通知,被告知未收到其所传送的文件时,或者传送文件的当事人自己认为未能成功地传送有关文件时,该当事人应立即将有关情况通知域名争议解决机构。此后,任何文件的传送与回复均应当依照域名争议解决机构的指示为之。

(6) 任何一方当事人均可通知域名争议解决机构,更新其详细的联络信息。

2. 域名争议解决机构有权采取的措施

域名争议解决机构有责任采取有效措施,确保被投诉人实际收到投诉书。被投诉人实际收到投诉书,或者域名争议解决机构为使被投诉人实际收到投诉书而实施以下行为后,上述责任即视为解除:

(1) 按照域名注册管理机构及域名注册服务机构 whois 数据库中记录的域名持有人、管理联系人、技术联系人、承办人和缴费联系人的所有邮政通信及传真地址,向被投诉人发送投诉书的。

(2) 按照域名注册管理机构及域名注册服务机构 whois 数据库中记录的域名持有人、管理联系人、技术联系人、承办人和缴费联系人的电子邮件地址,或者当域名对应于一个网站时,按照该网站联系方式中提供的电子邮件地址向被投诉人传送电子形式投诉书(包括可按照相关格式送达被投诉人的附件)的。

(3) 按照被投诉人自行选择并通知域名争议解决机构的其他通信地址,及在可行范围内由投诉人根据《程序规则》第十二条第五项提供的所有其他地址向被投诉人发送投诉书的。

3. 传送的文件的方式

除上文 2. 所述的情形外,向投诉人或被投诉人传送的任何文件均应当根据投诉人或被投诉人指定的方式进行。在投诉人或被投诉人没有指定时,通过选择以下三种方式进行:

(1) 通过带有传输确认的传真方式传送。

(2) 预付邮资并通过带有收据的邮寄或邮政快递方式发送。

(3) 在能获得传送记录的情况下,通过网络以电子形式传送。

一般而言,文件于下列情况下应视为已经送达:

(1) 通过传真方式传送的,以传送确认书上显示的日期为准。

(2) 通过邮寄或者邮政快递方式发送的,以邮寄回执上记载的日期为准。

(3) 通过网络传送的,在传送日期可予验证的情况下,以该日期为准。

16.3.4.2 域名争议的投诉

1. 投诉机构

任何机构或者个人均可以依据《解决办法》及《程序规则》的规定向经中国互联网络信息中心授权的域名争议解决机构提出投诉以启动域名争议解决程序。

2. 投诉书

投诉书应当采用有形书面文件及电子文件(没有电子文件格式的附件除外)两种形式提交,并应当包括以下内容:

(1) 依据《解决办法》和《程序规则》进行审理和裁决的明确请求。

(2) 投诉人及其代理人的姓名(名称)、邮政地址、电子邮件地址、联系电话和传真号码。

(3) 无论是电子文件还是有形书面文件,均应注明在域名争议解决程序中与投诉人联络的首选方式,包括联系人、联系方式及联络地址。

（4）是否选择处理争议的专家，以及选择由一人还是三人专家组。如果选择三人专家组裁决争议的，投诉人应当从域名争议解决机构专家名册中按其自行决定的顺序选择三名专家作为候选人，并写明专家姓名。投诉人也可以授权域名争议解决机构代其指定专家。

（5）就其所知，写明被投诉人（域名持有人）或其代表、代理人的姓名（名称）及详细的联络信息（包括所有的邮政地址、电子邮件地址、联系电话和传真号码）。上述信息应详细具体，足以允许域名争议解决机构将投诉人的投诉书按本规则规定的方式传送给被投诉人。

（6）写明争议域名。

（7）确定争议域名的注册服务机构和/或注册代理机构。

（8）投诉人投诉所依据的其针对争议域名所享有的权利或者合法利益，附带能够表明权利状况的所有资料。

（9）根据《解决办法》，说明据以提出投诉的理由，尤其应写明：①被投诉人（域名持有人）的域名与投诉人享有民事权利的名称或标志相同，或者具有足以导致混淆的相似性；②被投诉人（域名持有人）对该域名或者其主要部分不享有合法权益；③被投诉人（域名持有人）对该域名的注册或使用具有恶意（就第③项而言，投诉人应说明《解决办法》第九条所规定的各个方面。有关说明文字应遵守域名争议解决机构《补充规则》规定的字数或文件页数的限制）。

（10）依据《解决办法》第十三条所寻求的救济方式。

（11）如果存在就同一域名争议而提起的司法或仲裁程序，无论此类程序是否已经完结，均应当加以说明，并提交与该程序相关，且投诉人能够获得的所有资料。

（12）已经向被投诉人（域名持有人）和有关域名注册服务机构和/或注册代理机构发送或传送投诉书副本的声明。

（13）投诉书的结尾应附有下列声明，并由投诉人或其法定代表人，或者授权的代理人签字或盖章："投诉人确认：有关投诉是依据《中国互联网络信息中心域名争议解决办法》《中国互联网络信息中心域名争议解决办法程序规则》及相关法律而提出的；就本人所知，投诉书所载信息是完整的和准确的；有关的投诉及救济主张仅针对注册域名持有人，不涉及域名争议解决机构及专家组专家，也不涉及域名注册管理机构及注册服务机构、注册人员及域名注册代理机构。"

（14）作为附件，提交能够证明权利状况的文件及任何其他相关文件。

一份投诉可以针对同一域名持有人所注册的多个域名提出。

3. 投诉书审查

域名争议解决机构收到投诉书后，应当对投诉书进行形式审查。

如果投诉书符合《解决办法》和《程序规则》的要求，域名争议解决机构应当在收到投诉人按照本规则第八章的规定缴纳的费用后3日内，根据本规则第五条规定的方式将投诉书副本送达被投诉的域名持有人。

如果经审查认为投诉书在形式上存有缺陷，域名争议解决机构应当及时将缺陷通知投诉人，要求其在收到通知后5日内对投诉书所存在的缺陷加以必要的修改。投诉人未在规定的时间内对投诉书予以修改，或修改后的文件仍不符合要求者，其投诉被视为撤回，但并不妨碍投诉人另行提出投诉。

域名争议解决机构依照《程序规则》第五条的规定完成向被投诉人送达投诉文件之日，

为域名争议解决程序的正式开始日期。

域名争议解决机构应当将争议解决程序的开始日期及时通知各方当事人和域名注册服务机构以及中国互联网络信息中心。

16.3.4.3 域名争议投诉答辩

1. 答辩日期

被投诉人应当在域名争议解决程序开始之日起 20 日内向域名争议解决机构提交答辩。应被投诉人的请求,域名争议解决机构在特殊情形下可以适当延长被投诉人提交答辩的期限。当事人也可协议延长被投诉人提交答辩的期限,但须征得域名争议解决机构的同意。

2. 答辩内容

答辩应以有形书面文件及电子文件(没有电子文件格式的附件除外)两种形式提交,应当包括以下内容:

(1) 对投诉人的投诉主张进行反驳,并申明继续拥有和使用争议域名的依据和具体理由(答辩书该部分应当遵守域名争议解决机构《补充规则》所规定的字数或页数限制)。

(2) 被投诉人及其授权代理人的姓名(名称)及详细的联络信息(邮政地址、电子邮件地址、联系电话和传真号码)。

(3) 无论是电子文件还是有形书面文件,均应当注明在域名争议解决程序中与被投诉人进行联络的首选联络方式,包括联系人、联系方式及联络地址。

(4) 如果投诉人在投诉书中选择一人专家组审理案件,则应当声明被投诉人是否选择将争议交由三人专家组审理。

(5) 如果投诉人或被投诉人选择由三人专家组审理,被投诉人应当从域名争议解决机构公布的专家名单中按其自行决定的顺序选择三名专家作为候选人,并写明专家姓名。被投诉人也可以授权域名争议解决中心代其指定专家。

(6) 如果存在就同一域名争议所提起的司法或仲裁程序,无论该程序是否已经完结,都应当加以说明,并提交被投诉人能够获得的、与该程序有关的全部资料。

(7) 已经按本规则规定向投诉人发送或传送答辩书副本的声明。

(8) 答辩书的结尾应附有下列声明,并经被投诉人或其法定代表人或其授权代理人签字或盖章:"被投诉人确认,有关答辩是依据中国互联网络信息中心《中国互联网络信息中心域名争议解决办法》《中国互联网络信息中心域名争议解决办法程序规则》及相关法律而进行的。就本人所知,答辩书所载信息是完整的和准确的。有关答辩及主张仅针对投诉人,不涉及域名争议解决机构及专家组专家,也不涉及域名注册管理机构及注册服务机构、注册人员及域名注册代理机构。"

(9) 作为附件,提交能够证明权利状况的文件及任何其他相关文件。

16.3.4.4 域名争议解决专家组的指定

域名争议解决机构应当在线公布专家名册。负责域名争议解决程序的专家组由一名或者三名专家组成。

如果投诉人或被投诉人之一方选择三人专家组,域名争议解决机构应当分别从投诉人和被投诉人各自提供的三位候选专家名单中指定一名专家。如果域名争议解决机构无法在

5日内按照惯常条件从某一方当事人选择的专家中指定一名专家,则域名争议解决机构将自行从其专家名册中予以指定。第三名专家应当由域名争议解决机构从其专家名单中指定。第三名专家为首席专家。

如果投诉人或被投诉人之一方选择三人专家组,域名争议解决机构应当根据第二十五条和第二十六条所规定的程序指定三位专家。三人专家组费用应全部由投诉人承担,但三人专家组由被投诉人选择的除外。在后一种情形下,所涉费用应当由双方各半分担。

除非投诉人已经选择三人专家组并提供三名候选专家,投诉人应当在收到域名争议解决机构有关被投诉人选择三人专家组的答辩书后3日内,向域名争议解决机构提交将被指定作为案件专家组成员之一的三位候选专家的姓名。

如果投诉人或被投诉人之一方选择三人专家组,域名争议解决机构应当分别从投诉人和被投诉人各自提供的三位候选专家名单中指定一名专家。如果域名争议解决机构无法在5日内按照惯常条件从某一方当事人选择的专家中指定一名专家,则域名争议解决机构将自行从其专家名册中予以指定。第三名专家应当由域名争议解决机构从其专家名单中指定。第三名专家为首席专家。

如果被投诉人未提交答辩或提交了答辩但未表明如何选定专家组,域名争议解决机构应当以下述方式指定专家组:

(1)如果投诉人选择一人专家组,域名争议解决机构应当从其专家名册中指定一名专家。

(2)如果投诉人选择三人专家组,在可能的情况下,域名争议解决机构应当从投诉人提供的三位候选专家中指定一名专家,从其专家名册中指定第二名专家和首席专家。

是否接受指定,由专家自行决定。为了保证争议解决程序的快速、顺利进行,如果被当事人选定为候选人的专家不同意接受指定,域名争议解决机构将自行指定其他专家组成专家组。

专家组成立后,域名争议解决机构应当及时将案件移交专家组,并将专家组的组成情况及专家组应将裁决提交争议解决机构的日期及时通知各方当事人。

专家应当独立公正,并应在接受指定前向域名争议解决机构披露有可能对其独立性与公正性产生合理怀疑的任何情形。如果在程序进行过程中的任何阶段出现了可导致对其独立性与公正性产生合理怀疑的新情况,则该专家应当立即将该情形向域名争议解决机构披露。在这种情况下,域名争议解决机构有权指定其他专家。专家在接受指定前应当向域名争议解决机构提交书面的独立性与公正性声明。当事人一方认为某专家与对方当事人有利害关系,有可能影响案件的公正裁决的,应当在专家组就有关争议作出裁决前向域名争议解决机构提出。专家是否退出专家组,由域名争议解决机构决定。

任何一方当事人或其代理人均不得与专家组进行单方联络。当事人一方与专家组或域名争议解决机构间的所有联络均应当通过域名争议解决机构根据其《补充规则》规定的方式指定的案件经办人进行。

16.3.4.5 域名争议案件审理和裁决

1. 审理

专家组应当根据《程序规则》,以其认为适当的方式进行案件程序,基于投诉人和被投诉人投诉书和答辩书中各自的主张、所涉及的事实及所提交的证据,依据《解决办法》以及可予适用的法律规则对域名争议作出裁决。如果被投诉人未提交答辩,如无特殊情形,专家组应当依据投诉书裁决争议。在争议处理过程中,专家组应平等地对待双方当事人,给予当事人双方平等的陈述事实、说明理由及提供证据的机会。专家组应确保争议解决程序快速进行。应当事人请求,专家组有权决定在特殊情况下延长本规则所确定的期限。专家组有权认定证据的可采性、关联性、利害关系和证明力。

除投诉书与答辩书外,专家组有权要求任何一方当事人就案件提供进一步的说明及有关证据材料。

2. 当庭听证

正常情况下,域名争议解决程序不举行当庭听证(包括以电话会议、视频会议及网络会议方式进行的任何听证),但专家组认为有必要举行的除外。当事人一方也可以在支付相关费用的前提下请求专家组举行当庭听证。

除非有特殊理由,如果一方当事人未能遵守《程序规则》规定或者专家组确定的任何期限,专家组将继续进行程序,直至就所涉争议作出裁决。

除非有特殊理由,如果一方当事人未能遵守《程序规则》中的任何规定或专家组的任何指令,专家组有权依其认为适当的情形对此予以推论。

3. 合并审理

如果投诉人与被投诉人之间存有多个域名争议,投诉人或被投诉人均可以请求将这些争议交由一个专家组合并审理。该请求应向第一个被指定负责审理双方争议的专家组提出。该专家组有权决定将此类争议部分或全部予以合并审理,只要这些合并审理的争议受《解决办法》的约束。

4. 裁决

如无特殊情形,专家组应于成立后14日内就所涉域名争议作出裁决,并将裁决书提交域名争议解决机构。

专家应在签署裁决前将裁决书草案提交域名争议解决机构。在不影响专家独立裁决的前提下,域名争议解决机构可以就裁决书的形式问题进行核阅。

在案件由三人专家组审理的情况下,裁决应当按照多数人的意见作出。每一位专家享有平等的表决权。专家组不能形成多数意见时,裁决依首席专家的意见作出。任何不同意见均应当载入裁决之中。

裁决书应以书面形式及电子形式作成,且应说明裁决结果及裁决理由,写明裁决作出的日期及专家的姓名。如果专家组认为投诉的争议不属于其管辖的范围,应加以说明。如果专家组经审阅当事人所提交的文件后认定投诉具有恶意,专家组可以在裁决中宣布该投诉构成对域名争议解决程序的滥用。

5. 程序终止

如果在程序正式开始之前或进行的过程中,当事人一方就被争议域名提起了司法程序或仲裁程序,域名争议解决机构或专家组有权决定中止或终止程序,或继续程序,直至作出裁决。当事人一方如果在程序进行期间就争议域名提起了任何司法程序或仲裁程序,应当立即通知专家组和域名争议解决机构。

在专家组作出裁决之前,域名争议解决程序可因下列情况而终止:(1)当事人之间自行达成和解;(2)专家组认为域名争议解决程序由于其他原因已无必要继续进行或不可能继续进行,除非一方当事人在专家组规定的时间内提出合理的反对理由。

16.3.4.6 域名争议案件裁决的送达与公布

域名争议解决机构应当在收到专家组提交的裁决后三日内将裁决书全文传送给各方当事人、相应的域名注册服务机构以及中国互联网络信息中心。

除非专家组根据当事人的请求或争议的具体情况另有决定,域名争议解决机构应当将裁决的全部内容在所规定的期限(三日)内在公开网站上予以公布。

16.3.4.7 域名争议案件费用

如果投诉人选择将争议交由一人专家组审理,而被投诉人选择将争议交由三人专家组审理,被投诉人则应当承担域名争议解决机构《补充规则》所规定的三人专家组费用的一半。该费用应当由被投诉人在向域名争议解决机构提交答辩时一并交付。如所应收取的费用未能按照要求缴付,争议将由一人专家组审理。

投诉人应根据域名争议解决机构《补充规则》的规定,按规定的时间和金额,向域名争议解决机构支付固定的程序费用。如果被投诉人选择将争议交由三人专家组裁决,而不是交由投诉人选择的一人专家组审理,则三人专家组费用的一半应由被投诉人承担。在其他情形下,域名争议解决机构所有费用应由投诉人承担。

在投诉人未根据《程序规则》的规定向域名争议解决机构缴纳程序费用前,域名争议解决机构不应就有关投诉采取任何进一步的行动。

如果域名争议解决机构在收到投诉书后 8 日内未收到有关程序费用,则投诉视为撤回,程序予以终止。

在特殊情形下,如果举行当庭听证,域名争议解决机构可以要求当事人双方另外支付费用。该费用应当由域名争议解决机构与当事人双方和专家组协商后确定。

淘宝网商标侵权纠纷案[①]

【案件背景】

在电子商务时代,网络购物已成为一种消费习惯和生活方式。以淘宝网为代表的C2B商业模式,由于解决了传统商业的信息不对称、中间费用过高、交易受时空限制等问题,而得以迅速发展。据阿里巴巴实时数据显示,仅 2015 天猫"双十一"交易额就已高达 912.17 亿元! 与此同时,由于监管的缺失,假冒伪劣产品充斥着电商,侵犯知识产权的现象时有发生。因此,在网络用户利用网络交易平台销售侵犯商标权的商品时,如何确定平台提供者的责任是知识产权领域较新颖,同时也是争议较大的问题。淘宝网商标侵权纠纷案的原告是上海的衣念时装贸易有限公司,被告是淘宝公司和开淘宝网店的杜某,案由是商标侵权。在本案中确定了网络交易平台服务提供者承担帮助侵权责任的过错判断标准,即网络服务提供者对于网络用户的侵权行为一般不具有预见和避免的能力,并不因为网络用户的侵权行为而当然需承担侵权赔偿责任,但如果网络服务提供者明知或者应知网络用户利用其所提供的

---

① 本案例改编自《上海市第一中级人民法院民事判决书(2011)沪一中民五(知)终字第 40 号》,该案被居于最高人民法院评选的"2011 年中国法院知识产权司法保护十大案件"之首。

网络服务实施侵权行为,而仍然为侵权行为人提供网络服务或者没有采取适当的避免侵权行为发生的措施,则应当与网络用户承担共同侵权责任。该案对于解决类似问题以及促进我国电子商务健康持续发展都有重要作用。

【案情简介】

原告上海衣念公司向上海市浦东新区人民法院提起诉讼称:依兰德有限公司(E. LAND LTD)是第1545520号注册商标和第1326011号注册商标的权利人,依兰德有限公司将上述商标的独占许可使用权授予原告。原告生产的TEENIE WEENIE等品牌服装拥有很高的知名度,曾获得2009年度上海名牌称号。被告杜某在淘宝网销售的服装中使用了TEENIE WEENIE等商标,侵犯了原告享有的注册商标专用权。根据杜某在淘宝网上的成交记录,其在2009年12月1日至2010年2月1日两个月时间内就成交仿冒产品20余件,成交价格共计人民币3 077元。原告正品的价格是仿冒产品的五至十倍,杜某给原告造成直接损失15 000元至30 000元,侵权仿冒品给正品造成的品质减损影响则无法估测。被告淘宝公司是淘宝网的运营商。自2009年9月开始,原告就淘宝网上存在的大量侵权商品向淘宝公司提出警告,并要求其采取事先审查、屏蔽关键词等有效措施控制侵权行为的蔓延,但淘宝公司未采取合理措施。自2009年9月开始,原告针对杜某的侵权行为,曾7次发函给淘宝公司,要求其删除杜某发布的侵权商品信息。淘宝公司对原告举报的侵权信息予以删除,但未采取其他制止侵权行为的措施。淘宝公司不顾原告的警告和权利要求,在知道杜某以销售侵权商品为业的情况下,依然向杜某提供网络服务,故意为侵犯他人注册商标专用权的行为提供便利条件,继续纵容、帮助杜某实施侵权行为。故原告请求法院判令:杜某、淘宝公司共同赔偿原告经济损失3万元;杜某、淘宝公司共同赔偿原告支出的合理费用,包括公证费4 800元、户籍信息查询费用100元、律师费5万元,共计54 900元;杜某、淘宝公司在搜狐、新浪或其他同级别门户网站、新闻晨报及淘宝网上刊登说明告示并向原告致歉,说明淘宝网曾销售过侵犯原告商标专用权的产品。

被告杜某辩称:其所销售的商品是从其他网站上订购的,其不知这些服装是侵权商品。原告上海衣念公司只举证证明其中的一件服装是假货,原告主张的经济损失及合理费用过高,没有依据。故请求驳回原告的诉讼请求。

被告淘宝公司辩称:(1)原告上海衣念公司滥用权利。早在2006年8月,原告就开始针对淘宝网上出售的商品向淘宝公司提出投诉。在历经四年的投诉过程中,淘宝公司一直积极删除原告所指认的涉嫌侵权的信息,并始终按淘宝网当时适用的知识产权投诉规则,对涉嫌侵权人予以处理。原告投诉量巨大,仅以2009年9月29日至11月3日这段期间为例,原告投诉涉嫌侵权的商品信息累计达105 643条。根据淘宝公司的统计,原告投诉的数十万条商品信息中,约有20%的投诉是错误投诉。原告的轻率投诉引起了相关淘宝网用户的大量异议,并对淘宝公司的商誉造成损害。本案所涉及的投诉仅是原告数十万投诉信息中的个案。原告认定侵权的理由不充分,仅以低价、未经授权销售为由认定侵权。原告除要淘宝公司删除涉嫌侵权的信息外,还要求淘宝公司采取事先审查、屏蔽关键词,以及永久删除用户账号等措施。(2)淘宝公司采取了合理审慎的措施,保护原告的合法权益。淘宝网为防止用户侵犯他人知识产权采取了合理的保护措施,包括对卖家用户的真实身份采取了合理的审查措施、组建团队及时删除权利人投诉的涉嫌侵权的信息、制定并不断完善知识产权保护规则。(3)淘宝公司未侵犯原告的注册商标专用权。原告针对被告杜某的7次投诉中有 4 次不涉及原告主张的第 1545520 号注册商标和第 1326011 号注册商标。原告向淘宝公司主张杜某侵权的 7 次投诉均未附任何证据,没有任何证据的投诉是不适格的投诉,淘宝公司可以不予接受。但考虑到如果不予删除链接,可能导致原告的权益受到损害,为了平衡原告和被投诉人之间的合法利益,淘宝公司暂时采取了只删除信息,但不予处罚的措施。淘宝公司善意的删除行为,并不能就此推定淘宝公司明知杜某及其他被投诉人存在屡次重复侵权而怠于采取任何措施。在本案中,原告也只是公证购买了杜某销售的一件商品并鉴定为假货,不能由此认定其他 7 次投诉的商品为仿冒品,也不能由此认定杜某销售的其余商品为仿冒品。

上海市浦东新区人民法院一审查明:

被告淘宝公司是淘宝网的经营管理者,淘宝公司为用户提供网络交易平台服务。淘宝网交易平台分为商城(即 B2C)和非商城(即 C2C),没有工商营业执照的个人也可以申请在淘宝网开设网络店铺(非商城),被告杜某即属于非商城的卖家。非商城的卖家和买家通过淘宝网实现交易时,淘宝网不收取费用。淘宝网对个人卖家实行实名认证,卖家先在淘宝网注册一个账户,注册时需输入真实姓名、身份证号码、联系方式等信息。淘宝公司通过公安部身份证号码查询系统等途径核实卖家填写的身份信息的真实性,淘宝网用户只有通过实名认证后才能开设网络店铺。卖家可在该店铺发布待售的商品信息。

被告淘宝公司制定并发布了《淘宝网服务协议》《商品发布管理规则》《淘宝网用户行为管理规则》等规则,这些规则多次提到禁止用户发布侵犯他人知识产权的商品信息,并制定了相关处罚措施。2009 年 9 月 15 日生效的《淘宝网用户行为管理规则(非商城)》规定:淘宝网用户在商品名、商品介绍等信息或载体中侵犯他人知识产权属于违规行为;侵犯他人知识产权的违规行为包括所有违反《禁止及限制交易物品管理规则》内有关条款或《商标法》《著作权法》《专利法》等法律法规的行为。此外,该规则还规定了相应的处罚措施:淘宝网用户有商标侵权、专利侵权等违规行为,将受到限制发布商品 14 天、下架所有商品信息、公示处罚(警告)14 天的处罚,同时记 6 分。淘宝网用户违规行为记分是为了记录用户在淘宝网违规行为的一种方式。违规行为记分按每一自然年为周期(1 月 1 日至 12 月 31 日)。违规记分扣满 12 分,淘宝公司将对账户做冻结处理,用户只有通过考核后,淘宝公司才会解除冻结。用户在学习期后才可以参加考核,学习期按记分周期内的冻结次数乘以 3 计算。账户冻结后该用户可以登录淘宝网,但限制发布商品信息,下架用户的所有商品信息。对于情节特别严重的违规行为,淘宝公司有权对用户作永久封号处理。2010 年 6 月 10 日,淘宝公司发布了同时适用商城和非商城的《淘宝网用户行为管理规则(修订版)》,对淘宝网用户的违规行为进行了细化,并调整了处罚措施。其中对侵犯他人知识产权的违规行为规定了三级处罚措施,一级为有确切证据证明卖家出售假冒商品且情节特别严重的,扣 48 分;二级为有确切证据证明卖家出售假冒商品的,扣 12 分;三级为所发布或使用的商品、图片、店铺名等店铺内容侵犯商标权、著作权、专利权,或者存在误导消费者情况的,扣 4 分。当扣分达到或超过 12 分但未到 24 分时,会员将被同时处以店铺屏蔽、限制发布商品、限制发送站内信、限制社区所有功能及公示警告 7 天;当扣分达到或超过 24 分但未到 48 分时,会员将被同时处以店铺屏蔽、限制发布商品、限制发送站内信、限制社区所有功能及公示警告 14 天;当扣分达到或超过 36 分但未到 48 分时,会员将被处下架所有商品,且同时并处限制发布商品、限制发送站内信、限制社区所有功能、关闭店铺及公示警告 21 天;当扣分达到或超过 48 分时,会员将被处永久封号。

　　淘宝网公布了知识产权侵权投诉途径,权利人可通过电话、信函、电子邮件等途径向被告淘宝公司进行投诉。本案审理过程中,淘宝公司以商标侵权为例解释了其对知识产权侵权投诉的处理流程。(1)权利人投诉。权利人投诉应该提供以下资料:权利证明以及身份证明;侵权链接;判断侵权成立的初步证明或者充足的理由;对某个卖家重复投诉的,还要标注重复投诉的具体时间、重复投诉的次数。其中,判断侵权成立的初步证明可以是网页上明显的侵权的信息、公证购买证据、卖家在聊天中的自认。判断侵权的理由必须是法定的侵权成立的理由,而不能以价格、未经授权销售等为理由。权利人通过款式等判断被投诉产品非其生产,只要做单方陈述即可作为判断侵权的证明。(2)侵权成立后的处理。权利人提供完整的投诉资料后,淘宝公司会对相关资料进行下列形式审查,包括:商标权是否存在,并有效存续;权利人的主体资格是否有效存续;权利人提供的判断侵犯商标权的理由及(或)证据是否初步成立;权利人判断侵犯商标权的理由与其提供的链接结果(即指认侵权的对象)间是否存在对应关系。通过上述四步骤形式审查后,采取以下措施:(1)删除涉嫌侵权的链接;(2)如果权利人为进一步通过司法程序主张权利提出需要涉嫌侵权人的信息,淘宝公司可以提供涉嫌侵权会员的姓名、联系方式和身份证号码;(3)对被投诉的卖家进行处罚。

　　本案一审的争议焦点是:1.杜某的销售行为是否侵害了上海衣念公司的注册商标专用权;2.淘宝公司是否知道网络用户利用其网络服务实施侵权行为以及是否采取了合理、必要的措施以避免侵权行为的发生;3.淘宝公司是否构成侵权。

　　上海市浦东新区人民法院一审认为:原告上海衣念公司经依兰德有限公司许可,享有第1545520号注册商标和第1326011号注册商标独占许可使用权。杜某不能举证证明其销售的商品有合法来源,且在上海衣念公司多次投诉、被告淘宝公司多次删除其发布商品信息后,杜某应当知道其销售的商品侵犯他人注册商标专用权,故其抗辩意见不能成立,应当依法承担侵权责任。网络用户利用网络实施侵权行为的,被侵权人有权通知网络服务提供者采取删除、屏蔽、断开链接等必要措施。淘宝公司有条件、有能力针对特定侵权人杜某采取措施,淘宝公司在知道杜某多次发布侵权商品信息的情况下,未严格执行其管理规则,依然为杜某提供网络服务,此是对杜某继续实施侵权行为的放任、纵容。其故意为杜某销售侵权商品提供便利条件,构成帮助侵权,具有主观过错,应承担连带赔偿责任。关于赔偿数额,因原、被告均未举证证明被告杜某因侵权所得利益或者原告上海衣念公司因被侵权所受损失,经综合考虑涉案商标具有较高知名度、杜某网店经营规模较小、获利不多等因素,酌情确定经济损失赔偿额为3 000元。原告主张律师费、公证费、查档费等开支,法院根据开支的真实性、关联性、必要性和合理性,酌情支持合理费用7 000元。因被告侵犯原告的商标专用权,并不涉及人格利益,故原告要求被告赔礼道歉的诉讼请求,不予支持。

　　淘宝公司不服一审判决,向上海市第一中级人民法院提起上诉。主要上诉理由是:(1)因上海衣念公司涉案7次投诉未提供判断侵权的证明,不属于有效投诉,淘宝公司无法知道被上诉人存在多次投诉,无法对被投诉信息是否构成侵权予以审核,故无法对被投诉卖家采取进一步的处理措施。(2)淘宝公司不知道原审被告杜某存在侵权行为,对于杜某的侵权行为不具有过错。

　　本案二审的争议焦点仍然是:淘宝公司是否知道原审杜某在淘宝网上实施商标侵权行为以及是否采取了合理、必要的措施,其在本案中是否应当承担侵权责任。上海市第一中级人民法院二审认为：上诉人淘宝公司知道原审被告杜某利用其网络服务实施商标侵权行为，但仅是被动地根据权利人通知采取没有任何成效的删除链接之措施，未采取必要的能够防止侵权行为发生的措施，从而放任、纵容侵权行为的发生，其主观上具有过错，客观上帮助了杜某实施侵权行为，构成共同侵权，应当与杜某承担连带责任。商标权利人向网络服务提供者发出的通知内容应当能够向后者传达侵权事实可能存在以及被侵权人具有权利主张的信息。对于发布侵权商品信息的卖家，无论是一次发布行为还是多次发布行为，多次投诉针对的是同一商品还是不同商品，是同一权利人的同一商标还是不同商标，均能够足以使网络服务提供者知道侵权事实可能存在，并足以使其对被投诉卖家是否侵权有理性的认识。上诉人的上诉理由不能成立，故判决驳回上诉，维持原判。

【案例思考】

1. 什么是恶意诉讼？本案属于滥用诉权的恶意诉讼吗？
2. 结合本案，谈谈什么是共同侵权。
3. 结合本案，谈谈网络交易平台对网络用户的经营行为应承担什么样的法律责任。
4. 电子商务的法律问题有哪些？
5. 知识产权诉讼案件的管辖权是什么？

第 17 章　知识产权国际保护

◎ 导读：

随着知识经济时代的来临，知识产权贸易已成为国际贸易的主要形式和竞争手段，知识产权保护已成为国际经济秩序的战略制高点，加强知识产权保护已成为普遍发展趋势。知识产权国际保护主要通过知识产权国际公约和国际组织得以实现，我国目前已加入了主要知识产权国际公约和知识产权国际组织，知识产权国际保护形势日益复杂。本章主要分析知识产权国际保护表现，讲述知识产权保护途径，阐明知识产权国际保护基本原则。重点和难点在于熟悉专利权、商标权、著作权等知识产权领域相关国际公约的主要内容，以及把握各知识产权领域国际保护的未来走势。

◎ 重点：

1. 知识产权国际保护有哪些表现？
2. 我国参加的知识产权国际公约有哪些？
3. TRIPs 的内容和地位如何？
4. 目前主要的国际性和区域性知识产权组织有哪些？
5. 知识产权国际保护原则是什么？

"蜡笔小新"案[①]

【案件背景】

《蜡笔小新》作为一部著名的日式成人漫画和家庭喜剧作品，在全世界的影响都很大。也正因为此，日本双叶社与广州诚益眼镜公司、中国国家工商行政管理总局商标评审委员会关于"蜡笔小新"注册商标一案，引起了社会的广泛关注。本案所涉及的法律问题，除了商标权之外，还有法律时效问题。2001 年修改前的《商标法》规定，已经注册的商标违反《商标法》第八条规定的，或者是以欺骗手段或者其他不正当手段取得注册的，由商标局撤销该注册商标；其他单位或者个人可以请求商标评审委员会裁定撤销该注册商标，但并未规定提出撤销请求的期限。2001 年修改后的《商标法》则规定了提出撤销请求的期限，即"自商标注册之日起五年内，商标所有人或者利害关系人可以请求商标评审委员会裁定撤销该注册商标"。本案所涉及的商标属于修改后的《商标法》生效前注册的损害他人在先权利的商标，如

[①] 本案例改编自《北京市高级人民法院行政判决书（2006）高行终字第 379 号》《北京市第一中级人民法院行政判决书（2006）一中行初字第 405 号》《最高人民法院行政裁定书（2007）行监字第 31-1 号》，该案被最高人民法院评为"2008 年中国法院知识产权司法保护十大案件"之一。

何适用撤销申请期限的规定,有不同意见:一种意见认为,法律不溯及既往,但为了更好地保护公民、法人和其他组织的权益而作出的特别规定除外。对于《商标法》修改前已注册的商标,在商标法修改后提出撤销申请的,应适用修改后的《商标法》的规定,提出撤销申请的期限应受五年的限制,而不应再适用原《商标法》及其实施细则未限定期限的规定,但起算点应从修改后商标法生效之日起计算。另一种意见认为,由于修改后的《商标法》第四十一条第二款明确规定了提出争议的时间为"自商标注册之日起五年内",如在商标法修改后提出撤销争议商标的申请,应适用修改后商标法关于五年期限的规定,起算点应自商标注册之日起算。该案经过一审、二审、再审,法院采纳了第二种意见。

【案情简介】

2005年1月26日,日本国株式会社双叶社(简称双叶社)以注册人为广州市诚益眼镜有限公司的"蜡笔小新"文字商标(简称争议商标)损害其在先著作权等理由,向中华人民共和国国家工商行政管理总局商标评审委员会(简称商标评审委员会)提出撤销该商标申请。

商标评审委员会于2005年12月30日作出的商评字〔2005〕第4643号《关于第1039978号"蜡笔小新"商标争议裁定书》(简称第4643号裁定):(1)针对双叶社以争议商标的注册侵害其著作权为由提出的撤销注册申请,商标评审委员会认为,双叶社于2005年1月26日向商标评审委员会提出争议裁定申请,是在修改后的《商标法》实施后依据新《商标法》有关规定申请争议裁定,本案应适用现行《商标法》有关规定进行审理。现行《商标法》第四十一条第二款规定,对违反该法第三十一条规定的,自该商标注册之日起五年内,商标所有人或利害关系人可以请求撤销该注册商标。可见,对已经注册的商标,以第三十一条规定申请撤销的期限限定为五年。本案争议商标取得商标专用权时间为1997年6月28日,双叶社于2005年1月26日对该商标提出争议时争议商标注册已近八年,超出了五年的法定期限。双叶社主张本案中提起争议裁定申请的五年期限,应从现行《商标法》实施之日起算的复审理由不成立。双叶社依据《商标法》第三十一条提出的撤销争议商标的理由因超出法定期限,其该项评审请求应予以驳回。(2)针对双叶社以争议商标的注册构成对其"蜡笔小新"文字和图形未注册驰名商标的复制和摹仿为由提出的撤销注册申请,商标评审委员会认为,争议商标于1997年在中国大陆获得注册,当时双叶社的"蜡笔小新"商标在中国大陆尚未申请注册。根据现行《商标法》第十三条第一款之规定未在中国大陆注册但请求特别保护的商标,须在争议商标未注册前就已在相同或类似商品上成为驰名商标。根据双叶社提供的证明资料,虽然早在1994年、1995年开始开发"蜡笔小新"授权产品,将"蜡笔小新"卡通形象用于开发、制造玩具、文具、服饰等商品,并在日本、中国台湾、香港市场有一定影响,但中国大陆关于双叶社的"蜡笔小新"漫画与商品的报道主要发生于2003年,双叶社未能证明"蜡笔小新"商标在争议商标注册前,双叶社的"蜡笔小新"商标已在第28类争议商标核定使用的商品上为中国大陆消费者熟知,成为驰名商标。双叶社以《商标法》第十三条第一款的规定撤销争议商标注册的主张不成立。(3)针对双叶社以争议商标的注册属于以欺骗手段或其他不正当手段取得注册为由提出的撤销注册申请,商标评审委员会认为,《商标法》第四十一条第一款所指的"以欺骗手段或其他不正当手段取得注册"既包括商标注册人在申请注册的时候,以弄虚作假的手段欺骗商标行政主管机关取得注册的行为,也包括基于进行不正当竞争、牟取非法利益的目的,恶意进行注册的行为。后一种行为,主要是指商标注册人明知他人或应知他人的商标而申请注册。双叶社提交的证据可以显示其"蜡笔小新"商标在日本、中国港台地区有一定知名度,但其知名度并不当然及于中国大陆地区。双叶社未能证明在争议商标注册前,其"蜡笔小新"商标在中国大陆市场已经使用,并在相关消费者中有一定知名度,争议商标原注册人是在明知或应知他人商标的情况下恶意申请注册争议商标。双叶社提交的争议商标原注册人在其他类别上注册"蜡笔小新"商标并转让他人及其抢注他人知名商标的证据,难以证明争议商标原注册人在申请注册本案争议商标时具有恶意。双叶社依据《商标法》第四十一条第一款的规定撤销争议商标注册的主张缺乏事实根据,该主张不成立。(4)关于诚益眼镜公司称双叶社不具备申请争议的主体资格的问题,《蜡笔小新》系双叶社拥有著作权的漫画作品,尽管双叶社并未在中国大陆注册"蜡笔小新"文字及图商标,但其以在先拥有的著作权和其在中国未注册的驰名商标提出争议,符合《商标法》第四十一条第二款关于商标所有人或利害关系人的规定,诚益眼镜公司的此条答辩理由不成立。最终,商标评审委员会根据商标法的规定裁定对诚益眼镜公司注册的争议商标予以维持。

双叶社不服商标评审委员会的裁定,向北京市第一中级人民法院提起行政诉讼,诚益眼镜公司被通知作为第三人参加诉讼。

原告双叶社诉称:商标评审委员会认为提出争议申请已经超过法定期限的观点不能成立;争议商标已构成就相同或类似商品对我社未在中国注册的驰名商标的复制和摹仿,应予撤销;争议商标的注册具有明显恶意,已构成对我社未在中国注册的驰名商标的恶意抢注。

被告商标评审委员会辩称:双叶社以争议商标的注册损害其著作权为由提出争议申请已超过五年的法定期限;双叶社的"蜡笔小新"商标在争议商标申请注册时未成为相关商品上的驰名商标;双叶社称争议商标的注册具有明显恶意的主张缺乏充分证据,争议商标注册未构成恶意抢注行为。

第三人诚益眼镜公司述称:就双叶社针对争议商标所提出的争议申请应当适用修改后的商标法规定,双叶社的申请已超过法定时限;其引证商标并非驰名商标。

北京市第一中级人民法院经审理查明:

"蜡笔小新"商标由案外人广州市诚益眼镜公司于1996年1月9日向中华人民共和国国家工商行政管理局商标局(简称商标局)提出注册申请,于1997年6月28日被核准注册,核定使用商品为第28类游戏机、积木等。2004年10月19日,争议商标经商标局核准转让给诚益眼镜公司。

2005年1月26日,双叶社以争议商标的注册违反了《商标法》规定为由,向商标评审委员会提出撤销申请,并提供了五组共计28份证据,其中:

第一至三组证据(1~15)均为证明双叶社系"蜡笔小新"的合法著作权人及其相关著作权使用情况的证据;

第四组证据(16~23)为证明"蜡笔小新"图形及文字在包括中国的很多国家获得注册和使用,享有极高知名度的证据;

第五组证据(24~28)为证明争议商标的原注册人具有主观恶意的证据。

2005年12月30日,商标评审委员会作出第4643号裁定,查明如下事实:《蜡笔小新》是日本公民臼井义人创作的漫画作品,双叶社于1992年经臼井义人授权,获得该作品独占性、排他性的著作权及商品化权。1992年至2005年间,《蜡笔小新》系列漫画由双叶社出版,在日本广泛发行。1994年以后,双叶社通过许可出版的方式,将《蜡笔小新》系列漫画在香港、台湾发行。《蜡笔小新》动画片也随之在日本、中国香港、台湾等东南亚国家、地区播放。双叶社的"蜡笔小新"商标自1994年开始在日本、中国台湾注册,涉及第9、14、16、25类等十几个类别。1995年4月1日双叶社与国际影业有限公司签订商品化权合同,将漫画《蜡笔小新》在亚洲的商品化权提供给国际影业有限公司独家行使,由该公司负责"蜡笔小新"卡通造型商品的开发、制造,主要包括玩具、文具、休闲、服饰等商品,并在台湾市场销售。《蜡笔小新》系列漫画在中国大陆正式发行始于2003年。双叶社的"蜡笔小新"商标在中国大陆注册始于2002年3月18日,由国际影业有限公司申请注册,于2003年7月7日获准(注册号为3117066),使用在第21类牙刷、水杯、纸巾分配器等商品上。双叶社提及的应被认定为驰名商标的第3117067号"蜡笔小新及图"商标系由国际影业有限公司于2002年3月18日提出注册申请,于2004年2月28日获得注册,使用在第16类书、连环漫画书、卡纸板制品上。

在本案诉讼过程中,双叶社对其已经向商标评审委员会提交的证据进一步予以明确,证明"蜡笔小新"文字、图形系列商标系驰名商标。

北京市第一中级人民法院认为,根据原告和被告的诉辩主张以及第三人的陈述,本案涉及如下三个方面的问题:

(1)针对双叶社以侵犯其在先权利为由提出撤销争议商标注册申请的法律适用及是否超过法定期限的问题。双叶社以侵犯其在先权利为由提出撤销争议商标的注册,属于修改后的《商标法》第三十一条所列举的情形。根据最高人民法院《关于审理商标案件有关管辖和法律适用范围问题的解释》第五条的规定,对《商标法》修改决定施行前发生的属于修改后的《商标法》第三十一条列举的情形,商标评审委员会于商标法修改决定施行后作出裁定、当事人不服提起行政诉讼的,适用修改后的《商标法》。该司法解释中的"发生"应当理解为是针对争议商标提出争议的情形。在本案中,由于双叶社于2005年1月26日向被告提出撤销争议商标申请,是在修改后的《商标法》施行之后,故在无特别规定的情况下,本案应适用修改后的《商标法》。根据修改后的《商标法》第四十一条规定,以侵害他人在先权利为由提出撤销注册商标的,利害关系人应当在自商标注册之日起5年内提出撤销申请,并且商标法明确规定该5年的期限自争议商标核准注册之日起计算。本案中,因争议商标取得核准注册的时间是1997年6月28日,距双叶社提出撤销申请的时间2005年1月26日已经超过5年的期限,故商标评审委员会的第4643号裁定以超过法律规定的期限为由驳回双叶社以违反《商标法》第三十一条为由撤销争议商标申请符合法律规定。

(2)关于双叶社主张的"蜡笔小新"(文字和图形)构成未在中国注册的驰名商标以及争议商标注册属于对未注册驰名商标复制、摹仿的认定问题。双叶社以争议商标违反《商标法》第十三条规定提出的撤销理由能否成立,关键在于判定申请人的"蜡笔小新"(文字和图形)是否作为商标在争议商标申请注册前是否已在中国大陆成为使用在第28类游戏机、积木等商品上的驰名商标。根据双叶社提供的证明资料,均不能证明在争议商标申请注册日,即1996年1月9日之前,"蜡笔小新"图形和文字作为商标在中国大陆地区进行使用。因此,第4643号裁定没有认定"蜡笔小新"文字和图形属于未注册的驰名商标是正确的。

(3)关于争议商标是否属于以欺骗手段或其他不正当手段取得注册的问题。在本案中,因双叶社并未提交证据证明争议商标的注册属于在申请注册时以弄虚作假的手段欺骗商标行政主管机关取得注册的行为,亦未证明争议商标在申请注册时以"欺骗"以外的其他有违诚实信用原则的不合法手段取得注册、使争议商标不具备合法性。

最终，北京市第一中级人民法院判决维持商标评审委员会的商标争议裁定，双叶社不服原审判决，向北京市高级人民法院提起上诉。

北京市高级人民法院经审理后认为，依照《中华人民共和国立法法》（简称《立法法》）第八十四条规定，法律不得溯及既往，但为了更好地保护公民、法人和其他组织的权益而作出的特别规定除外。本案中，本案争议商标注册于1997年12月7日，而《商标法》第三十一条中关于争议期限的规定则自2001年12月1日起生效实施，此前对于已经注册商标并无争议期限的规定。依照最高人民法院《关于审理商标案件有关管辖和法律适用范围问题的解释》第五条规定，本案争议应当适用新《商标法》中五年争议期限的规定，但五年的争议期限应当自2001年12月21日起算，否则对享有在先权利的人有失公平，同时也违背《立法法》的原则。商标评审委员会和一审法院均认为双叶社于2005年1月26日对本案争议商标提出撤销申请已超出五年的争议期限，其对五年争议期限的起算点的认定显然有误，应予纠正。双叶社依据现行《商标法》第三十一条申请撤销本案争议商标并未超过法定争议期限，商标评审委员会应予受理并重新进行审查。双叶社依据现行《商标法》第十三条申请撤销本案争议商标，但其所提供的证据并不能证明在本案争议商标申请日前，"蜡笔小新"文字或图形已在中国大陆地区投入使用并作为商标已达驰名程度，故双叶社的上述主张缺乏事实根据，北京市高级人民法院不予支持。

本案审理中，双叶社提交的广州市诚益眼镜公司曾经及现在持有的商标的档案资料表明，广州市诚益眼镜公司具有大批量、规模性抢注他人商标并专卖牟利的行为，情节恶劣且严重。蜡笔小新文字及图形作为作品具有独创性，且在本案争议商标申请日前在日本、台湾、香港具有较高知名度，广州市诚益眼镜公司复制了上述作品并将其作为商标在中国大陆予以注册，结合其批量性、大规模注册他人商标的行为，可以认为广州诚益眼镜公司明显具有侵害他人权利、抢注他人商标的恶意，有违诚实信用原则，其行为违反了《商标法》第四十一条之规定。鉴于双叶社在商标评审程序中并未提出上述证据，北京市高级人民法院不宜直接作出处理。

综上，商标评审委员会作出的裁定和一审判决对部分事实认定有误，不妥之处北京市高级人民法院已做纠正，但使用法律并无不当。上述人双叶社的上诉理由不能成立，其上诉请求不予支持。判决驳回上诉，维持原判。

双叶社不服二审判决，向最高人民法院提起再审申请称：(1) 二审法院在认定一审法院和商标评审委员会对本案争议商标五年争议期限起算点认定有误，应予纠正的情况下，却脱离对本案事实和法律适用认定的结论，作出相反的裁判，适用法律有误；(2) 本案应适用修改前的《商标法》，没有申请撤销期限的规定。即使适用新的《商标法》，也应从新的《商标法》生效之日起计算。双叶社以侵犯在先权利为由对1997年注册的争议商标提出撤销没有超出申请时限，商标评审委员会应当受理并依法予以裁决。

最高人民法院经审查认为，本案争议应当适用修改后的商标法的相关规定进行审查。双叶社依据《商标法》第三十一条等规定，以争议商标的注册侵犯其在先著作权等为由提起申请撤销该注册商标，应当自该注册商标注册之日起五年内提出。因双叶社于2005年1月26日提出撤销申请，距该注册商标的注册之日已逾七年，商标评审委员会和一审法院认定其提出撤销申请的时间已超过《商标法》规定的法定期限，据此驳回申请，符合法律的规定。二审判决关于《商标法》规定的五年期限应自2001年12月1日《商标法》生效之日起计算的认定没有法律依据,但裁判结果正确,故无需要再启动审判监督程序予以纠正。最高人民法院最终裁定,驳回双叶社的再审申请。

【案例思考】
1. 以争议商标的注册侵犯在先著作权等为由提起申请撤销该注册商标的期限应如何计算?
2. 知识产权行政诉讼有哪些特点?
3. 结合本案,谈谈在司法诉讼中如何证明当事人是否具有主观恶意。
4. 结合本案,谈谈什么是对未注册驰名商标复制、摹仿。
5. 结合诉讼程序,谈谈本案的几份判决裁定书。

17.1 知识产权国际保护趋势

国际性保护是20世纪以来知识产权保护的发展趋势之一。在20世纪之前,知识产权的国际保护还主要局限在国家与国家之间的互惠性双边条约,进入20世纪后,诸多双边条约逐渐被国际性和区域性条约所替代,较为体系化的知识产权公约日益发展,较为成熟的国际知识产权组织逐步建立。尤其是20世纪中叶以来,新国际经济秩序形成,经济全球化进程加快,智力成果的保护和贸易从传统国内领域走向国际市场。1986年至1994年乌拉圭回合谈判将知识产权列入了贸易谈判的议题,世贸组织把知识产权贸易作为三大支柱之一。进入21世纪,知识经济时代来临。知识形态商品所占份额越来越大,知识产权贸易已成为国际贸易的主要形式和竞争手段,知识产权制度国际化问题日益凸显,加强知识产权保护已成为世界普遍发展趋势。

17.1.1 知识产权国际保护概念

所谓知识产权国际保护,是指以多边知识产权国际条约为基本形式,以政府间国际知识产权组织为协调机构,通过对各国国内知识产权法律进行协调而形成的相对统一的知识产权保护体系。质言之,专利的国际保护,是国与国之间通过签订多边条约,或者根据互惠和对等原则,对条约的成员国或者对对方国家公民、法人的知识产权进行保护的制度。

可见,知识产权国际保护与知识产权的涉外保护并不相同。知识产权国际保护属于国际法范畴,是确立并保护各类知识产权的双边或多边的国家间保护制度,它要求参加知识产权国际公约或缔结了知识产权双边条约的国家的国内法至少要达到国际条约的最低要求。而知识产权的涉外保护属于国内法范畴,是用本国法去保护依外国法产生的知识产权。

知识产权国际保护制度的产生根源于两个原因:一方面,国际交往日益扩大,知识产权国际市场形成,主观上产生了知识产权统一保护的需求;另一方面,知识产权具有严格的地域性,各国知识产权保护水平高低不同,权利人要想获得跨国保护必须得到相关国家法律的认可,客观上产生了知识产权统一保护的需要。在这一背景下,国际上制定了大量的国际公约,一些国家的国内知识产权立法也在逐渐向国际标准靠拢,统一的知识产权国际保护制度逐步确立。

17.1.2 知识产权国际保护表现

知识产权保护体系的完善是一个动态发展的过程。国际知识产权保护肇始于19世纪后期,随着经济全球化的迅猛发展和科学技术的日新月异,知识产权的商业价值及其对全球经济的作用日益彰显,知识产权的保护标准也不断提升,知识产权的权利内容不断扩张。这表现为:

(1) 知识产权保护的客体范围不断扩大。随着新技术、新知识的不断涌现,知识产权的新类别相继出现,现代知识产权的保护范围已从传统的专利、商标、版权扩展到包括计算机软件、集成电路、植物品种、商业秘密、生物技术等在内的多元对象。例如将版权和专利保护扩大适用于计算机程序,将专利保护扩大适用于一切技术领域包括生命形式、细胞链和DNA序列,对药品给予产品专利保护等;

(2) 知识产权的内容不断深化。20世纪所创设的知识产权新权利包括网络传输权、集成电路布图设计权、植物新品种权、数据库的特别保护等,而且对一系列新的客体如民间文学、传统知识是否以及如何享有知识产权,正在引起国际社会的普遍关注。

(3) 知识产权保护力度不断加大。这主要体现在知识产权审批的时间加快,保护的期限延长,对侵权的处罚力度加大。为了鼓励创新,增加知识产权的贮备量,许多国家通过简化审批程序,缩短受理时间来提高审批效率。知识产权是重要的民事权利之一,其存续是有法定期限的。对技术创新过程中形成的不同知识产权的保护期,不仅在不同国家或不同地区都曾有过不同的规定,而且就是在同一个国家或同一个地区的不同时间也都曾有过不同的规定。依据有关知识产权国际公约的规定,凡参加国际公约的国家或地区,其该国或该地区为同知识产权的保护时间可以超过而不能少于国际公约年限。随着知识经济的兴起和知识作为生产要素地位的空前提升,世界各国均加强了对知识产权侵权的处罚力度,一方面是知识产权侵权赔偿额逐步增加;另一方面,相当一部分知识产权侵权行为要承担刑事责任。

(4) 知识产权权利限制和例外规定不断减少。例如对合理使用、强制许可措施施加严格的适用条件、缩小法定许可的范围等等。

(5) 知识产权保护为发达国家所主导,发展中国家在知识产权国际保护中处于弱势地位。自二战以来,发达国家一直凭借其经济强权在知识产权的国际化过程中起着主导作用,并且为了其自身的经济利益不断追求知识产权保护的高标准化。无论在规则制定还是利益平衡方面,发展中国家都处于"边缘化"的被动地位,不具备对等的实力与发达国家相抗衡,无法采取强权行动,而只能进行呼吁和寻求对话。

(6) 跨国公司知识产权滥用日益增多。随着知识产权在国际经济竞争中的作用日益上升,经济全球化趋势增强,知识或智力资源的占有、配置、生产和运用已成为经济发展的重要依托,越来越多的国家和企业都已经制定和实施了知识产权战略,面对国际上知识产权保护的发展趋势,跨国公司滥用知识产权情形也在与日俱增。

(7) 越来越多的国家将知识产权保护提升为国家发展战略。随着知识产权在世界经济和科技发展中的作用日益凸显,越来越多的国家都认识到未来全球竞争的关键就是经济的竞争,经济竞争的实质是科学技术的竞争,科学技术的竞争,归根到底就是知识产权的竞争。因此,许多国家,尤其是发达国家已把知识产权保护问题提升到国家大政方针和发展战略的宏观高度,把加强知识产权保护作为其在科技、经济领域夺取和保持国际竞争优势的一项重要战略措施。

(8) 知识产权保护日益与其他权利领域发生关系。知识产权所带来的利益和在经济全球化过程中对国际和国内经济所造成的影响使得世界各国日益积极参与知识产权国际规则的创制和实施。在生物技术和信息技术的影响下,知识产权的国际保护已经开始考虑更多的权利客体和保护内容,发展中国家和发达国家都力争将自己所拥有的优势知识产品纳入知识产权保护范畴,不仅如此,经济全球化所产生的全球整体利益如全球的和平与安全、共同的生存环境、全球经济文化的发展、全人类对自然资源的合理开发和利用等,都使得知识产权私人权利范围的扩张化日益与人类的普遍利益尤其是发展权利、环境权利和生态权利发生联系,知识产权的国际保护在这里也突显出与人权和可持续发展之间存在的冲突。

我国在WTO之后,来自发达国家和地区在知识产权方面的压力日益增加,遭遇的国际知识产权诉讼案件日益增多。我国政府高度重视知识产权工作,知识产权法律体系逐步完善,不断开拓国际合作的新局面,加入了多项知识产权国际公约。但整体而言,社会知识产权保护的意识仍比较薄弱,企业运用知识产权参与竞争和维权的能力仍有待提高,知识产权保护状况还不能完全建设创新型国家的要求。面对经济全球化和国际知识产权保护发展的新形势,尤其是我国加入世贸组织后,将实现中国经济与世界经济一体化,我国知识产权工作面临着巨大的压力和挑战。

【思考】如何防范我国企业驰名商标在国外被抢注的风险?

我国驰名商标的国际保护近年来出现了一些严重的问题。最为突出的是外国特别是我国产品进口国的一些企业抢注我国驰名商标,给国内出口企业造成严重的经济损失。究其原因主要有以下两点:一是企业商标的海外保护意识淡漠。大多数企业尚未形成一套完整的知识产权保护战略,基本没有自我品牌市场的监测预警系统。二是我国企业对国际贸易的游戏规则不甚熟悉。实践证明,商标所有人和许可使用人缺乏驰名商标保护的战略规划、缺少对国际和外国保护规则的了解,政府主管部门和司法机关缺少有效的信息服务和国际沟通、协调,是造成我国驰名商标受损的深层次原因。

防范驰名商标在国外被抢注的风险应当注意:(1)及时办理商标注册要做好驰名商标的境外注册工作,对商品正在或将要销售的国家、地区,一定要做好商标的注册工作。(2)制定驰名商标保护战略。根据国际上商标权取得的不同要求,采取相应对策。在实行先使用原则的国家,即谁先使用谁就拥有商标权,如美国、英国、澳大利亚、加拿大、新加坡等国,应当尽早使用商标,并注重收集和锁定在这些国家使用商标的证据,包括合同、广告、宣传材料等等,防止被人抢注及国际维权。即使该商标被人抢注,可以通过商标异议程序或者诉讼程序夺回商标。在实行先注册原则的国家,即谁先注册谁就拥有商标权。如日本、韩国、西班牙、意大利等国,应当尽早申请注册,防止被人抢注。根据商标保护地域性的规定,商标一旦抢注成功,被抢注商标的企业就不得在该国或该区域内使用此商标,若违反则构成侵权。(3)商标被抢注后积极维权。在商标被抢注后,企业要应当给予高度重视,立即采取积极的措施加以弥补,懂得利用法律武器来维护自身权。

17.2 知识产权国际保护途径

1967年世界知识产权组织成立,1993年《与贸易有关的知识产权(包括假冒商品贸易)协议》达成,确立了以TRIPs协定为核心、WTO与WIPO及其他国际组织相互支持的知识产权国际保护体系。

17.2.1 知识产权国际保护公约

17.2.1.1 知识产权国际保护公约的肇始

1474年,威尼斯共和国颁布了世界上第一部专利法:《发明人法规》(Inventor Bylaws),这是世界上最早的知识产权法。

1623年,英国颁布了《垄断法》(Statute of Monopolies),其中包含了大量专利条款,其在欧美国家所产生的影响大大超过威尼斯《发明人法规》,被认为是资本主义国家专利法的始祖,也是世界专利制度发展史上的第二个里程碑。

1710年,英国颁布了《安娜法令》,也称《安娜女王法令》,即《为鼓励知识创作授予作者及购买者就其已印刷成册的图书在一定时期内之权利的法》(An Act for the Encouragement of Learning, by Vesting the Copies of Printed Books in the Authors or Purchasers of Such Copies, during the Times Therein Mentioned),这是世界上首部关于版权的法令,也是世界上第一部现代意义的版权法。

1803年,法国制定了《关于工厂、制造场和作坊的法律》,这是世界上最早的商标法。

1883年,法国、比利时等11国在巴黎共同签署了《保护工业产权巴黎公约》(简称《巴黎公约》),并根据该公约成立了保护工业产权联盟,从而开创了知识产权国际保护的新纪元。我国从1985年3月19日起成为《巴黎公约》成员国。知识产权国际保护公约开始出现。

17.2.1.2 知识产权国际保护主要公约

《巴黎公约》产生后,知识产权国际保护方面的公约日益增多,主要公约有:

1886年,英国、法国、德国、意大利等10个国家在瑞士伯尔尼共同签署《保护文学和艺术作品伯尔尼公约》(简称《伯尔尼公约》),这是世界上第一个国际版权公约,规定了著作权国际保护制度的主要原则,所有参加这一公约的国家组成伯尔尼联盟。我国于1992年10月15日起成为《伯尔尼公约》成员国。

1891年,阿尔巴尼亚、阿尔及利亚、亚美尼亚等53个成员国在西班牙马德里共同缔结《商标国际注册马德里协定》(简称《马德里协定》),这是世界上第一个是用于规定、规范国际商标注册的国际条约。该公约自1892年7月生效生效后,修改过多次(1900年11月14日修订于布鲁塞尔、1911年6月2日修订于华盛顿、1925年11月6日修订于海牙,1934年6月2日修订于伦敦,1957年6月15日修订于尼斯,1967年7月14日修订于斯德哥尔摩),和1989年签署的《商标国际注册马德里协定有关议定书》(简称《马德里议定书》)称为商标国际注册马德里体系。我国从1989年10月4日起成为《马德里协定》成员国。

1952年,根据联合国教科文组织倡导,在瑞士日内瓦召开的各国政府代表会议上通过了《世界版权公约》(Universal Copyright Convention),旨在协调伯尔尼联盟与泛美版权联盟之间在著作权保护方面的关系,建立各成员国均能接受的国际著作权保护制度。该公约是继《伯尔尼公约》后又一个国际性的著作权公约,并于1971年7月修订。我国于1992年10月30日成为《世界版权公约》成员国。

1957年,巴黎联盟成员国在法国尼斯签订《商标注册用商品和服务国际分类尼斯协定》(Nice Agreement Concerning the International Classification of Goods and Services for the Purpose of the Registration of Marks,简称《尼斯协定》),该协定的目的是为建立一个商标

注册用商品和服务的国际分类并保证这个分类的实施,该国际分类提供厂商标注册商品或服务分类的统一工具,便利了商标查询、商标申请、商标审查和商标管理,意义重大、影响广泛。我国于1988年11月开始采用了该国际分类,自1994年8月9日正式成为该协定的成员国。

1958年,古巴、海地、法国、以色列、墨西哥和葡萄牙等国在葡萄牙里斯本签订《保护原产地名称及其国际注册里斯本协定》(Regulations Under the Lisbon Agreement for the Protection of Appellations of Origin and Their International Registration,简称《里斯本协定》),该协定于1967年在瑞典斯德哥尔摩修订,是原产地名称等相关知识产权的专门规定。2015年5月20日,外交会议通过了《原产地名称和地理标志里斯本协定日内瓦文本》,于2015年5月21日开放供签署。

1961年,由国际劳工组织与世界知识产权组织及联合国教育、科学及文化组织共同发起,在意大利罗马缔结了《保护表演者、音像制品制作者和广播组织罗马公约》(Rome Convention for the Protection of Performers, Producers of Phonograms and Broadcasting Organizations,简称《罗马公约》),该公约是保护邻接权的第一个专门性国际公约。我国尚未加入《罗马公约》。

1967年,保护工业产权巴黎同盟的国际局与保护文学艺术作品伯尔尼同盟的国际局在瑞典斯德尔摩签订《成立世界知识产权组织公约》(简称"WIPO公约")根据公约成立的政府间国际机构,定名为世界知识产权组织,英文简称WIPO。1974年12月,该组织成为联合国的一个专门机构。我国从1980年6月3日起成为《成立世界知识产权组织公约》成员国。

1970年,美国等35个国家在华盛顿签订《专利合作条约》(Patent Cooperation Treaty,简称PCT),这是继《巴黎公约》之后专利领域的最重要的国际条约,是国际专利制度发展史上的又一个里程碑,认为是专利领域进行国际合作最具有意义的进步标志。我国于1994年1月1日起成为《专利合作条约》成员国。

1973年,在维也纳召开了的工业产权外交会议上签订了《商标注册条约》(Trade Mark Registration Treaty,简称TRT),自1980年8月7日起生效,这是关于商标注册的国际协定,其目的是在更大范围内促进商标的国际注册。我国于1995年12月1日起成为《商标注册条约》成员国。

1961年,法国等在法国巴黎缔结《保护植物新品种国际公约》(Act of International Convention for the Protection of New Varieties of Plants,简称《植物新品种公约》),该公约是保护育种者权利的国际合作中最有价值的文本。根据该公约成立国际植物新品种保护联盟(UPOV)机构是一个拥有法人资格独立的政府间国际组织。我国全国人民代表大会常务委员会于1998年8月29日通过了《关于加入〈国际植物新品种保护公约〉(1978年文本)的决定》。

1994年,发达国家和发展中国家经过几年的磋商和谈判在摩洛哥召开的乌拉圭回合谈判成员国部长级会议上草签了《与贸易有关的知识产权协议》(Agreement On Trade-related Aspects of Intellectual Property Rights,简称TRIPs),成为乌拉圭回合谈判最后文件的一部分。TRIPs是关贸总协定乌拉圭回合中达成的涉及世界贸易的28项单独协议中有关知识产权保护的重要协议之一,也是迄今为止国际上所有有关知识产权的国际公约和条约中,参加方最多、内容最全面、保护水平最高、保护程度最严密的一项国际协定。我国于2001年加入 WTO 时也签署了 TRIPs。

17.2.1.3 知识产权国际保护其他公约

知识产权保护领域的国际条约还有：

(1) 于 1989 年 05 月 26 日在美国华盛顿签订的《关于集成电路的知识产权条约》(Treaty on Intellectual Property in Respect of Integrated Circuits)，我国自 1989 年 5 月 26 日起成为该条约成员国。

(2) 于 1971 年 10 月 29 日在瑞士日内瓦签订的《保护录音制品制作者防止未经许可复制其录音制品公约》(Convention for the Protection of Producers of Sound Recordings to Prevent Unauthorized Copying of Their Audio Products，简称《录音制品公约》或《唱片公约》)，我国自 1993 年 4 月 10 日起成为该条约成员国。

(3) 于 1977 年 4 月 27 日在匈牙利布达佩斯签订的《国际承认用于专利程序的微生物保存布达佩斯条约》(Budapest Treaty on the International Recognition of the Deposit of Microorganisms for the Purposes of Patent Procedure，简称《微生物保存布达佩斯条约》或《布达佩斯条约》)，我国自 1995 年 7 月 1 日起成为该条约成员国。

(4) 于 1968 年 10 月 4 日在瑞士洛迦诺签订的《工业品外观设计国际分类洛迦诺协定》(Locarno Agreement on Establishing an International Classification for Industrial Design，简称《洛迦诺协定》)，我国自 1996 年 9 月 19 日起成为该条约成员国。

(5) 于 1971 年 3 月 24 日在法国斯特拉斯堡签订的《国际专利分类斯特拉斯堡协定》(International Patent Classification Agreement，简称《斯特拉斯堡协定》)，我国自 1997 年 6 月 19 日起成为该条约成员国。

17.2.1.4 区域性保护知识产权公约

另外，为了加强知识产权的区域保护，部分签订了一系列区域性的保护知识产权公约。如《欧洲专利公约》(1973 年)、《欧洲共同体专利公约》(1975 年)、《非洲—马尔加什工业产权协定》(1962 年)，等等。

17.2.2 知识产权国际保护组织

知识产权的国际保护始于 19 世纪，是资本主义自由竞争和商品经济发展的需要。由于知识产权的法律保护具有"地域性"的特点。这与科学技术及文化艺术发展的国际化趋势产生了矛盾，促使人们通过成立国际组织或签订国际条约的方式寻求国际保护。尤其是二战后，国际知识产权保护制度有了进一步发展，相继缔结了一些国际公约，成立世界性或地区性的国际组织。目前，世界上最大、最有影响的知识产权保护国际组织有三个，即世界知识产权组织、国际保护工业产权协会以及世界贸易组织；影响较大的区域性组织主要有非洲区域工业产权组织、欧洲专利局、欧亚专利局、海湾合作委员会专利局、非洲知识产权组织。由于 WTO 是一个复杂的综合性组织，本书不作单独介绍；在区域性组织方面，仅介绍欧洲专利局。

17.2.2.1 世界知识产权组织

1893 年，根据《保护工业产权巴黎公约》成立的国际局与根据《保护文学艺术作品伯尔尼公约》成立的国际局，联合组成了国际知识产权保护联合局（简称"BIRPI"），此即 WIPO

的前身。随着知识产权保护工作变得日益重要,这一组织的结构和形式也发生了变化。

1967年7月14日,"国际保护工业产权联盟"(巴黎联盟)和"国际保护文学艺术作品联盟"(伯尔尼联盟)的51个成员在瑞典首都斯德哥尔摩共同建立了世界知识产权组织(WIPO,即World Intellectual Property Organization),以便在全世界范围内进一步促进知识产权保护,加强各国之间在知识产权方面的合作。

1974年,WIPO成为联合国16个专门机构之一,总部设在瑞士日内瓦,负责管理涉及知识产权保护各个方面的24项(16部关于工业产权,7部关于版权,加上《建立世界知识产权组织公约》)国际条约。WIPO利用知识产权(专利、版权、商标、外观设计等)作为激励创新与创造手段,致力于知识产权服务、政策、合作与信息于一体。

《世界知识产权组织公约》规定WIPO的成员对下述各国开放:凡为保护工业产权巴黎联盟或保护文学和艺术作品伯尔尼联盟成员的任何国家;凡为联合国会员国、或任何联合国专门机构的成员国、或国际原子能机构成员国或国际法院规约的当事国的任何国家;以及应世界知识产权组织大会邀请成为本组织成员国的任何国家。因此,只有国家方可成为世界知识产权组织的成员国。截至2014年4月,WIPO共有187个成员国,中国于1980年3月3日参加了世界知识产权组织,同年6月3日成为该组织的正式成员国。

WIPO的主要职能是负责通过国家间的合作促进对全世界知识产权的保护,管理建立在多边条约基础上的关于专利、商标和版权方面的23个联盟的行政工作,并办理知识产权法律与行政事宜。

关于WIPO战略方向和活动的所有决定均由成员国做出,WIPO秘书处常年负责协调由成员国组成的各个机构召开的正式和非正式会议。世界知识产权组织大会、世界知识产权组织成员国会议、世界知识产权组织协调委员会是WIPO的最高决策机构。这些机构每两年在9、10月份在日内瓦举行一次例会,隔年举行特别会议。此外,世界知识产权组织管理的各项条约分别设立了各联盟成员国大会(如PCT联盟大会;马德里联盟大会等)。

WIPO设立专利法常设委员会(SCP)、商标、工业品外观设计和地理标志法律常设委员会(SCT)版权及相关权常设委员会(SCCR)、信息技术常设委员会(SCIT)等常设委员会。常设委员会系根据大会为特定目的、由专家组成的特设委员会。常设委员会或其他机构可决定设立工作组,对某一具体问题进行更详细的审查。

17.2.2.2 国际保护工业产权协会

1897年,国际保护工业产权协会(International Association for the Protection of Intellectual Property,简称AIPPI)在瑞士成立。其宗旨是在国际间改善和促进知识产权的保护,促进各国对知识产权立法的研究,实现各国知识产权立法的一致,以利于知识产权在世界范围内能够得到有效的保护。

国际保护工业产权协会一个非营利性组织,也是一个颇有权威和影响的非政府间国际组织,该协会的意见或建议对有关国际条约的修改有较大影响。目前,国际保护工业产权协会在全球80多个国家或地区设立了分部,会员达8 000多人,每隔一年举办一次国际大会和执委会。国际保护知识产权协会的主要机构分为主席、副主席、执行委员会和专门委员会。主要活动是通过召开国际交流会议、组织专门的研讨会、资助专项议题的研究等。

国际保护知识产权协会(AIPPI)中国分会成立于1982年,下设3个专业委员会:专利委员会、商标委员会、许可证贸易委员会。1983年5月,我国正式成为该协会的成员。

17.2.2.3 欧洲专利局

1. 欧洲专利局成立背景

1973年10月5日,16个欧洲国家在慕尼黑签订旨在加强欧洲国家间发明保护合作的《欧洲专利公约》(EPC),并根据该公约成立欧洲专利公约组织。EPC允许根据申请人的要求将欧洲专利的保护扩展到所有缔约方。1977年10月7日,EPC正式生效,并据此建立了欧洲专利局(European Patent Office,EPO)这一政府间机构。

2. 欧洲专利局的组织机构

欧洲专利局的机构设置分为5个层次,即局、总部、部、处和科。该局设有局长1人,副局长5人。全局共设置5个总部一级的机构,每一位副局长兼任一个总部的第一把手。其中,第一总部设在海牙,负责检索和文献工作。其余的4个总部均设在慕尼黑,其中,第二总部负责全局的行政管理,第五总部负责法律及国际事务。另外,欧洲专利局还在奥地利维也纳设有专利信息中心;在柏林设有分支机构,承担一部分管理,检索及文献工作。

3. 欧洲专利局在专利权保护特点

通过欧洲专利局在欧洲国家获得专利权保护有以下几个特点:

其一,依照欧洲专利公约的规定,一项欧洲专利申请,可以指定多国获得保护。一项欧洲专利可以在任何一个或所有成员国中享有国家专利的同等效力。在这种情况下,可以简化在多国单独提交专利申请的手续,节约开支,方便申请人。

其二,欧洲专利是按照统一的法律审查批准的。不会因为各国专利法在程序和审查要求的不同而造成不同后果。

其三,欧洲专利审批的效率和质量有保证,要比逐个国家申请程序既快又节省开支,特别是商业上能提高发明的价值。

其四,欧洲专利局采用英、法、德三种语言,对申请人有较大的选择使用语言的自由,从而也减少了逐一国家以不同语言申请的费用。

其五,欧洲专利局采用检索与审查分开进行的程序,既有利于申请人对专利申请及时处理,也有利于国际专利合作条约的协调,方便了提交国际专利申请的申请人。

其六,欧洲专利局在加强局内管理、审查、检索等业务工作的同时,还与各国政府间与非政府间专利工作机构有着良好而广泛的合作关系。与国家知识产权局在专利领域的合作关系也在不断发展、加强。

4. 欧洲专利局的影响

欧洲专利局是世界上实力最强、最现代化的专利局之一,拥有世界上最完整的专利文献资源,先进的专利信息检索系统和丰富的专利审查、申诉及法律研究方面的经验,在文献收集、检索及审查员培训方面对中国知识产权局提供过很多帮助。另外,在文献及信息产品方面两局也有广泛的交流。

EPO的机构设置分为局、总部、部、处和科5级管理框架;设有局长1人,副局长5人。2004年底,EPO完成对机构设置的重组工作:所有的审查业务整合纳入审查业务部;对审查工作提供业务支持的质量管理、培训、文献和自动化等部门整合纳入业务支持部。上述改革措施有助于形成各部门职责分明、相互支持的高效运作机制。目前,EPO共设有5个总部,各总部部长由5位副局长兼任。具体情况如下:

5. 欧洲专利局专利审查流程

欧洲专利组织为其成员国提供了依照统一的程序和实体标准申请专利并获得专利授权的途径。申请人可指定一个、几个或全部成员国,一旦该申请被授予专利权,即可在所有指定国生效,与各指定国依照本国专利法授权的专利具有同等效力。

欧洲专利的有效期为自申请日起 20 年。EPO 仅负责欧洲专利的审查、授权和异议,对于欧洲专利的维持(专利年费 50% 上交 EPO)、行使、保护,以及他人请求宣告欧洲专利无效,均由各指定国依照本国专利法进行。

欧洲专利的申请程序一般包括以下步骤:

(1) 提出申请和对专利申请的形式审查:申请人可以英、法、德三种官方语言之一向 EPO 提出申请。

(2) 检索请求及检索报告的公布:在提交申请时必须提出检索请求及缴纳检索费。对于主张外国优先权的申请,大约 1 年内可收到检索报告。

(3) 公布专利申请:对于通过《巴黎公约》途径提出的欧洲专利申请,EPO 将于自优先权日起 18 个月内公布专利申请。

(4) 提出实质性审查请求:对于通过《巴黎公约》途径提出的欧洲专利申请,申请人应在 EPO 检索报告公布日起 6 个月内提出实质审查请求,同时需从 EPC 缔约国中指定具体成员国,并交纳审查费和指定费。对于通过 PCT 途径提出的欧洲专利申请,申请人应在提交欧洲申请的同时提出实质审查请求,同时需从 EPC 缔约国中指定具体成员国,并缴纳审查费和指定费。如果缴纳 7 份指定费,EPC 的全部缔约国都可被指定。但延伸国的指定费需单独交纳。

(5) 实质性审查:在提出实质审查请求后进入实审程序,申请人通常在提出实审请求后 1~3 年内收到 EPO 的审查意见。对于每一份申请文件,实质审查部门中相关领域的审查员将组成三人审查小组,该小组由第一审查员、第二审查员和组长组成。

(6) 授权、驳回和异议:经上述审查后,如果至少两名成员认为该申请符合 EPC 的要求,则该申请可被授权。如果三人小组考虑驳回该申请,则需告知申请人该申请将被驳回授权决定做出后,异议期为自授权公告日起 9 个月。

(7) 生效:一般在收到授权通知后,申请人就必须决定在指定国名单中选择生效国。

(8) 维持:完成在不同国家生效的工作后,申请人则拥有不同国家的专利,他们相互独立,每一件都需缴纳年费。

17.3 知识产权国际保护的基本原则

17.3.1 知识产权国际保护制度基本原则的概念

法律原则是指导立法、执法和司法的基本准则。所谓知识产权国际保护制度的基本原则,是指体现了整个知识产权国际保护法律制度价值目标的基本规则和最高准则,是构建和指导各项具体知识产权制度运行的基本依据和原则基础。

关于知识产权国际保护的内容,包括有的学者认为包括国家主权原则、平等互利、共同原则、国际合作原则等几项；①有学者认为包括国家主权原则、国际协调与合作原则、公平正义原则等几项；②还有学者认为包括国民待遇原则、最低标准原则、独立性原则（产权）、独立保护原则（著作权）、强制实施专利发明原则（专利权）、优先权原则（工业产权）等几项。③

本书认为，法律原则具有普适性和高层次性，是构建该项法律制度具有基础性意义的准则，是存在于该项法律制度之中且本身可以直接适用的原则。知识产权国际保护制度的基本原则应当是规定在国际公约之中，具有直接的、普遍的适用性，即其不应是某一专门制度所特有，而应具备整个知识产权国际保护制度的普遍适用性。以世界贸易组织（WTO）的TRIPs协议为主的国际知识产权法律框架在知识产权保护上确立了国民待遇原则、最低保护标准原则、公共利益原则等基本原则，相关公约也规定了若干具体原则要求各个公约国必须遵守。

17.3.2 国民待遇原则

所谓国民待遇原则，是指在知识产权的保护上，各成员国法律必须给予其他成员的国民以与本国或地区国民同样的待遇；如果是非成员的国民，在符合一定条件后也可享受国民待遇。

国民待遇原则首先是由《保护工业产权巴黎公约》提出的，TRIPs协议予以了肯定和强调，是各个知识产权国际公约和成员都必须共同遵守的基本原则，也是知识产权国际保护的首要原则。其基本含义是，在知识产权保护方面，各缔约国（成员）之间相互给予平等待遇，使缔约国国民与本国国民享受同等待遇。其功用在于克服基于各国主权的地域限制所带来的知识产权地域限制，建立双边或国际间一体化保护制度，以消除地域限制对国际贸易秩序的妨碍。

具体而言，国民待遇包含两方面的内容：一是各缔约国依本国法已经或今后可能给予其本国国民的待遇；二是各该条约所规定的特别权利，即各该条约规定的最低保护标准。虽然，各个国际公约关于缔约国国民与本国国民享有同等待遇的表述可能有所不同，有的称为"不低于"，有的称为"不歧视"有的称为"不应较为不利"，但都要求每一成员给予其他成员的待遇不得低于本国国民的待遇。当然，这一原则不要求各国法律的一致性即不涉及知识产权保护水平，也不要求适用外国法的规定即不涉及国家主权的地域限制问题，并且每个国家在自己的领土范围内独立适用本国法律，不分外国人还是本人而给予平等保护，也可以根据本国发展的实际状况给予其他缔约国国民高于本国国民的待遇。

《知识产权协定》第三条规定了国民待遇原则，即根据协定的规定，享受国民待遇的外国国民即其他成员的国民之范围，应就知识产权的类型不同，分别依《保护工业产权巴黎公约》《保护文学作品伯尔尼公约》《保护表演者、录音制品制作者和广播组织罗马公约》和《集成电路知识产权华盛顿条约》规定的资格标准来确定。在这一原则的指导下，《巴黎公约》第二、三条规定了工业产权领域的国民待遇原则；《伯尔尼公约》第五条规定了著作权领域的国民

---

① 唐青阳.知识产权国际保护的与实践.重庆：西南师范大学出版社，1998：42.
② 万鄂湘.国际知识产权法.武汉：湖北人民出版社，2001：42.
③ 参见刘文华主编：《WTO与中国知识产权制度的冲突与规避》，中国城市出版社2001年版，第45、48页；张玉敏主编：《知识产权法教程》，西南政法大学2001年版，第49-51页。

待遇原则("双国籍国民待遇原则");《罗马公约》第一条规定了领接权领域的国民待遇原则;《华盛顿公约》第五条规定了集成电路布图设计专有权领域的国民待遇原则。当然,在关于"国民"的确定标准方面,各个国际公约并不完全一致,主要有国籍标准、居住地标准("住所"和"惯常居所"标准)和实际联系标准三种。

17.3.3 最低保护标准原则

最低保护标准原则,是指各缔约国依据本国法对该条约缔约国国民的知识产权保护不能低于该条约规定的最低标准,这些标准包括权利保护对象、权利取得方式、权利内容及限制、权利保护期间等。

最低保护标准为缔约国提供了保护知识产权的一致性标准,其功用在于克服缔约国之间权利义务的失衡,以保证知识产权国际协调的有效性。最低保护标准原则与国民待遇原则既有联系又有区别。二者的联系在于,最低保护标准原则是对国民待遇原则的重要补充,二者都是知识产权国际公约缔约国必须履行的基本义务,对公约的缔约国有直接适用的效力,不属于缔约国可以声明保留的条款。质言之,由于各国经济、政治、文化发展不平衡,知识产权相关制度也不可避免地存在着差异,最低保护标准原则基于各国承认各国知识产权制度的差异,从而保证了知识产权制度国际协调的广泛性、普遍性和有效性,接受知识产权保护的最低标准,是各国行使知识产权立法自主权的表现。① 二者的区别在于,国民待遇原则是对各条约的缔约国知识产权立法自主权的尊重,而最低保护标准原则是对这种立法自主权的限制。

最低保护标准原则旨在促使缔约国在知识产权保护水平方面统一标准,体现出知识产权保护"可就高不就低"的立法理念。最低保护标准具体体现在《知识产权协定》第一条,《伯尔尼公约》从第十九条、二十条等国际公约条款中。

17.3.4 公共利益原则

公共利益原则,是指知识产权的保护和权利行使,不得违反社会公共利益,应保持公共利益和权利人之间的平衡。公共利益原则是知识产权国际保护制度的重要原则,体现了知识产权制度的最高价值目标,也是推动当代知识产权国际保护制度改革的直接动因。

公共利益原则与国民待遇原则、最低保护标准原则密切相关。最低保护标准原则在确定的标准范围内统一了缔约国的国内立法,从而对体现国民待遇原则的立法自主权构成限制;公共利益原则则限定了缔约国国内立法的范围,以例外规定的方式产生了对最低保护标准原则的反限制。换言之,在缔约国知识产权立法中适用最低保护标准时,可以根据相关国际公约规定的公共利益原则,规定对知识产权限制的若干例外情形。公共利益原则是通过知识产权保护和限制两个方面体现和促进社会公众利益和知识产权权利人的利益的相互平衡,即是说,公共利益原则包括两方面的内容:

一是利益平衡的法律观念。即当事人之间、权利主体与义务主体之间、个人与社会之间的利益应当符合公平的价值理念,实现公共利益目标。如《知识产权协定》第八条"原则"中规定:(1) 成员可在其国内法律及条例的制定或修订中,采取必要措施以保护公众的健康与

---

① 罗文正,古祖雪.试析国际知识产权法的基本原则.湖南社会科学,2002(4).

发展,以增加对社会经济与技术发展至关重要之领域中的公益,只要该措施与本协定的规定一致;(2)可采取适当措施防止权利持有人滥用知识产权,防止借助国际技术转让中的不合理限制贸易行为或消极影响的行为,只要该措施与本协定的规定一致。

二是权利限制与利用的法律制度。即出于公共利益的考虑,对权利人的专有权利予以必要的限制,以保证社会公众对知识产品的合理利用。在知识产权国际公约中,公共利益的目标表述为公共健康、社会发展、表现自由、公共教育等。这一目标的实现,涉及权利人利益与社会公众利益的平衡,需要通过权利的限制与利用的相关规定得以保证。当然,这种权利的限制与利用是在保护权利人利益基础上的必要限制和合理利用。如《巴黎公约》第五条关于强制许可制度的规定,《伯尔尼公约》第十条关于合理使用制度的规定,等等。

17.3.5 其他原则

17.3.5.1 最惠国待遇原则

最惠国待遇原则最早仅适用于国际有形商品贸易,后被 TRIPs 协议延伸到知识产权保护领域。其具体是指,缔约方在知识产权保护方面给予某缔约方或非缔约方的利益、优待、特权或豁免,应立即无条件地给予其他缔约方。

与国民待遇原则不同,国民待遇原则所解决的问题是在知识产权保护领域中平等对待本国国民和成员国国民,即解决的是本国人和外国人之间的平等保护问题;而最惠国待遇所要解决的问题则是平等对待各成员国国民,不得使一个成员国国民或者非成员国国民在其本国享有的待遇优于其他成员国国民,即解决的是外国人彼此之间的平等保护问题。二者的共同点是禁止在知识产权保护方面实行歧视或差别待遇。

17.3.5.2 透明度原则

透明度原则是世界贸易组织的基本原则之一,其基本含义是指,各成员颁布实施的知识产权保护法律、法规以及普遍适用的终审司法判决和终局行政裁决,均应以该国文字颁布或以其他方式使各成员政府及权利持有人知悉。

具体到知识产权国际保护领域,透明度原则为各成员方在知识产权保护方面要增强透明度,要公布有普遍适用性质的法律法规、贸易协定、司法裁判及行政决定,除非有关信息和资料的披露有损于法律的实施、公共利益或当事人正当的商业利益。

17.3.5.3 独立保护原则

所谓独立保护原则是指,对于知识产权的保护,各个成员国之间互不影响,一国对某项智力成果是否给予保护不取决于其他成员国是否保护,也不以其他成员国是否给予保护为前提,只要符合其本国法的条件就应当给予保护,或者拒绝给予保护。

独立保护原则意味着,某成员国民就同一智力成果在其他缔约国(或地区)所获得的法律保护是互相独立的,知识产权在某成员产生、被宣告无效或终止,并不必然导致该知识产权在其他成员也产生、被宣告无效或终止。

17.3.5.4 自动保护原则

自动保护原则是指,作者在享有及行使该成员国国民所享有的著作权时,不需要履行任何手续,只要完成作品的创造即取得著作权。

自动保护原则由《伯尔尼公约》所提出,是仅适用于保护著作权的一项基本原则。其意味着,作者在享有及行使该成员国民所享有的著作权时,不需要履行任何手续,注册登记、交纳样本及作版权标记等手续均不能作为著作权产生的条件。

17.3.5.5 优先权原则

优先权原则是指,在一个缔约成员提出发明专利、实用新型、外观设计或商标注册申请的申请人,又在规定期限内就同样的注册申请再向其他成员提出同样内容的申请的,可以享有申请日期优先的权利。即可以把向某成员第一次申请的日期,视为向其他成员实际申请的日期。享有优先权的期限限制视不同的工业产权而定,发明和实用新型为向某成员第一次申请之日起12个月,外观设计和商标为6个月。

优先权原则是由《巴黎公约》所提出,并被TRIPs协定予以肯定。优先权原则是《巴黎公约》授予缔约国国民最重要的权利之一,解决了外国人在申请专利权、商标权方面因各种原因产生的不公平竞争问题。

美国杜邦网站域名案①

【案件背景】

美国杜邦网站域名案的全称是美国杜邦公司诉北京国网信息有限公司计算机网络域名侵权纠纷案。当代经济生活,传统贸易与电子商务交融贯通;全球市场环境,网络空间与现实空间相映成辉。由于域名有较强的识别性,网络中的访问者一般凭借域名来区分信息服务的提供者,域名日益成为企业在互联网上的重要标志,因商业域名之不正当抢注或者滥用而引发的纠纷乃至诉讼与日俱增。商业域名与驰名商标、厂商名称等标识知识产权之间的权利冲突及其法律协调已经成为包括我国在内的世界各国相关管理、司法保护的焦点、热点、难点之一。我国并没有因商业域名及域号而产生了一种新型的知识产权,而只是将商业域名及域号视为传统的商业标识,例如注册商标、驰名商标、厂商名称、商号等的载体,只是保护寄生在传统商业标识知识产权。我国对商业域名及域号的这种知识产权保护模式也是当今国际社会和世界各国所普遍采用的保护模式。

【案情简介】

原告杜邦公司因与被告北京国网信息有限责任公司(以下简称国网公司)发生网络域名商标侵权及不正当竞争纠纷,向北京市第一中级人民法院提起诉讼称:我公司是有200年历史的企业,目前是世界500家最大企业之一,与中国早有贸易往来。我公司注册使用的椭圆字体"DU PONT"商标,虽未经行政程序认定为驰名商标,但由于我公司的优质产品和高质量服务,早已使该商标在事实上成为驰名商标,应获得全方位的、在不同商品和服务上的跨类保护,其中包括在计算机网络域名方面的保护。被告作为一家信息公司和域名服务商,明知使用他人企业名称或商标名称注册域名是不正当的,仍擅自使用我公司的商标名称注册域名,而且在我公司一再要求下还执意将该域名据为己有。我公司的客户是凭du pont之名确认我公司和我公司的产品。在互联网上,他们也会试图通过"du pont.com"与我公司取

---

① 本案例改编自《北京市高级人民法院民事判决书(2001)高知终字第47号》《北京市第一中级人民法院民事判决书(2000)一中知初字第11号》,该案被北京市高级人民法院评为"涉互联网不正当竞争十大典型案例之一"之一,载《中华人民共和国最高人民法院公报》2002年03期。

得联络。但当中国的客户输入"du pont.com.cn"之后,只能看到空白页面。被告的行为不仅使我公司不能将"du pont.com.cn"注册成域名,还造成客户的混淆、误认,损害我公司的商誉和与客户的关系。根据《巴黎公约》、中国《民法通则》《商标法》以及《反不正当竞争法》的规定,被告的行为已构成商标侵权和不正当竞争。请求判令被告:一、立即撤销其在中国互联网络信息中心注册的"dupont.com.cn"域名,以停止对我公司"DU PONT"商标专用权的侵犯和不正当竞争行为;二、公开在报纸上向我公司赔礼道歉;三、负担我公司为本案诉讼支出的调查取证费2 700元。

被告辩称:一、本案不属于民事诉讼的范畴。被告是因域名行政主管机关的具体行政许可行为而取得dupont域名,如该行政许可行为不合法而侵害原告的合法权益,在经行政异议程序不能解决的情况下,原告应以中国互联网络信息中心为被告提起行政诉讼;二、原告的"DU PONT"商标未经行政程序认定,不属驰名商标;三、商标与域名是两个领域中完全不同的概念。互联网络域名的注册及使用,均不在商标法调整的范围之内,商标法所列举的商标具体侵权行为,也没有注册与他人注册商标相同的域名的行为这一项;四、被告注册域名"dupont.com.cn",不可能导致人们对原告商品的误认,该行为不属于巴黎公约和反不正当竞争法中规定的不正当竞争。原告指控被告侵犯商标专用权及不正当竞争,没有事实根据和法律依据,法院应当驳回原告的起诉。

北京市第一中级人民法院经审理查明:原告杜邦公司于1802年在美国注册成立,现在其产品涉及电子、汽车、服装、建筑、交通、运输、通讯、农业、家庭用品、化工等领域,行销150余个国家和地区。从1986年11月至今,原告杜邦公司在国家工商行政管理局商标局(以下简称商标局)陆续通过办理受让和注册手续,取得了椭圆字体"DU PONT"注册商标在第3、11、22、24、26、30、31类商品上的专用权。原告杜邦公司在商标局陆续通过办理受让和注册手续,取得了中文"杜邦"注册商标在第23、26、30、31、46类商品上的专用权。1999年2月,原告杜邦公司又在商标局注册了"DU PONT"文字商标,核定使用商品为第21类。4月1日,"DU PONT"文字商标被列入我国商标局编制的《全国重点商标保护名录》。原告杜邦公司在美国、德国、加拿大、俄罗斯等17个国家注册的三级域名,均为"dupont.com.行政区缩写"或"dupont.行政区缩写"或"dupont.Co.行政区缩写"模式。被告国网公司于1996年3月注册成立,经营范围为计算机网络信息咨询服务、计算机网络在线服务、电子计算机软硬件的技术开发等。1998年11月2日,该公司在中国互联网络信息中心注册了域名"dupont.com.cn",至今一直没有实际使用。

庭审中,被告国网公司不能说明该公司的名称、地址、简称、标志、业务或其他任何方面与"dupont"一词有关。以上事实,有"DU PONT"文字及椭圆字体商标的商标注册证、中国杜邦有限公司致国网公司的信函、杜邦公司的广告、(99)京证经字第31435号公证书、99)京证经字第31436号公证书、第981102005077号域名注册证、杜邦公司向商标局提交的"驰名商标申请表"及其附件、"杜邦"商标注册证、商标局商标通知、双方当事人陈述等证据证实。所有证据经质证、认证,可以作为认定本案事实的根据。

北京市第一中级人民法院认为:

原告杜邦公司指控被告国网公司侵犯商标专用权及不正当竞争,请求依照巴黎公约和中国法律追究国网公司的民事侵权责任,以保护杜邦公司的民事权利。因此,本案是民事权益纠纷,属于人民法院受理民事诉讼的范围。国网公司关于本案不属民事诉讼、杜邦公司应提起行政诉讼的辩解,没有法律依据,不予支持。

原告杜邦公司在美国注册设立,是美国法人。我国与美国均为巴黎公约的成员国,本案处理应适用我国法律和巴黎公约的规定。

自1921年以来,原告杜邦公司的椭圆字体"DU PONT"商标已经在94个国家、地区或组织注册。通过杜邦公司良好的商品质量和该公司多年的、持续的、大范围的广告宣传,该公司已在全球拥有庞大的用户群,使用椭圆字体"DU PONT"商标销售的商品数量可观。椭圆字体"DU PONT"商标已于1976年在我国注册,杜邦公司对该商标享有专用权。杜邦公司在我国也投入了巨额的广告宣传费用,使用椭圆字体"DU PONT"商标的商品在我国也拥有大量的消费者,我国已成为杜邦公司商品的重要市场,椭圆字体"DU PONT"商标在我国市场上也享有较高声誉,为我国相关公众所熟知。鉴于以上事实,杜邦公司提出椭圆字体"DU PONT"商标事实上已属驰名商标,该主张应予支持。

"DU PONT"文字标志是原告杜邦公司椭圆字体"DU PONT"驰名商标中最重要的一部分。国网公司注册的域名如果在互联网上投入使用,必然会混淆该域名与"DU PONT"商标的区别,引起公众的误认。事实上,国网公司将"dupont.com.cn"注册成域名后并未使用,只是起到了阻止杜邦公司将其注册成域名的作用,妨碍了杜邦公司在中国互联网上使用自己的商标进行商业活动,具有恶意,并且已在事实上造成了妨碍杜邦公司在中国互联网上使用自己驰名商标进行商业活动的后果,已构成对杜邦公司驰名商标专用权的侵犯,已经违反了诚实信用的原则,其行为还构成不正当竞争。国网公司应承担侵权的民事责任,包括停止侵权、赔偿杜邦公司为本案诉讼而支出的调查取证费。鉴于国网公司并未实际使用注册的域名,杜邦公司要求国网公司赔礼道歉,该诉讼请求不予支持。

最终,北京市第一中级人民法院作出判决:被告国网公司于本判决生效之日起10日内,撤销其注册的"dupont.com.cn"域名;被告国网公司于本判决生效之日起30日内,给原告杜邦公司赔偿为本案诉讼支出的调查取证费2700元。

一审宣判后,国网公司不服,向北京市高级人民法院提出上诉。

二审期间,最高人民法院法释〔2001〕24号《关于审理涉及计算机网络域名民事纠纷案件适用法律若干问题的解释》于2001年7月24日起施行。其中第八条规定:"人民法院认定域名注册、使用等行为构成侵权或者不正当竞争的,可以判令被告停止侵权、注销域名,或者依原告的请求判令由原告注册使用该域名;给权利人造成实际损害的,可以判令被告赔偿损失。"

最后,北京市高级人民法院经审理后认为,一审判决认定事实清楚,适用法律正确。判决驳回上诉,维持原判。

【案例思考】

1. 域名是一种知识产权吗?其与商标是什么关系?
2. 我国及国际上对域名的保护模式是什么?
3. 本案有什么启示?

主要参考文献

专著、教材类

1. [德]荣汉斯,等.知识产权管理指南.宋伟,等,译.合肥:中国科学技术大学出版社,2011.
2. [美]弗雷德里克·M.阿伯特.世界经济一体化进程中的国际知识产权法.北京:商务印书馆,2014.
3. [美]哈尔喜彭,等.美国知识产权法原理(第3版).宋慧献,译.北京:商务印书馆,2013.
4. [美]希比.国际知识产权(第三版).倪晓宁,王丽,译.北京:中国人民大学出版社,2012.
5. [英]班布里奇(Bainbridge D.),豪厄尔(Howell C.).知识产权法学.王梓,注.武汉:华中科技大学出版社,2014.
6. 曹新明.知识产权法学(第二版).北京:中国人民大学出版社,2011.
7. 曹阳.国际知识产权制度:冲突、融合与反思.北京:法律出版社,2011.
8. 曾德国,乔永忠.知识产权管理.北京:知识产权出版社,2012.
9. 曾德国.企业知识产权管理.北京:北京大学出版社,2015.
10. 陈昌柏.知识产权经济学.北京:北京大学出版社,2003.
11. 陈进.电子商务中的知识产权.北京:北京对外经济贸易大学出版社,2008.
12. 陈晓峰.知识产权法律风险管理策略.北京:法律出版社,2011.
13. 丁丽瑛.知识产权法(第三版).厦门:厦门大学出版社,2008.
14. 董新凯,吴玉岭.知识产权国际保护.北京:知识产权出版社,2010.
15. 方江宁.知识产权法基础理论.北京:知识产权出版社,2014.
16. 冯汉桥.国际贸易中知识产权的取得与保护.北京:知识产权出版社,2011.
17. 冯晓青.企业知识产权管理.北京:中国政法大学出版社,2012.
18. 冯晓青.企业知识产权战略(第4版).北京:知识产权出版社,2015.
19. 冯晓青.知识产权法利益平衡理论.北京:中国政法大学出版社,2006.
20. 冯晓青.知识产权法(第三版).北京:中国政法大学出版社,2015.
21. 高富平.中小企业知识产权管理指南.北京:法律出版社,2011.
22. 郭俭.知识产权审判实务研究.北京:知识产权出版社,2012.
23. 洪小鹏.中小企业知识产权管理.北京:知识产权出版社,2010.
24. 黄丽萍.知识产权强制许可制度研究.北京:知识产权出版社,2012.
25. 黄勤南.知识产权法.北京:中央广播电视大学出版社,2003.
26. 孔祥俊.知识产权法律适用的基本问题——司法哲学、司法政策与裁判方法.北京:中国法制出版社,2013.

27. 孔祥俊.中国知识产权保护的创新和升级.北京:法律出版社,2014.
28. 孔祥俊.最高人民法院知识产权司法解释理解与适用.北京:中国法制出版社,2012.
29. 来小鹏.知识产权法学(第三版).北京:中国政法大学出版社,2015.
30. 李明德,黄晖,闫文军.欧盟知识产权法.北京:法律出版社,2010.
31. 李明德.美国知识产权法(第二版).北京:法律出版社,2014.
32. 李明德.知识产权法(第二版).北京:法律出版社,2014.
33. 李明德.知识产权法.北京:北京师范大学出版社,2011.
34. 李颖怡,李春芳.知识产权法(第四版).广州:中山大学出版社,2013.
35. 李永明.知识产权法.杭州:浙江大学出版社,2003.
36. 李正华.知识产权法学.北京:知识产权出版社,2012.
37. 刘春田.知识产权法(第五版).北京:中国人民大学出版社,2014.
38. 刘如翔.企业知识产权法律风险提示.北京:法律出版社,2014.
39. 马东晓,等.知识产权律师实务与法律服务技能.北京:法律出版社,2011.
40. 宁立志.知识产权法(第二版).武汉:武汉大学出版社,2011.
41. 彭辉.知识产权制度比较研究.北京:法律出版社,2015.
42. 商志超.知识产权法简明教程.北京:中国政法大学出版社,2014.
43. 孙南申,等.美国知识产权法律制度研究.北京:法律出版社,2012.
44. 唐珺.企业知识产权战略管理.北京:知识产权出版社,2012.
45. 唐青阳.知识产权国际保护的理论与实践.重庆:西南师范大学出版社,1998.
46. 唐义虎.知识产权侵权责任研究.北京:北京大学出版社,2015.
47. 陶鑫良,李德成.中国知识产权律师实务.北京:法律出版社,2014.
48. 田力普.影响中国的100个知识产权案例.北京:知识产权出版社,2009.
49. 万鄂湘.国际知识产权法.武汉:湖北人民出版社,2001.
50. 王兵等.知识产权基础教程(第2版).北京:清华大学出版社,2010.
51. 王黎萤.中小企业知识产权战略与方法.北京:知识产权出版社,2010.
52. 王迁.知识产权法教程(第四版).北京:中国人民大学出版社,2014.
53. 王先林.知识产权与反垄断法.北京:法律出版社,2008.
54. 王晓先.知识产权法学.厦门:厦门大学出版社,2012.
55. 王振宇.中国知识产权法律发展研究.北京:社会科学文献出版社,2014.
56. 温旭.知识产权业务律师基础实务(上下册).北京:中国人民大学出版社,2014.
57. 吴汉东,等.知识产权基本问题研究.北京:中国人民大学出版社,2005.
58. 吴汉东,郭寿康.知识产权制度国际化问题研究.北京:北京大学出版社,2010.
59. 吴汉东.知识产权多维度学理解读.北京:中国人民大学出版社,2015.
60. 吴汉东.知识产权法学(第六版).北京:北京大学出版社,2014.
61. 吴汉东.知识产权国际保护制度研究.北京:水利水电出版社,2007.
62. 吴汉东.知识产权制度基础理论研究.北京:知识产权出版社,2009.
63. 吴汉东.知识产权中国化应用研究.北京:中国人民大学出版社,2014.
64. 吴汉东.知识产权总论(第三版).北京:中国人民大学出版社,2013.
65. 吴汉东,等.知识产权制度变革与发展研究.北京:经济科学出版社,2013.

66. 奚晓明.中国知识产权指导案例评注(上、下卷).北京:中国法制出版社,2011.

67. 夏玮.中小企业创新与知识产权制度.北京:法律出版社,2014.

68. 项先权.知识产权法律理论与律师实务.北京:水利水电出版社,2006.

69. 萧延高,范晓波.知识产权(第二版).北京:科学出版社,2014.

70. 萧延高,范晓波.知识产权.北京:科学出版社,2010.

71. 徐棣枫,解亘,李友根.知识产权法——制度、理论、案例、问题(第2版).北京:科学出版社,2011.

72. 徐家力.论企业知识产权保护.上海:上海交通大学出版社,2013.

73. 徐家力.知识产权律师实务.上海:上海交通大学出版社,2012.

74. 徐家力.知识产权保护研究:从传统到现代.上海:上海交通大学出版社,2013.

75. 许海峰.涉外知识产权保护法律实务.北京:机械工业出版社,2005.

76. 许颖辉.备受争议的知识产权.北京:世界知识出版社,2010.

77. 杨军.名牌战略与知识产权法律保障制度研究.北京:知识产权出版社,2010.

78. 杨廷文.知识产权法原理与案例教程.重庆:西南交通大学出版社,2012.

79. 杨雄文.知识产权法总论.广州:华南理工大学出版社,2013.

80. 游闽键,袁真富,马远超.企业知识产权管理指南.上海:上海大学出版社,2015.

81. 于志刚.网络空间中知识产权的刑法保护.北京:中国政法大学出版社,2014.

82. 袁建中.企业知识产权管理理论与实务.北京:知识产权出版社,2011.

83. 袁娟,宋鱼水,等.知识产权人才管理与开发.北京:水利水电出版社,2008.

84. 张今.知识产权法.北京:中国人民大学出版社,2011.

85. 张乃根.国际贸易的知识产权.上海:复旦大学出版社,1999.

86. 张平.知识产权法.北京:北京大学出版社,2015.

87. 张勤.知识产权基本原理.北京:知识产权出版社,2012.

88. 张文德.知识产权运用.北京:知识产权出版社,2015.

89. 张晓煜.企业知识产权管理操作实务与图解.北京:法律出版社,2015.

90. 张玉敏,等.知识产权法.北京:中国人民大学出版社,2009.

91. 张玉敏.知识产权法学.北京:法律出版社,2011.

92. 郑国辉.知识产权法学——理论实务案例(第二版).北京:中国政法大学出版社,2015.

93. 中国人民大学律师学院组.知识产权律师实务.北京:法律出版社,2014.

94. 中国知识产权报社.知识产权经典案例评析(2015年卷).北京:中国法制出版社,2015.

95. 朱谢群.我国知识产权发展战略与实施的法律问题研究.北京:中国人民大学出版社,2008.

96. 朱雪忠.企业知识产权管理.北京:水利水电出版社,2008.

97. 最高人民法院知识产权审判庭.最高人民法院知识产权审判案例指导(第七辑).北京:中国法制出版社,2015.

论文类

1. 曹新明.试析国际著作权公约中的国民待遇原则.法商研究,1995(1).
2. 陈锦川.从司法角度看专利法实施中存在的若干问题.知识产权,2015(4).
3. 崔国斌.专利法上的抽象思想与具体技术——计算机程序算法的客体属性分析.清华大学学报(哲学社会科学版),2005(2).
4. 邓宏光.从公法到私法:我国《商标法》的应然转向——以我国《商标法》第三次修订为背景.知识产权,2010(3).
5. 邓宏光.论商标侵权的判断标准——兼论《中华人民共和国商标法》第52条的修改.法商研究,2010(1).
6. 冯术杰.试论WTO争端解决机制在TRIPs协议国内实施领域的局限性——对于发展中国家国内知识产权法实施阶段的争端考察.环球法律评论,2006(3).
7. 冯晓青,付继存.著作权法中的复制权研究.法学家,2011(2).
8. 冯晓青.利益平衡论:知识产权法的理论基础.知识产权,2003(11).
9. 冯晓青.知识产权法的价值构造:知识产权法利益平衡机制研究.中国法学,2007(2).
10. 郭德忠.专利法与反垄断法的"冲突"与一致性.湘潭大学学报(哲学社会科学版),2007(2).
11. 胡波.知识产权法哲学研究.知识产权,2015(4).
12. 胡开忠.知识产权法中公有领域的保护.法学,2008(8).
13. 李红娟.《专利法》第四次修改(征求意见稿)的理论分析——以加强侵权保护为视角.中国政法大学学报,2013(3).
14. 李季.国外计算机软件的商业秘密法保护.国外社会科学,1997(1).
15. 李扬.重塑以民法为核心的整体性知识产权法.法商研究,2006(6).
16. 李祖明.我国商标法对地理标志保护的探讨——兼评商标法修改稿第七章的规定.知识产权,2007(6).
17. 梁志文.法院发展知识产权法:判例、法律方法和正当性.华东政法大学学报,2011(3).
18. 刘丽娟.论知识产权法与反不正当竞争法的适用关系.知识产权,2012(1).
19. 罗文正,古祖雪.试析国际知识产权法的基本原则.湖南社会科学,2002(4).
20. 罗晓霞.商标法的范畴研究.法学杂志,2014(3).
21. 吕秋香.论商业秘密的法律保护.中州学刊,2006(2).
22. 马宁.从《专利法》三次修改谈中国专利立法价值趋向的变化.知识产权,2009(5).
23. 彭学龙.商标法基本范畴的符号学分析.法学研究,2007(1).
24. 孙昊亮.论我国《商标法》第三次修改中的反淡化保护.法学杂志,2010(9).
25. 王莲峰.商标合理使用规则的确立和完善——兼评《商标法(修改稿)》第六十四条.政治与法律,2011(7).
26. 王迁.著作权法借鉴国际条约与国外立法:问题与对策.中国法学,2012(2).
27. 王太平,杨峰.知识产权法中的公共领域.法学研究,2008(1).
28. 王子灿.专利法的"绿化":风险预防原则的缘起、确立和适用.法学评论,2014(2).
29. 吴汉东.《著作权法》第三次修改的背景、体例和重点.法商研究,2012(2).
30. 吴汉东.科技、经济、法律协调机制中的知识产权法.法学研究,2001(6).

31. 吴汉东.知识产权法的制度创新本质与知识创新目标.法学研究,2014(3).

32. 吴汉东.知识产权法价值的中国语境解读.中国法学,2013(4).

33. 吴汉东.专利法实施的目标任务与保障体系.知识产权,2015(4).

34. 吴汉东.知识产权国际保护制度的变革与发展.法学研究,2005(3).

35. 吴佳.对计算机软件专利法保护的几点思考.湖南农业大学学报(社会科学版),2008(1).

36. 熊琦.网络时代著作权法与合同法的冲突与协调.法商研究,2008(1).

37. 徐棣枫.权利的不确定性与专利法制度创新初探.政治与法律,2011(10).

38. 徐瑄.知识产权的正当性——论知识产权法中的对价与衡平.中国社会科学,2003(4).

39. 严永和.论商标法的创新与传统名号的知识产权保护.法商研究,2006(2).

40. 杨雄文,肖尤丹.知识产权法市场本位论——兼论知识产权制度价值的实现.法学家,2011(5).

41. 张德芬.知识产权法之和谐价值的正当性及其实现.法学评论,2007(4).

42. 郑友德,万志前.论商标法和反不正当竞争法对商标权益的平行保护.法商研究,2009(3).

43. 钟建华.商业秘密法律保护的几个基本问题.中国人民大学学报,1995(2).

后 记

笔者从事知识产权法的教学和研究已整整十年，讲授对象涵盖了本科生和研究生，课程性质既有法学专业本科必修课，也有非法学专业本科公共选修课，还有法学专业研究生限选课以及工程硕士选修课。然而，多年来一直为知识产权法课程教材的甄选所困扰。

当前的知识产权法相关教材普遍存在两种倾向：一是"重理论而轻实务"；二是"重法条而轻案例"。21世纪是知识经济时代，产权化的智力成果已经成为企业最重要的生产要素和财富资源，已经成为国家核心竞争力的集中表现。企业之间、国家之间由于知识产权引发的纷争此起彼伏，知识产权司法案例不断涌现。这迫切要求学生不仅要关注知识产权法律规范的更新，更要求学生关注知识产权法律实务，能够灵活运用理论和法条切实解决知识产权在运用、管理、保护、救济等方面的实际问题。

基于此，笔者以MBA国际教程体例为参考，精心挑选了近年来发生的典型知识产权案例，并与本书相关内容相匹配。这些案例都是当年全国（或省市）十大知识产权司法案例以及引起了社会广泛关注的法治事件，具有代表性、针对性和启发性。与此同时，本书把知识产权实务中的诸多问题设计为"讨论"或"思考"，引导读者关注社会法治实践，思考解决知识产权问题的有效方法。尤其是，本书注重运用管理学的思维和方式解决知识产权问题，所以将主书名定为"知识产权"。另外，本书在表述方式上力求通俗易懂，避免深奥晦涩，以便于读者理解掌握。如果读者觉得本书在内容、体例、表述等方面有一定的创新，笔者就深感欣慰了。

本书既可以作为本科生、研究生特别是专业硕士知识产权（法）相关课程的教学用书，也可以作为企业管理人员的参考工具书。

本书能够得以付梓，要非常感谢东南大学出版社，感谢本书的责任编辑孙松茜女士以及为本书付出艰辛的相关工作人员。他们对书稿认真负责、严谨细心的态度和精神令人感动，正是他们的字斟句酌、反复审校才使得本书减少了不少谬误。

坦率地讲，本书是笔者耗费时间精力最多的一本著作。然而，虽然本书的撰写前后花了五年多的时间，几易其稿，但由于其内容涉及范围广，涵盖法学、管理学等诸多领域，工作量极大，加之知识产权专业性、技术性较强，所以，本书难免存在不足之处，敬请各位读者批评指正。

高志宏
2016年7月27日于南大和园